云南师范大学数学学院纪事

(1938~2018)

主　编　王天志

副主编　王源昌　林卫东

科学出版社

北　京

内容简介

本书采用编年体详细记录云南师范大学数学学院发展的7个历史时期：国立西南联合大学师范学院数学系时期（1938~1946年）、国立昆明师范学院数学系时期（1946~1949年）、昆明师范学院数学系时期（1950~1958年）、昆明师范学院数理系时期（1958~1962年）、昆明师范学院数学系时期（1962~1984年）、云南师范大学数学系时期（1984~2000年）、云南师范大学数学学院时期（2000~2018年），记载学院历年在教学、科研和管理工作中发生的重要事件和政策，介绍80年学院取得的学术和教育成果，并详细列出学院历年的师生名单。

本书适合于在云南师范大学数学学院各时期工作过的教职员工、历年的毕业生，云南师范大学在校师生、校友，以及有兴趣了解和关心学院工作的社会各界人士阅读。

图书在版编目(CIP)数据

云南师范大学数学学院纪事：1938~2018 / 王天志主编. — 北京：科学出版社，2018.10

ISBN 978-7-03-058868-5

Ⅰ.①云… Ⅱ.①王… Ⅲ.①云南师范大学数学学院-校史-1938-2018 Ⅳ.①G659.287.41

中国版本图书馆CIP数据核字（2018）第212896号

责任编辑：韩卫军/ 责任校对：彭 映
责任印制：罗 科 / 封面设计：墨创文化

科学出版社出版
北京东黄城根北街16号
邮政编码：100717
http://www.sciencep.com

成都锦瑞印刷有限责任公司印刷
科学出版社发行 各地新华书店经销

*

2018年10月第 一 版 开本：787×1092 1/16
2018年10月第一次印刷 印张：29 1/2
字数：690千字

定价：180.00元

《云南师范大学数学学院纪事（1938～2018）》
编 委 会

云南师范大学建校以来已有 80 年。80 年间，尤其是后半 40 年间，中国经济的高速成长是人类历史上的一个奇迹。创造这个奇迹的一个主要因素是人：中国教育体制所培养出来的一代又一代的勤奋努力的青年人。云南师范大学和全国其他师范大学几十年来对中国教育的贡献功不可没，确实值得今天庆祝。

先父武之先生曾于 1938～1948 年协助创建云南师范大学的前身。他如果看见今天美丽的呈贡校园和宏伟的建筑会多么高兴。

杨振宁

2018 年 8 月 2 日

日月如梭，母校已走过 80 年历程。

回想 1946 年组成西南联大的北京大学、清华大学、南开大学三校复员北返之际，杨武之先生曾由衷感叹："回想八年来经过得失，有感想数端。其一，设备太差，师生均缺乏必需的书籍杂志。其二，生活艰苦，师生之起居饮食，时在困难之中。其三，疏散时多，师生接触太少，为人做学，缺乏砥砺。有此三种根本原因，遂致学风不够紧张，平均成绩，不能不远逊平昔。此非一二人之力所能推动更改者也。所幸三校合组，人多才众，故总成绩尚有蔚然可观者耳。" 杨振宁先生在评价西南联大数学系时也曾说："西南联大成绩卓著，数学系当是数一数二最成功的系。"

编写《云南师范大学数学学院纪事（1938～2018）》有着特殊的意义。通过对历史的回顾梳理，呈现 80 年学院重大历史事件、重要人物、重大改革举措等发展变迁足迹，从中可管窥云南乃至中国高等教育的发展脉络，也可感知学院代代学子扎根边疆，铭记西南联大嘱托所做出的不懈努力，学子们的探究精神值得我们永远铭记。

80 年来，学院师生秉承"刚毅坚卓"校训，教学相长，潜心钻研，取得了不寻常的业绩。特别是近年来，学院获得 2 项全国首届优秀教学成果奖、6 人获国务院政府特殊津贴、2 人被评为全国优秀教师、1 人获人事部"中青年有突出贡献专家"并入选中国科学院"百人计划"等殊荣，建成了"数学""统计学"2 个一级硕士学科学位点、"数学与应用数学"国家一类特色专业，为社会培养了全日制本科、专科和研究生 1 万余名。

师者之风，山高水长。学院教师或温柔敦厚、循循善诱，或严谨治学、教导有方，或埋头苦干、诲人不倦。他们春风化雨、润物无声，虽清贫却充实达观，虽平凡却执着坚韧。朱德祥、刘声烈、林毓才、吕冠国、肖体俊、郭震、吴鲜、李玉华等一批名师楷模，将智慧与德行的光烛照进学生心田。莘莘学子由此走出，成为各行各业的佼佼者，成为云南中小学数学教育的中流砥柱。

80 载文脉相承，80 载薪火播扬。

愿青年，不负光阴，不负期待，厚积薄发，静心读书长智慧；愿师者，永葆青春，永存爱心，授业育人，桃李芬芳展笑靥；愿学院，牢记历史，牢记使命，尚德崇真，百年树人写华章。相信云南师范大学数学学院的明天将更加灿烂，更加辉煌！

李松林

前言

管仲在《管子·形势》中曾说：“疑今者察之古，不知来者视之往。万事之生也，异趣而同归，古今一也。”值此国立西南联合大学在昆建校暨云南师范大学建校 80 华诞，同时也是云南师范大学数学学院 80 年院庆之际，为着承前启后，继往开来，记录总结云南师范大学数学学院发展的曲折历程显得尤为重要。回首往昔，岁月峥嵘，我们编写数学学院纪事的主旨是以时间为经、事件为纬，梳理学院 80 年的源流变迁及其重要的历史事件、人物、机构变迁等过往脉络。多记录，少评论，力图织就数学学院 80 年经历的完整画面，展示数学学院发展的历史足迹和办学成就，不使数代人的奋斗历程随着时间的流逝而被淡忘，为后人留下一段可循迹觅踪的文字。

云南师范大学数学学院的前身是诞生于抗日烽火中的国立西南联合大学师范学院数学系。1937 年抗日战争全面爆发，北京大学、清华大学、南开大学迁往长沙合组国立长沙临时大学。半年后被迫再迁至昆明，1938 年成立国立西南联合大学，7 月 29 日增设师范学院，8 月 16 日师范学院设数学系。三校北返后，1946 年 8 月师范学院留昆独立设置，定名为国立昆明师范学院，设置有数学系。1950 年 6 月 13 日，学校改称昆明师范学院，仍设置数学系。1958 年 6 月昆明师范学院将单科制改为双科制，数学系和物理系合并设置为数理系。1962 年 8 月昆明师范学院数理系分设为数学系和物理系。1984 年 4 月 11 日昆明师范学院更名为云南师范大学。2000 年 7 月 11 日数学系改系建院，成立数学学院。

学院历届党政领导班子对编写院(系)史工作十分重视，都曾做过不少努力和尝试。为纪念 80 周年校庆，在以前多年工作的基础上，2016 年学院党政领导经反复讨论决定启动本书的编纂工作，学院的办学历史是校史的重要组成部分，亦是学校办学历程的重要内容和反映。由于学院办学中的主体是教师和学生，国立西南联合大学理学院数学系和师范学院数学系开设的专业课程对现今课程设置仍具有较多启示，本书编委会除了梳理还原学院各个时期的重要事件外，还整理了教学科研方面的重要工作、师生获奖情况、历任领导名单、现在的机构设置、历年教职工名单、全日制学生名单，收录国立西南联合大学数学课程开课情况、杨武之先生关于国立西南联合大学数学系概况的论述、朱德祥先生和刘声烈先生的生平传记等内容。

学院办学历程大致分为 7 个时期：

(1) 国立西南联合大学师范学院数学系时期(1938～1946 年)

国立西南联合大学师范学院的大部分任课教师由其他院系教师兼任，或与其他学院开设相应的课程并一同上课，师范学院数学系同理学院算学系亦如此，两系是共同的老师，开设同样的课程。这时期书籍杂志匮乏、生活艰困、疏散时多，虽也取得了非常好的学术成就，如华罗庚、许宝騄、陈省身等取得了突出的研究成果，但他们未能得到充分发挥。这个时期先后有数学教授 14 人，副教授 1 人，讲师、教员、研究助教、助教等 40 余人任教，师范学院数学系招收 129 余名学生，毕业 38 名学生。

(2) 国立昆明师范学院数学系时期(1946～1949 年)

1946 年 8 月 1 日，国立昆明师范学院正式成立。查良钊院长促成教育部对国立昆明师范学院与北京大学、清华大学、南开大学三校合作办法予以备案，并列出敦请参加昆明师范学院工作的黄钰生等 9 位教授的具体名单；试行“学季制”(即每学年分 4 学季，每学季 12 周，授课学时和学分不变)，以错开受聘人员与原校工作时间的矛盾；促成教育部批准云南省教育厅与国立昆明师范学院共同筹设“云南国民教育实验区”，先后对晋宁、宜良、路南、陆良、弥勒、泸西等地区的中小学教员进行培训。这一时期亦是新旧政权交替时期，国立昆明师范学院教职工“罢教、罢课、罢工”浪潮此起彼伏。

(3) 昆明师范学院数学系时期(1950～1958 年)

这一时期，学校主要实施管理体制和教学体系的变革，方向是学习苏联。从教学体制、教学组织、专业设置、教材建设直至教学方法、教学环节、考试制度等都全面转向苏联的高等教育体制，基本放弃原来高等教育欧美型的“通才”教育，仿效苏联“专才”模式进行教学改革。数学专业核心专业课程大致跟国立西南联合大学数学专业课程相同。学院建立教学研究组，形成了院、系(科)、教研组三级管理体制和办学体系。数学系重视教育实习工作，实习重点是课堂讲授和班主任工作。刘声烈在《中国科学》《数学学报》发表重要研究成果，朱德祥编写《立体几何》教材。1956 年秋季开始开办数学函授专修科。

(4) 昆明师范学院数理系时期(1958～1962 年)

开展了系科调整的大讨论，学校设立双科制，数学系和物理系合并为数理系。出现了“大跃进”运动、学术批判运动等，学校教育工作受到冲击。在“教育为无产阶级政治服务，教育与生产劳动相结合”的方针指引下，掀起“教育大革命”热潮，对教育与生产劳动相结合作了机械的理解，认为体力劳动结合得越多越好，以致出现“三多三少”的现象，即政治运动多、社会活动多、生产劳动多；上课少、自学时间少、假期少，极大地削弱了正常的教学活动。滇南大学、滇西大学停办，两所大学数学专业学生并入数理系。代数、几何两个教研组合并为代数几何教研组。总体上办学规模不断扩大，办学条件得到极大改善，同时兴起了勤工俭学活动，学校管理逐步走上规范化、制度化，为云南教育发展培养了数学和物理课师资。

(5) 昆明师范学院数学系时期(1962～1984 年)

实践结果表明，双科制办学方式没有起到应有的效果，为加强系的教学行政管理，数理系分设为数学系和物理系。这期间中国历经十年“文化大革命”，教育战线受到冲击，学校停止了一切正常的教学活动。在“文化大革命”中后期，逐步复课并招收工农兵学员上大学，面向农村开门办学。数学系采取多层次、多方式为各地州县举办中小学教师培训班，艰难推进教学工作。“文化大革命”结束，恢复高考招生，现代中国教育出现重要转机。数学系总结办学规律，加强管理，集教育教学、科学研究、服务社会三位于一体，促使教育质量不断提高。1978 年秋季在全校率先招收了林毓材、张天明、杨秀国 3 名硕士研究生，教师发表大量学术论文和多部学术著作，讲习班、讨论班、讲座和会议等学术活动活跃。

(6) 云南师范大学数学系时期(1984～2000 年)

1984 年 4 月 11 日，昆明师范学院更名为云南师范大学。学校进入一个新的发展阶段，明确提出了昆明师范学院为云南基础教育服务、为云南社会经济建设服务的功能。1992 年启动综合改革，在管理体制上实行校、院系二级管理，以院为办学主体的管理体制；在专业改造和建设上，抓一类课程、重点学科、重点专业、硕士点建设和学科带头人的培养工作等措施。数学系修改制定了教学管理规章制度，初步形成系列化配套综合管理制度；修订了教学计划，加强基础、拓宽专业、重视实践、培养能力、增强学生适应性；涌现了一批校级、省级和国家级优秀教学成果；数学系师生率先参与的“顶岗置换”教育实习的改革试验被省内外兄弟院校加以借鉴，引起良好反响；师资队伍、科研工作、学科建设、学术交流、办学条件等方面成效显著。学院教师获得了 3 项国家级教学成果奖，6 人获得国务院政府特殊津贴，1 人被人事部授予“中青年有突出贡献专家”称号并入选中国科学院“百人计划”，《中国教育报》《云南日报》等重要媒体广泛报道了学院师生，产生了广泛的社会影响。

(7) 云南师范大学数学学院时期(2000～2018 年)

进入 21 世纪以来，城乡免费义务教育全面实现，职业教育快速发展，高等教育进入大众化阶段，农村教育得到加强，教育公平迈出重大步伐。国家出台了《国家中长期教育改革和发展规划纲要(2010～2020 年)》。高等教育实施质量工程、师范生免费教育、特岗计划、中小学教师国培计划、推进师德师风建设。2000 年 7 月云南师范大学党委会同意数学系改系建院，成立数学学院。2001 年学院党总支部升格为学院党委，学院各方面工作得到有效开展。

在教学工作上，“数学与应用数学”专业 2000 年被评选为省级重点建设专业；2003 年开始“4+2”学科教学硕士生的专项培养工作；教育部、财政部 2008 年批准云南师范大学“数学与应用数学”专业点为第二批高等学校特色专业建设点，被列为国家一类特色专业建设点；2017 年数学学院招收了第一届云南省公费师范生班；实践教学已形成“见习-讲习-实习-课堂教学比赛一体化，案例分析贯穿全程”的实践教学的全程教学技能训练模式；进行大学数学分层分类教学改革工作；在全国大学生数学建模竞赛和师范生教学技能大赛等比赛中取得突出成绩。

在科学研究上，学院获得国家自科和社科基金项目 55 项，发表 SCI 高水平论文 100 余篇等学术成果，2016 年扩张版(3%)ESI 高引论文数居全校首位，开展了大量的学术交流活动。2002 年成立云南师范大学数学研究所，中国科学院院士郭柏灵担任研究所所长；2007 年成立云南师范大学基础数学研究所，香港大学余解台教授为首任所长。

在学科建设上，“应用泛函分析”2000 年被授牌为省级重点学科，“应用数学”2001 年被批准为“十五”省级重点建设学科，数学学科 2016 年被列为云南省 A 类高原学科。

在重大事件上，2006 年学院顺利完成“迎评促建”本科教学评估工作，各方面工作得到了促进和发展；2010 年学院全部搬迁到云南师范大学呈贡主校区；2013 年数学楼命名为“武之楼”并将杨武之先生的塑像安放其中，以期后世学子观瞻学习；2014 年 5 月校长办公会同意成立大学数学部；2017 年 3 月学院党政联席会议决定撤销原教研室，成立“三系/一部/两中心”。

以上 7 个时期反映了学院的历史脉络和发展状况。

最后须指出的是，本书主要以收集整理和保存历史资料为基本任务，这就决定了我们对一些事件和人物只能是客观地记述，有的甚至是根据档案和有关资料照抄照录，不加任何评论。至于如何把握评价标准，全面地、公正地评判过去 80 年学院在教育改革建设与发展方面的得失，那就等待撰写院史的同仁仔细斟酌和认真研究了。

回顾 80 年发展的历程，尽管历经艰难曲折，但学院始终志存高远，稳步前行，积极进取、勇于开拓。总结过去是为了汲取前行的力量，总结经验是为了加大数学学院发展的动力。长风破浪会有时，直挂云帆济沧海。80 年拼搏的历程告诉我们一个事实，只要我们不忘初心，砥砺奋进，勇于担当，撸起袖子加油干，就一定可以收获数学学院的美好春天。

《云南师范大学数学学院纪事(1938～2018)》编委会

2018 年 4 月

目　录

图录

著名数学家、国立西南联合大学理学院算学系
兼师范学院数学系系主任江泽涵教授

著名数学家、国立西南联合大学理学院算学系
兼师范学院数学系教授姜立夫

著名数学家、国立西南联合大学理学院算学系
兼师范学院数学系系主任杨武之教授

国立西南联合大学理学院算学系
兼师范学院数学系教授赵访熊

国立西南联合大学数学教授、国立昆明师范学院数学系和昆明师范学院数学系系主任蒋硕民

国立西南联合大学讲师、昆明师范学院数学系主任、著名几何学家和教育家朱德祥教授

国立昆明师范学院教师、著名数学家、计算机科学家、云南计算机科学界的拓荒者刘声烈教授

1986 年 5 月，著名数学家、中国科学院陈省身院士来校讲学，并合影留念

前排：著名数学家、中国科学院陈省身院士（左八）、何瑶（左一）、邱达三（左二）、王用华（左三）、冯荣轩（左四）、唐绍宾（左五）、刘声烈（左六）、昆明师范学院院长卢濬（左七）、云南师范大学校长吴积才（左九）、校党委书记李祖荫（右四）、党委副书记叶涛（右三）、数学系主任吕锡麟（右二）、教务处处长唐家祥（右一）

德祥於三十年代曾選習我的黎曼几何回首前塵感觸万端五十年来他在数学教学作了重大的貢献我们是仝年出生的万里外互祝健康有福了

陳省身
一九九一年夏
於加州

1991 年，陈省身先生写给
《朱德祥执教 55 年纪念文集》
编委会的贺信

很高興聽到將為朱德祥先生出版慶祝文集的消息。朱先生是我父親的學生，又曾做过我弟弟们的老師，和我家有兩代的关係。我们全家都極敬佩他的平安誠懇的态度，和為教育工作奉献一切的精神。

楊振宁
九一年夏

1991 年，杨振宁先生写给
《朱德祥执教 55 年纪念文集》
编委会的贺信

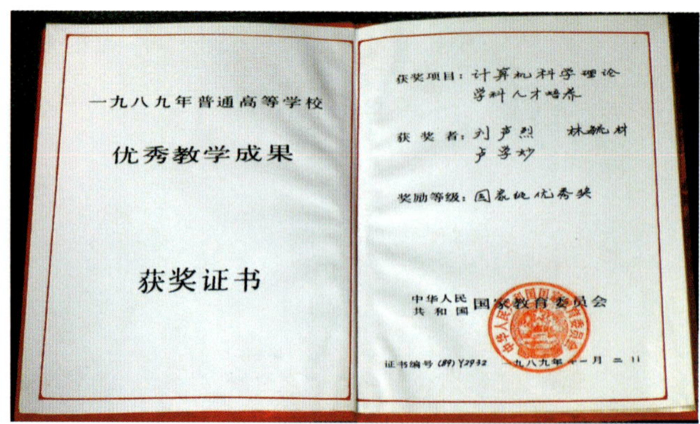

1989 年，刘声烈、林毓材、卢学妙完成的“计算机科学理论学科人才培养”项目获普通高等学校优秀教学成果国家级优秀奖

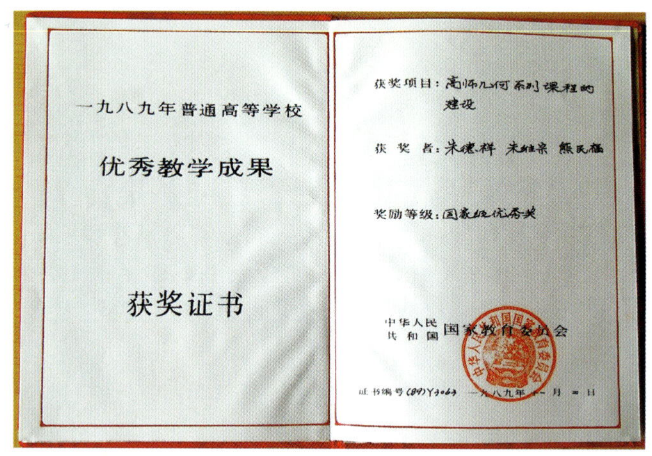

1989 年，朱德祥、朱维宗、熊民福完成的“高师几何系列课程的建设”项目获普通高等学校优秀教学成果国家级优秀奖

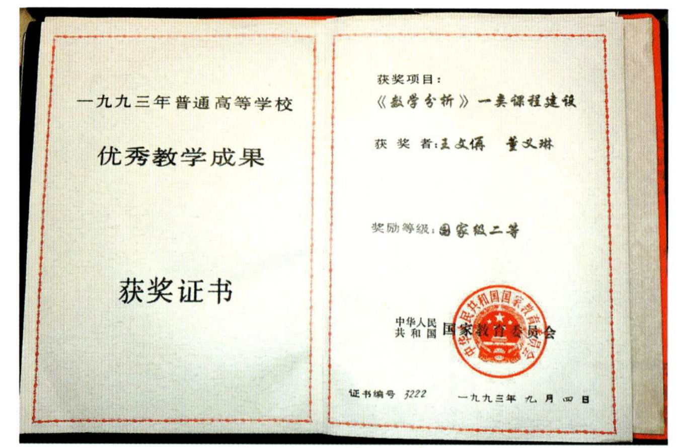

1993 年，王文偁、董义琳合作的“《数学分析》一类课程建设”项目获普通高等学校优秀教学成果国家级二等奖

云南省
高等教育教学成果
获奖证书

证书编号：2005049

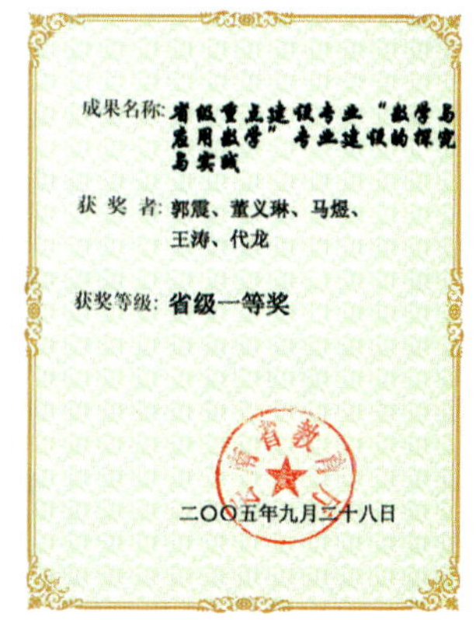

成果名称：省级重点建设专业“数学与应用数学”专业建设的探究与实践

获 奖 者：郭震、董义琳、马煜、王涛、代龙

获奖等级：省级一等奖

二〇〇五年九月二十八日

2005 年，郭震、董义琳等合作的“省级重点建设专业‘数学与应用数学’专业建设的探究与实践”成果获云南省高等教育教学成果奖一等奖

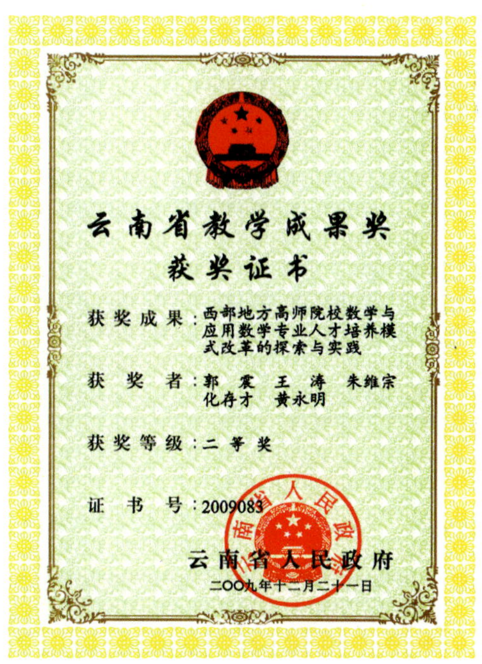

云南省教学成果奖
获奖证书

获奖成果：西部地方高师院校数学与应用数学专业人才培养模式改革的探索与实践

获 奖 者：郭 震 王 涛 朱维宗 化存才 黄永明

获奖等级：二 等 奖

证 书 号：2009083

云南省人民政府

二〇〇九年十二月二十一日

2009 年，郭震等合作的“西部地方高师院校数学与应用数学专业人才培养模式改革的探索与实践”成果获云南省教学成果奖二等奖

刘声烈 同志
被评为全国优秀教师
并授予优秀教师奖章

中华人民共和国国家教育委员会 中华人民共和国人事部 中国教育工会全国委员会

一九八九年九月

第5310427号

1989 年，刘声烈同志被评为全国优秀教师并授予优秀教师奖章

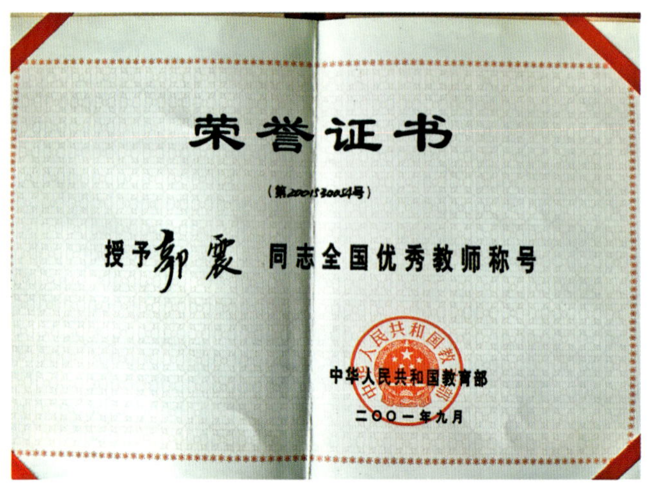

荣誉证书

(第2001530054号)

授予郭震同志全国优秀教师称号

中华人民共和国教育部

二〇〇一年九月

2001 年，郭震被教育部授予全国优秀教师称号

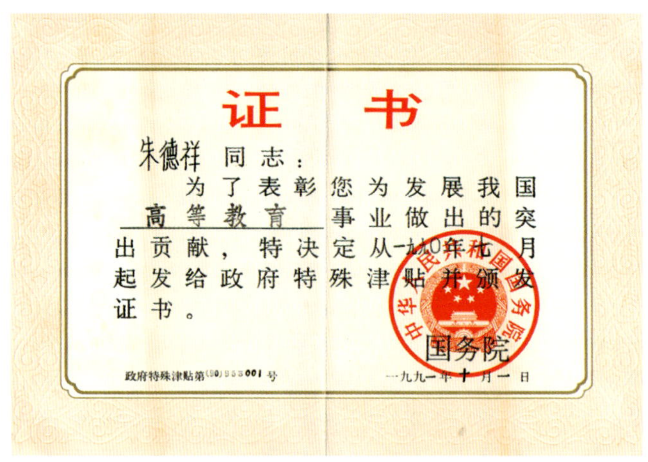

证　书

朱德祥 同志：

为了表彰您为发展我国高等教育事业做出的突出贡献，特决定从一九九〇年七月起发给政府特殊津贴并颁发证书。

国务院

政府特殊津贴第(90)553001号

一九九一年十月一日

1991 年，朱德祥同志获得国务院政府特殊津贴

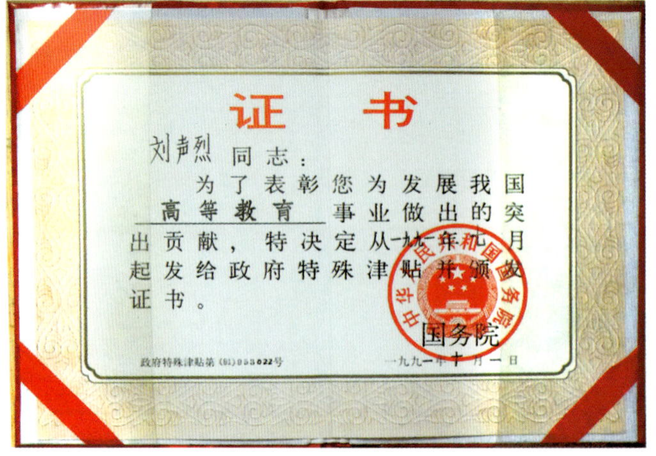

证　书

刘声烈 同志：

为了表彰您为发展我国高等教育事业做出的突出贡献，特决定从一九九一年七月起发给政府特殊津贴并颁发证书。

国务院

政府特殊津贴第(91)553022号

一九九一年十月一日

1991 年，刘声烈同志获得国务院政府特殊津贴

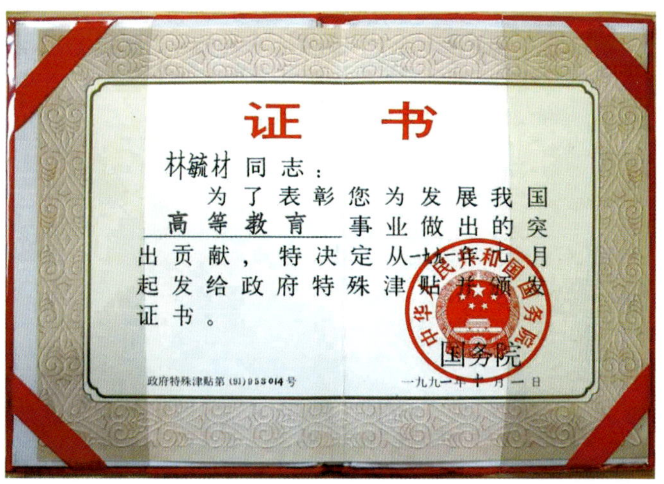

证　书

林毓材同志：

为了表彰您为发展我国高等教育事业做出的突出贡献，特决定从一九[illegible]年七月起发给政府特殊津贴并颁发证书。

国务院

政府特殊津贴第(91)953014号　　一九九一年十月一日

1991 年，林毓材同志获得国务院政府特殊津贴

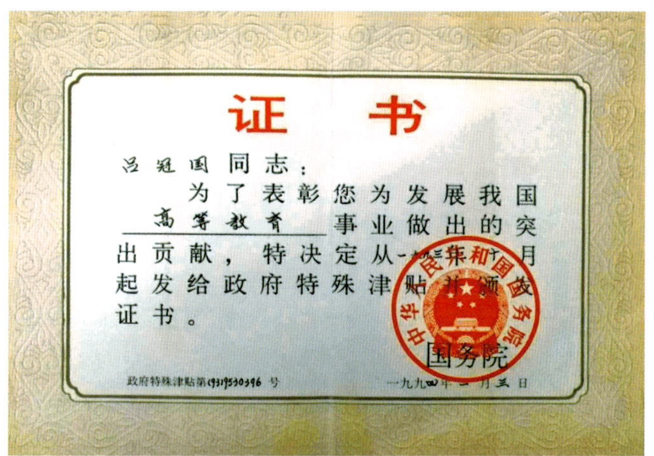

证　书

吕冠国同志：

为了表彰您为发展我国高等教育事业做出的突出贡献，特决定从一九九三年十月起发给政府特殊津贴并颁发证书。

国务院

政府特殊津贴第(93)9530396号　　一九九四年一月三日

1994 年，吕冠国同志获得国务院政府特殊津贴

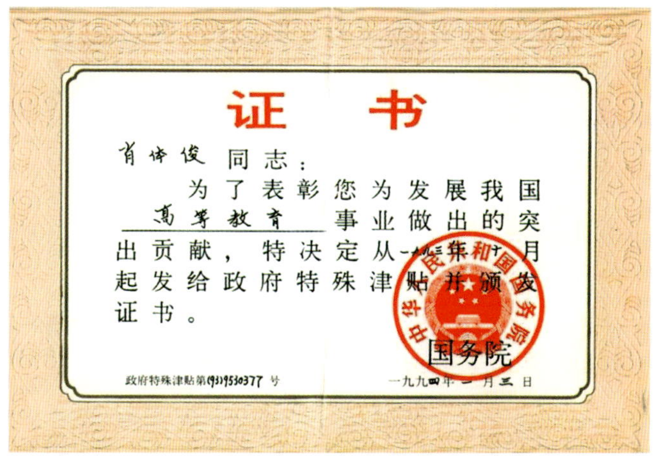

证　书

肖体俊同志：

为了表彰您为发展我国高等教育事业做出的突出贡献，特决定从一九九三年十月起发给政府特殊津贴并颁发证书。

国务院

政府特殊津贴第(93)9530377号　　一九九四年一月三日

1994 年，肖体俊同志获得国务院政府特殊津贴

2001 年，吴鲜同志获得国务院政府特殊津贴

肖体俊博士获得 2000 年度中国科学院“百人计划”支持

1993 年，曾宪梓教育基金会授予吕冠国先生高等师范院校教师奖二等奖

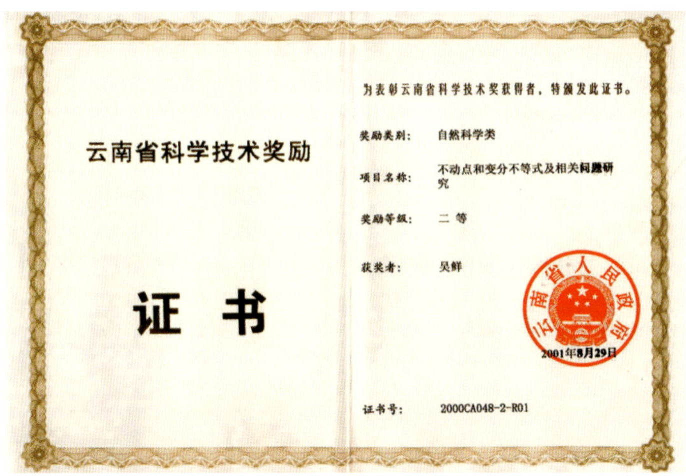

云南省科学技术奖励

证 书

为表彰云南省科学技术奖获得者，特颁发此证书。

奖励类别： 自然科学类

项目名称： 不动点和变分不等式及相关问题研究

奖励等级： 二 等

获奖者： 吴鲜

云南省人民政府

2001年8月29日

证书号： 2000CA048-2-R01

2001 年，吴鲜获得云南省科学技术奖励二等奖

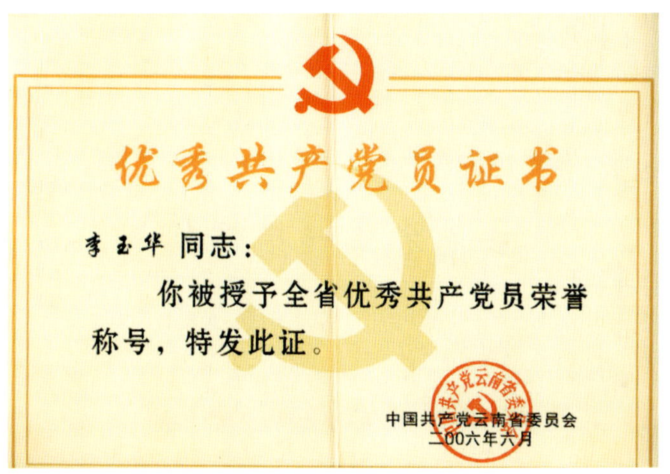

优秀共产党员证书

李玉华 同志：

你被授予全省优秀共产党员荣誉称号，特发此证。

中国共产党云南省委员会

二00六年六月

2006 年，李玉华被云南省委评为优秀共产党员

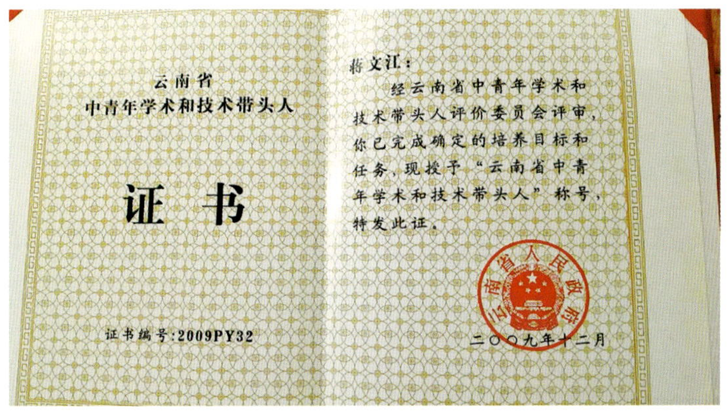

云南省

中青年学术和技术带头人

证 书

证书编号:2009PY32

蒋文江：

经云南省中青年学术和技术带头人评价委员会评审，你已完成确定的培养目标和任务，现授予“云南省中青年学术和技术带头人”称号，特发此证。

云南省人民政府

二〇〇九年十二月

2009 年，蒋文江被授予“云南省中青年学术和技术带头人”称号

2016年，赵富坤同志获“云南省五一劳动奖章”称号

2016年，伍晓敏同志获云南省五一巾帼标兵

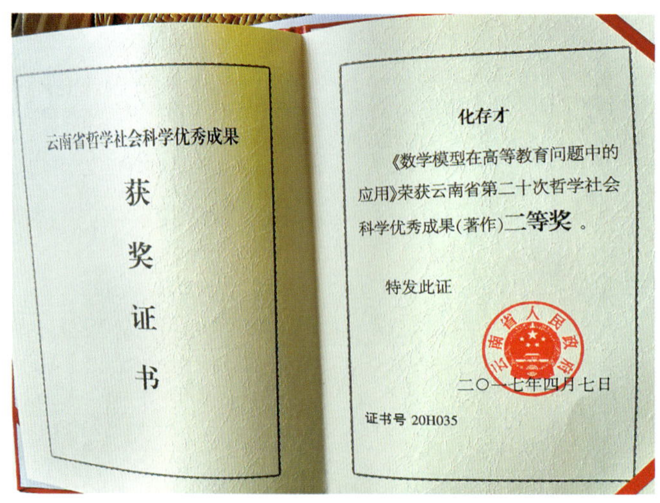

2017年，化存才获得云南省第二十次哲学社会科学优秀成果(著作)二等奖

1986年“计算机科学理论”学科被批准为云南“七五”期间首批省级重点学科。1993年基础数学获得硕士学位授予权。1994年“应用泛函分析”被列为“九五”省级重点学科。2003年和2006年，应用数学、概率论与数理统计分别获得硕士学位授予权。2011年数学学科获批一级学科硕士学位授权点，统计学新增为一级学科硕士学位点。2016年，数学学科列为云南省A类高原学科

数学与应用数学专业2000年被批准为云南省重点建设专业，2008年被教育部、财政部批准为“第二批高等学校特色专业建设点(一类)”(国家级)

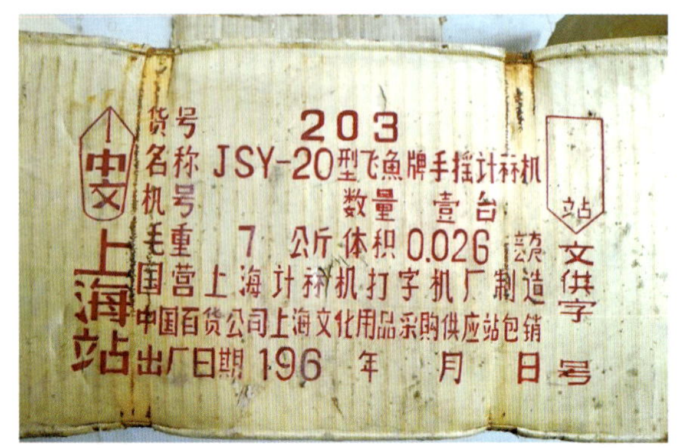

1968 年数学系购置的手摇式计算机

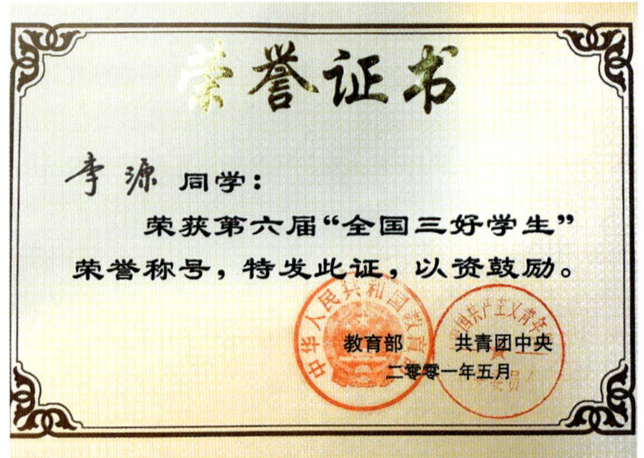

2001 年，李源同学荣获第六届“全国三好学生”荣誉称号

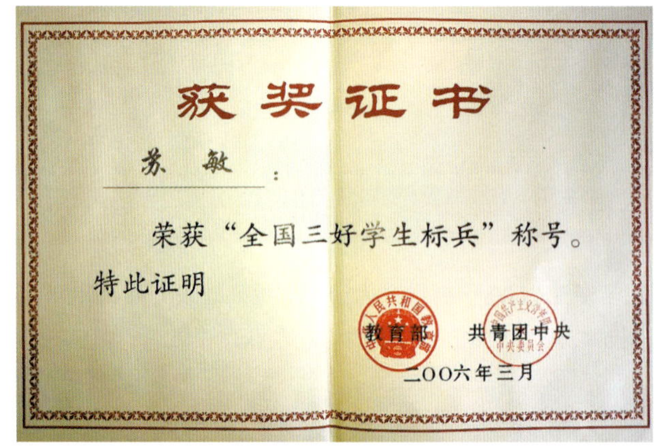

2006 年，苏敏同学荣获教育部、共青团中央共同颁发的“全国三好学生标兵”称号

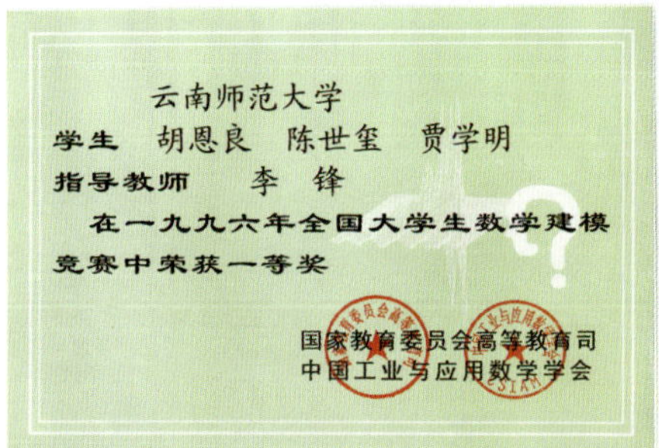

云南师范大学
学生 胡恩良 陈世玺 贾学明
指导教师 李 锋
在一九九六年全国大学生数学建模竞赛中荣获一等奖
国家教育委员会高等教育司
中国工业与应用数学学会

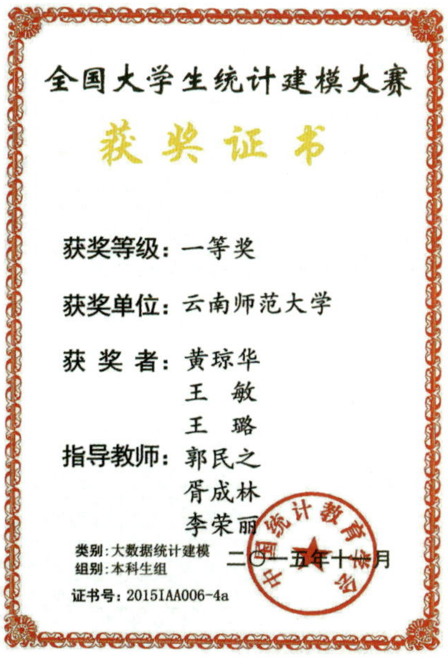

全国大学生统计建模大赛
获奖证书
获奖等级：一等奖
获奖单位：云南师范大学
获 奖 者：黄琼华
王 敏
王 璐
指导教师：郭民之
胥成林
李荣丽
类别：大数据统计建模
组别：本科生组
二〇一五年十一月
证书号：2015IAA006-4a

全国大学生统计建模大赛
获奖证书
获奖等级：一等奖
类 别：统计建模类
组 别：本科生组
获奖单位：云南师范大学
获 奖 者：左烜嘉、李妍雅、熊朝松
指导教师：郭民之
二〇一七年十二月
证书号：2017IAA012-1

1994 年以来，在全国大学生数学建模竞赛、全国大学生统计建模大赛、美国大学生数学建模竞赛、全国研究生数学建模竞赛中共获得 100 余项奖励，其中一等奖 15 项

2016 年以来，数学系研究生每年都在全国全日制教育硕士学科教学（数学）专业教学技能大赛中获得佳绩

1981 年数学系师生参加学校冬季运动会

1985 年数学系学生队获得学校排球比赛第一名

1986 年数学系教师参加学校纪念“五四”歌咏比赛

1996 年学校运动会期间数学系全体教师合影

2004 年数学学院田径运动会合影

2013 年 10 月 15 日，云南师范大学“武之楼”命名暨杨武之先生塑像揭幕仪式在呈贡主校区举行。诺贝尔物理学奖获得者、著名物理学家杨振宁先生及家人，全国人大教科文副主任徐荣凯，云南省委常委、省委宣传部部长赵金等出席

2013 年 10 月 15 日，杨振宁先生携家人共同为杨武之先生头像揭幕

2013 年 11 月 9 日，数学学院 2013 年度研究生工作会议暨科研工作会议在“武之楼”会议室举行。副校长李松林、研究生部部长郑勤红等出席

2015 年 3 月 27 日，蒋永文校长一行到数学学院调研

2016 年 9 月 7 日，数学学院举行第 32 个教师节庆祝活动

2017 年 9 月 28 日，数学学院教师到梁河县开展国培“送教下乡”活动

2017 年 10 月 16 日，云南师范大学校党委书记饶卫一行到数学学院调研

2018 年 8 月 22～25 日，中国科学院马志明院士、校党委副书记何伟全等出席西南联合大学在昆建校暨云南师范大学建校 80 周年校庆高端学术论坛“西南联大数学教育与国际数学文化”暑期学术研讨会

左起：蒋文江、杨干山、李兴平、何伟全、朱维宗、马志明、郭震、王源昌、化存才、汪秉宏、李继彬、杨云波

1954 年 9 月，昆明师范学院数学系全体同志欢送蒋硕民先生离昆赴京留影

前排：吴兴来(左一)、潘朝暾(左四)、高本荫(左五)、唐绍宾(右三)、冯荣轩(右四)、蒋硕民(右五)

后排：吕锡麟(左五)、于家乐(右四)、朱德祥(右三)、郑佩瑶(右二)

1957 级毕业合影

1958 级毕业合影

1972 级数学系工农兵学员毕业照

一排(左起)：何维琼、熊兰英、杜留芝、蒋贵生、赵立敏、陈　凯、钱　明、李静玲、李珍菊、杨丽华、王珍兰、张美芳、李秀兰、王祖芳、周光秀、毛兰芳、卫红、李树英

二排(左起)：(此排均为老师)赵惠然、黄华秋、邱达三、张凤周、简光全、唐家祥、雷逢庄、工宣队师傅、杨忠贤(团委书记)、陆濬(院长)、李成玉(院党委书记)、工宣队师傅、王庆胜(院组织部长)、宋跃(副院长)、刘声烈、吕锡麟、李正芳、王　骅、吴兴来、杨直中

三排(左起)：陈玉先、邱　林、金福祥、杨茂昌、梅　高、武天文、周天平、詹仕蓉、张明武、侯嘉臻、李　树、兰德春、杨春金、杨兴明、张晓林、王志文、丁梅春、彭学文、奚家政

四排(左起)：叶跃东、伏国庆、刘文龙、宝汉访、杨滨生、刀红文、陈建林、廖昆祥、白永俊、李灿东、马培安、谢祥德、陈忠浩、张玉良、彭文堂、阚有贵、杨忠赐老师

五排(左起)：杨凤荣、杨续义、李　湘、杨永顺、张宝昌、和继仁、冯志诚、吴维全、孙　才、祁　楚、杨长发、查天荣、施恩伟、余春里、唐石生、吕冠国老师、许朝春、韩国勇

六排(左起)：张惠能、张广平、寇永祥、马云良、李站通、龚　能、和汝恭、李瑞庭、刘宗朝、熊向荣、牛新亭、杨石生、周吉恩、蒋永正、李才高、杨启贤、董进程、吴志立、陈太礼

1975 年昆明师范学院数学系计算机组毕业合影

一排(左起)：龚　勇　陈　凯　赵惠然老师　吕冠国老师　杨直中教师　孙　才

二排(左起)：彭文学　兰德春　杨茂昌　马培安　李灿东

三排(左起)：牛新亭　施恩伟　李占通　李才高　查天荣　李瑞庭

1976 级毕业团支部合影

1977 级毕业留影

第二排(左起)：邱达三、唐绍宾、冯荣轩、吕锡麟、宋跃、副校长王云、校党委书记张白林、校长卢濬、唐家祥、王用华、蒋嗣渠、胡国樑、李正芳、何瑶

第三排(左起)：徐学钰、谷天慧、赵惠然、高明洁、杨承纶、李忠映、吕冠国、李华明、熊明福

1982 年 6 月，昆明师范学院数学系主办的《组合数学与代数》讲习班全体教师留影

1980 级毕业合影

第一排：胡国樑(左一)、王用华(左二)、系主任吕锡麟(左三)、教务处处长张继康(左四)、校长吴积才(左五)、校党委书记李祖荫(左六)、朱德祥(右五)、校党委副书记叶涛(右四)、唐家祥(右三)、李正芳(右二)、熊民福(右一)

第三排：雷逢庄(左一)、杨承纶(左二)、吕冠国(左三)、李忠映(右一)

1981级学生毕业合影

第一排(左起)：唐增强、冯荣轩、吕锡麟、副校长宋跃、校党委副书记叶涛、校党委书记李祖荫、校长吴积才、副校长唐家祥、朱德祥、王用华、蒋嗣渠、子家燕、高明洁

第二排(左二起)：王俊、邵儒林、王骅、王从胤、吕冠国、燕琼芝、黄华秋、雷逢庄、李正方、杨承纶、李光德、乔中春、李忠映、杨树堂

刘声烈教授(后排右四)与刘彦佩研究员(后排右三)及数学系研究生

(林毓材、卢学妙、李才恒、眭跃飞、曹存根、李昂生等)合影

2006年“4+2”本硕连读班毕业合影

2018年3月10日，《云南师范大学数学学院纪事(1938～2018)》
统稿会在云南师范大学一二·一西南联大校区举行(1)

2018 年 3 月 10 日，《云南师范大学数学学院纪事（1938～2018）》
统稿会在云南师范大学一二·一西南联大校区举行（2）

凡　例

一、《云南师范大学数学学院纪事(1938～2018)》(以下简称《纪事》)，以编年体为编纂方法、事件为中心，结合纪事本末体编写，即以年、月、日的时间顺序叙述，但对一定时间内发生的事件，若关系较为紧密者，则集中叙述；若独立性较强者则分别列条目。

二、对同一时间内发生的几件事情，每件事前面都加“△”以示区别。无法确定时间者，则用“本年度”“本月”“上半年”“下半年”等方式表述，均放在该时间段末。

三、行文中出现的数字，一般使用阿拉伯数字，如年月日或统计数据。但对于院(系)党政的文件，上级部门的指示、文件则原文照录，未做规范处理。

四、对领导干部的任免调动情况，只收录院(系)级领导，其他人除特殊情况外，一般不收录。

五、凡属会议记录与正式文件不同者，以正式文件为准。

六、《纪事》中教师和学生名单，项目、著作、论文等科研情况以及获奖清单等仅作史料，不作档案资料，亦不作为凭证资料。

云南师范大学数学学院概况

云南师范大学数学学院前身是国立西南联合大学师范学院数学系，诞生于 1938 年抗战烽火中。学院先后经历了国立西南联合大学师范学院数学系(1938～1946)、国立昆明师范学院数学系(1946～1949)、昆明师范学院数学系(1950～1958)、昆明师范学院数理系(1958～1962)、昆明师范学院数学系(1962～1984)、云南师范大学数学系(1984～2000)、云南师范大学数学学院(2000～2018)7 个历史发展阶段。著名数学家江泽涵、杨武之、蒋硕民、朱德祥等曾任数学系主任。学院继承了教学与科研并重的传统，培养了大批人才，取得了丰硕的学术和教育成果。中国科学院院士(学部委员)中的国立西南联合大学数学系师生有 5 人：其中教师有华罗庚、江泽涵、许宝騄，学生有王湘浩，外籍教师陈省身。数学家、数学教育家朱德祥教授、刘声烈教授等为学院的发展奠定了坚实的基础，学院传承并保持了优良的传统。

学院自 1938 年办学初始即招收本科学生，1952 年增招专科学生，1956 年招收成人教育学生，1966～1971 年教学被迫中断，1972～1976 年招收本科学生(三年制)，1977 年全国恢复高考正式招收本科学生，1978 年开始招收硕士研究生。自 1938 年办学以来，共培养硕士研究生、全日制本科生、专科生和专修科学生 11000 余人，形成了一个多层次、多规格的办学体系。各层次学生遍布云南各州市及省外部分地区。

学院曾设置有函数、方程、代数、几何、计算机应用、教材教法、应用数学、函授、基础数学、经济数学、金融等教研室以及计算机科学、理论计算机科学研究室，现设置“三系一部两中心”：数学系、应用数学系、统计系、大学数学部、教师教育发展中心、计算与实验中心。“数学与应用数学”专业是国家级“特色专业建设点(一类)”，“统计学”是省级重点本科专业。建成“概率论与数理统计”和“数学模型”云南省高等学校精品课程 2 项、云南省高等学校课程资源共享平台 2 个。《高等几何》《概率统计试验教材》入选云南省“十二五”规划教材，《数学实验》《高等数学》入选科学出版社“十二五”教材出版规划项目。

学院现有在职职工 74 人，其中教授 13 人，副教授 27 人，博导 3 人，硕导 37 人，具有博士学位教师逾 50%。学院教师获得“普通高等学校优秀教学成果奖国家级优秀奖”2 项、国家级二等奖 1 项；6 人获得国务院“政府特殊津贴”；2 人获得“全国优秀教师”称号；2 人被评为“全国教育系统劳动模范”；1 人获人事部“中青年有突出贡献专家”称号并入选中国科学院“百人计划”；1 人获得“云南省特级劳动模范”称号；5 人获云南省有突出贡献中青年专家称号，6 人被评为云南省中青年学术技术带头人(含后备)等殊荣。出版和翻译著作、教材 100 余部，主持省部级及以上项目 110 余项(其中国家自然科学基金和国家哲学社会科学基金项目 55 项)，以第一作者发表重要科研论文 350 余篇(被 SCI 检索 100 余篇)，科研获奖 60 余项(其中省部级及以上奖励 30 项)。

学院现有本科生、研究生共计 1700 余名，其中，全日制在校研究生 120 余人。云南省数学会理事长即由学院郭震教授担任。学院教学科研及办公用房面积达 6000 平方米。

学院是云南师范大学建立早、师资力量较雄厚、学术水平较高的系科之一。1986 年“计算机科学理论”入选“七五”期间首批省级重点学科。1993 年云南师范大学基础数学获得硕士学位授予权。1994 年应用泛函分析被列入“九五”省级重点学科建设。1998 年数学系“数学学科教育”被评选为“九五”校级重点学科。2000 年成立“数学研究所”。2001 年“应用泛函分析”被确定为云南省首批挂牌的重点学科，“应用数学”被批准为“十五”省级重点建设学科。2003 年和 2006 年，应用数学、概率论与数理统计分别获得硕士学位授予权。2011 年，数学获批一级学科硕士学位授权点，新增统计学一级学科硕士学位点。2016 年数学学科成为云南省 A 类高原学科。

学院继承了学术交流的优良传统，与外部保持学术沟通和交往。早在 1943～1946 年，陈省身、华罗庚先后被派往美国研究、讲学，为国立西南联合大学的科研教学和人才培养创造了重要的条件。1988～1991 年，应(美)南达科他州立大学邀请，林毓材教授由学校派出赴南达科他州立大学计算机系讲授研究生课程《递归论与算法》。学院邀请了百余人次海外杰出学者和港台地区等知名学者以及中国科学院院士来访，并为本科生和教师开设短课和讲座。主办第七届全国高等院校高等几何教学学术研究会、高等几何暨初等数学学术研讨会、微分几何国际研讨会、偏微分方程会议、复动力系统及 Teichmuller 空间国际会议等高端数学学术会议。国际著名数学家德国 U. Simon 教授、中国科学院郭柏灵院士、中国科学院严加安院士、北京大学刘嘉荃教授、中国人民大学吴喜之教授、香港中文大学辛周平教授、香港大学田国梁等一流学者多次到学院讲学、访问。

学院不断深入探索学生教育管理模式，充分发挥专业教师在学生思想政治教育中的能动性和积极性，达到全员育人的教育目标。通过大一新生晚自习、“小黑板”计划、学生成长记录、课堂教学比赛等专业素质培养活动，促进学生形成良好学风，增强学生就业竞争力。云南师范大学数学与应用数学专业本科毕业生特色：专业基础厚实，教师技能突出，敬业精神强，教研能力高，综合素质好，80%以上在基础教育一线就业，受到用人单位普遍欢迎，近两年就业率一直保持在 90%以上。自 1994 年以来，在全国大学生数学建模竞赛、全国大学生统计建模大赛、美国大学生数学建模竞赛、全国研究生数学建模竞赛中共获得 100 余项国家及国际级奖励，其中一等奖 15 项。

学院培养的学生中有众多品学兼优的杰出校友和大量各类人才。国家千人计划学者、代数图论和置换群论的国际学术带头人李才恒教授(1982 级硕士生)先后就职于澳大利亚西澳大学、北京大学，现任南方科技大学教授，1998 年被国际数学组织 ICA 授予 Kirkman 奖章。中国科学院“百人计划”李昂生研究员(1985 级硕士生)在可计算性理论研究中解决了 1967 年 Lachlan 提出的学科主流方向问题(40 余年未解决)以及 Shannon 1953 年提出的信息科学和计算机科学半个多世纪的重大挑战性科学问题。1981 级院友李松林现任云南省科技厅党组书记。校友中涌现出一大批中学数学骨干教师，如全国优秀教师、特级教师、云南省师德标兵、云南省优秀校长康成(1957 级)，中学高级教师、现任云南师范大学附属中学党委书记王朝训(1982 级)等。

多年来，学院各项工作稳步发展，教职员工认真负责履行岗位职责，80 年来形成了“严谨务实、潜心育人”的优良传统，整个学院多年沐于追求真知、和谐发展的氛围中。新的历史时期，云南师范大学数学学院将以更加昂扬的姿态、更加务实的作风，团结奋斗，推动学院发展迈上新的台阶！

国立西南联合大学师范学院数学系时期（1938～1946）

1937 年“七七事变”，抗日战争全面爆发后，北京大学、清华大学、南开大学南迁，最先组建国立长沙临时大学；1938 年初再度西迁，4 月在昆明成立国立西南联合大学，8 月增设师范学院。1946 年 7 月 31 日，由梅贻琦主持国立西南联合大学第 385 次(最后一次)常务委员会，宣布国立西南联合大学结束。1941～1946 年，中华民国教育部共进行了六届“补助学术研究及奖励著作发明”学术奖励。1941 年，华罗庚《堆垒素数论》著作获自然科学类一等奖，许宝騄数理统计论文获二等奖。国立西南联合大学当时虽地处边疆，环境闭塞，条件简陋，但学校教育和教学并不封闭，尽可能与外部沟通和交流。1943～1946 年，陈省身、华罗庚先后被派往美国研究、讲学或做访问学者，为国立西南联合大学的科研教学和人才培养创造了重要的条件。国立西南联合大学继承了三校教学与科研并重的传统，并集中了三校科学研究的优势，各院系也注重提倡和鼓励进行多方面的学术研究。算学系提倡“学”与“思”并重，主要任务为培养数学研究人才。此阶段以华罗庚、许宝騄、陈省身三人的研究成果最为突出。华罗庚的堆垒素数和数论研究、许宝騄在统计学中多元分析数学理论、陈省身在微分几何中对高斯-波涅公式的研究和拓扑学方面均获得一些重要成果，属当时国际数学界的先进水平。1940 年国立西南联合大学和云南大学两校的算学系合作共同举办全面抗战以来规模最大的数学学术报告会，为推进全国性的数学研究等活动做出了贡献。国立西南联合大学时期，师生们在数学上取得了丰硕的学术和教育成果。

国立西南联合大学数学专业毕业生人数统计

学籍学校	1937 年	1938 年	1939 年	1940 年	1941 年	1942 年	1943 年	1944 年	1945 年	合计
国立西南联合大学			1		3	4	5	4	7	24
北京大学	10	6	1	1	1		1			20
清华大学	6	4	6	3	5					24

续表

学籍学校	1937年	1938年	1939年	1940年	1941年	1942年	1943年	1944年	1945年	合计
南开大学	2	1								3
合计	18	11	8	4	9	4	6	4	7	71

国立西南联合大学历年数学专业在校生人数统计

院别	系别	1937年	1938年	1939年	1940年	1941年	1942年	1943年	1944年	1945年
理学院	算学系	44	20	63	51	41	31	15	28	40
师范学院	数学系			9	4	3	9	4	1	

1938年

1月19日，国民政府批准国立长沙临时大学迁往昆明。

1月20日，国立长沙临时大学校常委会决议迁往昆明，31日开始准备，2月中旬出发，4月28日抵达昆明。

2月3日，陈省身先至香港，乘船到越南海防，再换乘开往昆明的火车。同行者有蒋梦麟、饶毓泰、程毓淮，以及杨武之、江泽涵两家，15日抵达昆明。

2月4日，第48次常委会决议：通过图书、理工设备设计委员会及教授会主席联席会议建议图书仪器购置办法，并推定江泽涵为数学系在广州或香港购买书籍之负责人。

3月30日，国民党临时全国代表大会通过《战时各级教育实施方案纲要》："教育为立国之本，整个国力之构成，有赖于教育，在平时亦然，在战时亦然。我国古代教育，向以德智体三育为纲，礼乐射御书数为目，故德智并重而不偏废，文武合一而不轩轾，文科与实科兼顾，而克应群己之需要，家庭教育与学校教育一贯，以造成完全之公民，这六艺之真意一失，而教育之基础动摇矣。"又通过《关于战时高等师范的要案》："一、对于全国各地各级学校之迁移与设置，应有通盘之计划，务与政治经济实施方针相呼应。二、对师资之训练应特别重视，而亟谋实施，各级学校教师之资格之审查，与学术进修之办法，应从速规定，为培养成中等学校德智体所需之师资，并应参酌从前高等师范之旧制而急谋设置。"

4月2日，奉教育部电令：改组国立长沙临时大学为国立西南联合大学。原电称："国立长沙临时大学，该校应改称国立西南联合大学，奉院令奉国防最高会议通过，合电令遵照，关防另行颁发，教育部汉冬。"

4月28日，湘滇黔旅行团师生到达昆明。他们行程3500余里，历时68天，除途中休息及因天气阻滞外，实际步行40余天。

5月2日，1937年度第二学期开学，注册开始。

6月28日，加请罗常培、陈福田、杨武之为学校本届招考委员会委员。

7月29日，奉教育部令，决定在国立西南联合大学、国立中央大学、国立中山大学与国立浙江大学内各增设师范学院。

8月16日，教育部致电学校蒋梦麟、梅贻琦、张伯苓三常委："电悉，该校师范学院院长经择定黄钰生教授担任，仰即照聘。”通过《国立西南联合大学招收转学生暂行办法》。

8 月 16 日，西南联合大学师范学院设数学系，专门培养中学数学教师。系主任由理学院算学系主任兼任；教授也由算学系教授兼，除系主任外，还有姜立夫、张希陆；孙本旺也任过助教。师范学院建立之初，姜立夫曾建议开设初等数学鸟瞰一课，以克莱因(F. Klein)的 *Elementary Mathematics from a Higher View* 为蓝本，向高年级学生讲授。教育部未予采纳，但同意向低年级学生讲授初等数学复习的意见。

9 月，教育部举行全国国立各院校第一次统一招生。

10 月 17 日，关于“数学”“算学”二名呈复教育部之代电：

重庆教育部钧鉴：案奉钧部高壹 3 字第 07870 号训令，召集数学系或算学系教授对于数学、算学二名决定其一呈报，并将该系教授总人数及赞成人数具报等因；奉此，查本校原系北大、清华、南开三校联合而成，北大于数年前改数学系为算学系，清华及南开自始即名为算学系，本校今名，亦为算学系。本校现值暑假，该系各教授散在各处，一时不易召集。谨电呈复，仰祈鉴核。国立西南联合大学叩签印①。

10 月 28 日，学校向云南省政府商借文林街原昆华中学旧址南北两院为校舍。师范学院设于昆华中学北院，南院设为女生宿舍。

11 月 24 日，第一学期开始注册选课。编制校歌校训委员会呈文学校常委，将拟定的校训“刚健笃实”呈请公决。

11 月 30 日，学校第 95 次常委会会议议决：一、本校以“刚毅坚卓”为校训。二、本校文、法、师三学院二年级以上学生，不选习自然科学者，本学年得暂免缴纳预存赔偿费，但如有损坏学校公物，仍须责令赔偿。

12 月 23 日，西南联大第 109 号布告：经 98 次常委会议决，依照本校师范学院所拟师范学院学生宿舍暂行规则通过。其规则为：一、师范学院全体学生为实行集体生活、培养自治习惯起见，须在指定之宿舍寄宿；二、宿舍门窗启闭皆按定时；三、因病因事请假临时在外寄宿，男生须经军训教官之许可，女生须经女生指导之许可；四、各宿舍内之安宁秩序、清洁，由住在该宿舍之全体学生负责；五、来访者应在各宿舍之接待室，不得延请至宿舍；六、公用器物不得随意迁移或私自增减。

12 月 24 日，姜立夫与竺可桢、饶毓泰赴北平研究院会晤严暮光。

1938 年，算学名词审查委员会在姜立夫教授主持下，经过十多年对算学名词的修订后，由中国科学社名词审查委员会正式出版，定名为《算学名词汇编》，这是中国第一部数学名词辞典，收录 7400 多条数学词汇，全部给出中英文对照，而且尽可能同时给出相应的法文、德文和日文。该书序中介绍：“本编既已脱稿”“颇愿得姜君一言以为序。顾

---

① 附：教育部关于讨论“数学”“算学”二词的训令(高壹3字第07870号)(1938年9月24日)

令国立西南联合大学：查我国各大学对于“数学”“算学”二名互用，由来已久。在组织上，有“数学系”或“算学系”；在学科上，有“数学”或“算学”，内容本属一致。徒以一字之岐，致滋观念混淆。依历史言，二字俱有本源。盖“数”为六艺之一，由来甚早，清初编印《数理精蕴》，卓然巨著，是“数学”一名，有其根据。但《周髀算经》，书亦甚古。“算学”一名，亦有其价值。然为学术便利计，似应予以统一。本月九日，本部召开大学课程讨论会第一次会议，对于本问题，佥主由各大学数学系或算学系同仁，发表意见，由部决定等情拟此，合行令仰该校召集数学系或算学系教授对于“数学”“算学”二名，决定其一，呈报到部，以凭汇案核办。各该系教授总人数及赞成人数并仰一并具报。此令。

廿七年九月廿四日 部长 陈立夫

姜君谦逊固辞，殊感失望”“夫以姜君等之劳，得有此成绩，庶稍堪自慰乎?质之姜君以为如何?是为序”“中国现代数学词汇体系的确立，姜立夫为之倾注了大量心血，无愧为其主要奠基人之一。”同年，刘祈年应聘西南联大数学系任助教，是数学系唯一的女教师。

1939 年

3 月 13～14 日，姜立夫出席在云南大学举行的中央研究院第一届第四次评议会。

3 月 14 日下午，姜立夫与竺可桢至大富春巷 64 号会晤饶毓泰、叶楷、姜淑雁，谈浙江大学被炸经过。后姜立夫与竺可桢至大东门外临江里三友园同济办事处会晤陈绍贤，询问同济大学迁移经过。晚 7 点，姜立夫与竺可桢等人至云南省政府，出席龙云主席晚膳。

3 月 15 日，姜立夫与竺可桢、余青松、谢家声、张子春赴凤凰山天文台及验磁台新址参观。

4 月，西南联合大学致函云南大学，同意其“拟聘本校姜立夫教授为讲师，担任微分几何学三小时”。

6 月 13 日，西南联合大学第 110 次常委会决议：自 1939～1940 年度，本校各学系教授会主席一律改称系主任。关于各学系设备及课程之支配，均由系主任主持。

7 月 18 日，学校第 113 次常委会决议：通过编制校歌校训委员会审定的校歌。

8 月 15 日，教育部训令：本大学自民国 28 年(1939 年)起，招收研究生，并核给补助费用。

8 月 26 日，中国科学社第 140 次理事会修正高女士奖金征文第 1、3 条，限定本届征文范围为数学，公推熊庆来、姜立夫、江泽涵为征求委员，姜立夫为委员会主任。

8 月，教育部通令全国各院校一律选用“数学”为“mathematics”的译名。

9 月 23 日国立西南联合大学关于院系名称的呈文：

案奉

钧部高壹 12 字第 21057 号训令略开：“兹将各学院所属各学系之名称分别规定，两学门以上并合组成之学系由各校院就合组情形拟订名称呈部核定”等因；奉此，查本校各学院所属各学系名称，大多与规定符合，惟文学院设有哲学心理学系，历史社会学系，理学院设有地质地理气象学系，俱系两学门以上并合组成之学系。本校原由北京大学、清华大学、南开大学联合组织，因各校历史及现在设备等种种关系，拟暂时沿用，不加改定。奉令前因，理合具文呈报，仰祈鉴核，谨呈教育部①。

① 附：教育部关于大学及独立学院院系名设置的训令(高壹12字21057号)(1939年8月)

查各大学及独立学院所设学系，名称既多不同，隶属学院亦有岐异。本部于整理大学各学院课程之初，即将各学系名称及隶属学院问题征询各专家意见。并于举行大学分院课程会议时提出讨论。兹斟酌各方意见，将各学院所属各学系之名称分别规定如下：

…

二、理学院设数学、物理、化学、生物学、地质学、地理学、心理学及其他各学系；

…

廿八年八月 部长 陈立夫

9 月 26 日，公布《国立西南联合大学师范学院学生毕业标准及考核办法》。

10 月 13 日，教授会选举 1939～1940 年出席校务会议的教授代表，姜立夫当选为候补代表。

11 月 1 日，中国数学会重新组织《数学杂志》编委会，其成员有：胡敦复、何鲁、朱公谨、周美权、王仁辅、魏嗣銮，郑之蕃、姜立夫、范会国。

11 月 5 日，姜立夫、张希陆等人为西南联合大学 1939 年学生生活指导委员会委员。

11 月 14 日，江泽涵辞理学院算学系及师范学院数学系主任职务，聘请杨武之担任算学系及数学系主任。

11 月 19 日，《云南日报》发表署名文章《物价高涨下，大学生苦难当》，说他们卖衣裳交伙食费，然而他们还在艰苦地学习着，贡献力量，报效祖国。

1939 年秋，江泽涵与陈省身、程毓淮、刘晋年等举办形势几何学讨论班。

1940 年

3 月 22 日，姜立夫在重庆参加中央研究院评议会会议，会议开始为蔡元培致哀。

4 月 6 日，姜立夫受聘任中央研究院评议会第二届评议员。他也是该评议会的第一届评议员，是这两届中央研究院评议会中唯一的数学家。

8 月 21 日，聘请杨善基为西南联合大学师范学院数学系教授。

9 月 15～17 日，在云南大学召开中国科学社、中国天文学会、中国物理学会、中国植物学会、中国数学会、新中国农学会六学术团体联合年会，熊庆来、姜立夫参加了会议的筹备工作，姜立夫任论文委员会委员。15 日下午举行数学会会务会议，改组并宣告成立新中国数学会。会议推定姜立夫、熊庆来、陈建功、苏步青、孙光远、江泽涵、杨武之、华罗庚、陈省身为理事。再经理事互推姜立夫任会长，陈省身任文书，华罗庚任会计，会后即召开新中国数学会第一届年会，宣读论文 41 篇。

10 月 2 日，为避免空袭，学校上课时间改订每日上午 7:00～10:00，下午 3:00～6:00，每课 40 分钟，两课间休息 5 分钟，遇有警报，一律停课，警报解除后一小时内，照常上课。

10 月 11 日，杨武之当选教授会出席校务会议候补代表。

10 月 24 日，朱家骅与竺可桢“谈及天文研究所，谓拟将天文变成算学与天文二组，以姜立夫为所长”。竺可桢认为，姜立夫“对于行政事务不愿意干，且与南开之关系甚深，恐其不愿脱离”。后该方案未获通过。

11 月 13 日，因日本进犯滇西，学校奉教育部令准备迁到四川，于是在四川叙永设立分校。学校第 161 次常委会决议成立叙永分校，请杨振声任分校主任，成立分校校务委员会，请杨振声、陈嘉、郑华炽、蒋硕民、吴之椿为委员，杨振声为主席。

12 月 25 日，姜立夫致函傅斯年，谈及数学研究所筹建“对于研究员之延聘，宜特别注重研究能力，宁缺毋滥”，并“可商同原校分期合聘”。“至于筹备处主任一节，则系暂时性质，既承雅命，义不容辞，自当竭蹶从事，免襄盛举”。“所长之职，于立实不相宜”。

1940 年，江泽涵、申又枨、程毓淮、刘晋年等继续举办形势几何学讨论班一个学年。华罗庚、蒋硕民、曾远荣、陈省身、王湘浩等举办代数讨论班。

1941 年

2 月 25 日，姜立夫致函傅斯年，谈及数学研究所筹建，因“国内算学人才最感缺乏，大学师资今尚不敷分配”，对于研究院“为合作或参考之便利，或可准其在规定时内分赴适当之大学，从事研究或讲演”。关于图书设备“不可租空屋数椽，便请研究员到所工作，故正式成立之期，至少须在第一批书籍收到之后，此点对于所之前途，关系甚大”。建议“筹备处设主任与秘书，均定为不支薪之誉职，其余事务员等，一切从简，所省经费，全为购书之用”。

3 月 7 日，经学校常委会第 170 次会议议决，规定以学校前身国立长沙临时大学于 1937 年在长沙开始上课的 11 月 1 日为学校校庆日。

3 月 13 日，姜立夫自昆明到重庆，出席在中央图书馆举行的中央研究院第二届评议会第一次年会，15 日又列席中国科学社理事会会议，并到重庆南开中学见张伯苓，谈西南联大南开同人情况，张伯苓请姜立夫转达问候。

3 月 17 日，姜立夫出席中央研究院会议，商定中央研究院评议西文出版办法。

3 月，经中央研究院评议会决议，在昆明成立了数学研究所筹备处，由姜立夫任主任。

4 月 8 日，敌机 27 架轰炸昆明。

8 月 6 日，聘请陈鸿远为理学院数学系教员。

8 月 14 日，学校遭敌机轰炸，新校舍内学生宿舍 1、2、3、7、28、32、36 被炸。师范学院、女生宿舍、教职员宿舍大部分被炸毁。南区生物实验室被炸，北区校委办公室、训导处、图书馆藏书室、总务处和第 7、8 教室均被炸，学生只得三三两两以柏杨树为家。同日，学生自治会发出学校被炸启事。其中谈到“敌人此种特意摧毁我文化机关之野蛮行为，诚属令人发指，然敌机仅可摧毁吾人之物质，而不能摧毁吾人之精神，此更增吾人之仇恨，而不可挫折抗战决心”。

10 月 23 日，聘请郑华炽、李继侗、杨振声、陈福田、杨武之、雷海宗、陈岱孙、刘仙洲为本校 1941 年度一年级学生课业指导委员会委员，并请郑华炽为该委员会主席。

11 月 25 日，蔡维藩、华罗庚、刘晋年、陈省身等 54 位教授联名致函国立西南联合大学常委会，为“负担綦重，今已罗掘俱穷，告贷无门，若不积极设法，则前途何堪设想”。为此，特恳“从速召集全体教授大会，共商办法”。

1941 年

△新中国数学会第二届年会在昆明举行，宣读论文 63 篇。

△蒋硕民、陈省身、许宝騄、庄圻泰、王湘浩等举办分析讨论班。

△程毓淮、孙树本、栾汝书、蓝仲雄在叙永分校举办群论讨论班，刘晋年在讨论班上讲过不动点定理。

△蒋硕民应聘到设在贵州湄潭的浙江大学任教授。

1942 年

4 月 17 日，华罗庚、许宝騄等荣获第一届（1941 年度）国家学术奖励金。国家学术奖励金是由全国最高学术审议机关——教育部学术审议委员会设立的，奖励范围共分八类，即文学、哲学、古代经籍研究、社会科学、自然科学、应用科学、工艺制造、美术，数学属于自然科学类。第一届八类共一等奖 2 名，二等奖 10 名，三等奖 17 名。华罗庚著作《堆垒素数论》获一等奖，许宝騄“数理统计论文”获二等奖。

当年的《高等教育季刊》第 2 期对华罗庚获自然科学类第一个国家学术奖励金一等奖评论道：“华氏对于数学方面之成就，世界科学研究之士，类知其名，其于分析的数论，造诣甚深，而于堆垒数论（additive number theory）尤其甚大贡献，在质与量两方面，均引起国际学者之重视。苏联数论名家 Vinogradow 教授曾于 1941 年函商华氏，将近年所得关于堆垒数论之结果，汇集成书，代于莫斯科出版。嗣以时局影响，不果实现，是稿即系本届获奖之件。关于堆垒数论之研究，熊庆来先生曾略分析其内容，兹录于此，以当介绍，其言曰：‘堆垒数论之研究，始于英国之大数学家 Hardy 与 Littlewood 二氏，其说成基于宋经证明之 Riemann 假定，含该假定而立论，以期得根本正确结果之工作，则苏联大数学家 Vinogradow 氏实开其端，而华君集其成，所研究主要问题中素数变数之联立方程式的讨论，则始于华君，进而为精深之研究者，亦惟华君。所论三角函数和中之一著名问题，乃堆垒数论之重要工具，当代大数学家 Weyl. Hardy，Littlewood，Vinogradow 及 Mordell 诸氏，均有甚深之研究。而华君所得结果，较诸氏为优，且据称为至佳者云。又华君关于著名 Goldbach 问题及堆垒数论之基础之 Mean-Value theorem 定理，均有超卓之结果，此其贡献之荦荦大者，其他创获之结果甚多。书中提出甚为有趣之问题，可为致力于此者之导线，亦属可贵’，云云。由此可知华氏对于数学研究上之成就，而《堆垒素数论》一著作之伟大价值，盖可知矣。”

华罗庚获奖的评审专家，除熊庆来外，还有何鲁。华罗庚的《堆垒素数论》送审后，1941 年夏天，何鲁在“重庆火炉”中挥汗校勘，一再对人说：“此天才也！”看完后写了长篇介绍，以他当时的声望，坚持要求设在陪都重庆的教育部给予奖励，尤其难能可贵的是，他还用工整小楷抄录了这部佳作的全稿，共抄了 12 本珍藏。20 世纪 50 年代他将这 12 本手抄稿回赠给了华罗庚，收藏在中国科学院数学研究所。

5 月 4 日，举行春季运动会，停课一日。上午进行赛跑及掷铁饼，下午因警报不能继续，改于星期日继续比赛。

6 月 3 日晚，设在西南联大的新中国数学会举行茶会，庆祝西南联大理学院算学系教授华罗庚、许宝騄荣获教育部学术审议委员会颁发的国家学术奖励金。

7 月 11 日，学校发出 1942 年度招生广告：招考一年级新生、二三年级转学生和研究生。

7 月，姜立夫兼任数学研究所研究员。

9 月，新中国数学会第三届年会在贵州湄潭举行，会议宣读论文 72 篇。

10 月 7 日，聘请彭慧云为学校理学院算学系教员。

11 月 4 日，西南联合大学第 239 次常委会决议：杨武之因病辞本校理学院算学系主任及师范学院数学系主任职务，改请江泽涵为两系主任。

11 月 26 日，陈省身当选第五届校务会议教授代表的候补代表。

1943 年

6 月 13 日，国立西南联合大学第 264 次常委会决议：聘请赵访熊为理学院算学系兼师范学院数学系主任。

7 月 15 日，陈省身应维布伦(O. Veblen)的邀请，由昆明启程赴美，于 8 月 14 日抵达美国普林斯顿高等研究所。

8 月 14 日，清华、北大、南开三校研究生举行联合茶会，并筹组三校研究生联合会。

8 月 19 日，学校接受交通银行在学校设置“育才奖学金”之请求；接受全国学生救济委员会在学校设置“建国奖学金”之请求。

11 月 24 日，国立西南联合大学第 281 次常委会决议：赵访熊辞理学院算学系兼师范学院数学系主任职务，聘请杨武之为两系主任。

12 月 8 日，聘请邓汉英为学校理学院数学系助教。

1943 年

△新中国数学会第四届年会在重庆北碚举行，宣读论文 48 篇。

△中央研究院数学研究所筹备处 1941～1943 年第一次工作报告报道了姜立夫的两篇论文：*A matrix theory of circles and spheres* 和 *Laguerre's geometry of circles and spheres*。

△江泽涵、王湘浩、孙树本、栾汝书、蓝仲雄、崔士英等举办拓扑群讨论班。

1944 年

2 月 23 日，喻传鉴致函黄钰生、姜立夫等，希望会同梅贻琦等推进“伯苓四七奖助金”运动在昆明开展。

3 月 10 日，姜立夫在重庆参加中央研究院第二届评议会。

3 月 15 日，聘请姜淑雁为西南联大师范学院初级部专任教师。

4 月 4 日，战后全国实施师范教育五年计划，已经师范教育会议通过，每省至少设一院校，以国立为原则，教育部将设专门机构聘师范教员。

4 月 5 日，云南省临时参议会召开第二届第一次大会、第十八次驻会委员会，由议长龙云报告。该会议提请注意培养中等学校师资，以改进教育，教育厅经教育部核准，俟战事结束，即准西南联大师范学院单独设立，继续训练师资，供应以满足本省教育需要。

4 月 24 日，张伯苓致函蒋梦麟和梅贻琦，推荐姜立夫、邱宗岳、冯文潜、黄钰生出国进修。

8 月 9 日，聘请朱德祥为学校理学院算学系讲师。

10 月 14、15 日，新中国数学会举行第五届年会，时逢中国科学社成立 30 周年纪念，在昆明同八学术团体联合年会同时举行。年会由熊庆来主持。10 月 14 日，孙本旺在会上宣读了《局部重凝形势群之构造》《黎曼几何之一定理》《有限投影几何之共线问题》等三篇论文。

10 月 19 日，姜立夫致函朱家骅，大力推荐华罗庚去苏联访问，称“苏联科学近年突飞猛进，对于研究机关之组织，研究人才之培养，处处可供吾人借鉴。华君若于此时成行，不但在研究工作上可得许多方便，对于本院数学所之发展前途，裨益亦正不少”。“华君天才卓越，成绩斐然”。

10 月，师范学院与云南省教育厅合作举办的中等学校在职教员晋修班开学。晋修班分文史地、数理化两组，学制为一年，共招生 91 人。

11 月 11 日，姜立夫再次致函朱家骅，“鄙意拟请先生特别设法，派遣华君赴苏考察一年，庶使华君研究工作得以顺利进行，本处筹备设施亦得多所取法。是华君个人之幸，亦即国家学术之兴”。

12 月 19 日，教育部致财政部公函，“附送本部第一批派遣国外研究人员名单”，姜立夫等 57 人名列其中。

1944 年，蒋硕民返校任教。

1945 年

3 月 22 日，姜立夫出席在重庆举行的中央研究院院务会议，并报告数学所工作。

4 月 5 日，姜立夫等南开大学教授、校友和学界友人及河北籍人士二百余人到重庆南开中学为张伯苓拜寿。

9 月 13 日，黄钰生因公赴渝，请假 3 个月，联合迁移委员会委员职务由刘晋年暂行兼代。

12 月 1 日，上午 10 时后，在李宗黄、关麟征指挥下，由国民党、三青团及军官总队组成的一伙暴徒分头进攻本校新校舍、师范学院、工学院及西南联大附中，他们撕毁壁报，捣毁校具、殴打师生，并用手榴弹炸死南菁中学教员于再、西南联大师范学院学生潘琰和李鲁连、昆华工校学生张华昌。这一天，暴徒在各处杀害师生 4 人，打伤 60 余人，造成了震惊中外的“一二·一”惨案。

1945 年，新中国数学会第六届年会在重庆举行。姜立夫在《科学记录Ⅰ》上发表论文：*A matrix theory of circles and spheres*（圆素与球素几何的方阵理论）。中央研究院数学研究所筹备处 1944～1945 年第二次工作报告报道了姜立夫的两篇论文：*A matrix theory of circles and spheres* Ⅱ：*Laguerre's geometry of spheres* 和Ⅲ：*Lie's gemotry of circles*。

1946 年

1 月 28 日，举行西南联大迁移委员会第二次会议，数学系教授刘晋年参加会议。

2 月 19 日，西南联大迁移委员会第三次会议在清华办事处会议室举行，刘晋年参加了会议。

4 月 23 日，教育部电令北京大学、清华大学、南开大学三校恢复原校。

5 月 4 日，国立西南联合大学举行结业式。典礼结束后，举行国立西南联合大学纪念碑揭幕式。纪念碑按照传统的款式刻着：文学院院长冯友兰撰文，中国文学系教授闻一多篆额，中国文学系主任罗庸书丹；背面是《国立西南联合大学抗战以来从军学生题名》，刻着：校志委员会纂列，中国文学系教授唐兰篆额，数学系教授刘晋年书丹。

5 月 27 日，刘晋年经重庆飞往北平。

6 月 15 日，教育部发布训令：国立西南联合大学，本部为培植西南各省中学师资起见，业经决定将该校师范学院自本年 8 月起在昆独立设置，改称“国立昆明师范学院”。查良钊被任命为国立昆明师范学院院长。

6 月 17 日，教育部训令：国立昆明师范学院分设国文、史地、英语、教育、数学、理化、博物、体育等学系，并附设中学。

6 月，姜立夫到美国普林斯顿高等研究所进修，数学研究所筹备工作由陈省身代理。

7 月 11 日，西南联大北上复校的最后一批学生离昆北上。著名民主人士和社会教育家李公朴于当晚 10 时被国民党特务枪杀。

7 月 15 日，下午五时，本校教授闻一多及其长子闻立鹤在西仓坡西南联大宿舍门前遭国民党特务狙击，闻一多身中数弹，当场牺牲，其长子闻立鹤亦身负重伤。

7 月 27 日，北上复校途经上海的师生及当地西南联大校友 200 多人，举行闻一多追悼会，并致函蒋介石、杜鲁门、马歇尔，要求缉办凶犯，严惩祸首，以平众怒。

1946 年，新中国数学会第七届年会在成都举行。会员约 200 人，会长为熊庆来。华罗庚赴美国讲学，选中孙本旺与之同行，同时赴美的还有唐敖庆、李政道等。到达美国后，孙本旺进了纽约大学的柯朗数学研究所(Courant Institute of Mathematical Sciences)。

国立西南联合大学数学教授名录

理学院算学系					
姓　名	生卒年	姓　名	生卒年	姓　名	生卒年
陈省身	1911～2004	程毓淮	1910～1995	华罗庚	1910～1985
江泽涵	1902～1994	姜立夫	1890～1978	蒋硕民	1910～1992
刘晋年	1904～1967	申又枨	1901～1978	许宝騄	1910～1970
杨武之	1896～1973	曾远荣	1903～1994	张锡禄	1901～1988
赵访熊	1908～1996	郑之蕃	1887～1963		

师范学院数学系					
姓　名	生卒年	姓　名	生卒年	姓　名	生卒年
江泽涵	1902～1994	姜立夫	1890～1978	杨武之	1896～1973
杨善基	1904～1966	赵访熊	1908～1996		

陈省身(1911～2004)，浙江嘉兴人。1930年毕业于南开大学，1934年获清华大学硕士学位，1936年获德国汉堡大学博士学位。1937～1943年任清华大学和西南联大教授，1943～1946年在美国普林斯顿高等研究所任研究员，1946年后历任中央研究院数学研究所代理所长，美国芝加哥大学教授，加州大学伯克利分校教授，伯克利数学研究所所长。1984年创办南开数学研究所。美国科学院院士，法国及意大利等国家科学院外籍院士，中国科学院外籍院士，是世界著名的数学家。

程毓淮(1910～1995)，江苏南通人。1928年高中毕业后赴德留学。1934年获德国哥廷根大学哲学博士学位，主要研究微分方程式论、群论和拓扑学。1936年回国，先后任北京大学、西南联大教授。1946～1949年任美国纽约大学副研究员，1949～1950年任研究员。1962年被选为台湾“中央研究院”院士。

华罗庚(1910～1985)，江苏金坛人。初中毕业后当店员，后获熊庆来赏识，于1930年被聘为清华大学算学系图书管理员，1936年，在英国剑桥大学随著名数学家哈代学习。1938年秋从英国回国，任清华大学和西南联大教授。在西南联大任教期间，在解析数论研究方面获得出色的研究成果。1946年秋，赴美在普林斯顿高级研究所工作。1948年当选为中央研究院院士。1950年回国，筹组中国科学院数学研究所和重组中国数学会，分别任所长和理事长。曾任中国科学院副院长。1958年起他还执教于中国科技大学，编写《高等数学教程》。1955年为中国科学院数理化学部委员并任副主任，被聘为美国科学院院士、第三世界科学院院士。

江泽涵(1902～1994)，安徽旌德人。1926年毕业于南开大学，1927年赴美，1930年在哈佛大学获博士学位。1931年回国，任北京大学数学系教授兼系主任。抗战期间，在西南联大任教授兼算学系主任。1955年被聘为中国科学院数理化学部委员(院士)。中国拓扑学研究的创始人。

姜立夫(1890～1978)，浙江平阳人。1911年赴美留学，先就读于康奈尔大学，后入哈佛大学。1918年获博士学位，留校任教。回国后，先任厦门大学教授，后任南开大学教授，创办南开大学算学系。1934~1936年赴德国哥廷根大学做访问学者。抗战期间，在西南联大任教并参与筹建中央研究院数学研究所。抗战胜利后曾在南开大学、岭南大学任教。1948年当选中央研究院院士。1949年后在中山大学任教。主要研究领域为微分几何学和函数论。

蒋硕民(1910～1992)，湖北应城人。1928年中学毕业即进入德国哥廷根大学学习，1935年获德国马堡大学博士。1938年任南开大学、西南联大教授。主要研究偏微分方程式论及积分方程式论。抗战胜利后，1948年任国立昆明师范学院数学系主任，1950年兼任学院教务长。1954年调任北京师范大学教授。

刘晋年（1904～1967），天津人。1930 年美国哈佛大学毕业获哲学博士。曾任南开大学、西南联大教授。主要研究理论力学和微分方程式论。抗战胜利后仍回南开大学任教。曾任中国民主促进会天津市委副主任委员，中国数学会天津分会理事长等职务。在南开大学独立开设了几何、代数、微分方程等课程。一生致力于数学、物理学的教学与研究工作。

申又枨（1901～1978），山西高平人。1926 年毕业于南开大学。1934 年获美国哈佛大学数学博士学位，历任南开大学、西南联大、北京大学教授。1934～1935 年任教于南开大学，1935 年任北京大学数学系教授，抗战时期，任西南联大教授。抗战胜利后回到北京大学数学系任代理系主任。1951 年他应邀至沈阳东北工学院数学系访问和工作。1952 年院系调整时，再次回北京大学执教。

许宝騄（1910～1970），北京人。先就读于燕京大学化学系，1930 年到清华大学改攻数学，1933 年在北京大学任教。1936 年赴英，在剑桥大学深造，兼做讲师。1938 年和 1940 年先后获哲学博士、科学博士学位。回国后任西南联大教授，在我国首次系统地开设数理统计课程。1945 年赴美，执教于加州大学伯克利分校等，1947 年回国任教于北京大学直至逝世。他是中国数理统计学的开创者和奠基人。在统计学中多元分析数学理论方面从事若干处于世界前沿的工作。在概率论和数理统计方面的贡献有极高的国际声誉。1948 年当选为中央研究院院士。1955 年当选为中国科学院数理化学部委员。

杨武之(1896～1973)，安徽合肥人。1918 年毕业于北京高等师范专科学校，后赴美国斯坦福大学学习，又入芝加哥大学研究院深造，1928 年获博士学位。曾任厦门大学、清华大学、西南联大教授，西南联大师范学院数学系主任。从事代数学、数论的研究。抗战胜利，三校复员北返，杨武之留昆明师范学院任数学系主任，后到同济大学、大同大学担任教职，1949 年后在复旦大学任教。

曾远荣(1903～1994)，四川南溪人。1927 年毕业于清华大学，1933 年获美国芝加哥大学博士学位。回国后，历任中央大学、清华大学、西南联大、燕京大学等教授。抗战胜利后，先后在四川大学、南京大学任教授。曾远荣是国内《数学学报》《数学进展》的早期编委之一，曾任中国数学会南京分会理事会副主席等。

张锡禄(1901～1988)，天津人。后改名为张希陆。毕业于清华大学。后考取了清华大学“庚子赔款”赴美留学资格就读于威斯康星大学数学系。在获得学士学位之后，又转入芝加哥大学研究院继续学习数学专业。1928 年回国后，历任南开大学数学系教授、厦门大学理学院院长兼数学系主任、西南联合大学教授经济数学及统计学教授。20 世纪 50 年代初，张希陆积极参加抗美援朝运动。他将一生的精力和热情全部投入到数学的教学与科研工作中。

赵访熊(1908～1996)，江苏武进人。1928 年毕业于清华大学，同年赴美，1930 年毕业于麻省理工学院电机系，获工程科学学士学位，1931 年获哈佛大学算学研究所硕士学位。1933 年回国，任清华大学教授。抗战时期任西南联大算学系教授，从事应用数学和计算数学的研究。1962 年和 1978 年先后两次任清华大学副校长，并受聘担任国务院学位委员会学科评议组委员、中国计算数学学会理事长等职。

郑之蕃(1887～1963)，江苏吴江人。1900 年入上海复旦大学，后又入美国康奈尔大学数学系，获学士学位。1911 年回国，在福建马尾海军学校、上海南洋公学等学校任教。后长期执教清华大学，1927 年任清华大学算学系主任。1937～1940 年先后任教于长沙临时大学和西南联合大学。他是清华大学数学系的创办人之一。抗战胜利后仍回清华大学任教。他对中国数学教学研究的发展和数学书刊的出版都起了极大的作用。

杨善基(1904～1966)，安徽安庆人。1925 年南开大学毕业后任怀中教师，1929 年留学美国哈佛大学。回国后历任青岛大学、厦门大学、西南联大、南昌大学教授，国立编译馆编辑，蓝田师范学院数学系主任。20 世纪 50 年代至 60 年代担任《数学道报》编辑。

国立西南联合大学算学系和数学系教职员工名单

1938 年国立西南联合大学数学教师名单

职务职称	姓名	性别	籍贯	学院	系别	校籍
教授兼系主席	江泽涵	男	安徽旌德	理学院	算学系	北大
教授	程毓淮	男	安徽歙县	理学院	算学系	北大
	申又枨	男	山西高平	理学院	算学系	北大
	陈省身	男	浙江嘉兴	理学院	算学系	清华
	杨武之	男	安徽合肥	理学院	算学系	清华
	曾远荣	男	四川南溪	理学院	算学系	清华

续表

职务职称	姓名	性别	籍贯	学院	系别	校籍
教　　授	赵访熊	男	江苏武进	理学院	算学系	清华
	郑之蕃	男	江苏吴江	理学院	算学系	清华
	姜立夫	男	浙江平阳	理学院	算学系	南开
	蒋硕民	男	湖北应城	理学院	算学系	南开
	刘晋年	男	天津	理学院	算学系	南开
	张希陆	男	天津	理学院	算学系	南开
副 教 授	赵　凇	男	四川阆中	理学院	算学系	北大
助　　教	孙树本	男	浙江绍兴	理学院	算学系	北大
	龙季和	男		理学院	算学系	北大
	王湘浩	男	河北	理学院	算学系	北大
	段学复	男	陕西华州	理学院	算学系	清华
	闵嗣鹤	男	江西	理学院	算学系	清华
	徐贤修	男	浙江	理学院	算学系	清华
	伉铁健			理学院	算学系	南开
	刘忻年	女		理学院	算学系	南开
半时助教	李盛华			理学院	算学系	北大
教授兼系主席	江泽涵	男	安徽旌德	师范学院	数学系	北大
教　　授	杨武之	男	安徽合肥	师范学院	数学系	清华
教　　授	姜立夫	男	浙江平阳	师范学院	数学系	南开
实习导师	刘薰宇			师范学院	数学系	
助　　教	孙本旺	男	江苏高邮	师范学院	数学系	

1939 年国立西南联合大学数学教师名单

职务职称	姓名	性别	籍贯	学院	系别	校籍
教　　授	程毓淮	男	安徽歙县	理学院	算学系	北大
	江泽涵	男	安徽旌德	理学院	算学系	北大
	申又枨	男	山西高平	理学院	算学系	北大
	陈省身	男	浙江嘉兴	理学院	算学系	清华
	华罗庚	男	江苏金坛	理学院	算学系	清华
	杨武之	男	安徽合肥	理学院	算学系	清华
	曾远荣	男	四川南溪	理学院	算学系	清华
	赵访熊	男	江苏武进	理学院	算学系	清华
	郑之蕃	男	江苏吴江	理学院	算学系	清华
	姜立夫	男	浙江平阳	理学院	算学系	南开

续表

职务职称	姓名	性别	籍贯	学院	系别	校籍
教　　授	蒋硕民	男	湖北应城	理学院	算学系	南开
	刘晋年	男	天津	理学院	算学系	南开
	张希陆	男	天津	理学院	算学系	南开
副 教 授	赵　凇	男	四川阆中	理学院	算学系	北大
讲　　师	王湘浩	男	河北	理学院	算学系	南开
教　　员	徐贤修	男	浙江	理学院	算学系	清华
助　　教	龙季和	男		理学院	算学系	北大
	孙树本	男	浙江绍兴	理学院	算学系	北大
	闵嗣鹤	男	江西	理学院	算学系	清华
	伉铁健			理学院	算学系	南开
	刘折年	女		理学院	算学系	南开
教　　授	江泽涵	男	安徽旌德	师范学院	数学系	北大
	杨武之	男	安徽合肥	师范学院	数学系	清华
	姜立夫	男	浙江平阳	师范学院	数学系	南开
	张希陆	男	天津	师范学院	数学系	南开
助　　教	孙本旺	男	江苏高邮	师范学院	数学系	联大

注：《国立西南联大教授名录》中没有1939年数学教师名单，该名单是补充的。本书的做法是：求1938年和1940年教师名单的并集和交集，及它们的差集。1938年和1940年都在学校的教师，一般认为中间的1939年也应该在学校；1938年和1940年有一年不在学校的教师，需要核实。所以交集名单初步确定为1939年的教师名单，其他信息反映了某位教师该年份不在学校，则将其从交集中减去。差集中的名单逐一跟《南开大学数学系大事记(1919～1949)》、《国立西南联合大学数学系概况》(杨武之)、数学必修选修课程表、本书和其他资料信息进行比对并加以确认。

1940年国立西南联合大学数学教师名单

职务职称	姓名	性别	籍贯	学院	系别	校籍
教　　授	程毓淮	男	安徽歙县	理学院	算学系	北大
	江泽涵	男	安徽旌德	理学院	算学系	北大
	申又枨	男	山西高平	理学院	算学系	北大
	许宝騄	男	浙江杭州	理学院	算学系	北大
	陈省身	男	浙江嘉兴	理学院	算学系	清华
	华罗庚	男	江苏金坛	理学院	算学系	清华
	杨武之	男	安徽合肥	理学院	算学系	清华
	曾远荣	男	四川南溪	理学院	算学系	清华
	赵访熊	男	江苏武进	理学院	算学系	清华
	郑之蕃	男	江苏吴江	理学院	算学系	清华
	姜立夫	男	浙江平阳	理学院	算学系	南开

续表

职务职称	姓名	性别	籍贯	学院	系别	校籍
教　　授	蒋硕民	男	湖北应城	理学院	算学系	南开
	刘晋年	男	天津	理学院	算学系	南开
	张希陆	男	天津	理学院	算学系	南开
副　教　授	赵　凇	男	四川阆中	理学院	算学系	北大
讲　　师	陈篑谷	男		理学院	算学系	南开
	王湘浩	男	河北	理学院	算学系	南开
教　　员	徐贤修	男	浙江	理学院	算学系	清华
助　　教	龙季和	男		理学院	算学系	北大
	栾汝书	男	山东蓬莱	理学院	算学系	北大
	孙树本	男	浙江绍兴	理学院	算学系	北大
	王寿仁	男	天津	理学院	算学系	北大
	闵嗣鹤	男	江西	理学院	算学系	清华
	田方增	男	湖北江陵	理学院	算学系	清华
	刘折年	女		理学院	算学系	南开
	陈为敏	男	福建南安	理学院	算学系	联大
	蓝仲雄			理学院	算学系	联大
	钱圣发			理学院	算学系	联大
	虞介藩	男	浙江杭州	理学院	算学系	联大
教　　授	江泽涵	男	安徽旌德	师范学院	数学系	北大
	杨武之	男	安徽合肥	师范学院	数学系	清华
	姜立夫	男	浙江平阳	师范学院	数学系	南开
	张希陆	男	天津	师范学院	数学系	南开
	杨善基	男	安徽安庆	师范学院	数学系	联大
助　　教	伉铁健			理学院	算学系	南开
	孙本旺	男	江苏高邮	师范学院	数学系	联大

1941 年国立西南联合大学数学教师名单

职务职称	姓名	性别	籍贯	学院	系别	校籍
教　　授	程毓淮	男	安徽歙县	理学院	算学系	北大
	江泽涵	男	安徽旌德	理学院	算学系	北大
	申又枨	男	山西高平	理学院	算学系	北大
	许宝騄	男	浙江杭州	理学院	算学系	北大
	陈省身	男	浙江嘉兴	理学院	算学系	清华
	华罗庚	男	江苏金坛	理学院	算学系	清华
	杨武之	男	安徽合肥	理学院	算学系	清华
	赵访熊	男	江苏武进	理学院	算学系	清华
	姜立夫	男	浙江平阳	理学院	算学系	南开

续表

职务职称	姓名	性别	籍贯	学院	系别	校籍
教　　授	蒋硕民	男	湖北应城	理学院	算学系	南开
	刘晋年	男	天津	理学院	算学系	南开
副 教 授	赵　凇	男	四川阆中	理学院	算学系	北大
讲　　师	王湘浩	男	河北	理学院	算学系	南开
教　　员	闵嗣鹤	男	江西	理学院	算学系	清华
	徐贤修	男	浙江	理学院	算学系	清华
	陈鸿远	男	河南舞阳	理学院	算学系	
研究助教	孙树本	男	浙江绍兴	理学院	算学系	北大
助　　教	龙季和	男		理学院	算学系	北大
	栾汝书	男	山东蓬莱	理学院	算学系	北大
	王寿仁	男	天津	理学院	算学系	北大
	田方增	男	湖北江陵	理学院	算学系	清华
	刘祈年	女		理学院	算学系	南开
	陈为敏	男	福建南安	理学院	算学系	联大
	蓝仲雄			理学院	算学系	联大
	虞介藩	男	浙江杭州	理学院	算学系	联大
	施惠同	男	江苏海门	理学院	算学系	
	颜道岸	男	山东滕县	理学院	算学系	
教　　授	江泽涵	男	安徽旌德	师范学院	数学系	北大
	杨武之	男	安徽合肥	师范学院	数学系	清华
	姜立夫	男	浙江平阳	师范学院	数学系	南开
	杨善基	男	安徽安庆	师范学院	数学系	联大
助　　教	孙本旺	男	江苏高邮	师范学院	数学系	联大

注：《国立西南联大教授名录》中没有1941年数学教师名单，该名单是补充的，做法同1939年教师名单。

1942年国立西南联合大学数学系教职员名单

职务职称	姓名	性别	籍贯	学院	系别	校籍
教　　授	程毓淮	男	安徽歙县	理学院	算学系	北大
	江泽涵	男	安徽旌德	理学院	算学系	北大
	申又枨	男	山西高平	理学院	算学系	北大
	许宝騄	男	浙江杭州	理学院	算学系	北大
	陈省身	男	浙江嘉兴	理学院	算学系	清华
	华罗庚	男	江苏金坛	理学院	算学系	清华
	杨武之	男	安徽合肥	理学院	算学系	清华
	赵访熊	男	江苏武进	理学院	算学系	清华
	姜立夫	男	浙江平阳	理学院	算学系	南开

续表

职务职称	姓名	性别	籍贯	学院	系别	校籍
教　　授	刘晋年	男	天津	理学院	算学系	南开
副 教 授	赵　凇	男	四川阆中	理学院	算学系	北大
讲　　师	钟开莱	男	浙江杭州	理学院	算学系	清华
	王湘浩	男	河北	理学院	算学系	南开
教　　员	闵嗣鹤	男	江西	理学院	算学系	清华
	陈鸿远	男	河南舞阳	理学院	算学系	
	彭慧云	女	浙江	理学院	算学系	
研究助教	孙树本	男	浙江绍兴	理学院	算学系	北大
助　　教	栾汝书	男	山东蓬莱	理学院	算学系	北大
	王寿仁	男	天津	理学院	算学系	北大
	田方增	男	湖北江陵	理学院	算学系	清华
	孙本旺	男	江苏高邮	理学院	算学系	联大
	虞介藩	男	浙江杭州	理学院	算学系	联大
	冷生明	男	四川中江	理学院	算学系	
	施惠同	男	江苏海门	理学院	算学系	
	王联芳	男	辽宁	理学院	算学系	
	颜道岸	男	山东滕县	理学院	算学系	

1943年国立西南联合大学数学教师名单

职务职称	姓名	性别	籍贯	学院	系别	校籍
教　　授	江泽涵	男	安徽旌德	理学院兼师范学院	算学系 数学系	北大
	杨武之	男	安徽合肥			清华
	赵访熊	男	江苏武进			清华
	姜立夫	男	浙江平阳			南开
	程毓淮	男	安徽歙县	理学院	算学系	北大
	申又枨	男	山西高平	理学院	算学系	北大
	许宝騄	男	浙江杭州	理学院	算学系	北大
	陈省身	男	浙江嘉兴	理学院	算学系	清华
	华罗庚	男	江苏金坛	理学院	算学系	清华
	刘晋年	男	天津	理学院	算学系	南开
讲　　师	徐贤修	男	浙江	理学院	算学系	清华
	钟开莱	男	浙江杭州	理学院	算学系	清华
	王湘浩	男	河北	理学院	算学系	南开
教　　员	闵嗣鹤	男	江西	理学院	算学系	清华
	田方增	男	湖北江陵	理学院	算学系	清华
	孙本旺	男	江苏高邮	理学院	算学系	联大

续表

职务职称	姓名	性别	籍贯	学院	系别	校籍
教　　员	虞介藩	男	浙江杭州	理学院	算学系	联大
	陈鸿远	男	河南舞阳	理学院	算学系	
	彭慧云	女	浙江	理学院	算学系	
	颜道岸	男	山东滕县	理学院	算学系	
研究助教	孙树本	男	浙江绍兴	理学院	算学系	北大
助　　教	栾汝书	男	山东蓬莱	理学院	算学系	北大
	王寿仁	男	天津	理学院	算学系	北大
	邓汉英	男	江苏南京	理学院	算学系	联大
	冷生明	男	四川中江	理学院	算学系	联大
	胡祖炽	男	湖南长沙	理学院	算学系	
	施惠同	男	江苏海门	理学院	算学系	
	王联芳	男	辽宁	理学院	算学系	
	吴光磊	男	黑龙江宾县	理学院	算学系	

1944 年国立西南联合大学数学教师名单

职务职称	姓名	性别	籍贯	学院	系别	校籍
教　　授	江泽涵	男	安徽旌德	理学院兼师范学院	算学系 数学系	北大
	杨武之	男	安徽合肥			清华
	姜立夫	男	浙江平阳			南开
	程毓淮	男	安徽歙县	理学院	算学系	北大
	申又枨	男	山西高平	理学院	算学系	北大
	许宝騄	男	浙江杭州	理学院	算学系	北大
	华罗庚	男	江苏金坛	理学院	算学系	清华
	赵访熊	男	江苏武进	理学院	算学系	清华
	刘晋年	男	天津	理学院	算学系	南开
讲　　师	孙树本	男	浙江绍兴	理学院	算学系	北大
	钟开莱	男	浙江杭州	理学院	算学系	清华
	王湘浩	男	河北	理学院	算学系	南开
	朱德祥	男	江苏南通			联大
教　　员	闵嗣鹤	男	江西	理学院	算学系	清华
	田方增	男	湖北江陵	理学院	算学系	清华
	孙本旺	男	江苏高邮	理学院	算学系	联大
	施惠同	男	江苏海门	理学院	算学系	
	彭慧云	女	浙江	理学院	算学系	

续表

职务职称	姓名	性别	籍贯	学院	系别	校籍
助　　教	栾汝书	男	山东蓬莱	理学院	算学系	北大
	王寿仁	男	天津	理学院	算学系	北大
	邓汉英	男	江苏南京	理学院	算学系	南开
	冷生明	男	四川中江	理学院	算学系	联大

1945 年国立西南联合大学数学教师名单

职务职称	姓名	性别	籍贯	学院	系别	校籍
教　　授	江泽涵	男	安徽旌德	理学院兼师范学院	算学系 数学系	北大
	杨武之	男	安徽合肥			清华
	赵访熊	男	江苏武进			清华
	姜立夫	男	浙江平阳			南开
	程毓淮	男	安徽歙县	理学院	算学系	北大
	申又枨	男	山西高平	理学院	算学系	北大
	许宝騄	男	浙江杭州	理学院	算学系	北大
	陈省身	男	浙江嘉兴	理学院	算学系	清华
	华罗庚	男	江苏金坛	理学院	算学系	清华
	刘晋年	男	天津	理学院	算学系	南开
	蒋硕民	男	湖北应城	理学院	算学系	南开
专任讲师	孙树本	男	浙江绍兴	理学院	算学系	北大
	徐贤修	男	浙江	理学院	算学系	清华
	钟开莱	男	浙江杭州	理学院	算学系	清华
	王湘浩	男	河北	理学院	算学系	南开
	朱德祥	男	江苏南通	理学院	算学系	联大
教　　员	闵嗣鹤	男	江西	理学院	算学系	清华
	虞介藩	男	浙江杭州	理学院	算学系	联大
	陈鸿远	男	河南舞阳	理学院	算学系	
讲　　师	孙本旺	男	江苏高邮	理学院	算学系	联大
助　　教	栾汝书	男	山东蓬莱	理学院	算学系	北大
	王寿仁	男	天津	理学院	算学系	北大
	田方增	男	湖北江陵	理学院	算学系	清华
	邓汉英	男	江苏南京	理学院	算学系	南开
	冷生明	男	四川中江	理学院	算学系	联大
	徐利治	男	江苏无锡	理学院	算学系	联大
	崔士英	男	福建闽侯	理学院	算学系	南开
	彭慧云	女	浙江	理学院	算学系	
	施惠同	男	江苏海门	理学院	算学系	
	王联芳	男	辽宁	理学院	算学系	

1946年国立西南联合大学数学教师名单

职务职称	姓名	性别	籍贯	学院	系别	校籍
教　授	程毓淮	男	安徽歙县	理学院	算学系	北大
	江泽涵	男	安徽旌德	理学院	算学系	北大
	申又枨	男	山西高平	理学院	算学系	北大
	许宝騄	男	浙江杭州	理学院	算学系	北大
	陈省身	男	浙江嘉兴	理学院	算学系	清华
	华罗庚	男	江苏金坛	理学院	算学系	清华
	杨武之	男	安徽合肥	理学院	算学系	清华
	曾远荣	男	四川南溪	理学院	算学系	清华
	赵访熊	男	江苏武进	理学院	算学系	清华
	郑之蕃	男	江苏吴江	理学院	算学系	清华
	姜立夫	男	浙江平阳	理学院	算学系	南开
	蒋硕民	男	湖北应城	理学院	算学系	南开
	刘晋年	男	天津	理学院	算学系	南开
	张希陆	男	天津	理学院	算学系	南开
副 教 授	赵　淞	男	四川阆中	理学院	算学系	北大
讲　师	孙树本	男	浙江绍兴	理学院	算学系	北大
	徐贤修	男	浙江	理学院	算学系	清华
	钟开莱	男	浙江杭州	理学院	算学系	清华
	王湘浩	男	河北	理学院	算学系	南开
	孙本旺	男	江苏高邮	理学院	算学系	联大
	朱德祥	男	江苏南通			联大
教　员	闵嗣鹤	男	江西	理学院	算学系	清华
	田方增	男	湖北江陵	理学院	算学系	清华
	虞介藩	男	浙江杭州	理学院	算学系	联大
	陈鸿远	男	河南舞阳	理学院	算学系	
	戴良谟			理学院	算学系	
	彭慧云	女	浙江	理学院	算学系	
	施惠同	男	江苏海门	理学院	算学系	
助　教	李盛华			理学院	算学系	北大
	栾汝书	男	山东蓬莱	理学院	算学系	北大
	王寿仁	男	天津	理学院	算学系	北大
	段学复	男	陕西华州	理学院	算学系	清华
	伉铁健			理学院	算学系	南开
	刘䜣年	女		理学院	算学系	南开
	邓汉英	男	江苏南京	理学院	算学系	南开

续表

职务职称	姓名	性别	籍贯	学院	系别	校籍
助　　教	冷生明	男	四川中江	理学院	算学系	联大
	徐利治	男	江苏无锡	理学院	算学系	联大
	崔士英	男	福建闽侯	理学院	算学系	南开
	王联芳	男	辽宁	理学院	算学系	
教　　授	江泽涵	男	安徽旌德	师范学院	数学系	北大
	杨武之	男	安徽合肥	师范学院	数学系	清华
	赵访熊	男	江苏武进	师范学院	数学系	清华
	姜立夫	男	浙江平阳	师范学院	数学系	南开
	张希陆	男	天津	师范学院	数学系	南开
讲　　师	龙季和	男		师范学院	数学系	北大
	刘遵宇	男		师范学院	数学系	
教　　员	陈鸿远	男	河南舞阳	师范学院	数学系	

理学院算学系和师范学院数学系必修选修课程表

1937～1938 年度课程表

课程	必修或选修	学期	学分	教师
微积分(甲)			8	赵　淞
微积分(乙)			8	郑之蕃
微分方程		上	3	赵访熊
线性代数	2，3，4	上	3	蒋硕民
线性代数	2，3，4	下	3	程毓淮
高等几何			6	程毓淮
高等微积(高等分析)		上	6	曾远荣
高等微积(高等分析)		下	4	曾远荣
理论力学	2，3，4		6	刘晋年
数论		下	3	杨武之
微分方程论			6	蒋硕民
复变函数论		下	3	赵访熊
实变函数论(Ⅰ)		上	3	申又枨
实变函数论(Ⅱ)		下	3	申又枨
微分几何		上	3	陈省身
形势几何		上	3	江泽涵
形势几何		下	4	江泽涵

续表

课程	必修或选修	学期	学分	教师
群论		上	3	杨武之
黎曼几何		下	3	陈省身
微积分(丙)		下		戴良谟
微分方程式		下	3	赵　淞

注：

1．学期栏内空白者，表示全学年课程，填上下者，表示上下学期课程。

2．必修或选修栏内，罗马数字填写者，表示某年级必修课程，如Ⅰ、Ⅱ、Ⅲ、Ⅳ各表示第一、二、三、四年级必修课程。用阿拉伯数字填写者，表示某年级选修课程，如1、2、3、4各表示第一、二、三、四年级选修课程。

3．以下表同此说明。

1938～1939年度理学院算学系课程表

课程	必修或选修	学期	学分	教师
微积分　甲	I		8	姜立夫
微积分　乙	I		8	江泽涵
微积分　丙	I		8	杨武之
微积分　丁	I		8	郑桐荪
微积分　戊	I		8	曾远荣
微积分　己	I		8	赵　淞
微积分　庚	I		8	戴良谟
微积分　辛	I		8	刘薰宇
高级算学　甲	1		8	申又枨
立体解析几何	1	下	3	杨武之
微分方程　甲	I, II	下	3	郑桐荪
微分方程　丙	I, II		3	戴良谟
微分方程　丁	理	上	3	赵　淞
高等微积分　甲	电		6	赵访熊
高等微积分　乙	II		8	程毓淮
高等代数	II		6	蒋硕民
高等几何	II		6	陈省身
近世代数	3,4		6	华罗庚
微分几何	3,4	下	3	姜立夫
复变函数论	III, IV		6	申又枨
微分方程论	3,4		6	刘晋年
偏微分方程论	3,4	上	3	蒋硕民
高级算学　乙	1		8	刘薰宇
数论		下	3	华罗庚

1939～1940 年度

课程	必修或选修	学期	学分	教师
微积分　甲(注一)	I		8	姜立夫
微积分　乙(注一)	I		8	江泽涵
微积分　丙(注一)	I		8	杨武之
微积分　丁(注一)	I		8	刘晋年
微积分　戊(注一)	I		8	郑桐荪
微积分　己(注一)	I		8	张希陆
微积分　庚(注一)	I		8	赵　淞
高级算学　甲	I	上	4	曾远荣
高级算学　甲	I	下	4	刘薰宇
高级算学　乙	I	上	4	赵　淞
高级算学　乙	I	下	4	戴良谟
微分方程　甲(注二)		上	3	赵　淞
微分方程　乙(注二)		上	3	赵访熊
微分方程　丙(注二)		上	3	戴良谟
微分方程　丁(注二)		上	3	戴良谟
高等微积分　甲(注三)			6	赵访熊
高等微积分　乙(注三)	II		8	曾远荣
方程式论	2	上	3	杨武之
高等代数	II		6	程毓淮
高等几何	II		6	姜立夫
微分方程式论	III	上	3	刘晋年
微分几何	III	下	3	陈省身
近世代数	III	下	3	蒋硕民
复变函数论	III	下	3	申又枨
偏微分方程及变分法	4		6	蒋硕民
数论	2,3,4	上	6	华罗庚
形势几何	4	上	3	程毓淮
形势几何	4	下	3	江泽涵
高等几何(二)(注四)	4		6	陈省身
代数讨论班	4		4	华、蒋、曾、陈、王
形势几何学讨论班	4		4	陈、程、刘、江

注一：微积分甲、丙、丁三组为理学院各系及师范学院数学系学生设，乙、戊、己、庚四组为工学院学生设。

注二：微分方程甲组为理学院各系学生设，乙、丙、丁三组为工学院学生设。

注三：高等微积分甲组为工学院设，乙组为理学院设。

注四：高等几何(二)包括直线几何学、球面几何学、非欧几何学等。

师范学院数学系

课程	必修或选修	学期	学分	教师
平面解析几何	I	上	3	张希陆
立体解析几何	I	下	3	张希陆
高等算术(注一)	II	上	3	华罗庚
高级几何	II	下	3	郑桐荪
微积分　甲(注二)	II		8	姜立夫
微积分　乙(注二)	II		8	江泽涵
微积分　丙(注二)	II		8	杨武之
微积分　丁(注二)	II		8	刘晋年

注一：高等算术与理学院数论上学期合班。

注二：微积分与理学院微积分合班。

1940~1941 年度理学院算学系

课程	必修或选修	学期	学分	教师
微积分　甲	I，II，III	上	3	赵访熊
微积分　乙	I，II，III	上	3	徐贤修
微积分　丙	I，II，III	上	3	徐贤修
高等代数	理 II，III 师 II，III		6	杨武之
高等几何	理 II，III 师 II，III		6	江泽涵
高等微积分　甲	I，II，III		7	赵访熊
高等微积分　乙	理 II，III 师 II，III		8	姜立夫
点集(Point Set)	3,4	上	3	江泽涵
微分几何	III，IV	上	3	陈省身
近世代数 I	III，IV	上	3	程毓淮 申又枨
微分方程论	III，IV	下	3	陈省身
函数论	III，IV		6	程毓淮 申又枨
射影微分几何	研，3，4		4	陈省身
数论	研，3，4		6	华罗庚
形势几何讨论班				江、申、程、刘
分析讨论班				蒋、陈、叶、许、王、庄
数理统计　甲(注一)	3，4		3	许宝騄
数理统计　乙	3，4		2	许宝騄
点集论　乙	3，4		2	江泽涵

注一：甲乙课程必须同选，其预修课程为高等微积分。

师范学院数学系

课程	必修或选修	学期	学分	教师
数学复习	II		6	杨善基
微积分	II		8	杨武之
微分方程　丁	II, III		3	杨善基
高等代数	II, III		6	杨武之
高等几何	II, III		6	江泽涵
高等微积分　乙	II, III		8	姜立夫

1941～1942 年度理学院算学系

课程	必修或选修	学期	学分	教师
高级算学 I	I	上	4	陈鸿远
微积分 I	I		8	杨武之
微积分 II	I		8	曾远荣
微积分 III	I		8	王湘浩
微积分 IV	I		8	赵　淞
微分方程 I	2	上	3	赵　淞
微分方程 II		上	3	赵访熊
微分方程 III		上	3	徐贤修
微分方程 IV		下	3	赵访熊
微分方程 V		下	3	徐贤修
三角形及圆		上	2	龙季和
高等代数	II		6	刘晋年
高等几何	II		6	江泽涵
高等微积分 I	II , III		8	姜立夫
高等微积分 II			8	赵访熊
高等微积分 III			8	徐贤修
数论	3，4	下	3	杨武之
微分几何	III，IV	上	3	江泽涵
近世代数	III，IV		6	程毓淮
微分方程论	III，IV	下	3	程毓淮
数理统计 III	3，4，研	上	5	许宝騄
数理统计 IV	3，4，研	下	3	许宝騄
函数论	III，IV		8	申又枨
形势几何	3，4，研		6	陈省身
Distribution of Primes and Theory Zeta Funtion	4，研选		6	华罗庚
高等微分几何	4，研选		6	陈省身
无穷级数	2，3，4	上	3	刘晋身

续表

课程	必修或选修	学期	学分	教师
解析数论	研 4	下	2	华罗庚
高级数学　II	I	下	4	曾远荣
投影几何		下	3	陈省身

1942～1943 年度理学院算学系、师范学院数学系公用

课程	必修或选修	学期	学分	教师
高级数学(上)	1，2，3，4	上	4	申又枨
高级数学(下)	1，2，3，4	下	4	刘晋年
初等微积分 I	I		8	王湘浩
初等微积分 II	I		8	赵　凇
初等微积分 III	I		8	许宝騄
初等微积分 IV	I		8	杨武之
初等微积分 V(注一)			8	钟开莱
初等微积分 VI	I		8	赵访熊
微分方程(一)	II	上	3	赵　凇
微分方程(二)		上	3	赵访熊
微分方程(三)		上	3	徐贤修
方程式论	II	上	3	杨武之
高等代数	II, III		6	江泽涵
高等几何	II, III		6	程毓淮
高等微积分 I			8	姜立夫
高等微积分 II			8	赵访熊
高等微积分 III			8	徐贤修
微分几何	3，4，研必 3，4，研选	上 下	6	陈省身
近世代数	3，4，研必 3，4，研选	上 下	6	刘晋年
复变函数论	3，4，研必		6	申又枨
代数数论	3，4，研选		6	华罗庚
群论	4，研选		6	程毓淮
罗纲几何学	4，研选		6	陈省身
傅里叶级数与积分	4，研选	下	3	许宝騄
行列式及方阵	4，研选		3	华罗庚

注一：各系学生选习，一年级学生不能选习。

附注：微分几何允选习，而上学期成绩及格者准给予三学分。

1943～1944 年度理学院算学系

课程	必修或选修	学期	学分	教师
微积分 I	I		8	杨武之
微积分 III	I		8	江泽涵
微积分 IV	I		8	许宝騄
微分方程 I	II	上	3	彭慧云
微分方程 II(注一)	II	上	3	颜道岸
微分方程 III(注一)	II	上	3	田方增
微分方程 IV(注一)	II	下	3	颜道岸
微分方程 V(注一)	II	下	3	田方增
方程式论	II	上	3	杨武之
立体解析几何	II	下	3	孙树本
近世代数	III		6	许宝騄
高等几何	II		6	程毓淮
高等微积分 I	II		8	申又枨
高等微积分 II(注二)	III		6	赵访熊
高等微积分 III(注二)	IV		6	朱德祥
复变函数论	上 III，下 3		6	刘晋年
高级算学	I	上	4	钟开莱
高级算学	I	下	4	王湘浩
微分几何	上 III,下 3		6	姜立夫
高等几何(二)	3		2	姜立夫
初等数论	2		6	华罗庚
多元函数论	4	下	4	华罗庚
近世代数(二)	4	上	3	程毓淮
位函数论	3	下	3	申又枨
理想集论	4	下	3	刘晋年
形势几何	4	上，下	3，3	江泽涵
运算微积	4	下	4	赵访熊
几率	3	上	3	钟开莱
集合论	3	上	3	王湘浩
连续群论	研，4	上	4	华罗庚

注一：在工学院开班。

1944～1945 年度

课程	必修或选修	学期	学分	教师
*初等微积分 I	I		8	申又枨
*初等微积分 II	I		8	程毓淮
初等微积分 IV	I		8	孙树本
初等微积分 V	I		8	王湘浩
*微分方程 I	II	上	3	彭慧云
*微分方程 II	II	下	3	江泽涵
微分方程 III	II	上	3	闵嗣鹤
微分方程 IV	II	上	3	颜道岸
微分方程 V	II	下	3	颜道岸
*方程式论	II	上	3	钟开莱
*立体解析几何	1，2，3	下	3	彭慧云
*高等代数	II，III		6	杨武之
*高等几何	II，III		6	姜立夫
*高等微积分 I	II		6	江泽涵
*高等微积分 II			6	朱德祥
*高等微积分 III		下	6	闵嗣鹤
*复变函数论	III, IV	下	3	刘晋年
高级算论	1，2，3	上，下	3，3	孙本旺 许宝騄
*微分几何	III，IV	上	3	许宝騄
*近世代数	III，IV	上	3	华罗庚
*近世代数	III，IV	下	3	华罗庚
矢量分析		上	2	赵访熊
运算微积		下	4	赵访熊
复变函数论	III，IV	下	5	刘晋年
初等微积分				杨武之

注：凡有*符号者与师范学院数学系公用。

1945～1946 年度

课程	必修或选修	学期	学分	教师
初等微积分 I	I		8	姜立夫
初等微积分 II	I		8	杨武之
初等微积分 III	I		8	王湘浩
初等微积分 IV	I		8	孙树本
初等微积分 V(注一)	文，法商 I		8	彭慧云
高级算学	文 I		8	王寿仁

续表

课程	必修或选修	学期	学分	教师
立体解析几何	II	上	3	施惠同
微分方程	II	上	3	田方增
高等代数	II		6	蒋硕民
高等微积分	II，III		8	申又枨
近世代数	III，IV	上	3	华罗庚
微分几何	III，IV	上	3	江泽涵
复变函数论	III，IV	上	3	赵访熊
积分论	3，4	上	3	刘晋年

注一：文学院、法商学院学生选习。
附注：本系课程与师范学院数学系合用。

数学课程开课情况

(一)必修课

1. 微积分(8)

理、工学院和师范学院理科各系一年级必修。文学院、法商学院一年级也有修习的。每年开出三、四组至六、七组不等。如：

1939～1940 年度曾开出七组，其中三组供理学院各系及师范学院数学系选习，四组供工学院学生选习。任课教师先后有：郑之蕃、赵淞、戴良谟、姜立夫、江泽涵、杨武之、曾远荣、刘薰宇、刘晋年、张希陆、王湘浩、许宝騄、钟开莱、赵访熊、申又枨、程毓淮、孙树本、彭慧云等。

教材一般采用：W. F. Osgood 著 *Introduction to the Calculus*(1922)，或 Smith，Granville & Longly 著 *Differential and Integral Calculus*，或 R. Courant 著 *Differential and Integral Calculus*。

1940～1941 年度一年级学生在叙永分校上课，由曾远荣、刘晋年、赵淞、程毓淮等讲授，教材同上。

2. 高等算学(8)

供文学院、法商学院一年级选习，每年开出两组，先后由申又枨、刘薰宇、赵淞、戴良谟、曾远荣、陈鸿远、刘晋年、钟开莱、王湘浩、孙本旺、许宝騄、王寿仁等讲授。

3. 微分方程(3)

一学期课程，二年级必修，外系学生选读微积分后一般亦选读本课。每学年开五组，上学期开三组，下学期开两组。任课教师先后有郑之蕃、江泽涵、赵访熊、戴良谟、徐贤修、杨善基、闵嗣鹤、彭慧云、颜道岸、田方增等，有的在工学院授课。

常取 Cohen 著 *Differential Equations* 为参考书。

4. 高等微积分(或高等分析)(8)

二、三年级必修，物理学系学生也修习本课，一般开 2～3 组。任课教师先后有曾远荣、程毓淮、赵访熊、姜立夫、申又枨、徐贤修、朱德祥、闵嗣鹤等(有的在工学院授课)。

理学院使用的教材为熊庆来:《高等算学分析》或 G. H. Hardy 著 *Pure Mathematics* 或 Courant 著 *Differential and Integral Calculus II*。工学院使用的教材为赵访熊：《高等微积分》(自编讲义，1950 年由商务印书馆出版)。

5. 高等代数(6)

二年级必修。任课教师有蒋硕民、程毓淮、杨武之、江泽涵、刘晋年等。

教材取自 M. Bocher 著 *Higher Algebra*，或 C. C. Mac Duffee 著 *An Introduction to Abstract Algebra* 或 H. Hasse 著 *Hohere Algebren*。有的学年以线性代数(6)代替，由蒋硕民、程毓淮讲授，教材取自 O. Schreier 和 E. Sperner 著 *Einfuhrung in die Analytische Geometrie und Algebra*，有樊畿中译本。1941～1942 年刘晋年教的高等代数也以此为教材。有的年度还加授方程式论(3)，杨武之、钟开莱讲授过，教材取自 L. E. Dickson 著 *Elementary Theory of Equations*。

6. 高等几何(6)

二年级必修。任课教师有姜立夫、江泽涵、程毓淮、陈省身等。

参考书一般为：Graustein 著 *Higher Geometry*。程毓淮曾自编教材，注重概念的发展和公理化。

另外，姜立夫、陈省身还开设高等几何(二)(6)，内容包括直线几何、球面几何和非欧几何，作为选修课。教材取自 F. Klein 著 *Hohere Geometrie*。

7. 立体解析几何(3)

先后由杨武之、施惠同、彭慧云讲授。

8. 复变函数论(也称“函数论”)

三、四年级必修，有时一学期(2-3)，有时全年(6-8)。先后由赵访熊、申又枨、程毓淮、华罗庚、刘晋年讲授。参考书为 W. F. Osgood 著 *Theory of Functions of One Complex Variable*，或 E. C. Titchmarsh 著 *Theory of Functions* 或 K. Knopp 著 *Infinite Series* 等。

9. 近世代数(6)

三、四年级必修，有时开一学期(3)。先后由华罗庚、蒋硕民、程毓淮、申又枨、刘晋年、许宝騄等讲授，教材取自 B. L. van der Waerden 著 *Moderne Algebra*。

10. 微分几何(6)

三、四年级必修(有时作为选修课)。先后由姜立夫、江泽涵、陈省身、许宝騄讲授。

参考书为 Graustein 著 *Differential Geometry*，或 V. Veblen 和 J. H. C. Whitehead 著 *The Foundation of Differential Geometry*。

11. 微分方程式论(3)

一学期课程，三、四年级必修，是“高等分析”之后与“函数论”并列的重要课程(初期为一学年、6 学分，后改为选修课，3 学分)。任课教师先后有蒋硕民、刘晋年、陈省身、程毓淮等。参考书为 R. Courant 和 D. Hilhert 著 *Methods of Mathematical Physics*。

(二)选修课程

甲、属于分析学方面的有：

1. 实变函数论(I、II)上学期(3)、下学期(4)，申又枨讲授(1937～1938 年度开设)。
2. 位函数论(3)申又枨讲授，1943～1944 年度下学期开设。
3. 傅里叶级数与积分(3)四年级与研究生选习，许宝騄讲授，1942～1943 年度下学期开设。
4. 无穷级数(3) 三、四年级选习，刘晋年讲授，1941～1942 度上学期开设。
5. 积分论(3) 三、四年级选习，刘晋年讲授，1945～1946 年度上学期开设。
6. 多元复变函数论(4) 四年级选习，华罗庚讲授，1943～1944 年度下学期开设。
7. 偏微分方程式论(3) 三、四年级选习，蒋硕民讲授，1938～1939 年度上学期开设。
8. 偏微分方程论及变分法(6) 四年级选习，蒋硕民讲授，1939～1940 年度开设。
9. 运算微积(4) 四年级选习，赵访熊讲授，1943～1945 年度开设两次。
10. 矢量分析(2) 四年级选习，赵访熊讲授，1944～1945 年上学期开设。
11. 拉普拉斯变换(3) 三、四年级选习，赵访熊讲授，1945～1946 年度上学期开设。

乙、属于代数学(包括数论)方面的有：

1. 数论　二、三、四年级及研究生选习(以下各课均同)，有时一学期(3)，有时全年(6)。先后由杨武之(1937～1938，1941～1942)、华罗庚(1938～1941)讲授。

教材取自 L. E. Dickson 著 *Elementary Theory of Numbers* 或 Hardy & Wright 著 *Theory of Numbers*。

2. 初等数论(6)1942～1944 年。
3. 代数数论(6)1942～1943 年。
4. 解析数论(2)1941～1942 年度下学期。
5. 素数分布及黎曼 ζ 函数 (6) 1941～1942 年。
6. 连续群论(4) 1943～1944 年度上学期。
7. 行列式及矩阵(4) 1942～1943 年度下学期。

以上 2～7 门课程均由华罗庚讲授。

8. 群论 1937～1938 度上学期(3)，杨武之讲授；1942～1943 年(6)，程毓淮讲授。教材取自 L. E. Dickson 著 *Modern Algebraic Theories*，或 Zassenhaus 著 *Lehrbuch der*

Gruppentheorie。

9. 理想集论(4) 1943～1944 年下学期，刘晋年讲授。

丙、属于几何学、拓扑学方面的有：

1. 黎曼几何(4) 1937～1938 年度下学期开设。
2. 射影微分几何(4) 1940～1941 年度开设。
3. 高等微分几何(6) 1941～1942 年度开设。
4. 投影几何(3) 1941 年下学期开设。
5. 罗网几何(6) 1942～1943 年开设，教材选自 W. Blaschke 著 *Geometrie der Gewebe*。
6. 形势几何(拓扑学)(6) 1941～1942 年开设。

以上 6 门供三、四年级及研究生选习，均由陈省身讲授。另外，江泽涵于 1937～1938 年、1939～1940 年度(下)、1943～1944 年，程毓淮于 1939～1940 年上学期也讲授过形势几何。参考书是 Alexandoff Hopf 著 *Topologie*。

7. 点集 1940～1941 年度江泽涵讲授，上学期(3)，下学期(2)，供三四年级选习。
8. 集合论(3)1943～1944 年度上学期开设，供三年级选习，由王湘浩讲授。

丁、属概率论方面的有：

1. 数理统计(甲、乙)1940～1941 年度为三、四年级学生选修课，由许宝騄讲授，上学期(甲 3)，下学期(乙 2)，甲、乙两组均为选修。先修课为高等微积分。本课程曾作必修课，上学期(甲 5)，下学期(乙 6)，也由许宝騄讲授。
2. 几率(3)钟开莱于 1943～1944 年度上学期开设，供三年级学生选习。

戊、其他：

理论力学(6)1937～1938 年为二、三、四年级学生选习，由刘晋年讲授。以后本系未开，学生均选物理系开设的力学课，刘晋年参加讲课。

西南联大数学系设备情况：据杨武之《国立西南联合大学数学系概况》一文介绍：“在长沙时，书籍几乎一无所有。抵昆明前三年对外交通尚未断绝时，本科多量购置，赖限于财力，九年之间连英美各方赠送在内，不过两百本耳，其中且多不适用者，杂志则英美出版者较多，1940 年以后便难续到。幸赖清华、南开在战前及战事初起时抢运南下一部分数学书籍与旧杂志，可以稍补供应之缺乏。然抗战期间海外出版之算籍及消息概难得到矣”。

国立西南联合大学师范学院数学系历年新生名录

年　份	1938年	1939年	1940年	1941年	1942年	1943年	1944年	1945年	1946年	合计
招生人数	22	12		2	24	20	35	14		129
毕业人数			5		9	4	8	5	7	38

1938 年度新生名录(22 人)						
序号	姓　名	性别	年龄	籍贯	院别	系别
1	唐以荣	男	21	广西全县	师范	数学
2	李　震	男	22	云南昆明	师范	数学
3	梁尧鸿	男	22	广东茂名	师范	数学
4	周国晋	男	21	西康西昌	师范	数学
5	颜克江	男	20	四川泸县	师范	数学
6	张树勋	男	19	广东开平	师范	数学
7	张　琛	男	20	广东梅县	师范	数学
8	王长寿	男	19	云南石屏	师范	数学
9	胡士铎	男	21	安徽含山	师范	数学
10	邹宏谟	男	22	云南昆明	师范	数学
11	黄　樾	男	20	湖北	师范	数学
12	张世彝	男	20	江苏高邮	师范	数学
13	殷祖伍	男	18	云南陆良	师范	数学
14	姜光普	男	21	湖北枣阳	师范	数学
15	姜学政	男	21	威海卫	师范	数学
16	王鸣傰	男	19	湖北黄冈	师范	数学
17	李　蔼	男	22	广东东莞	师范	数学
18	张世钦	男	19	浙江奉化	师范	数学
19	魏曾佑	男	20	浙江余姚	师范	数学
20	黄志强	男	20	安徽太平	师范	数学
21	庄懋年	男	18	江苏武进	师范	数学
22	姚渠芳	男	20	江苏泰兴	师范	数学
1939 年度新生名册(12 人)						
统一招考录取正式生						
1	姓　名	性别	年龄	籍贯	院别	系别
2	周植恬	男	21	广东顺德	师范	数学
3	段　纯	女	18	浙江杭州	师范	数学
4	彭瑞祥	男	21	广东顺德	师范	数学
5	郑家炽	男	21	广东琼山	师范	数学
6	林祖福	男	22	广西陆川	师范	数学
7	朱光历	男			师范	数学
8	朱志谦	男			师范	数学
上海区统考录取正式生						
9	陈观勋	男	21	上海市	师范	算学
10	戴寿南				师范	算学

续表

1938年度统考录取于本年度入学正式生						
11	胡士铎	男	23	安徽含山	师范	算学
一年级试读生						
12	赵淑珍	女	21	河北定县	师范	算学
1941年度新生名册(2人)						
教育部免试分发学生						
1	和惠桢	男	20	云南丽江	师范	数学
2	江晓蝶					数学
1942年度新生名册(24人)						
一年级正式生						
1	陈在成	男	20	广东文昌	师范	数学
2	李衡照	男	21	云南宜良	师范	数学
3	李宗汉	男	19	云南顺宁	师范	数学
4	戴文光	男	28	云南通海	师范	数学
5	王世祺	男	21	四川金堂	师范	数学
6	杨增瑶	男	20	云南呈贡	师范	数学
初级部一年级正式生						
7	杜成檪	男	23	云南富名	师范	数理化
8	陈益明	男	20	云南牟定	师范	数理化
9	纪士孔	男	20	云南顺宁	师范	数理化
10	李焕阳	男	20	云南祥云	师范	数理化
11	廖永鑫	男	19	云南昆明	师范	数理化
12	罗文渊	女	19	云南石屏	师范	数理化
13	骆延龄	男	18	云南大理	师范	数理化
14	桑达德	男	21	云南永善	师范	数理化
15	资　臣	男	20	云南晋宁	师范	数理化
16	常家骧				师范	数理化
17	者承璋				师范	数理化
18	李志高				师范	数理化
19	刘怀富				师范	数理化
20	沙文彬				师范	数理化
21	段锦暄				师范	数理化
22	王保民				师范	数理化
23	杨希明				师范	数理化
24	杨定申				师范	数理化
1943年度新生名册(20人)						
1	何　畏	男	18	云南昆明	师范	数理化组
2	李学华	男	17	云南河西	师范	数理化组

续表

3	马良忠	男	19	云南华宁	师范	数理化组
4	彭开寿	男	19	云南大姚	师范	数理化组
5	段修麟	男	24	云南丽江	师范	数理化组
6	杨新德	男	20	云南云龙	师范	数理化组
7	杨德明	男	25	云南文山	师范	数理化组
8	饶继辕	男	19	云南新平	师范	数理化组
9	朱春和	男	21	云南广南	师范	数理化组
10	刘达敬	男	18	贵州兴义	师范	数理化组
11	李重焕	男	18	云南大姚	师范	数理化组
12	梁绍信	男	20	云南昭通	师范	数理化组
13	陈典章	男	20	江苏盐城	师范	数理化组
14	黄凤雕	男	19	广西都安	师范	数理化组
15	谭仕刚	男	18	广西百色	师范	数理化组
16	刘志华	男	22	江苏盐城	师范	数理化组
17	李寿鸿	男	20	江苏盐城	师范	数理化组
18	王　惠	男	23	江苏金坛	师范	数理化组
19	汪　龙	男	20	江苏高淳	师范	数理化组
20	戴文光	男			师范	数理化组
1944 年度新生名册(35 人)						
专修科一年级正式生(32 人)						
1	陈培寿	男	20	云南宜良	师范	数理化组
2	钱云韧	男	19	云南宣威	师范	数理化组
3	金发荣	男	18	云南大姚	师范	数理化组
4	金　丹	男	22	云南大姚	师范	数理化组
5	周　瑶	男	19	云南顺宁	师范	数理化组
6	熊　超	男	19	云南昆明	师范	数理化组
7	熊绍文	男	19	云南玉溪	师范	数理化组
8	任光宗	男	22	云南文山	师范	数理化组
9	顾春荣	男	18	云南澄江	师范	数理化组
10	管树荣	男	21	云南河西	师范	数理化组
11	梁桢祥	男	18	广东东莞	师范	数理化组
12	刘绍宏	男	19	云南昆阳	师范	数理化组
13	孙必兴	男	18	云南宣威	师范	数理化组
14	崔光域	男	20	河北行唐	师范	数理化组
15	童祖风	男	19	云南通海	师范	数理化组
16	杨正平	男	18	云南顺宁	师范	数理化组
17	杨治华	男	19	云南昆明	师范	数理化组
18	杨　濬	男	23	云南大理	师范	数理化组

续表

19	杨涛华	男	20	云南剑川	师范	数理化组
20	翟继周	男	19	云南昭通	师范	数理化组
21	李　震	男	19	云南丽江	师范	数理化组
22	胡崇信	男	18	云南昆明	师范	数理化组
23	李汝典	男	26	云南丽江	师范	数理化组
24	李作华	男	19	云南祥云	师范	数理化组
25	杨华东	男	19	云南师宗	师范	数理化组
26	游崇辉	男	22	云南缅宁	师范	数理化组
27	郑德智	男	20	西康延边	师范	数理化组
28	贾毓芬	男	24	西康西昌	师范	数理化组
29	尹彦辉	男	18	西康西昌	师范	数理化组
30	张明贵	男	21	安徽庐江	师范	数理化组
31	施耀焜	男	21	安徽合肥	师范	数理化组
32	张崇安	男	22	西康汉源	师范	数理化组
一年级正式生(3人)						
1	王本善				师范	数学系
2	张明浚				师范	数学系
3	刘辉祖				师范	数学系
1945年度新生名册(15人)						
专修科一年级新生						
1	姓名	性别	年龄	籍贯	院别	系别
2	陈德祥	男	26	云南昭通	师范	数理化组
3	冯孝泉	男	19	福建福州	师范	数理化组
4	萧万鸰	男	18	云南盐津	师范	数理化组
5	黄朝铣	女	18	云南砚山	师范	数理化组
6	李鲁连	男	19	浙江嵊县	师范	数理化组
7	李懋标	男	22	云南巧家	师范	数理化组
8	孙云直	男	21	云南石屏	师范	数理化组
9	王念诚	男	24	云南昆明	师范	数理化组
10	汪大璋	男	22	湖北汉口	师范	数理化组
11	王玉林	男	20	云南昌宁	师范	数理化组
12	魏士敏	男	19	云南武定	师范	数理化组
13	阎学良	男	22	安徽阜阳	师范	数理化组
专修科一年级插班生						
14	张崇安	男	23	西康汉源	师范	数理化组
保留学籍未到校新生						
15	计思慧	男			师范	数理化组

国立西南联合大学师范学院数学系历年毕业生名录

序号	姓名	性别	年龄	籍贯	毕业时间	院别	系别
1	陈为敏	男	25	福建南安	1940年7月	师范	数学
2	陆智常					师范	数学
3	洪宗华					师范	数学
4	王宪钟					师范	数学
5	周振堡					师范	数学
6	邓汉英	男	23	江苏南京	1942年7月	师范	数学
7	王曾贻	男	23	河北通县		师范	数学
8	冷生明	男	22	四川中江		师范	数学
9	宣化五					师范	数学
10	杨袜鸣					师范	数学
11	张朝楚					师范	数学
12	范宁生					师范	数学
13	严志远					师范	数学
14	于家乐					师范	数学
15	张景昭	女	24	浙江嵊县	1943年7月	师范	数学
16	王　浩	男	22	山东齐河		师范	数学
17	吴光磊	男	22	黑龙江宾县		师范	数学
18	胡祖炽	男	22	湖南长沙		师范	数学
19	段霞波	男	29	安徽凤台	1944年7月	师范	数学
20	李永嘉	男	29	河南太康		师范	数学
21	汪志华	男	28	安徽休宁		师范	数学
22	褚沇英	女	22	浙江嘉兴		师范	数学
23	王永泰					师范	数学
24	阚本岑	男	24	湖南桃源	1945年7月	师范	数学
25	徐利治	男	26	江苏无锡		师范	数学
26	黄崇智	男	28	四川威远		师范	数学
27	薛景星	男	26	河南杞县		师范	数学
28	关本玲					师范	数学
29	刘世超	男	26	四川万县	1946年5月	师范	数学
30	聂灵沼	男	29	湖南桃源		师范	数学
31	张之良	男	28	辽宁盖平		师范	数学
32	江泽培	男	24	安徽旌德		师范	数学
33	方　侃	男	27	安徽寿县		师范	数学
34	陈国才	男	23	浙江慈溪		师范	数学
35	欧阳权	男	27	江苏盐城		师范	数学

续表

序号	姓名	性别	年龄	籍贯	毕业时间	院别	系别
36	伍崇佩	男	25	江西南康	1944 年 7 月 应征毕业生	师范	数学
37	迟宗陶	男	24	山东莱阳		师范	数学
38	张信达	男	29	浙江嵊县		师范	数学

国立西南联合大学数学系概况①

(一)师　　生

北大、清华、南开三校既奉部命迁长沙，合为西南临时大学，乃于廿六年十一月在长沙正式开课。当时因交通梗阻，为时仓促，三校数学系同仁未能全到，然到者亦已为数不少，计北大有江泽涵、申又枨、程毓淮、赵淞，助教有樊畿、王湘浩、孙树本、李盛华，南开教授有刘晋年、蒋硕民，助教有孙本旺，清华教授有赵访熊、陈省身、杨武之，教员有戴良谟，助教有段学复、闵嗣鹤诸位。匆匆上课，设备全无。不过抗战初起，教师学生备感兴奋，学风距平时尚不相远。

留长沙一学期后，学校复奉部令迁昆明，更名国立西南联合大学，于廿七年五月开课。数学系同仁之在长沙者悉随校来昆。是年暑后，姜立夫、张希陆、郑桐荪、曾远荣、华罗庚诸教授皆到校，助教增加徐贤修、刘斯年两位。

民国三十年，因日人窥伺滇边，有入侵之势，学校奉部令作迁川之准备。于是在叙永设分校。数学系同仁先往者有程毓淮、赵淞、刘晋年、蒋硕民、曾远荣诸先生。一年后分校撤并昆校，诸先生乃返。

自廿六年秋迄卅五年夏，前后九年之间，三校数学系同仁之在校服务时间各有参差，大致如下：

江泽涵(民廿六—卅五)申又枨(民廿六—卅五)
程毓淮(民廿六—卅四)许宝騄(民廿九—卅四)
赵　淞(民廿六—卅二)孙树本(民廿六—卅五)
王湘浩(民廿六—廿八，民三十—卅五)
钟开莱(民卅一—卅四)王寿仁(民廿六—卅五)
栾汝书(民廿六 —卅五)李盛华(民廿六—廿八，民三十—卅一)
龙季和(民廿八—卅二)冷生明(民卅一—卅五)
姜立夫(民廿七—卅四)刘晋年(民廿六—卅五)
蒋硕民(民廿六—三十，民卅四春—卅五)
张希陆(民廿八春—廿九)孙本旺(民廿六—廿八，民廿九—卅五)
刘欣年(民廿七—三十)伉铁健(民廿八—廿九)
崔士英(民卅四—卅五)

① 本概况为杨武之先生 1946 年所写，原稿存于南开大学校档案馆。

郑桐荪(民廿七—廿九)杨武之(民廿六—卅五)
赵访熊(民廿六—卅五)曾远荣(民廿七—卅一)
陈省身(民廿六—卅二)华罗庚(民廿七—卅五)
戴良谟(民廿六—廿九)段学复(民廿六—廿九)
徐贤修(民廿七—卅二)闵嗣鹤(民廿六—卅四)
朱德祥(民卅二—卅五)田方增(民廿九春—卅五)
施惠同(民三十—卅五)颜道岸(民三十—卅五)
吴光磊(民卅二—卅五)胡祖炽(民卅二—卅五)
徐利治(民卅四—卅五)

自廿六年秋迄卅五年夏前后九年之间，在联大数学系研究院毕业者共五人：

王湘浩(北大，民国三十年毕业)，李盛华(北大，民国三十年毕业)，钟开莱(清华，民国三十一年毕业)，彭慧云(清华，民国三十一年毕业)，王宪钟(清华，民国三十三年毕业)

九年之间毕业于联大理学院及师范学院数学系者共 67 人：

王寿仁　刘绂堂　陆庆乐　王彝祥　解于魁　裴尚行　马德田　王联芳　张　耀　谢才俊　栾汝书　青义学　蒋观河　谭文耀　李珍焕　杨兴楷　冯泰昆　陆智常　于家乐

以上北大数学系

朱德祥　施惠同　田方增　高本荫　唐绍宾　陈镇南　朱有圻　高有裕　钱圣发　徐贤议　颜道岸　钟开莱　蓝仲雄　洪宗华　王宪钟　周振堡　宣化五　杨　鸣　张朝楚　范宁生　严志达

以上清华数学系

伉铁健　萧伊莘　刘玉佩

以上南开数学系

陈为敏　邓汉英　王曾贻　冷生明　张景昭　王　浩　吴光磊　胡祖炽　段霞波　李永嘉　汪志华　褚沈英　阙本岑　徐利治　黄崇智　薛景星　陈国才　方　侃　江泽培　欧阳权　聂灵沼　刘世超　张之良

以上联大理学院数学系

蔡福林

以上联大师范学院数学系

(二)设　备

在长沙时，书籍几乎一无所有。抵昆后前三年对外交通尚未断绝时，本可多量购置，赖限于财力，九年之间连英美各方赠送者在内，不过两百本耳，其中且多不适用者，杂志则英美出版者较多，一九四〇年以后便难续到。幸赖清华、南开在战前及战事初起时抢运南下一部分数学书籍与旧杂志，可以稍补供应之缺乏。然抗战期间海外出版之算籍及消息概难得到矣。

(三)课　　程

与三校旧时所习用者相仿，而与抗战开始后部颁之大学数学系课程略有出入之。联大数学系必修课程约如下：

a.解析方面

初等微积 ——八学分 微分方程——三学分

高等微积 ——八学分 复变函数论 ——三学分

b.几何方面

高等几何 ——六学分 微分几何——三学分

c.代数方面

高等代数 ——六学分 近世代数——三学分

d.物理方面

普通物理 ———八学分 理论力学——六学分

此外论文二至四学分，但可以课程代替、又英文以外，尚须两年第二外国语。

此课程厘订之特点在于四方面之分配平匀，其解析方面分量较重，实系合理之处，又此等课程实为对一个学算者最低的训练，最少的需求。至于选修课程，九年来开设甚少，且不固定，因教师之便，逐年不同，约略举之，所曾开设者有：

实变函数论 积分论 数理统计 微分方程论 非欧几何 偏微分方程及变分法 运算微积 形势几何 代数选读 点组论

(四)研 究 著 作

因设备不充，生活艰困，致同仁之研究著作未能充分发挥，兹将调查所得者，开列于后：

江泽涵 1) An application of the addition formula of Mayer–Vietoris, Science record, Vol. 2.1943. 2) Remarks on two-leaved orientable covering manifolds of closed manifolds, Annals of Math. Vol. 44. 3) The manifolds of linear elements of n-sphere, Bull. Amer. Math. Soc. Vol.51. 4) On the orienting 2-manifolds in non-orientable 3-manifolds .

申又枨 1) Interpolation to certain analytic functions by rational functions(to appear in transaction of Amer. Math. Soc.) 2)Interpolation to certain analytic functions by fuctions with poles of fractional orders.

程毓淮 1) Algebraization of absolute plane geometry, Amer. Journal of Math. Vol. 57.

许宝騄 1) Contribution to the theory of "Student's" *t*-test as applied to the problem of two samples, Statistical research Memoirs, Vol. 2, 1938. 2) On the best unbiassed quadratic estimate of the variance, Statistical research Memoirs, Vol. 2. 3) Note on Hotelling's generalized T, Annals of Math. Statistics, Vol. 9. 4) A new proof of the joint product moment distribution, Proc. Combridge Phil. Soc. Vol.35. 5) On the distribution of roots of certain determinantal equations, Annals of Eugenics, Vol.9. 6) On generalized analysis of variance I

Biometrica, Vol. 31. 7) Alebraic derivation of the distribution of the rect-angular coodinates, Proc. Edinburgh Math. Soc.(2) vol. 6. 8) On the limiting distribution of roots of a determinantal equation, Proc. of the London Math. Soc. Vol. 16. 9) On the limiting distribution of the canonical correlation, Biometrika Vol. 32. 10) Analysis of variance from the power function standpoint, Biometrika Vol. 32. 11) Canonical reduction of the general regression problem, Annals of Eugenics Vol. 11. 12) On the problem of rank and the limiting distribution of R.A.Fisher' s test function, Annals of Eugenics, Vol. 11. 13) The limiting distribution of a general class of statistics, Acad. Sinica, Science record, Vol. 1. 14) The approximate distribution of the mean and of the variance of independent variates, contributions, Science college, National Univ. of Peking, No. 3. 15) Some simple facts about the separation of degrees of freedom in factorial experiments, Sankyha, Vol. 6. 16) On the approximate distribution of ratio. 17) On the power functions of the E^2-test and T^2-test. 18) On the limiting distribution of functions of sample means and application to testing hypotheses. 19) On a factorization of psudo-orthogonal matrices. (to appear in quarterly journal, Oxford series.)

钟开莱 1) Sur un theorème de M. Gumbel, Comptes Rendus, Vol. 210. 2) Two remarks on Viggo Brun' s method, the Science report, Tsinghua Univ. (A) Vol.4. 3) A generalization of an inequality in the elementary theory of numbers, Jour. für die reine und augewaudt Math. Vol. 183. 4) Note on a theorem on quadratic residues, Bull Amer. Math. Soc. Vol. 47. 5) On the probability of the occurrence of at least m events among n events, Annals of mathematical statistics, Vol. 12. 6) On mutually favorable events, Annals of Math. Statistics, Vol. 13. 7) Generalizition of a formula of Poincaré on probability, Annals of Math. statistics, Vol. 14. 8) On fundamental systems of probabilities of a finite number of events, Annals of Math. statistics, Vol.14. 9) Further results on P_m and P_n, Annals of Math. statistics, Vol. 14. 10) The approximate distribution of Student' s statistics. 11) On the lower limit of sums of independent random variables .

龙季和 1) Further generalizations of Limson' s lines, Kantor' s points and Kantor' s lines, Tohoku Math. Jour. Vol. 46. 2) Some analogues of the occurrence of triangle geometry in the Kasner plane.

孙树本 1) On the successive approximation to the distribution of third moment about the independent variables , Science record, Vol. 2.

王湘浩 1) A system of completely independent axioms for the sequence of natural numbers, Jour. of symbolic logic, Vol.8. 2) On the mappings of graphs in closed surfaces.

王寿仁 1) The approximate distribution of the covariance.

冷生明 1) On a class of Hermitian forms generated by symmetric functions. 2) On the concept of test functions and its applications to series of positive terms. 3) Explicit formulas for Bernoulli' s numbers and Euler' s numbers .

李盛华 1) A characteristic property of the space of left cosets and an application.

姜立夫 1) A matrix theory of circles and spheres, Science records Academia Sinica,

Vol.2. 2) A matrix theory of circles and spheres Ⅱ, Laguerre' s geometry of circles and spheres, 1943. 3) A matrix theory of circles and spheres Ⅲ, Lie' s geometry of circles, 1944.

陈省身 1) Sur la géométrie d' un système d' équations différentielles du second ordre. 2) Sur les invariants integraux en géométrie. 3) The geometry of higher path-spaces . 4) The geometry of the differential equation $y=f\ (x\ ,\ y\ ,\ y',\ y'')$. 5) On integral geometry in Klein' s space. 6) Sur une généralisation d' une formule de Crofton. 7) The geometry of isotropic surfaces. 8) (With Chih-ta Yen) Formula principale cinematica dello spazio ad n dimensioni. 9) On the invariants of contact of curves in a projective space of n dimensions and their geometrical interpretation. 10) On a Weyl geometry defined from an $(n\text{-}1)$-parameter family of hypersurfaces in a space of n dimensions. 11) On the Euclidean connections in a Finsler space.

赵访熊 1) Affine charts. 2) 高等微积分(大学丛书, 即出版).

华罗庚 1) On a generalized Waring' s problem, Proc. London Math. Soc. 2) Generalization of an easier Waring-Kamke problem, Journal London Math. Soc. 3) A problem in the additive theory of numbers of several variables, Jour. of London Math. Soc. 4) On the representation of integers as the sum of the k-th power of primes, Comptes Rendus de I' Acad. des Sciences. 5) Some results in the additive prime numbers theory, Comptes Rendus de I' Acad. des Sciences,1,2. 6) Some results on Waring' s problem for smaller power, Comptes Rendus. 7) On the representation of numbers as the sum of the power of primes, Math. Zeitschrift. 8) On Waring' s problem, Quarterly Jour. of Math. 9) On Tarrys problem , Quarterly Jour. of Math. 10) Some results in the additive primes number theory, Quarterly Jour. of Math. 9. 11) On Waring' s problem for fifth power, Proc. London Math. Soc. 12) On a generalized Waring' s problem 2, Jour. of Chinese Math. Soc. 2. 13) On an exponential sum, Jour. of Chinese Math. Soc. 2. 14) A remark on moment problem, Jour. of London Math. Soc. 14. 15) Sur une somme exonentielle, Comptes Rendus 21. 16) Sur le problème de Waring relative à un polynôme du troisième degré, Comptes Rendus 21. 17) On the partition of a number into unequal parts, Transactions of the American Math. Soc. 18) Determination of the group of odd-prime-power p which contains a cyclic subgroup of index p^2, Science report of Tsing Hua Univ.4. 19) On the number of solutions of a certain congruences. Science report of Tsing Hua Univ. 20) On Waring' s problem with cubic polynomial summands, Jour. of Indian Math. Soc. 21) On Waring' s problem of cubic polynomial summands Ⅱ, Science report of Tsing Hua Univ. 4. 22) On the Anzakl theorem of prime power order. Science report of Tsing Hua Univ. 23) On a double exponential sum , Science report of Tsing Hua Univ. 4. 24) The lattice points in a circle, Quarterly Jour. of Math. 25) One theorem due to Vinogradow, Quarterly Jour. of Math. 26) The lattice points in a sphere, Publication of Yunnan Univ. 27) On some problem of the geometrical theory of numbers, Science record, 1. 28) On character sums, Science record, 1. 29) On double exponential sums, Science record,1. 30) On the order of primitive root of a prime, Bull of Amer. Math. Soc. 31) On the non-existence of Euclidean algorithm in a quadratic field, Trans. of Amer. Math. Soc. 32) Additive prime number theory, Acad .of

U.S.S.R. 33）On the order of the least solution of the Pell' s equation, Bull. of Amer. Math. Soc. 34）On the theory of automorphic functions of a matrix variable I, Jour. of Amer. Math. Soc. 35）Note on the class number of ternary quadratic form, Jour. of London Math. Soc. 36）On the non-existence of Euclidean algorithm in a quadratic field II, Trans. of Amer. Math. Soc. 37）On the non-existence of Euclidean algorithm in a quadratic field III. 38）On the theory of automorphic functions of a matrix variable II, Jour. of Amer. Math. Soc. 39）An analogue of Tarrys problem, Science record, 2. 40）Theory of automorphic functions of a matrix variable, Science record, 2. 41）Geometry of matrices , Science record, 2. 42）Geometry of matrices I-generalization of von Staudt theorm, Trans. of Amer. Math. Soc. 43）A remark on a result due to Blichfildt, Bull. of Amer. Math. Soc. 44）Geometry of matrices I-arithmetical construction . 45）Geometry of matrices Ⅱ-study of involutions in the Geometry of symmetric matrices. 46）Theory of automorphic functions of n complex variables, Sci. record 3. 47）Geometry of matrices Ⅲ-fundamental theorems in the Geometry of symmetric matrices. 48）On the Theory of automorphic functions of n complex variables. 49）Geometry of symmetric matrices in the real domain. 50）On the extended space of several complex variables Ⅰ-space of complex spheres. 51）Orthogonal classification of Hermitian matrices, Trans. of Amer. Math. Soc. 52）On the theory of automorphic functions of matrix variable Ⅲ. 53）On the extended space of several complex variables-space of rectangular matrices. 54）On the extended space of several complex variables I-space of skew symmetric matrices .

徐贤修 1）On the common representative system of residue classes of infinite groups .

闵嗣鹤 1）On the number of solutions of a certain congruence, Sci. record of Tsing Hua Univ. 4. 2）On a double exponential sum, Sci. report of Tsing Hua Univ. 3）On double exponential sums, Sci. record. 4）On the non-existence of Euclidean algorithm in a quadratic field Ⅱ, Trans. of Amer. Math. Soc. 5）An analogue of Tarrys problem , Sci. record, 2.

段学复 1）Determination of the group of odd-prime-power p which contains a cyclic subgroup of index p^2, Science report of Tsing Hua Univ. 4.

施惠同 On the non-existence of Euclidean algorithm in a quadratic field Ⅲ.

严志达 1）On associated matrices.

彭慧云 1）On Epstein Zeta-function.

（五）师范学院数学系

本系随师范学院之诞生而成立。教授由姜立夫、江泽涵、杨武之三位兼任，另聘刘董宇先生为专任讲师。两年后刘先生去职，复聘杨善基先生为副教授，专任师范学院数学系课务。一年后杨先生又去职。最后两年课务概由讲师姜淑汇、教员蓝仲雄负责。

本系课程照部章与理学院算学系课程大致相同，故学生选课概就理院算学课程选习。九年之中，只有一位毕业生，多中途改入理院数学系。

(六)八 年 回 忆

数学系自在长沙起，即由江泽涵先生负系务之责。一年半后，江先生坚辞，乃由武之担任。在卅一年至卅二年间，由赵访熊先生负系责。次年后由武之担任迄今。回想八年来经过得失，有感想数端。其一，设备太差，师生均缺乏必需的书籍杂志。其二，生活艰苦，师生之起居饮食，时在困难之中。其三，疏散时多，师生接触太少，为人做学，缺乏砥砺。有此三种根本原因，遂致学风不够紧张，平均成绩，不能不远逊平昔。此非一二人之力所能推动更改者也。所幸三校合组，人多才众，故总成绩尚有蔚然可观者耳。

国立昆明师范学院数学系时期(1946～1949)

1946年8月1日，国立昆明师范学院正式成立。首届320名学生中，滇籍者271名，占学生总人数的85%。为解决师资不足的困难，查良钊院长促成教育部对学院与北大、清华、南开三校合作办法予以备案，并列出敦请参加国立昆明师范学院工作的黄钰生等9位教授的具体名单；试行“学季制”(即每学年分4学季，每学季12周，授课学时和学分不变)，以错开受聘人员与原校工作时间的矛盾；促成教育部批准云南省教育厅与国立昆明师范学院共同筹设“云南国民教育实验区”，先后对晋宁、宜良、路南、陆良、弥勒、泸西等地区的中小学教员进行培训等。这一时期亦是新旧政权交替时期，国立昆明师范学院教职工“罢教、罢课、罢工”浪潮此起彼伏。1949年12月9日，卢汉宣布起义，国立昆明师范学院师生员工踊跃投入昆明保卫战，终于投入中华人民共和国的怀抱。这时期数学系每年都进行招生工作，开展教学科研，朱德祥编译了著作。

1946年

8月1日，国立昆明师范学院召开成立大会。杨武之任数学系主任。

8月14日，国立昆明师范学院刊登1946年度招生广告：招考系别有国文、史地、英语、教育、数学、理化、博物，9月2～4日报名，考试日期从9月10日起。

8月17日，聘请欧阳权为数学系助教。

9月5日，院务会议讨论并通过《国立昆明师范学院学季制度说明书》，即本院校历将一学年分为4学季，每学季为12周，三学季修毕通常上下学期课业，实授钟点仍旧，学分数不变。第二次院务会议修正通过原西南联大专修科学生入学办法。

9月6日，前西南联大常委、清华大学校长梅贻琦离昆在即，为纪念在昆八年主持西南联大校务及表示惜别，特捐助国立昆明师范学院500万元，于西南联大新校舍(现云南师范大学一二·一西南联大校区)内建立一小型花园以作纪念。该花园已定名“梅园”。

9 月 17 日，国立昆明师范学院第三次教务会议举行，讨论本院教务通则及新生入学口试问题。学院聘任委员会举行第二次会议，决定聘请朱德祥为数学系讲师等。

11 月 1 日，为学院成立八周年纪念日。本纪念日原为西南联大校庆日，学院独立设置后又被定为院庆日。当天学院以简单的仪式作了较有意义的庆祝，由梅贻琦校长题书之“清华园”、罗庸教授题书之“北大园”、蔡维藩教授题书之“南开园”三匾额，分别悬挂于校园内。

11 月 27 日，根据教育部电令，国立昆明师范学院向教育部报告在校学生人数共 358 人，其中数学系 24 人。

1947 年

3 月 27 日，国立昆明师范学院聘任委员会第 6 次会议议决：……于家乐为数学系教员。

4 月 17 日，国立昆明师范学院第 30 次谈话会拟定：第一、本院学生各科成绩中，如有一科一学季中得零分或两学季中平均不满 40 分者，可准其退学；第二、本院学生修完一年级课程时，可准许其转系，各系可自行酌定准许转系标准。

6 月 15 日，学院聘任委员会举行第 7 次会议：罗常培提议自下年度起教员改为副讲师。吕锡麟为数学系助教。

6 月 18 日，国立昆明师范学院招考新生：8 月 11～13 日报名；招国文、英语、史地、数学、理化、博物、教育等 7 系；初试定于 8 月 18 日起，复试定于 9 月 5 日起。

本年度，朱德祥编印了《综合射影几何》一书。

1948 年

2 月 26 日，国立昆明师范学院第 11 次聘任委员会决议：聘刘声烈为数学系副讲师。

7 月 28 日，国立昆明师范学院第 13 次聘任委员会议决议：聘蒋硕民为数学系教授。

11 月 30 日，云南省教育厅举办 1948 学年度数学竞赛，有 30 多所公私立中学的千余学生参加，国立昆明师范学院数学系教授被聘担任该竞赛的考试委员。

12 月 1 日，国立昆明师范学院统计学生人数共计 368 人，其中数学系 35 人。

1949 年

8 月 15 日，国立昆明师范学院按部令，再填具“专科以上学校调查表”，内容有：(一)教职员工：教授 25 人，副教授 9 人，讲师 29 人，助教 25 人；职员 68 人，工人 57 人。(二)各系系主任：国文系主任罗庸，英语系主任胡毅，史地系主任蔡维藩，数学系主任蒋硕民，理化系主任周荫阿，博物系主任谭锡畴，教育系主任徐继祖；附中、附小主任查良钊。

9 月 13 日，云南省绥靖公署主任卢汉转达行政院训令：国立昆明师范学院着即解散，实行整理，并派宪兵一连进驻(后改派警察进驻)。整理委员会宣布：全院教职员工原有的聘约一律失效，要学生离校或集中到指定地点暂时收容，对师生员工一律实行“甄审登记”。

10 月 11 日，整理委员会向部分教师发整理委员会的聘书，聘请蒋硕民、朱德祥 2 人为数学系教授，高本荫、刘声烈、唐绍宾 3 人为数学系讲师，吕锡麟、王文绪 2 人为数学系助教等。

10 月 15 日，国立昆明师范学院重新开学上课。

昆明师范学院数学系时期 (1950～1958)

中华人民共和国成立后，全国师范学院共有 15 所，各校各行其是，无统一的教学计划、教学大纲，所开设的课程都是因校而异，一校之中因人而异。数学系教材有三种类型：自编的、部编的、苏联的，1954～1955 年几乎各占三分之一。这一时期，学校主要实施管理体制和教学体系的变革，方向是学习苏联。从教学体制、教学组织、专业设置、教材建设直至教学方法、教学环节、考试制度等转向苏联的高等教育体制。学校遵循教育部、高等教育部部署，进行院系调整，同中学课程对口设置专业，建立教学研究组；形成了院、系(科)、教研组三级管理体制和办学体系。数学系教师仍然潜心学术工作，刘声烈在《中国科学》《数学学报》发表研究成果，朱德祥受高教部委托编写《立体几何》教材。数学专业核心专业课程大致与国立西南联合大学数学专业开设课程相同。学院高度重视教育实习工作，数学系积极开展，实习重点是课堂讲授和班主任工作。1956 年秋季开始开办数学函授专修科。

1950 年

1 月 17 日，昆明师范学院机构设置行政部门有教务处、总务处、训导处(后撤销)、图书馆、注册组、会计室、文书组、事务组、秘书组、校医室；教学部门有数学系、理化系、史地系、英语系、教育系、博物系(后改为生物系)、国文系、体育部。

3 月 1 日，学院向教育部上报 1950 年暑期应届毕业生人数统计：数学系 3 人，共计 42 人。

6 月 13 日，云南省人民政府发布更改校名训令，决定以后校名一律不加“国立”“省立”“县立”字样。据此，国立昆明师范学院更名为昆明师范学院。

7 月 13 日，本年招收新生 280 名，其中数学系 60 名。

10 月 5 日，经西南军政委员会文教部核示，学院成立临时院务管理委员会(简称院管会)，以胡毅兼教务长(公出期间由蒋硕民代理)，蒋硕民兼数学系主任。

本年度

昆明人民广播电台、云南大学、昆明师范学院联合举办昆明空中文化大学。招收具有高中以上文化程度的在职干部、职工及在校青年中有收音机或能设法收听昆明人民广播电台的人员，进修3年，由云南大学、昆明师范学院教授担任课程主讲，开设数学、物理、化学、国文、机械等11门课程。9月1日正式开始上课。经过学习，学生可达大学一年级之文化程度，考试及格者，发给文凭。

1951年

3月15日，院管会拟定《暂行组织规程》(草案)18条，规定了院管会及其下属机构之职责。其组织系统是：在院管会下设置政治课教学研究指导组、中国语文系、外语系、史地系、数学系、理化系、教育系、博物系、总务处、教务处、经济委员会、聘任委员会、助学金委员会、校舍管理委员会、附校(附中、附小)委员会及其他各种委员会等机构。

10月3日，昆明师范学院全院教员晋级19人，即副教授升教授2人、讲师升副教授9人(于家乐、高本荫、刘声烈等)，助教升讲师8人。晋级教员由云南省人民政府高教委员会通过，报西南军政委员会文教部核准。

1952年

4月9日，昆明师范学院向西南军政委员会文教部上报1952年暑假各系毕业生人数，计中国语文系11人，外语系10人，史地系3人，数学系1人(王用华)，理化系6人，博物系2人，教育系23人，共56人。

5月19日，昆明师范学院制定《1951学年度第二学期实习计划》，组织中文、数学、史地、理化、博物等系四年级学生38人前往学院附中实习。

8月15日，昆明师范学院向西南军政委员会文教部上报两年制中国语文、史地、生物等专修科及一年制数学、理化、体育、艺术等专修科教学计划。

11月18日，昆明师范学院以“师(52)字第61号函”上报西南军政委员会文教部，拟将附属中学由六年一贯制改为三、三制分段设置。文教部11月29日批复同意。

本年度

△昆明师范学院有7系2部，即中文系、外语系、史地系、数学系、理化系、生物系、教育系和体育部、艺术部。设置政治课教研组。

△刘声烈在《中国科学》(1952年第二卷三期)发表《复数合同群之构造及其对于合同方程式 $x^2+y^2\equiv d \bmod n$ 之解之应用》，在《数学学报》(1952年第二卷一二合期)发表《换位群为巡回群且属于中核的P群》。

△朱德祥在昆明师范学院编印《近世几何》。

1953年

1月31日，各系各专业各学科，切实学习苏联教学经验。初步统计：在教材方面，完全采用苏联教材的有6门，占全院课程总数的3.7%；采用苏联教材部分内容编写讲义的有10门，占6.1%；采用苏联教学大纲编写讲义的有18门，占11%。在教学方法上，已认真安排课堂讨论的课程在不断增加。

3月5日，昆明师范学院第12次教务会议议定：本学期3月10日开学，3月16日上课，并规定本学期选课最多不超过17个学分，每人每周不超过51个学习小时。

8月24日，西南行政委员会教育局亦发出相关通知。据此学院原教育系、中国语文系、史地系(分历史组、地理组)、数学系、理化系(分物理组、化学组)、外语系、生物系等7系及中国语文、史地、生物二年制和体育、数学、理化、艺术一年制7专修科调整工作正式启动。

1954年

8月26日，1954年毕业生211人(其中本科79人，专科132人)。本届毕业生调配中央有关部门11人，研究生录取9人，留作助教20人，分配到东北6人、中南6人、四川35人、西北23人、贵州17人、西藏3人、重庆4人。其余分配云南省各市县。学院与云南大学联合举行统一分配大会，两校负责人对全体毕业生表示热烈祝贺。全院师生员工举行了盛大欢送晚会。

8月，蒋硕民教授辞数学系系主任，朱德祥教授接任。

9月19日，蒋硕民先生离开昆明回北京，数学系全体师生举行欢送活动。

1955年

4月13日，昆明师范学院成立教育实习指导委员会，制订了一系列规章制度，通过了八项决议：一、教育实习计划要点；二、教育实习指导委员会组织大纲；三、实习生应遵守事项；四、关于见习班主任工作的决议；五、关于公开教学的决议；六、关于评议会的决议；七、关于实习生准备教案的决议；八、关于评定成绩的决议。指导委员会还特别提出两点具体要求：一是集中力量搞好试教，锻炼实习生的课堂教学能力；二是注意了解中学实际，主要是中学生的实际。由于积累了以往三次教育实习的经验，思想倾向抓得及时，准备工作做得较充分，从试教1434课时、集体试做89个班会活动看，成绩较为显著。

实习生通过切身体验，对中学实际和专业课程的要求有所了解，提高了课堂讲授及批改作业能力，认识到班主任工作的重要意义，增进了对教育事业的热爱，更加巩固了自己的专业思想。尤其在试教中，经过个人钻研，集体备课，讲授的科学性、系统性、思想性以及教学方法的灵活运用，都比过去有较大提高；班主任工作富有热情，深受学生的热爱。这次实习检验了各系科各专业的教学质量，对指导教师有很大启发；对实习学校在学习先进教育理论、教学方法、总结教学经验等方面，也有一些推动。

5 月 4～31 日，昆明师范学院组织中文系四年级，历史、数学、化学三年级，历史、数学、物理、生物、艺术等专科二年级以及教育系四年级修读各专业课的学生共 473 人，前去昆明师范学院附中、昆明第一中学、昆明第六中学、昆明第十二中学、昆明第一女子中学、昆明第二女子中学进行教育实习。有初中 71 个班、高中 18 个班，安排指导教师 58 人，各校原任课教师及班主任参加指导者 142 人。实习项目重点是课堂讲授，并试做班主任工作。

9 月 3 日，一批新教师和数百名新同学进校，院刊特节选苏联专家杰普利斯卡娅《教师工作是一个高尚的事业》及朱德祥教授《写给学数学的新同学》等文，用以帮助引导新同学认识教师工作在国家社会主义建设事业中的重大意义和作用，较快适应大学生活，熟悉如何学习等。

11 月 15 日，院刊登载昆明师范学院 1955 学年工作计划要点，对教学改革工作提出七项任务要求。其中，第四项：科学研究应积极创造条件，一般可编写讲义讲稿、教学大纲、翻译教材、举行小型学术讨论会或演讲会，开展学术思想批判等，助教可采用读书报告方式，有条件的教师可进行专题研究；第六项：每一系科均应考虑面向中学实际，加强和中学联系问题，为逐步实现高等师范对中学起好指导作用创造条件；第七项：各系科应在过去的基础上，按照学院的要求，结合实际，制订切实可行的计划。

11 月，教务处拟定《关于正确指导学生分配学习时间的试行办法》。该办法规定学生每周上课和课外学习总时数以不超过 54 学时为准。各系科应根据学生修读课程的课时，安排各科每周自学(包括预习、复习、答题、课外作业、阅读参考书、准备课堂讨论及平时测验)时数，并通知教研组、教师和学生。要求教师布置课外自学不能畸轻畸重，指导学生正确分配每门课程自学时间，制订自己的自学计划。

1956 年

3 月，数学系朱德祥编写高等师范院校数学系二年级教材《立体几何》一书，此书于 1957 年 6 月完稿。

5 月 1 日，受云南省教育厅委托，学院开办中学语文、数学教师短训班，时间 4 个月，至 8 月结束。共招收学员 337 人(其中语文 221 人，数学 116 人)。

9 月 5 日，云南省教育厅发出了“(56)教中字第 2100 号”文件：《关于决定在昆明师范学院开办中学教师函授部的通知》。明确规定昆明师范学院“1956 年秋季开办语文、数学两函授专修科。招收语文教师 300 名，数学教师 200 名，三年毕业”。

9 月 12 日，宣布本届毕业生分配名单，22 日以前全部派遣完毕。本届毕业生共计 361 人(其中历史系 47 人，化学系 24 人，数学系 33 人，中文专修科 53 人，历史专修科 53 人，数学专修科 53 人，化学专修科 41 人，生物专修科 57 人)。除中文专修科、数学系各有 1 人因成绩不及格仍给予分配工作外，实际毕业生为 359 人。这批毕业生少数分配到外省，绝大多数由于边疆需要，都分至云南省各专县。

10 月 22 日，第六届教育实习开始。这一届实习共计有四年级学生 108 人(数学系 36 人，物理系 38 人，化学系 34 人)，分配到昆明师范学院附属中学、昆明第十四中学和昆明第十五中学实习。

1957 年

3 月 21 日，学院拟定了《昆明师范学院函授教育第一届新生招生简章》，其中指出：本院从 1957 年度起，开办函授教育，先设置中国语文及数学两个专修科，招收该两科新生。其中中国语文函授专修科 300 名，数学函授专修科 200 名。报考资格是：凡云南省初级中学、初级师范学校现任语文及数学的教师，具有下列条件之一者，均得申请报考：第一，已在高中或相当于高中的学校毕业，未能在高等学校毕业者；第二，原在初中或相当于初中的学校毕业，有两年以上教学经历者；第三，已在中学师资培训班毕业，需要系统进修学习者；第四，曾在大学或师专肄业，现在需要系统进行学习者；第五，虽曾在大学或师专毕业，但现任教学非原学专业，同时任语文、数学教学不满一年，需进修提高者。该简章还规定：本年由于初次创办，招生范围只限于距昆明实际旅程 3 天范围内地区。

3 月，学院制订了《昆明师范学院函授教育暂行实施办法(草案)》，其中指出：本院函授教育是一种业余的正规高等师范教育，主要任务是把现有中等学校教师不够师专毕业程度的提高到师专毕业程度。同时指出：本院函授教育的全部教学过程分为分散自学与集中面授两个组成部分，每学年分两学期进行，分散自学上学期为 18 周，下学期为 17 周。函授生每周应保证 8～12 小时的自学时间，集中面授在寒暑假期内进行，寒假为 10 天，暑假为 30 天。该办法还规定，本院函授教育所设各专修科的教学内容基本上与相同专业常设两年制专修科一致，根据函授教育本身特点和实际情况的需要加以适当精简。函授教育的教学工作，是以自学为主，结合作业、辅导、重点讲授、考试考查等其他教学方式组成。

4 月 22 日～5 月 18 日，昆明师范学院进行第七届教育实习。本届实习计有中文、历史、数学、物理、生物等专修科二年级学生共 245 人，安排在昆明师范学院附中、昆明第一中学、昆明第一女子中学、昆明第二中学、昆明第六中学、昆明第八中学、昆明第十中学、昆明第十二中学等 8 所中学。实习开始前，教务处还拟定《昆明师范学院第七届教育实习成绩评定办法》，要求各实习学校对实习生每试教一节，评定一次成绩，全部试教完毕后，根据其各次成绩及其发展情况，做一个总的评定。然后在实习总结阶段中，由指导教师(包括原任课教师及学院指导教师)会同班主任，根据其教学成绩和做班主任的成绩，共同做出总成绩的初步评定，由首席指导教师汇齐研究后报有关系科做出最后评定。

6 月 2 日，举行函授生入学考试。此次申请报考教师总计 579 人，其中语文科 333 人，数学科 246 人，参加报考单位 131 个，其中普通中学 93 个，占总数 71%，中等业余文化学校 17 个，占总数的 13%，其他初级师范，县、市文教科等行政单位 21 个。学院研究决定，中国语文科考“语文”，包括作文和文学常识；数学科考“数学”，包括算术、代数和几何。本届函授数学专业实际招生 130 人。

7 月 22 日，第一届函授学员集中面授开始。当日上午举行开学典礼，并分别同有关系科领导和教师进行座谈，下午开始上课。此次集中面授时间为 30 日，实际参加面授人数为 360 人(中国语文科 242 人，数学科 118 人)，占应参加学习人数的 92.3%。但从第三周开始，部分函授学员由于所在学校开展反右斗争，陆续提前离校，最后只剩下约三分之一的学员坚持学习。虽然如此，并没有影响教学正常进行，全部教学工作仍然按照预定计划完成。语文专业共讲授 86 学时，实习课 34 学时，于 8 月 17 日结束；数学专业共讲授 96 学时，习题课 48 学时，于 8 月 20 日结束。

10 月 3 日，全院共有师生员工合计 2424 人。有教师 263 人(其中教授 14 人，副教授 15 人，讲师 63 人，助教 171 人)。行政人员 138 人，工勤人员 119 人。学生 1904 人。计：物理系 206 人，化学系 205 人，数学系 249 人，中文系 281 人，历史系 119 人。物理专修科 75 人，化学专科 59 人，数学专科 233 人，理化专科 60 人，生物专科 177 人，中文专科 182 人，历史专科 58 人。

11 月 4 日～12 月 14 日，昆明师范学院进行第八届教育实习。本届实习生人数为 155 人，其中数学系四年级 42 人。

1958 年

2 月，学院对机构进行调整。根据精简机构，减少层次，充实下层，加强教学，克服官僚主义的精神，学校通过鸣放辩论，采取如下措施：第一，采用两级制的办法，撤处并科，教学、科研、人事、总务分别由 4 个正副院长分管，并决定除生物科因规模较小(只有两个班学生)，人数较少(师生不到 200 人，党员只有 5 人)，仍成立党支部外，其余中文、历史、数学、物理、化学五个系科成立党的总支委员会。

3 月 11 日开始，昆明师范学院勃然兴起群众性的勤工俭学活动。几天时间，98%以上的学生都参加了这一活动。开始时，为了打开门路，活动项目很多，有种菜、刻蜡版、装订、印刷、任教、图书发行、理发、缝纫、制冰棒、照相以及到校外做临时工。当时做临时工的人数占总人数的 70%，成了勤工俭学的主要工种。同学们四处奔走，机关、厂矿、企业、建筑工地、手工业生产合作社等都去联系，不管什么工作，只要找到门路就干，例如印染毛巾、糊火柴盒、包装糖果等。以后，方向逐渐明确，劳动走向定型化。文、史、数学 3 个系科开垦了 30 余亩荒地，积肥 20 多万斤，种植玉米、黄豆、蔬菜。教职工也在校园内开辟了种植园地。此外还有 85 名同学担任了市区民办中学的教师和班主任工作。有的在玉皇阁发电厂、铁路局和校内职工业余文化学校做教师。

5 月 18 日，学院党委召开党委扩大会议，传达云南省委教育工作会议精神，开展以系科调整为中心的讨论，主要解决以下问题：第一，昆明师范学院的培养任务问题，主要的还是培养普通中学师资，适当培养师专教师，照顾农村中学师资；第二，现有单科制改为双科制，培养能胜任中学两门课程的教师，这既是当前中学大发展的需要，也是建设社会主义、共产主义能通晓多方面知识技能的多面手的需要；第三，合并的原则是将学科性质相近的专业进行合并，这样能在知识上互补，有利于提高教学质量；第四，结合昆明师范学院实际情况，系科合并更便于加强党的领导；第五，先在两个系进行试点，以便于发现问题，取得经验，加以推广。

6 月初，学院党委提出制订新的教学计划的几个根本原则：第一，我们要培养具有社会主义觉悟的中学教师，必须政治挂帅，在教学计划中必须加强政治课教学时数。第二，保证培养的教师能胜任中学教学任务，各专业基础课的时数不应精简过多，高深理论课或与今后教学工作关系不大的课程，可以缩减或取消。文史系必须贯彻厚今薄古的精神，各系科都应增设联系实际的课程。第三，本着教育与生产劳动相结合的方针，各系都应按自己专业需要增设与生产劳动有关的课程。第四，公共必修课由全校统一安排，其中教育学与心理学合并为教育概论，增加教育实习时间，使其达到 20 周，以加强与中学的联系。第五，制订教学计划要照顾到课程的科学性、系统性。第六，避免学生负担过重，将每学期上课时间改为 20 周，每周上课时数不超过 30 学时，四年总计不超过 4000 学时。生产劳动每周固定为 4 小时。第七，各系根据订出的新的教学计划，拟定系科合并时的过渡时期的教学计划。

6 月 14 日，昆明师范学院向云南省委上报，拟将单科制改为双科制。将现有的中文、历史、数学、物理、化学、生物等 6 个系科按其性质相近的专业加以合并。合并后的系科设置为文史系、数理系、生化(包括地理学科)系，增设外语系，待有条件时拟再增设教育系。双科制实行后，在教育计划方面，拟采取课程大部分相同，小部分不同的原则，以便一方面能培养出可以教两门课的学生，又可对学生在业务方面因材施教，有所侧重。学制方面，本科仍为四年，专科两年。

昆明师范学院数理系时期 (1958～1962)

1959 年提出“大办工厂，大搞科研”的口号，受浮夸风的影响，实事求是不够，效果虽然不好，但教师热情很高，干劲很大。1961 年后教学秩序比较稳定，学院提出应以教学为中心，既搞教学又搞科研，这段时间为科研的开创时期。这期间开展了系科调整的大讨论，学院设立双科制，数学系和物理系合并为数理系。滇南大学、滇西大学停办，两所大学数学专业学生并入数理系。代数、几何两个教研组合并为代数几何教研组。刘声烈在群论方面的研究成果被《十年来的中国科学：数学(1949～1959)》等文献收录。教育实习工作仍然有计划地开展。总体上办学规模不断扩大，办学条件得到极大改善，同时兴起了勤工俭学活动，学校管理逐步走上规范化、制度化，为云南教育发展培养了数学和物理课师资。

1958 年

9 月，昆明师范学院党委提出教学、生产、科研三结合，统一安排。具体做法是：结合教学，大办工厂和农场，数理系以钢铁、机器工业为中心，建立钢铁冶炼厂和金工、木工、铸工、锻工四个车间。生化系成立电解厂、农药厂，还扩建农场。文史系建立砖瓦厂。

9 月 30 日下午，学院召开全体毕业学生大会，宣布分配名单。本届毕业生共计 796 人，其中：数理系 44 人、数学专科 169 人。

9 月～12 月初，昆明师范学院接受云南省委支援全省大炼钢铁的生产任务以后，组织数理系、生化系化学专业绝大部分师生到各地生产第一线参加劳动。首先是数理系出动师生 300 余人，到昆明第一钢铁厂支援炼钢。

11 月下旬，数理系学习中央新的教育方针以后，在以任务带动科研和教学方面，开展了“二十项九部十台两百吨”运动。20 项是：电子计算机，示波器，回旋加速器模型，天文望远镜 2 架，同步电动机 3 个，威尔逊云雾室，电动计算机 1 部，显微镜 1 架，试制电容电阻，5 本科普小册子，测微光度计，光谱实验室 1 座，优质合金钢，洋平炉，长寿炉，空气电池灯，自动运土机等共 20 项。9 部是：碎石机 4 部，电动机 2 部，电焊机、氧焊机、鼓风机各 1 部。10 台是：土车床 2 台，洋车床 2 台，铯、铣、镗、钻床各 1 台，龙门铯 1 台，车床(土洋结合)1 台；还有 150 吨钢的设备能力，50 吨铁。当时，在校学生人数：数理系 509 人、数理科 238 人。

1959 年

3 月 22 日，国务院全体会议第 86 次会议通过《国务院关于全日制学校的教学劳动和生活安排的规定》。根据中央指示，昆明师范学院制定了新的教学计划，并做了全面的安排。数理本科实行 1、2、9 制(每年假期 1 个半月，劳动 2 个月，教学 8 个半月)。专科 1 年劳动 1 个月到 40 天。每年科研为 200～300 小时，校外办学 250～300 小时，每天学习 9 小时，上课与自习为 1∶1；政治课每周 8～9 小时，4 年共上 4 门政治课(哲学，党史，社会主义思想教育，政治经济学)，专科少上一门党史。新教学计划的优点是对基础课、提高课等作了适当的比例和统一的安排，对基础课给予充分的保证；反映了新的科学成就(如开设概率论等)；在理论联系实际方面，增加有关工农生产方面的课程；确定了双科制；高年级还增加选修课，使学生有所侧重和提高。

4 月 21 日，昆明师范学院向云南省委报告，拟将双科制改为单科制。报告指出，实行双科制以后，经过 6 周的教学实践，感到在贯彻教育方针、巩固和发展教育革命方面都存在一些问题：首先是教学时数超过中央《关于全日制学校的教学、劳动和生活安排问题的规定(草案)》，导致学生负担过重。一般对所学的知识不能很好地领会和巩固，至于深入独立钻研、提高学习质量更感困难。其次是两科合并后课程的门数、教学的时数安排，难以恰当地照顾，有畸轻畸重的现象，很可能引起教学质量的降低。再次由于教学时数安排过多，影响“四结合”。现在各系学生的科学研究基本上都停止进行，再发展下去可能影响生产劳动。为此，特提出将双科制调整为单科或以单科为基础，适当扩大学习范围：第一，外语系和化学系办成单科，培养高中外语和化学教师；第二，文史、数理、生地(化学专业独立设系后，生物和地理两个专业合并为生地系)3 个系各设两个专业，即语文、历史、数学、物理、生物和地理，每个专业以单科制为基础，在不影响本专业的前提下，酌量增加一点有关专业的课程，如数学专业兼学一点物理，以扩大和加深学生的知识领域，每个专业分别制订独立的教学计划；第三，专科由于学习年限太短，双科的做法更不易保证质量，拟都改为单科。根据昆明师范学院师资条件和中学的需要，只设中文、数学和生物专科。1959 年 5 月 2 日，云南省委作了如下批复：“同意师院党委关于将目前的双科制调整为单科制，或以单科为基础，适当扩大学习范围”。

5 月 30 日，昆明师范学院院长办公室公布各系系务委员会的组成人员和各教研组设置：数理系系务委员会由 15 人组成，高本荫任主任委员。下设数学分析教研组、代数教研组、几何教研组、普通物理教研组和理论物理教研组。

9 月 19 日，院务委员会召开全体会议讨论当年毕业生分配方案，并听取新生入学情况的汇报。当年毕业生 325 人(本科 155 人，专科 170 人)，数学系 31 人，数学专科 58 人。根据中央指示，当年高等学校毕业生分配原则是“重点配备，加强薄弱环节，照顾一般”，并贯彻学以致用的原则。在分配中具体掌握是：先保证科研单位和高校的政治及业务质量，其次满足省市重点学校及专区重点学校需要，再次对其他系统及专区一般学校也作了全面照顾。当年新生招生 934 人(其中 656 人是在云南录取的)，其中数学专业 149 人，数学专科 118 人。

10 月 10 日，昆明师范学院党委召开党支部书记以上干部会议，宣布“继续深入学习八届八中全会决议的计划”。学院党委书记胡泮生在会上对深入学习的意义和如何进行学习做了详尽的阐述。会议要求全体师生员工通过进一步钻研文件、听报告、敞开思想，围绕总路线、教育方针等问题，深入进行学习，从而分清是非，统一认识，提高觉悟，加强团结。

11 月 16 日～12 月 26 日，学院进行第十届教育实习。参加本届实习的学生为数理系四年级 120 人(其中数学专业 78 人)，数学专业实习学校有：昆明师范学院附属中学 41 人、云南大学附属中学 19 人、昆明工学院附属中学 8 人、昆明第一师范学校 10 人。本届实习在党委和院务委员会领导下，成立了“实习指导组”，主任由院长方章担任，副主任由数理系孙贵如、高本荫及教务处左梦兰担任。

截至 1959 年底，数理系有学生 855 人。

1960 年

2 月 6 日，学院拟定并公布《1960 年劳动生产计划(要点)》。该计划对各系提出具体要求：数理系办好机车厂，力争年内建好厂房，并以 50%的生产能力为科研加工及完成任务。

3 月 18 日，昆明师范学院召开第七次院务委员会，对各系教研组调整设置及组长人选进行了讨论，会议决定，数理系代数、几何两个教研组合并为代数几何教研组。

4 月 1 日，昆明师范学院函授大学正式开学。这期函授教育的特点是缩短学习年限，提高教学质量，结合中学实际，大力改革教材，增加最新科学成就和工农业生产的材料，计划经过 3 年学习，将现有在职的具有高中毕业水平的全日制、半日制和其余中学的业余教师，提高到大学 4 年制本科水平。目前开办语文、数学、物理等专业。此次报名参加学习的有 1000 多人。

6 月 8 日，昆明师范学院以“(60)昆师字第 64 号文件”上报云南省教育厅提出《在各专区(州、市)文教局与昆明师范学院合办函授，建立函授站》的报告。本年秋季，昆明师范学院函授教育恢复招生，第一班共招学员 303 名(数学专业 61 人)，要求通过 4 年半至 5 年的函授学习，在本专业的主要课程上，达到高等师范学校本科毕业水平。

6 月 23 日，昆明师范学院附属中学教师进修学校拟定了下一期“培训任务的意见”。培训时间为 11 个月(1960 年 9 月～1961 年 7 月)。培训 400 人，其中高中数学教师班 30 人，初中数学教师班 70 人。培训目标是：又红又专的、能负担新学制课程和新教材的教学工作的中学教师。除培训工作外，还准备大力开展教学研究工作，如到各地总结、推广先进经验，开展教学专题讨论，到专县对在职教师作自修辅导以及专题报告，出“教学通讯”等。

7月2日~9月15日，根据云南省委关于大专院校师生及中等技术学校师生参加“四化”的指示，昆明师范学院于7月2日开始下乡、下厂。第一批7月2日至8月8日，参加人数为1028人，其中数理系科250人。第二批：8月7日至9月15日，参加人数为810人，其中数理系科265人。分配的地点为：电机厂、第二机床厂。

8月20日~9月5日，昆明师范学院举办中学数学、物理教师进修班。参加学习的为云南省各州、市学制改革试点学校的教师250人。这次举办进修班主要是为了适应教学改革的迫切需要，提高现有教师的思想、业务水平，根据缺什么补什么和系统提高相结合的原则，通过两周集中学习，使学员明确中小学教学改革的基本精神，弄懂九年一贯制，“五三二制”数学、物理课的改革方案、教学大纲和教学内容。进修学员按专业和程度编班，采用教员重点讲授和学员自学、集体讨论相结合的方式进行学习。讲授时着重解决学科体系变化和教材处理的关键、难点等问题。对新学课程精讲若干最必须的内容，帮助学员能够独立地胜任新课的教学工作。根据学员具体情况，数学专业分甲、乙、丙3个班。这次进修班远远超过预计人数，实到294人，其中：数学教师210人。

1960年度，数学系朱德祥教授编著《初等数学复习及研究》，由人民教育出版社出版。

1960年数学专业毕业生有77人。

1961年

2月，制定了《昆明师范学院1961年科学研究计划》。该计划是在进一步贯彻科研为教学服务，为生产服务，“以农业为基础，以工业为主导”的方针下，根据“调整、巩固、充实、提高”的精神，结合实际力量确定的。全院共提出选题70项，其中数理系6项。

4月2~29日，昆明师范学院进行第十二届教育实习。实习学生共计482人，分别安排在昆明、宜良、曲靖三个地区进行，数学专修科103人、数学本科76人。

9月28日，院长办公室向各系各部门通报本学年招生情况：当年共录取新生461人，有高中毕业生211人，中学教师250人，其中数学新生107人(高中生43人、中学教师64人)。

12月12日，《昆明师范学院1961~1962年科学研究计划》重新修订，计划选题共91项，其中数理系11项。

1962年

3月26日~4月22日，昆明师范学院进行第十三届教育实习。参加本届实习的学生共418人，其中数学专业53人，指导教师47人。分布在昆明第一中学、昆明第二中学、昆明第四中学、昆明第五中学、昆明第六中学、昆明第七中学、昆明第九中学、昆明第十一中学、昆明第十二中学、昆明第十六中学、昆明第二十中学、昆明第二十四中学、昆明第二十七中学等 13 所中学。这次实习学校适当注意了选择不同类型学校，有大型与中小型，有城区与郊区，有新制与旧制。实习共分为三个阶段：第一阶段 3 月 26 日～28 日熟悉实习学校，见习教学工作；第二阶段 3 月 29 日～4 月 18 日进行教学实习及班主任工作实习；4 月 19 日～20 日，以专业小组为单位进行总结，评定学生成绩。4 月 21 日返校。由于时间较短，本届实习要求把重点放在课堂教学和搞好课外活动，适当参加班主任工作。

4 月 3 日，云南省教育厅向云南 5 所大学发出《关于高等学校考试、考查和处理考试、考查不及格学生的暂行规定(草案)》。其中规定：第一、课程考试成绩分为不及格、及格、良好、优等 4 级；考查分为及格、不及格两级。考试考查成绩，同一课程，不论一学期或一学年学完，均按一门计算。第二、课程不及格学生的退学，每学期办理一次，留级和升级每学年办理一次。第三、学生每学年第一学期所学课程门数有三分之二或三分之二以上不及格的不准补考，令其退学；有二分之一或二分之一以上不及格的经过补考，准予随原班上课和参加第二学期考试。每学年结束，两个学期课程门数合计有二分之一不及格的不准补考，令其留级；有二分之一以下不及格的，准予补考。补考后仍有三分之一不及格的令其留级；不到三分之一的准予升级。留级以一年为限，连续留级两年或累计留级三年的令其退学。第四、应届毕业生如不及格课程不到留级门数的，可留校继续学习，或发给肄业证书，在两年内可申请补考，及格后补发毕业证书。

7 月 27 日，云南省科学技术委员会 7 月 4 日发出通知，要求各单位、各院校对 1961～1962 年省科技发展计划重点研究任务上半年的执行情况做一次了解，以便发现问题，改进工作。接此通知后，教务处对昆明师范学院本年度科研情况进行检查：编写教材和教学参考资料原定 9 项，其中朱德祥的《平面几何讲义》已完成，其余项目均延期或合并。

8 月 9 日，云南省计划委员会、云南省教育厅、云南省劳动局联合发出《云南省高等学校、中等专业学校的调整、教职工的精简和编制、招生等问题的意见》，指出，根据省委的决定和教育部 6 月 4 日下达的调整方案，云南省高等学校保留云南大学、昆明工学院、昆明农林学院、昆明医学院、云南中医学院、昆明师范学院等 6 校，系由 47 个减为 25 个，专业由 91 个减为 41 个，专门组由 31 个减为 21 个。滇南大学、滇西大学停办，所有保留专业分别并入昆明工学院、昆明农林学院和昆明师范学院。意见还提出：滇南大学数学专业现有一二年级学生转入昆明师范学院数学专业，滇西大学数学专业转入昆明师范学院数学专业。

8 月 17 日，根据《中华人民共和国教育部直属高等学校暂行工作条例(草案)》第五十五条的规定：“在一二年级设立政治辅导员”，院党委召开总支书记会议，讨论各系设置政治辅导员的问题。会上决定：第一、数学、物理、化学、生地、外语各系一二年级设立辅导员，其他年级干部较弱的设兼职党支部书记(由教师中的党员兼任)；第二、政治辅导员一般都兼任团总支书记或党支部书记；第三、政治辅导员一律作专职的政治工作干部，由党总支领导，不兼教学工作，建议拟订一个政治辅导员工作条例，明确工作任务和方式。

昆明师范学院数学系时期(1962～1984)

实践结果表明，双科制办学方式没有起到应有的效果，为加强系的教学行政管理，数理系分设为数学系和物理系。在“教育为无产阶级政治服务，教育与生产劳动相结合”的方针指引下，掀起“教育大革命”热潮，对教育与生产劳动相结合做了机械的理解，认为体力劳动越多二者结合得越好，以致出现“三多三少”的现象，即政治运动多、社会活动多、生产劳动多；上课少、自学时间少、假期少，极大地削弱了正常的教学活动。

1966 年“文化大革命”开始，教育战线受到冲击。昆明师范学院也和其他高校一样，深受影响，学院停止了一切正常的教学活动，党政领导机构全部瘫痪，在工、军宣队领导下，批判会、斗争会层出不穷，不少师生受到不应有的批判和斗争。1972 年数学系开始招收工农兵学员①上大学，面向农村开门办学，教师的积极性很高，到各处联系、选点、选课题进行开门办学。数学系师生先后在昆明市、个旧市、东川市、省水利设计院等厂矿企业推广优选法、做应力分析及实验设计，取得了可喜的成果。1976 年购置了 DJS-21 电子计算机一台，在教学上开始了计算方法。1966～1977 年的前半段科研受阻，后一半段科研工作比较活跃。

1977 年“文化大革命”结束，恢复高考，现代中国教育出现重要转机。数学系教师在完成教学任务的前提下紧抓科研，科研项目逐年增加，成果不断扩大。1978 年秋季在全院率先招收硕士研究生 3 名。数学系教师发表大量论文和多部著作，讲习班、讨论班、讲座和会议等学术活动活跃。

---

① “工农兵大学生”（又称“工农兵学员”）指“文化大革命”中实行“教育改革”后招收的大学生。实行个人报名、群众推荐、领导批准和学校复审相结合的招生办法，根据毛泽东主席“学制要缩短，教育要革命”的指示精神，学制缩短为 2 至 3 年，1970 至 1976 年全国总共招收工农兵大学生约 82 万人。工农兵大学生是我国特定时期的特定产物，后来虽因其推荐入学的方式、入学文化水平参差不齐、学制和教学大纲不正规等原因受到非议，但责任不在他们，因为当时取消了高考，别无选择。其中大多数人学习比较刻苦，毕业后在各自的工作单位起到了承上启下的作用，许多人后来成为社会中坚：或成为专家、学者、业务骨干，或继续深造，或被选拔到各级领导岗位，为国家改革开放做出了自己的贡献。

1962 年

8 月 22 日，昆明师范学院上报云南省教育厅“拟将现设数理系分设为数学、物理两系”。教育厅于 8 月 27 日批复“同意你院从 1962 学年度第一学期起，将数理系分设为数学系和物理系，以便加强系的教学行政管理工作”。

9 月 19 日，各系由助教提升为讲师的共 14 人，其中数学系有王用华、吴兴来。

截至 10 月 1 日，数学系数学专业学生有 557 人。

10 月 27 日，本届共有毕业生 456 人，其中数学专业 58 人。

1962 年度，数学系冯荣轩编写的《高等代数》由学院编印使用。

1963 年

1 月 16 日，昆明师范学院向云南省人事局上报的《昆明师范学院专业设置并情况介绍》中数学系情况：

系别	专业	修业年限	培养目标及适合到哪些部门
数学系	数学专业	四	中学数学老师

1 月 18 日，向云南省教育厅、省统计局上报函授大学统计年报表。本年昆明师范学院函授大学实有学生 463 人，其中数学专业 125 人。

2 月 11 日，昆明师范学院对院务委员会进行了调整。数学系朱德祥、吕锡麟入选院务委员会委员。

6 月 11 日，云南省教育厅、云南省计划委员会联合发文下达 1963 年招生计划：昆明师范学院招生数 240 人，其中数学专业 45 人。

7 月 26 日，院领导批准同意昆明师范学院附设函授大学关于健全教研组和配备各教研组负责人的意见。此时有数学教师 3 人，建立教研组，并指定了负责人。

8 月 8～15 日，昆明师范学院招生工作组进行了新生录取工作。全院录取新生 245 人，其中数学专业 48 人。新生中有高中毕业生、中专毕业生、侨生、在职人员、退伍军人、知识青年。

9 月，昆明师范学院附设函授大学进行第二次招生，对象为云南省全日制中学具有大专水平的在职教师，拟经 3 年函授学习，在专业主要课程上达到高师本科水平。招生计划 7 月中旬经省教育厅批准，8 月 21 日登报，8 月 25 日至 9 月 15 日报名，9 月 25 日考试，12 月底结束全部录取工作。此次计划招生 450 人(其中数学专业 150 人)，报名人数为 315 人，数量较少。为保证新生质量，同时照顾数量，将报考者分为正取生和试读生两种情况录取。凡符合报考条件、平均成绩在 30 分以上者列为正取生；符合报考条件，因故未参加考试或考试成绩在 30 分以下者，则列为试读生。录取结果，正取生 237 人，试读生 37 人，共录取 274 人(其中数学 72 人)。

截至 10 月，数学系在校学生人数为 551 人，函授大学数学专业学生人数为 68 人。

11 月 4 日～12 月 15 日，昆明师范学院进行为期 6 周的第十四届教育实习，包括数学专业在内的 8 个专业，共计 578 人，实习指导教师 70 人(其中脱产 36 人，半脱产 34 人)，本届实习分布在昆明市区和郊区 21 所全日制中学进行。

12 月 13 日，云南省教育厅和云南省计委联合下达 1964 年高等学校招生计划：昆明师范学院为 270 人(数学专业 40 人)。

1964 年

2 月 6 日，根据国务院批准下达国家计委、教育部 1963 年 7 月修订颁发的《高等学校通用专业目录》的规定，昆明师范学院现在部分专业名称与目录所列名称不一致的，应作订正。同时，以后在专业设置、招生计划、毕业分配以及各项统计工作上，都应以此为依据。

2 月 27 日～4 月 7 日，昆明师范学院应届毕业生进行为期 6 周的第十五届教育实习。实习生包括数学在内的 10 个专业，计 756 人，参加实习的指导教师及政治干部共 113 人。本届实习分布在昆明、个旧、蒙自、开远等 4 个地区的 26 所全日制中学。

4～6 月，昆明师范学院函授教师对学员进行一次较为广泛的调查研究和巡回辅导。其目的一方面是了解学员的自学及中学教学情况，征求对函授教学的意见；另一方面是在期末考试之前，对学员进行比较系统的辅导和个别答疑。这次先后到了昆明、个旧、东川、文山、玉溪、思茅等 18 个市县的 39 所中小学，见到数学函授学员 37 人。

5 月，在学习毛主席春节座谈会指示以后，各系都选择一些原来基础较好的课程进行精简教材和改革教学方法的试验。数学系选择“数学分析”作开卷考和事先出题的方式进行考试改革的试点。这些重点试验都推动了教师进一步发现教学中存在的问题，从而有针对性进行改革。

7 月 6 日，云南计委、教育厅联合发出《调整下达今年高等学校各专业招生计划》指出，非经批准不得自行变更。为了弥补新生入学后因政治、健康原因造成缺额，各校可多录取新生 1%～3%。分配给昆明师范学院的指标 270 人，其中数学 40 人。

8 月 3 日～15 日，昆明师范学院进行本届新生录取工作。录取数学专业新生 40 人。

9 月 14 日，昆明师范学院向省教育厅和省统计局上报学年初报表。此时数学系学生 301 人。

9 月 28 日，云南省教育厅向昆明师范学院以及云南大学、昆明工学院等 3 所大学发出《关于报送理工科教学工作会议有关材料的通知》。其中指出“据高教部通知，为了进一步做好高等学校理工科教学工作会议的筹备工作，请各校尽速提供下列材料：第一、关于进行学制、课程、教学内容和考试制度改革的设想方案；第二、在教学工作中贯彻‘少而精’原则的经验”。根据通知精神，昆明师范学院于10月8日上报了数学、物理、化学三个专业教学改革方案，此外，还拟就“对高师数学专业数学分析课程教学内容改革的初步设想”“数学专业课程改革考试办法的设想”等也一并上报。

当年数学毕业生143人。毕业生的分配派遣比较顺利，主要是思想工作做得较好，以及解决了一些毕业生的实际问题，绝大多数毕业生服从分配。

10月25日，昆明师范学院对开学后两个月的教学改革情况进行分析：本学期以贯彻“少而精”，提高教学质量为中心，初步进行教学改革。数学系开始试行教学工作7年规划，一年级按新教学计划排课，周学时下降到19学时(1962年为24学时，1963年为21学时)，并对四年级专业理论课进行适当调整，控制在48学时以内。

本年度，数学系朱德祥译《Hadamard几何》(上册)由上海科学技术出版社出版。

1965年

1月13日，云南教育厅、省计委联合批复1965年招生计划，昆明师范学院招生9个专业410人，数学90人。

3月10日，昆明师范学院向教育厅上报《关于昆明师范学院附设函授大学调整各专业教学计划、课程内容的请示报告》。结合函授大学学员的实际情况，对各专业的教学计划、课程设置等进行研究，现有部分专业拟缩短学习时间半年至1年；课程内容上，理科方面主要删去与中学教学联系不大、理论较为深奥以及重复的部分。结合数学来说，数学一班：1961年入学，水平为高中毕业，原定学习5年，现调整为4年半。课程变动：数学分析中微分方程部分、高等代数中与初等数学重复部分均删去；数学二班，学习年限均不变，课程内容作必要调整。4月15日，云南省教育厅发文，同意函授大学对专业教学计划调整意见。

7月3日，云南省成立云南农业劳动大学，要求各院校支援一批教师和干部。经昆明师范学院研究确定，拟支援14人，其中数学专业4人：俞洁玉、朱文龙、和自超、李彬荣。

8月11日，昆明师范学院向云南省教育厅上报《关于修改教学计划的报告》。该报告提出的主要修改有下面几点：适当减少课程门数，合并性质相近课程。从全院专业课程设置与1964年相比，减少的必修课有数学专业的微分几何、实变函数、理论力学。其中有部分课程改为选修课。数学专业加强初等几何、初等代数教学时数，并且该两门课都以讲授中学教材为主，适当加以提高。

9月，昆明师范学院函授大学第四届招收新生728名。均为三年制专科，数学81人，半数专业155人(半数为半工半读数学班，学制为一年)。当年有首届函授大学毕业生121人(数学本科23人)。

学院提出《1965～1966学年教学改革的主要任务》。以数学系为重点，认真研究课程改革中出现的问题，总结经验，推动全校教改。要求各系要经常分析和研究教师思想动态，抓紧样板课，做出成绩，以点带面，指导全系工作。但样板课不能过多，每一专业抓好一门，教务处深入一门(数学专业一年级数学分析课)。此外，还必须加强全校教改的计划性，要求各系从课程改革入手，订出各专业3～4年课程改革规划，对专业基础课有计划地逐步研究进行改革。

10月4日，学院向云南省教育厅上报1965～1966学年年初报表。此时数学系学生人数为237人。附设函授大学，共有数学专业学员281人。

10月26日～12月5日，昆明师范学院进行第十六届教育实习。参加本届实习的有数学等5个专业，共计实习生387人，指导教师59人。数学系实习生分配在武定、姚安、大姚。

10月，教务处组织教学改革经验交流，其中有数学系“对分配在昆明普通中学工作的毕业生全面发展情况的调查报告”、数学系代数教研组“高等代数小结”。

1965年度，数学系刘声烈副教授在《中国数学会代数专业会议-I、论文摘要》上发表论文《自由李环中元素间的线性关系》《方阵方程 $y' = aga^{-1}$ 与 $h = x'gx$ 的一般解》。

1966 年

2月28日，云南省教育厅上报1966年高等学校招生计划，其中昆明师范学院为520人(数学90人)。

6月，据统计全院共有师生职工2204人。昆明师范学院党、团组织基本情况如下：党员总数257人，全院共有党总支9个，直属支部2个，党支部18个(数学2个)。

本年度，数学系朱德祥译《Hadamard几何》(下册)由上海科学技术出版社出版；《微分几何・重积分》由云南出版社出版。

1967 年

8月，昆明开始武斗。昆明师范学院两派群众组织也互相对立、攻击，一派群众组织被赶出了学校。

1968 年

2月，中央决定在北京举办“云南学习班”，解决云南问题。并于13日签订了《关于停火交枪，制止武斗的协议》和《关于恢复交通运输，保证邮电畅通的协议》，昆明师范学院两派群众组织也派代表参加了学习班。在这样的形势下，云南省军管会于3月发出《关于大中小学立即复课的紧急通知》，根据通知精神，昆明师范学院也于4月开始复课，但受局势影响并未建立起正常的教学秩序。

12 月 14 日，云南省革命委员会根据中央《关于 1968 级大专院校毕业生分配问题的通知》精神，决定云南省除医科专业外，其他专业毕业生均分配去解放军农场劳动锻炼。据此，昆明师范学院 1967 级和 1968 级毕业生都先后到了耿马、孟定、开远小三峡解放军军垦农场。

1969 年

5 月 27 日，昆明市革命委员会以“昆发(69)048 号”文件批准成立昆明师范学院革命委员会，共 16 人组成。主任暂缺，由赵桂生(军宣队)任第一副主任，田治可(工宣队)任副主任，还有两名学生任副主任，其中有胡思章(1966 级数学系学生)。常委 3 人，委员 9 人，其中有宋金义(1966 级数学系学生)。

6 月 27 日，昆明师范学院革命委员会召开常委会议，研究了机关、数学、文史等单位的革命领导小组方案。至此，全院 7 个系 1 个科以及机关、家属连均成立了革命领导小组。

1970 年

3 月，在大理开办“师资培训班”，由大理县和昆明师范学院合办，地点在大理一中，主要任务是培训小学戴帽初中班教师，设语文、数学和理化三个班。开办时间为 3 月至 6 月。

7～12 月，《红旗》杂志刊登了清华大学《为创办社会主义理工科大学而奋斗》的工作总结。昆明师范学院革命委员会立即组织学习，并着手开展教育革命工作，先后派出 7 支小分队在昆明、呈贡、曲靖、陆良、大理等地培训中、小学师资近 900 名，在陆良培训农村广播器材修理人员 80 余人，同时在理科几个系开办了工厂(数学系开办了电机厂、化学系建立了化工厂、物理系办起了电工厂)。此外，数学、物理、文史三个系分别与官渡区先锋公社、昆明市电机厂、昆明市六·二六制药厂、昆明市电工厂等三厂一社挂钩。同时，还有 28 名教师下厂、下乡接受工人、贫下中农再教育，编写新教材。

12 月，为筹办工厂，数学系、物理系和化学系面向昆明市中学生招收第一批工人，其中数学系招收 7 人。

1971 年

9 月 12 日，昆明师范学院核心小组制订了《昆明师范学院教育革命规划》。规划指出：为了实现在第四个五年计划期间配合地、州、县完成培养 9000 名中学师资的任务，根据《全国教育工作会议纪要》精神，拟采取如下措施：第一、贯彻“两条腿走路”的方针，多种形式办学。从1972年至1973年以短训班为主，尽快解决农村急需的教师；1974年至1975年预计各地高中开办和发展。昆明师范学院则以普通班为主，为各地解决高中教师。(一)普通班，学制以文科2年、理科3年试行，主要招收有2至3年以上实践经验的优秀工农兵，同时招收部分中、小教师。普通班最大规模为3000人，除院本部招收2000人外，拟于1972年、1973年分别在滇南、滇西各设立分校一所，每校招生500人左右，预计第四个五年计划期间，可有毕业生3000人。(二)短训班，由昆明师范学院派出小分队，以地、县师范学校为点，举办短训班，培养中学师资。短训班学员，主要是小学、初中教师，复转军人和知识青年。(三)巡回辅导队，每年由各专业抽出一定数量教师，组成小分队，深入到县、社，特别是山区和边远地区，送教上门，与当地教师一道研究解决中学教学中的共同问题和疑难问题，帮助建立辅导网。(四)协助厂(矿)办学。第二、改造旧系科，增设新系科，培养"一专多能"的教师。昆明师范学院原有系科拟作适当调整，即增加生物专业与原化学系合并成生化系(设生物、化学2专业)；政治教育专修科与历史专业合并，增加地理专业，成立政史系(设政史、史地2专业)；中文、数学仍单科开设；这样很多专业学生毕业后都能担任两门以上课程。第三、师资队伍建设：昆明师范学院除现有教师外，还需补充250人左右，才能解决教师缺额，我们的意见是：(一)下乡、下厂或现场教学时，以就地聘请为主，请工农兵担任专职或兼职教师；(二)精简行政机构，将25名具有教学能力的行政人员逐步抽调出来，充实教师队伍；(三)报请云南省委选调一批优秀的技术人员和中学教师来院任教。

12月18日，中共云南省教育局革命委员会核心小组向昆明师范学院下发《关于充实调整昆明师范学院各系领导班子的请示报告的批复》，批复中指出：为了健全你院系级领导班子，加强党的一元化领导，经教育局核心小组研究，同意你院核心领导小组关于充实、调整各系领导班子的请示报告的意见，将你院系革命领导小组改为系革命委员会，并同意由寸锡金任化学系革委会主任，余定怀任数学系革委会主任，杨芳任物理系革委会主任，周从智任艺术系革委会主任，杨成相任体育系革委会主任，梁龙沛任外语系革委会主任，陈天明任中文系革委会主任，政治教育系革委会主任暂缺。

截至12月，数学系招收了5批共28名工人。他们分别为昆明市中学生、下乡知青和退伍军人。在雷逢庄等老师的领导下，为工农兵学员提供教学实习的基地——电机厂正式成立。全体工人分两组到工厂学习，为生产交流电动机作准备。一组由张凤周、赵鑫云老师带队到昆明市电工厂(小坝)学习；二组由王文偁、邱达三老师带队到昆明市电机厂(马街)学习。

1972年

1月25日，学院核心小组制订的《关于昆明师范学院教育革命中几个有关问题的安排意见》指出：昆明师范学院教育革命蓬勃发展，特别是去年春季招生以来，出现了工农兵上大学、管大学、用毛泽东思想改造大学的新局面。各系在深入开展教育革命的过程中，初步积累了一些生动活泼的经验，同时也提出了一些共同性的问题(主要有：学制问题、课程设置问题、学年学时安排问题等)。针对这些问题，昆明师范学院核心小组进行了研究讨论，并根据《全国教育工作会议纪要》精神，做出了安排决定：第一、学制问题：数学等专业定为3年。第二、双科开设，一科为主，培养一专多能的教师问题：根据院内各专业实际情况，大体分3种类型：单科开设的为中文、数学两个专业，单科开设又增设一些其他课程的。双科开设以一科为主的有物理专业，学习物理和数学课程，以物理为主。双科主次课程比例暂定为 7∶3。第三、关于公共课问题：(一)公共军体课，由各系组织实施，内容主要是军事体育和群众性的体育活动，时间为每周 5～6 学时；(二)政治课主要结合形势教学，教师由各系解决；(三)公共外语课院内各专业均不开设。第四、全年52周分配如下：(一)教学时间(包括考试)38周，分两个学期，其中70%作业务学习时间(包括下厂，下乡结合学工、学农进行教学的实践活动等)；30%作为政治教育时间。(二)野营拉练4周。(三)劳动4周。(四)放假4周。(五)社会活动或机动2周。第五、1周时间安排：每天白天8小时，其中学习时间7小时，包括天天学习1小时，教学6小时(包括上课、自学、实践、实验等)，晚上自学时间不计入。

2月5日云南省革命委员会发出《关于1972年春季大专院校招生通知》，通知指出：根据中共中央〔1970〕46号文件和国务院科教组《1972年招生工作座谈会情况》的指示精神，确定1972年春季云南大学、昆明师范学院、云南民族学院招生1960人，于2月招生，3月20日开学。昆明师范学院招生585人(其中工人99人，农民327人，其他159人)。招生实行“群众推荐，领导批准和学校复审相结合”的办法，择优录取，不举行统一考试。

截至12月28日，数学系一年级学生人数为97人。

数学系第一批工农兵学员于3月入学，共97人，其中女生19人，解放军学员7人，分一班、二班。

1972年，从昆明市电机厂和个旧云锡公司调入崔兰仙等5名技术工人，加强了系办电机厂的技术力量。至此，全厂有34名工人。在吕锡麟、熊民福等老师的领导下，1000瓦的交流电机正式投产，并完成了云南省机械工业局下达的生成100台电机的任务。电机统一销往云南省机电公司，配给相关工厂的台钻使用。

1月17日，学院革委会向云南省科教局上报《关于昆明师院体制的意见》，对昆明师范学院办事机构拟进行调整。各系行政：设正、副主任各1人，秘书2人；党的组织：在党委领导下，系设总支，各总支设书记1人，副书记1人(兼团总支书记)，秘书1人，政治辅导员2人。

6月27日，云南省革委会转发《国务院批转国务院科教组关于高等学校1973年招生工作的意见》，并提出具体执行办法：第一、在云南省委统一领导下，成立高等学校招生领导小组。第二、全面掌握入学条件。实践年限要坚持两年以上，在实践年限、政治条件相等的情况下，优先录取实际文化程度较高的推荐对象入学；在保证“工农及其子女有享受教育的优先权”的前提下，注意适当招收确实表现好的剥削阶级家庭出身的子女和“可以教育好的子女”；体育、艺术、外语专业班、普通班，年龄22岁以下，并有一定专业基础。第三、招生统一于6月中旬开始，7月25日、26日文化考查，内容为初中教材的科目，有政治、语文、数学、理化；实行开卷考查，可带书。第四、招生办法：在本人自愿的前提下，“基层提名，上级党委批准，学校复审”，择优选送。本届给昆明师范学院分配的名额为370人。其中普通班290人(数学40人)，进修班共80人(数学40人)。

1973年，成立了数学系实验室研制用射流技术解决汽车的供油系统，从数学系电机厂抽调了李映芬、崔海燕、李志民三人参加研制工作。

1974年

5月23日，昆明师范学院首届工农兵学员268人，进修班学员78人(其中数学39人)，即将胜利完成学习任务，于8月份毕业，为了进一步提高学员分析问题、解决问题的能力，特安排一个月的毕业实践，要求各专业于6月底以前结束课程，7月24日以前进行毕业实践，形式可灵活多样，根据各专业特点，题目由师生共同确定。

9月29日，国务院科教组、财政部发出关于开门办学的通知。通知指出：“开门办学是无产阶级教育革命的新生事物”，“必须始终把转变学生的思想放在首位”。要坚持教育革命的方向，彻底改革旧的教育体系。据此，昆明师范学院理科专业，如数学、物理、化学、生物等则搞厂校挂钩，半工(农)半读，按生产过程组织教学。

本年度

△刘声烈副教授在本校编印了《自动机与半群》。

△在王文偁、乔中春、张存安(系总支委员)等老师的领导下，电机厂除完成云南省机械工业局下达的生产任务外，和实验室一起按照系总支的安排，圆满完成了1972级工农兵学员教学实习的任务。

△在吕锡麟老师的带领下，李丕仁、李立新、刘庭举等同志进行了1000瓦水轮发电机的研制和生产，在东川科协协助下试验成功。作为回报，该台水轮发电机送给东川科协。

△学院从中国科学院引进了一套丹麦四则运算的台式计算机技术资料。学院将研制任务交给数学系实验室作为云南省科技项目。参与人员有胡国樑、简光全、李小玲、赵惠然、李志民、李映芬、崔海燕。

1975年

1月13～17日，第四届全国人民代表大会在北京召开，昆明师范学院数学系教授朱德祥当选为全国人大代表赴京参加会议。

9月，数学系校办工厂推荐郭思平、陈桂仙、李福芝、周恒4位工人随1975级工农兵学员班上大学直到毕业。

1975 年 9 月～1976 年 1 月，数学系派杨承纶、赵惠然、杨直中等到中甸举办“数理专业迪庆班”。

1975 下半年～1978 上半年，学院成立昆明师范学院迪庆分校、怒江分校，先后从全院各系分批抽调老师去上课，开办数理普通班、政文史普通班，招生对象为迪庆州中甸、德钦、维西，怒江州贡山、福贡、泸水 6 县的在职小学教师，每班 60 人，两州 4 班共计 240 人，学生毕业后由昆明师范学院统一颁发大学专科毕业证书。

1975 年下半年至 1976 年上半年，数学系为丽江地区教育局开办“数学教师培训班”，培养初中数学教师。数学系派朱德祥、李忠映、唐家祥、王文俑、姜兴邦等老师执教，培训教师 120 名。

本年度

电机厂除了正常生产外，增加了电机修理业务，接受各种型号的电机修理，特别面向农村修理各种小型电机和水泵。改变了单一生产的状况，提高了工人的技术，扩大了对外服务的影响，同时为工农兵学员提供了更多的教学实习机会。拓展了开门办学和教学实习的途径。

1976 年

2～12 月，昆明师范学院在红河开办中学教师培训班。中文、数学各两期，每期半年，参加学习的人数计 200 人。

5 月 6 日～6 月 23 日，教育部分 3 批召开了全国 29 个省、自治区、直辖市及有关单位参加的高等学校招生工作座谈会。推广辽宁省 1975 年高等学校试行“社来社去”“厂来厂去”“哪来哪去”(即“三来三去”)的经验。据此，学院革委会于 9 月 21 日向云南省招生办公室上报了《昆明师范学院关于今年招生工作的意见》，决定本年昆明师范学院招生 495 人，其中一般普通班 295 人(数学专业 50 人)。

8 月，昆明师范学院在曲靖地区寻甸县开办了社来社去培训班：一班为文科(政、文、史)，一班为理科(数、理、化)，学制为一年，共招收学生 117 人，于 1977 年 7 月结业。

11 月，学院招收新生 495 人，其中数学 50 人(学制 3 年)。各专业少数民族新生共 93 人。云南省高等学校招生办“云招字(76)第 3 号”文件通知，“省属各大学新生入学时间由于多种原因需要推迟到 1977 年 2 月 25 日报到，3 月 1 日开学”。

1976 年度

△吕冠国在《教育革命》上发表《溯源冲刷问题》。

△应泸西县马钢厂的邀请，系电机厂派刘庭举、刘光生两位技术工人到马钢厂帮助组建电机修理组，传授修理技术，解决了当地电机设备修理困难的问题。

△研制成功具有四则运算、乘方、开方功能的台式计算机，提供给水电十四局西洱河水电站和云南省教育厅财务处。

1976级本科班开设课程及授课教师

学期	开设课程	授课教师	职称/职务
第一学期	初等代数(上)	李正方	助教
	初等几何(上)	乔中春	助教
第二学期	初等代数(下)	和福生	助教
	初等几何(下)	李忠映	助教/系总支书记
	初等数学	郑佩瑶	讲师
	立体几何	唐绍宾	讲师
第三学期	数学分析(一)	吕锡麟	副教授/系主任
	数学分析辅导课	宁敦品	讲师
	高等代数(一)	吴兴来	讲师
	解析几何	徐学钰	讲师
	平面三角	黄华秋	讲师
第四学期	数学分析(二)	吕锡麟	副教授/系主任
	数学分析辅导课	宁敦品	讲师
	高等代数(二)	王　骅	讲师
	概率论	李正方	讲师
第五学期	数学分析(三)	姜兴邦	讲师
	数学分析辅导课	宁敦品	讲师
	高等代数(三)	杨承纶/罗用晋	讲师/讲师
	数理统计(上)	李正方	讲师
	计算机	简光全	讲师
第六学期	高等几何	徐学钰/李忠映/杨直中	讲师/讲师/讲师
	数理统计(下)	张凤周	讲师
	复变函数	唐绍宾	讲师
	数理逻辑	何　瑶	讲师

1977年

9月，教育部在北京召开全国高等学校招生工作会议，决定恢复已经停止了10年的全国高等院校招生考试，以统一考试、择优录取的方式选拔人才上大学。恢复高考的招生对象是：工人农民、上山下乡和回乡知识青年、复员军人、干部和应届高中毕业生。

△王骅、李正方在学校编印教材《概率论数理统计》；吕冠国在《教育革命》第二期上发表《一类奇异积分方程的求解及在偏微分方程上的应用》。

△应云南省机械局的要求，电机厂开展了研制汽车分电器的工作，参与人员有李立新等。

△胡国樑老师牵头研制具有函数运算功能的台式计算机。参与人员有赵惠然、刘云英、李志民、李映芬、崔海燕、赵丽珠等。

1978 年

4 月 5 日，云南省教育局党组决定，提升吕锡麟、冯荣轩等 15 人为副教授。

4 月 25 日，云南省委决定提升刘声烈(数学系)、方龄贵、袁晓岑 3 人为教授。

5 月 9 日，云南省委通知，学院不再保留革命委员会，将原革命委员会主任、副主任改为正副校(院)长。昆明师范学院取消原来革命委员会及其相应职务，改为昆明师范学院院长、副院长职务。

5 月 13 日，云南省委同意并批转省委宣传部关于宣传文教系统体制和机构设置请示报告，决定将云南大学、昆明师范学院等 6 所院校党的核心小组一律改为党委会，核心小组成员暂定为党委委员，撤销各大专院校院(校)、系两级革命委员会，院校一级实行党委领导下的校(院)长负责制；系一级设正副主任。昆明师范学院此后正式实行党委领导下的院长负责制。

6 月 12 日，昆明师范学院党委决定年内建立数学研究室，设置“离散数学结构与计算机科学”专业。研究方向：第一、通过有向图对自动机、半群和群的结构问题进行研究；第二、以初等几何的机器证明作为研究课题。研究人员由现在的 5 人到 1981 年发展至 10～12 人，并相应增置电子计算机及有关图书资料，1985 年基建扩建到 750 平方米。秋季招收硕士研究生 3 名。

6 月，大力开展函授教育。从当年开始，隔年招生，每次招收 1000 人，至 1980 年达到 2000 人；当年设立语文、数学两班。

7 月 14 日，著名物理学家杨振宁偕家人一行 6 人莅院参观，受到师生员工热烈欢迎。杨振宁瞻仰了西南联大著名教授、诗人、杰出民主活动家闻一多先生衣冠冢和潘琰、于再、李鲁连、张华昌四烈士陵墓。当他看到西南联大纪念碑时，抑制不住内心的激动，说：“我思想又回到 30 多年前的情景了。”还唱起了西南联大校歌，把纪念碑文一字一句抄录下来。参观中，院领导及教师(皆为杨振宁先生大学、中学的同学)共 4 人作陪，副院长卢濬介绍了学院情况。

11 月，学院附设函授大学按照省革委 1978 年 5 月 31 日所发“(78)102 号”文件和省教育局“(78)207”号文件精神，恢复并开始招生。11 月 20 日至 24 日，报考人员持单位证明在各县文教局报名。11 月 26 日，各县文教局组织考试(试题由本院统一印发)。27 日至 30 日，各县文教局组织教师参照学院印发的“试题解答评分说明”进行评卷。

本年度

△吕冠国在《锻压技术》第三期上发表《螺旋横轧辊型理论的研究》，在昆明师范学院国庆三十周年纪念论文专刊上发表《多元积分及数值计算》。

△根据学校的总体规划，数学系电机厂撤销。为工农兵学员提供教学实习的基地完成了历史使命。在工厂建立的八年中，每年都完成电机生产、修理以及对外援助的任务，完

成了接待工农兵学员到工厂进行教学实习的任务。

△实验室工作人员除留下 8 人继续在数学系工作外，其余人员分流到相关院系和机关等部门工作。

△从贵州凯里南丰机器厂购买了一台 DJS-21 计算机。DJS-21 计算机是我国最早进行批量生产的计算机，1965 年 12 月投产。该机一直运转到 IBM-PC 微型计算机大量使用后才逐步淘汰。

1979 年

1 月 11 日，经云南省委常委会 1 月 4 日讨论批准：江泉同志任昆明师范学院院长、党委书记；许琤同志任昆明师范学院副院长、党委副书记；卢濬同志任昆明师范学院副院长、教务长、党委常委；马三堂同志任昆明师范学院副院长、党委组织部部长、党委常委；王云同志任昆明师范学院副院长、党委常委；朱德祥同志任昆明师范学院副院长。

6 月 28～29 日，昆明师范学院召开期中教学检查汇报会。各系汇报抓“三基”、教师进修、教学质量、教研组活动、开展学生思想政治工作等经验。副院长、党委常委卢濬作《按照教育教学规律进一步提高教学质量的几点意见》的报告。卢濬在报告中首先肯定粉碎“四人帮”以来，教学秩序初步得到恢复，教师认真教、学生努力学的积极性逐步高涨，教学质量有明显提高。但也存在一些亟待解决的问题。为进一步改进教学，提高教学质量，卢濬提出几点意见：第一，必须以教学为中心，在狠抓智育的同时，注意抓好德育和体育，关心学生的全面成长。第二，要认真抓好教师队伍的建设和大力加强任课教师的力量。第三，慎选教材，不断加强对教材的研究。第四，积极开展教研组活动，大力加强教学研究。第五，正确处理教学和科研的关系，积极开展学术活动。卢濬还要求各级领导从思想上、作风上、工作上转移到以教学、科研为中心上来，深入教学科研第一线，到教师和学生中去了解情况，研究及解决问题，进一步加强对教学、科研工作的领导。

9 月 25 日，学院按照中组部《干部档案管理工作暂行规定》，清理了不应归档的材料，大约有如下几个方面：第一、1958 年的整风总结、学习总结、思想总结和交心材料；第二、1959 年的“反右倾”总结、八届八中全会学习总结、思想总结等材料；第三、“文化大革命”清队运动中的专案材料及证明材料；第四、其他材料，如肃反运动中的调查提纲、整理材料底稿，无参考价值的证明材料，专案审干工作人员笔记、会议记录，没有价值的调查报告等；第五、非党员的入党申请书、志愿书。总计上万件，全部予以清除。

11 月 23～24 日，学院党委提出对本学期教学工作的安排和期中教学检查的要求，各系于第 10 周至第 12 周进行群众性的教学检查工作。本学期以来，教学秩序进一步得到恢复，绝大多数教研组能经常研究教学，加强教学计划性，“唱折子戏”得到纠正，教师讲课及辅导讲求效果，学生普遍反映较好，所开 154 门课，多数已有大纲、教材(含讲义)和教学进度表，实验课也有实验提纲及习题，教学质量有明显提高。其主要经验：第一、教师认真钻研教材。全国统编教材，反映了近代科学先进水平，内容深、难度大，教师深感要搞好教学，即使教书多年靠“老本”也难适应，所以往往涉猎超过教材数倍资料，加以分析研究。第二、加强研究，改进教学方法。各教研组非常重视组织教师研究及探讨教学，以解决“船”和“桥”的问题，按教学规律把科学知识传授给学生。教研组还组织讨论各堂课重点、难点，使学生由不知到知，由简至繁，教学收到举一反三的效果，并减轻了学生学习负担。第三、辅导学生改进学习方法。各系十分重视指导学生学习，教师在传授知识外，常把掌握知识的钥匙交给学生，给学生以“点金法”，让学生自己打开知识宝库之门。第四、加强基础课教学。全院各专业基础课多由有经验的教师担任，同时加强对基础课辅导力量，有的重点课，配备辅导教师多达两人。第五、整顿实验室，加强实验教学。理科各系对实验室和仪器进行了维修、清理，充分加以利用，实验由原来的 40%利用率增至 60%～70%，同时做到实验有提纲，并布置练习、习题。解决了过去“重上课轻实验”问题。第六、领导深入教学。全院有副院长两人、教务处副处长 1 人、各系主要领导共 8 人坚持上课，有的院处领导及各系负责人坚持听课。此外对贯彻知识分子政策，发挥教师和干部在教学中的积极性，也取得一些经验。但是还存在一些问题，如政治理论课须进一步改进，教材问题较多，学生负担重，等等。

1979 年度，朱德祥译《理论与实用算术》；王文偁在本校编印《分析基础习题解答》。

1980 年

3 月 5 日，粉碎“四人帮”以来，在昆明师范学院党委领导下，经过三年时间，基本上查清与“四人帮”有牵连的人和事，对“四人帮”造成的冤、假、错案进行平反昭雪，同时解决一批历史遗留下来的问题，取得了显著成绩。一、严格按照中央及云南省委指示，认真进行“两案”清查工作。全院列为清查对象 12 人，其中已经定性处理 11 人，从缓处理 1 人。与此同时，还在全院开展批判“四人帮”及坚持四项基本原则的教育，从思想路线上拨乱反正，正本清源，收到了良好效果。二、开展“双打”，狠狠打击反动言行及贪污、盗窃、投机倒把行为。三、解决历史遗留问题。全院在“反右倾”运动中被划为右派分子 136 人，属本院改正 132 人，另 4 人由外单位改正。复查结果应予改正 130 人，不予改正的 2 人。被划为“中右”或受牵连 43 人，全部改正。对因反右和反右倾受到牵连而在鉴定等结论中不合政策的评语及提法均在档案内放入说明书加以纠正。历年来受党纪处分的党员、团纪处分的团员、学籍处分的学生以及各种刑事和劳教处分人员都进行了复查。四、进一步落实知识分子政策，恢复和提升讲师以上教学职称 294 人，选拔 131 位正副教授和有经验教师分别担任院、系及教研室(组)领导工作。经审查后有 11 人被批准入党。五、整顿和充实院系两级领导班子。

5 月 10 日，学院拟定《关于建立学校基金和试行奖励制度的暂行办法》，提出：为充分调动广大教职工的社会主义积极性，提高工作效率，挖掘潜力，增收节支，弥补教育经费，加速本院教学、科研建设，并逐步改善教职工生活条件，根据教育部有关指示精神，经反复酝酿，认真研究，决定从 1980 年 5 月份起，建立学院奖励基金和试行奖励制度，对工作成绩显著、贡献较大、表现较好或工作一般，或工作马虎的教职工按照“多劳多奖，少劳少奖，劳动不好者不奖”的原则分别办理。

5 月，朱德祥同志被聘为教育部高等学校理科数学、力学、天文学教材编审委员会委员。

10月，昆明师范学院制订了《教育实习守则》，内容包括五章正文和一个附则。第一章为教育实习的目的和意义；第二章为教育实习的组织领导；第三章为课堂教学工作实习；第四章为班主任工作实习；第五章为教育实习成绩的评定；附则为实习生守则。据此文件精神，昆明师范学院教务处拟出了《七七级教育实习工作安排意见》，对 1977 级教育实习工作做了详细部署。

12 月 17 日，根据《关于审定首批学位授予单位的原则和办法》《中华人民共和国学位条例实施办法》，经院学术委员会讨论，昆明师范学院所设 9 个系(数学等)符合或基本符合学士学位授予单位的条件，特申请作为首批有权授予学士学位的单位，并致函云南省教育厅同意后，转报云南省人民政府及教育部审批。

本年度，吕冠国在《云南科技》第三期上发表论文《曲面啮合理论及应用》，著作《极限与极限题》在云南人民出版社出版。王骅在《昆明师范学院学报》第二期上发表论文《误差理论及其在选矿上的应用》。邵儒林、王文偁所编《常微分方程题解》在学校编印。

1981 年

4 月初～5 月中旬，政教、中文、历史、外语、体育、数学、物理、化学 1977 级学生 485 人，教师干部 71 人，分别前往昆明、曲靖、玉溪、澄江等地区 14 所中学实习。

6 月 30 日，院务委员会通过《昆明师范学院贯彻执行教育部“高等学校教师工作量试行办法”的意见》。规定教师工作量包括教学工作量(指课堂讲授、实验课、习题课、课堂讨论、定时课外辅导答疑、批改作业、教育实习、野外实习、社会调查、考查考试、指导学生毕业论文等直接面向学生的教学活动)、教学法研究及教材编写工作量和科学研究工作量等等。教师工作量定额：全年 52 周，扣除寒暑假 11 周及节假日 1 周，共 12 周，按 40 周计算，每周 5/6 的时间用于教学业务，每天 8 小时，教师全年工作量应为 40×5×8=1600 小时。其中教学工作量一般应占 2/3 左右。

7 月，为纪念中国共产党建党 60 周年(1921～1981)，《支部生活》1981 年第七期(总第 96 期)，以《老树红花——访朱德祥教授》为题刊文，介绍了朱德祥教授。

8 月 25 日，学院业余教育处设置函授中文、数学两个专业，学员 3600 人，教职工近 30 人。按规划以后将开办中文、外语、数学、物理、化学 5 个专业及夜大学 5 个班。

9 月底～10 月初，数学等专业 78 级学生 601 人，指导教师 96 人，前往玉溪、曲靖、红河、昆明、河口等地中学进行教育实习。

本年度，吕冠国撰写的《数学物理方程参考题解》由本校编印，在《昆明师范学院学报》第二期上发表《问题 M 之唯一性定理》。

1982 年

5 月 25 日，云南省有 13 个地、州、市，及贵州水城、四川渡口市在职人员报考本省函授大学，总共 4433 人，其中报考本院函大的 774 人(汉语语言文学专业 465 人，数学专业 305 人等)。

5～6 月，数学系主办《组合数学与代数》讲习班。

7 月 3 日，教育部《高等学校学生守则》(试行草案)、院务会议通过的《昆明师范学院学生学籍管理暂行规定》及教务处拟定的《昆明师范学院学生考试规则》公布。《高等学校学生守则》要求学生热爱祖国、认真学习马列主义、勤奋学习、坚持体育锻炼、尊敬师长、遵守公德及国家法令和学校规章制度、听从祖国召唤。《昆明师范学院学生学籍管理暂行规定》共分九章五十七条，对入学、注册、纪律、考勤、成绩考核、升级、留级、转学、转专业、免修、缓修、选修、重修、休学、复学、退学、奖励、处分、鉴定、毕业等学生整个学习过程做了详尽规定。《昆明师范学院学生考试规则》规定学生须按时进入考场，迟到半小时以上者，取消其考试资格。考试时凡有交头接耳、传递夹带、交换试稿、偷看他人试卷等行为之一者，均为舞弊，一经发现，试卷作废，该课程考试成绩以零分计，并将舞弊情况记入《学生历年成绩表》备注栏内，情节严重者，给予纪律处分。

7 月 17 日，数学系教师林毓材撰写的《关系的字问题》科研论文，送中国计算机学会评审，认为具有学术价值，属国内先进水平，按寄往国外文章有关规定报省教育厅(同时抄报省科委、教育部、国家科委)审查。同年 8 月经昆明海关查验寄送 IFIP83 的第五个程序领域主席 V. E. 柯托夫(苏联)教授审定。IFIP83 世界计算机大会秘书处正式回函林毓材并寄给大会“筹备计划与登记通知”及“旅馆、旅游登记表”，要求尽快填报。并建议作为国际信息处理联合会(IFIP) 1983 年第九届世界计算机大会征文。

7 月 27 日～8 月 18 日，经云南省人民政府批准，邀请美国加利福尼亚州立大学数学系副主任、研究部主任孙述寰教授来学院讲学，内容为“有限群、组合数学及近世代数”等专题。

9 月 1 日，云南省教育厅通知，同意本院学位评定委员会由 13 人组成，主席为卢濬，委员有朱德祥、刘声烈等 12 人。

本年度

△数学系朱德祥教授译著《理论和实用算术》由上海科学技术出版社出版。

△朱德祥教授将多年积蓄及稿费捐献给学校。学校为表彰他的美德懿行，激励学生，用这笔捐款设立“朱德祥奖学金”。首届获奖学生有数学系刘薇、地理系武友德、政教系张云 3 名同学。

△吕冠国在《昆明师范学院学报》第一期上发表《一类混合型微分方程之 Tricomi 问题》，在《昆明师范学院学报》第二期上发表《札记两则(第二则)》，在《昆明师范学院学报》第二期上发表《曲面啮合理论续》。

△蹇素雯在长春举办时第三届偏微分方程学术会议上做《一类 Fourier 积分算子》的报告。

△徐学钰、徐绍珍、熊民福、乔中春、许慧芳、郭震编写的《初等几何习题解答》由学校编印。

△王文偁编写的《拉氏变换及应用初步》由学校编印。

1983 年

1 月 26 日，院党委研究同意林毓材参加第九届世界计算机大会所需会费、旅费约计人民币 1 万元，报请云南省教育厅拨款资助。

8 月，数学系主办了“全国部分师院师专高等几何讨论班”。朱德祥教授主讲自己编著的《高等几何》教材。北到黑龙江、南到海南，来自全国师院师专教师 126 人参加了会议。当时有些同志正准备教这门课，但没有学过，通过这次学习班培训了部分高等几何课教师，又解决了当时教材奇缺的问题。

9 月 16～22 日，教育部委托筹备的初等数学研究编审组扩大会议在学院召开。参加会议的有朱德祥教授、余元希副教授、丁尔升副教授，北京师范大学钟善基副教授，高等教育出版社文小西编辑以及华东师范大学、陕西师范大学、昆明师范学院、芜湖师专、南通师专、泰安师专、昆明师专的代表 13 人，长春师范学院 1 名代表列席了会议。会议有三个内容：一是进行《初等几何研究》教材的审稿；二是讨论“《初等代数研究》编写纲要”；三是确定“初等数学研究编审组”以后的活动。

11 月 13 日，昆明师范学院向云南省政府上报《关于昆明师范学院改名为云南师范大学的请示报告》。报告指出：中央要求全国在 80 年代基本实现初等教育的普及，这是一项十分艰巨而又迫切的工程。要完成这一任务，需要解决的问题很多。但是，从当前教育战线的实际情况来看，关键的问题还是办好师范教育，建设一支稳定、合格的教师队伍。邓力群在全国普通教育工作会议上的讲话强调，要把师范教育提高到应有的地位，必须改变轻视师范教育的现象。会议还要求各地、州、市、县都要办好师范学校。每个省要重点办好一所师范大学。云南省委根据全国普及教育工作会议精神在 10 月份召开的全省教育工作会议上，也明确提出了要把师范教育作为重点认真抓好。从云南省的实际情况来看，2000 多万人口只有一所四年制本科师范学院，要担负为本省培养合格中学教师，任务是艰巨的。会议认为：从需要和条件来看，昆明师范学院应改为云南师范大学。西南联大师范学院 1938 年成立，1946 年西南联合大学师范学院独立出来改为昆明师范学院，至今已有 45 年的历史，在国内和国际上均有一定的影响。随着为“四化”建设培养师资人才任务的加重，既主要担负为本省培养高中教师又担负为师专培养合格师资，也要承担一定的教学、科学研究和其他方面的科研任务。同时，自 1978 年起已逐步扩大了招收硕士研究生的系、专业，加之国际交往逐年增多，因此有必要将昆明师范学院改名为云南师范大学。这样，能更好地承担党和国家交给的任务。在对外的交往中，师范学院只能译为“TEACHERS’COLLEGE”。但这个名称容易被误认为是“师范专科学校”。若改名为师范大学，则译名为：“NORMAL UNIVERSITY”。这个词就明确是高等师范大学，不易造成混乱。按以往历史惯例，一所大学至少要有 3 个学院、9 个系。昆明师范学院有相当于文、理、教育等学院的政教系、教育系、中文系、历史系、外语系、数学系、物理系、化学系、生物系、地理系、体育系等 11 个系，有太阳能研究室、应用化学研究室及教育科学研究所。从 1978 年起招收三年制硕士研究生。现有数学、物理、中文、外语、历史等专业招收硕士研究生，今后还要逐步扩大招生专业。从师资力量来看，目前已有教师 503 人，其中教授 6 人，副教授 64 人，讲师 194 人，助教 97 人，教员 142 人。实验设备基本能满足教学要求，图书馆藏书 90 多万册。从以上情况来看，基本具备了改为师范大学的条件。云南省地处边疆，在边疆有一所师范大学，对发展云南省的教育事业，意义是重大的。经询问教育部相关人员，各省师范学院改称师范大学由各省自行决定，报教育部备案即可。特请求将昆明师范学院改名云南师范大学。

12 月，昆明师范学院数学系教授、云南省计算机技术研究会主任刘声烈被中国电子学会电子计算机学会推荐为学术活动积极分子。

本年度

△昆明师范学院数学系刘声烈教授被推荐为中国电子学会电子计算机学会委员。

△数学系朱德祥教授编著的《高等几何》由高等教育出版社出版。

△胡国樑所撰论文《数学作业批改系统》在《人工智能学报》上发表。

△杨承纶编著的《点集拓扑习题与解答》由本校编印。

1984 年

2 月 11～27 日，院党委常委会议决定各系成立教研室、研究室。数学系：函数教研室，方程教研室，代数教研室，几何教研室，计算机教研室，教材教法教研室，研究生教研室。

2 月 20 日，院党委常委会议决定，昆明师范学院院务委员会由下列人员组成：委员有吕锡麟、郑佩瑶等；学术委员会由刘声烈等组成；学位委员会由下列人员组成：主任朱德祥，副主任唐家祥，委员邱达三等。

3 月 16 日，美国著名数学家、宾夕法尼亚大学数学系主任杨忠道教授应邀来本院做题为《高等数学在中学数学教育中的应用》学术报告。杨教授针对一些中学教师认为高等数学在中学应用不上的看法，有的放矢，独到而又生动地论述了近世代数、微积分、射影几何等高等数学知识在中学数学中的应用，引起与会者的极大兴趣，受到了热烈欢迎和好评。

云南师范大学数学系时期(1984～2000)

1984 年 4 月 11 日，云南省人民政府批准将昆明师范学院更名为云南师范大学。学校进入一个新的发展阶段，明确提出了昆明师范学院要为云南基础教育服务、为云南社会经济建设服务的功能。解放思想，开拓前进，成为这一阶段学校工作的主题和重点。在 1992 年启动综合改革的基础上，在省政府实施高教体制改革的统领下，云南师范大学确立了力争在 21 世纪末，把云南师范大学建设成为全省培养、培训中等教育师资、职教师资，开展教育科学和教育技术研究中心基地，建成省属重点大学，并力争教学与科研进入全国地方师范大学先进行列的发展目标。坚持为基础教育服务的方向，全面深化和推进改革工作，在办学体制，办学规模，专业建设与改造，课程建设，师资队伍建设，实习基地建设，实验室、教材建设，师范生素质教育、教育科学研究等方面全面推进。在管理体制上实行校、院系二级管理，以院为办学主体的管理体制；在专业改造和建设上，抓一类课程、重点学科、重点专业、硕士点建设和学科带头人、骨干教师的培养工作，调整课程体系，修订教学计划，恢复艺术专业；在师范生素质培养上，加强师生师德教育，建立师能培养工作系统，采取措施提高科研能力，优化教育类课程，加强实践教育实习环节，成立基础教育研究中心，提高计算机教学质量，提高普通话水平等；在办学条件改善上，实施了“安居工程”，龙泉校区建设全面展开。云南师范大学的建设和发展呈现了新的局面。

数学系修改制定了教学管理规章制度，初步形成系列化配套综合管理制度；修订了教学计划，加强基础、拓宽专业、重视实践、培养能力、增强学生适应性；涌现了一批校级、省级和国家级优秀教学成果；数学系师生率先参与的“顶岗置换”教育实习改革试验被省内外兄弟院校借鉴，引起良好反响；师资队伍、科研工作、学科建设、对外交流、办学条件等方面也取得了显著成绩。

1984 年

4 月 11 日，云南省人民政府《关于昆明师范学院更名为云南师范大学的批复》(云政函〔1984〕46 号)：经省教育厅研究同意，云南省人民政府批准将昆明师范学院更名为云南师范大学。

5 月 15 日下午，云南师范大学命名大会在昆明师范学院礼堂举行。云南省副省长和志强宣读省人民政府批文并授“云南师范大学”牌，云南省教育厅领导讲话。云南师范大学校长吴积才以“努力办好云南师范大学，为发展云南省教育事业做出新贡献”为题发表讲话。

8 月 4 日上午，函大 1979 级毕业典礼在学校大礼堂隆重举行，来自云南省各地的学员代表、函大教师和兼职教师代表共 1300 多人参加。云南省人民政府副省长和志强、省教育厅厅长江泉、校党委书记李祖荫等校领导，以及兄弟院校和全省 17 个地州市教育部门代表出席大会。函大 1979 级毕业生为本科，有两个专业，共 2176 人(其中，中文专业 1757 人，数学专业 419 人)。他们是从最初考试录取的 5245 人，历时 5 年学习，经逐年淘汰而走过来的(淘汰率为 54.2%)。和志强副省长说：“一次性培养出这么多的大学生，是我省教育战线上的大喜事，这对改革我省中学教师数量严重不足、质量需要提高的状况将起到重要的作用。这是我省教育战线贯彻三中全会以来党的教育方针的又一胜利。”

8 月，数学系主办暑假高中数学教师培训班。

9 月，1984 年本科毕业生 403 人，其中数学系 54 人。

10 月 23 日，云南省教育厅 1985 年委托代培的 300 名硕士研究生分配到云南大学、云南师范大学等 10 所高校，云南大学有 45 名、云南师范大学有 35 名。

1984 年云南师范大学第二届优秀科研成果评选结果：一等奖 7 项：《高等几何》(朱德祥)、《曲面啮合理论》(吕冠国)等；二等奖 36 项，三等奖 66 项。

1984 年度

△学校建立了一批研究室和研究所，在原有一所二室的基础上，发展成为三所八室，其中数学系有计算机应用研究室。

△成立计算机应用研究室，内部机构设置有计算机应用组和计算机室，主任为胡国樑。

1985 年

1 月 28 日，云南省教育厅同意云南师范大学在办好日校和高师函授的前提下举办夜大学。夜大学的组织领导和管理由云南师范大学函授部负责。暂设中文、数学两个专业，3 年制专科。夜大学招生纳入云南省成人高等教育事业计划，参加全省统一招生、录取。

学员学完学习计划规定的课程，经考试合格者，由云南师范大学夜大学发给毕业证书，国家承认学历，不包分配。

3 月 25 日～4 月 13 日，遵照云南师范大学党委的安排，副校长唐家祥带队，数学系吕锡麟参加的队伍先后到北京师范大学、中国人民大学、北京外国语学院、南开大学、华东师范大学、上海师范大学、复旦大学、南京大学等院校进行了参观学习。这次参观学习的主要任务是：学习教学改革的经验，特别是实行学分制的经验；学习办研究生班的经验；落实代培研究生、聘请外地教师、联系从外地调进教师等。

8 月 27 日，学校向云南省教委和省政府汇报在昆恢复西南联大的问题。学校对比进一步做了酝酿和研究，同时在国家教育委员会副主任彭珮云来昆时，向她做了汇报。

9 月

△第二届硕士研究生毕业 5 名，招收第三届硕士研究生 11 名。

1986 年

1 月 28 日，云南省职称改革工作领导小组批准成立云南省高校教师高级学术技术职务任职资格评审委员会，云南师范大学卢濬为 4 位副主任委员之一，卢濬、朱德祥、吴积才为委员会成员(该委员会成员共 33 人)。

2 月，数学系林毓材经云南省高校教师高级学术技术职务任职资格评审委员会评审，破格晋升为教授。

4 月，数学系林毓材《多米诺问题的周期解判定问题》一文获云南师范大学 1986 年科学研究论文二等奖。数学系朱德祥、刘声烈、冯荣轩、唐家祥、张森、林毓材共同完成的《冷轧丝杆轧辊的辊形理论与计算》荣获云南师范大学 1986 年科学研究论文三等奖。数学系赵惠然、杨秀国共同完成的《建筑工程预概算软件 Gs1、Ys1》获云南师范大学 1986 年科学研究“应用二等奖”。

6 月 25 日，学校下发《云南师范大学 1986～1987 学年教学改革工作要点》，主要内容有：继续在数学、生物、化学、外语、体育 5 个专业的 1986 级实行学分制；加强和改进研究生、研究生班的教学管理工作；试行教师职务聘任制；逐步研究和开展教育质量评估，努力提高管理水平。

7 月

△云南师范大学数学系杨秀国等共同完成的《建筑工程概算、预算程序 GSI・YS 和 YJ-1 型预算程序》项目获得云南省 1985 年科学技术进步奖三等奖。

△美国 Bradley University 数学系司徒子治(Gorge Sgeto)教授来云南师范大学数学系讲学。

本年度

数学系开始招收函授学生。11 月，函授处数学组并入数学系。

青年教师眭跃飞被录取为中国科学院博士生。

1987 年

2 月 8 日，云南师范大学数学系林毓材同志被云南省教育厅聘请为云南省高校教师高级学术技术职务任职资格评审委员会委员(理学)、数学学科评审组成员。

2 月 24 日，经云南省高校教师高级学术技术职务任职资格委员会(理学)审定，云南师范大学数学系郑佩瑶、吕锡麟、吕冠国、邱达三、冯荣轩、蹇素雯等 12 人具有教授任职资格，熊民福、杨承纶、张森等 22 人具有副教授任职资格。

4 月 5 日下午，西南联大北京校友会在北京中山公园举行茶话会，邀请出席六届五次全国人大和全国政协的人大代表和政协委员中的西南联大校友座谈。北京校友会名誉会长周培源、会长吴仲华，以及王汉斌、马识途等在会上讲话，参加会议的有江泽涵、朱德祥等 100 多人。4 月 6 日《人民日报》海外版对此次茶话会做了报道。

6 月 8～13 日，全国高等师范数学教育研究会 1987 年年会在昆明召开。年会代表来自全国各地的师范大学、师范学院、教育学院和师专，共计 281 人。大会共收到学术论文 167 篇，安排了 7 个专题报告，宣读了 19 篇论文，其余论文在分会上宣读。研究会顾问朱德祥教授始终关心这届年会并给予了具体指导。

7 月 12 日，经云南省高校教师高校教师高级学术技术职务任职评审委员会(理学)审定，王用华等 9 位具有教授任职资格。姜兴邦、徐学钰、杨秀国等 15 位具有副教授任职资格。

9 月 10 日，数学系林毓材同志完成的《变换群性质的判定问题》荣获云南师范大学 1985～1986 年度科研成果(论文)二等奖；赵惠然同志完成的《可迁竞赛图的构造方法》荣获云南师范大学 1985～1986 年度科研成果(论文)三等奖；杨秀国同志完成的《置换群图及其数值信息》荣获云南师范大学 1985～1986 年度科研成果(论文)三等奖。林毓材同志完成的《ML 图画、音响、函数图像恒等变换系统(软件)》荣获云南师范大学 1985～1986 年度科研成果(应用技术)三等奖。

9 月 11 日，数学系向校计算机中心筹备组报告，表示：积极支持学校筹建计算机中心；支持“计算机中心是学校独立的部门，不归附任何系”的意见；赞同计算机中心由数学、物理两系派人组建，数学系同意派人参加，其中一人作为中心负责人之一。

10 月 24 日，云南师范大学数学系林毓材同志被云南省电子口高级工程技术职务任职资格评审委员会聘请担任该评审委员会委员。

10 月 25～29 日，云南师范大学数学系和科研处、函授处联合召开了数学系教授朱德祥、讲师朱维宗编著的《解析几何》审稿会。西南地区 9 所高等师范院校 11 位教师和学校相关领导参加了会议。

10 月 25～30 日，数学系 1985 级硕士生李昂生在北京召开的第三届亚洲数理逻辑会议上做学术报告，得到与会代表和欧美专家的好评。中国科学院已同意该生提前半年进行硕士学位论文答辩。

12 月 27 日，《云南师范大学本、专科学生专业奖学金制度试行办法》公布。根据国家教委和云南省教育厅有关文件精神，结合云南师范大学情况，学校决定从 1987 级新生开始改革现行人民助学金制度，实行专业奖学金制度，实行专业奖学金制度，设立专业奖学金单项奖学金和特别奖学金。凡属云南师范大学国家计划录取的学生均享受专业奖学金。

1987～1995年，数学系与昆明市教育局教研室联合举办昆明市高中数学竞赛培训班，后改名为昆明市数学奥林匹克业余学校高中部，邀请昆明市优秀高中数学教师（特级教师）参加，培训了数千名优秀的高中学生，为国家数学奥林匹克预备队输送了人才。数学系董义琳、王涛、朱洪声、陈桂仙等很多教师参与其中，做了大量工作，为昆明市人才培养做出了贡献。

1988年

1月21日，云南师范大学数学系林毓材教授承担的云南省科委的研究课题“微机辅助教学系统与MLBASIC语言”在云南师范大学由云南省科委主持并通过鉴定。云南大学、云南省教委、云南省软件开发中心、云南省科协等11个单位的23位代表参加了鉴定会。与会者一致认为MLBASIC语言除了具有一般BASIC语言的功能外，很多方面独具一格，在理论和实践上都具有特别重要的意义，是云南省系统软件研究的一项重大突出成果，在国内处于领先地位。

3月14日，《人民日报》报道，云南师范大学朱德祥教授当选为第七届全国人大代表。

3月20日，云南师范大学数学系李才恒老师携带论文《结合方案和加权距离正则图》参加全国高校青年数学工作者论文报告会。

4月28～29日，由数学系胡国樑、李连章、许铭、胡彬共同承担的宜良县教育预测及十四年教育规划研究课题在宜良参加了由省人才办公室主持召开的鉴定会，会议认为该课题指导思想明确、资料充分，完成了原定的三项任务，通过了鉴定。

5月，为推动全国高校数学研究的发展，检阅和交流高校青年数学工作者的优秀科研成果，经国家教委决定召开高校青年数学工作者论文报告会。经报告会的专家评审委员会讨论，云南师范大学数学系青年教师李才恒的《结合方案与加权距离正则图》和卢学妙的《Hanoi塔问题及其推广》两篇论文入选，并在会上宣读。卢学妙、李才恒同志获高校青年数学工作者论文报告会优秀青年论文奖。

6月1～5日，第七次全国高等院校高等几何教学学术研究会由云南师范大学数学系主办，来自全国102所高等院校的124名代表参加了会议。大会举行专题学术报告会，宣读了42篇论文，并分大区系统地交流了两年来在高等几何教学、科研方面所取得的成果和经验，就以后的发展方向进行了热烈讨论。大会增补了10名研究会理事，云南师范大学李忠映作为西南区代表当选为理事。大会对著名几何学家朱德祥教授为这次大会的成功召开付出的努力表示崇高的敬意。

6月9～11日，云南省研究生教育学会成立大会暨第一届学术年会在昆明医学院举行，全省18所大专院校的76人参加会议。数学系刘声烈、李忠映等4人出席了会议。会议讨论通过学会章程，交流云南省培养研究生的经验，研究学会以后的工作方向，选举学会理事会。李忠映当选为副理事长。国家教委研究生司学位办公室和河北省研究生学会也派员参加了会议。

7 月 17 日，国立昆明师范学院 1946 级、1947 级、1948 级校友联谊会举行会议，纪念昆明地区“七一五”运动 40 周年，共商如何迎接母校 50 周年校庆事宜。来自昆明、曲靖、玉溪、思茅等地的校友一百余人聚集化学系阶梯教室。校长吴积才、朱德祥教授等应邀参加会议。

7 月 18 日下午，西南联大校友杨振宁先生回母校参观。校领导叶涛、吴积才、李存俊、唐家祥及西南联大昆明校友会负责人朱德祥等同杨振宁进行了座谈。杨振宁满含深情地回忆了当年在西南联大度过的岁月，祝愿云南师范大学不断发展前进。座谈会后，校领导、校友会负责人与杨振宁在西南联大纪念碑前合影留念。杨振宁还向学校赠送了自己签名的著作《读书教学四十年》。在昆期间，杨振宁还为西南联大建校 50 周年暨云南师范大学校庆 50 周年题词：“庆祝西南联大暨云南师大建校五十周年”“中兴业，须人杰”。

7 月 20 日，云南师范大学校友会宣告成立。来自全省各地州市的代表 100 余人参加了校友会成立大会，通过了校友会章程，选举了 54 名理事。校友会会长由云南师范大学校长吴积才担任，聘请原西南联大师范学院院长黄钰生教授和朱德祥教授、卢濬教授为名誉会长。

7 月 21 日，云南省纪念西南联大建校 50 周年筹委会在云南师范大学召开了在昆的筹委会委员会议。筹备会委员聂荣贵、朱德祥、黄平、陈盛年、吴征镒、王云、陈柏松、许琤、叶涛、吴积才出席了会议。中共云南省委副书记、筹委会主任聂荣贵指示下一步要继续把各项工作抓紧抓好，要通过西南联大建校 50 周年纪念活动，大力宣传云南，联络感情，扩大影响。

8 月 4 日，《中国教育报》以《青年数学工作者学术上有长足进步——全国 21 所高校 36 名青年数学工作者分别获得优秀论文奖和青年论文奖》为题报道云南师范大学数学系卢学妙老师。“第四类是在国内取得硕士学位的同志。如庞学诚在单复变函数方面、卢学妙在组合数学方面的研究成果给评委们的印象很深刻。谷超豪教授说：‘这表明我国的硕士水平不低，特别是完成硕士训练后再经过本人的努力，他们可以在科学上取得相当好的工作成绩’”。

9 月 10 日，学校召开教师节茶话会，各系教师代表、民主党派代表及各部门负责人共 100 余人欢聚一堂，共庆第四届教师节。校长吴积才代表学校向德高望重的朱德祥教授颁发了执教 50 年奖状和纪念品。

10 月 8 日，云南省委书记普朝柱、副书记聂荣贵等领导专门听取了西南联大建校 50 周年筹委会汇报工作。筹委会负责人黄平、朱德祥、陈盛年及筹办秘书组长吴宝璋做了汇报。云南省委领导强调筹备工作要进一步周密、细致地抓紧落实，纪念活动要隆重、热烈而又注意节约。

11 月 1 日，西南联大的校庆日。隆重纪念西南联大暨云南师范大学建校 50 周年大会在云南师范大学新礼堂内举行。中共云南省委和云南省人民政府、省政协以及昆明地区各大专院校的领导和志强、聂荣贵、赵廷光、陈立英、李瑾、杨春洲、刀世勋、黄平、陈盛年等莅会祝贺。千余名校友及其家属和云南师范大学的师生代表参加了纪念大会，云南师范大学的广大师生也在各分会场，收看大会的实况。纪念大会由西南联大昆明校友会会长、云南师范大学教授朱德祥主持。云南省长和志强在讲话中充分肯定了西南联大的历史功绩，勉励大家继承发扬西南联大的光荣传统，为建设云南做出贡献。大会结束前，从美国赶来参加纪念活动的原西南联大体育教师黄中孚登台带领喊口号，全场起立，一片“联大”“云南”的欢呼声，响彻会场。年届古稀的老人们从中寻回了逝去的青春，沉浸在半个世纪前的丰富多彩的学生生活的回忆之中，久久不忍离去。整个大会群情激昂，高潮迭起。置身于浓烈的节日气氛中，人们深深地感到：西南联大校友与云南终生不解的情谊，并没有因为三校复原后彼此缺乏联系而疏淡，在这50周年大庆的纪念活动中像开闸似地倾泻出来，并且大大强化。

11 月 4 日上午，部分西南联大校友按专业与云南省有关部门和单位举行对口座谈。在这些座谈会上，校友们与各相关人员及领导畅谈云南 40 多年来的巨大变化，热忱地为振兴云南教科文和经济献计献策，提出了许多意见和建议。校友们说：我们愿在有生之年积极为云南的建设做贡献。我们虽大都退休，但身体尚好，知识经验还在，与社会各方面有着广泛联系，只要云南人民需要，我们可以随叫随到，只要能够报效第二故乡的父老乡亲，为云南建设出力，就是我们最大的享受和幸福。原西南联大教师黄中孚说：没有云南就没有西南联大，希望大家具体行动起来，西南联大校友在海外有 1000 多人，每人为云南的建设出一个主意就不得了。校友们对云南的赤诚之情感动了各有关方面负责人，他们互留通讯地址、相约加强联系，并盼望座谈早日变为行动。有的校友拿到纪念活动秘书组在校友报到后三四天内就突击编印出来的《云南省隆重纪念西南联大建校五十周年参加纪念活动校友录》后风趣地说：这就是“联络图”，只要云南需要，即可“照单请客”。

云南师范大学、云南大学等 6 所大专院校及云南省统计学会、云南省金属学会等单位纷纷邀请西南联大校友中的著名学者举办学术讲座。20 多位校友作了 30 多场学术报告。这些校友中有中国科学院数理学部委员李荫远，以及特邀来宾、北京师范大学校长、著名数学家王梓坤教授等。云南师范大学教师 70 余人也做了近 60 场学术报告和讲座，畅述各种学术观点。王梓坤教授着重阐述数学研究方法论；华东师范大学副教授刘鸿坤(特邀)在云南师范大学做《国际数学竞赛介绍》等报告。

11 月 25 日，云南师范大学数学系林毓材同志被云南省软件登记管理办公室聘为云南省软件测评委员会主任委员和《云南软件产业》编委会主编。

12 月 17 日下午，中共中央政治局委员、国务委员兼国家教委主任李铁映在云南省委副书记聂荣贵、教育厅厅长张继康陪同下，到云南师范大学参观“一二・一”运动纪念馆、西南联大校史展览、联大纪念碑和从军题名碑，并与大家在四烈士墓前合影留念。

本年度，数学系创办《中学数学教与学》杂志，2004 年停刊，主编吕冠国，副主编杨承纶、熊民福、谷天慧。1988 年出版了 1 期，1995 年和 1996 年各出版增刊 1 期，其余每年皆出版 4 期，共出版发行了 67 期。数学系以杂志为平台，加强了与各中学的联系，加强了与中学数学老师在教与学方面的交流，共同为云南省中学数学改革服务。

1989 年

2 月 20 日，学校下发《云南师范大学关于停止学分制试点的决定》。该决定指出：

根据近几年来云南师范大学在部分专业试行学分制的情况，考虑到现行的人事制度和分配制度等因素的制约，实际上目前试行的学分制与学年制的区别不明显，难以做到提前毕业和分配。为此，本着实事求是的精神，云南师范大学决定从 1989 年起停止学分制试点，其中 1985 级学分制班级仍按照原定计划坚持试行到毕业为止，其他各年级仍按云南师范大学 1987 年新修订的本科学年制教学计划安排教学与训练，即 70%～75%为必修的专业基础课程，25%～30%为系列选修课程。学生的知识面和适应能力，可以通过扩大专业范围和知识面，加强基础，加强实习实践，强化师范素质和能力培养，改革教学内容和方法等途径来解决，关键是抓好以育人为中心，全面提高教育质量，培养出合格的中等教育师资。

3 月 21 日，数学系林毓材同志的《组合、算法与不可解性研究》荣获云南省计算机学会优秀论文评选一等奖。

3 月，数学系卢学妙老师的《Hanoi 塔问题及其推广》项目、林毓材老师《MLBASIC 语言、ML 系列软件》项目获云南省高校 1985～1987 年度科研工作奖励三等奖(云南省教育厅)。

4 月，数学系卢学妙《Hanoi 塔问题及其推广》论文获云南师范大学 1987～1988 年科研成果评奖论文一等奖；李才恒《组合方案与加权距离正则图》论文获云南师范大学 1987～1988 年科研成果评奖论文二等奖；卢学妙《结构性描述归纳学习的复杂度》论文获云南师范大学 1987～1988 年科研成果评奖论文二等奖。

1988 年 5 月～1991 年 1 月，林毓材教授应(美)南达科他州立大学邀请，由云南师范大学派出赴南达科他州立大学计算机系讲授研究生课程“递归论与算法”。

8 月 28 日起，云南师范大学 5 个系(包括数学)6 个专业(包括数学)本科 1986 级 369 名学生陆续分赴玉溪地区 9 个县(市)，以及曲靖地区的富源县共 102 所中学进行顶岗实习，为保证这一工作顺利进行，学校成立了领导小组和 4 个实习大队。

9 月 8 日，云南省教委授予云南省第十三届职工劳动模范和先进班组荣誉称号(省特级劳动模范 8 名，省劳动模范 147 名，先进班组 77 个)。云南师范大学数学系教授刘声烈荣获省特级劳动模范称号，他几十年来教书育人，严谨治学成绩卓著。先后培养 20 名研究生，毕业 19 人，其中 17 人已获硕士学位，两位继续深造攻读博士学位。9 月 22 日《云南日报》对此进行了报道。

9 月 9 日，数学系林毓材同志被中华人民共和国国家教育委员会、中华人民共和国人事部、中国教育工会全国委员会评为全国教育系统劳动模范并授予人民教师奖章。《中国青年报》报道：辛勤劳作的“园丁”在第五个教师节里获得褒奖，遍布在各教育岗位上的 19775 人获得全国优秀教师和教育工作者的称号，其中 1475 人荣获全国教育系统劳动模范的称号，云南师范大学数学系教授林毓材名列其中。

11 月 2 日，云南师范大学项目《高师几何系列课程的建设》(数学系朱德祥、朱维宗、熊民福共同完成)、《计算机科学理论学科人才培养》(数学系刘声烈、林毓材、卢学妙共同完成)获得中华人民共和国国家教育委员会 1989 年普通高等学校优秀教学成果国家级优秀奖。

11 月 5 日，云南省政府授予 128 人有突出贡献的优秀专业技术人才荣誉称号，云南师范大学卢学妙获三等奖。

11 月 6～13 日，数学系青年教师蒋文江随中国 30 多人代表团赴日本东京参加第三届中日统计学术讨论会。他在大会上宣读《生长曲线模型中协差阵的最优非负估计》论文（1987 年与北京师范大学杨文礼教授合作撰写），受到好评。论文收入第三届中国统计讨论会论文集，并在中国《应用数学学报》全文发表。日方还邀请中方代表团团长陈希儒教授和蒋文江两人进一步交流。应日本博士生导师杉浦成照教授之邀，蒋文江前往东京筑波大学进行交流，东京筑波大学对蒋文江的研究颇有兴趣，并提出以后在论文方面多交换意见。

11 月，云南省科协召开首届优秀学术论文授奖大会，云南师范大学数学系林毓材教授的《图的平面性添加算法》荣获一等奖。

12 月，云南师范大学申报 1989 年云南省科委应用基础研究基金项目共 8 项，其中有两项经省基金会专家评审组评审通过，被省科委批准列为应用基础研究基金项目，一项是数学系林玉波教授等申报的解析函数和偏微分方程的边值问题，其中偏微分方程的边值问题由蹇素雯完成。

本年度，受云南省委组织部委托，开始招收数学教育专业民族干部专修班。

1990 年

2 月 10 日，云南省贯彻国家教委工作会议精神培训班在云南师范大学举行颁奖大会。中共云南省委书记普朝柱、省长和志强为荣获全国高校优秀教学成果奖的项目颁奖。云南省共获得全国高校优秀教学成果 8 项，云南师范大学获全国高校优秀教学成果奖两项。朱德祥、刘声烈、林毓材三位教授出席了 2 月 10 日的颁奖大会。

3 月 7 日，数学系青年教师肖体俊撰写的论文《关于 Banach 空间中的完全二阶线性微分方程》发表在美国《太平洋数学杂志》1990 年第 141 卷第 2 期上。

4 月 11 日，原国立西南联合大学师范学院院长黄钰生先生于上午 9 时 45 分在天津病逝，享年 92 岁。云南师范大学和西南联大昆明校友会联合向黄钰生先生治丧委员会发去唁电："惊悉黄钰生先生病逝，不胜悲痛，谨致深切哀悼。黄钰生先生抗战八年一直担任西南联大师范学院院长并创办联大附校，呕心沥血，成绩卓著。中华人民共和国成立后一直关心学院和附校的工作，五十年来桃李向荣、果实累累，功在不朽。请转告我们对黄先生亲属的亲切慰问，并请节哀珍重。"黄钰生先生逝世前，长期担任天津市政协副主席、天津市图书馆馆长等职。

4 月 28 日，云南师范大学数学系林毓材同志在云南省青年联合会举办的"为七五建设出成果、做贡献"竞赛活动中荣获一等奖。

6 月 29 日，著名数学家、美国宾夕法尼亚大学数学系主任杨忠道教授应数学系邀请来校做有关数学教育的学术报告。

8 月 21～23 日，为了总结交流近年来班主任工作的经验，表彰 1989～1990 学年优秀班主任，进一步探讨加强和完善云南师范大学的班主任工作。21 日上午，云南师范大学班主任工作会议在云南省委党校召开，各系总支正、副书记，班主任和政治辅导员 120

余人参加了会议。数学、物理、化学系的总支领导以及杨庆益、张豫云等优秀班主任分别介绍交流了如何当好班主任，做好学生工作的经验和体会。

8 月 23 日，数学系杨庆益同志在担任 1989～1990 年度班主任期间被学校评为优秀班主任。

8 月 29 日～9 月 2 日，西德海德堡大学著名数学家、数学逻辑学家 Gert H. Müller(古特・穆勒)教授访问云南师范大学，在数学系作《德国数学课程》学术报告，并与有关教师进行学术座谈。

9 月，云南师范大学当年招收硕士研究生 3 人；招收本科生 849 人，其中高考生 688 人，保送生 161 人(高中 85 人、中师 34 人、师专 29 人、民族预科生 13 人)；招收专科新生 297 人(包括自费生 25 人、外语系英语专业在禄丰办班 36 人)。

11 月，云南师范大学首次实行《学生学年综合成绩量化考评规定(试行)》，按照综合量化考评成绩评定专业奖学金，全校 483 人荣获奖学金。其中一等奖学金获得者 101 人，二等奖学金获得者 313 人，单项奖获得者 68 人。数学系 1988 级乙班学生王东云获“朱德祥奖学金”。

12 月，在全国高校科研工作会上，云南师范大学 7 人获得荣誉称号，朱德祥、刘声烈等 6 位教授获国家教委颁发的荣誉证书(云南省共 21 人)。

1991 年

1 月 27 日，云南师范大学数学系留学归国教师林毓材名列《受国家教委等表彰的有突出贡献的中国博士硕士学位获得者、回国留学人员和优秀大学毕业生名单》(《光明日报》)。

1 月，云南师范大学申报第二届高等学校科研成果评奖项目 36 项，经评审，获奖项目 20 项。其中二等奖 4 项(文科 3 项、理科 1 项)：《Banach 空间微分方程的适定性和指数稳定性》(肖体俊)等；三等奖 15 项(文科 10 项、理科 5 项)：《多柱子 hanoi 塔问题的非递归算法》(卢学妙)等。

2 月，为贯彻国家教委(89)教人字 007 号文件精神，云南省教委批准设在云南师范大学的省高校师资培训中心在全省部分高校举办青年教师学习研究生主要课程进修班 46 个，其中由云南师范大学举办 10 个，招收的学科专业是基础数学等。招收对象是全省各大、专院校在职青年教师，学制一年或一年半，每学科开设 5 门课程，学习方式以自学和面授相结合。经全部课程考试成绩合格后，由省高校师资中心颁发学习研究生主要课程合格证书，证书可作为教师申报、评审高一级职称的重要依据。

3 月 5 日，云南省政府授予 125 人“云南省 1990 年度有突出贡献的优秀专业技术人才”荣誉称号，数学系林毓材荣获该称号(三等)。

3 月

△云南师范大学数学系杨庆益同志被中国共产党云南省委员会组织部、宣传部、高等院校工作委员会，云南省教育委员会，共青团云南省委，云南教育工会评为“云南省高等

学校优秀思想政治工作者”。

△吕冠国等人完成的“城区社会治安综合治理系统工程”项目获学校 1989～1990 年度科研成果(应用成果)二等奖。

△为表彰云南省高校在 1989～1990 年自然科学研究工作中做出贡献者，数学系吕冠国等完成的“城区社会治安综合治理系统工程”获云南省教育委员会三等奖表彰。

4 月，经基层党组织推荐，省高校工委反复研究，云南师范大学朱德祥教授被推荐为全国表彰的优秀共产党员。

5 月 11～12 日，《朱德祥教授执教 55 年文集》一书审稿会在云南师范大学举行。

5 月 23～27 日，中国科协第四次全国代表大会在北京举行，云南师范大学数学系吕冠国教授代表云南省数学学会出席了大会。

6 月 27 日，云南师范大学召开由各部、处、系、室有关负责人参加的座谈会，学习江泽民在中国科学技术协会第四次全国代表大会上的讲话，吕冠国教授传达了会议主要精神和参会情况。与会人员深受鼓舞，一致认为，这次科协大会对我国实现第二步战略目标具有重要意义，对云南师范大学深化教育改革和提高教学质量具有重要的指导意义。云南师范大学必须克服目前科技工作“单枪匹马，各自为战”的弊端，发扬“献身、创新、求实、协作”的精神。

6 月，由吕冠国教授主持完成的《城市综合治理系统工程》一书由群众出版社正式出版，公安部副部长俞雷为该书封面题字，云南省委副书记尹俊为该书题词。《城市综合治理系统工程》3 月通过省级鉴定，昆明市委、市政府授予数学系为先进集体单位。

9 月 5 日，杨庆益同志被云南省委宣传部、高校工委、教委，云南省教育工会聘请为“云南省高校教书育人先进事迹报告团成员”。

9 月，林玉波同志被中华人民共和国教育部、中华人民共和国人事部评为 1991 年全国教育系统劳动模范并授予人民教师奖章。

12 月 5 日，《中国教育报》以《青年教师杨庆益受大学生钟爱——倾心、交心、知心》为题报道了杨庆益老师。

12 月 6 日，学校在外培中心二楼报告厅召开祝贺朱德祥教授执教 55 周年大会。大会由学校党委书记杨和良主持，近 300 名师生和来宾参加。云南省人大、省委组织部、省教委、市政府和有关院校的领导也到会表示祝贺。校长李存俊代表学校向朱德祥教授执教 55 周年表示祝贺，并高度赞扬了朱德祥献身教育事业的无私奉献精神，祝愿朱德祥教授健康长寿。党委副书记林丽生在会上宣读了学校党委《关于向朱德祥同志学习的决定》。学校向朱德祥教授颁发了荣誉证书，赠送了写有“教师楷模”的横匾和纪念品。朱德祥教授到会讲话，并向获得“朱德祥奖学金”的冯庆、周芸两位同学颁发了奖学金和荣誉证书。大会还收到了近百份省内外贺信、贺电。

12 月 6～7 日，为祝贺朱德祥教授执教 55 周年，数学系举办高等几何暨初等数学学术研讨会，来自四川、贵州、云南部分大专院校及中学、师范学校的代表 57 人参加会议。贵州教育学院数学系主任李长明教授，贵州师范大学数学系主任吕传汉教授，云南师范大学熊民福教授、李忠映副教授、郭震讲师等在研讨会上分别做了题为《争形性质与蝴蝶定理的射影关系》《从英国教学教改看国际教改动向》《关于〈初等几何研究〉的几点看法》

《几何学浅谈》《几何学发展近况》等报告。李长明、吕传汉两位教授还给数学系师生做了专题学术报告。

12 月 7 日，受中共中央宣传部、国家教育委员会、全国教育工会的邀请，杨庆益同志教书育人成绩突出，光荣出席全国高等学校教书育人座谈会。

12 月 11 日，云南省人事厅公布了 1991 年首批享受政府特殊津贴的专家、学者、技术人员 85 人，其中自然科学方面 81 人，社会科学方面 4 人。云南师范大学有朱德祥、吕恩荣、林毓材、伍雄武、刘声烈、王东城获此殊荣(云南省教委系统共 29 人)。

8～12 月，数学系林毓材、杨秀国、夏幼明老师由国家教委派出，学校组队赴(美)南达科他州立大学进行“CAI 专题定点学术访问”。

本年度，受玉溪地区行政公署教育局委托，数学系从 1991 年 9 月～1994 年 8 月为玉溪地区举办了三届初中数学骨干教师培训班，每届一学年。第一届 20 名，第二届 30 名，第三届 30 名。每届上学期在数学系集中培训，下学期在原学校在岗培训。燕琼芝、龙敏信、熊民福、朱维宗、朱洪声、李立新等老师巡回辅导，深入到玉溪地区 9 个县、市 58 所中学，行程达 2600 多公里。受到玉溪师生的点赞，得到地区教育局的好评。1993 年 12 月云南省教委组织的全省初中数学骨干教师培训班学员教学竞赛中，荣获团体一等奖。初中数学骨干教师培训班的举办在玉溪取得好的成果，开创了数学系为基础教育服务的新路子。

2 月 17 日，云南省教委《关于我省普通高等学校专业设置清理审核结果的通知》公布了云南省 24 所高校、3 个办学点专业设置清理工作的结果。自 1990 年 7 月以来，专业清理分两级进行，本科专业由国家教委审核，专科专业由省教委审核。云南师范大学 15 个本科专业(专科专业与本科专业同名的未列入)均获通过。计有：“数学”专业名称改为“数学教育”专业等。

5 月 24 日，云南省高校“未来之光”首届计算机大赛在昆明工学院降下帷幕，比赛分笔试和上机操作两阶段进行。云南师范大学代表队由数学系董萍、施建朝、钱加玲、杨卫红、胡钊等 8 位同学组成，在夏幼明、陈宇惺两位教师的精心指导下，在来自 14 所院校 100 多名选手的激烈竞争中，荣获团体第二名，为云南师范大学争得了荣誉。

5 月，数学系林毓材、黄一禾、阮建编撰出版了《中华学习机 CEC-I 苹果机大全④》，由电子工业出版社出版。该书收录了林毓材教授开发的《程序设计语言 MLBASIC-3.0》《CAI 课程设计语言 RAETS-3.0》《常用软件集 ASOCS》软件。

7 月，由云南师范大学数学系青年教师肖体俊等完成的省应用基础研究基金项目“泛函微分方程的性态分析及应用研究”通过了由云南省科委组织的鉴定。该项成果在国内外学术期刊上公开发表的近 30 篇论文中，成功地解决了一些国际热点问题和国外学者提出已久的相关难题。思想方法和论证技巧均有创造性，有相当高的学术价值。该项成果对许多工程等实际应用问题的研究，特别是有关控制及振动性态问题的研究起到重要的理论指导作用。

9 月 9 日，云南师范大学数学系特邀英国伦敦大学国王学院生物系博士生导师、全英《生物数学》杂志副主编 Bzin 教授到云南师范大学做题为《突变理论在生物数学中的应用》的学术报告，受到师生的欢迎。

9 月 15 日～10 月下旬，云南高校教师课堂比赛在云南师范大学拉开序幕。云南师范大学 13 个教学单位的 119 位教师参加了系级比赛，占有授课任务青年教师的 71%。数学、化学教师参赛达到了 90%以上。在系级比赛的基础上，推选出 33 人参加校级比赛。经过校级评委的多次酝酿、评比，推出云南师范大学青年教师教学明星一等奖获得者 10 人，二等奖获得者 10 人，三等奖获得者 13 人，全校从中推出 6 名获奖教师参加省级比赛。

9 月 29 日，学校党委会研究决定，云南师范大学计算中心划归物理系管理；云南师范大学分析测试中心划归化学系管理；云南师范大学化学系成立农药研究所。

10 月 16 日，云南师范大学首批一类课程建设的《数学分析》课(一年级部分)，自 1991 年 5 月开展建设以来，经系、校(云南师范大学、云南大学、昆明理工大学)两级专家组评估验收合格，校课程建设委员会审议通过，授予“一类课程”称号，是学校第一门一类课程。

11 月 18 日，云南省教委《关于汪旭等六人副教授任职资格的批复》同意云南师范大学肖体俊、杨庆益等人破格评审为副教授。任职资格时间从 1992 年 6 月起。

11 月 20 日，经中国科协常委会批准，云南师范大学数学系肖体俊荣获中国科协第三届青年科技奖(《关于中国科协第三届青年科技奖评选结果的通知》(〔1992〕科协发组字 559 号)、《关于荣获中国科学技术协会第三届青年科技奖的通知书》(〔1992〕科协发组字 560 号))。

12 月，云南师范大学申报 1992 年度云南省科技进步奖励项目 4 项，经评委会评定有 3 项获奖。其中数学系肖体俊副教授等申报的“泛函微分方程的性态分析及应用研究”获二等奖，吕冠国教授等申报的“城区社会治安管理系统工程”获三等奖。吕冠国教授的成果经昆明市五华区党委政府组织实施和运用后，该区社会治安状况好转，社会效益和经济效益显著，被中央社会治安综合治理委员会评为全国社会治安综合治理先进单位。

1992 年，林毓材教授出版专著《不可解问题》(云南教育出版社)。

1993 年

2 月 18 日，经校党政联席会议研究通过，新一届校学术委员会由李存俊等 20 人组成，任期至 1994 年 10 月。主任委员：李存俊；副主任委员：张运贵、吕恩荣；委员：吕冠国、陈时锦、吴增元、周天禄、王霞斐、熊广森、余嘉华、李慧、伍雄武、罗黎辉、黎明生、冯春林、和福生、何其坚、陈胜余、陈平、孙功。

3 月 8 日，云南师范大学数学系肖体俊副教授被中华人民共和国国家教育委员会评为 1993 年全国教育系统“巾帼建功”标兵。

3 月 11 日，云南师范大学向省教委职称改革工作领导小组呈报《关于申请教授职务任职资格审批权的报告》，申请数学、物理学、化学、生物学、地理学、体育学、中国语言文学、历史学、教育学、外国语言文学、政治学(包括马列主义理论)等 11 个专业学科的教授审定权。

3 月，云南师范大学数学系青年教师肖体俊副教授获 1992 年省级有突出贡献的专业技术人才称号。

4 月 16 日，云南省教育委员会批复：同意成立云南师范大学成人教育学院(为系处级机构)。经校党委 1993 年 4 月 7 日会议讨论，撤销云南师范大学成人教育处，并批准李忠映任成人教育学院院长(正处级)，张树顺、张旭任副院长(副处级)。

5 月 3 日，《中国教育报》首版以《在改革中奋进的青年创业者》为题报道了云南师范大学数学系肖体俊副教授："云南师范大学 28 岁的青年副教授肖体俊，在现代数学抽象微分方程研究中取得引人注目的成果，获得中国科协第三届青年成果奖。"《中国妇女》以《在数学王国创出辉煌的肖体俊》为题进行了报道。

9 月 4 日，云南师范大学数学系王文偁、董义琳、李玉华完成的"《数学分析》一类课程建设"项目获中华人民共和国国家教育委员会 1993 年普通高等学校优秀教学成果二等奖。

9 月 8 日，云南师范大学举办"一类课程"建设成果展览，此次展出的是云南师范大学首批建设的 13 门一类课程的建设成果，数学系《数学分析》课程在列。

9～11 月，辽宁师范大学数学系朱秉林教授应邀到云南师范大学数学系讲学，讲授《数学教学艺术》。

11 月 15 日，云南省教委公布优秀教学成果评审结果，全省推荐申报国家级二等奖 3 项，省级一等奖 10 项，省级二等奖 29 项。云南师范大学"一类课程《数学分析》建设成果"(王文偁、董义琳)被推荐为申报国家级二等奖项目，"深化管理、保证质量、工作再拓新局面"(李忠映、张树顺、陈昌炽、王安、张旭)获省级二等奖。

12 月 1 日，云南师范大学新一届学位评定委员会成立，共 18 人，由副校长张运贵任主任，和福生任副主任，数学系林毓材、李忠映当选委员。

12 月 11 日，国务院学位委员会第十二次会议批准了第五批博士、硕士学位学科、专业点和博士生指导教师名单以及第五批学位授权审核调整学科、专业的博士生指导教师和硕士点名单。云南师范大学马克思主义理论教育(中国社会主义建设)、现代汉语、基础数学、区域地理学获得硕士学位授予权。

12 月 25 日，《中国科学报》海外版首页发布《数学巾帼一新星——记肖体俊副教授》文章，报道云南师范大学数学系肖体俊副教授。

12 月

△云南师范大学有 13 位教师获曾宪梓教育基金 1993 年高等师范院校教师奖。数学系吕冠国和王文偁分别获得二等奖和三等奖。吕冠国作为获奖代表应邀到人民大会堂参加首次颁奖大会，受到党和国家领导人接见、合影和宴请。

△在全省高校党建工作会议上，云南师范大学数学系邵南被表彰为优秀党务工作者。

△吕冠国、陈韬、邵南完成的"弹塑性变形条件下的挤压辊理论研究"项目获 1993 年度云南省科学技术进步三等奖。

△新增现代会计与统计专业方向(专科)。

△到困难地区开展顶岗实习工作。带队教师林谦、王涛克服交通不便的困难，走遍特困地区宁蒗县实习点。带队教师张森、张洪波走遍玉溪地区 29 个实习点。

1994 年

1 月 6 日，云南省人事厅通知省教委 1993 年享受政府特殊津贴人员 53 人，100 元档 22 人中云南师范大学有陈二永、陈永森、肖体俊、左梦兰 4 人；50 元档 31 人中，云南师范大学有吕冠国、刘群生、路纪欧、李杰森 4 人。

2 月 14 日，云南省教委《关于同意云南大学等十所普通高校函、夜大及成人高校举办第二专业专科学历教育的批复》，同意云南师范大学应用数学(现代会计与统计)等专业 1994 年举办第二专业专科学历教育。

2 月 23 日，中国科学院数学研究所所长杨乐院士、中国科学院自动化所研究员戴汝为院士、中国科学院系统所研究员丁夏畦院士、中国科学院电工研究所所长严陆光院士和中国科学院计算中心研究员石钟慈院士一行 5 人莅临云南师范大学访问，与云南师范大学党政领导、部分系所负责人及有关专家学者进行座谈。校党委书记杨和良主持会议，校长李存俊向各位院士介绍了云南师范大学创建、发展的历史过程，专业学科的设置与更新，科研工作及研究所简况，并向院士们介绍了云南师范大学年轻研究员肖体俊、副教授曾华。李存俊还代表云南师范大学提出聘请 5 位院士为云南师范大学名誉教授的诚挚请求，并向各位院士颁发了聘书和云南师范大学校徽。

3 月，中华全国总工会授予数学系肖体俊教授“全国先进女职工”称号。

4 月 29 日，校工会、人事处、组织部召开的庆祝劳动节座谈会上，校工会主席唐增强向数学系肖体俊颁发了全国总工会妇女节表彰的“先进女职工”荣誉证书和省总工会、校工会发给的奖金，肖体俊是省教育工会唯一获此荣誉的先进个人。

4 月，吕冠国等著《冷轧丝杠辊辊型设计的数学方法》由科学出版社出版。

9 月 10 日，云南省人民政府在教师节庆祝会上表彰全省 70 名特级教师和 1994 年度优秀教师和优秀教育工作者。数学系和福生被表彰为 1994 年度优秀教师和优秀教育工作者。

10 月 18 日，云南师范大学学生课外科技学术协会数学系分会学生科研活动取得新突破，题为《压接式绒面眼镜鼻托》的小发明取得实用新型专利权，专利号为：IzL93247433.0，并被录入世界科技信息网络和光盘等信息载体中。该项专利技术与正在审查中的题为《一种保护皮肤的眼镜》(申请号：94218711.3)一起，形成技术体系。1994 年 5 月 10 日，数学系成立了云南师范大学学生课外科技学术协会数学系分会；10 月 5 日，数学系学生会增设“科技部”充分联系学生科技骨干，使数学系学生科研活动在规模、水平和速度方面均向前迈进了一步。

10 月 24 日，中共党员、原昆明师范学院副院长、第四、五、六、七届全国人大代表，教育部教育研究会理事，教育部理科(力学、数学)教材编审委员，中国数学会第三、四届理事，全国高师院校高等几何教学研究会名誉理事长，全国数学教育研究会顾问朱德祥教授，因病医治无效，于 21 时 45 分在昆明逝世，享年 83 岁。遵照朱德祥生前“丧事从简，不搞吊唁”的遗愿和家属的意见，朱德祥教授的遗体于10月26日火化。中共云南省委书记普朝柱，省委、省人大、省政协、省委组织部、省委宣传部、高校工委、省教委和云南师范大学党委、行政，数学系党政、工会，以及在昆明有关单位和朱德祥教授生前好友送了花圈。

12 月，数学系肖体俊老师入选由共青团云南省委员会、云南省青年联合会、云南日报社、云南电视台、云南人民广播电台、云南政协报社、春城晚报社、云南经济报社联合评选的首届“云南十大杰出青年”。

本年度

△数学系加强数学教育的讲习及实践，学生课堂教学的理论和实践课增加了40个学时，利用电化教学手段对学生讲习的录像进行指导。

△在调查研究的基础上，对数学专业的教学结构按公共课，数学专业课，数学教育课，计算机课的块状结构进行了较合理的设计。

△成立云南省自学考试《高等数学》辅导中心，与昆明市教委教研室合办“昆明市奥林匹克数学业余学校高中部”，开展社会助学活动。

△数学系出版发行的《中学数学教与学》杂志1993～1994年度出版发行4期，刊载论文13篇，近42万字。发行到云南省内17个地州市以及福建、江苏、河南、四川等省近4万册。

△受云南省政府委托，吕冠国、邵南、李锋等参与云南省首次股票发行“云南白药”“昆机”“昆百”股票认购证摇奖办法的设计以及实施，取得社会效益和经济效益。

△王涛等担任昆明市中学生数学竞赛集训队的训练工作，在竞赛中取得好成绩：团体总分第一名，个人成绩第一名。

△夏幼明研制成功“一二•一运动”图文计算机管理展示系统。

△受英国剑桥大学委托建成了“云南师范大学CIT培训中心”。

△杨秀国为晋宁磷矿、云南省烟草交易市场、证券公司等数十个单位提供计算机方面的技术服务和咨询。

△杨秀国主持云南省首届中学生计算机竞赛工作。

△杨庆益负责招收两届电大财会班，受到云南省电大好评和社会欢迎。

1995年

2月27日～3月19日，全国人大代表、数学系教授吕冠国赴北京出席全国人大八届会议。

3月7日，校党政联席会议研究决定，校新一届学术委员会由22人组成，主任委员李存俊，副主任委员张运贵、吕恩荣，数学系吕冠国、和福生、杨承纶等当选为委员，任期1995年3月至1997年3月。

3月20日，共青团云南省委、省青年联合会、云南日报社、云南电视台、云南人民广播电台、云南政协报、春城晚报、云南经济报等多家单位联合组织的首届“云南十大杰出青年”颁奖大会在人民胜利堂举行。云南师范大学数学系青年教师肖体俊获此称号。

3 月 27 日～4 月 1 日，数学系举办首届学生学术科技活动周。27～29 日举办学生计算机汉字录入比赛(共 58 人参加，一等奖 5 人，二等奖 8 人，三等奖 14 人)；31 日下午举办《知识产权》讲座；31 日晚举办科技知识抢答赛。

5 月 5 日，台湾成功大学方源教授做题为《近环》的学术报告，中国科学院数学研究所李福安研究员做题为《数学的目的问题方法及应用》的学术报告，北京大学王萼芳教授做题为《关于置换群的一个例子——项链问题》的学术报告，云南大学郭隶琦教授做题为《半群》的学术报告。

5 月 31 日，集美大学师范学院陆式盘副教授做题为《非绝对积分》的学术报告。

6 月 10 日，根据中华全国青年联合会通知，数学系肖体俊教授被正式确定为该联合会第八届委员会委员。

8 月 28 日，数学系青年教师肖体俊赴北京参加第四届世界妇女大会。

8 月，数学系朱维宗副教授撰写的论文《改革传统教学方法，全面提高民族地区初中学生数学素质》，获西南地区基础教育课程教材研究中心和西南师范大学数学系联合颁发的“初中数学教改实验优秀论文奖”。

9 月

△数学系刘声烈教授将自己从事教学、科研工作保存的 3670 册有关数学、计算机内容的中、外文版书籍无偿赠送给数学系资料室。

△吕冠国教授被聘为曾宪梓教育基金会中等师范学校教师奖评审委员会评审专家。

10 月 30 日，经云南省教委批复，“云南省青少年计算机培训学校”在云南师范大学数学系正式挂牌。该培训学校属非学历教育，以培训青少年为主并兼顾成人计算机及其应用教育；贯彻党的教育方针，为云南省培养合格的青少年计算机人才和骨干。培训学校将不定期免费为社会办学。该培训学校聘请李存俊为名誉校长，邵南为常务副校长。

10 月，我国著名数学家、国务院学位委员、中国数学会常务理事、中国数学会数学传播工作委员会主任、南开大学博士生导师史树中教授应邀到云南师范大学做《经济数学和金融数学》的学术报告。

11 月 11 日，暨南大学苏运霖教授做题为《九十年代计算机技术发展探讨》学术报告。

11 月底，云南师范大学共荣获 1995 年度云南省科技进步奖 5 项，其中二等奖 1 项，为数学系肖体俊的“算子微分方程中若干问题研究”；数学系蒋文江、郭民之的“生长曲线模型中若干参数估计问题”，林毓材、燕琼芝、张森、马煜、刘娅芳的“程序设计语言 CAI 研究与实现、CAI(代数)教程研制”两个项目获得三等奖。

12 月 3 日，数学系在西外培二楼会议室举行学术报告会，邀请香港成功贸易公司董事长、著名实业家、云南师范大学客座教授余新河先生做题为《余新河数学问题及科学思维》的学术报告，这是余新河先生继 11 月 19 日后为数学系作的又一次学术报告。

12 月 20 日，数学系邀请在昆讲学的哈尔滨工业大学数学系主任、博士生导师吴从炘教授做题为《关于奥尔里奇空间》的学术报告，数学系部分教师和研究生聆听了报告。

本年度

△1995 年数学系受云南省委组织部、省民委、省教委委托增设了民干班计算机专业

(专科)。1995 和 1996 年两届共招收 80 名学员。

△数学系专业基础必修课共 15 门，其中，数学分析、高等代数、解析几何、常微分方程、复变函数、近世代数、高等几何、初等几何等 8 门课程使用国家高教出版社出版的教材。

△数学系所有课程考试都试行套题和 A、B 卷，本学期执行套题的有数学分析(一)、数学分析(三)、复变函数、高等代数(二)及初等几何研究五门课程。

△派出青年教师夏幼明、张洪波参加中国科学院数学研究所所陆汝钤研究员主持的国家“八五”重点科技攻关项目“实用智能软件工具子集”的研究。

△获学校冬季运动会体育道德风尚奖，学生健美杯足球赛冠军。

1996 年

1 月 24 日，学校召开函授、夜大学教育评比总结会。评估结果：理科系第一名数学系。

1 月，1995 年云南师范大学科研成果获奖 30 项，其中：自然科学奖 12 项，含省科技进步奖 7 项，一等奖 1 项(数学系)，二等奖 4 项(数学系 2 项，生物科学系、太阳能所各 1 项)，三等奖 2 项(物理系，合作项目)；省教委成果奖 5 项，二等奖 2 项(生物科学系、太阳能所各一项)，三等奖 3 项(资环系、校产办、化学系各 1 项)。

2 月 6 日，经云南省选拔中青年学术和技术带头人后备人才评审委员会评审通过、领导小组批准，云南师范大学肖体俊教授被列为云南省中青年学术和技术带头人第一层次后备人才进行培养。

3 月 18 日，西蒙·杜勒斯基教授到云南师范大学数学系做题为《拓扑学中的多重序列方法》的学术报告。

3 月 25 日，设在云南师范大学数学系的云南省高等教育自学考试高等数学辅导中心正式面向社会招生，经省自学考试委员会批准，该中心除招收高等数学单科自学考试辅导班外，还开办会计、商业经济管理、工业经济管理等 3 个专业全日制脱产学习和业余学习两种形式的自学考试辅导班。

3 月，数学系硕士生导师肖体俊教授被收入《中国妇女与科技发展》大型画册。该画册由国家科委、国防科工委、中国科学院、中国科协、中华全国妇女联合会等单位主编，由中国画报社 1995 年 7 月正式出版。

4 月 2 日

△数学系燕琼芝等 6 位教师承担的省教委重点建设课程“中学数学教育与实践”通过学校组织的评估验收。

△云南省教委对 1995 年参加全国大学生数学建模竞赛获奖的队进行奖励，云南省共有 10 所高校的 55 个队参加此项竞赛，1 个队获得全国一等奖，4 个队获得全国二等奖，6 个队获得省级一等奖，8 个队获得省级二等奖。云南师范大学数学系、物理系 15 位同学在数学系教师张志明、李锋、张洪波指导下取得优异成绩。孙兴平、黄鹏、施宏昌小组获全国二等奖，奖金 1200 元；杜建锦、崔向照、樊立小组与沃炎、黄健忠、殷俊平小组双

双荣获省级一等奖，奖金各 1000 元；李海樱、周明芝、刘永昌小组获成功参赛奖，奖金 400 元；温一新、李晓金、沙嗣晖小组获参赛纪念奖。

4 月 4 日，云南师范大学 CIT 培训中心经国家教委考试中心认可，在数学系挂牌，开始面向社会各界招生。

4 月 9 日，云南省教委批复同意云南师范大学组成以张运贵教授任主席的新一届校学位评定委员会，任期 2～3 年。云南师范大学新一届校学位评定委员会经校党政联席会议 1996 年 4 月 3 日审定，上报省教委审批。新一届校学位评定委员会人员组成：主席张运贵；副主席邵南；委员林毓材等。

5 月 2 日，陕西师范大学原校长王国俊教授、中山大学研究生院副院长邓永禄教授、四川大学孙琦教授、首都师范大学陈家鼐教授和郑州大学黄健华教授到数学系分别做题为《模糊控制简介》《排队问题》《计算的基本定理》《代数学的发展》《代数浅介》的学术报告。

5 月 4 日，1996 云南高校大学生五四“中华杯”计算机竞赛颁奖会在云南师范大学召开。云南省副省长赵淑敏，云南省教委主任海淞，云南师范大学校长、云南青少年计算机学校名誉校长李存俊，云南省教委高教处处长李翔，云南青少年计算机学校常务副校长邵南，数学系主任邵儒林等参加了颁奖会。这次比赛共有 13 所高校的 39 名选手参加。通过计算机基础知识、基本操作、应用软件和程序设计的比赛，云南师范大学获团体第三名。

5 月 9 日，云南省人民政府决定：任命邵南为云南师范大学副校长。

7 月，云南师范大学获得云南省科委应用基础研究基金项目 8 项，其中数学系获 1 项。

9 月 2 日，经民主推荐，学校党政联席会议讨论同意上报数学系邵儒林为学校教师中级职务评审委员会委员，任期一年。

9 月 10 日，吕冠国被云南省教育委员会、云南省人事厅、云南省中小学幼儿教师奖励基金会、云南省教育工会评为年度优秀教师。

10 月 9 日，邀请杭州大学副校长余秀源教授、西北工业大学罗学波教授、上海市第二工业大学李念祖教授和四川联合大学杨志和教授，分别做题为《数论与编码》《线性偏微方程》《图的四色问题》《优化问题》的学术报告。

11 月 4 日，由数学系林毓材、杨秀国、刘娅芳、郭思平老师的云南省应用基础研究基金项目“全文种字处理研究”通过云南省科委组织的鉴定，与会专家认为，该项目处于国内同类项目的领先水平。

11 月 6 日，中国科学院数学研究所李炳仁研究员做题为《实算子代数》的学术报告。

11 月 7 日，中国科学院数学研究所李炳仁研究员做题为《中国的泛函分析概况及其他》的学术报告。

本年度

△设 4 个硕士研究生方向，1 个“数学教育研究”研究生班，8 个本科数学教育班，1 个数学教育民干专科班，1 个计算机民干专科班，1 个会计学专业专科班，1 个电大电算化会计专科班。

△选派系主任邵儒林教授和郭志勇副教授前往美国南达科他州立大学作访问学者，蒋文江副教授到丹麦作访问学者。

△选派肖体俊教授到中国科学院数学研究所作访问学者，同时肖体俊教授被四川联合大学聘请为兼职教授。吴鲜教授前往北京大学作访问学者。

△林毓材教授被国家教委聘为CIT剑桥信息技术应用证书考试大纲编委。

△派出夏幼明、张洪波参加中国科学院数学研究所陆汝钤研究员主持的国家“九五”重点科技(攻关)项目的子课题“PROMIS新版的部分实现工作与研究”。

△王涛讲师获云南省青年教师课堂教学比赛一等奖，马煜讲师获校级二等奖，顾震宇副教授和张华讲师获校级比赛三等奖。

△王文偁、董义琳、李玉华主编的《数学分析的范例与习作》由云南科技出版社出版。

△获冬季运动会体育道德风尚奖、女子团体总分第一名，学生健美杯足球赛亚军。

1997年

3月，1996年度校青年基金立项，资助理科类项目7项，文科类项目11项。数学系蒋映和李锋申报的项目获得资助。

4月27日，西北师范大学刘仲奎教授、马如云博士和刘信生副教授分别做《群的S一系理论》《集通理论与微分方程边值问题》和《兰州市环保模型》的学术报告。数学系林毓材教授、肖体俊教授、杨秀国教授和郭震副教授分别以《组合星图的拓扑结构》《一类高阶算子微分方程Cauchy的C适定性及解》《含圈转换群和循环群上划分环的构造及分类》和《流形结构》为题做了学术交流。

4月，吕冠国、邵南完成的“冷轧丝杠辊辊型设计的数学方法”被云南省教育委员会评为1993～1995年度云南省高校科研工作突出贡献奖三等奖。

6月18日，云南师范大学计算机科学系成立大会在云南师范大学新礼堂举行，云南省教委、省计委、团省委等单位领导及30多家计算机界学者、同仁应邀参加成立大会，党委书记杨和良和校长李存俊为计算机科学系授牌。

9月8日，云南省教委批准公布了1997年云南省普通高校教学成果获奖项目。云南师范大学数学系“中学数学教育与实践”(燕琼芝、杨承纶、龙敏信、马煜、李立新)获省级一等奖。

9月9日，美国杨百翰大学教授吕克宁做题为《关于无穷维动力系统和美国教育现状》的学术报告。

10月5日，云南省教委批复同意云南师范大学撤销会计学(专科)专业。

11月5日，北京大学数学系徐明曜教授做《对称图与群论》的学术报告。

11月12日，云南省教委批复同意云南师范大学增设应用数学(学制4年)、音乐教育(学制4年)、文秘教育(学制4年)3个本科专业。

11月21日，首届“云南教育基金会”奖教奖学第六、七届奖学金表彰会在云南师范大学西外培二楼报告厅举行，数学系高哲敏副教授、外语学院黄瑛讲师、计算机科学系林毓材教授、教育系张锋副教授、物理系张雄教授等五名教师获得了优秀教师奖，还有20名学生获得了优秀学生奖。从该年起，该基金会只在云南师范大学设奖，每年表彰5名教师和 20 名学生。

11 月

△云南师范大学获得国家自然科学基金项目 6 项，经费 46.4 万元。数学系肖体俊教授申报的项目“算子族及抽象微分方程理论研究中的若干问题”获批经费 5.5 万元，数学系吴鲜教授申报的项目“H-空间中集值分析理论系列研究及应用”获批经费 2.5 万元。

△云南师范大学共获得云南省教委基金项目 29 项，其中数学系 1 个项目获得资助。

12 月 15 日，学校党委审议通过第二轮中青年学科带头人、骨干教师培养对象。学科带头人培养对象 19 人，数学系吴鲜入选，骨干教师培养对象 26 人，数学系郭民之、朱维宗入选。

12 月，云南师范大学省科委基金项目创历史最高水平，共 14 项、总经费 107 万元。其中，数学系有 1 项获得资助，经费 3 万元。

1998 年

2 月 21 日，云南省政府第二次常务会议同意省教委提出的云南省高教管理体制改革的整体方案。“调整、合并一部分高校。1998 年调整、合并方案中比较成熟的三组学校：第一、云南师范大学与云南教育学院、云南体育进修学院合并办学，分别成立云南师范大学教育学院、体育学院；第二、云南政法专科学校并入云南大学，成立云南大学法学院；第三、云南经济干部管理学院与云南财贸学院合并，成立云南财贸学院成人学院”。

4 月，云南师范大学第十四届“三好杯”篮球赛结束，男子组信息传播系、体育学院、教工团干队并列第一，政经系、中文系、数学系分获二、三、四名；女子组资环系、体育学院并列第一，中文系、数学系、生物科学系分列二、三、四名。

5 月 30 日，教育部同意授予云南师范大学副教授评审权，批准云南师范大学有权评审副教授学科 12 个：数学、物理学、化学、生物学、计算机科学与技术、体育学、地理学、外国语语言文学、政治学、中国语言文学、历史学、教育学。从 1999 年起，云南师范大学将设立以上 12 个学科的副高职评审委员会，自行评审 12 个学科的副教授职称。获准副教授评审权是云南师范大学教学上质量、科研上水平的一个体现。

6 月 11 日，根据《云南师范大学关于在今年教师节表彰一批优秀教师的通知》，决定在我国第 15 个教师节和建校 60 周年之际表彰一批在培育青年教师方面及教书育人、教学改革方面做出优异成绩的教师并用余新河先生设立的奖教基金为获得“育才奖”“优秀教师奖”的教师颁发奖金。6 月 10 日进行了评选，数学系吕冠国获得“育才奖”(全校共 5 人)，吴鲜、燕琼芝获得“优秀教师奖”(全校共 18 人)。

6 月 24 日，云南师范大学党政联席会议讨论同意下发《云南师范大学关于“全国大学生数学建模竞赛”的奖励办法》，规定了对指导学生在“全国大学生数学建模竞赛”中获奖的指导教师组、教师和参加竞赛获奖的学生奖励办法。

6 月 29 日，校学术委员会举行会议，数学系“数学学科教育”等 4 个学科被评选为“九五”校级重点学科。

7 月 3 日，云南师范大学公布了经校学术委员会 6 月 29 日评议推荐，校党政联席会议批准增补的第二批校级重点学科：计算机软件与理论、数学学科教育研究、语文教学论、美学传播学。

7 月 20 日，教育部给云南省人民政府的《关于同意云南省两所成人高校分别并入两所普通高校的通知》同意云南经济干部管理学院并入云南财贸学院、云南教育学院(含云南体育进修学院)并入云南师范大学，即行撤销云南经济管理干部学院、云南教育学院的建制。

9 月 26 日，云南师范大学筹备领导小组向省教委并转省政府《关于呈报〈云南师范大学、云南教育学院、云南体育进修学院三校合并办学实施方案〉的报告》。三校合并办学的步骤分为两步：第一步于 1998 年 9 月底前制订合并办学方案，第二步于 1998 年 12 月底前实施合并办学方案。

11 月 1 日上午，云南师范大学在大礼堂隆重举行“西南联合大学暨云南师范大学建校六十周年纪念大会”。中共云南省委副书记、省纪委书记孙淦，中共云南省委常委、省委组织部部长黄维彬，云南省政协副主席赵淑敏，云南省副省长梁公卿，云南省政协副主席麦赐球、江巴吉才和云南省教委主任杨崇龙等领导，以及南开大学党委书记洪国起，清华大学常务副校长杨家庆，北京大学副校长梁柱，中国科学院院士杨乐，中国工程院院士汪懋华等来宾和省市各厅局的领导、省内外兄弟院校的领导及云南师范大学各院系师生代表，1000 多人欢聚一堂。云南师范大学党委副书记林丽生主持庆祝大会。云南省副省长梁公卿代表中共云南省委、云南省人民政府发表了热情洋溢的讲话。他高度评价了西南联合大学在昆明办学所做出的重要贡献，充分肯定了云南师范大学继承和发扬西南联大优良传统，建校 60 年来特别是改革开放 20 年来，云南师范大学改革发展和人才培养的成就。

在庆祝校庆 60 周年之际，教育部、中共云南省委、云南省人民政府和北京大学、清华大学、南开大学、北京师范大学等 40 多所高等学校给云南师范大学发来贺信。自 10 月 9 日开始的 100 余场学术报告和 20 多场专题研讨会是校庆活动的主要内容。11 月 1 日中国农业大学教授、博士生导师汪懋华院士主讲《新的农业科技革命与农业工程学科发展的新机遇》，11 月 2 日由中国科学院数学研究所杨乐院士主讲《四季变更谈数学》、华东师范大学教育学博士生导师瞿葆奎教授主讲《更新教育观念、迎接新世纪挑战》等专题报告。

11 月 26 日，经教育部和国务院学位委员会批准，同意新增云南师范大学为在职攻读教育硕士专业云南师范大学试点单位，并从 1999 年开始，在教育管理、学科教学(语文、数学)方向上招收在职攻读教育硕士专业研究生，每个学科方向招生人数限制在 20 人以内，总数不得超过 60 人，从而使云南师范大学成为全国进入此行列的 29 所师范大学之一。

11 月，在第六届全国大学生数学建模竞赛中，由云南师范大学数学系、物理系、计科系 18 名学生组成的 6 支代表队全部获奖，获国家一等奖 1 项，国家二等奖 1 项，云南省一等奖 4 项，获奖项目位居云南高校第一。吴元勇等 3 位同学荣膺全国一等奖；周兴伟等 3 位同学获得全国二等奖；其余 4 支队伍获得省内一等奖。全国大学生数学建模竞赛始于 1992 年，是培养大学生运用数学建模方法解决实际问题的能力和创造精神的课外科技活动，也是提高学生综合素质的重要形式。此次全国大学生数学建模竞赛共有 26 个省(市、自治区)400 多所高校的 2103 支队伍参赛。云南师范大学是获得全国一等奖的 7 所师范大学之一，也是云南省唯一获全国一等奖的高校。

12 月 1 日，云南省政府决定授予 1998 年度云南省有突出贡献的优秀专业技术人才荣誉称号，一等奖 1 人，二等奖 10 人，三等奖 94 人，云南师范大学龚明获二等奖，吴鲜获三等奖。

12 月，吕冠国主持申报的“数学分析课程教学改革”项目被教育部列为面向 21 世纪高师教学改革计划课程教材项目。

1999 年

1 月 18 日，经教育部、云南省委、云南省政府批准，云南师范大学、云南教育学院、云南体育进修学院三校合并办学，办学名称统一使用“云南师范大学”，云南教育学院数学系与云南师范大学数学系合并。

1 月 19 日，合并办学后云南师范大学的综合指标：占地面积 680 亩，建筑面积 374867 平方米；院系 27 个，硕士点 14 个，全日制学生数 7455 人；教工数 2018 人，其中高级职称 584 人，藏书 175 万册，研究所 28 个。

3 月 15 日，党政联发《关于继续做好我校党政领导联系院系工作的安排意见》：党政领导深入基层联系院系，开展调查研究，指导各教学单位做好工作，是 1994 年以来一直坚持的工作制度。学校合并后党政领导联系院系工作安排如下：邵南：数学系、艺术系。

3 月，数学等 12 门学科的副教授任职资格在校内评定，不再上报省教委终审。

4 月 26 日，数学系吕冠国教授被省政府授予第 16 届“先进工作者”称号。

5 月 25 日，经学校党委会研究决定：校本部(一二•一校区)及西院以理科院、系为主，办学单位包括数学系、物理系、化学系、生物科学系、计科系、信传系、资环系、外语学院、教育系、太阳能所、教科所、马列部、社会培训部。数学系民干班搬迁学府路校区；学府路校区以成人教育为主；龙泉路校区以文科院、系为主；搬迁实施工作，学府路校区由副校长杨文泽、校党委副书记周本贞、副校长袁德成、副校长骆小所牵头；龙泉路校区由副校长桂世鸿、校党委副书记周本贞、副校长邵南、副校长骆小所牵头。

12 月 4～6 日，为期 3 天的云南师范大学 1999 年田径运动会召开。本届运动会上，1300 余名运动员共完成了 66 项田赛及径赛项目，总成绩较去年有新的提高。其中一项破校记录，学生男子跳远项目以 7.19 米的成绩破了云南省记录，产生了数学系、资源与环境科学系、化学系三个道德风尚优胜单位。

本年度，数学系燕琼芝老师获得 1999 年曾宪梓教育基金会奖教奖。

2000 年

4 月 11 日，诺贝尔物理学奖获得者杨振宁先生莅临母校，在校领导及西南联大老校友的陪同下，参观了“一二·一”纪念馆、民主草坪、闻一多先生塑像和校友纪念亭。学校为杨振宁先生颁发“云南师大终身名誉教授”聘书。

5 月 31～6 月 2 日，由云南省教委高教处委托云南师范大学数学系与高师培训中心举办的云南省高等学校《高等数学》教学研究会在云南师范大学召开。来自全省 29 所高校的 73 名代表参加了会议。大会开幕式上，组委会主任、云南省教委副主任和福生致开幕词，校长伊继东致欢迎词，云南省教委高教处处长李翔作了《大学的历史、功能和现状、发展趋势》的报告，云南省教委高师培训中心办公室主任曾宪祖向大会介绍了云南省师资队伍的现状。这次大会的主要议题是：高等数学课程体制改革与数学方法的更新，加强数学应用能力与创造能力的培养，文科开设高等数学课等问题。代表们对有关高校高等数学的改革事宜进行了讨论，并有 25 位代表在会场上做了报告，副校长邵南做闭幕发言。

云南师范大学数学学院时期 (2000～2018)

2000 年 7 月云南师范大学党委会同意数学系改系建院，成立数学学院。2001 年学院党总支升格为学院党委。在教学工作上，“数学与应用数学”专业 2000 年被评选为省级重点建设专业；2003 年开始“4+2”学科教学硕士生的专项培养工作；教育部、财政部 2008 年批准云南师范大学“数学与应用数学”专业点为第二批高等学校特色专业建设点，被列为国家一类特色专业建设点；实践教学已形成“见习-讲习-实习-课堂教学比赛一体化，案例分析贯穿全程”的实践教学的全程教学技能训练模式；进行全校大学数学类公共课程教学改革设计，推进了大学数学分层分类教学改革工作。在科学研究上，取得了立项国家自然科学基金项目和国家社科基金项目 50 余项，发表 SCI 高水平论文 100 余篇等学术成果，2016 年扩张版(3%)ESI 高引论文数居全校首位，开展了大量的学术交流活动。2001 年 8 月，“应用数学”被批准为“十五”省级重点建设学科。2003 年和 2006 年，应用数学、概率论与数理统计分别获得硕士学位授予权。2011 年，基础数学获批一级学科硕士学位授权点，新增统计学(数学学院)一级学科硕士学位点。2016 年，数学学科被列为云南省 A 类高原学科。在平台建设上，2002 年成立“云南师范大学数学研究所”，中国科学院院士郭柏灵担任研究所所长；2007 年成立“云南师范大学基础数学研究所”，香港大学余解台教授为首任所长。在重大事件上，2006 年顺利完成“迎评促建”本科教学评估工作，学院各方面工作得到了促进和发展；学院 2010 年整体搬迁到云南师范大学呈贡主校区；2013 年数学楼命名为“武之楼”并将杨武之先生的塑像安放其中，以期后世学子观瞻学习；2014 年 5 月校长办公会同意成立大学数学部；2017 年 3 月学院党政联席会议决定撤销原教研室，成立“三系/一部/两中心”。

2000 年

7 月 11 日，学校党委会议研究决定，数学系、中文系、政经系、历史系、生命科学系、化学系改系建院，分别成立数学学院、文学与新闻传播学院、经济政法学院、历史与行政学院、生命科学学院、化学化工学院。其中数学学院党政领导班子由以下同志组成：党总支书记：代龙；院长：郭震；总支副书记：马煜、唐瑛；副院长：董义琳、邓起荣、吴鲜。学院下设三系：数学系、应用数学系、数学与计算机系。

2000 年度

△教务处组织学校理科学生参加全国大学生数学建模竞赛，在数学学院及相关学院老师组成的教练指导下，荣获国家一等奖 1 项、国家二等奖 1 项、云南省一等奖 3 项、云南省二等奖 2 项、云南省三等奖 3 项，学校获奖情况名列全国师范院校第二，云南省高校第一。

△数学与应用数学专业被评选为省级重点建设专业。

△从 2000 级数学专业中选拔出师范生 34 人，组成两个“4+2”本硕连读实验班，培养较高层次的教师专业人才。该模式缩短了学制并与本科教学衔接，形成人才培养模式的连贯，使学生在相对较短的学习时间内达到了硕士研究生培养的要求。34 人毕业后，有 19 人进入师范院校，基本覆盖了云南省 13 所地州师范院校，结束了这些学校长期缺乏“科班出身”的数学教学法专职教师的局面。

2001 年

5 月 30 日，经学校评审组评审推荐，推出郭震等五名候选人上报云南省教育厅参加本年度全国(省级)“优秀教师”“优秀教育工作者”的评选。

8 月 17 日，经过同行专家对全省“七五”“八五”“九五”期间建设的省级重点学科的检查评估，云南省教育厅公布了云南省首批挂牌的重点学科。“应用泛函分析”等 5 个学科被确定为首批挂牌学科。“应用数学”等 3 个学科被批准为“十五”省级重点建设学科。

9 月 17 日，云南省人民政府关于 2000 年度科学技术奖励的决定，云南师范大学的“不动点和变分不等式及相关问题研究”等 4 项研究获自然科学类二等奖。

12 月 5 日

△学校党委会研究决定，数学学院等 9 个党总支部第一批成立院党委。党总支部现有成员为院党委委员，党总支部书记、副书记为院党委书记、副书记。

△首届“青年与未来”学生辩论赛圆满闭幕。全校 16 个学院参加，比赛分 5 轮 18 场进行。经过激烈角逐，数学学院获优秀组织奖。

12 月 10 日，2001 年全国大学生数学建模竞赛颁奖仪式在云南师范大学隆重举行。教育部及全国各省市高校的代表参加了颁奖典礼。学校有 10 个队参赛，获全国一等奖 1 项、二等奖 1 项，成绩列全国师范院校前六名，云南省高校第一名。

2002 年

1 月 12 日，召开 2001 年科技工作总结会。副校长曾华对 2001 年学校的科技工作进行了总结和分析，对 2002 年的科技工作提出了希望和要求。会议对 2000 年科研工作先进个人进行了表彰，并对应用泛函分析、光学、汉语言研究、哲学与民族文化、农村能源工程等 5 个省级重点学科举行了授牌仪式。

3 月 2 日，校长伊继东代表学校聘请中国科学院院士、北京应用物理与计算数学研究所研究员郭柏灵为学校在职教授，受聘仪式在田家炳教育书院举行。

3 月，数学学院蒋文江博士的“基于 Levy 过程和 OU 过程的金融模型及其应用研究”项目列入教育部“优秀青年教师资助计划”项目名单。

4 月 25 日，为促进数学学科的基础理论及应用研究的发展，提高人才培养水平，云南师范大学成立“数学研究所”，并聘请中国科学院院士、中国科学院计算数学与物理研究所郭柏灵研究员担任研究所所长。

11 月 20～22 日，学校举行 2002 年冬季田径运动会。来自学校各校区学院代表队参加了校本部赛区和龙泉路赛区的比赛。校本部赛区前三名分别由数学学院、计算机与信息技术学院、物理与电子信息学院获得。

2003 年

年初

△自校级教改项目《数学与应用数学本硕连读教育硕士“4+2”模式试点改革》立项以来，学院面临第一次本科阶段分流。学院首先于 1 月 13 日下发了在 2000 级选拔品学兼优的学生组建“4+2”本硕连读班(本科阶段班)的通知，并在 2000 级学生中进行广泛的动员。院党委在动员会上提出：在本人申请的前提下，凡是英语四级考成绩在 45 分以上，专业成绩在班级 26 名以前，无记过处分的学生都可以向学院提出要求进入“4+2”班的申请。希望学生踊跃报名，确保学院能选出最优秀的学生直接加入到《数学与应用数学本硕连读教育硕士“4+2”模式试点改革》教改项目中来。学院在学生报名的基础上，于 3 月 7 日进行《数学分析》《高等代数》两门专业课和师范素质的考核。通过考核选拔出 34 名学生进入“4+2”班。数学学院第一个“4+2”本科阶段班(2000 级)在开学的第三周正式成立。2001 级“4+2”本硕连读本科阶段班经学生申请，学院考核选拔，共选拔 29 名学生组建 2001 级“4+2”本硕连读本科阶段班。学院的第二个本硕连读班于 9 月成立。为了使选拔过程更为公正、公开，学院制定了考核选拔条例。

△学院通过了学校 2002 年年终教学考核，总分获全校第二。

7 月 10 日，校党委书记伊继东主持召开党委会，研究决定：王涛同志任数学学院副院长；杨映霞同志任校团委副书记(正科级)。

10 月 22 日，教育部“春晖计划”留英学者支援西部建设代表团到云南师范大学进行学术交流访问。云南师范大学有关人员与代表团相关学科的学者就有关学科的合作进行了探讨，经过磋商，相关学科学者分别与云南师范大学数学学院、商学院草签了合作协议。

12 月 6 日学院举行校级教改项目和院级教改项目结题、中期检查会和申报会。院级省级重点专业建设项目的子项目《数学分析课程建设》《高等代数课程建设》《解析几何课程建设》负责人分别汇报了课程建设情况，经院省级重点专业建设项目领导小组讨论，要求课程建设组按项目协议书做好项目的结尾工作，同意结题。五个校级教改项目分别汇报了项目建设情况，与会同志一致认为这些项目进展情况正常。在会上，五个项目：基础数学教研室《函数论系列课程建设》、代数教研室《代数系列课程建设》、几何教研室《几何系列课程建设》、应用数学教研室《应用数学系列课程建设》和金融数学系《经济系列课程建设》同意立为院级项目。

12 月

△在 2003 年全国大学生数学建模竞赛中，教务处、数学学院共同组织的 12 支代表队全部获奖，其中国家级一等奖 1 项；二等奖 3 项；省级一等奖 3 项，二等奖 4 项，三等奖 1 项。成绩排名连续多年名列全省第一，在全国师范院校中名列前茅。

△年初举行的中国大学生“五四奖学金”“建昊奖学金”颁奖表彰大会上，数学学院 1999 级庞春平同学作为云南省大学生中唯一“五四奖学金”候选人参加会议，并荣获“建昊奖学金”。

本年度

△数学学院 2000 级“4＋2”本硕连读本科阶段班于第三周开始数学专业课程单独组班上课。学院选派责任心强，教学经验丰富，教学效果好的教师作为该班的任课教师。学期末，学院召开了 2000 级“4＋2”班部分同学教学检查会。与会同学一致认为：“4＋2”本硕连读班的专业课的教学进度快，教师的教学效果好，学生的知识和能力有较大的进步，起到了本硕连读班在本科阶段加强数学基础教育的目的。同时学生也认为：如果在选拔时对专业课的要求再提高一点，“4＋2”本硕连读班的教学成果也将更大一些。

△2002 年底至 2003 年初学院组织各教研室申报校级新一轮教改项目。经全院教师的努力，数学学院获校级重点项目 1 项：《数学与应用数学(师范)专业本硕连读“4＋2”模式建设》(郭震)；一般项目 5 项：《数学专业“3＋2”专升本培养模式改革、实践、完善与规范的综合实验研究》(黄永明)、《数学教育实践性教学研究》(侯芳)、《现代数学双语教学》(张华)、《加强数学复习指导，提高考研质量》(方钢)、《〈微分方程〉课程课外教学活动创新实验研究》(黄炯，学校立项、学院自筹资金)。学院于本年度中和年度末两次对这些校级项目两次进行检查，项目进展正常。

△在“迎评促建”的工作中，学院领导充分认识到“迎评促建”的重要性，重点是建立完整的、完备的教学管理文件，使得教学的每一个环节都有章可循，确保本科教育的高质量。为此，学院发动全体教职员工积极做好材料的整理、恢复工作，并在新形势下，制定了一些教学管理文件。年内，学院顺利通过学校的阶段性检查。

△受“非典”的影响，2000 级的专业实习和教育实习采用学生回乡分散实习的方式。

学院发出了《致实习生家长的一封信》，与实习生签订安全协议。在实习期间，学院派出了班主任和实习指导老师到昆明、安宁、曲靖、宣威、保山等地看望实习生。从实习回校后的课堂教学检查来看，学生的教学水平有了较为明显的提高。实习期间未发生安全事故。

△完成了函授“高起专”“专起本”与“成人日制(专科)”三个专业的教学计划调整工作。完成了新专业“高起本”教学计划的制定。调整后的教学计划和新制定的教学计划都提倡“多课程，少课时”。执行新计划有利于拓宽学生的知识面，有利于提高函授生的学习能力，有利于函授生的可持续发展，更适应于在职教师的培养。

△申报了“新一轮云南师范大学成人高等教育课程改革”项目。方钢老师的“数学分析课程建设”和燕琼芝老师的“数学教育课程建设”两个项目获学校立项和资助。

2004 年

年初，正式启动省级培养模式改革项目“云南省普通高校本科‘人才培养模式改革试点专业’云南师范大学现代教师教育(数学学科)”。学院在2004级数学与应用数学专业中选拔高考总分500分以上、数学和英语双85分以上的学生组建了改革项目试点班，其他学生进入普通班。试点班共计42名学生。由于当年学校高考生源质量下降，试点班学生的高考成绩未达到原计划的双90分以上。试点班的英语成绩和其他学院重点班的英语成绩相比，处在中间水平。试点班的高考成绩低于计划数，给以后的教学工作带来困难。2004～2005 学年上学期普通班开始按新的教学计划，使用综合性大学的教材上课。试点班英语课程的特点是相对集中，一年级强化英语教育。为确保英语课的教学质量，公共外语组以余丽华老师为首的6名教师在数学学院申报了子课题“数学与应用数学专业试点班大学英语教学改革探索”。项目进展顺利，经过近四个月的实施，基本达到项目要求。在期中教学检查中，教师和学生对本学期的教学反映良好。

3月31日，学校会议研究同意数学学院因教学需要接收(选留)硕士研究生3名，从大理学院调进1名。

3月，2000级“4+2”本硕连读班开始进入硕士阶段学习。经过近一年的学习，该班学生的数学学科教育论理论水平有较大的提高，且已具有一定的教学科研能力。学生论文汇编在2004年全国数学教育年会上被评为一等奖，特别是田甜同学的“中日数学基础教育比较研究”受到了同行专家的好评。

6月22日，2004年科研工作会议召开。会议由副校长邹平主持，校长骆小所在会上发言指出，学校科研实力逐步显现，特别是在数学、语言学、哲学、教育学、太阳能、化学、生物等学科领域形成一定优势。

7月，2001级“4+2”本硕连读班结束三年级课程。由于种种原因，该班在教学过程中明显表现出学生情绪不稳定。

11月3日，校长骆小所主持召开校长办公会，会议推荐蒋文江等8名教师作为教育厅优秀教学成果奖评审委人选。

2004 年度

△数学学院蒋文江老师进入云南省中青年学术技术带头人培养计划。

△数学与应用数学专业被批准为“云南省普通高校人才培养模式改革试点专业‘现代教师教育(数学学科)’”试点专业。

△全院 239 名 4 年级学生中有 233 名学生参加教育教学实习，仅有 6 人参加专业实习。教育教学实习的中学有：云南民族中学、五华实验中学、昆明市外语学校和云南大学附属中学。实习生全部委托实习中学的老师指导。学院仅派出四名学科教学论老师和全部 4 年级班主任，分别作巡回管理与协调工作。

△在申报校级优秀教学成果奖的过程中，学院组织了下列 3 个项目的申报：①以郭震教授为第一完成人的优秀教学成果“省级重点建设专业‘数学与应用数学’专业建设的探索与研究”；②以应用数学教研室主任张志明教授为第一完成人的优秀教学成果“高师数学实践与创新能力培养研究”；③以代数教研室主任张华副教授为第一完成人的优秀教学成果“省级重点建设专业‘主干基础课程建设’成果”，几何教研室主任朱维宗教授也申报了优秀教学成果“基础教育课程改革纲要的研究与实践”。经学校评审，“省级重点建设专业‘主干基础课程建设’成果”与“高师数学实践与创新能力培养研究”两个项目评为校级优秀教学成果三等奖，项目“省级重点建设专业‘数学与应用数学’专业建设的探索与研究”以全校第一名的高分被评为校级优秀教学成果一等奖，并推荐申报省级一等奖。该项目被评为省级优秀教学成果一等奖。

2005 年

2 月 23 日，云南省 2004 年度科学技术奖励评奖结果揭晓，数学学院吴鲜、张志明主持的项目“超凸度量空间的集值分析及应用”获三等奖。

6 月，为保证云南师范大学“迎评促建”工作能取得较好成绩，实现“迎评创优”，经学校党委会讨论通过：抽调数学学院副院长王涛、旅地学院副院长武友德、生科学院副院长林卫东、校长办公室副主任史晓宇、物电学院副院长侯德东及学校“迎评促建”办公室现有人员组成学校“迎评促建”办公室材料准备工作小组，普查学校“迎评促建”文档准备情况，起草学校自评报告，通过撰写自评报告，查找存在问题和不足，全面开展学校的自查、自评工作。

12 月 17～22 日，由云南师范大学、北京应用物理与计算数学研究所、山东师范大学共同主办的偏微分方程及其计算方法国际学术会议在云南师范大学举行。中国科学院郭柏灵院士、石钟慈院士及中外 42 名在本学科领域有影响的专家、学者参加了会议。

2005 年度

△云南师范大学 28 支队伍在全国大学生数学建模竞赛中全部获奖，其中获国家级一等奖 1 项、二等奖 1 项，省级一等奖 6 项、二等奖 8 项、三等奖 12 项。

△数学学院省级重点建设专业试点班“4+2”本硕连读，17 位同学的教学实践、学位论文的开题严格按培养目标实行，该班学生的教学能力、教育科学研究能力基本达到培养

目标。在培养过程中采取了新举措，完成了基础教育田野调查工作，举办了由一线中学骨干教师及基础教育研究专家引导的学术沙龙活动，完成了“数学基础教育田野调查报告”20 份，在云南民族出版社出版了《聚焦数学教育——研究生学术沙龙文集》。

△数学学院恢复了新进青年教师先做助教工作的制度，新进青年教师至少有一位老教师指导(包括跟班听课、答疑、批改作业)。

△省级培养模式改革项目“云南省普通高校本科‘人才培养模式改革试点专业’云南师范大学现代教师教育(数学学科)”正式启动一年。学院在 2005 级数学与应用数学专业中选拔高考总分530分以上和数学和英语双100分以上的学生组建了改革项目的第二个试点班。试点班共计 62 名学生。由于当年学校高考生源质量再次上升，试点班学生的高考成绩超过前一个试点班 15 分。试点班英语成绩和其他学院重点班英语成绩相比，处在中间水平，班主任是伍晓敏。公共外语组以余丽华老师为首的 6 名教师在数学学院申报的子课题“数学与应用数学专业试点班大学英语教学改革探索”继续在2005级试点班执行。

△2004 级试点班一年级第二学期三门主干基础课同时开设，造成课时过紧，每周达到 32 课时，2005 级试点班的教学计划做了适当的调整：把几何学课程从一年级下调整到一年级上，一年级下学期同样增开了 4 课时的英语课。2005 年 10～12 月为 2004 级试点班举办了 4 级英语考试强化培训班。2004 级试点班到 2005 年底，经过采取多种措施，英语教学取得了较好的成绩。在一年级下学期 2005 年 6 月试点班通过英语 4 级考试的学生有 12 人。二年级上学期 2005 年 12 月试点班通过英语 4 级考试的学生有 11 人。两次考试共有 23 人通过英语 4 级考试，过级率达到 56.1%，创造了数学学院的历史新高。

△2005 年学院开始执行新青年教师教学导师制。制定了《数学学院青年教师教学导师制实行条例》。执行导师制的目的在于发挥老教师在教学上的传、帮、带作用，加快青年教师在教学方面的成长。

△基本完成了所有 270 门课程(包括主干基础课，专业必修课和专业选修课)的教学大纲和教学计划的制订工作。

△制定了《数学学院教学各环节管理规范》《数学学院教学讲习、教育实习管理办法》，使得教师在各教学环节上、在讲习上有章可循，确保了学院在本科教学整体上较好的教学质量。

△243 名四年级学生中有 222 名学生参加集中教育教学实习，另外 21 人参加分散的教育实习或专业实习。教育教学实习的中学有云南民族中学、五华实验中学、昆明第三十中学、昆明第二十六中学、昆明第十六中学、昆明市外语学校和云南大学附属中学。学院派出 34 名教师承担了实习指导的教学工作。学科教学论教师和班主任担任了实习点的负责人。

△学院选拔推荐 5 名品学兼优的 2002 级学生进入免试硕士学生推荐人选。

△学院在暑假为 2002 级举办了考研辅导班。辅导班分为数学类和非数学类两班，共有 60 余名学生参加。数学类班开设的课程是高等代数和数学分析。非数学类开设的课程是高等数学、线性代数和概率统计。历时 22 天，每班上课 150 学时。

△“省级重点建设专业‘数学与应用数学’专业建设的实践与探究”项目(郭震主持)获省级优秀教学成果一等奖。

2006 年

3 月 14 日，由数学学院主办的“健身杯”篮球赛圆满结束。比赛旨在丰富广大学生的课余文化生活，进一步加强班级间的沟通和交流，营造轻松和谐的学习氛围。

4 月 5 日，学校党委书记伊继东同志主持召开党委会。研究决定：同意数学学院邓起荣同志办理离校调动手续。

5 月

△根据国务院学位委员会《关于委托省级学位委员会和军队学位委员会开展硕士学位授权点定期评估工作的通知》，学院“基础数学”二级学科参加了定期评估，在学院相关老师的努力下，顺利通过了合格评估。全校共 8 个硕士学位授权学科专业通过了合格评估。

△蒋文江教授组织了金融数学与保险国际学术会议，并在大会上作了学术报告。参会人员有诺贝尔经济学奖获得者 Mirrlees 教授、中国科学院院士严加安、彭实戈以及国内外专家共 80 余人。

6 月 8 日，召开全校教职工迎接“评建创优”动员大会，会议由校长骆小所主持，校级领导，副处以上干部，校“迎评促建”督导组成员，机关科级党员干部、各教学实体学院任课教师、班主任，各民主党派主委，离退休校领导，离退休党总支书记等共计 1 千余人参加大会。校党委书记伊继东作动员报告，数学学院李玉华老师作为教师代表向大会宣读校工会“评建创优”倡议书，会议完成有关议程后圆满结束。

7 月 11 日，呈贡校区东区主教学区外语学院、数学学院、物理与电子信息学院、旅游与地理科学学院等 10 个楼群设计方案开标评标会召开。参加投标的设计单位有：云南省设计院、同济大学建筑设计研究院、云南省建筑工程设计院、北京正东国际建筑工程设计有限公司。经评审委员会评议，同济大学建筑设计研究院被确定为以上工程的中标设计单位。

8 月，吕冠国等编著的面向 21 世纪课程教材《数学分析》(上、下册)由科学出版社出版。

11 月 22 日，2006 年度“振兴中华杯”女排比赛在校本部排球场展开，对决的双方分别来自数学学院和化工学院。最终，数学学院女排以 3∶0 击败化工学院女排，赢得了本场比赛。

12 月 15～21 日，第二届中日微分几何会议在云南师范大学举行。本届会议中方特邀代表由包括国际著名几何学家田刚院士在内的 15 位知名学者组成，日方特邀代表由 Miyaoka Futaki 等 15 位日本著名几何学者组成。会议组织了 21 场高水平的特邀报告，报告内容为中日两国学者在微分几何、几何分析、代数几何领域内的最新研究成果。

本年度

△接受教育部本科教学工作水平评估。学院根据学校领导的部署，集全院师生员工之力，对照评估指标体系认真自评，通过 10 月份的预评估，找出存在的问题和差距，并利用 3 个月的时间进行了全面的、卓有成效的整改，对所有教学文档、试卷、毕业论文进行了认真梳理及规范，对本年度正在进行的课程进行了全面检查，狠抓提高课堂教学水平工

作以及师范生教学技能训练工作。通过上述自评、预评、整改三大措施，极大地推动了学院本科教学工作的进步与提高，起到了“以评促建”的效果。在迎评促建工作的冲刺阶段，感人的事情不断涌现，有的教职工为完成布置的任务，通宵达旦工作，有的教职工带病坚持工作，有的教职工自觉地、创造性地为学院提供和整理材料，全院学生在评估期间更加严格要求自己并积极配合学校和学院的工作，以实际行动支持评建工作。由于准备工作充分，评估时被抽查到的教师和学生均赢得了评估专家的好评，为学校评建创优做出了应有的贡献。迎评促建工作是对学院办学思想、管理水平、治学方略、教学水平，师德师风的前所未有的全面大检验。结果证明，尽管还存在很多问题和差距，总的来讲，数学学院的师生员工是经得起检查和考验的。

△获准立项资助的项目 8 项：其中国家自然科学基金项目 1 项，云南省自然科学基金项目 1 项，云南省教育厅科研基金项目 4 项，校青年科研基金项目 2 项。

△发表论文 69 篇，其中在国际核心期刊发表 7 篇，在国内核心期刊发表 15 篇，在省级刊物发表 47 篇，在科学出版社出版教材一部。

△柔性引进一位高层次数学学科带头人：代数学家、香港大学教授余解台，加强了“几何分析”创新团队的研究实力和影响力。

△全年共有 300 余人经过党校培训并通过考核，有 70 余名学生光荣入党。

△在学校组织的“三好杯”篮球赛和“振兴中华杯”排球赛中，学院获女子组冠军，男子组亚军。

△2002 级 C 班苏敏同学被评为“全国三好生标兵”。

△2004 级 C 班团支部被评为“省级五四红旗团支部”。

△2003 级 B 班李凤同学被评为“云南师范大学十佳大学生”，2003 级 A 班杨焱焱同学被评为“云南师范大学十佳爱心使者”。

△学院在校级运动会中荣获“道德风尚奖”“女子团体第三名”“广播操比赛第四名”。

2007 年

1 月 18 日，呈贡校区建设指挥部常务副指挥长副校长袁德成、副指挥长刘焕继主持召开呈贡校区理科学院楼、公共试验楼、公共教学楼设计方案审查会，相关学院和部门负责人参加了会议。会议讨论确定了五项事项，其中涉及数学学院三楼的④-(10)轴跨度由 8.4 米×6.9 米改为 7.2 米×6.3 米。

6 月 15 日，云南师范大学向华东师范大学提交推荐兼职博士生指导教师候选人的函。学校在 4 个学科(专业)推荐了数学学科郭震、李玉华等 7 名教师作为华东师范大学兼职博导的候选人。

6 月，承办了“辛几何”国际学术会议，辛几何领域的 15 位尖端科学家出席了此次会议。此次国际学术会议的组织和举办，开拓了教师的学术眼界，进一步提高了云南师范大学的学术知名度，并为学校扩大国际合作与交流奠定了基础。

8 月 20 日，为缓解昆明市农村中学教师短缺的压力，进一步推动教育均衡发展，同时也为在校大学生提供实践场所，了解农村教育现状，云南师范大学与昆明市教育局签订了支教实习协议。根据协议内容，当年9月，云南师范大学2004级的文学与新闻传播学院、数学学院及外语学院的327名师范生将到昆明市五华、盘龙、官渡、晋宁、石林5个县区的40余所农村中小学校进行为期3个月的支教实习。

9月6～7日，著名数学家、中国科学院杨乐院士应邀访问云南师范大学并为师生做了两场精彩学术报告。第一场报告会以《数学•应用•成长》为题为数学学院一年级的新生作了一场别开生面的入学教育。第二场报告会题为《如何开始做数学研究工作》，数学学院青年教师、研究生参加此次报告会。

10月30日，云南师范大学向云南省教育厅提交关于申请与北京应用物理与计算数学研究所、泰国清迈大学联合举办偏微分方程与随机动力系统国际学术会议的请示。

10月31日，校长办公会研究决定：同意数学学院成立基础数学研究所，并聘请著名代数学家、香港大学教授余解台任所长，为学科建设搭建了高起点平台。

11月29日，数学学院召开教学改革工作会，公布了《云南师范大学数学学院组建教学团队的实施意见》。该意见是为全面贯彻落实教育部教高〔2007〕1号、2号等教学改革文件精神及学校2007年教学工作会会议精神，结合学院工作发展的实际情况制定的。

12月20日，云南师范大学在国际文化交流中心会议室举行了云南师范大学基础数学研究所成立暨聘请著名代数学家、香港大学教授余解台为云南师范大学客座教授和基础数学研究所首任所长仪式，参加仪式的有余解台教授、副校长邹平、科研处梁子卿处长、研究生部郑勤红部长、人事处乔德英副处长、数学学院领导班子全体以及数学学院全体研究生。

本年度

△实施旨在提高教学质量的“4个一工程”，要求每个教师：上好一堂精品课、分析一份优质试卷、做好一个优质多媒体课件、钻研一本优秀教材。工程的实施大大提高教师研究教学的积极性，提高了教师的教学工作水平和教学质量。

△获准立项资助的项目有15项：其中国家自然科学基金项目3项，教育部“春晖计划”项目7项，云南省自然科学基金项目1项，云南省教育厅科研基金项目3项，校青年科研基金项目2项。

△发表论文65篇，其中国际核心期刊发表6篇，在国内核心期刊发表7篇。

△“十五”省级重点学科“应用数学”通过了云南省学位办的挂牌评审。

△招收了5个硕士点(基础数学、应用数学、概率论与数理统计、“数学学科”课程与教学论、教育硕士专业学位)学生。

△为了参加下一次博士点和一级学科硕士点的申报，完成了二级学科“基础数学”博士点和“数学”一级学科硕士点申报表的初稿，并进行了多次专家咨询。

△学生工作方面，在学校组织的“三好杯”篮球赛男子、女子均获全校第三名的好成绩，“振兴中华杯”排球赛男子第二、女子第一的佳绩，“火红的五月”歌咏比赛校级优秀组织奖，“啦啦队大赛”校级二等奖，校运动会男子组第三名和“道德风尚奖”；2004级C班在全国第七届残运会担任志愿者服务工作荣获省级“优秀志愿者服务队”称号；2005级A班获省级“先进班集体”称号；2005级D班被评为校级“五四红旗团支部”；2005级B班被评为校级“十佳示范红旗团支部”；2004级A班冯雁同学被评为云南师范

大学第三届“十佳大学生”；2004 级 C 毛晓梅同学被评为云南师范大学第三届“十佳自强大学生”；学生宿舍学聚苑 512 室被评为云南师范大学第三届“十佳示爱心使者”，2005 级 C 班卢旭家同学获得云南师范大学第三届“十佳示爱心使者”提名奖。

2008 年

2 月 20 日，教育部、财政部批准北京大学哲学等 707 个专业点为第二批高等学校特色专业建设点。云南省高校共有 11 个专业点被批准为特色专业建设点，云南师范大学数学与应用数学专业名列其中。

3 月 13 日，共青团云南师范大学委员会发文通知关于表彰云南师范大学第十五届学生课外学术科技作品竞赛获奖个人的决定。经评委会评审、合议，数学学院杨刘、陈典雨、操海棠同学的《租、购房决策分析模式》等 4 件作品被评为特等奖。

4 月 7 日，学生学习党的“十七大”知识竞赛决赛暨颁奖仪式在校本部举行。经过评委的认真评定，云南师范大学哲政学院荣获一等奖，数学学院、旅地学院荣获二等奖；外语学院、经管学院、计信学院、文传学院和成教学院荣获三等奖；教管学院、能环学院、生科学院、史政学院荣获优秀组织奖。

5 月 23 日，第二届学生艺术展演暨“五四”表彰文艺晚会在一二・一校区大礼堂举行。校团委对云南师范大学 2007～2008 学年涌现出的 31 个“五四”红旗团支部、9 个优秀志愿服务集体、27 名优秀志愿者、900 余名优秀团员、450 余名优秀团干部以及第二届大学生艺术展演活动中获奖的 90 余件业余组和 50 余件专业组参赛作品进行了表彰，并对荣获优秀组织奖的艺术学院、经管学院、职教学院、数学学院、计信学院和史政学院进行了表彰奖励。

5 月 31 日，首位获得菲尔兹奖的华人数学家、哈佛大学教授、美国国家科学院院士丘成桐一行莅临云南师范大学，在田家炳教育书院二楼会议室与云南省教育厅副厅长和福生，校党委书记伊继东、副校长邹平，云南大学副校长张克勤，昆明理工大学校长周荣等领导和相关部门负责人举行座谈。

7 月 22 日，云南师范大学向省教育厅提交关于在云南师范大学召开中德微分几何学术研讨会的请示。会议拟于 2008 年 9 月 23～30 日在昆明和丽江举行，由云南师范大学承办。会议将围绕微分几何及其相关领域的内容展开学术研讨，探讨内容为数学前沿问题。此次会议在云南省召开，极大地提高了云南省微分几何及其相关领域的科研水平，推动云南省微分几何及其相关领域的研究进一步与国际接轨，提升云南省在全国乃至国际上的学术地位，有利于云南省进一步开展国际性的学术研究和交流活动。

8 月 19 日，由教务处与昆明市教育局共同组织的云南师范大学 2009 届毕业生赴昆明市农村学校支教实习培训开班典礼在田家炳教育书院二楼报告厅举行。昆明市教育局人事处穆仁早处长，学校相关职能部门及学院领导，文学与新闻传播学院、数学学院、外语学院的实习指导教师和 269 名支教实习的同学参加了开班典礼。此次培训为期四天，举行了 9 场专题讲座。

9 月 8 日，呈贡校区举行新生开学典礼。

9 月 10 日，云南师范大学向省教育厅提交关于申请召开中澳偏微分方程及其相关领域联合会议的请示。云南师范大学拟于 2009 年 6 月 28 日～7 月 2 日与中国科学院数学与系统科学研究院联合举办中澳偏微分方程及其相关领域联合会议。会议将围绕偏微分方程及其相关领域的内容展开学术研讨，探讨内容为数学界的前沿热点问题，由云南师范大学承办。

9 月 27 日，数学学院向校庆办公室、校长办公室并校长杨林提交关于邀请郭柏灵院士为云南师范大学学生举办学术报告会及与校领导座谈的请示报告。

10 月 2 日，校长杨林在田家炳教育书院会见了郭柏灵院士，会议纪要如下：第一、会议听取了数学学院院长郭震教授关于数学学科建设工作的汇报；第二、郭柏灵院士对云南师范大学数学学科建设工作提出建议；第三、校长杨林发表了讲话，对数学学科建设提出了具体相关建议。

10 月 7 日，由数学学院主办的西南联合大学在昆建校暨云南师范大学 70 周年校庆活动——郭柏灵院士专场报告会在田家炳教育书院二楼报告厅隆重举行。郭柏灵院士为云南师范大学师生做了题为《发扬“两弹一星”精神，促进我国高科技发展》的专场报告会，数学学院、物理与电子信息学院、生命科学学院以及部分文科学院的师生聆听了郭柏灵院士的精彩报告。报告会由数学学院院长郭震主持。

10～11 月，举行纪念国立西南联合大学在昆建校暨云南师范大学 70 周年校庆活动“数学与工程”科学报告会。

11 月 13～14 日，云南师范大学举办呈贡校区 2008 年田径运动会。数学学院荣获道德风尚奖。

11 月 22 日，2008 级呈贡校区教管学院、外语学院、哲政学院、史政学院、文传学院、经管学院、数学学院、旅地学院 2008 级 2600 余名新生到昆明陆军学院参加军训。

12 月 3 日，云南师范大学校长杨林主持召开校长办公会，会议听取了教务处关于《云南师范大学国家级教学项目奖励办法》《云南师范大学关于对“挑战杯”大学生课外学术科技作品竞赛、数学建模竞赛、电子设计竞赛等科技竞赛活动奖励办法》《云南师范大学教学成果奖评奖结果公示》等方面的有关问题进行了汇报，并进行了研究。

2009 年

1 月 4 日，云南师范大学呈请云南省教育厅申请与北京大学和中国数学学会联合举办微分几何与分析国际学术会议。

2 月，吕冠国等著《(LL*)积分——广义 Lebesgue 积分》由科学出版社出版。

5 月 5～12 日，为纪念“五四运动”90 周年，云南师范大学数学学院、数学科学研究所联合云南省数学学会、昆明理工大学理学院在云南师范大学举办了《数学与工程》专题报告会。

5 月 12 日，2009 年度“健美杯”足球赛圆满落幕。经过各学院代表队之间激烈的角逐，最终数学学院获得第一名，研究生院获得第二名，生科学院获得第三名，数学学院连陆同学获得“最佳射手”称号，数学学院车一航同学获得“最佳守门员”称号。

6月12日～7月18日，香港大学教授余解台应邀为硕士生讲授了抽象代数中的多项式理论、Galois理论与有限域理论。

6月22～26日，北京大学、云南师范大学和中国科技大学等单位联合举办“2009几何分析国际学术研讨会”。著名数学家丁伟岳院士、田刚院士、张伟平院士、李安民院士以及海外杰出的华人数学家庆杰、戴先哲、陈竟一，来自北京大学、中国科技大学、云南师范大学等高校青年教师和博士研究生共 60 余人参加了会议。郭震教授在会上做了 40 分钟学术报告，受到与会者好评。

6月28日～7月2日，学院与中国科学院数学与系统科学研究院联合主办第二届中澳偏微分方程及其相关领域联合会议(China-Australia Joint Conference on Partial Differential Equations and Related Fields)。学院院长郭震教授和中国科学院数学与系统科学研究院应用数学研究所曹道民研究员担任本次会议组织委员会主席，副院长王涛副教授、吴鲜教授担任地方委员会主席。郭震教授、吴书印教授、赵富坤教授在会上做了报告。

7月13～19日，举办首届统计科学前沿暑期研讨会。杰出华人统计学家、美国密歇根大学统计系宋学坤教授、美国伊利诺伊大学香槟分校统计系瞿培勇教授和 Vecoli Christoph 教授3位专家做了系列学术讲座。来自复旦大学、东北师范大学、北京大学、国家地震局、山西医科大学、红河学院、云南财经大学等部门和高校的78名教师和研究生参加了会议。

8月，学报在第三届云南省优秀期刊评奖中获得佳绩，《云南师范大学学报•哲社版》获得优秀期刊奖；《云南师范大学学报•自科版》的“数学”栏目获得优秀栏目奖。

9月，云南师范大学在第六届高等教育国家级教学成果奖励中取得重大突破，共有3项成果获奖(1项为合作项目)，其中数学学院朱维宗教授参与合作完成的“构建西部教学团队，深化数学教育课程建设与教学改革，积极服务基础教育”荣获一等奖。

10月16～17日召开了学院教学工作会议。会上就如何提高教学质量展开了深入讨论，修订了学院教学管理规章制度，特别强调了“教考分离”制度的严格执行。组织教师学习了云南省和学校关于学分制改革的文件精神，布置了学分制改革的工作安排，以基础课和一二年级的专业主干课为主率先开展新一轮适应学分制改革的课程建设。

12月，云南师范大学在教育部“国培计划-中西部地区中小学骨干教师培训项目”竞标中胜出，成为44个中标院校之一，并圆满完成了该培训项目中的初中语文、初中数学、高中语文、高中数学四个学科共计300人的培训任务。

本年度

△云南师范大学参赛队首次参加全国研究生数学建模竞赛，并获得全国三等奖。学校共派出6支队伍参赛，经过激烈角逐，2支由数学学院、太阳能研究所和计算机科学与技术学院硕士研究生组成的参赛队取得了喜人成绩，为学校争得了荣誉。

△获得国家级教学成果一等奖1项(参与)，省级教学成果二等奖1项，校级教学成果一等奖1项，二等奖2项，三等奖2项。开发了随机数学试验课程和分析类数学实验课程。出版了5部教材，完成了4门课程的讲义修订工作。

△邀请了香港大学辛周平教授、余解台教授，英国曼彻斯特大学潘建新教授，牛津大

学金含清教授，美国密歇根大学宋学坤教授，伊利诺伊大学香槟分校瞿培勇教授，澳大利亚西澳大学李才恒教授，厦门大学谭忠教授，中山大学姚正安教授，中国社会科学院郭金龙研究员等为本科生和研究生举办学术讲座30余场。

△派出多名教师参加多项教学改革研讨会，包括德国大学生数学建模竞赛研讨会等。

△根据呈贡新校区正在兴建的特殊情况，以及新生对学校环境要逐步适应的特点，制定《云南师范大学数学学院(呈贡校区)晚自习考勤制度》等，在晚自习管理、学生请假管理、寝室管理等方面起到了一定作用。

2010年

6月18日，云南师范大学举行呈贡校区红烛广场闻一多塑像揭幕仪式。数学学院等8个学院的师生代表共140余人参加揭幕仪式。

10月20日，云南师范大学热烈欢送参加2010年国培计划顶岗实习师范生。来自数学等12个学院1730名国培计划顶岗实习生分别奔赴全省120多个县(市)的700多所学校，进行为期3个月的顶岗支教实习。

11月26～27日，副校长曾华率教务处、成人教育学院、数学学院、信息学院等负责人组成的调研组到丽江就云南师范大学2010年国培计划师范生顶岗支教实习情况进行调研，同时看望和慰问了在当地顶岗支教的学生。

11月29日，第七届全国研究生数学建模竞赛成绩揭晓。云南师范大学2支由数学学院、信息学院硕士研究生组成的参赛队在本次大赛中获得全国二等奖和三等奖各一项。

12月25日，来自数学等9个学院的16名师范生圆满完成广东春桃慈善基金巧家支教工作，顺利返校。

本年度

△三门重要基础课开始执行教考分离，考试试卷由学院教学指导委员会命题，阅卷采用集体流水阅卷。该措施为提高教学质量创造了一定的条件。

△继续坚持师范方向学生在学科教学论课程上开展教学“讲习”(课堂模拟训练)，学院投入教师50余人。

△完成数学一级学科硕士点的申报表。

2011年

3月11日，2009年大学生科研训练基金项目结题答辩评审会在呈贡校区召开。来自数学等学院的6个项目被评为优秀。

3月12日，由教务处主办的2011届师范类学生课堂教学技能大赛总决赛在呈贡校区圆满闭幕，数学学院李武祥、杨扬等14名同学荣获特等奖。

3月中旬，国务院学位委员会下发《关于下达2010年审核增列的博士和硕士学位授权一级学科名单的通知》(学位〔2011〕8 号),云南师范大学数学学科获批一级学科硕士学位授权点。

4 月 27 日,学生工作处主办的“五月的鲜花——健康心理和谐校园”心理剧大赛在呈贡校区汇文楼报告厅圆满落幕。数学学院等 6 个学院的参赛剧目获得二等奖。

5 月上旬,2011 年全国大学生英语竞赛省级决赛圆满结束。经过校级初赛和省级决赛的激烈角逐,云南师范大学共有 88 名学子脱颖而出,其中数学学院周丽等 5 位同学获得国家级一等奖。

6 月 14 日,由校团委主办、《师大青年》杂志社、校学生会承办的党史党情知识竞赛决赛在汇文楼报告厅举行。文学院、数学学院代表队分别获二等奖。

8 月 8~10 日,举办偏微分方程及其动力系统学术研讨会。郭柏灵院士、杰出华人数学家辛周平教授、杨彤教授等出席会议。

8 月,从国务院学位委员会《关于下达按<学位授予和人才培养学科目录>进行学位点对应调整结果的通知》(学位〔2011〕51 号)中获悉,在 2011 年国务院学位委员会学位点对应调整申报工作中,云南师范大学新增 9 个一级学科硕士学位点分别是:中国史(历史与行政学院)、生态学(生命科学学院)、统计学(数学学院)、软件工程(信息学院)、艺术学理论、音乐与舞蹈学、美术学、设计学(艺术学院)和戏剧与影视学(传媒学院)。

9 月 26~28 日,国培项目办督导组开展了对初中数学等六个学科短期集中培训项目的培训督导工作。云南师范大学数学学院方钢教授等四位督导专家分别走进培训课堂,与学员们一起听课,并召开座谈会,深入了解学员们对培训的感受。

12 月 18 日,校党委书记叶燎原同志主持召开第十一届党委第二十八次会议。经会议研究决定:任命张绍宗同志为数学学院党委书记,郭震同志为数学学院名誉院长(正处级),代龙同志为正处级调研员;同意数学学院副院长王涛同志主持学院行政工作。

12 月 22 日,云南师范大学第十二届“伍达观教育基金”奖教、奖学、助学金颁奖大会在呈贡主校区汇学楼报告厅举行。数学学院 3 名学生获得伍达观教育基金奖学金,8 名学生获得伍达观教育基金助学金。

12 月下旬,图书馆与 Springer 公司达成协议,成为云南省内第二家引进 Springer 电子期刊数据库高校图书馆。该数据库涵盖了数学和统计学等多个学科。Springer 电子期刊的落户,对于云南师范大学加强理工类学科的文献资源建设,提高文献保障水平,更好地为教学科研服务具有重要意义。

本年度

△以 7 个院级教学团队和 4 个校级教学团队为主力,“数学与应用数学专业”国家级一类特色专业建设点工作进展顺利,10 月顺利通过学校组织的年度考核并获得考核专家一致好评。在该项目的推动下,出版《数学课程标准与学科教学》(黄永明、陈静安,南京大学出版社)、《微分方程学习、设计与建模应用导引》(化存才、黄炯、丁海华,西南交通大学出版社)等教材 5 部。《几何学教程(平面几何卷)》《几何学教程(立体几何卷)》《世界著名初等数论经典著作钩沉(理论和实用算术卷)》(朱德祥译)修订再版。以学院教师为主编,联合省内五所本科院校编写的系列教材入选“科学出版社十二五教材出版规划项目——云南省高校数学教材建设项目”。《概率统计试验教材》入选云南省十二五规划

教材。

△学院教师主持《数学建模》《概率论与数理统计》2门省级精品课程，3门校级精品课程，除部分课程录像由于教师外出访问进修未完成外，全部按要求完成建设任务，课程内容已经全部上网并用于当年教学实践，取得了突出的成效。

△2008 级学生参加学校课堂教学比赛，获得特等奖 3 项，一等奖 3 项，取得突出成绩。选派一名学生参加在武汉举行的全国“东芝杯”师范生课堂教学比赛获优秀奖一项。

△芬兰 Tampere 大学 Tapio 教授、英国曼彻斯特大学潘建新教授、西南大学施武杰教授等多位知名数学家来校为学生和部分青年教师做学术报告。

△学院承担的“国培计划”短训班顺利完成教学任务，郑频等 5 位教师被学校评为“国培计划”工作先进个人。学院调整了本科生实习的时间，2009 级本科生全部派出实习，其中 200 人参加“国培计划”顶岗实习，其余由学院安排集中实习或自主实习，学生 12 月中旬返校。

△开展了“云南师范大学学科建设计划——基础数学学科”和“云南师范大学学创新团队——几何和分析前沿问题”的建设工作。邀请北京大学刘嘉荃教授来学院讲学一个学期。

△数学一级学科博士点的建设已列入省级建设规划。

△学生第二课堂方面，获校篮球比赛女子第四名，“建党 90 周年合唱比赛”二等奖，“中华颂”朗诵比赛三等奖，校情景剧大赛一等奖，校心理剧大赛二等奖，2010 级 B 班、2010 级 E 班荣获校级“先进班集体”称号。根据学生特点，开展了一系列院级活动，“迎新杯”篮球赛、“心灵家园”观影活动、“我的大学生活”征文比赛，活动极大丰富了学生的课余生活，并使学生综合素质有了显著提高。

△实践教学已形成“见习-讲习-实习-课堂教学比赛一体化，案例分析贯穿全程”的实践教学的全程教学技能训练模式。为了配合学生就业需要强化职业技能，以及配合教育部“国培计划”的实施，将学生实习实践期延长至 3 个半月，并提前到三年级上学期。

2012 年

3 月 5 日，数学学院邀请著名概率学家、中国科学院数学与系统科学研究院研究员、中国科学院院士、*Acta Mathematiace Applicatae Sinica* 主编严加安院士在呈贡校区汇学楼报告厅做了题为《培养能力比传授知识更重要》的学术报告。数学学院 300 余名师生参加了报告会。报告会由数学学院名誉院长郭震主持。

3 月 30 日，学校第十一届党委第三十一次会议研究决定：代龙任数学学院正处级调研员；李玉华任数学学院副处级调研员；王源昌任数学学院副院长。

5 月 11 日，北京航空航天大学李尚志教授应邀到云南师范大学数学学院做了题为《数学的草根本色》的学术报告，200 余名师生参加了讲座。

5 月 24 日，第三届少数民族文化月系列活动之“民族之星”大赛决赛在大学生活动中心演艺厅精彩举行。

7 月 4 日，国际精算大师 Hans U. Gerber 教授一行访问云南师范大学。数学学院举办了由 Hans U. Gerber 教授和香港大学统计与精算学系杨海亮教授主讲的学术讲座。学院相关学科教师及 80 余名本科生和硕士研究生聆听了讲座。

7 月 10 日，由中央统战部陈喜庆副部长领队，全国人大常委会委员、外事委员会副主任、中国科学院院士、中国科学院数学与系统科学研究院研究员郭雷为团长的“同心•党外院士服务团”一行莅临云南师范大学考察指导，开展服务咨询活动。

7 月 19～22 日，云南省数学会 2012 年学术年会在楚雄师范学院举行。在 20 日的云南省数学会换届选举中，云南师范大学数学学院名誉院长郭震教授当选为新一届云南省数学会理事长，王涛副教授、李玉华教授、吴鲜教授当选为云南省数学会常务理事。

8 月 25～26 日，全国首届高校青年教师数学竞赛在天津大学举行。云南师范大学数学学院赵富坤获理科组三等奖。

9 月 22 日，由云南师范大学信息学院承办的“2012 逻辑•智能•计算”学术会议开幕式在云南师范大学睿智 4 号楼信息学院报告厅举行。澳大利亚西奥大学李才恒教授、中国科学院计算所眭跃飞研究员、软件研究所李昂生研究员等 70 余位从事基础数学、计算机软件与理论、教育技术学相关的专家、学者、青年教师及研究生参加了会议。同时，会议还促成了中国科学院软件研究所李昂生研究员与云南师范大学信息学院、数学学院开展高起点、前沿性研究的大规模网络与信息化实验室筹建的合作。

9 月，数学学院开始招收统计学专业本科学生。

10 月中旬，云南师范大学第八届青年教师课堂教学比赛落下帷幕，全校 21 个学院及教学单位的 41 名参赛青年教师的课堂教学进行了评比，最终产生一等奖 6 名，二等奖 10 名，三等奖 25 名，组织奖 2 名，其中数学学院赵富坤获得一等奖，数学学院获得组织奖。

10 月，经云南省第七届选拔有突出贡献优秀专业技术人才评议委员会第三次会议评选，云南省人民政府决定(云政发〔2012〕122 号)，授予云南师范大学数学学院赵富坤等 112 人“2012 年度云南省有突出贡献优秀专业技术人才(三等)”称号。

11 月，吕冠国在云南师范大学老教授协会 2009～2011 年科技成果评奖中，《(LL^*)积分——广义 Lebesgue 积分》荣获著作类一等奖。

本年度

△“质量工程”建设取得良好成果。由郭震教授，王涛副教授为主持人申报的省级教学团队建设项目“数学与应用数学特色专业建设团队”获得批准立项。国家一类特色专业“数学与应用数学特色专业建设教学团队”(2007 年，王涛)、省级重点建设专业“数学与应用数学专业建设教学团队”(2007 年，王涛)、省级精品课程“《概率论与数理统计》精品课程建设教学团队”(2007 年，张志明)，校级教学团队“数学建模实践创新能力培养教学团队”(2007 年，李锋)，校级教学团队“几何课程精品教材建设教学团队”(2007 年，朱维宗)，校级教学团队“《微分方程》精品课程建设教学团队”(2007 年，化存才)均顺利通过年度考核。

△黄永明、王涛、陈静安、李锋等完成的教学改革项目“本科数学师范专业高效教学技能训练、实习的模式探索与实践”获第七届云南师范大学教学成果奖一等奖。

△新申报的统计学专业已顺利获批并于 9 月招生 70 人。开设相应基础课，建设了完备的培养方案。在学校的专业调整中，统计学分成了三个子专业：统计学、应用统计学、

经济统计学。

△2010 级本科生全部参加实习，其中 100 人参加“国培计划”顶岗实习。

△北京大学刘嘉荃教授来学院讲学一周，举办了 6 次学术讲座，学院老师外出参加学术会议和学术交流 10 人次，活跃了学术气氛。

△数学一级学科被列为学校“十二五”重点学科一层次开展建设，学院已完成任务分解并开始新一轮建设工作。

△学生第二课堂方面，获“校合唱比赛”二等奖，“中华颂”朗诵比赛三等奖，校心理剧大赛三等奖，2011 级 C 班、2011 级 D 班荣获校级“先进班集体”称号。开展了一系列院级活动，如粉笔字比赛活动，“我与师大共奋进”演讲比赛等。活动极大丰富了学生的课余生活，学生综合素质显著提高。

△学术交流丰富活跃。郭震教授于 6～8 月访问日本九州大学，王涛副教授于 6～8 月访问芬兰 Tampere 大学，陈绍雄副教授于 9～12 月访问北京大学，胡恩良副教授于 9 月赴香港科技大学访问。3 月，邀请了中国科学院田刚院士、中国科学院张伟平院士、复旦大学丁青教授、重庆理工大学冯慧涛教授等来院访问，就数学学科发展和协同创新等问题进行了讨论。6 月特别邀请了英国曼彻斯特大学潘建新教授同学院教师和领导讨论了统计学学科专业发展中的重要问题。9 月，来自澳大利亚西奥大学的李才恒教授和中国科学院软件研究所的李昂生研究员等多位专家学者访问学院并举办学术讲座，这些学术讲座的组织和举办，开拓了教师的学术眼界，进一步提高了云南师范大学的学术知名度，并为学校扩大国际合作与交流奠定了坚实的基础。11 月邀请了国务院学位委员会数学学科评议组组长、中国科学院院士刘应明来访，刘应明院士就学科和博士学位点建设给予了重点指导。

△协同创新迈出新步伐。以数学学院和信息学院为主体，联合生命科学、社会学等学科组建“网络科学与信息工程”重点实验室。实验室由中国科学院软件研究所研究员、国家杰出青年科学基金获得者李昂生校友担任首席科学家，信息学院前任院长夏幼明担任主任，数学学院主持工作副院长王涛副教授和信息学院院长杨昆教授担任副主任。中心旨在以数学和信息科学为基础，以解决生物医学、社会经济发展等领域的重大关键问题为应用方向，构建协同创新平台，努力做到理论研究世界一流，应用研究富有地方特色，力争在 3～5 年内将本实验室建设成为云南省、教育部重点实验室。

2013 年

1 月 13 日，在一二・一西南联大校区田家炳教育书院召开数学学院学科建设工作会。学科建设负责人郭震教授在会上阐明了学院学科发展的方向和要求——注重内涵发展，注重提升质量，并对各学科建设方向的工作进行了检查。

1 月，香港中文大学数学科学研究所副所长辛周平教授到学院进行学术访问，与杨干山教授等进行了深入研讨，后又在 7 月举办的云南省数学会年会上做了精彩报告。

1 月 15 日，由设在传媒学院与数学学院的云南省舆情研究基地和高校网络舆情信息创新团队联合举办的云南省网络舆情信息学术研讨会圆满召开。云南省舆情研究基地和舆情信息研究创新团队的冯江平教授、化存才教授、王天志等研究人员在大会上做了报告。

3～4 月，北京师范大学数学学院党委书记保继光教授、北京师范大学教育部新世纪优秀人才支持计划学者谢柏松教授访问学院。

4 月 2 日，著名数学家、西南联大教授朱德祥之子、云南师范大学数学学院朱维宗教授完成父亲生前遗愿，向图书馆捐赠了其父藏书共 413 册以及部分珍贵学术手稿、照片和证书等文献。

4 月 11 日，数学学院在同析楼 4 幢 201 报告厅开展“我的未来我做主”辩论赛。三场辩论主题分别是“高分是否是高能”“挖掘人才是否需要考试”“大学生就业现实与理想孰更重要”，来自不同班级的 30 名同学组成的 6 支队伍参加了比赛。

4 月，吕冠国被云南省老科技工作者协会授予 2010～2013 年“云南省老科协优秀老科技工作者”称号。

5 月中旬，著名数学家、教育家朱德祥先生藏书捐赠暨启用仪式在云南师范大学呈贡校区图书馆七楼特色文献书库举行。

6 月 27 日，数学学院 2013 届本科毕业生毕业典礼在数学学院二楼报告厅隆重举行。

9 月 10 日，副校长李松林深入数学学院参加教师节师生座谈会。

9 月 24～29 日，学院主办微分几何研讨会。德国柏林工业大学 Udo Smion 教授，美国加州大学伯克利分校项武义教授，德国马格德堡大学王国芳教授，中国科学院院士、南开大学张伟平教授，复旦大学忻元龙、傅吉祥教授，苏州大学虞言林教授，西南大学周家足教授等 20 位国内外知名专家学者出席了研讨会。

9～12 月，赵富坤教授受国家出国留学基金委资助赴美国学术访问。

10 月 15 日，云南师范大学举行“武之楼”命名暨杨武之塑像揭幕仪式。杨武之之子、西南联大校友、云南师范大学终身名誉教授、诺贝尔物理学奖获得者杨振宁先生及家人，全国人大教科文副主任徐荣凯，云南省委常委、省委宣传部部长赵金等领导出席了揭幕仪式。当日上午，云南师范大学数学学院正式命名为“武之楼”，该名由杨振宁先生亲笔题写。揭幕仪式后，杨振宁先生在“西南联大讲坛”举行了题为《我的学习与研究经历》的讲座。为纪念著名数学家、数学教育家杨武之先生，云南师范大学将数学楼命名为“武之楼”并将杨武之先生的塑像安放其中，以期后世学子观瞻学习，效仿杨武之先生之精神。杨武之先生曾任国立西南联合大学和清华大学数学系系主任，国立昆明师范学院数学系首任系主任。

11 月 9 日，数学学院 2013 年度研究生工作会议暨科研工作会议在“武之楼”会议室举行。会议总结了过去几年数学学院科研工作特别是国家基金申报工作的情况，与会教师和科研人员对高层次科学研究工作的方法进行了深入探讨和交流。

11 月 16 日，云南师范大学首届研究生课堂教学技能比赛决赛在呈贡主校区汇学楼圆满落下帷幕。本次研究生课堂教学技能比赛决赛由研究生部承办，共有 19 个学院选送的 50 位选手参赛，数学学院刘知音、杨娜获得三等奖。

12 月 7～8 日，数学学院 2010 级杨周荣麟同学代表学校赴浙江师范大学参加首届全国师范生教学技能大赛，荣获国家二等奖。

12 月 9 日，数学学院 2010 级参赛同学在教师孔德宏指导下参加云南省“高教社杯”大学生教学技能大赛，甫学龙同学荣获省级一等奖，谢国斌同学荣获省级三等奖，高萌获优秀奖。

12 月，吕冠国被云南省老教授协会授予“老有所为先进个人”称号。

本年度

△经过一年的工作梳理，为高质量完成学校交给数学学院的各项任务，学院领导班子党政联席会议决定在班子分工上略有调整：聘任李芳老师为协助主持工作的副院长王涛分管本科教学的院长助理，聘任郭漫勤老师为协助主持工作的副院长王涛分管行政(包括外事和对外办学等)的院长助理，同时聘请学院名誉院长郭震分管学科建设，推荐副处级调研员李玉华老师担任学校研究生督导并协助学院指导工作，同时聘请李玉华老师协助学院指导青年教师的本科教学，王源昌副院长分管研究生工作并协助院长分管学院行政(包括资产管理、安全、外事等)。

△学生获首届全国师范生教学技能大赛二等奖 1 项，云南省教师教育联盟师范生课堂教学赛一等奖 1 项(比赛仅设 1 个一等奖)，三等奖 1 项，优秀奖 1 项，参加全校课堂教学比赛获得特等奖 2 项，一等奖 1 项。

△2011 级本科生全部参加实习，其中 200 人参加“国培计划”顶岗实习，12 月初返校。

△新建统计学和数学综合实验室一个。实验室新置 120 余台计算机设备和专用软件，满足了数学与应用数学、统计学的实验教学需要。

△承办国际、国内学术会议 2 次，开展了各研究方向的学术讨论班活动，举办了 6 次学术讲座，学院老师外出参加学术会议和学术交流 10 人次，活跃了学术气氛。

△配合云南省教师教育联盟的建立，在红河学院、楚雄师范学院等兄弟院校遴选了 8 名校外硕士研究生导师。新增院内硕士导师 3 人。

△学生第二课堂方面，获“中华颂”朗诵比赛三等奖，校心理剧大赛优秀奖，2012 级 A 班、2012 级 B 班、2012 级统计学班荣获校级“先进班集体”称号。开展一系列院级活动，如粉笔字培训、高考数学题解题讲题竞赛、就业素质拓展系列讲座等。

△发展学生党员 115 名，共有 287 名学生入党积极分子参加党校培训并通过考核。

△香港大学统计与精算学系田国梁教授、云南大学数学与统计学院院长唐年胜教授、美国佛罗里达大学雍炯敏教授、英国曼彻斯特大学潘建新教授、首都师范大学何书元教授、中国人民大学吴喜之教授、东北大学陈自宽教授等学者于下半年到学院学术访问，其中潘建新教授于 7 月和 12 月两次来访，并对学院生物医学统计方向的研究生的毕业论文给予认真指导，对生物统计研究团队的科研工作给予了多次指导。

2014 年

2 月 7～11 日，2014 年美国大学生数学建模竞赛(MCM/ICM)举行。数学学院组织参赛的 5 支参赛队伍获二等奖 2 项、成功参赛奖 3 项。

4 月 13～17 日，学院承办几何学国际学术研讨会。北京大学丁伟岳院士，北京大学数学学院副院长史宇光教授，中国科技大学数学学院执行院长李佳禹教授，中国科学院王友德研究员，世界杰出华人数学家、美国华盛顿大学袁域教授，美国 Yeshiva 大学陈文雄教授等 30 余人参加了会议。

4 月 14 日～5 月 15 日，邀请著名统计学家、中国人民大学吴喜之教授来学院授课一个月，为统计学专业 2012 级学生开设以数据分析实践训练为主的名师课程《统计学——从数据到结论》，受到学生热烈欢迎。吴喜之教授还对学院教师编写的云南省十二五规划教材《概率统计实验》提出了宝贵的修改意见，并帮助编制了所有 R 程序。

5 月 13 日，杨林校长在呈贡校区主持召开第 63 次校长办公会。会议同意本科通识课程改革方案，对“大学英语”“大学计算机”“大学数学”实行分层教学。同意组建“大学数学部”，挂靠数学学院；大学数学部设专任教师编制，参照大学外语、大学体育进行经费预算，设专职教学秘书一名，数学学院安排一名院领导专门负责大学数学部工作。

5 月 25 日，国际著名华裔数学家、国际数学界最高荣誉菲尔兹奖和沃尔夫数学奖获得者、哈佛大学终身教授丘成桐应邀做客西南联大讲坛第十三讲，做题为《3D 改变未来》的学术报告。

6 月 9 日，云南省第十二轮(2015～2016 年)职工技术技能大赛工种审定会在云南省总工会举行。经工种审定专家委员会认定，同意“高等师范院校数学教师教学技能大赛”成为技术技能大赛工种。联盟将如期开展 2015 年度高等师范院校数学教师教学技能大赛。各联盟高校数学学科相关课程的专任教师可参赛。

6 月 17 日，校工会、教务处联合召开云南师范大学参加第二届全国高校青年教师竞赛选拔赛总结表彰会，数学学院伍晓敏获得三等奖。

6 月 26 日，数学学院 2014 届本科毕业生毕业典礼在数学学院二楼报告厅隆重举行。

6 月 19 日，应研究生部邀请，全国研究生数学建模竞赛评委会主任、东南大学应用数学系朱道元教授做题为《研究生数学建模竞赛精品案例》的学术讲座。

9 月 3 日，数学学院 2014 级新生开学典礼在武之楼 201 报告厅举行。

9 月 12 日，学校在呈贡校区举行 2014 年云南省基层人才对口培养计划开班典礼。数学学院等 10 个学院的负责人、学员导师及来自全省 14 个州市的 23 名学员参加典礼。

10 月 30 日

△云南师范大学第九届青年教师课堂教学比赛落下帷幕，数学学院王守峰获得二等奖，伍晓敏、刘海鸿获得三等奖。

△在学校首届“老有所为”先进个人评选中，吕冠国教授获“教育贡献奖”荣誉称号。

11 月 8 日，2014 年“高教社杯”全国大学生数学建模竞赛获奖名单在全国大学生数学建模竞赛官网公示，数学学院获得本科组国家级一等奖 2 项(云南省共获本科组国家级一等奖 3 项)，国家级二等奖 7 项。

11 月 13 日，由学生工作部(处)主办、《学生工作》编辑部承办的第十届“十一月的诗迹”诗歌朗诵大赛决赛在呈贡校区举行。来自呈贡各高校的学生代表以及云南师范大学传媒、数学、经管等学院的学生代表 400 余人观看了比赛。

11 月 24～30 日，数学学院团委主办，院学生会承办的“我的西南联大”数学情诗作品征集大赛顺利开展。

12 月 4 日，2014 年第四次民主党派双月座谈会召开。会议就学校“两个 80 年”建设目标与数学学院的建设发展进行了专题研讨。

12 月 13～14 日，在第二届全国师范院校师范生教学技能竞赛中，数学学院杨凯渊同学荣获数学组一等奖，排名数学组第一。

12 月，副院长李玉华主持学院行政工作。

本年度

△完成全校大学数学类公共课程教学改革设计，推进了大学数学分层分类教学改革工作。

△统计专业 2014 届研究生张诗琪同学成功获得欧洲名校哥本哈根大学的博士研究生候选人资格，于 8 月底赴该校攻读生物信息博士学位。统计专业 2014 届研究生黄希芬被录取为香港大学博士研究生。另外基础数学等专业还有三位同学考上博士研究生。

△邀请了浙江大学朱位秋院士、上海大学刘曾荣教授等 4 名学者到学院访问，给师生做报告并指导科学研究。

△2012 级实验班获得省级先进班集体称号。

△65 名学生加入中国共产党，120 名学生参加了入党积极分子培训。

2015 年

3 月 27 日，蒋永文校长到数学学院调研，校长助理及校办、人事处、科研处、教务处、研究生部、招生处负责人陪同调研。

6 月下旬，中国科学院田刚院士、张伟平院士应邀来访，复旦大学傅吉祥、丁青教授，清华大学李海中教授，南开大学冯惠涛教授等一同访问。期间，蒋永文校长、李松林副校长亲切看望了两位院士一行。

9 月 8 日，在第 31 个教师节来临之际，由校党委宣传部、校工会主办的“中国梦 • 劳动美——寻找我身边的最美教师”教职工主题演讲比赛，数学学院赵富坤获得三等奖。

9 月 25 日，2014 年度云南省科学技术奖励大会在昆明海埂会堂举行，数学学院赵富坤、吴鲜完成的成果“无穷维哈密顿系统解存在性与多重性的变分方法研究”获自然科学类二等奖。

11 月 5 日，同济大学动力学与控制研究所所长、国家自然科学杰出青年基金获得者徐鉴教授到学院 322 会议室做题为《蚯蚓型移动机器人的驱动、环境共融动力学分析和实验》的报告。学院应用数学专业研究生、青年教师和导师等聆听了报告。

11 月 20 日，举行云南省第十二轮(2015～2016 年)职工技术技能大赛——高等师范院校数学教师教学技能大赛云南师范大学校内决赛。数学学院赵富坤、伍晓敏荣获一等奖并被推荐至云南省高等学校教师教育联盟参加省级总决赛，黄炯、杨庆益、刘海鸿等 6 人荣获二等奖。

11 月 29 日，第四届全国大学生统计建模大赛结果揭晓，在数学学院郭民之、胥成林、李荣丽老师指导下，3 名 2012 级统计专业学生组成的参赛队表现出色，斩获大数据建模类本科生组一等奖(全国仅有 4 项)，另有 5 支代表队获得成功参赛奖。

11 月下旬，学校启动首届云南师范大学本科卓越教学奖评选工作。经过推荐评审，数学学院李锋教授获此殊荣，全校共 5 位。

12 月 12～13 日，云南省高等学校教师教育联盟成功举办云南省第十二轮职工技术技能大赛——“高教社杯”高等师范院校数学教师教学技能大赛决赛，比赛在云南师范大学呈贡主校区举行，数学学院赵富坤获得一等奖，伍晓敏获得二等奖，数学学院获得优秀组织奖。

12 月，林卫东任数学学院党委书记，朱林任副书记。

本年度

△胡恩良在香港科技大学完成博士后工作。

2016 年

3 月 14 日，云南师范大学与玉溪市教育局合作项目——玉溪市山区学校小学教师教学技能培训开班。100 名小学语文、数学教师参加了开班仪式。

3 月 19 日，在云南省红十字备灾中心志愿服务队 2016 年度年会暨学雷锋标兵颁奖仪式上，数学学院“心方程”社组建的“益心——关注青少年成长”志愿服务项目荣获云南省红十字“五进”志愿服务项目一等奖，同时社团的志愿者受到了云南省红十字备灾中心志愿服务队表彰。

3 月 23 日，在云南师范大学 2016 届师范生课堂教学技能大赛比赛中，数学学院张宝珠、苏娜荣获特等奖，王园静荣获一等奖。

自 3 月以来，学院开展了 2007 届至 2015 届共 1164 名毕业生党员的组织关系排查工作。

4 月 22 日，经过 14 天激烈的角逐，云南师范大学 2016 年春季教职工气排球比赛在东区体育馆圆满落下帷幕，数学学院男子组获得第一名、女子组获得第七名。

4 月 28 日，2016 年美国大学生数学建模竞赛(MCM/ICM)成绩揭晓，云南师范大学数学学院组织参赛的 8 支参赛队伍全部获奖，其中获得国际一等奖(Meritorious Winner)1 项，国际二等奖(Honorable Mention)3 项，其余队获成功参赛奖。

4 月 28 日，学院第四次团员代表大会暨第四次学生代表大会在武之楼 201 报告厅隆重召开。学院 127 名团员代表，162 名学生代表参加了会议。

5 月 6 日，数学学院团委荣获“云南省五四红旗团委”荣誉称号。

5 月 24 日，根据《云南省职工经济技术创新工程领导小组关于授予董勃等 39 名同志云南省职工技术技能大赛技术状元、陈伟等 300 名同志技术能手称号的决定(2016 年 4 月 8 日)》(云职创〔2016〕3 号)文件，云南师范大学数学学院赵富坤老师荣获“云南省高等师范院校数学教师教学技术状元”称号，伍晓敏老师荣获“云南省高等师范院校数学教师教学技术能手”称号。

5 月 26 日，云南师范大学数学学院组织 2013 级学生课堂教学比赛，按初赛、复赛和决赛 3 个阶段进行。2013 级 A 班杨耕耘同学、2013 级 B 班姚佳同学和 2013 级 E 班韩朝同学名列比赛前三名。

6 月 14～16 日，云南师范大学特聘教授、上海大学系统生物技术研究所常务所长、上海大学非线性科学研究中心副主任刘曾荣为数学学院师生开展了系列学术讲座和交流座谈。

6 月 21 日，学院于武之楼 201 报告厅举行了 2016 届毕业生毕业典礼。

6 月 23 日，学院在武之楼 201 报告厅召开 2013 级实习生动员大会。

7 月 11 日，经云南省科技厅科技宣传教育中心和云南省老科技工作者协会共同承担的“云南省老科技专家先进事迹宣传编撰”项目组遴选，云南师范大学数学学院刘声烈和朱德祥两位先生入选“杰出老科技专家入传推荐名单”。学院召开了刘声烈先生传略编写工作座谈会。参加会议的有刘声烈之子、云南大学刘惟一教授，学院离退休老教师王骅、王文偁、林毓材等。

9 月 7 日，学院在武之楼举办教师节庆祝活动。参加本次庆祝活动的有学院领导班子、教职员工、退休教师，共计 70 余人。

9 月 8 日，学院在武之楼 201 报告厅成功召开了中共云南师范大学数学学院第四次党员大会。校长助理、华文学院院长武友德，数学学院党委班子成员、正式党员、预备党员、民主党派和无党派人士等共 240 余人出席大会。林卫东、朱林、王源昌、王天志、王涛、李兴平、崔艺瑞 7 人当选为新一届党委委员。

9 月 9 日，2016 年全国大学生数学建模大赛拉开战幕。由数学、物电和信息等学院组成 77 支云南师范大学队伍参加了比赛，是云南师范大学历年参赛最多的一次。云南师范大学代表队由李锋教授、张洪波等多位老师担任教练。

9 月 24～26 日，首届全国全日制教育硕士学科教学(数学)专业教学技能大赛(决赛)在鲁东大学举行，数学学院研究生杨新鹏、崔锦荣获一等奖(大赛最高奖)，朱红桃、曹凤、王敏雪三位同学荣获二等奖，张利橙同学获优秀奖；同时，数学学院教师黄永明、孔德宏、孙莅文、朱维宗荣获优秀指导教师奖。

10 月 10 日，学校省级立项博士学位授权建设学科专题工作会在呈贡校区举行。教育学、应用经济学、光学工程和数学 4 个省级博士学位授权建设学科分别进行了情况汇报，全面阐述自学科立项以来所取得的建设成果，对存在的问题和差距进行认真总结，提出下一步工作思考。

10 月 24～25 日，云南师范大学国培小学数学首席专家孔德宏副教授，带领来自寻甸、宜良、泸西、腾冲、景洪、梁河六个项目县学员，到寻甸县仁德第二小学开展跟岗研修和送教活动。

10 月 27 日，云南师范大学第十届青年教师课堂教学比赛校级决赛成功举行，数学学院伍晓敏、吴科获得二等奖。

11 月 3 日，数学学院“教师教育”社团举办了“武之杯”三笔字大赛。比赛面向学院全体本科生，比赛由钢笔字、粉笔字和毛笔字三项单项比赛组成。

11 月 6 日，《云南日报》第六版《云南故事》专栏刊登了《一生为学的吕冠国》，介绍了吕冠国教授从事科研教育工作的事迹。

12 月 2～3 日，全国地方高等院校教务处长联席会在浙江师范大学组织举办了第四届全国师范院校教学技能竞赛。在黄永明老师指导下，姚佳同学荣获数学组二等奖。

10 月 26 日，《LL^*积分》(吕冠国)在学校首届“老有所为笔耕奖”著作征集评选活动中被评为一等奖。

本年度

△数学学科列为云南省 A 类高原学科。

△国家自然科学基金重点项目申报取得突破。扩张版(3%)ESI 高引论文数居全校首位。

△数学学院 2013 级实习生共有 376 名，其中师范类专业有 320 名，统计专业有 56 名。实习期间制定了《数学学院 2013 级实习工作方案》，为每位实习学生购买短期健康保险和意外伤害保险，发放了实习交通补助，进行实习安全隐患排查，学院领导到实习单位检查和看望了实习学生。

△组织 4 项成果申报学校教学成果奖。“本科数学职前教师教育实践教学体系与模式建设研究”(黄永明等)获校级一等奖，“本科数学应用能力培养和实践”(张洪波等)和“《数学课程与教学论》的教学建设与研究生培养”(朱维宗等)获得校级二等奖。

△开发、设计和制作学院英文网站和宣传手册。英文网站包括学院简介、课程设置、专业设置、师资队伍、工作动态和联系方式。宣传手册是中英文版，包括学院历史、办学规模、科学研究、学术交流、建模竞赛、专业学科、课程设置、杰出校友、联系方式等内容。

△购置 5 间研究生自习室电脑桌椅，布置了电源和网络线路，采购 4 间多媒体教室设备。

△全国大学生数学建模竞赛获国家级奖 7 项(其中一等奖 1 项)，省级奖 18 项。学院学生参加学校多媒体课件制作大赛获一等奖 4 项，二等奖 7 项、三等奖 11 项。

△数学学院团委获得云南省“五四红旗团委”荣誉称号。学院“心方程”社获得云南省红十字会志愿服务一等奖。创办了教师教育社、心理健康社、创业社、数雅书斋社、楷木学堂社、团员成长书屋，全年开展学生社团活动 162 场次。

△在教务处的组织下，在学院召开了物电、能环、旅地、化学、生物等十余个相关学院教学副院长和相关人员出席的大数部教学工作会议。

2017 年

2 月上旬，云南省教育厅、省教卫科工会联合组织专家综合评审，云南师范大学数学学院教师杨庆益荣获云南省师德标兵称号。

3 月 21 日，学院党政联席会通过“三系/一部/两中心”设置方案。

3 月 30 日，数学学院党政联席会议研究，决定对学院教学机构进行调整，撤销教研室设置，成立“三系/一部/两中心”，即数学系、应用数学系、统计系、大学数学部、教师教育发展中心、计算与实验中心。原教研室相关职能并入“系/部/中心”。制定并下发了《云南师范大学数学学院关于设置系、部和中心的决定》(云师大数学〔2017〕1 号)。

3 月下旬，数学学院 1984 级本科校友、云南荣淇生物科技有限公司董事长温泉，心系教育、不忘母校，有意对云南师范大学教师和仍在基层教学岗位的毕业校友捐资助教，捐助贰佰万元整作为基金。学院策划 3 个资助项目，报请并协助学校校友会工作。

4 月 23 日，数学学院制定了《云南师范大学数学学院工作制度汇编(2017 年修订)》，包括机构设置、岗位职责、决策与监督、行政管理、教学管理、科研管理、学生管理、党建与思想政治工作等方面 160 个管理制度。

5 月 9 日，在学院会议室召开干部任命会议，校党委副书记何伟全、组织部副部长陈元邦，学院中层及以上领导干部参加。陈元邦宣读了学校党委的任免决定：王源昌任数学学院院长。

5 月 15～18 日，受教育部高等教育教学评估中心的委托，本科教学工作审核评估专家组一行 11 人将对云南师范大学进行为期四天的审核评估工作。5 月 17 日，华南师范大学副校长沈文淮教授代表考核组到数学学院检查评估。

7 月 2 日，在学校微信平台和学院微信平台发布了《重磅：我校数学学科上榜世界一流学科》，阅读量逾 20000 人次。

7 月 3 日，数学学院在云南师范大学一二・一校区召开申报博士学位授权一级学科点自评论证会，会议邀请了云南省委高校工委副书记李松林教授、云南师范大学副校长刘坚教授、昆明理工大学林怡平教授、云南大学李永昆教授、云南财经大学石磊教授、科研处处长郑勤红教授作为论证专家。研究生部部长徐天伟教授，数学学院郭震、吴鲜、李玉华、化存才、蒋文江及班子成员等参加了会议。

9 月 1 日，数学学院第一届云南省公费师范生班 65 名学生入学报到。

11 月 4 日，美国韦伯州立大学副校长 Cliff Nowell(克里夫・诺维尔)一行到访云南师范大学。两校就数学学院联合培养“2+2”本科生项目及课程对接、学分兑换和学分互认问题进行了讨论。

11 月 21 日，云南师范大学 2017 年秋季教职工气排球呈贡主校区赛区的比赛在呈贡主校区东区体育馆圆满落下帷幕，数学学院男子组获得第六名，数学学院获得道德风尚奖。

12 月 4 日，第五届全国大学生统计建模大赛结果揭晓，由数学学院统计专业本科生左烜嘉、李研雅和熊朝松组成的云南师范大学参赛队(指导教师：郭民之)获得统计建模类本科生组一等奖，另有 2 支参赛队获得本科生组优秀奖。

12 月 14 日，“高教社杯”云南省高等学校教师教育联盟第五届师范专业大学生教学技能竞赛在昆明举行，并于 15 日上午举行了颁奖典礼。云南师范大学数学专业学生黄霞、戴茂仪 2 人获得一等奖，黄旭、李颖、陈飞扬 3 人获得二等奖，张梦琪、张洁 2 人获得三等奖。

12 月 19 日，数学学院第八届教职工大会第三次会议召开，讨论并通过了 2017 年度年终绩效分配方案。

12 月 23 日，著名数学家、中国科学院院士、北京大学副校长田刚应邀做客西南联大讲坛第三十二讲，在云南师范大学呈贡主校区明德 5 号楼演播厅做了题为《北京大学与中国数学》的讲座。数学学院老师和学生代表 200 余人聆听了报告。

12 月 28 日，召开实习工作总结会。学院分管领导，各实习点点长、学生代表参加了会议。全年共有 429 名学生参加实习，其中师范专业 334 名、统计专业 95 名，集中实习单位 14 家。10 名“4+2 卓越教师”没有参加实习。近 40 名教师参与了实习工作。

2017 年在校园网和学院网站共发了 58 篇新闻。在学校微信平台和《春城晚报》微信平台等发布了《重磅：我校数学学科上榜世界一流学科！》《一年“泡馆”1148 次！原来，咱和学霸之间只差一个图书馆》等多篇重要报道，产生了广泛的影响。

2018 年

1 月 5 日，云南师范大学 2017 年度本科教学工作会在呈贡主校区召开。大会举行了云南师范大学第二届本科教学卓越奖颁奖典礼，数学学院张洪波副教授等 5 位老师获奖。

1 月 8 日，召开院史编撰暨院史展陈室布展工作座谈会。离退休教职工雷逢庄、邵儒林、代龙、王骅、李正方、董义琳等 20 人，班子成员、教师代表 10 余人参加了座谈会。王天志汇报了院史编撰工作进展。

1 月 30 日 9:20 在 322 会议室召开院史工作讨论会。会上，王天志提议院史工作分两步走，首先做基础工作，建议先做《云南师范大学数学学院纪事(1938～2018)》，院史工作留待以后更成熟的时候再开展。经讨论大家同意此提议。同时决定编写内容侧重跟学院工作紧密相关的事件。大家对 1946～1949 年稿件进行了编辑，并作为其余部分的编辑模板。会上对编辑工作进行了分工。

3 月 10 日 9:00～17:00，《云南师范大学数学学院纪事(1938～2018)》统稿会在一二·一西南联大校区举行。校党委副书记张玮、副校长刘宗立、校史馆馆长崔汝贤，数学学院退休教师蒋嗣渠(1951 级本科)、王骅(1950 级本科)、李忠映(1957 级本科)、杨承纶(1960 级本科)、雷逢庄(1961 级本科)、吕冠国、林毓材和邵儒林(1962 级本科)、董义琳、代龙、陈桂仙、张志明，数学学院领导班子成员和教师等 20 余人参加了会议。林卫东汇报了编写进展和要求。校史馆崔汝贤馆长、分管副校长刘宗立、副书记张玮、王源昌先后做了发言。其余参会人员都发表了自己的意见和建议。

大 事 记

1938 年

1 月 19 日，国民政府批准国立长沙临时大学迁往昆明。1 月 20 日，校常委会决议迁往昆明，31 日开始准备，2 月中旬出发，4 月 28 日抵达昆明。

4 月 2 日，奉教育部电令：改组国立长沙临时大学为国立西南联合大学。原电称："国立长沙临时大学，该校应改称国立西南联合大学，奉院令奉国防最高会议通过，合电令遵照，关防另行颁发，教育部汉冬。"

7 月 29 日，奉教育部令，决定在国立西南联合大学、国立中央大学、国立中山大学与国立浙江大学内各增设师范学院。

8 月 16 日，国立西南联合大学师范学院设数学系，专门培养中学数学教师。系主任由理学院算学系主任兼任，教授也由算学系教授兼。

11 月 30 日，国立西南联合大学第 95 次常委会会议议决：以"刚毅坚卓"为校训。

1938 年，算学名词审查委员会在姜立夫教授主持下，经过十多年对算学名词的修订后，由中国科学社名词审查委员会正式出版，定名为《算学名词汇编》，这是中国第一部数学名词辞典，收录 7400 多条数学词汇，全部给出中英文对照，而且尽可能同时给出相应的法文、德文和日文。该书序中介绍："本编既已脱稿""颇愿得姜君一言以为序。顾姜君谦逊固辞，殊感失望""夫以姜君等之劳，得有此成绩，庶稍堪自慰乎?质之姜君以为如何?是为序""中国现代数学词汇体系的确立，姜立夫为之倾注了大量心血，无愧为其主要奠基人之一。"

1939 年

8 月，教育部通令全国各院校一律选用"数学"为"mathematics"的译名。

11 月 1 日，中国数学会重新组织《数学杂志》编委会，其成员有：胡敦复、何鲁、朱公谨、周美权、王仁辅、魏嗣銮，郑之蕃、姜立夫、范会国。

11 月 14 日，江泽涵辞理学院算学系及师范学院数学系主任职务。聘请杨武之担任算学系及数学系主任。

1940 年

9 月 15～17 日，在云南大学召开中国科学社、中国天文学会、中国物理学会、中国植物学会、中国数学会、新中国农学会六学术团体联合年会。15 日下午举行数学会会务会议，改组并宣告成立新中国数学会。会议推定姜立夫、熊庆来、陈建功、苏步青、孙光远、江泽涵、杨武之、华罗庚、陈省身为理事。再经理事互推姜立夫任会长，陈省身任文书，华罗庚任会计，会后即召开新中国数学会第一届年会，宣读论文 41 篇。

1940 年，江泽涵、申又枨、程毓淮、刘晋年等继续举办形势几何学讨论班一个学年。华罗庚、蒋硕民、曾远荣、陈省身、王湘浩等举办代数讨论班。

1941 年

3 月 7 日，经校常务委员会第 170 次会议议决，规定以本校前身国立长沙临时大学于 1937 年在长沙开始上课的 11 月 1 日为学校校庆日。

3 月，经中央研究院评议会决议，在昆明成立了数学研究所筹备处，由姜立夫任主任。

1941 年，蒋硕民、陈省身、许宝騄、庄圻泰、王湘浩等举办分析讨论班。程毓淮、孙树本、栾汝书、蓝仲雄在叙永分校举办群论讨论班。

1942 年

4 月 17 日，华罗庚、许宝騄等荣获第一届(1941 年度)国家学术奖励金。国家学术奖励金是由全国最高学术审议机关——教育部学术审议委员会设立的，奖励范围共分八类，即文学、哲学、古代经籍研究、社会科学、自然科学、应用科学、工艺制造、美术，数学属于自然科学类。第一届八类共设一等奖 2 名，二等奖 10 名，三等奖 17 名。华罗庚著作《堆垒素数论》获一等奖，许宝騄“数理统计论文”获二等奖。

11 月 4 日，国立西南联合大学第 239 次常委会决议：杨武之因病辞本校理学院算学系主任及师范学院数学系主任职务，改请江泽涵为两系主任。

1943 年

6 月 13 日，国立西南联合大学第 264 次常委会决议：聘请赵访熊为理学院算学系兼师范学院数学系主任。

7 月 15 日，陈省身应维布伦(O.Veblen)的邀请，由昆明启程赴美，于 8 月 14 日抵达美国普林斯顿高等研究所。

11 月 24 日，国立西南联合大学第 281 次常委会决议：赵访熊辞理学院算学系兼师范学院数学系主任职务，请杨武之为两系主任。

1943 年

△中央研究院数学研究所筹备处 1941～1943 年第一次工作报告报道了姜立夫的两篇论文：*A matrix theory of circles and spheres* 和 *Laguerre's geometry of circles and spheres*。

△江泽涵、王湘浩、孙树本、栾汝书、蓝仲雄、崔士英等举办拓扑群讨论班。

1944 年

8 月 9 日，聘请朱德祥为学校理学院算学系讲师。

10 月 14～15 日，新中国数学会举行第五届年会，时逢中国科学社成立 30 周年纪念，在昆明同八学术团体联合年会同时举行。数学会年会由熊庆来主持。10 月 14 日，孙本旺在会上宣读了《局部重凝形势群之构造》《黎曼几何之一定理》《有限投影几何之共线问题》等三篇论文。

1945 年

新中国数学会第六届年会在重庆举行。姜立夫在《科学记录 I》上发表论文 *A matrix theory of circles and spheres*（《圆素与球素几何的方阵理论》）。中央研究院数学研究所筹备处 1944～1945 年第二次工作报告报道了姜立夫的两篇论文 *A matrix theory of circles and spheres* II：*Laguerre's geometry of spheres* 和III：*Lie's gemotry of circles*。

1946 年

5 月 4 日，国立西南联合大学举行结业式。典礼结束后，举行国立西南联合大学纪念碑揭幕式。纪念碑按照传统的款式刻着文学院院长冯友兰撰文，中国文学系教授闻一多篆额，中国文学系主任罗庸书丹；背面是“国立西南联合大学抗战以来从军学生题名”，刻着校志委员会纂列，中国文学系教授唐兰篆额，数学系教授刘晋年书丹。

6 月 15 日，教育部发布训令：国立西南联合大学，本部为培植西南各省中学师资起见，业经决定将该校师范学院自本年 8 月起在昆独立设置，改称“国立昆明师范学院”。查良钊被任命为国立昆明师范学院院长。

6 月 17 日，教育部训令：国立昆明师范学院分设国文、史地、英语、教育、数学、理化、博物、体育等学系，并附设中学。

8 月 1 日，国立昆明师范学院召开成立大会。杨武之被任命为数学系主任。

9 月 17 日，国立昆明师范学院第三次教务会议举行，讨论本院教务通则及新生入学口试问题。学院聘任委员会举行第二次会议，决定聘请朱德祥为数学系讲师等。

11 月 1 日，为师范学院成立八周年纪念日。本纪念日原为西南联大校庆日，学院独立设置后又被定为院庆日。当天学院以简单的仪式举行了较有意义的庆祝，由梅贻琦校长题书之“清华园”、罗庸教授题书之“北大园”、蔡维藩教授题书之“南开园”三匾额，分别悬挂于校园内。

1948 年

7 月 28 日，国立昆明师范学院第 13 次聘任委员会议决议：蒋硕民为数学系教授。

11 月 30 日，云南省教育厅举办 1948 学年度数学竞赛，有 30 多所公私立中学的千余学生参加，国立昆明师范学院数学系教授被聘担任该竞赛的考试委员。

1949 年

9 月 13 日，云南省绥靖公署主任卢汉转达行政院训令：国立昆明师范学院着即解散，实行整理，并派宪兵一连进驻(后改派警察进驻)。整理委员会宣布：全院教职员工原有的聘约一律失效，要学生离校或集中到指定地点暂时收容，对师生员工一律实行“甄审登记”。

10 月 11 日，整理委员会向部分教师发整理委员会聘书，聘请蒋硕民、朱德祥 2 人为数学系教授，高本荫、刘声烈、唐绍宾 3 人为讲师，吕锡麟、王文绪 2 人为助教等。

1950 年

6 月 13 日，云南省人民政府发布更改校名训令，决定以后校名一律不加“国立”“省立”“县立”字样。据此，国立昆明师范学院更名为昆明师范学院。

10 月 5 日，经西南军政委员会文教部核示，昆明师范学院成立临时院务管理委员会，以胡毅兼教务长(公出期间由蒋硕民代理)，蒋硕民兼数学系主任。

1951 年

10 月 3 日，昆明师范学院全院教员晋级 19 人，即副教授升教授 2 人、讲师升副教授 9 人(于家乐、高本荫、刘声烈等)，助教升讲师 8 人。晋级教员由云南省人民政府高教委员会通过，报西南军政委员会文教部核准。

1952 年

1952 年，刘声烈在《中国科学》(1952 年第二卷三期)发表《复数合同群之构造及其对于合同方程式 $x^2+y^2\equiv d \bmod n$ 之解之应用》，在《数学学报》(1952 年第二卷一二合期)发表《换位群为巡回群且属于中核的 P 群》。

1953 年

1 月 31 日，各系各专业各学科，切实学习苏联教学经验。初步统计：在教材方面，完全采用苏联教材的有 6 门，占全院课程总数的 3.7%；采用苏联教材部分内容编写讲义的有 10 门，占 6.1%；采用苏联教学大纲编写讲义的有 18 门，占 11%。在教学方法上，已认真安排课堂讨论的课程在不断增加。

1954 年

8 月，蒋硕民教授辞数学系系主任，朱德祥教授接任。

1955 年

4 月 13 日，昆明师范学院成立教育实习指导委员会，制订了一系列规章制度，通过了八项决议。5 月 4～31 日，昆明师范学院组织中文系四年级，历史、数学、化学三年级，历史、数学、物理、生物、艺术等专科二年级以及教育系四年级修读各专业课的学生共 473 人，到昆明六所中学进行教育实习。实习项目重点是课堂讲授，并试做班主任工作。

1956 年

3 月，数学系朱德祥受高教部委托，编写高等师范院校数学系二年级教材《立体几何》一书，此书 1957 年 6 月完稿。

9 月 5 日，云南省教育厅发出了“(56)教中字第 2100 号”文件《关于决定在昆明师范学院开办中学教师函授部的通知》。明确规定昆明师范学院“1956 年秋季开办语文、数学两函授专修科。招收语文教师 300 名，数学教师 200 名，三年毕业”。

1957 年

6 月 2 日，举行函授生入学考试。此次申请报考教师总计 579 人，其中数学科 246 人，参加报考单位 131 个，其中普通中学 93 个，占总数的 71%，中等业余文化学校 17 个，占总数的 13%，其他初级师范，县、市文教科等行政单位 21 个。学校研究决定，数学科考“数学”，包括算术、代数和几何。本届函授实际招收数学专业 130 人。

1958 年

3 月 11 日开始，昆明师范学院兴起群众性的勤工俭学活动。几天时间，98%的学生都参加了这一活动。文、史、数学 3 个系科开垦了 30 余亩荒地，积肥 20 多万斤，种植玉米、黄豆、蔬菜。

6 月 14 日，昆明师范学院向云南省委上报，拟将单科制改为双科制。将现有的中文、历史、数学、物理、化学、生物等 6 个系科按其性质相近的专业加以合并。合并后的系科设置为文史系、数理系、生化(包括地理学科)系，增设外语系，待有条件时拟再增设教育系。双科制实行后，在教育计划方面，拟采取课程大部分相同，小部分不同的原则，以便一方面能培养出可以教两门课的学生，又可对学生在业务方面因材施教，有所侧重。学制方面，本科仍为四年，专科两年。

8 月中下旬，中央政治局在北戴河召开扩大会议，提出“以钢为纲”，全民动员，大炼钢铁。10 月，云南省委领导了钢铁高产周，昆明师范学院出动 1000 余师生支援和响应这个运动。经过两个月的劳动，炼出生铁 15 吨、中碳钢 810 公斤、次钢 1.5 吨。

11 月下旬，数理系学习中央新的教育方针以后，在以任务带动科研和教学方面，开展了“二十项九部十台两百吨”运动。20 项是：电子计算机，示波器，回旋加速器模型，天文望远镜 2 架，同步电动机 3 个，威尔逊云雾室，电动计算机 1 部，显微镜 1 架，试制电容电阻，5 本科普小册子，测微光度计，光谱实验室 1 座，优质合金钢，洋平炉，长寿炉，空气电池灯，自动运土机等共 20 项。9 部是：碎石机 4 部，电动机 2 部，电焊机、氧焊机、鼓风机各 1 部。10 台是：土车床 2 台，洋车床 2 台，刨、铣、镗、钻床各 1 台，龙门刨 1 台，车床(土洋结合)1 台；还有 150 吨钢的设备能力，50 吨铁。当时，在校学生人数：数理系 509 人、数理科 238 人。

1959 年

5 月 30 日，昆明师范学院院长办公室公布各系系务委员会的组成人员和各教研组设置：数理系系务委员会由 15 人组成，高本荫任主任委员。下设数学分析教研组、代数教研组、几何教研组、普通物理教研组和理论物理教研组。

11 月 16 日~12 月 26 日，学校进行第十届教育实习。参加本届实习的学生为数理系四年级 120 人(其中数学专业 78 人)，数学专业实习学校有：昆明师范学院附属中学 41 人、云南大学附属中学 19 人、昆明工学院附属中学 8 人、昆明第一师范学校 10 人。本届实习在党委和院务委员会领导下，成立了实习指导组，主任由院长方章担任，副主任由数理系孙贵如、高本荫及教务处左梦兰担任。

1960 年

3 月 18 日，昆明师范学院召开第七次院务委员会，对各系教研组调整设置及组长人选进行了讨论，决定：数理系代数、几何两个教研组合并为代数几何教研组。

1960 年度，数学系朱德祥教授编著《初等数学复习及研究》由人民教育出版社出版。

1962 年

8 月 9 日，滇南大学、滇西大学停办，所有保留专业，分别并入昆明工学院、昆明农林学院和昆明师范学院。滇南大学数学专业现有一二年级学生转入昆明师范学院数学专业，滇西大学数学专业转入昆明师范学院数学专业。

8 月 17 日，根据《中华人民共和国教育部直属高等学校暂行工作条例(草案)》第五十五条的规定：“在一二年级设立政治辅导员。”据此，党委召开总支书记会议，讨论各系设置政治辅导员的问题。会上决定：一、数学、物理、化学、生地、外语各系一二年级设立辅导员，其他年级干部较弱的设兼职党支部书记(由教师中的党员兼任)；二、政治辅导员一般都兼任团总支书记或党支部书记；三、政治辅导员一律作专职的政治工作干部，由党总支领导，不兼教学工作，建议拟订一个政治辅导员工作条例，明确工作任务和方式。

8 月 22 日，昆明师范学院上报云南省教育厅“拟将现设数理系分设为数学、物理两系”。教育厅于 8 月 27 日批复“同意你院从 1962 学年度第一学期起，将数理系分设为数学系和物理系，以便加强系的教学行政管理工作”。

1963 年

7 月 26 日，院领导批准同意昆明师范学院附设函授大学关于健全教研组和配备各教研组负责人的意见。此时有数学教师 3 人，建立教研组，指定了负责人。

1965 年

学院提出《1965～1966 学年教学改革的主要任务》。以数学系为重点，认真研究课程改革中出现的问题，总结经验，推动全校教改。要求各系要经常分析和研究教师思想动态，抓紧样板课，做出成绩，以点带面，指导全系工作。但样板课不能过多，每一专业抓好一门，教务处深入一门(数学专业一年级数学分析课)。此外，还必须加强全校教改的计划性，要求各系从课程改革入手，订出各专业 3～4 年课程改革规划，对专业基础课有计划地逐步研究进行改革。

10 月 26 日～12 月 5 日，昆明师范学院进行第十六届教育实习。参加本届实习的有数学等 5 个专业，共计实习生 387 人，指导教师 59 人。数学系实习生分配在武定、姚安、大姚。

1965 年，数学系刘声烈副教授在《中国数学会代数专业会议-I、论文摘要》上发表论文《自由李环中元素间的线性关系》《方阵方程 $y'=aga^{-1}$ 与 $h=x'gx$ 的一般解》。

1970 年

12 月，学院为筹办工厂，数学系、物理系和化学系面向昆明市中学生招收第一批工人，其中数学系招收 7 人。

1971 年

截至 12 月，数学系招收了 5 批共 28 名工人。他们分别为昆明市中学生、下乡知青和退伍军人。在雷逢庄等老师的领导下，为工农兵学员提供教学实习的基地——电机厂正式成立。全体工人分两组到工厂学习，为生产交流电动机作准备。一组由张凤周、赵鑫云老师带队到昆明市电工厂(小坝)学习；二组由王文偁、邱达三老师带队到昆明市电机厂(马街)学习。

1972 年

2 月 5 日云南省革命委员会发出《关于 1972 年春季大专院校招生通知》：根据中共中央〔1970〕46 号文件和国务院科教组《1972 年招生工作座谈会情况》的指示精神，确定 1972 年春季云南大学、昆明师范学院、云南民族学院招生 1960 人，于 2 月招生，3 月 20 日开学。昆明师范学院招生 585 人(其中工人 99 人，农民 327 人，其他 159 人)。招生实行群众推荐，领导批准和学校复审相结合的办法，择优录取，不举行统一考试。

数学系第一批工农兵学员于 3 月入学，共 97 人，其中女生 19 人，解放军学员 7 人，分一班、二班。最后一年分计算机班和应用数学班。1975 年 8 月毕业。

1974 年

△在吕锡麟老师的带领下，李丕仁、李立新、刘庭举等同志进行了 1000 瓦水轮发电机的研制和生产，在东川科协协助下试验成功。作为回报，该台水轮发电机送给东川科协。

△学院从中国科学院引进了一套丹麦四则运算的台式计算机技术资料。学院将研制任务交给数学系实验室作为云南省科技项目。参与人员有胡国樑、简光全、李小玲、赵惠然、李志民、李映芬、崔海燕。

1975 年

1 月 13～17 日，第四届全国人民代表大会在北京召开，昆明师范学院数学系教授朱德祥当选为全国人大代表赴京参加会议。

1975 下半年至 1978 上半年，学院成立昆明师范学院迪庆分校、怒江分校，先后从各系分批抽调老师去上课，开办数理普通班、政文史普通班，招生对象为迪庆州中甸、德钦、维西，怒江州贡山、福贡、泸水 6 县的在职小学教师，每班 60 人，两州 4 班共计 240 人，学生毕业后由昆明师范学院统一颁发大学专科毕业证书。

1975 年下半年～1976 年上半年，数学系为丽江地区教育局开办数学教师培训班，培养初中数学教师。数学系派朱德祥、李忠映、唐家祥、王文偁、姜兴邦等老师执教，培养教师 120 名。

1976 年

研制成功具有四则运算、乘方、开方功能的台式计算机，提供给水电十四局西洱河水电站和云南省教育厅财务处。

1977 年

9 月，教育部在北京召开全国高等学校招生工作会议，决定恢复已经停止了 10 年的全国高等院校招生考试，以统一考试、择优录取的方式选拔人才上大学。恢复高考的招生对象是：工人农民、上山下乡和回乡知识青年、复员军人、干部和应届高中毕业生。

本年度，吕冠国在《教育革命》第二期上发表《一类奇异积分方程的求解及在偏微分方程上的应用》。

1978 年

4 月 25 日，中共云南省委决定提升刘声烈、方龄贵、袁晓岑 3 人为教授。

5 月 13 日，中共云南省委同意并批转省委宣传部关于宣传文教系统体制和机构设置请示报告，决定将云南大学、昆明师范学院等 6 所院校党的核心小组一律改为党委会，核心小组成员暂定为党委委员，撤销各大专院校院(校)、系两级革命委员会，院校一级实行党委领导下的校(院)长负责制；系一级设正副主任。中共昆明师范学院此后正式实行党委领导下的院长负责制。

6 月 12 日，昆明师范学院党委决定年内建立数学研究室，设置离散数学结构与计算机科学专业。研究方向：一、通过有向图对自动机、半群和群的结构问题进行研究；二、以初等几何的机器证明作为研究课题。研究人员由 1978 年的 5 人到 1981 年发展至 10～12 人，并相应增置电子计算机及有关图书资料，1985 年基建扩建到 750 平方米。

6 月，大力开展函授教育。从当年开始，隔年招生，每次招收 1000 人，至 1980 年达到 2000 人；当年设立语文、数学两班。

本年度

△从贵州凯里南丰机器厂购买了一台 DJS-21 计算机(简称 121 机)，该机一直运转到 IBM-PC 微型计算机大量使用后才逐步淘汰。

1979 年

1 月 11 日，经云南省委常委 1 月 4 日讨论批准：朱德祥同志任昆明师范学院副院长。

1980 年

5 月，昆明师范学院数学系朱德祥同志被教育部聘为教育部高等学校理科数学、力学、天文学教材编审委员会委员。

1980 年，吕冠国在《云南科技》第三期上发表论文《曲面啮合理论及应用》，著作《极限与极限题》在云南人民出版社出版。

1981 年

7 月，为纪念中国共产党建党 60 周年(1921～1981)，《支部生活》1981 年第七期(总第 96 期)，以《老树红花——访朱德祥教授》为题刊文，介绍了朱德祥教授。

1982 年

7 月 17 日，数学系教师林毓材撰写的《关系的字问题》科研论文送中国计算机学会评审，中国计算机学会认为该论文学术价值较高，属国内先进水平，按寄往国外文章的有关规定报云南省教育厅(同时抄报云南省科委、教育部、国家科委)审查。同年 8 月经昆明海关查验寄送 IFIP83 的第五个程序领域主席 V. E. 柯托夫(苏联)教授审定。IFIP83 世界计算机大会秘书处正式回函林毓材并寄给大会“筹备计划与登记通知”及“旅馆、旅游登记表”，要求尽快填报。

本年度，朱德祥教授将多年积蓄及稿费捐献给学校。学校为表彰他的美德懿行，激励学生，用这笔捐款设立“朱德祥奖学金”。首届获奖学生有数学系刘薇、地理系武友德、政教系张云 3 名同学。

1983 年

8 月，数学系主办了全国部分师院师专高等几何讨论班。朱德祥教授主讲自己编著的《高等几何》教材。北到黑龙江、南到海南，来自全国师范院校的教师 126 人参加了会议。当时有些同志正准备教这门课，但没有学过，通过这次学习班培训了部分高等几何课教师，又解决了当时教材奇缺的问题。

9 月 22 日，教育部委托筹备的初等数学研究编审组扩大会议于 9 月 16～22 日在学院召开。参加会议的有朱德祥教授、余元希副教授、丁尔升副教授，北京师范大学钟善基副教授，高等教育出版社文小西编辑以及华东师范大学、陕西师范大学、昆明师范学院的代表 13 人，长春师范学院 1 名代表列席了会议。会议有三个内容：一、《初等几何研究》教材的审稿；二、讨论《初等代数研究》编写纲要；三、初等数学研究编审组以后的活动。

本年度

△昆明师范学院数学系刘声烈教授被推荐为中国电子学会电子计算机学会委员。

△数学系朱德祥教授编著《高等几何》，由高等教育出版社出版。

△胡国樑所撰论文《数学作业批改系统》在《人工智能学报》上发表。

1984 年

2 月 11～27 日，院党委常委会议决定各系成立教研室、研究室。数学系：函数教研室，方程教研室，代数教研室，几何教研室，计算机教研室，教材教法教研室，研究生教研室。

4 月 11 日，云南省人民政府《关于昆明师范学院更名为云南师范大学的批复》(云政函〔1984〕46 号)：云南省人民政府批准将昆明师范学院更名为云南师范大学。

1984 年云南师范大学第二届优秀科研成果评选结果：一等奖 7 项：《高等几何》(朱

德祥)、《曲面啮合理论》(吕冠国)等。

1985 年

9 月，招收基础数学(代数)研究生班(学期 2 年)学生 14 人。招收硕士研究生主要课程助教进修班(学期 2 年)学生 15 人。

1986 年

2 月，数学系林毓材经云南省高级职务评审委员会评审，破格晋升为教授。

1987 年

4 月 5 日下午，西南联大北京校友会在北京中山公园举行茶话会，邀请出席六届五次全国人大和全国政协的人大代表和政协委员中的西南联大校友座谈。北京校友会名誉会长周培源、会长吴仲华，以及王汉斌、马识途等在会上讲话，参加会议的有江泽涵、朱德祥等 100 多人。4 月 6 日《人民日报》海外版对此次茶话会做了报道。

6 月 8～13 日，全国高等师范数学教育研究会 1987 年年会在昆明召开。年会代表来自全国各地的师范大学、师范学院、教育学院和师专，共计 281 人。大会共收到学术论文 167 篇，安排了 7 个专题报告，宣读了 19 篇论文，其余论文在分会上宣读。

9 月 11 日，数学系向校计算机中心筹备组报告，表示：积极支持学校筹建计算机中心；支持“计算机中心是学校独立的部门，不归附任何系”的意见；赞同计算机中心由数学、物理两系派人组建，数学系同意派人参加，其中一人作为中心负责人之一。

1987～1995 年，数学系与昆明市教育局教研室联合举办昆明市高中数学竞赛培训班，后改名为昆明市数学奥林匹克业余学校高中部，邀请昆明市优秀高中数学教师(特级教师)参加，培训了数千名优秀的高中学生，为国家数学奥林匹克预备队输送了人才。

1988 年

1 月 21 日，云南师范大学数学系林毓材教授承担的云南省科委的研究课题“微机辅助教学系统与 MLBASIC 语言”在云南师范大学由省科委主持并通过鉴定。云南大学、省教委、省软件开发中心、省科协等 11 个单位的 23 位代表参加了鉴定会。与会者一致认为 MLBASIC 语言除了具有一般 BASIC 语言的功能外，很多方面独具一格，在理论和实践上都具有特别重要的意义，是云南省系统软件研究的一项重大突出成果，在国内处于领先地位。

3 月 14 日，《人民日报》报道，云南师范大学朱德祥教授当选为第七届全国人大代表。

6 月 1～5 日，第七次全国高等院校高等几何教学学术研究会由云南师范大学数学系主办，来自全国 102 所高等院校的 124 名代表参加了会议。

8 月 4 日，《中国教育报》以《青年数学工作者学术上有长足进步——全国 21 所高校 36

名青年数学工作者分别获得优秀论文奖和青年论文奖》为题报道云南师范大学数学系卢学妙老师。

11 月 1 日，隆重纪念西南联大暨云南师范大学建校 50 周年大会在云南师范大学新礼堂内举行。纪念大会由西南联大昆明校友会会长、云南师范大学教授朱德祥主持。大会结束前，从美国赶来参加纪念活动的原西南联大体育教师黄中孚登台带领喊口号，全场起立，一片“联大”“云南”的欢呼声，响彻会场。

11 月 25 日，云南师范大学数学系林毓材同志被云南省软件登记管理办公室聘为云南省软件测评委员会主任委员和《云南软件产业》编委会主编。

本年度，数学系创办《中学数学教与学》杂志，2004 年停刊，主编为吕冠国，副主编为杨承纶、熊民福、谷天慧。1988 年出版了 1 期，1995 年和 1996 年各出版增刊 1 期，其余每年皆出版 4 期，共出版发行了 67 期。数学系以杂志为平台，加强了与各中学的联系，加强了与中学数学老师在教与学方面的交流，共同为云南省中学数学改革服务。

1989 年

1988 年 5 月～1991 年 1 月，林毓材教授应(美)南达科他州立大学邀请，由云南师范大学派出赴南达科他州立大学计算机系讲授研究生课程“递归论与算法”。

9 月 8 日，云南师范大学数学系教授刘声烈荣获省特级劳动模范。

9 月 9 日，云南师范大学数学系林毓材同志被中华人民共和国国家教育委员会、中华人民共和国人事部、中国教育工会全国委员会评为“全国教育系统劳动模范”并授予人民教师奖章。

11 月 2 日，云南师范大学项目“高师几何系列课程的建设”(数学系朱德祥、朱维宗、熊民福共同完成)、“计算机科学理论学科人才培养”(数学系刘声烈、林毓材、卢学妙共同完成)获得中华人民共和国国家教育委员会 1989 年普通高等学校优秀教学成果“国家级优秀奖”。

本年度，受云南省委组织部委托，开始招收数学教育专业民族干部专修班。

1990 年

3 月 7 日，数学系青年教师肖体俊撰写的论文《关于 Banach 空间中的完全二阶线性微分方程》发表在美国《太平洋数学杂志》1990 年第 141 卷第 2 期上。

11 月，云南师范大学首次实行《学生学年综合成绩量化考评规定(试行)》，按照综合量化考评成绩评定专业奖学金，全校 483 人荣获奖学金。其中一等奖学金获得者 101 人，二等奖学金获得者 313 人，单项奖获得者 68 人。数学系 88 级乙班王东云获“朱德祥奖学金”。

1991 年

4 月，经基层党组织推荐，省高校工委反复研究，云南师范大学朱德祥教授被推荐为全国表彰的优秀共产党员。

5 月 11 日～12 日，《朱德祥教授执教 55 年文集》一书审稿会在云南师范大学举行。

5 月 23～27 日，中国科协第四次全国代表大会在北京举行，云南师范大学数学系吕冠国教授代表云南省数学学会出席了大会。6 月 27 日，云南师范大学召开由各部、处、系、室有关负责人参加的座谈会，学习江泽民在中国科学技术协会第四次全国代表大会上的讲话，吕冠国教授传达了会议主要精神和参会情况。

6 月，由吕冠国教授主持完成的《城市综合治理系统工程》一书由群众出版社正式出版，公安部副部长俞雷为该书封面题字，云南省委副书记尹俊为该书题词。

9 月，林玉波同志被中华人民共和国教育部、中华人民共和国人事部评为 1991 年全国教育系统劳动模范并授予人民教师奖章。

10 月 1 日，朱德祥、刘声烈、林毓材 3 位教授获国务院颁发的政府特殊津贴。

12 月 5 日，《中国教育报》以《青年教师杨庆益受大学生钟爱——倾心、交心、知心》报道了杨庆益老师。

12 月 6 日，学校在外培中心二楼报告厅召开祝贺朱德祥教授执教 55 周年大会。大会由学校党委书记杨和良主持。云南省人大、省委组织部、省教委、市政府和有关院校的领导也到会表示祝贺。学校向朱德祥教授颁发了荣誉证书，赠送了写有“教师楷模”的横匾和纪念品。大会收到了近百份省内外贺信、贺电。

12 月 6～7 日，为祝贺朱德祥教授执教 55 周年，数学系举办高等几何暨初等数学学术研讨会，来自四川、贵州、云南部分大专院校及中学、师范学校的代表 57 人参加会议。

12 月 7 日，受中共中央宣传部、国家教育委员会、全国教育工会的邀请，杨庆益同志教书育人成绩突出，光荣出席全国高等学校教书育人座谈会。

本年度，受玉溪地区行政公署教育局委托，数学系从 1991 年 9 月至 1994 年 8 月为玉溪地区举办了三届初中数学骨干教师培训班，每届一学年。第二届 30 名，第三届 30 人。每届上学期在数学系集中培训，下学期在原学校在岗培训。燕琼芝、龙敏信、熊民福、朱维宗、朱洪声、李立新等老师巡回辅导，深入到玉溪地区 9 个县、市 58 所中学，行程达 2600 多公里。

1992 年

2 月 17 日，云南省教委《关于我省普通高等学校专业设置清理审核结果的通知》公布了云南省 24 所高校、3 个办学点专业设置清理工作的结果。自 1990 年 7 月以来，专业清理分两级进行，本科专业由国家教委审核，专科专业由省教委审核。云南师范大学 15 个本科专业(专科专业与本科专业同名的未列入)均获通过。“数学”专业名称改为“数学教育”专业。

5 月，数学系林毓材、黄一禾、阮建编撰出版了《中华学习机 CEC-I 苹果机大全④》，由电子工业出版社出版。该书收录了林毓材教授开发的《程序设计语言 MLBASIC-3.0》《CAI 课程设计语言 RAETS-3.0》《常用软件集 ASOCS》软件。

7 月，青年教师肖体俊等完成的省应用基础研究基金项目“泛函微分方程的性态分析及应用研究”通过了由云南省科委组织的鉴定。该项成果在国内外学术期刊上公开发表的近30篇论文中，成功地解决了一些国际热点问题和国外学者提出已久的相关难题。

9月29日，学校党委会研究决定，云南师范大学计算中心划归物理系管理。

10月16日，云南师范大学首批一类课程建设的“数学分析”课(一年级部分)，自1991年5月开展建设以来，经系、校(云南师范大学、云南大学、昆明理工大学)两级专家组评估验收合格，校课程建设委员会审议通过，授予“一类课程”称号，是学校第一门一类课程。

11月20日，经中国科协常委会批准，云南师范大学数学系肖体俊荣获中国科协第三届青年科技奖。

12月，数学系肖体俊副教授等申报的“泛函微分方程的性态分析及应用研究”获1992年云南省科技进步奖二等奖。

1992年，林毓材教授出版专著《不可解问题》(云南教育出版社)。

1993年

3月8日，肖体俊副教授被中华人民共和国国家教育委员会评为1993年全国教育系统“巾帼建功”标兵。

3月，青年教师肖体俊副教授获1992年省级有突出贡献的专业技术人才称号。

5月3日，《中国教育报》首版以《在改革中奋进的青年创业者》为题报道了云南师范大学数学系肖体俊副教授：“云南师范大学28岁的青年副教授肖体俊，在现代数学抽象微分方程研究中，取得引人注目的成果，获得中国科协第三届青年成果奖。”《中国妇女》以《在数学王国创出辉煌的肖体俊》为题进行了报道。

9月4日，云南师范大学数学系王文偁、董义琳、李玉华完成的“‘数学分析’一类课程建设”项目获中华人民共和国国家教育委员会1993年普通高等学校优秀教学成果“国家级二等奖”。

9月8日，云南师范大学举办一类课程建设成果展览，本次展出的是云南师范大学首批建设的13门一类课程的建设成果，数学系“数学分析”课程在列。

12月11日，国务院学位委员会第十二次会议批准了第五批博士、硕士学位学科、专业点和博士生指导教师名单以及第五批学位授权审核调整学科、专业的博士生指导教师和硕士点名单。云南师范大学马克思主义理论教育(中国社会主义建设)、现代汉语、基础数学、区域地理学获得硕士学位授予权。

12月25日，《中国科学报海外版》首页发布《数学巾帼一新星——记肖体俊副教授》文章，报道云南师范大学数学系肖体俊副教授。

12月，云南师范大学有13位教师获曾宪梓教育基金1993年高等师范院校教师奖。数学系吕冠国和王文偁分别获得二等奖和三等奖。吕冠国作为获奖代表应邀到人民大会堂参加首次颁奖大会，受到党和国家领导人接见、合影和宴请。

1994 年

3 月，中华全国总工会授予数学系肖体俊教授“全国先进女职工”称号。

4 月，吕冠国等著《冷轧丝杠辊辊型设计的数学方法》由科学出版社出版。

10 月 24 日，中共党员、原昆明师范学院副院长，第四、五、六、七届全国人大代表，教育部教育研究会理事，教育部理科(力学、数学)教材编审委员，中国数学会第三、四届理事，全国高师院校高等几何教学研究会名誉理事长，全国数学教育研究会顾问朱德祥教授，因病医治无效，于 21 时 45 分在昆明逝世，享年 83 岁。

12 月，数学系肖体俊老师入选由共青团云南省委员会、云南省青年联合会、云南日报社、云南电视台、云南人民广播电台、云南政协报社、春城晚报社、云南经济报社联合评选的首届“云南十大杰出青年”。

本年度

△数学系出版发行的《中学数学教与学》杂志 1993～1994 年出版发行 4 期，刊载论文 13 篇，近 42 万字。发行到云南省内 17 个地州市以及福建、江苏、河南、四川等省近 4 万册。

△受云南省政府委托，吕冠国、邵南、李锋等参与云南省首次股票发行“云南白药”“昆机”“昆百”股票认购证摇奖办法的设计以及实施，取得社会效益和经济效益。

△王涛等担任昆明市中学生数学竞赛集训队的训练工作，在竞赛中取得好成绩：团体总分第一名，个人成绩第一名。

△受英国剑桥大学委托建成了“云南师范大学 CIT 培训中心”。

1995 年

2 月 27 日～3 月 19 日，全国人大代表、数学系教授吕冠国赴北京出席全国人大八届会议。

5 月 5 日，台湾成功大学方源教授做题为《近环》的学术报告，中国科学院数学研究所李福安研究员做题为《数学的目的问题方法及应用》的学术报告，北京大学王萼芳教授做题为《关于置换群的一个例子——项链问题》的学术报告，云南大学郭隶琦教授做题为《半群》的学术报告。

8 月 28 日，数学系青年教师肖体俊赴北京参加第四届世界妇女大会。

9 月

△数学系刘声烈教授将自己从事教学、科研工作中保存的 3670 册有关数学、计算机内容的中、外文版书籍无偿赠送给数学系资料室。

△吕冠国教授被聘为曾宪梓教育基金会中等师范学校教师奖评审委员会评审专家。

10 月 30 日，经云南省教委批复，“云南省青少年计算机培训学校”在云南师范大学数学系正式挂牌。该培训学校属非学历教育，以培训青少年为主并兼顾成人计算机及其应用教育，为云南省培养合格的青少年计算机人才和骨干。

本年度

△1995 年数学系受云南省委组织部、省民委、省教委委托增设了民干班计算机专业

(专科)。1995 年和 1996 年两届共招收 80 名学员。

△数学系所有课程考试都试行套题和 A、B 卷，本学期执行套题的有数学分析(一)、数学分析(三)、复变函数、高等代数(二)及初等几何研究五门课程。

△派出青年教师夏幼明、张洪波参加中国科学院数学研究所陆汝钤研究员主持的国家“八五”重点科技攻关项目“实用智能软件工具子集”的研究。

△获学校冬季运动会体育道德风尚奖，学生健美杯足球赛冠军。

1996 年

2 月 6 日，经云南省选拔中青年学术和技术带头人后备人才评审委员会评审通过、领导小组批准，云南师范大学肖体俊教授被列为云南省中青年学术和技术带头人第一层次后备人才进行培养。

4 月 4 日，云南师范大学 CIT 培训中心经国家教委考试中心认可，在数学系挂牌，开始面向社会各界招生。

1997 年

9 月 8 日，云南省教委批准公布 1997 年云南省普通高校教学成果获奖项目。数学系“中学数学教育与实践”(燕琼芝、杨承纶、龙敏信、马煜、李立新)获省级一等奖。

11 月 12 日，云南省教委批复同意云南师范大学增设应用数学专业(学制 4 年)。

11 月，云南师范大学获得国家自然科学基金项目 6 项，经费 46.4 万元。数学系肖体俊教授申报的项目“算子族及抽象微分方程理论研究中的若干问题”获批经费 5.5 万元，数学系吴鲜教授申报的项目“H-空间中集值分析理论系列研究及应用”获批经费 2.5 万元。

1998 年

6 月 29 日，校学术委员会举行会议，数学系“数学学科教育”等 4 个学科被评选为“九五”校级重点学科。

11 月 26 日，经教育部和国务院学位委员会批准，同意新增云南师范大学为在职攻读教育硕士专业云南师范大学试点单位，并从 1999 年开始，在教育管理、学科教学(语文、数学)方向上招收在职攻读教育硕士专业研究生，每个学科方向招生 20 人以内。

1999 年

1 月 18 日，经教育部、云南省委、云南省政府批准，云南师范大学、云南教育学院、云南体育进修学院三校合并办学，办学名称统一使用“云南师范大学”，云南教育学院数学系与云南师范大学数学系合并。

2000 年

7 月 11 日，学校党委会议研究决定，数学系、中文系、政经系、历史系、生命科学系、化学系改系建院，分别成立数学学院、文学与新闻传播学院、经济政法学院、历史与行政学院、生命科学学院、化学化工学院。

本年度

△数学与应用数学专业被评选为省级重点建设专业。

△从 2000 级数学专业中选拔出师范生 34 人，组成两个“4+2”本硕连读实验班，培养较高层次的教师专业人才。该模式缩短了学制并与本科教学衔接，形成人才培养模式的连贯，使学生在相对较短的学习时间内达到了硕士研究生培养的要求。34 人毕业后，有 19 人进入师范院校，基本覆盖了云南省 13 所地州师范院校，结束了这些学校长期缺乏“科班出身”的数学教学法专职教师的局面。

2001 年

5 月 30 日，经学校评审组评审推荐，推出郭震等五名候选人上报云南省教育厅参加本年度全国(省级)“优秀教师”“优秀教育工作者”的评选。

8 月 17 日，经过同行专家对全省“七五”“八五”“九五”期间建设的省级重点学科的检查评估，云南省教育厅公布了云南省首批挂牌的重点学科。“应用泛函分析”等 5 个学科被确定为首批挂牌学科。“应用数学”等 3 个学科被批准为“十五”省级重点建设学科。

12 月 5 日，学校党委会研究决定，数学学院等 9 个党总支部第一批成立院党委。党总支部现有成员为院党委委员，党总支部书记、副书记为院党委书记、副书记。

2002 年

4 月 25 日，为促进数学学科的基础理论及应用研究的发展，提高人才培养水平，云南师范大学成立“数学研究所”，并聘请中国科学院院士、中国科学院计算数学与物理研究所郭柏灵研究员担任研究所所长。

2003 年

△数学学院 2000 级“4＋2”本硕连读本科阶段班于第三周开始数学专业课程单独组班上课。学院选派责任心强，教学经验丰富，教学效果好的教师作为该班的任课教师。

△2002 年底至 2003 年初学院组织各教研室申报校级新一轮教改项目。经全院教师的努力，数学学院获校级重点项目 1 项，即“数学与应用数学(师范)专业本硕连读‘4＋2’模式建设”(郭震)；一般项目 5 项。

△受“非典”的影响，2000级的专业实习和教育实习采用学生回乡分散实习的方式。在实习期间，学院派出了班主任和实习指导老师到昆明、安宁、曲靖、宣威、保山等地看望实习生。实习期间未发生安全事故。

2004年

2004年，数学与应用数学专业被批准为“云南省普通高校人才培养模式改革试点专业‘现代教师教育(数学学科)’”试点专业。

2005年

△在2005级数学与应用数学专业中选拔高考总分530分以上、数学和英语双100分以上的学生组建了改革项目的第二个试点班，共计62名学生。

△2005年学院开始执行新青年教师教学导师制。制定了《数学学院青年教师教学导师制实行条例》。执行导师制的目的在于发挥老教师在教学上的传、帮、带作用，加快青年教师在教学方面的成长。

△基本完成了所有270门课程(包括主干基础课、专业必修课和专业选修课)的教学大纲和教学计划的制订工作。

△制定了《数学学院教学各环节管理规范》《数学学院教学讲习、教育实习管理办法》，使得教师在各教学环节上、在讲习上有章可循，确保了学院在本科教学整体上较好的教学质量。

△“省级重点建设专业‘数学与应用数学’专业建设的实践与探究”项目(郭震主持)获省级优秀教学成果一等奖。

2006年

12月15～21日，第二届中日微分几何会议在云南师范大学举行。中方特邀代表有国际著名几何学家田刚院士等15位知名学者，日方特邀代表有Miyaoka Futaki等15位日本著名几何学者。会议组织了21场高水平的特邀报告，报告内容为中日两国学者在微分几何、几何分析、代数几何领域内的最新研究成果。

本年度

△接受教育部本科教学工作水平评估。学院根据学校领导的部署，集全院师生员工之力，对照评估指标体系认真自评，通过10月份的预评估，找出存在的问题和差距，并利用3个月的时间进行了全面的、卓有成效的整改，对所有教学文档、试卷、毕业论文进行了认真梳理及规范，对本年度正在进行的课程进行了全面检查，狠抓提高课堂教学水平工作以及师范生教学技能训练工作。

△2002级C班苏敏同学被评为“全国三好学生标兵”。

2007 年

6 月 15 日，云南师范大学向华东师范大学提交推荐兼职博士生指导教师候选人的函。学校推荐数学学科郭震、李玉华等 7 名教师作为华东师范大学兼职博导的候选人。

6 月，承办了“辛几何”国际学术会议，辛几何领域的 15 位尖端科学家出席了此次会议。此次国际学术会议的组织和举办，开拓了教师的学术眼界，进一步提高了云南师范大学的学术知名度，并为学校扩大国际合作与交流奠定了基础。

12 月 20 日，云南师范大学在国际文化交流中心会议室举行了云南师范大学基础数学研究所成立暨聘请著名代数学家、香港大学教授余解台为云南师范大学客座教授和基础数学研究所首任所长仪式。

本年度

△实施旨在提高教学质量的“4 个一工程”，要求每个教师：上好一堂精品课、分析一份优质试卷、做好一个优质多媒体课件、钻研一本优秀教材。工程的实施大大提高了教师研究教学的积极性，提高了教师的教学工作水平和教学质量。

△招收了 5 个硕士点(基础数学、应用数学、概率论与数理统计、“数学学科”课程与教学论、教育硕士专业学位)学生。

2008 年

2 月 20 日，教育部、财政部批准云南师范大学数学与应用数学专业为第二批高等学校特色专业建设点。

10 月 7 日，由数学学院主办的西南联合大学在昆建校暨云南师范大学 70 周年校庆活动——郭柏灵院士专场报告会在田家炳教育书院二楼报告厅隆重举行。郭柏灵院士为云南师范大学师生做了题为《发扬“两弹一星”精神，促进我国高科技发展》的专场报告会，报告会由数学学院院长郭震主持。

10～11 月，纪念国立西南联合大学在昆建校暨云南师范大学 70 周年校庆活动“数学与工程”科学报告会。

2009 年

6 月 22～26 日，北京大学、云南师范大学和中国科技大学等单位联合举办几何分析国际学术研讨会。著名数学家丁伟岳院士、田刚院士、张伟平院士、李安民院士以及海外杰出的华人数学家庆杰、戴先哲、陈竟一，来自北京大学、中国科技大学、云南师范大学等高校的青年教师和博士研究生共 60 余人参加了会议。

6 月 28 日～7 月 2 日，学院与中国科学院数学与系统科学研究院联合主办第二届中澳偏微分方程及其相关领域联合会议(China-Australia Joint Conference on Partial Differential Equations and Related Fields)。学院院长郭震教授和中国科学院数学与系统科学研究院应用数学研究所曹道民研究员担任本次会议组织委员会主席。

7 月 13～19 日，举办首届统计科学前沿暑期研讨会。杰出华人统计学家、美国密歇根大学统计系宋学坤教授、美国伊利诺伊大学香槟分校统计系瞿培勇教授和 Vecoli Christoph 教授 3 位专家做了系列学术讲座。来自复旦大学、东北师范大学、北京大学、国家地震局、山西医科大学、红河学院、云南财经大学等部门和高校的 78 名教师和研究生参加了会议。

本年度，根据呈贡新校区正在兴建的特殊情况，以及新生对学校环境要逐步适应的特点，制定《云南师范大学数学学院（呈贡校区）晚自习考勤制度》等，在晚自习管理、学生请假管理、寝室管理等方面起到了一定作用。

2010 年

△三门重要基础课开始执行教考分离，考试试卷由学院教学指导委员会命题，阅卷采用集体流水阅卷。该措施为提高教学质量创造了一定的条件。

△继续坚持师范方向学生在学科教学论课程上开展教学“讲习”（课堂模拟训练），学院投入教师 50 余人。

2011 年

3 月中旬，根据国务院学位委员会《关于下达 2010 年审核增列的博士和硕士学位授权一级学科名单的通知》（学位〔2011〕8 号），云南师范大学数学学科获批一级学科硕士学位授权点。

8 月 8～10 日，举办偏微分方程及其动力系统学术研讨会。郭柏灵院士、杰出的华人数学家辛周平教授、杨彤教授等出席会议。

12 月下旬，图书馆与 Springer 公司达成协议，成为云南省内第二家引进 Springer 电子期刊数据库高校图书馆。该数据库涵盖了数学和统计学等多个学科。

本年度

△2008 级学生参加学校课堂教学比赛，获得特等奖 3 项，一等奖 3 项，取得突出成绩。选派一名学生参加在武汉举行的全国“东芝杯”师范生课堂教学比赛获优秀奖一项。

△芬兰 Tampere 大学 Tapio 教授、英国曼彻斯特大学潘建新教授、西南大学施武杰教授等多位知名数学家来校为学生和部分青年教师做学术报告。

△实践教学已形成“见习—讲习—实习—课堂教学比赛一体化，案例分析贯穿全程”的实践教学的全程教学技能训练模式。为了配合学生就业需要强化职业技能，以及配合教育部“国培计划”的实施，将学生实习实践期延长至 3 个半月，并提前到三年级上学期。

2012 年

3 月 5 日，数学学院邀请著名概率学家、中国科学院数学与系统科学研究院研究员、中国科学院院士、*Acta Mathematiace Applicatae Sinica* 主编严加安在呈贡校区汇学楼报告厅做了题为《培养能力比传授知识更重要》的学术报告。

7 月 4 日，国际精算大师 Hans U.Gerber 教授一行访问云南师范大学。数学学院举办了由 Hans U. Gerber 教授和香港大学统计与精算学系杨海亮教授主讲的学术讲座。

7 月 19～22 日，云南省数学会 2012 年学术年会在楚雄师范学院举行。在云南省数学会换届选举中，云南师范大学数学学院名誉院长郭震教授当选为新一届理事长，王涛副教授、李玉华教授、吴鲜教授当选为云南省数学会常务理事。

本年度

△“质量工程”建设取得良好成果。由郭震教授，王涛副教授为主持人申报的省级教学团队建设项目“数学与应用数学特色专业建设团队”获得批准立项。

△黄永明、王涛、陈静安、李锋等完成的教学改革项目“本科数学师范专业高效教学技能训练、实习的模式探索与实践”获第七届云南师范大学教学成果奖一等奖。

△新申报的统计学专业已顺利获批并于 9 月招生 70 人。开设相应基础课，建设了完备的培养方案。学校对专业进行调整，统计学分成了三个子专业：统计学、应用统计学、经济统计学。

△北京大学刘嘉荃教授来学院讲学一周，举办了 6 次学术讲座，学院老师外出参加学术会议和学术交流 10 人次，活跃了学术气氛。

△数学一级学科被列为学校“十二五”重点学科一层次开展建设，学院已完成任务分解并开始新一轮建设工作。

2013 年

4 月 2 日，著名数学家、西南联大教授朱德祥之子、云南师范大学数学学院朱维宗教授完成父亲生前遗愿，向图书馆捐赠了其父藏书共 413 册以及部分珍贵学术手稿、照片和证书等文献。

9 月 24～29 日，学院主办微分几何研讨会。德国柏林工业大学 Udo Smion 教授，美国加州大学伯克利分校项武义教授，德国马格德堡大学王国芳教授，中国科学院院士、南开大学张伟平教授，复旦大学忻元龙、傅吉祥教授，苏州大学虞言林教授，西南大学周家足教授等 20 位国内外知名专家学者出席了研讨会。

10 月 15 日，云南师范大学“武之楼”命名暨杨武之塑像揭幕仪式在昆明举行。杨武之之子、西南联大校友、云南师范大学终身名誉教授、诺贝尔物理学奖获得者杨振宁先生及家人，全国人大教科文副主任徐荣凯，云南省委常委、省委宣传部部长赵金等领导出席了揭幕仪式。当日上午，云南师范大学数学学院正式命名为“武之楼”，该名由杨振宁先生亲笔题写。揭幕仪式后，杨振宁先生还在“西南联大讲坛”举行了题为《我的学习与研究经历》的讲座。

本年度

△美国佛罗里达大学雍炯敏教授、英国曼彻斯特大学潘建新教授、香港大学统计与精算学系田国梁教授、首都师范大学何书元教授、中国人民大学吴喜之教授、东北大学陈自

宽教授、云南大学数学与统计学院院长唐年胜等学者于下半年到学院学术访问，其中潘建新教授于 7 月和 12 月两次来访，并对学院生物医学统计方向的研究生的毕业论文给予认真指导，对生物统计研究团队的科研工作给予了多次指导。

2014 年

4 月 13～17 日，学院承办几何学国际学术研讨会。北京大学丁伟岳院士，北京大学数学学院副院长史宇光教授，中国科技大学数学学院执行院长李佳禹教授，中国科学院数学所王友德研究员，世界杰出华人数学家、美国华盛顿大学袁域教授，美国 Yeshiva 大学陈文雄教授等 30 余人参加了会议。

4 月 14 日～5 月 15 日，邀请著名统计学家、中国人民大学吴喜之教授来学院授课一个月，为统计学专业 2012 级学生开设以数据分析实践训练为主的名师课程“统计学——从数据到结论”，受到学生热烈欢迎。吴喜之教授还对学院教师编写的云南省十二五规划教材《概率统计实验》提出了宝贵的修改意见，并帮助编制了所有 R 程序。

5 月 13 日，在呈贡校区召开第 63 次校长办公会。同意本科通识课程改革方案，对“大学数学”实行分层教学。同意组建“大学数学部”，挂靠数学学院，设专任教师编制。

5 月 25 日，国际著名华裔数学家、国际数学界最高荣誉菲尔兹奖和沃尔夫数学奖获得者、哈佛大学终身教授丘成桐应邀做客西南联大讲坛第十三讲，做题为《3D 改变未来》的学术报告。

11 月 8 日，2014 年“高教社杯”全国大学生数学建模竞赛获奖名单在全国大学生数学建模竞赛官网公示，数学学院获得本科组国家级一等奖 2 项，国家级二等奖 7 项。

2015 年

6 月下旬，中国科学院田刚院士、张伟平院士应邀来访，复旦大学傅吉祥、丁青教授，清华大学李海中教授，南开大学冯惠涛教授等一同访问。

9 月 25 日，2014 年度云南省科学技术奖励大会在昆明海埂会堂举行，数学学院赵富坤、吴鲜完成的成果“无穷维哈密顿系统解存在性与多重性的变分方法研究”获自然科学类二等奖。

11 月 29 日，第四届全国大学生统计建模大赛结果揭晓，在数学学院郭民之、胥成林、李荣丽老师指导下，3 名 2012 级统计专业学生组成的参赛队表现出色，斩获大数据建模类本科生组一等奖(全国仅有 4 项)，另有 5 支代表队获得成功参赛奖。

11 月下旬，学校启动首届云南师范大学本科卓越教学奖评选工作。经过推荐评审，数学学院李锋教授获此殊荣，全校共 5 位。

2016 年

3 月 14 日，云南师范大学与玉溪市教育局市校合作项目——玉溪市山区学校小学教师教学技能培训开班。100 名小学语文、数学教师参加了开班仪式。

4 月 28 日，2016 年美国大学生数学建模竞赛(MCM/ICM)成绩揭晓，云南师范大学数学学院组织参赛的 8 支参赛队伍全部获奖，其中获得国际一等奖(Meritorious Winner) 1 项，国际二等奖(Honorable Mention) 3 项，其余队获成功参赛奖。

5 月 24 日，赵富坤老师荣获“云南省高等师范院校数学教师教学技术状元”称号，伍晓敏老师荣获“云南省高等师范院校数学教师教学技术能手”称号。

7 月 11 日，经云南省科技厅科技宣传教育中心和云南省老科技工作者协会共同承担的“云南省老科技专家先进事迹宣传编撰”项目组遴选，云南师范大学数学学院刘声烈和朱德祥两位先生入选“杰出老科技专家入传推荐名单”。

9 月 24～26 日，首届全国全日制教育硕士学科教学(数学)专业教学技能大赛(决赛)在鲁东大学举行，数学学院研究生杨新鹏、崔锦等荣获一等奖(大赛最高奖)。

11 月 6 日，《云南日报》第六版《云南故事》专栏刊登了《一生为学的吕冠国》，介绍了吕冠国教授从事科研教育工作的事迹。

本年度

△数学学科列为云南省 A 类高原学科。

△扩张版(3%) ESI 高引论文数据全校首位。

2017 年

3 月 30 日，数学学院党政联席会议研究，决定对学院教学机构进行调整，撤销教研室设置，成立“三系/一部/两中心”，即数学系、应用数学系、统计系、大学数学部、教师教育发展中心、计算与实验中心。原教研室相关职能并入“系/部/中心”。制定并下发了《云南师范大学数学学院关于设置系、部和中心的决定》(云师大数学〔2017〕1 号)。

3 月下旬，数学学院 1984 级本科校友、云南荣淇生物科技有限公司董事长温泉，心系教育、不忘母校，有意对云南师范大学教师和仍在基层教学岗位的毕业校友捐资助教，捐助贰佰万元整作为基金。学院策划 3 个资助项目，报请并协助学校校友会工作。

4 月 23 日，数学学院制定了《云南师范大学数学学院工作制度汇编(2017 年修订)》，包括机构设置、岗位职责、决策与监督、行政管理、教学管理、科研管理、学生管理、党建与思想政治工作等方面 160 个管理制度。

5 月 15～18 日，受教育部高等教育教学评估中心的委托，本科教学工作审核评估专家组一行 11 人将对云南师范大学进行为期四天的审核评估工作。5 月 17 日，华南师范大学副校长沈文淮教授代表考核组到数学学院检查评估。

7 月 2 日，在学校微信平台和学院微信平台发布了微信《重磅|我校数学学科上榜世界一流学科》，阅读量逾 20000 人次。

7 月 3 日，数学学院在云南师范大学一二・一校区召开“申报博士学位授权一级学科点自评论证会”。

9 月 1 日，数学学院第一届云南省公费师范生班 65 名学生入学报到。

12 月 4 日，第五届全国大学生统计建模大赛结果揭晓，由数学学院统计专业本科生左烜嘉、李研雅和熊朝松组成的云南师范大学参赛队(指导教师：郭民之)获得统计建模类本科生组一等奖。

12月23日，著名数学家、中国科学院院士、北京大学副校长田刚教授应邀做客西南联大讲坛第三十二讲，在云南师范大学呈贡主校区明德5号楼演播厅做了题为《北京大学与中国数学》的讲座。数学学院老师和学生代表200余人聆听了报告。

2018年

1月5日，云南师范大学2017年度本科教学工作会在呈贡主校区召开。大会举行了云南师范大学第二届本科教学卓越奖颁奖典礼，数学学院张洪波副教授等5位老师获奖。

1月8日，召开院史编撰暨院史展陈室布展工作座谈会。离退休教职工雷逢庄、邵儒林、代龙、王骅、李正方、董义琳等20人，班子成员、教师代表10余人参加了座谈会。

3月10日9:00～17:00，《云南师范大学数学学院纪事(1938～2018)》统稿会在一二·一西南联大校区举行。校党委副书记张玮、副校长刘宗立、校史馆馆长崔汝贤，数学学院退休教师蒋嗣渠(1951级本科)、王骅(1950级本科)、李忠映(1957级本科)、杨承纶(1960级本科)、雷逢庄(1961级本科)、吕冠国、林毓材和邵儒林(1962级本科)、董义琳、代龙、陈桂仙、张志明，学院领导班子成员和教师等20余人参加了会议。

历 任 领 导

1937 年 2 月～1946 年 6 月　国立西南联合大学师范学院数学系

系　主　任：江泽涵（1937 年 10 月～1939 年 11 月）

　　　　　　杨武之（1939 年 11 月～1942 年 11 月）

　　　　　　江泽涵（1942 年 11 月～1943 年 6 月）

　　　　　　赵访熊（1943 年 6 月～1943 年 11 月）

　　　　　　杨武之（1943 年 11 月～1946 年 8 月）

1946 年 5 月～1950 年 10 月　国立昆明师范学院数学系

系　主　任：杨武之（1946 年 8 月～1949 年 8 月）

　　　　　　蒋硕民（1949 年 8 月 15 日任）

数学系、物理系、化学系党支部委员会书记：周仕舜（1949 年 1 月～1950 年 6 月）

1950 年 6 月～1958 年 10 月　昆明师范学院数学系

系　主　任：蒋硕民（1949 年 8 月 15 日～1954 年 8 月）

　　　　　　朱德祥（1953 年代任，1954 年 8 月～1958 年 12 月）

副系主任：高本荫（1956 年～1958 年 12 月）

　　　　　　于家乐（1956 年～1958 年 12 月）

数学系、物理系、化学系党支部

书　　　记：周仕舜（1954 年 9 月～1954 年 12 月）

　　　　　　李庆元（1955 年 1 月～1956 年 5 月）

中国共产党昆明师范学院第一届委员会（1956 年 5 月～1958 年 12 月）数学系党支部委员会

书　　　记：倪国馨（女）（1956 年 5 月～1958 年 3 月）

　　　　　　数学系科党总支委员会（1958 年 3 月数学系党支部改建为总支）

书　　　记：倪国馨（女）（1958 年 3 月～1958 年 8 月）

副　书　记：吴郁芝（女）（1958 年 3 月～1958 年 8 月）

1958年8月数学系科、物理系科改为双科制，党总支部也随之调整。

数理系党总支委员会

书　　　记：孙贵如(1958年8月～1958年12月)

第一副书记：刘世芳(1958年8月～1958年12 月)

第二副书记：吴郁芝(女)(1958年8月～1958年12月)

1958年12月～1962年　昆明师范学院数理系

系　主　任：高本荫(1958年12月～1962年)

副系主任：宋文麟(1958年12月～1962年)

王东城(1958年12月～1962年)

中国共产党昆明师范学院第二届委员会(1958年12月～1961年10月)数理系党总支委员会

书　　　记：孙贵如(1958年12月～1961年10月)

副　书　记：李景舒(1959年12月～1960年12月)

税世永(1961年3月～1961年10月)

第一副书记：刘世芳(1958年12月～1961年10月)

第二副书记：吴郁芝(女)(1958年12月～1961年3月)

中国共产党昆明师范学院第三届委员会(1961年10月～1963年9月)数学系党总支委员会

书　　　记：孙贵如(1961年10月～1963年9月)

副　书　记：税世永(1961年10月～1963年9月)

1963年～1984年　昆明师范学院数学系

系　主　任：高本荫(1963年～1969年)

朱德祥(1978年～1981年)

吕锡麟(1981年～1984年)

副系主任：唐家祥(1974年8月～1975年)

杨元泰(1977年1月～离职时间不详)

吕锡麟(1978年～1981年)

唐家祥(1979年～1979年3月5日)

杨承纶(1981年12月～1986年3月)

廖忠言(1979年5月～1983年)

中国共产党昆明师范学院第四届委员会(1963年9月～1965年8月)数学系党总支委员会

书　　　记：孙贵如(1963年9月～1965年8月)

副　书　记：税世永(1963年9月～1964年4月)

中国共产党昆明师范学院第五届委员会(一)(1965年8月～1966年)数学系党总支委员会

书　　　记：孙贵如(1965 年 8 月～1966 年)
副　书　记：李　明(1965 年 8 月～1966 年)
中国共产党昆明师范学院第五届委员会(二)(1969 年 12 月～1972 年 10 月)数学系临时党总支委员会
书　　　记：余定怀(1969 年 12 月～1972 年 10 月)
副　书　记：李　明(1971 年 7 月～1972 年 10 月)
中共昆明师范学院第六届委员会(1972 年 10 月～1976 年 10 月；1976 年 10 月～1985 年 12 月)数学系党总支委员会
书　　　记：余定怀(1972 年 10 月～1974 年 12 月)(军宣队)
　　　　　　李忠映(1974 年 12 月～1984 年 1 月)
副　书　记：李　明(1972 年 10 月～1973 年 6 月)
　　　　　　陆文运(不祥～1976 年 10 月)(工宣队员)
　　　　　　胡纪堂(1972 年 11 月～1974 年 12 月)
　　　　　　徐有昌(1974 年 6 月～1977 年 12 月)(工宣队员)
　　　　　　唐家祥(1974 年 8 月～1978 年 10 月)
　　　　　　雷逢庄(1974 年 8 月～1984 年 1 月)

1984 年～2000 年　云南师范大学数学系
系　主　任：吕锡麟(1984 年 1 月～1986 年)
　　　　　　杨承纶(1986 年～1994 年)
　　　　　　邵　南(1994 年～1996 年)
　　　　　　邵儒林(1996 年～1999 年)
副 系 主 任：杨承纶(1984 年 1 月～1986 年)
　　　　　　吕冠国(1984 年 1 月～1987 年)
　　　　　　邵儒林(1987 年～1996 年)
　　　　　　李　明(1987 年～1996 年)
　　　　　　郭　震(1994 年～1999 年 12 月)
　　　　　　董义琳(1996 年～2000 年 7 月)
　　　　　　吴　鲜(1999 年 12 月～2000 年 7 月)
　　　　　　邓起荣(1999 年～2000 年 7 月)
中共云南师范大学数学系总支委员会(1984 年～2000 年)
书　　　记：李忠映(1984 年 1 月～1986 年 3 月)
　　　　　　雷逢庄(1986 年 4 月～1999 年 12 月)
　　　　　　代　龙(1999 年 12 月～2001 年 12 月)
副　书　记：雷逢庄(1984 年 1 月 19 日～1986 年 4 月)
　　　　　　和福生(1987 年～1992 年)
　　　　　　邵　南(1992 年～1994 年)
　　　　　　马　煜(1994 年～2001 年 12 月)

唐　瑛(1999 年 3 月～1999 年 12 月)
副处级调研员：高明洁(1986 年～1987 年)

2000 年～2018 年　云南师范大学数学学院
院　　长：郭　震(2000 年 7 月～2011 年 12 月，
2012 年 1 月～2017 年 9 月名誉院长<正处级>)
王源昌(2017 年 3 月～)
副 院 长：董义琳(1999 年～2007 年 4 月，
2007 年 4 月～2008 年 4 月副处级调研员)
邓起荣(2000 年～2003 年 7 月)
吴　鲜(2000 年～2015 年 12 月)
王　涛(2003 年 7 月～2011 年 12 月，
2011 年 12 月～2014 年 12 月副院长主持工作，
2014 年 12 月～2015 年 12 月)
李玉华(2007 年 4 月～2012 年 1 月，
2012 年 1 月～2014 年 12 月副处级调研员，
2015 年 1 月～2016 年 4 月副院长主持工作，
2016 年 5 月～副处级非领导职务)
王源昌(2012 年 1 月～2016 年 4 月，
2016 年 4 月～2017 年 3 月副院长主持工作)
赵富坤(2016 年 4 月～)
李　芳(2016 年 4 月～)
王天志(2016 年 4 月～)
院党委书记：代　龙(2001 年 12 月～2011 年 12 月)
张绍宗(2011 年 12 月～2015 年 12 月)
林卫东(2015 年 12 月～)
院党委副书记：马　煜(2001 年 12 月～2007 年 4 月)
杨映霞(2007 年 4 月～2015 年 4 月)
朱　林(2015 年 12 月～)

数学学院系/部/中心简介

2017 年 3 月 30 日，学院党政联席会议研究，决定对学院教学机构进行调整，撤销教研室设置，成立“三系/一部/两中心”，即数学系、应用数学系、统计系、大学数学部、教师教育发展中心、计算与实验中心。原教研室相关职能并入“系/部/中心”。制定并下发了《云南师范大学数学学院关于设置系、部和中心的决定》（云师大数学〔2017〕1 号）《云南师范大学数学学院关于任命系、部和中心主任的决定》（云师大数学〔2017〕2 号）。任命如下：

数学系主任：陈绍雄；副主任：王守峰。

应用数学系主任：刘海鸿。

统计系主任：李兴平。

大学数学部主任：杨慧。

教师教育发展中心主任：刘云。

计算与实验中心主任：胡恩良。

任命从即日起生效，任期 4 年。

数学学院组织机构设置如下：

数学学院组织机构

<table>
<tr><td rowspan="11">数学学院机构设置</td><td rowspan="6" colspan="2">党群机构</td><td>学生工作办公室</td></tr>
<tr><td>教职工代表委员会</td></tr>
<tr><td>学院工会</td></tr>
<tr><td>党支部</td></tr>
<tr><td>团委</td></tr>
<tr><td>学生会</td></tr>
<tr><td rowspan="3" colspan="2">教授委员会</td><td>教学委员会</td></tr>
<tr><td>学术委员会</td></tr>
<tr><td>学位评定分委员会</td></tr>
<tr><td rowspan="2">行政机构</td><td rowspan="2">系/部/中心</td><td>数学系</td></tr>
<tr><td>应用数学系</td></tr>
</table>

续表

<table>
<tr><td rowspan="8">数学学院机构设置</td><td rowspan="8">行政机构</td><td rowspan="4">系/部/中心</td><td>统计学系</td></tr>
<tr><td>大学公共数学部</td></tr>
<tr><td>教师教育发展中心</td></tr>
<tr><td>计算与实验中心</td></tr>
<tr><td rowspan="4">行政科室</td><td>综合办公室</td></tr>
<tr><td>教务办公室</td></tr>
<tr><td>研究生办公室</td></tr>
<tr><td>资料室</td></tr>
</table>

1. 数学系

2017 年，数学学院设置数学系，由原几何、函数论和代数三个教研室合并而成。数学系有教师 19 位，其中教授 10 人(其中二级教授 2 人)，主持完成国家自然科学基金 26 项，在研项目 18 项，获云南省自然科学二等奖 4 项，三等奖 1 项。

数学系具有悠久的历史和光荣传统。1946 年随着西南联大三校北返，以陈省身先生为代表的一批优秀数学家和几何学家离开了昆明，朱德祥老师临危受命，继续留在国立昆明师范学院任教，曾留学德国哥廷根大学的蒋硕民教授成为分析学团队学术带头人。1948 年毕业于武汉大学的刘声烈教授到国立昆明师范学院数学系任教，其在代数群论、自动机与半群，以及理论计算机科学、数理逻辑等领域的一系列科学研究和人才培养工作不仅为云南师范大学，而且为云南省代数学科和计算机学科的发展奠定了坚实的基础。

数学系涌现了郭震、吴鲜、李玉华、刘祥清、李芳、张华、王守峰等优秀教师。他们在高维和高余维 Willmore 猜想、常 Moebius 曲率的子流形分类、带可解点稳定子的有限本原群的分类、无穷维哈密顿系统解的存在性与多重性的变分方法研究等领域取得有影响的成果。

2. 应用数学系

现有在职教师 8 人，其中教授 2 人，副教授 5 人，博士 5 人；外聘教师 2 人。

应用数学系教师主持国家自然科学基金项目 8 项，各类科研课题 10 余项；在国内外期刊上发表学术论文 60 多篇，其中被 SCI、EI 收录 30 余篇。

应用数学系化存才、刘海鸿等获得 2015 年云南省科学技术奖三等奖；化存才教授获云南省第二十次哲学社会科学优秀成果奖二等奖；李锋教授 2015 年获得云南师范大学首届本科卓越教学奖等多项奖励。

研究团队将研究目标投向国际研究前沿，与国内外同行建立了合作联系，包括清华大学、上海计算生物研究所、上海大学、苏州大学以及加州理工大学、里海大学、悉尼科技大学等。

1994 年以来，应用数学系致力于大学生数学建模竞赛的培训和组织工作，在全国大学生数学建模竞赛、美国大学生数学建模竞赛、全国研究生数学建模竞赛等比赛中共获得 100 余项国家级奖励，其中一等奖 15 项。建模竞赛为拓宽和提升学生的综合素质提供了平台。

3. 统计系

2011 年，统计学成为一级学科。统计学主要研究方向包括：数理统计学，社会经济统计学，生物与卫生统计学，金融统计、风险管理与精算学，应用统计学。主要任务是培养具有良好的统计职业道德，掌握统计学的基本理论和方法，能正确运用统计方法和统计软件分析数据和解决实际统计应用问题的专门优秀人才。主要核心课程有：统计学基础、概率论、数理统计、回归模型、非参数统计、多元统计分析、时间序列分析、抽样调查、数据挖掘、机器学习、计量经济、保险精算、统计计算、生存分析与可靠性、纵向数据分析、应用随机过程、计量经济学、金融学、管理学等。

师资队伍：现有教师 10 人，其中教授 1 人，副教授 4 人，讲师 5 人；博士 7 人；硕士生导师 5 人；5 人有海外留学经历。

教学科研：主要承担统计学专业全日制本科学生和专业硕士生以及数学与应用数学专业等学生共 20 余门课程的教学工作。近年来，统计系教师完成国家自然科学基金项目 3 项，省部级项目 6 项，横向项目 7 项，厅级项目 5 项，两门课程入选了云南省精品课程资源共享平台，在国内外学术期刊发表论文 40 余篇，SCI 检索论文近 20 篇，编写教材 7 部（主编 4 部），主持召开国际学术会议 2 次。目前统计系教师在研的国家自然科学基金项目 2 项。

人才培养：2012 年首届招收的统计学专业 70 名学生已于 2016 年 7 月顺利毕业。毕业生中有 5 人考入苏州大学等高校攻读硕士，4 人考入中国人民银行攻读硕士，7 人成为国家或地方公务员，11 人在商业银行或证券公司就业，12 人进入企业从事数据分析工作。在 2015 年(第四届)、2017 年(第五届)全国大学生统计建模大赛中，全国分别有 168 所和 173 所高校参加，912 支代表队和 1200 多支代表队参赛的比赛中，数学学院统计专业参赛队表现出色，均斩获大数据建模类本科生组一等奖(全国分别仅有 4 个和 8 个一等奖，云南师范大学是云南省唯一获得一等奖的高校)。

4. 大学数学部

教学队伍：大学数学部有 14 名教师，其中教授 2 名(其中二级教授 1 名)、副教授 3 名、讲师 9 名，博士 5 名、硕士 4 名。形成了一支以中青年博士群为主体、年龄和学科构成合理的学科队伍。

科学研究：科研反馈教学。迄今，大学数学部教师主持国家自然科学基金项目 3 项，省部级项目 7 项，云南省教育厅项目 3 项等，项目涉及科研、学生管理和教学教研；共发表学术论文 100 余篇，其中 SCI 收录 40 余篇。主编或参与编著教材、书籍、学术专著 8 部。赵富坤教授先后荣获云南省自然科学奖二等奖 2 项，2012 年云南省有突出贡献优秀专业技术人才三等奖，2015 年被授予云南省第十二轮职工技术技能大赛技术状元称号，2016 年获云南省“五一劳动奖章”，现为二级教授。赵奎奇教授《也谈正弦型函数解析式的确立》论文荣获 2001 年全国“紫金杯”数学创新教育优秀论文二等奖。杨映霞副教授 2007 年 12 月被授予第四届云南高校青年学术科技节先进个人。杨慧副教授荣获 2003

年云南省高校中青年教师课堂教学比赛二等奖，云南省师范大学第四届青年教师课堂教学比赛一等奖等。

公共教学：大学数学部承担着全校 9 个学院，平均每学期 40 多个班级的“高等数学”“线性代数”“概率论与数理统计”的公共必修课教学以及针对考研辅导的选修课教学。大学数学部的教师还承担着本学院的专业必修课和选修课的教学。

传承着数学学院的优良传统，本着为学生负责任的态度，大学数学部始终以身作则，孜孜不倦地细心呵护和培育学生，培养社会栋梁。

5. 教师教育发展中心

中心简介：数学学院 2017 年设置教师教育发展中心，前身为数学教育教研室。现有 4 位教师，其中教授 1 人、副教授 2 人、讲师 2 人，3 人具有博士学位。中心承担本科“数学教学论”“数学课程标准与教材分析”“课堂教学技能训练与评价”等课程的教学工作；承担硕士研究生“数学课程与数学教材分析”等课程的教学。

教师教育：中心围绕学校“以教师教育为特色”的办学理念，以提高师范生教师专业能力为重点，贯彻职前数学教师教育研究与师范生数学教育课程的教学改革。中心教师先后主持省、厅、校级科研、教改项目 30 余项。在开展项目研究的基础上，中心形成了 2 本本科数学教育课程教材《中学数学教学法概论》与《数学课程标准与学科教学》，发表百余篇研究论文。依托上述教学研究，数学教师教育发展中心教师获得本科教学成果奖 4 项(国家级 1 项，校级 3 项)，研究生教学成果奖 3 项(国家级 1 项，校级 2 项)。

教学实践：构建本科数学教育“四结合”实践教学体系(即实践教学与全程渗透教学相结合、与学科专业教学相结合、校内实训与校外实习相结合、与就业培训相结合)、“教学—见习—讲习—实习—竞赛”全程化实践教学模式，将职前教师教学实践能力的培养全程贯穿于四年的培养中。全程化实践教学模式：①见习安排于第一、二学年，观摩优质数学课堂教学；②讲习安排在第三学年下学期，围绕概念课、命题课、复习课、习题课四类课型进行教学演练；③实习在第四学年上学期，历时三个月；④全部学生参加院级教学竞赛，选拔参加校级、国家级教学比赛。经过多年的运行，取得了卓越成效，有 3 名本科生、6 名数学教育全日制硕士研究生在国家级教学比赛中获奖；3 名本科生在省级教学比赛中获奖。

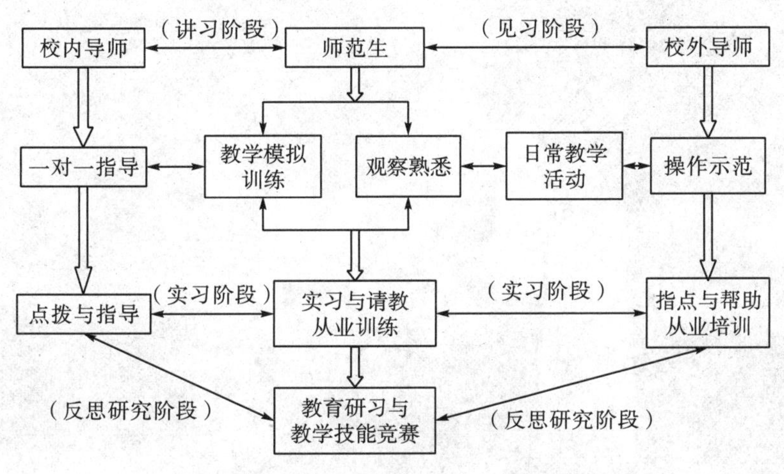

“见习—讲习—实习—竞赛”全程实践教学模式

6. 计算与实验中心

历史沿革：云南师范大学数学系是云南省最早开展计算机科学与信息技术学科研究与办学的单位之一。早在 20 世纪 70 年代中期，数学系刘声烈教授就系统地开展了计算机科学及相关数学的理论研究工作，撰写了《干系结构分析及其计算机程序》等著作，并在随后的几十年中带领学生和团队开展了包括数理逻辑、组合数学、图论、可计算性理论、计算机软件与应用、人工智能等方向的研究工作，取得了大量的高水平成果。刘声烈教授是云南省计算机科学理论研究的开拓者，1979 年发起并主持了云南省计算机学会的成立工作，先后担任了第一、二届云南省计算机学会理事长、中国电子计算学会委员，引领和推动了云南省计算机科学及其应用的发展。

20 世纪 70 年代后期，数学系创建了“计算机科学理论”学科，1978 年招收首批计算机科学理论硕士研究生，1986 年 11 月经批准为云南省“七五”期间的首批省级重点学科。1997 年 5 月，在整合数学系与物理系等相关资源基础上成立云南师范大学计算机科学系，数学系林毓材教授担任第一届系主任。当时，一部分留在数学系从事计算机科学研究和教学的教师组成了数学系计算机教研室。2017 年 4 月，计算机教研室改名为“数学学院计算与实验中心”。

师资队伍：现有教师 6 人，其中副教授 4 人，讲师 1 人，实验专职人员 1 人。目前，中心教师主持研究国家自然科学基金课题 2 项，已有第一作者科研论文发表于《中国科学》、IEEE *Transactions on Neural Networks and Learning Systems*、*International Joint Conference on Artificial Intelligence* 和 *International Conference on Machine Learning* 等核心期刊和国际会议。

设施设备：共有 2 个实验室，计算机 166 台，多媒体控制台两套。

科研教学：为实验实践性教学提供软硬件平台。已为学院本科、研究生等教学提供如下课程的教学实验平台：“程序设计语言”、“计算机辅助设计”、“常用数学软件”、“数值分析”、“数学建模”、“统计学导论”、“统计模型与应用”、“多元统计分析”“实用回归分析”、“时间序列分析”和“统计软件选讲”等。除课程教学外，实验室还为在校学生提供自由上机实验和学习，为硕士点、博士点建设提供软硬件平台。

十一 教学科研

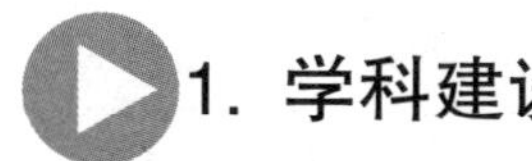

1. 学科建设

1978 年，招收首批计算机科学理论硕士研究生。

1986 年，“计算机科学理论”入选“七五”期间首批省级重点学科。

1989 年，云南师范大学数学系刘声烈、林毓材、卢学妙共同完成的“计算机科学理论学科人才培养”项目获得中华人民共和国国家教育委员会 1989 年普通高等学校优秀教学成果“国家级优秀奖”。

1993 年 12 月 11 日，国务院学位委员会第十二次会议批准了第五批博士、硕士学位学科、专业点和博士生指导教师名单以及第五批学位授权审核调整学科、专业的博士生指导教师和硕士点名单。云南师范大学基础数学获得硕士学位授予权。

1994 年，应用泛函分析被列入“九五”省级重点学科建设。

1998 年 6 月 29 日，数学系“数学学科教育”被评选为“九五”校级重点学科。

2000 年 7 月，数学与应用数学专业被评选为省级重点建设专业进行建设。

2001 年 8 月 17 日，经过同行专家对全省“七五”“八五”“九五”期间建设的省级重点学科的检查评估，云南省教育厅公布了云南省首批挂牌的重点学科。云南师范大学数学学院“应用泛函分析”被确定为首批挂牌学科，“应用数学”被批准为“十五”省级重点建设学科。

2003 年和 2006 年，应用数学、概率论与数理统计分别获得硕士学位授予权。

2011 年 1 月，国务院学位委员会下发《关于下达 2010 年审核增列的博士和硕士学位授权一级学科名单的通知》(学位〔2011〕8 号)，云南师范大学数学获批一级学科硕上学位授权点。

2011 年 8 月，从接国务院学位委员会《关于下达按〈学位授予和人才培养学科目录〉进行学位点对应调整结果的通知》(学位〔2011〕51 号) 文件中获悉，在 2011 年国务院学位委员会学位点对应调整申报工作中，云南师范大学新增统计学 (数学学院) 一级学科硕士学位点。

2016 年，数学学科列为云南省 A 类高原学科。

2. 科研平台建设

名称	时间	项目负责人	批准单位
数学研究所	2003 年	郭柏灵(特聘)、李继彬(特聘)、郭民之	云南师范大学
基础数学研究所	2007 年	余解台(特聘)、李玉华	云南师范大学
几何分析中的前沿问题研究创新团队	2008 年	李玉华	云南师范大学
云南省高校网络舆情信息分析系统研究与应用创新团队	2013 年	何伟全、化存才	云南省教育厅

3. 学术骨干

荣誉称号	等级	奖励单位	时间	完成人
云南省 1988 年度有突出贡献的优秀专业技术人才	三等奖	云南省政府	1989 年	卢学妙
全国高校科研工作会荣誉证书		国家教委	1990 年	朱德祥 刘声烈
云南省政府特殊津贴		云南省人事厅	1990 年	朱德祥
云南省 1990 年度有突出贡献的优秀专业技术人才	三等奖	云南省政府	1991 年	林毓材
国务院政府特殊津贴		国务院	1991 年	刘声烈
国务院政府特殊津贴		国务院	1991 年	林毓材
国务院政府特殊津贴		国务院	1992 年	林玉波
云南省 1992 年度有突出贡献的优秀专业技术人才		云南省政府	1993 年	肖体俊
国务院政府特殊津贴		国务院	1994 年	肖体俊
国务院政府特殊津贴		国务院	1994 年	吕冠国
中青年有突出贡献专家		中华人民共和国人事部	1994 年	肖体俊
云南省中青年学术和技术带头人(后备人才)		云南省政府	1996 年	肖体俊
云南省 1997 年度有突出贡献的优秀专业技术人才	三等奖	云南省政府	1998 年	吴　鲜
云南省政府特殊津贴		云南省政府	1999 年	吴　鲜
国务院政府特殊津贴		国务院	2000 年	吴　鲜
中国科学院“百人计划”		中国科学院	2000 年	肖体俊
全国优秀教师		教育部	2001 年	郭　震
优秀青年教师资助计划		教育部	2002 年	蒋文江
云南省中青年学术和技术带头人(后备人才)		云南省科技厅	2004 年	蒋文江
云南省政府特殊津贴		云南省政府	2006 年	郭　震
云南省中青年学术和技术带头人(后备人才)		云南省科技厅	2008 年	化存才

续表

荣誉称号	等级	奖励单位	时间	完成人
云南省高等学校教学、科研带头人		云南省教育厅	2008 年	蒋文江
云南省政府特殊津贴		云南省政府	2009 年	蒋文江
云南省高等学校教学、科研带头人		云南省教育厅	2009 年	李玉华
云南省高等学校教学、科研带头人		云南省教育厅	2009 年	蒋文江
云南省中青年学术和技术带头人		云南省人民政府	2009 年	蒋文江
云南省中青年学术和技术带头人(后备人才)		云南省科技厅	2011 年	赵富坤
云南省有突出贡献优秀专业技术人才	三等奖	云南省政府	2012 年	赵富坤
云南省中青年学术和技术带头人(后备人才)		云南省科技厅	2015 年	刘祥清
云南省中青年学术和技术带头人(后备人才)		云南省科技厅	2016 年	李　芳
云南省中青年学术和技术带头人		云南省人民政府	2017 年	赵富坤

4. 部分科研、教研成果获奖

序号	项目名称	获奖情况	奖励单位	时间	完成人
1	冷轧丝杆轧辊曲面分析和设计计算	云南省科技成果奖	云南省科技厅	1978 年	吕冠国、邵　南、刘声烈等
2	杆系结构分析及计算机程序	云南省科技成果奖	云南省科技厅	1978 年	刘声烈
3	自动机与半群	云南省科技成果奖	云南省科技厅	1978 年	刘声烈
4	非正则型 Riemann 边值问题和它在求解含 Hilbert 核奇异积分方程上的应用	第二届优秀科研成果论文一等奖	云南师范大学	1984 年	林玉波
5	高等几何	第二届优秀科研成果教材一等奖	云南师范大学	1984 年	朱德祥
6	曲面啮合理论	第二届优秀科研成果一等奖	云南师范大学	1984 年	吕冠国
7	极限与极限题(教学参考书)	第二届优秀科研成果教材二等奖	云南师范大学	1984 年	吕冠国
8	数学作业批改系统	第二届优秀科研成果论文二等奖	云南师范大学	1984 年	胡国樑
9	矫正轧辊型理论和曲面啮合理论及应用	云南省科技进步奖三等奖	云南省科技厅	1985 年	吕冠国
10	建筑工程概算、预算程序 GSI•YS 和 YJ-1 型预算程序	云南省科技进步奖三等奖	云南省科技厅	1985 年	赵惠然、杨秀国
11	多米诺问题的周期解判定问题	科学研究论文二等奖	云南师范大学	1986 年	林毓材
12	冷轧丝杆轧辊的辊形理论与计算	科学研究论文三等奖	云南师范大学	1986 年	朱德祥、刘声烈、冯荣轩、唐家祥、张　森、林毓材

续表

序号	项目名称	获奖情况	奖励单位	时间	完成人
13	建筑工程预概算软件 Gs1、Ys1	科学研究应用二等奖	云南师范大学	1986 年	赵惠然、杨秀国
14	变换群性质的判定问题	1985～1986 年度科研成果(论文)二等奖	云南师范大学	1987 年	林毓材
15	可迁竞赛图的构造方法	1985～1986 年度科研成果(论文)三等奖	云南师范大学	1987 年	赵惠然
16	置换群图及其数值信息	1985～1986 年度科研成果(论文)三等奖	云南师范大学	1987 年	杨秀国
17	ML 图画、音响、函数图像恒等变换系统(软件)	1985～1986 年度科研成果(应用技术)三等奖	云南师范大学	1987 年	林毓材
18	Hanoi 塔问题及其推广	全国高校青年数学工作者论文报告会优秀青年论文奖	国家教委	1988 年	卢学妙
19	高师几何系列课程的建设	1989 年普通高等学校优秀教学成果奖国家级优秀奖	教育部	1989 年	朱德祥、朱维宗、熊民福
20	计算机科学理论学科人才培养	1989 年普通高等学校优秀教学成果奖国家级优秀奖	教育部	1989 年	刘声烈、林毓材、卢学妙
21	MLBASIC 语言、ML 系列软件	1987～1988 年度科研成果三等奖	云南省教育厅	1989 年	林毓材
22	HANOI 塔问题及其推广	1987～1988 年度科研成果三等奖	云南省教育厅	1989 年	卢学妙
23	图的平面性添加算法	首届优秀学术论文一等奖	云南省科学技术协会	1989 年	林毓材
24	组合、算法与不可解性研究	优秀论文评选一等奖	云南省计算机学会	1989 年	林毓材
25	Hanoi 塔问题及其推广	1987～1988 年科研成果(论文)一等奖	云南师范大学	1989 年	卢学妙
26	组合方案与加权距离正则图	1987～1988 年科研成果(论文)二等奖	云南师范大学	1989 年	李才恒
27	结构性描述归纳学习的复杂度	1987～1988 年科研成果(论文)二等奖	云南师范大学	1989 年	卢学妙
28	Banach 空间微分方程的适定性和指数稳定性	第二届高等学校科研成果二等奖	云南省教育厅	1991 年	肖体俊
29	多柱子 hanoi 塔问题的非递归算法	第二届高等学校科研成果三等奖	云南省教育厅	1991 年	卢学妙
30	解析函数的边值问题	云南省科技进步三等奖	云南省人民政府	1991 年	林玉波、张曙祥、方　钢
31	弱双曲型方程 Cauchy 问题	云南省科技进步三等奖	云南省人民政府	1991 年	蹇素雯
32	泛函微分方程的性态分析及应用研究	中国科学技术协会第三届青年科技奖	中国科协	1992 年	肖体俊
33	泛函微分方程的性态分析及应用研究	科技进步奖二等奖	云南省人民政府	1992 年	肖体俊

续表

序号	项目名称	获奖情况	奖励单位	时间	完成人
34	城区社会治安管理系统工程	科技进步奖三等奖	云南省人民政府	1992 年	吕冠国、邵　南、王　兢、孟　震、李光德
35	《数学分析》一类课程建设	普通高等学校优秀教学成果奖国家级二等奖	教育部	1993 年	王文偶、董义琳
36	弹塑性变形条件下压辊理论研究	云南省科技进步三等奖	云南省人民政府	1993 年	吕冠国、陈　韬、邵　南
37	算子微分方程中若干问题研究	科技进步奖二等奖	云南省人民政府	1995 年	肖体俊、梁　进
38	生长曲线模型中若干参数估计问题	科技进步奖三等奖	云南省人民政府	1995 年	蒋文江、潘建新、郭民之
39	程序设计语言 CAI 研究与实现 CAI(代数)教程研制	云南省科技进步奖三等奖	云南省人民政府	1995 年	林毓材、燕琼芝、张　森、马　煜、刘娅芳
40	改革传统教学方法，全面提高民族地区初中学生数学素质	初中数学教改实验优秀论文奖	西南地区基础教育课程教材研究中心和西南师范大学数学系联合颁发	1995 年	朱维宗
41	中学数学教育与实践	云南省教委重点建设课程	云南省人民政府	1997 年	燕琼芝、杨承纶、龙敏信、马　煜、李立新
42	全文种字处理研究	三等奖	云南省科技进步奖	1997 年	林毓材
43	集值映射不动点及相关问题研究	三等奖	云南省教育厅	1997 年	吴　鲜
44	不动点和变分不等式及相关问题研究	云南省科学和技术奖励二等奖	云南省人民政府	2000 年	吴　鲜
45	数学与应用数学专业成为云南省省级重点建设专业	省级	云南省人民政府	2001 年	郭　震
46	数学教育理论与实践研究	云南省教学成果奖二等奖	云南省人民政府	2001 年	朱维宗、马　煜、马裕民、燕琼芝
47	Cartan 子流形的微分几何与亚纯函数值分布理论几个基本问题及应用	云南省科学和技术奖励二等奖	云南省人民政府	2003 年	郭　震
48	从建构主义谈中学数学高效益教改实验	三等奖	云南省人民政府	2003 年	朱维宗
49	“数学学科”获批为云南省人才培养模式改革项目	省级	云南省人民政府	2004 年	郭　震
50	超凸度量空间的集值分析及应用	三等奖	云南省人民政府	2004 年	吴　鲜、张志明
51	省级重点建设专业“数学与应用数学”专业建设的探究与实践	省级教学成果奖一等奖	云南省人民政府	2005 年	郭　震、董义琳、马　煜、王　涛、代　龙
52	数学学科教学论的学科建设与教育硕士人才培养	首届全国教育专业学位教学成果奖二等奖	云南省人民政府	2005 年	朱维宗
53	《建构主义教育理念下的多媒体教学实践与思考》	二等奖	云南省教育厅	2005 年	朱　林

续表

序号	项目名称	获奖情况	奖励单位	时间	完成人
54	云南省“数学情境与提出问题”教学试验及研究	一等奖	云南省教育厅	2006年	朱维宗
55	数学与应用数学专业获第二批高等学校特色专业建设点(一类)	国家级	教育部	2007年	郭　震
56	概率论与数理统计	云南省高等学校精品课程	云南省教育厅	2007年	张志明
57	社会主义核心价值体系下的和谐网络舆论	三等奖	省委高校工委、教育厅	2007年	王天志
58	空间曲面及其方程	其他奖	云南省教育厅	2007年	朱　林
59	数学模型	云南省高等学校精品课程	云南省教育厅	2008年	李　锋
60	几何画板与高中函数教学整合研究	二等奖	云南省教育厅	2008年	吴仕勇
61	重积分的应用	二等奖	云南省教育厅	2008年	朱　林
62	西部地方高师院校数学与应用数学专业人才培养模式改革的探索与实践	云南省教学成果奖二等奖	云南省政府	2009年	郭　震、王　涛、朱维宗、化存才、黄永明
63	构建西部教学团队，深化数学教育课程建设与教学改革，积极服务基础教育	国家级教学成果奖国家级一等奖	教育部	2009年	朱维宗等(参与)
64	高校招生规模、政府投入和学费标准的三维动力学模型及政府调控	一等奖	云南省教育厅	2009年	化存才
65	半空间边值问题研究	一等奖(论文)	云南省科学技术协会	2011年	刘祥清
66	非线性分析中的若干障碍问题及相关问题研究	云南省科学技术奖二等	云南省人民政府	2011年	吴　鲜、赵富坤、滕凯民
67	《对高中数学新课程实施的八点思考与建议》	三等奖	云南教育报刊社	2011年	朱维宗
68	概率论与数理统计	云南省精品课程资源共享平台	云南省教育厅	2012年	张志明
69	本科数学师范专业“教学见习、讲习、实习、竞赛”一体化实践教学模式改革与实践	云南省高等学校教学改革研究项目	云南省教育厅	2012年	黄永明
70	常微分方程解法与建模应用	云南省高等学校精品教材	云南省教育厅	2012年	化存才
71	艾滋病的流行态势与预防	一等奖	云南省教育厅	2012年	朱　林
72	“爱心红丝带”禁毒防艾宣传活动方案设计	二等奖	云南省教育厅	2012年	朱　林
73	数学模型	云南省精品课程资源共享平台	云南省教育厅	2013年	李　锋
74	发挥信息网络优势，拓展高校统战宣传途径——以云南师范大学统战宣传工作为例	三等奖	中共云南省委统战部、中共云南省委高校工委	2012年	王天志

续表

序号	项目名称	获奖情况	奖励单位	时间	完成人
75	云南高校学生心理健康知识获取途径影响力及有效性分析	二等奖	云南省高校思想政治教育研究会	2013 年	朱　林
76	中国少数民族大辞典系列·佤族卷	特等奖	云南省民族事务委员会	2014 年	王天志
77	云南师范大学学生职业生涯发展咨询项目	一等奖	云南省委高校工委	2014 年	朱　林
78	无穷维哈密顿系统解存在性与多重性的变分方法研究	云南省科学技术奖二等	云南省人民政府	2015 年	赵富坤、吴　鲜
79	突发网络舆情事件中反常心理评论分类的模糊聚类分析	三等奖	中国工业与应用数学学会数学模型专业委员会	2015 年	赵　芳、化存才、何伟全
80	基于 BCC 生涯咨询技术的发展心理咨询案例一例	一等奖	云南省委高校工委大工部	2016 年	朱　林
81	德育学分中应处理好的几组关系	一等奖	云南省委高校工委	2016 年	朱　林
82	几类偏微分方程的解析方法和稳定性研究	云南省科学技术奖励三等奖	云南省人民政府	2016 年	化存才
83	二手车残值率和售价的实证分析（参赛论文）	一等奖	中国统计教育学会	2017 年	郭民之
84	数学模型在高等教育问题中的应用	云南省第二十次哲学社会科学优秀成果（著作）二等奖	云南省人民政府	2017 年	化存才
85	以合理情绪疗法缓解考试焦虑的案例	二等奖	中共云南省高校工委	2017 年	朱　林
86	宿舍长在大学生心理危机干预中作用探析	三等奖	中共云南省高校工委	2017 年	崔艺瑞

5. 主要科研项目

序号	项目名称	主持人	项目来源	立项时间	金额（万元）
1	微机辅助教学系统与 MLBASIC 语言	林毓材	云南省科委	1988.01	
2	宜良县教育预测及十四年教育规划	胡国樑、李连章、许铭、胡　彬	云南省人才办公室	1988.04	
3	解析函数和偏微分方程的边值问题	林玉波 蹇素雯	云南省应用基础研究基金项目	1989.01	
4	泛函微分方程的性态分析及应用研究	肖体俊	云南省应用基础研究基金项目	1992.07	
5	一阶时态逻辑在程序中的应用及并发一阶时态	李昂生	云南省科委课题	1993.01	
6	全文种字处理研究	林毓材、杨秀国、刘娅芳、郭思平	云南省应用基础研究基金项目	1995.06	

续表

序号	项目名称	主持人	项目来源	立项时间	金额(万元)
7	数学课堂教学方法研究	龙敏信	云南省教委课题	1995.07	
8	递归方法在复杂度研究中的应用	蒋　映	云南省科委课题	1995.11	
9	中学数学教育与实践	燕琼芝等	云南省教委重点建设课程	1995.06	
10	算子族及抽象微分方程理论研究中的若干问题	肖体俊	国家自然科学基金委员会	1998.01	8
11	H-空间中的不动点理论及相关问题研究	吴　鲜	国家自然科学基金委员会	2000.01	12
12	非线性椭圆边值问题及变分不等式相关问题	黄毅生	国家自然科学基金委员会	2001.01	11
13	基于Levy过程和OU过程的金融模型及其应用研究	蒋文江	教育部优秀青年教师资助计划项目	2002	
14	复分析中几个问题的研究	李玉华	国家自然科学基金委员会	2003.01	16
15	学术技术带头人培养计划	蒋文江	云南省中青年学术技术带头人后备人才培养计划及技术创新人才项目	2004.01	3
16	微分方程及其计算方法	郭　震	国家自然科学基金委员会	2005.01	5
17	Willmore 子流形的微分几何研究	郭　震	国家自然科学基金委员会	2006.01	21
18	非线性分析中的一类阻尼振动问题研究	吴　鲜	国家自然科学基金委员会	2006.01	20
19	含有时空扰动的非线性波的模型建立、数值计算和实验研究	化存才	教育部“春晖计划”科研启动基金教育厅匹配	2006.01	2
20	云南花卉信息管理系统的构建和设想	杨映霞	教育部“春晖计划”科研合作项目(教育厅匹配)	2006.07	1.5
21	一类新 GARCH 模型及其在金融建模中的应用研究	蒋文江	国家自然科学基金委员会	2007.01	19
22	复解析动力系统与整函数论中若干问题的研究	李玉华	云南省应用基础研究计划面上项目	2007.01	5
23	关于 ARFIMA 模型在中国企业金融衍生产品定价中的应用	郭民之	教育部“春晖计划”科研合作项目	2007.05	3
24	基于 Quantile 分布族的随机金融模型及其电力市场风险管理中应用研究	蒋文江	教育部“春晖计划”科研合作项目	2007.05	3
25	公司债券挽回率过程初评研究	李　丽	教育部“春晖计划”科研合作项目	2007.05	3
26	机构投资策略研究	李兴平	教育部“春晖计划”科研合作项目	2007.05	3
27	云南大型企业金融风险的管理与防范研究	任薇薇	教育部“春晖计划”科研合作项目	2007.05	3

续表

序号	项目名称	主持人	项目来源	立项时间	金额（万元）
28	基于有限样品的生物多样性估计的概率统计学评估	王　涛	教育部“春晖计划”科研合作项目	2007.05	3
29	关于ARFIMA模型在中国企业金融衍生产品定价中的应用	郭民之	教育部“春晖计划”科研合作项目(教育厅匹配)	2007.05	1.5
30	基于Quantile分布族的随机金融模型及其电力市场风险管理中应用研究	蒋文江	教育部“春晖计划”科研合作项目(教育厅匹配)	2007.05	1.5
31	公司债券挽回率过程初评研究	李　丽	教育部“春晖计划”科研合作项目(教育厅匹配)	2007.05	1.5
32	机构投资策略研究	李兴平	教育部“春晖计划”科研合作项目(教育厅匹配)	2007.05	1.5
33	云南大型企业金融风险的管理与防范研究	任薇薇	教育部“春晖计划”科研合作项目(教育厅匹配)	2007.05	1.5
34	基于有限样品的生物多样性估计的概率统计学评估	王　涛	教育部“春晖计划”科研合作项目(教育厅匹配)	2007.05	1.5
35	非线性波模型的动力系统约化与时空耦合研究	化存才	国家自然科学基金委员会	2008.01	28
36	关于复解析动力系统中若干问题的研究	李玉华	国家自然科学基金委员会	2008.01	20
37	一类受温度影响的非线性Kirchhoff振动问题	刘海鸿	云南省应用基础研究面上项目	2008.01	5
38	云南花卉信息管理系统的构建和设想	杨映霞	云南省社会科学界联合会	2008.11	2
39	高阶Willmore泛函的变分问题及其极值子流形的微分几何研究	郭　震	国家自然科学基金委员会	2009.01	23
40	与巨磁电阻效应有关的某些非线性色散方程动力学问题	杨干山	国家自然科学基金委员会	2009.01	21
41	欧氏空间中凸集与一类非凸集合的分离性及其应用研究	陈绍雄	云南省社会发展科技计划应用基础研究面上项目	2009.09	7.5
42	非线性Schrödinger方程(组)驻波的多重性及相关问题研究	刘祥清	云南省社会发展科技计划应用基础研究面上项目	2009.09	7.5
43	一类非线性扩散系统的变分方法研究	赵富坤	云南省社会发展科技计划应用基础研究面上项目	2009.01	7.5
44	高校招生规模与教育质量的建模及政府调控研究	化存才	教育部	2009.12	7
45	偏微分方程与随机动力系统	郭　震	国家自然科学基金委员会	2009.01	5
46	关于正则算子族若干问题的研究	李　芳	云南省社会发展科技计划应用基础研究面上项目	2009.09	5
47	一类非线性发展方程的稳定性和动力系统研究	杨　慧	云南省社会发展科技计划应用基础研究面上项目	2009.01	5

续表

序号	项目名称	主持人	项目来源	立项时间	金额（万元）
48	有中国特色的城镇化道路在云南的实践	王源昌	云南省社会科学界联合会	2009.03	2
49	含梯度项的椭圆方程组奇异扰动问题的变分方法研究	赵富坤	云南省教育厅科学研究重点基金项目	2009.09	2
50	两类弱耗散浅水波方程的研究	吴书印	国家自然科学基金委员会	2010.01	18
51	非线性分析中的两类时滞系统的变分方法研究	吴　鲜	国家自然科学基金委员会	2010.01	18
52	一类抽象 Kirchhoff 型非线性振动问题	刘海鸿	国家自然科学基金委员会	2010.01	4
53	一类新 Quantile-Garch 模型在金融分析中的应用研究	张绍宗	云南省社会发展科技计划应用基础研究面上项目	2010.10	5
54	基于均值-方差联合建模方法的纵向和生存数据联合模型及其应用研究	张志明	教育部“春晖计划”合作科研项目	2010.05	2
55	含梯度项的非线性扩散系统的变分方法研究	赵富坤	国家自然科学基金委员会	2011.01	25
56	一类新 Regime-Switching 模型及其在金融建模中的应用研究	蒋文江	国家自然科学基金委员会	2011.01	24
57	大规模非参数核学习及应用研究	胡恩良	云南省社会发展科技计划应用基础研究面上项目	2011.10	5
58	一类描述肿瘤侵入的非线性偏微分方程模型	刘海鸿	云南省社会发展科技计划应用基础研究面上项目	2011.10	5
59	对称图中的若干问题的研究	张　华	云南省社会发展科技计划应用基础研究面上项目	2011.10	5
60	分数阶 Schrödinger 方程(组)解的存在性与多重性研究	赵富坤	教育部科学技术研究重点项目	2011.11	5
61	可解本原群理论研究及其在对称图中的若干应用	张　华	国家自然科学基金委员会	2012.01	50
62	非线性波模型耦合集成的动力学研究	化存才	国家自然科学基金委员会	2012.01	48
63	与巨磁电阻效应有关磁流体方程大初值情形动力学问题	杨干山	国家自然科学基金委员会	2012.01	48
64	Willmore 型子流形的 Moebius 几何理论和方法	郭　震	国家自然科学基金委员会	2012.01	46
65	大规模非参数核学习技术及其拓展研究	胡恩良	国家自然科学基金委员会	2012.01	46
66	滇中城市经济圈互斥-共生机理的演化博弈研究	王源昌	国家自然科学基金委员会	2012.01	36
67	无界区域上拟线性椭圆方程变号解的研究	刘祥清	国家自然科学基金委员会	2012.01	23

续表

序号	项目名称	主持人	项目来源	立项时间	金额（万元）
68	一类非线性 Schrödinger 方程解的存在性及其动力系统	杨 慧	国家自然科学基金委员会	2012.01	22
69	半群在图论和形式语言理论中的应用研究	王守峰	云南省应用基础研究计划面上项目	2012.09	10
70	基于弱场近似的太阳磁场快速反演方法	胥成林	中国科学院天体结构与演化重点实验室	2012.08	2
71	非线性分数阶微分方程理论及应用中的若干问题	李 芳	云南省教育厅科学研究基金重点项目	2012.07	2
72	Kirchhoff 型拟线性 Schrödinger 方程及其耦合系统的非光滑变分方法研究	吴 鲜	国家自然科学基金委员会	2013.01	50
73	关于亚纯函数论和几何函数论中的几个问题的研究	李玉华	国家自然科学基金委员会	2013.01	45
74	算子族理论在非线性分数阶微分方程中的若干应用	李 芳	国家自然科学基金委员会	2013.01	22
75	几类非线性分数阶微分方程的定性研究	李 芳	云南省应用基础研究计划面上项目	2013.10	10
76	旋转太阳黑子的数值模拟研究	胥成林	云南省应用基础研究计划自筹经费面上项目	2013.10	10
77	关于费尔马型函数方程整函数解的存在性研究	苏 敏	云南省应用基础研究计划青年项目	2013.10	6
78	具有正则*-断面的正则半群的代数结构研究	王守峰	国家自然科学基金委员会	2013.01	4
79	关于辛约当代数与辛李代数的关系研究	侯冬平	国家自然科学基金委员会	2013.01	3
80	国内外大学生就业能力培养比较研究	杨映霞	云南省社会科学界联合会	2013.12	2
81	一类受温度影响的Kirchhoff非线性振动问题	刘海鸿	云南省教育厅科学研究基金重点项目	2013.07	2
82	艾滋病临床数据分析中的联合建模方法与疗效评估研究	王 涛	国家自然科学基金委员会	2014.01	45
83	基于 α-VG 分布的多元时间序列模型及其在金融建模中的应用研究	蒋文江	国家自然科学基金委员会	2014.01	40
84	非线性椭圆方程组变号解的存在性及相关问题研究	刘祥清	国家自然科学基金委员会	2014.01	40
85	一类拟线性 Schrödinger 方程(组)解的存在性和集中现象研究	赵富坤	国家自然科学基金委员会	2014.01	40
86	对与约当代数相关的新代数结构的研究	侯冬平	国家自然科学基金委员会	2014.01	22

续表

序号	项目名称	主持人	项目来源	立项时间	金额(万元)
87	几类半群在图论和形式语言学中的应用	王守峰	国家自然科学基金委员会	2014.01	22
88	时滞非线性扩散偏微分方程的分叉研究	闫　芳	云南省应用基础研究计划面上项目	2014.10	10
89	云南高校网络舆情监测与安全管理研究	王天志	云南省哲学社会科学规划办公室	2014.12	4
90	六维非自治非线性动力学系统的全局分叉和多脉冲混沌动力学的研究及应用	郝五零	国家自然科学基金委员会	2015.01	26
91	中缅沿边境民族地区新媒体传播下的公众舆论引导研究	王天志	国家哲学与社会科学基金委员会	2015.07	20
92	云南省中青年学术技术带头人后备人才	刘祥清	云南省中青年学术技术带头人后备人才	2015.10	6
93	非线性抛物-双曲耦合问题解的存在性及渐进性质	刘海鸿	云南省应用基础研究计划面上项目	2015.07	10
94	边传递的二部地图及曲面覆盖的研究	范文文	云南省应用基础研究计划青年项目	2015.10	6
95	2013～2015 年云南高校师生思想政治状况对比研究	王天志	教育部思政司	2015.08	1
96	含 microRNA 作用系统的动力学和控制研究	刘曾荣	国家自然科学基金委员会	2016.01	92.24
97	子流形与曲率流	郭　震	国家自然科学基金委员会	2016.01	78.36
98	具有非线性扩散的时滞偏微分方程的 Hopf 分叉研究	刘海鸿	国家自然科学基金委员会	2016.01	44.74
99	Banach 空间中非线性复合分数阶微分方程的若干研究	李　芳	国家自然科学基金委员会	2016.01	40.36
100	同步置换群研究及其在代数图论中的若干应用	张　华	国家自然科学基金委员会	2016.01	40.8
101	边传递的可定向的二部地图及曲面覆盖	范文文	国家自然科学基金委员会	2016.01	21.3
102	广义 Melnikov 方法的推广及在复合材料层合板中的应用	郝五零	云南省应用基础研究计划面上项目	2016.10	10
103	一介导函数取 0 有限次的超越亚纯函数零点性质	郭　锋	云南省应用基础研究计划青年项目	2016.10	6
104	一类描述肿瘤侵入偏微分方程解的存在性及渐进性质	刘海鸿	教育部“春晖计划”	2016.01	3
105	MicroRNA 和转录因子合作调控基因网络的动力学分析	闫　芳	国家自然科学基金委员会	2016.01	3
106	非凸框架下大规模半定规划求解算法及其应用研究	胡恩良	国家自然科学基金委员会	2017.01	43

续表

序号	项目名称	主持人	项目来源	立项时间	金额（万元）
107	一般拟线性椭圆方程的若干变分问题研究	吴　科	国家自然科学基金委员会	2017.01	36
108	具有正则*-断面的正则半群的代数结构及簇理论研究	王守峰	国家自然科学基金委员会	2017.01	35
109	云南省中青年学术技术带头人后备人才	李　芳	云南省中青年学术技术带头人后备人才	2017.04	12
110	图的亚循环正则覆盖和几类自补点传递图的研究	刘　寅	云南省应用基础研究计划青年项目	2017.06	5
111	参数随机广义方程解映射的HOLDER 稳定性及其应用	欧阳薇	云南省应用基础研究计划青年项目	2017.06	5
112	非局部椭圆型方程(组)解的多重性及性态研究	赵富坤	国家自然科学基金委员会	2018.01	48
113	MicroRNA 和转录因子共调控模型的构建及其动力学功能分析	闫　芳	国家自然科学基金委员会	2018.01	46
114	完全非线性外蕴曲率流的几个问题	郭顺滋	国家自然科学基金委员会	2018.01	36
115	拟线性椭圆方程(组)无穷多解的存在性及相关问题研究	刘祥清	国家自然科学基金委员会	2018.01	36
116	涉及整函数、指数多项式和多项式的三个问题研究	李玉华	国家自然科学基金委员会	2018.01	35

6. 部分教材和著作

序号	成果名称	作者	出版单位	时间
1	代数与几何(上、中)	朱德祥	重庆国立编译馆	1938～1940 年
2	综合射影几何	朱德祥	本校编印	1952 年
3	近世几何	朱德祥	本校编印	1952 年
4	初等函数	唐绍宾	本校编印	1954 年
5	算数讲义(全一册)	冯荣轩	本校编印	1956～1957 年
6	算数自学指导参考书(两册)	冯荣轩	本校编印	1956～1957 年
7	初等数学复习及研究(立体几何)	朱德祥	高教部	1957 年
8	数学分析复习提纲	蒋嗣渠	本校编印	1957 年
9	中学数学教学参考资料——算数(全一册)	冯荣轩	云南人民出版社	1958 年
10	数学分析	唐绍宾	油印成册作专科教材使用	1958 年
11	高等数学	唐绍宾	油印成册作教材使用	1960 年
12	常微分方程论讲义	王文偶	本校编印	1961 年

续表

序号	成果名称	作者	出版单位	时间
13	初等代数(全一册)	冯荣轩	本校刻印作为1960年级教材使用	1961年
14	高等代数	冯荣轩	本校编印	1962年
15	数学文摘的一些稿件	蹇素雯	数学文摘	1962年
16	Hadamard几何(上册)	朱德祥	上海科学技术出版社	1964年
17	Hadamard几何(下册)	朱德祥	上海科学技术出版社	1966年
18	微分几何•重积分	朱德祥	云南出版社	1966年
19	云南省中学数学课本一二册之代数内容	冯荣轩	云南人民出版社	1971年
20	物理专业初等数学(代数部分)	冯荣轩	本校印刷作为物理系教材使用	1972年
21	立体几何题解	蒋嗣渠	本校编印	1972年
22	平面解析几何	唐绍宾,蒋嗣渠	本校编印	1973年
23	云南省高中试用课本数学(第一册)	蒋嗣渠(编写一、三章)	云南人民出版社	1976年
24	三角	王文偁	本校编印	1977年
25	概率论数理统计	王　骅、李正方	本校编印	1977年
26	数学分析(上册)	吕锡麟,蒋嗣渠	本校编印	1977年
27	数学分析(下册)	吕锡麟,蒋嗣渠	本校编印	1978年
28	杆系结构分析及其计算机程序(上中下册)	刘声烈	本校编印	1978年
29	分析基础习题解答	王文偁	本校编印	1979年
30	中学数学手册(上下册)	李忠映、张　森	云南人民出版社	1979年
31	极限与极限题	吕冠国	云南人民出版社	1980年
32	常微分方程题解	邵儒林、王文偁	本校编印	1980年
33	实变函数论题解	蒋嗣渠,吴兴来	本校编印	1980年
34	数学物理方程参考题解	吕冠国	本校编印	1981年
35	高等几何习题解答	李忠映、徐学钰、乔中春	本校编印	1982年
36	初等几何习题解答	徐学钰、徐绍珍、熊民福、乔中春、许慧芳、郭　震	本校编印	1982年
37	拉氏变换及应用基础	王文偁	本校编印	1982年
38	理论和实用技术	朱德祥	上海科学技术出版社	1982年
39	高等几何	朱德祥	高等教育出版社	1983年
40	点集拓扑习题与解答	杨承纶	本校编印	1983年
41	整函数	唐绍宾	油印成册作四年级选修教材使用	1983年
42	复变函数(二)	唐绍宾	油印成册作四年级选修教材使用	1983年
43	初等几何研究	朱德祥	高等教育出版社	1984年

续表

序号	成果名称	作者	出版单位	时间
44	APPLE-II BASIC 与 DOS 3.3	胡国樑	云南师范大学教材	1984 年
45	PASCAL 上机操作简介	胡国樑	云南师范大学教材	1985 年
46	使用 PASCAL 的数据结构	杨秀国	计算机科学研究生课教材	1985 年
47	微分几何•重积分	朱德祥	本校编印	1985 年
48	APPLE PASCAL 入门	胡国樑	昆明第二职业中专	1986 年
49	常微分方程稳定性理论	邵儒林	本校编印	1986 年
50	复变函数论	路可见、林玉波	上海科学技术出版社	1986 年
51	高等数学复习与研究	黄华秋	云南大学编印	1987 年
52	高等师范院校数学专业数学分析教学质量标准(教学大纲细则)	吕锡麟，蒋嗣渠	本校编印	1987 年
53	城市综合治理系统工程	吕冠国等	群众出版社	1991 年
54	高等几何的思维与方法	朱德祥、李忠映	云南教育出版社	1991 年
55	中华学习机 CEC-I 苹果机大全④	林毓材、黄一禾、阮　建	电子工业出版社	1992 年
56	不可解问题	林毓材	云南教育出版社	1992 年
57	关于初等多值函数单值分枝问题	刘士强、林玉波	兰州大学出版社	1993 年
58	复变函数专题选讲(二)	林玉波	高等教育出版社	1993 年
59	数学课堂教学演习讲义	杨承纶、马绍文	云南科技出版社	1993 年
60	经济应用数学	邵儒林	电子科技大学出版社	1993 年
61	冷轧丝杠辊辊型设计的数学方法	吕冠国、邵　南	科学出版社	1994 年
62	数学课堂教学方法研究	龙敏信	云南民族出版社	1994 年
63	模糊集合论基础	施恩伟等	西南交通大学出版社	1994 年
64	微机基础与应用	杨秀国	云南大学出版社	1994 年
65	数学教育学教程	燕琼芝	云南民族出版社	1995 年
66	概率论与数理统计	李正方、郭民之	云南民族出版社	1995 年
67	几何解题算法	李忠映、张　森	云南教育出版社	1995 年
68	数学分析的范例与习作	王文偶、董义琳、李玉华	云南科技出版社	1996 年
69	近世代数基础	和福生、肖　薇、张　华、尹　正	云南科技出版社	1996 年
70	高等代数专题选讲	高哲敏、张　华、肖　薇	云南科技出版社	1997 年
71	高等代数分析与研究	张　华	云南科技出版社	1998 年
72	初等代数专题研究	马裕民、马　煜、龙　瑶、白　涛	云南科技出版社	1998 年
73	数学物理方程	邵　南、李　锋	云南教育出版社	1998 年
74	平面三角	马裕民	云南大学出版社	1999 年

续表

序号	成果名称	作者	出版单位	时间
75	高等数学（非数学专业用）（第一、二册）	方　钢、林　谦、杨庆益、张曙祥	云南教育出版社	2000 年
76	中学数学教学法概论	黄永明、亢红道	云南大学出版社	2002 年
77	拓扑与流形	郭　震、曾宪祖	云南科技出版社	2002 年
78	初等几何研究（第二版）	朱德祥，朱维宗	高等教育出版社	2003 年
79	流形上的微积分	施恩伟	科学出版社	2004 年
80	怎样用科学计算器解决数学问题（高中版）	黄邦杰、孔德宏、郑绍伟	云南大学出版社	2004 年
81	聚焦数学教育——研究生学术沙龙文集	朱维宗	云南民族出版社	2005 年
82	数学分析（上册）（面向 21 世纪课程教材）	吕冠国、邵　南、谷天慧、王　涛、董义琳、方　钢	科学出版社	2006 年
83	数学分析（下册）（面向 21 世纪课程教材）	吕冠国、邵　南、谷天慧、王　涛、董义琳、方　钢	科学出版社	2006 年
84	高等几何（第二版）	朱德祥，朱维宗	高等教育出版社	2007 年
85	微分方程的算子方法	化存才	云南科技出版社	2007 年
86	聚焦数学教育 II——教育硕士学术沙龙文集	朱维宗	云南民族出版社	2008 年
87	(LL*)积分——广义 Lebesgue 积分	吕冠国、吕　君	科学出版社	2009 年
88	Probability & Statistics	干晓蓉、郭民之	武汉大学出版社	2009 年
89	常微分方程解法与建模应用选讲	化存才、赵奎奇、杨　慧、刘海鸿	科学出版社	2009 年
90	初等数学复习及研究・立体几何（第二版）	朱德祥，朱维宗	哈尔滨工业大学出版社	2010 年
91	初等数学教程・平面几何	朱德祥，朱维宗	哈尔滨工业大学出版社	2010 年
92	初等数学教程・立体几何	朱德祥，朱维宗	哈尔滨工业大学出版社	2010 年
93	初等数学教程・理论与实用算术	朱德祥，朱维宗	哈尔滨工业大学出版社	2010 年
94	数学应用工程研究	化存才、陆启韶、任　维、何树红、刘海鸿、杨干山、杨　慧	科学出版社	2010 年
95	资产定价模型扩展与中国资本市场证据	王源昌	科学出版社	2010 年
96	概率统计实验	郭民之	北京大学出版社	2010 年
97	微分方程学习、设计与建模应用导引	化存才、黄　炯、丁海华	西南交通大学出版社	2011 年
98	聚焦数学教育——小学数学课堂教学生成研究	朱维宗	哈尔滨工业大学出版社	2011 年
99	数学课程标准与学科教学	黄永明、陈静安	南京大学出版社	2011 年
100	几何学教程（立体几何卷）	朱德祥、朱维宗	哈尔滨工业大学出版社	2011 年
101	几何学教程（平面几何卷）	朱德祥、朱维宗	哈尔滨工业大学出版社	2011 年

续表

序号	成果名称	作者	出版单位	时间
102	聚焦数学教育——小学数学课堂教学生成的研究	朱维宗、张洪巍	哈尔滨工业大学出版社	2011 年
103	世界著名初等数学经典著作钩沉(理论和实用算术卷)	朱德祥、朱维宗	哈尔滨工业大学出版社	2011 年
104	云南历年数学高考试题分类详解与模拟练习-文科分册	朱华山、侯　芳	云南教育出版社	2011 年
105	云南省历年数学高考试题分类详解与模拟练习(理科分册)	朱华山、侯　芳	云南教育出版社	2011 年
106	高等数学(理工类)	方　钢、严庆丽	科学出版社	2012 年
107	概率论与数理统计(理工类)	郭民之、曾　黎、曹　军、聂彩仁、杨新平	科学出版社	2012 年
108	概率统计实验	郭民之、张志明、王　涛、韩俊林、李　丽	北京大学出版社	2012 年
109	数学实验	李　锋、唐家德、晏　林、李周红、杨明周、刘庆升、赵若男	科学出版社	2012 年
110	数学教学概论	刘　俊、孙雪梅、康　霞、杨静梅、朱维宗	科学出版社	2012 年
111	高等数学(经管类，上册)	林　谦	科学出版社	2012 年
112	茶马古道的 10 个驿站	杨　蕾	大众文艺出版社	2012 年
113	边疆民族地区师范类院校大学生职业素质拓展研究	杨映霞、李迎果、吴　洋、吕国粱、代芳芳	人民出版社	2012 年
114	Primitive Permutation Groups with Soluble Stabilizers	张　华	Lambert Academic Publishing	2012 年
115	线性代数	张曙翔、刘　云、黄晓昆、谢　芳、刘　伟、蔡　翠	科学出版社	2012 年
116	高等数学 化生地类(上册)	赵奎奇、方艳溪、张绍康、程　洁、李绍林	科学出版社	2012 年
117	基础教育数学课程教学原理与方法	朱维宗	云南大学出版社	2012 年
118	数学质疑式教学的研究	朱维宗、康　霞、张洪巍	哈尔滨工业大学出版社	2012 年
119	概率论与数理统计(大学数学系列教材)	干晓蓉、郭民之	高等教育出版社	2013 年
120	数学模型在高等教育问题中的应用	化存才	科学出版社	2013 年
121	高等几何	朱德祥、朱维宗	云南省高等学校十二五规划教材	2013 年
122	多元统计分析——基于 R	费　宇、郭民之、陈怡娟	中国人民大学出版社	2014 年

续表

序号	成果名称	作者	出版单位	时间
123	云南省2014年特岗教师招聘考试大纲(数学部分)	孔德宏、马绍文、戴庆华、赵 坚、罗 晶、殷家福	辽宁人民出版社	2014年
124	数学教学设计	孙雪梅、朱维宗、吴 波、康 霞、杨静梅、刘 俊	哈尔滨工业大学出版社	2014年
125	高等几何	朱德祥、朱维宗	高等教育出版社	2015年
126	基础教育数学课程与教学概论	常进荣、窦艳波、康 霞、朱维宗	科学出版社	2016年
127	轻松学会计系列教材之会计学·原理	郭漫勤	云南教育出版社	2016年
128	研究生数学建模导引	化存才、刘深泉、郭民之、黄 炯	科学出版社	2016年
129	轻松学会计系列教材之会计学原理	郭漫勤	美国南方出版社	2017年
130	数学分析典型问题选讲	刘海鸿、胥成林、闫 芳、李成仙	科学出版社	2017年
131	数学课程与教学论	朱维宗、康 霞	科学出版社	2017年
132	朱德祥代数与几何讲义(第1卷)	朱德祥	哈尔滨工业大学出版社	2017年
133	朱德祥代数与几何讲义(第2卷)	朱德祥	哈尔滨工业大学出版社	2017年
134	朱德祥代数与几何讲义(第3卷)	朱德祥	哈尔滨工业大学出版社	2017年

7. 主要科研论文

序号	论文名称	作者	出版刊物	时间	备注
1	极大极小	唐绍宾	昆明师范学院校刊	1959年	
2	换位群为巡回群且属于中核的P群	刘声烈	数学学报	1952年第2卷1、2期合刊	
3	复数合同群之构造及其对于合同方程式 $x^2+y^2\equiv d \bmod n$ 之解之应用	刘声烈	中国科学	1952年第2卷2期	
4	关于复变函数构造理论的第二基本准则的几点注记	林玉波	武汉大学学报	1957年1期	
5	广义中值定理	王用华	昆明师范学院《红色教师》	1959年9期	
6	(常微分方程几何理论与分支问题)学习参政问题	王文偁	油印使用	1961年	
7	论混合型微分方程	吕冠国	学术研究	1963年6期	
8	自由李环中元素间的线性关系	刘声烈	中国数学会代数专业会议-I、论文摘要	1965年	
9	方阵方程 $y'=aga^{-1}$ 与 $h=x'gx$ 的一般解	刘声烈	中国数学会代数专业会议-I、论文摘要	1965年	
10	冷轧丝杆理论曲线计算	施恩伟	昆明师范学院学报	1975年2期	

续表

序号	论文名称	作者	出版刊物	时间	备注
11	冷轧丝杆轧辊理论曲线及其数值计算	吕冠国	教育革命	1975 年 2 期	
12	溯源冲刷的数值问题分析	赵惠然	昆明师范教育革命	1975 年 6 期	
13	平面渗流稳定分析	邱达三	校印刷厂油印	1976 年	
14	溯源冲刷问题	吕冠国、赵惠然、杨直忠	教育革命	1976 年	
15	地下厂房的应用计算	吕冠国、赵惠然、杨直忠	云南省水科所上报水电部材料	1976 年	
16	防渗墙的应力计算	吕冠国、赵惠然、杨直忠	水电设计院印	1976 年	
17	一类奇积分方程的求解及在偏微分方程上的应用	吕冠国	教育革命	1977 年 2 期	
18	介绍加法定理的一种证明方法	王文偁	昆明师范学院学报	1978 年 1 期	
19	螺旋横轧辊型理论的研究	吕冠国	锻压技术	1978 年 3 期	
20	多元积分及其数值计算	吕冠国	昆明师范学院国庆三十周年纪念论文专刊	1979 年	
21	误差理论及其在选矿上的应用	王　骅	昆明师范学院学报	1980 年 2 期	
22	曲面啮合理论及应用	吕冠国	云南科技	1980 年 3 期	
23	形式语言	杨秀国	昆明师范学院学报(自然科学版)	1981 年	
24	问题 M 之唯一性定理	吕冠国	昆明师范学院学报	1981 年 2 期	
25	漫谈常微分方程的学习	王文偁	教学研究	1982 年 1 期	
26	一类混合型微分方程之 Tricomi 问题	吕冠国	昆明师范学院学报	1982 年 1 期	
27	札记两则(第二则)	吕冠国	昆明师范学院学报	1982 年 2 期	
28	曲面啮合理论续	吕冠国	昆明师范学院学报	1982 年 2 期	
29	二重极限的换序问题	王用华	云南师范大学学报	1982 年 3 期	
30	群图与图群一类可旋群的算术化研究	杨秀国	全国第一届代数学学术会宣读收入会议文集	1982 年 4 月	
31	数学作业批改系统	胡国樑	人工智能学报	1983 年	
32	非正则周期 Riemann 边值问题和它在求解含 H 核非正则型奇异积分方程上之应用	林玉波	武汉大学学报	1984 年 1，2 期	
33	波动方程特征初值问题及其应用	吕冠国	云南师范大学学报(自然科学版)	1984 年 1 期	
34	从极坐标出发研究平面线性自治系统的相图	王文偁	云南师范大学学报	1984 年 1 期	
35	Fuzzy 关系方程最小解的存在性	施恩伟	云南师范大学学报	1984 年 1 期	
36	精轧丝杆轧辊的辊形理论与设计	林毓材	云南师范大学学报	1984 年 1 期 2 期	
37	一个定解问题适定性之证明	吕冠国	云南师范大学学报	1984 年 2 期	
38	二次泛函主要定理的空间概念证明法	何　瑶	云南师范大学学报	1984 年 2 期	
39	教师现状统计分析程序	胡国樑	云南师范大学学报	1984 年 3 期	

续表

序号	论文名称	作者	出版刊物	时间	备注
40	The Decision Problems for properties of Transformation Groups(变换群性质的判定问题)	林毓材	数学年刊	1984 年 4 期	
41	The Decision Problems about the periodic Solutions of Domino problems(多米诺问题的周期解判定问题)	林毓材	数学年刊	1984 年 4 期	
42	Fuzzy 积分及其简单性质	吕冠国	云南师范大学学报	1985 年 1 期	
43	切塔耶夫一个定理的注记	邵儒林	云南师范大学学报	1985 年 1 期	
44	求关系方程极小解的新方法	施恩伟	云南师范大学学报	1985 年 1 期	
45	多米诺样品集周期解类判定问题的 Np-困难性	林毓材	云南师范大学学报	1985 年 1 期	
46	置换群、图及其数值信息	杨秀国	云南师范大学学报	1985 年 1 期	
47	线性代数中的几种等价关系	冯荣轩	云南师范大学学报	1985 年 1 期	
48	可迁竞赛图的构造方法	赵惠然	云南师范大学学报	1985 年 1 期	
49	半线型的非严格双曲型方程哥西问题解的局部存在定理	蹇素雯	武汉大学学报	1985 年 3 期	
50	Kantorovich 不等式的初等证法	施恩伟	数学的实践与认识	1985 年 4 期	
51	康托洛维奇不等式初等证明	施恩伟	数学的实践与认识	1985 年 4 期	
52	含 H 核非正则型奇异积分方程	林玉波	武汉大学学报	1986 年	
53	Hanoi 塔图	卢学妙	国际计算机数学杂志	1986 年 1 期	
54	对复数域上根式性质及有理指数幂的讨论	杨承纶	云南师范大学学报	1986 年 1 期	
55	Fuzzy 积分之收敛性定理	吕冠国	云南师范大学学报	1986 年 1 期	
56	波动方程特征值问题之间断性问题	吕冠国	云南教育学院学报	1986 年 1 期	
57	非正则性奇异积分方程	林玉波	云南师范大学学报	1986 年 1 期	
58	一类高阶的半线性非严格双曲型方程的 Cauchy 问题	蹇素雯	云南师范大学学报	1986 年 1 期	
59	关于近世代数基本概念的表述	何　瑶	云南师范大学学报	1986 年 1 期	
60	关于多项式系数二阶齐线性方程具有多项式特解的讨论	黄华秋	云南师范大学学报内部印	1986 年 1 期	
61	非正则型乘法双准周期和双周期 Riemann 边值问题	林玉波	云南师范大学学报	1986 年 2 期	
62	解析函数孤立奇点的分类	王用华	云南师范大学学报	1986 年 5 期	
63	图的平面性添加算法	林毓材	计算机学报	1986 年 1 期	
64	分子格构成 Fuzzy 布尔代数的条件	施恩伟	自然杂志	1986 年 6 月	
65	统构性指述归纳学习的复杂度	卢学妙	计算机学报	1987 年	
66	Fuzzy 布尔代数的理想	施恩伟	国际会议论文集	1987 年	
67	Fuzzy 递算子的 BCK 代数特征	施恩伟	(荷兰)FuzzyStats and Stgems	1987 年 3 期	
68	一类生态系统的李雅普诺夫函数的构造	邵儒林	云南师范大学学报	1987 年 2 期	
69	分子格构成 Fuzzy 布尔代数条件	施恩伟	模糊数学	1987 年 2 期	
70	关系方程极小解个数的猜测	施恩伟	(德)BUSEFAL	1987 年 31 卷	

续表

序号	论文名称	作者	出版刊物	时间	备注
71	保并映射的解析表达式	施恩伟	模糊数学	1987 年 3 期	
72	Score vectors of Kotzig tournaments (Kotzig 竞赛图的比分向量)	林毓材	(美)组合数学杂志	1987 年 3 期	
73	The relation word problems(关系的字问题)	林毓材	数学研究与评论	1987 年 2 期	
74	关于模糊关系方程极小解个数的猜测	施恩伟	科学通报	1987 年 3 月	
75	半线型的非严格双曲型方程解的局部存在定理	蹇素雯	武汉大学学报	1988 年 3 期	
76	拟序同态的某些性质	施恩伟	工程数学学报	1988 年 4 月	
77	关于加权距离正则图和立方图	李才恒	应用数学与计算机学报	1989 年 1 期	
78	非正则型跃度问题	林玉波	数学杂志	1989 年 4 月	
79	一类具有奇异系数的非严格双曲型拟微分方程的哥西问题	蹇素雯	数学物理学报	1989 年 4 月	
80	Rough 集上不易辨识关系的特征性质	施恩伟	科学通报	1989 年 9 月	
81	关于加权距离正则图和立方图	李才恒	应用数学与计算数学学报	1989 年 7 月	
82	拟 Sasaki 流形的不变子流形	郭　震	数学杂志	1990 年 10 月	
83	集值映射有连续选择的特征条件	梁　进、肖体俊	自然杂志	1990 年 3 月	
84	关于集值映射有连续选择的一点注记	梁　进、肖体俊	自然杂志	1990 年 8 月	
85	关于局部凸空间中集值 K 映像的一个注记	梁　进、肖体俊	自然杂志	1990 年 7 月	
86	关于算子的不变子集	梁　进、肖体俊	昆明工学院学报	1990 年 8 月	
87	格上超滤子的某些代数性质	施恩伟	中国系统工程学会模糊数学与模糊系统委员会第五届年会论文选集	1990 年 8 月	
88	关于 Banach 空间中无限时滞自治线性泛函微分方程的指数稳定问题	肖体俊	科学通报	1989 年 8 期	
89	关于 Banach 空间中的完全二阶线性微分方程	肖体俊	(美国)太平洋数学杂志	1990 年 2 期	
90	计算机辅助教学软件《读、答、算、推、解》的设计与实现	林毓材	全国计算机辅助教育学会第四届学术年会论文集	1990 年	
91	A note on the propagators of second order linear differential equations in Hilbert spaces	肖体俊、梁　进	Proceedings of the American Mathematical Society	1991 年 113 期	
92	Functional differential equations with infinite delay in Banach spaces	梁　进、肖体俊	International Journal of Mathematics and Mathematical Sciences	1991 年 14 期	
93	带无限时滞的抽象泛函微分方程的解	梁　进、肖体俊	数学学报	1991 年 5 期	
94	催化型方程 Cauchy 问题的适定性和解的指数增长性	梁　进、肖体俊	高校应用数学学报(A 辑)	1991 年 6 期	
95	算法语言程序设计课程的 CAI 开发语言	林毓材、刘娅芳	全国计算机辅助教育学术讨论会论文集	1991 年	
96	CAI 课程设计语言 RAETS	林毓材、夏幼明	全国计算机辅助教育学术讨论会论文集	1991 年	

续表

序号	论文名称	作者	出版刊物	时间	备注
97	Second order linear differential equations with almost periodic solutions	肖体俊、梁　进	Acta Mathematica Sinica	1991 年 7 期	
98	集值映射的不动点及微分包含的解的存在性和周期解	肖体俊	四川大学学报	1991 年 3 期	
99	论理想矩及其分解	王　骅	云南师范大学学报	1991 年 3 期	
100	二次同余式判定与解法	王　骅	云南师范大学学报	1991 年 4 期	
101	催化型方程 Cauchy 问题的适定性和解的指数增长性	梁　进、肖体俊	高校应用数学学报(A 辑)	1991 年 12 月	
102	Deutsch-Kenderov 连续近似选择定理的一个推广	梁　进、肖体俊	昆明工学院学报	1991 年 6 月	
103	Banach空间中非完全二阶微分方程解的概周期性	梁　进、肖体俊	云南师范大学学报	1992 年 12 期	
104	云南省骨干教师培训课程探索	杨承纶	云南师范大学学报	1992 年 4 期	
105	适用于各种微机及多种汉字系统的 VGA EGA office 高级自动制表软件的移植	杨秀国	IDG 计算机世界	1992 年 12 月	
106	数学思维的特点	龙敏信	数学教育学报	1992 年 1 期	
107	半临界度的强可加性度	蒋　映	云南师范大学学报	1992 年 1 期	
108	0~1 的一个分解定理	李昂生	中国科学(A 辑)	1992 年 10 期	
109	生长曲线模型中协差阵的最优非负估计(II)	蒋文江	中国科学(A 辑)	1992 年 12 期	
110	多元线性模型中一个二次估计的非负最优性	蒋文江	数学年刊(A 辑)	1992 年 1 期	
111	共形对称的 K-切触流形	郭　震	数学季刊	1992 年 1 期	
112	递归可枚举度的强分解定理	李昂生	数学季刊	1992 年 2 期	
113	Fréchet 空间中的二阶线性微分方程 Cauchy 问题的适定性	肖体俊	数学学报	1992 年 3 期	
114	一类具有奇异系数的弱双曲型方程的解的可微性及渐进性	蹇素雯	数学杂志	1992 年 3 期	
115	独立随机变量部分和增量的某些极限结果	张洪波	数学杂志	1992 年 2 期	
116	点像落在 Fréchet 空间中集值映射的连续选择	梁　进、肖体俊	云南师范大学学报	1992 年 12 期	
117	Complete second order linear differential equations with almost periodic solutions	肖体俊	Journal of Mathematical Analysis and Applications	1992 年 163 期	
118	On a generalization of Horn' s fixed point theorem	肖体俊	Journal of Mathematical Analysis and Applications	1992 年 164 期	
119	一类算子矩阵及应用	肖体俊	昆工学报	1992 年 17 期	
120	Analyticity of the propagators of second order linear differential equations in Banach spaces	肖体俊、梁　进	Semigroup Forum	1992 年 44 期	
121	多元线型模型中一部二次估计的非负性	蒋文江	数学年刊	1992 年 13 期	

续表

序号	论文名称	作者	出版刊物	时间	备注
122	生长曲线模型中协差阵的最优非负估计(I)	蒋文江	应用数学学报	1992 年 1 期	
123	《中华学习机 CEC-I 苹果机大全④》	林毓材	电子工业出版社	1992 年 5 月	
124	独立随机变量滞后和增量的极限点的分布结果	张洪波	数学杂志	1993 年 4 月	
125	一类算子矩阵及应用	梁　进、肖体俊	昆明工学院学报	1992 年 10 月	
126	生长曲线模型的非负估计	蒋文江	中国科学	1993 年	
127	完备黎曼流形的几何变换群的拓扑性质	郭　震	云南师范大学学报	1993 年	
128	C-Well posedness of a class of higher order abstract Cauchy problem	肖体俊	美国数学会 99 届会议论文摘要集	1993 年 1 月	
129	Banach空间中非完全二阶微分方程的解的概周期解	肖体俊	昆明工学院学报	1993 年 1 月	
130	点像落在 Fréchet 空间中集值的连续性	肖体俊	昆明工学院学报	1993 年 2 月	
131	在专业教学中育人，做学生的良师益友	杨庆益	教育科学出版社《红烛集》	1993 年 2 月	
132	Existence and uniqueness of entire function of differential equations in Banach spaces	肖体俊	美国际学术会议论文集	1993 年 5 月	
133	A note on arbitrary order abstract Cauchy problem	肖体俊	国际学术会议论文集	1993 年 5 月	
134	Conditions of existence and uniqueness of solutions of differential equations in Banach spaces	肖体俊	国际学术会议论文集	1993 年 5 月	
135	参数矩阵虚特征值的判别及应用	和福生、唐民英	云南师范大学学报	1993 年 7 月	
136	带复平移的变系数奇异积分方程组	林玉波	全国学术会议论文集	1993 年 11 月	
137	带共轭且带平移的变系数奇异积分方程组的封闭形式解	林玉波	全国学术会议论文集	1993 年 11 月	
138	高阶抽象微分方程的 Cauchy 问题	肖体俊	数学年刊 A 辑(中文版)	1993 年 1 期	
139	关于抽象微分方程解的解析性态	肖体俊	云南师范大学学报	1993 年 1 期	
140	一类奇异弱双曲方程的哥西问题	蹇素雯	数学物理学报	1993 年	
141	“昆机”股票认购证摇号办法浅析	吕冠国、邵　南、李　锋	云南日报	1993 年 12 月	
142	X^n(n\ge4)上 4 阶拓扑的结构	杨承纶、郭志勇	云南师范大学学报	1993 年 2 期	
143	罗氏几何的特有适合探讨	朱维宗	云南师范大学学报	1993 年 2 期	
144	一类(ACP_n)O(e^n)解存在唯一与其系数算子性态的关系	肖体俊	云南师范大学学报	1993 年 3 期	
145	一个常系数线性微分方程定理	邵儒林	云南师范大学学报	1993 年 3 期	
146	罗氏三角形的旁心	朱维宗	云南师范大学学报	1993 年 3 期	
147	利用打印机接口实现并行数据传递和接收	郭思平	云南师范大学学报	1993 年 3 期	
148	A Decomposition Theorem of o’	李昂生	Science in China Series A	1993 年 36 期	
149	The Cauchy problem for highter order abstract differential equations	肖体俊	Chin J.contem.Math	1993 年 12 期	

续表

序号	论文名称	作者	出版刊物	时间	备注
150	The topological versions of KKM theorem and Fan' s matching theorem with applications	吴 鲜	Topological Methods in Nonlinear Analysis	1993 年 11 期	
151	半线性奇异双曲方程组哥西问题的局部解的存在唯一性	蹇素雯	云南师范大学学报	1994 年 3 期	
152	生长曲线模型回归系数的可容性估计	郭民之	应用数学学报英文版	1994 年 2 期	
153	Parabolicity of a class of higher order abstract differential equations	肖体俊、梁 进	Proceedings of the American Mathematical Society	1994 年 120 期	
154	PASCAL 程序正确性验证初阶	张 森	云南师范大学学报	1994 年 1 月	
155	略论教学课堂教学引入	龙敏信	教学教育学报	1994 年 1 月	
156	关于可测函数列的各种收敛	林 谦	云南师范大学学报	1994 年 2 月	
157	Higher order abstract Cauchy problems in locally convex space	肖体俊	Intter.confer.Diff.Eqns.&control Theory 国际学术会议论文摘要集	1994 年 3 月	
158	无限时滞抽象泛函微分方程的可解性及稳定性	肖体俊	四川大学学报	1994 年 3 月	
159	数学问题解答	龙敏信	数学通报	1994 年 6 月	
160	与勃罗卡点相关的几个命题	龙敏信	中学数学通讯	1994 年 9 月	
161	一类半线性奇异发展偏微分方程的整体解	蹇素雯、罗 华	武汉大学学报	1994 年 3 期	
162	概率半紧 1-集压缩场的拓扑度及其不动点定理	吴 鲜	新疆大学学报	1994	
163	林一全极大极小不等式的应用	吴 鲜	昭通师范专科学校学报	1994	
164	供需关系对价格变动影响的差分方程模型	曾宪祖	云南师范大学学报	1994 年 1 月	
165	Fuzzy 关系闭包定理的推广	施恩伟	云南师范大学学报	1994 年 2 月	
166	带共轭且带平移的变系数奇异积分方程组的封闭形式解	林玉波	四川师范大学学报	1994 年 3 月	
167	无限时滞抽象泛函微分方程的可解性及稳定性	梁 进、肖体俊、黄发伦	四川大学学报	1994 年 2 月	
168	A Topological KKM Theorem and Minimanx Theorems	吴 鲜	J. Math. Anal. Appl.	1994 年 128 期	
169	Further Generalization ies for Mixed Concave -Convex Functions and Application	吴 鲜	J. Math. Anal. Appl	1994 年 186 期	
170	非空交定理，极大极小定理和抽象经济平衡存在定理	吴 鲜	Chinese J. Math(台)	1995 年 6 月	
171	Fuzzy 格范畴广义逆及性质	施恩伟	云南师范大学学报	1995 年 1 期	
172	完备黎曼流形的几何变换群的拓扑性质	郭 震	云南师范大学学报	1995 年 1 期	
173	生长曲线模型中协方差阵的最优不变估计	蒋文江、李正方	云南师范大学学报	1995 年 1 期	
174	Com:A mosel For Distribut Diagnostic Systems	刘 薇	第 18 届计算机与工业国际会议(ICCLIE)	1995 年 10 期	
175	建立几何模型解(证)代数、三角竞赛题	龙敏信	中学教学	1995 年 12 期	

续表

序号	论文名称	作者	出版刊物	时间	备注
176	改革传统教法，提高民族学生素质	朱维宗	数学教学通讯	1995 年 12 期	
177	在局部凸空间中的高阶抽象 Cauchy 问题	肖体俊	微分方程与控制论(美)	1995 年 2 期	
178	PASCAL 程序中 FOR 语句正确性检验	张　森	云南师范大学学报	1995 年 2 期	
179	H 空间中的 KKM 定理，匹配定理，重合定理和 Von Neumann 极大极小不等式的新推广	吴　鲜	云南师范大学学报	1995 年 3 期	
180	Rough 集理论研究进展状况	施恩伟	云南师范大学学报	1995 年 3 期	
181	建立代数模型解几何竞赛题	曾宪祖、龙敏信	中学教学	1995 年 4 期	
182	投资决策分析中净值法限定条件的修定	曾宪祖	云南财政与会计	1995 年 8 期	
183	A three-stage	刘　薇	J. of Comput. Sci&Technd	1995 年 5 月	
184	带共轭且带平移的变系数奇异积分方程组的封闭形式解	林玉波	高校应用数学学报(A 辑)	1995 年 9 月	
185	射影直线上点的运算	李忠映、王小梅	云南师范大学学报	1995 年 3 月	
186	全文种字处理问题	林毓材	云南师范大学学报	1996 年 12 月	
187	缺项及随机 Legendre 级数的边界性质	李玉华	数学杂志	1996 年 10 月	
188	64 位 PCI 真彩色显示适配卡的测试与评价	李必瑾、杨秀国	计算机应用研究	1996 年 7 月	
189	A Further Generalization of Yannelis–Prabhakar' s Continuous Selection Theorem and Its Applications	吴　鲜	Journal of Mathematical Analysis and Applications	1996 年 197 期	
190	Norm Continuity (for t>0) of Propagators of Arbitrary Order Abstract Differential Equations in Hilbert Spaces	梁　进、肖体俊	Journal of Mathematical Analysis and Applications	1996 年 204 期	
191	Widder-Arendt theorem and integrated semigroups in locally convex space	肖体俊、梁　进	Science in China Series A-Mathematics	1996 年 39 期	
192	Integrated semigroups, cosine families and higher order abstract Cauchy problems	肖体俊、梁　进	Functional Analysis in China	1996 年	
193	局部凸空间中的 Widder-Arendt 定理与积分半群	肖体俊	中国科学(A 辑)	1996 年 10 期	
194	带复平移的变系数奇异积分方程组	林玉波	数学物理学报	1996 年 1 期	
195	全文种输入法的一种编码设计	郭思平、刘娅芳、杨秀国、林毓材	中文信息	1996 年 1 期	
196	Minkowski 空间中保高斯映射的共形形变	郭　震	数学研究	1996 年 2 期	
197	Associate 算子的某些结果	施恩伟	模糊系统与数学	1996 年 2 期	
198	基于领域知识的需求信息获取	夏幼明	软件学报	1996 年 3 期	
199	全文种字处理系统的编码和输入	刘娅芳、郭思平、杨秀国、林毓材	中文信息	1996 年 4 期	
200	全文种字处理问题	林毓材	云南师范大学学报	1996 年 4 期	
201	The Routing problem of in Com-Star Network	邓伟升、林毓材、顾震宇、陈玉华	97' 国际组合数学学术会议	1997 年 5 月	

续表

序号	论文名称	作者	出版刊物	时间	备注
202	CAI 写作语言 AUTOCAI	林毓材	97’21 世纪理科教育与师资培训国际研讨会	1997 年 9 月	
203	关于整函数在复合意义之下的因子分解	李玉华	数学研究与评论	1997 年 1 期	
204	一类高阶抽象方程的 Cauchy 问题	肖体俊	数学年刊(A 辑)	1997 年 2 期	
205	奇异半线性抛物方程初值问题解的存在性与不存在性，Blow-up 问题及解的无限增长性	蹇素雯、杨凤藻	数学物理学报	1997 年 4 期	
206	奇异半线性发展方程的局部 Cauchy 问题	蹇素雯	数学学报	1997 年 5 期	
207	奇异半线性热方程的非奇性初值问题解的存在性与不存在性	蹇素雯、杨凤藻	云南工业大学学报	1997 年 6 月	
208	Sobolev 嵌入定理的推广	伍春兰、朱维宗	云南师范大学学报	1997 年 9 月	
209	线性算子族在 $t>0$ 上的范数连续性	肖体俊	科学通报	1998 年 2 期	
210	组合星图的拓扑结构研究	林毓材	云南师范大学学报	1998 年 2 期	
211	正则解析半群与正则 Cosine 函数	肖体俊	数学学报	1998 年 3 期	
212	曲率平行的黎曼流形到欧氏空间的等距浸入	郭　震	数学学报	1998 年 5 期	
213	RosAtonio.3-空间曲面上的一个重要向量场及相关结果	郭　震	数学年刊(A 辑)	1998 年 5 期	
214	奇异半线性热方程初值问题解的存在性与 Blow-up 问题	蹇素雯、杨凤藻、林　谦	数学学报	1998 年 6 期	
215	增长曲线模型中 LSE 的相对效率	邓起荣	系统科学与数学	2000 年 1 期	
216	一类奇异半线性热方程初值问题解的唯一性结果	蹇素雯	数学学报	2000 年 2 期	
217	对带误差项的广义集值变分包含的近似点算法	吴　鲜	数学学报	2001 年 4 期	
218	保持高斯映射的仿射形变	郭　震	数学学报	2002 年 1 期	
219	无界区域上含 p-Laplacian 的共振问题	黄毅生、周育英	数学学报	2002 年 5 期	
220	Quasiequilibrium problem in H-spaces	Xian Wu, B. Thompson, George XianZhi Yuan	Computers and Mathematics with Applications	2003 年 10 期	SCI
221	Willmore 子流形的共形高斯映射	郭　震	数学学报	2003 年 1 期	
222	拟线性方程解的存在性(英文)	黄毅生	应用泛函分析学报	2003 年 4 期	
223	关于逼择和重合问题(英文)	吴　鲜	应用泛函分析学报	2003 年 2 期	
224	λ-超凸度量空间中可交换非扩张映射的不动点定理(英文)	吴　鲜	四川大学学报	2003 年 4 期	
225	常曲率流形中具平行李奇曲率的超曲面	郭　震	数学学报	2004 年 3 期	
226	H-空间中上半连续集值映象一个新的不动点定理及其应用	吴　鲜	数学学报	2004 年 4 期	
227	Solitary waves in relativistic electromagnetic plasma	Baisong Xie, Cuncai Hua	Communications in Theoretical Physics	2005 年 6 期	SCI

续表

序号	论文名称	作者	出版刊物	时间	备注
228	Steady bifurcation and solitons in relativistic laser plasmas interaction	Cuncai Hua, Baisong Xie, Kaifen He	Chaos Solitons & Fractals	2005 年 5 期	SCI
229	On fixed point and almost fixed point problems of lower semicontinuous type multivalued mappings	Liang Yu Luan, Xian Wu	Acta Mathematica Sinica-English Series	2005 年 5 期	SCI
230	关于 Michael 选择问题	陈绍雄、吴鲜	数学学报	2005 年 3 期	
231	On variational methods for a class of damped vibration problems	Xian Wu, Shaoxiong Chen, Kaimin Teng	Nonlinear Analysis-Theory Methods & Applications	2006 年 6 期	SCI
232	New existence and multiplicity theorems of periodic solutions for non-autonomous second order Hamiltonian systems	Xian Wu, Shaoxiong Chen, Fukun Zhao	Mathematical and Computer Modelling	2006 年 3～4 期	SCI
233	线性常微分方程(组)的算子方法介绍及其研究展望	化存才	数学的实践与认识	2006 年 6 期	
234	On P-regular semigroups having regular transversals	Shoufeng Wang, Yun Liu	Semigroup Forum	2008 年 4 月	SCI
235	二项线性随机效应模型的拟蒙特卡罗估计	韩俊林	纯粹数学与应用数学	2008 年 12 月	SCSD
236	The Möbius Characterizations of Willmore Tori	Z Guo, H Li, C Wang	Pacific Journal of Mathematics	2009 年 6 月	SCI
237	Well-posedness for a class of mixed problem of wave equations	Haihong Liu, Ning Su	Nonlinear Analysis	2009 年 1 月	SCI
238	Solution for singular p-Laplacian Equation Iin R-N	Xiangqing Liu, Yuxia Guo, Jiaquan Liu	Journal of Systems Science & Complexity	2009 年 8 月	CSCD
239	Explicit Piecewise Smooth Solutions of Landau-Lifshitz Equation with Discontinuous External Field	Ganshan Yang, Yunzhang Zhang, Limin Liu	Acta Mathematicae Applicatae Sinica, English Series	2009 年 2 月	SCI
240	Some exact solutions to multidimensional Landau-Lifshitz equation with uprush external field and anisotropy field	Ganshan Yang, Boling Guo	Nonlinear Analysis-Theory Methods & Applications	2009 年 9 月	SCI
241	幼教管理信息化应用探索	王天志	电化教育研究	2009 年 12 月	CSSCI
242	A twisted generalization of linear Poisson brackets of hydrodynamic type	Hou Dongping, Bai Chengming	Journal of Physics A-Mathematical and Theoretical	2010 年 1 月	SCI
243	Semisupervised Kernel Matrix Learning by Kernel Propagation	EL Hu, S Chen, D Zhang, X Yin	Ieee Transactions on Neural Networks	2010 年 11 月	SCI
244	Note on multiplicative perturbation of local C-regularized cosine functions with nondensely defined generators	Fang Li, James H. Liu	Electronic Journal of Qualitative Theory of Differential Equations	2010 年 1 月	SCI
245	Mild Solutions for Fractional Differential Equations with Nonlocal Conditions	Fang Li	Advances in Differential Equations	2010 年 1 月	SCI
246	Existence and Uniqueness of Mild Solution for Fractional Integrodifferential Equations	Fang Li, NG Gaston M	Advances in Differential Equations	2010 年 1 月	SCI
247	On sign-changing solution for a fourth-order asymptotically linear elliptic problem	Xiangqing Liu, Yisheng Huang	Nonlinear Analysis-Theory Methods & Applications	2010 年 3 月	SCI

续表

序号	论文名称	作者	出版刊物	时间	备注
248	On a class of damped vibration problems with obstacles	Xian Wu, Shaomin Wang	Nonlinear Analysis-Real World Applications	2010 年 8 月	SCI
249	Infinitely Many Solutions for Asymptotically Linear Periodic Hamiltonian Elliptic Systems	Zhao Fukun, Zhao Leiga, Ding Yanheng	Esaim: Control, Optimisation and Calculus of Variations	2010 年 3 月	SCI
250	On Hamiltonian elliptic systems with periodic or non-periodic potentials	Fukun Zhao, Yanheng Ding	Journal of Differential Equations	2010 年 12 月	SCI
251	Hypersurfaces with isotropic Blaschke tensor	Guo Zhen, Fang Jianbo,Lin Limiao	Journal of The Mathematical Society of Japan	2011 年 10 月	SCI
252	Converting a General 3-D Autonomous Quadratic System to an Extended Lorenz-Type System	C Hua, G Chen, Q Li,J Ge	Discrete and Continuous Dynamical Systems Series B	2011 年 9 月	SCI
253	An existence result for fractional differential equations of neutral type with infinite delay	Fang Li	Electronic Journal of Qualitative Theory of Differential Equations	2011 年 1 月	SCI
254	Existence of Mild Solutions to Fractional Integrodifferential Equations of Neutral Type with Infinite Delay	Li Fang, Zhang Jun	Advances in Difference Equations	2011 年 1 月	SCI
255	Some Results on n-Times Integrated C-Regularized Semigroups	Li Fang, Wang Huiwen, Qu Zihai	Advances in Difference Equations	2011 年 1 月	SCI
256	Ssign-Changing Solutions for an Asymptotically Linear Schrodinger Equation with Deepening Potential Well	Xiangqing Liu, Yisheng Huang , Jiaquan Liu	Advances in Differential Equations	2011 年 1 月	SCI
257	PS-regular languages	SF Wang, YQ Guo, SX Xu	International Journal of Computer Mathematics	2011 年 8 月	SCI
258	Existence of nontrivial solutions and high energy solutions for Schrodinger-Kirchhoff-type equations in R-N	Xian Wu	Nonlinear Analysis-Real World Applications	2011 年 4 月	SCI
259	Existence and multiplicity of homoclinic solutions for a class of damped vibration problems	Xian Wu, Wei Zhang	Nonlinear Analysis-Theory Methods & Applications	2011 年 12 月	SCI
260	Existence of nontrivial solutions and high energy solutions for Schrödinger–Kirchhoff-type equations in R^N	Xian Wu	Nonlinear Analysis: Real World Applications	2011 年 12 月	SCI
261	The difference between Schrödinger equation derived from Schrödinger map and Landau–Lifshitz equation	Ganshan Yang,	Physics Letters A	2011 年 12 月	SCI
262	Multiple solutions for a superlinear and periodic elliptic system on R-N	Fukun Zhao, Leiga Zhao, Yanheng Ding	Zeitschrift Fur Angewandte Mathematik Und Physik	2011 年 8 月	SCI
263	Quasi-type σ-semigroups with an adequate transversal	Shou Feng Wang	数学研究与评论	2011 年 11 月	CSSCI
264	Landau-Lifshitz 派生的球面锥对称族及其演化	杨干山	中国科学(A 辑)	2011 年 3 月	CSSCI
265	Classification of hypersurfaces with constant Moebius curvature	Zhen Guo, T.Z.Li, L.M. Lin, X. Ma, CH.P. Wang	Mathematische Zeitschrift	2012 年 3 月	SCI
266	Nonlocal Cauchy problem for delay fractional integrodifferential equations of neutral type	Fang Li	Advances in Difference Equations	2012 年 4 月	SCI

续表

序号	论文名称	作者	出版刊物	时间	备注
267	On nonlinear neutral fractional integrodifferential inclusions with infinite delay	Fang Li	Journal of Applied Mathematics	2012 年 5 月	SCI
268	Existence of mild solutions for fractional integrodifferential equations of Sobolev type with nonlocal conditions	Fang Li, Jin Liang, Hongkun Xu	Journal of Mathematical Analysis and Applications	2012 年 7 月	SCI
269	Existence and uniqueness of mild solution for fractional integrodifferential equations of neutral type with nonlocal conditions	Fang Li	Mathemaica Slovaca	2012 年 10 月	SCI
270	The bifurcation and exact travelling wave solutions of (1+2)-dimensional nonlinear Schrödinger equation with dual-power law nonlinearity	Haihong Liu, Fang Yan, Chenglin Xu	Nonlinear Dynamics	2012 年 1 月	SCI
271	A Remark on Myhill-Nerode Theorem for Fuzzy Languages	Shoufeng Wang	Journal of Applied Mathematics	2012 年 8 月	SCI
272	A classification of vertex-transitive Cayley digraphs of strong semilattices of completely simple semigroups	Shoufeng Wang, Di Zhang	Mathemaica Slovaca	2012 年 10 月	SCI
273	Hopf bifurcations in a predator-prey system of population allelopathy with a discrete delay and a distributed delay	Xinhui Wang, Haihong Liu, Chenglin Xu	Nonlinear Dynamics	2012 年 9 月	SCI
274	High energy solutions of systems of Kirchhoff-type equations in R-N	Xian Wu	Journal of Mathematical Physics	2012 年 6 月	SCI
275	Number-phase quantization of a mesoscopic RLC circuit	Chenglin Xu	Chinese Physics B	2012 年 2 月	SCI
276	The Exact Traveling Wave Solutions and Their Bifurcations in The Gardner and Gardner-KP Equations	Fang Yan, Cuncai Hua, Haihong Liu	International Journal of Bifurcation and Chaos	2012 年 5 月	SCI
277	The Bifurcation of phase and exact traveling wave solutions of a higher-order nonlinear schrodinger equation	Fang Yan, Haihong Liu	International Journal of Bifurcation and Chaos	2012 年 5 月	SCI
278	The bifurcation and exact travelling wave solutions for the modified Benjamin-Bona-Mahoney (mBBM) equation	Fang Yan, Haihong Liu, Zengrong Liu	Communications in Nonlinear Science and Numerical Simulation	2012 年 7 月	SCI
279	3 阶齐次线性常微分方程的球面解曲线	李凤江	数学的实践与认识	2012 年 1 月	SCSD
280	带逆断面的正则半群上的强模糊同余	王守峰	模糊系统与数学	2012 年 2 月	CSSCI
281	正则*-断面的一个分类	王守峰	数学进展	2012 年 10 月	SCSD
282	关于 P_反演半群上的强 P_同余格的一个注记	王守峰	四川师范大学学报	2012 年 11 月	CSCD
283	Existence of positive solutions for a class of quasilinear Schrodinger equations on R^N	Shaoxiong Chen	Journal of Mathematical Analysis and Applications	2013 年 12 月	SCI
284	Pre-Jordan algebras	DP Hou,X Ni, C Bai	Mathematica Scandinavica	2013 年 1 月	SCI
285	Multiplicative Perturbations of Convoluted C-Cosine Functions and Convoluted C-Semigroups	Fang Li , Huiwen Wang , Jun Zhang	Journal of Function Spaces and Applications	2013 年 3 月	SCI
286	On Perturbation of Convoluted C-Regularized Operator Families	Fang Li,J Liang, TJ Xiao, J Zhang	Journal of Function Spaces and Applications	2013 年 4 月	SCI

续表

序号	论文名称	作者	出版刊物	时间	备注
287	Mild solutions for abstract fractional differential equations with almost sectorial operators and infinite delay	Fang Li	Advances in Difference Equations	2013 年 10 月	SCI
288	Quasilinear elliptic equations via perturbation method	Liu Xiangqing, Liu Jiaquan, Wang Zhiqiang	Proceedings of the American Mathematical Society	2013 年 1 月	SCI
289	Sign-changing solutions for an asymptotically p-linear p-Laplacian equation in R^N	XQ Liu, Y Guo	Communications in Contemporary Mathematics	2013 年 2 月	SCI
290	Existence of Infinitely Many Solutions for Quasilinear Equations Perturbed from Symmetry	Xiangqing Liu, Fukun Zhao	Advanced Nonlinear Studies	2013 年 11 月	SCI
291	A problem on generalized Cayley graphs of semigroups	Shoufeng Wang	Semigroup Forum	2013 年 2 月	SCI
292	On Cayley graphs of completely 0-simple semigroups	Shoufeng Wang, Yinghui Li	Central European Journal of Mathematics	2013 年 5 月	SCI
293	On the Syntactic Monoids Associated with a Class of Synchronized Codes	Shoufeng Wang	The Scientific World Journal	2013 年 12 月	SCI
294	A Class of Bipartite 2-Path-Transitive Graphs	Hua Zhang	Graphs and Combinatorics	2013 年 9 月	SCI
295	内缀码的一个推广	王守峰	山东大学学报	2013 年 8 月	SCSD
296	Existence and multiplicity of nontrivial solutions for a class of modified nonlinear fourth-order elliptic equations on R^N	Shaoxiong Chen, Jiu Liu, Xian Wu	Applied Mathematics and Computation	2014 年 11 月	SCI
297	The new result on delayed finance system	Xiaoling Chen, Haihong Liu, Chenglin Xu	Nonlinear Dynamics	2014 年 10 月	SCI
298	Multipulse Chaotic Dynamics of Six-Dimensional Nonautonomous Nonlinear System for a Honeycomb Sandwich Plate	W. L.Hao, W. Zhang, M. H. Yao	International Journal of Bifurcation and Chaos	2014 年 11 月	CSCD
299	Solvability of boundary value problems for impulsive fractional differential equations in Banach spaces	Fang Li, Huiwen Wang	Advances in Difference Equations	2014 年 7 月	SCI
300	Bifurcation and exact travelling wave solutions for Gardner–KP equation	Haihong Liu, Fang Yan	Applied Mathematics and Computation	2014 年 2 月	SCI
301	Oscillatory dynamics in a gene regulatory network mediated by small RNA with time delay	Haihong Liu, Fang Yan, Zengrong Liu	Nonlinear Dynamics	2014 年 4 月	SCI
302	The Lattices of Group Fuzzy Congruences and Normal Fuzzy Subsemigroups on E-Inversive Semigroups	Shoufeng Wang	The Scientific World Journal	2014 年 5 月	SCI
303	Existence and concentration of ground states to a quasilinear problem with competing potentials	Wenbo Wang, Xianyong Yang, Fukun Zhao	Nonlinear Analysis-Theory Methods & Applications	2014 年 6 月	SCI
304	A Deterministic Affine-quadratic Optimal Control Problem	Yuanchang Wang, Jiongmin Yong	esaim:Control,Optimostation and Calculus of Variation	2014 年 8 月	SCI
305	Multiple solutions for quasilinear Schrödinger equations with a parameter	Xian Wu	Journal of Differential Equations	2014 年 4 月	SCI

续表

序号	论文名称	作者	出版刊物	时间	备注
306	Existence of positive solutions, negative solutions and high energy solutions for quasi-linear elliptic equations on R^n	Xian Wu, Ke Wu	Nonlinear Analysis-Real World Applications	2014 年 4 月	SCI
307	Geometrically distinct solutions for quasilinear elliptic equations	Xian Wu, Ke Wu	Nonlinearity	2014 年 5 月	SCI
308	Infinitely many solutions to quasilinear elliptic equation with concave and convex terms	Leran Xia, Yang, Minbo Yang, Fukun Zhao	Topological Methods in Nonlinear Analysis	2014 年 12 月	SCI
309	Lie symmetry reductions and exact solutions of a coupled KdV–Burgers equation	Shaojie Yang, Cuncai Hua	Applied Mathematics and Computation	2014 年 5 月	SCI
310	教师对新课标高中数学教科书的认可情况调查——新旧教科书对比的视角	刘　云	数学教育学报	2014 年 6 月	CSSCI
311	强 P-正则半群的一个分类	王守峰	西南大学学报	2014 年 8 月	SCSD
312	Classification of Hypersurfaces with Constant Mobius Ricci Curvature in Rn+1	Zhen Guo, Tongzhu Li, Changping Wang	Tohoku Mathematical Journal	2015 年 9 月	SCI
313	Scalable nonparametric low-rank kernel learning using block coordinate descent	En-Liang Hu, James T. Kwok	Ieee Transactions on Neural Networks and Learning Systems	2015 年 9 月	SCI
314	Surfaces with closed mobius form	Fengjiang Li, Zhen Guo	Differential Geometry Andits Applications	2015 年 4 月	SCI
315	Surfaces with Isotropic Blaschke Tensor in S^3	Fengjiang Li, Jianbo Fang, Lin Liang	Acta Mathematica Sinica. English Series	2015 年 4 月	SCI
316	Semi-abundant Semigroups with Quasi-Ehresmann Transversals	Shoufeng Wang	Filomat	2015 年 6 月	SCI
317	Fundamental Regular Semigroups with Quasi-ideal Regular *-Transversals	Shoufeng Wang	Bulletin of the Malaysian Mathematical Sciences Society	2015 年 7 月	SCI
318	Existence and concentration of ground state solutions for a subcubic quasilinear problem via Pohozaev manifold	Wenbo Wang, Xianyong Yang, Fukun Zhao	Journal of　Mathematial Analysis and Applications	2015 年 4 月	SCI
319	Infinitely many small energy solutions for a modified Kirchhoff-type equation in R^N	Ke Wu,　Xian Wu	Computers & Mathematial with Applications	2015 年 8 月	SCI
320	Infinitely many radial and non-radial solutions to a quasilinear Schrödinger equation	Xianyong Yang, Wenbo Wang, Fukun Zhao	Nonlinear Analysis-Theory Methods & Applications	2015 年 2 月	SCI
321	Infinitely many sign-changing solutions for a quasilinear elliptic equation in R-N	Wei Zhang, Xiangqing Liu	Journal of　Mathematial Analysis and Applications	2015 年 7 月	SCI
322	Infinitely Many Sign-changing Solutions for Quasilinear Elliptic Systems in R-N	Wei Zhang, Xiangqing Liu	Advanced Nonlinear Studies	2015 年 9 月	SCI
323	Stability and Hopf Bifurcation in a HIV-1 System with Multitime Delays	Lingyan Zhao, Haihong Liu, Fang Yan	International Journal of Bifurcation and Chaos	2015 年 9 月	SCI
324	强 P-正则半群的一个构造(A Construction of Strongly P-Regular Semigroups)	王守峰	数学杂志	2015 年 7 月	SCSD

续表

序号	论文名称	作者	出版刊物	时间	备注
325	Dynamics of a Delayed HIV-1 Infection Model with Saturation Incidence Rate and CTL Immune Response	Ting Guo, Haihong Liu, Chenglin Xu, Fang Yan	International Journal of Bifurcation and Chaos	2016 年 11 月	SCI
326	Variational Problems of Total Mean Curvature of Submanifolds in a Sphere	Zhen Guo, Bangchao Yin	Proceedings of The American Mathematical Society	2016 年 5 月	SCI
327	Complete hypersurfaces with constant Mobius scalar curvature	Fengjiang Li, Jianbo Fang	International Journal of Mathematics	2016 年 6 月	SCI
328	Existence and attractivity of global solutions for a class of fractional quadratic integral equations in Banach space	Huiwen Wang, Fang Li	Advances in Difference Equations	2016 年 7 月	SCI
329	S-asymptotically T-periodic solutions for delay fractional differential equations with almost sectorial operator	Huiwen Wang, Fang Li	Advances in Difference Equations	2016 年 12 月	SCI
330	A Munn type representation of abundant semigroups with a multiplicative ample transversal	Shoufeng Wang	Periodica Mathematica Hungarica	2016 年 5 月	SCI
331	Multiple non semi-trivial solutions of systems of Kirchhoff-type equations with discontinuous nonlinearities in R-N	Xian Wu, Kaimin Teng	Mathematical Methods in The Applied Sciences	2016 年 2 月	SCI
332	Multiplicity of Solutions for A Quasilinear Elliptic Equation	Ke Wu, Xian Wu	Acta Mathematical Scientia	2016 年 3 月	SCI
333	Standing wave solutions for generalized quasilinear Schrodinger equations with critical growth	Ke Wu, Xian Wu	Journal of Mathematical Analysis and Applications	2016 年 3 月	SCI
334	Hopf bifurcation analysis of a gene regulatory network mediated by small noncoding RNA with time delays and diffusion	Chengxian Li, Haihong Liu, Tonghua Zhang, Fang Yan	International Journal of Bifurcation and Chaos	2017 年 11 月	SCI
335	Bogdanov–Takens bifurcation in a neutral BAM neural networks model with delays	Runxia Wang, Haihong Liu, Fei Feng, Fang Yan	IET	2017 年 7 月	SCI
336	p-Laplacian Equations in R-N with Finite Potential via the Truncation Method	Xiangqing Liu, Junfang Zhao	Advanced Nonlinear Studies	2017 年 3 月	SCI
337	Sign-Changing Solutions for p-Biharmonic Equations with Hardy Potential in R^N	Ruirui Yang, Wei Zhang, Xiangqing Liu	Acta Mathematica Scientia	2017 年 1 月	SCI
338	Boundary value problems of the nonlinear multiple base points impulsive fractional differential equations with constant coefficients	Yunsong Miao, Fang Li	Advances in Difference Equations	2017 年 6 月	SCI
339	S-Asymptotically omega-Periodic Mild Solutions of Neutral Fractional Differential Equations with Finite Delay in Banach Space	Fang Li , Huiwen Wang	Mediterranean Journal of Mathematics	2017 年 4 月	SCI
340	Existence of solutions for the nonlinear multiple base points impulsive fractional differential equations with the three-point boundary conditions	Yuxin Hu, Fang Li	Advances in Difference Equations	2017 年 2 月	SCI
341	Existence and multiplicity of positive solutions for fractional Schrodinger equations with critical growth	Fei Tao, Xian Wu	Nonlinear Analysis-Real World Applications	2017 年 6 月	SCI

续表

序号	论文名称	作者	出版刊物	时间	备注
342	When is the Cayley graph of a semigroup isomorphic to the Cayley graph of a group	Shoufeng Wang	Math. Slovaca	2017 年 3 月	SCI
343	A Construction of Regular Semigroups with Quasiideal Regular *-Transversals	Shoufeng Wang	Ukrainian Mathematical Journal	2017 年 4 月	SCI
344	On algebras of P-Ehresmann semigroups and their associate partial semigroups	Shoufeng Wang	Semigroup Forum	2017 年 11 月	SCI
345	Three solutions for a fractional Schrodinger equation with vanishing potentials	Zhipeng Yang, Fukun Zhao	Applied Mathematics Letters	2018 年 2 月	SCI
346	The concentration behavior of ground state solutions for a fractional Schrodinger-Poisson system	Yuanyang Yu, Fukun Zhao, Leiga Zhao	Calculus of Variations and Partial Differential Equations	2017 年 8 月	SCI
347	The least energy sign-changing solution for a nonlocal problem	Guangze Gu, Yuanyang Yu, Fukun Zhao	Journal of Mathematical Physics	2017 年 5 月	SCI
348	Hopf-Pitchfork Bifurcation Analysis in a Coupled Fhn Neurons Model with Delay	Runxia Wang，Haihong Liu，Fang Yan， Xiaohui Wang	Discrete and Continuous Dynamical Systems - Series S	2017 年 2 月	SCI
349	具有可乘逆断面的正则半群上的预同态和限制积	王守峰	山东大学学报	2017 年 8 月	CSCD

8. 软件及软件著作权

序号	论文名称	作者	所属项目或认定单位	鉴定时间
1	数学作业批改系统	胡国樑	人工智能学报	1985 年
2	昆明电缆厂自报系统	胡国樑	被电缆厂应用	1985 年
3	昆明制药厂管理系统	胡国樑	被制药厂应用	1986 年
4	BASIC 语言与 DOS3.0	胡国樑	云南师范大学出版	1986 年
5	ML 计算机辅助教学软件	林毓材	云南省科委 1987～1988 年重点科研项目	1988 年
6	分形生成系统	林毓材	1988～1989 年赴美讲学课题	1988 年
7	表达式与函数 EF	林毓材	1991 年赴美专题定点访问项目	1991 年
8	函数模型识别 FM	林毓材	1991 年赴美专题定点访问项目	1991 年
9	数学作业 ME	林毓材	1991 年赴美专题定点访问项目	1991 年
10	程序设计语言 MLBASIC-3.0	林毓材	电子工业出版社	1992 年
11	CAI 课程设计语 RAETS-3.0	林毓材	电子工业出版社	1992 年
12	常用软件集 ASOCS	林毓材	电子工业出版社	1992 年
13	程序设计语言的 CAI 教程研究	林毓材、张　森、刘娅芳、夏幼明	云南省教委 1990～1992 年科研项目	1992 年
14	CAI《代数》课程研制	林毓材、燕琼芝、马　煜	云南省教委 1990～1992 年科研项目	1992 年

续表

序号	论文名称	作者	所属项目或认定单位	鉴定时间
15	文本与表格 TT	林毓材	自选项目	1993 年
16	CAI 教程《ML-DOS 操作系统》	林毓材、夏幼明	自选项目	1993 年
17	CAI 教程《五笔字型输入学习与强化》	林毓材、郭思平	自选项目	1993 年
18	CAI 教程《普及型郑码学习》	林毓材	自选项目	1993 年
19	CAI 课程学习语言 GITA	林毓材	自选项目	1993 年
20	图文系统 GIT	林毓材	自选项目	1993 年
21	CAI 课程程序设计语言 CCS-1.0	林毓材	“程序设计语言的 CAI 教程研究”与“CAI<代数>课程研制”项目成果	1994 年
22	全文种字处理研制	林毓材、杨秀国、刘娅芳、郭思平	云南省科委应用基础研究基金 1994～1996 年项目	1996 年
23	云南师范大学网站管理系统 V1.0	王天志、王浩等	软著登字第 1014071 号	2015 年
24	云南师范大学校长办公室信息管理系统 V1.0	王天志、李金绪等	软著登字第 1014704 号	2015 年
25	云南师范大学后勤楼宇管理系统 V1.0	王天志、陈恳等	软著登字第 1014077 号	2015 年
26	钢材进销存信息管理系统 V1.0	王天志、李金绪、陈恳等	软著登字第 1014148 号	2015 年

获 奖 情 况

1. 教师部分获奖情况

序号	奖励或荣誉名称	获奖人	授予单位	等 级	时间
1	云南省1979年度劳动模范称号	刘声烈	云南省革命委员会		1979年
2	全国优秀教师并授予优秀教师奖章	刘声烈	中华人民共和国国家教育委员会、中华人民共和国人事部、中国教育工会全国委员会		1989年
3	全国教育系统劳动模范并授予人民教师奖章	林毓材	中华人民共和国国家教育委员会、中华人民共和国人事部、中国教育工会全国委员会		1989年
4	“为七五建设出成果、作贡献竞赛活动”中荣获一等奖	林毓材	云南省青年联合会	一等奖	1990年
5	政府特殊津贴	刘声烈	国务院		1991年
6	1991年全国教育系统劳动模范并授予人民教师奖章	林玉波	中华人民共和国国家教育委员会、中华人民共和国人事部		1991年
7	云南省高等学校优秀思想政治工作者	杨庆益	中共云南省委组织部、中共云南省委宣传部、中共云南省委高校工委、云南省教育委员会、共青团云南省委、云南省教育工会		1991年
8	高等师范院校教师奖	吕冠国	曾宪梓教育基金会	二等	1993年
9	全国教育系统“巾帼建功”标兵	肖体俊	中华人民共和国教育部		1993年
10	全国先进女职工	肖体俊	中华全国总工会		1994年
11	第16届先进工作者称号	吕冠国	云南省政府		1999年
12	首届云南十大杰出青年称号	肖体俊	共青团云南省委员会、云南省青年联合会、云南日报社、云南电视台、云南人民广播电台、云南政协报、春城晚报、云南经济报、《青年与社会》杂志社		1994年
13	曾宪梓教育基金会奖教奖	燕琼芝	云南师范大学		1999年
14	曾宪梓教育基金会奖教奖	杨承纶	云南师范大学		1999年

续表

序号	奖励或荣誉名称	获奖人	授予单位	等 级	时间
15	全国优秀教师	郭　震	中华人民共和国教育部		2001 年
16	优秀共产党员	李玉华	中共云南省委高校工委		2003 年
17	云南省政府特殊津贴	郭　震	云南省人民政府		2006 年
18	优秀共产党员	李玉华	中共云南省委		2006 年
19	第二届特聘督学	郭　震	云南省人民政府		2007 年
20	全国教育硕士优秀教师	朱维宗	全国教育专业学位研究生教育指导委员会		2007 年
21	第六届高等教育国家级教学成果奖	朱维宗	中华人民共和国教育部	一等奖	2009 年
22	全国首届高校青年教师教学竞赛	赵富坤	中国教科文卫体工会	三等奖	2012 年
23	全国教育硕士优秀教师	朱维宗	全国教育专业学位研究生教育指导委员会		2014 年
24	首届本科卓越教学奖	李　锋	云南师范大学		2015 年
25	云南省第十二轮职工技术技能大赛——“高教社杯”高等师范院校数学教师教学技能大赛	赵富坤	云南省教育厅	一等奖	2015 年
26	云南省第十二轮职工技术技能大赛——“高教社杯”高等师范院校数学教师教学技能大赛	伍晓敏	云南省教育厅	二等奖	2015 年
27	祛除高校四风 形成治学育人新常态	王天志	中共云南省委高校工委	二等	2015 年
28	云南省 2016 年五一劳动奖章	赵富坤	云南省总工会		2016 年
29	云南省五一巾帼标兵	伍晓敏	云南省总工会		2016 年
30	云南省第十二轮职工技术技能大赛	赵富坤	云南省职工经济技术创新工程领导小组	状元	2016 年
31	云南省第十二轮职工技术技能大赛	伍晓敏	云南省职工经济技术创新工程领导小组	能手	2016 年
32	云南师范大学师德标兵称号	杨庆益	云南师范大学工会委员会		2016 年
33	云南省师德标兵	杨庆益	云南省教育卫生科研工会、云南省教育厅办公室		2017 年
34	第二届本科卓越教学奖	张洪波	云南师范大学		2017 年
35	第六届全国教育硕士优秀教师	孔德宏	全国教育专业学位研究生教育指导委员会		2018 年

2. 学生获奖情况

1) 全国三好学生

2001 年 5 月，李源荣获第六届“全国三好学生”称号。

2006 年 3 月，苏敏荣获教育部、共青团中央联合颁发的“全国三好学生标兵”称号。

2）国家奖学金、省政府奖学金

2002～2003 年本科生
获国家奖学金一等奖 2 人：胡　艳、陈凤彩
获国家奖学金二等奖 4 人：张文燕、杨建林、韦立照、廖助会

2003～2004 年本科生
获国家奖学金一等奖 1 人：韦立照
获国家奖学金二等奖 5 人：周　燕、陈　星、李海燕、王晓祥、孙冠南

2004～2005 年本科生
获国家奖学金 5 人：沈双平、葛修奎、秦志宏、汤启容、李建芬

2005～2006 年本科生
获国家奖学金二等奖 1 人：李　见

2007～2008 年本科生
获国家奖学金 2 人：尹　莲、卢旭家

2008～2009 年本科生
获国家奖学金 3 人：唐　华、周跃佳、贺　莎

2009～2010 年本科生
获国家奖学金 3 人：李文丽、赵永波、易凤婷

2010～2011 年本科生
获国家奖学金 3 人：杨　娜、李智涛、李　莲

2011～2012 年本科生
获国家奖学金 3 人：尹瑞玲、李　虹、杨　娜

2012～2013 年本科生
获国家奖学金 3 人：李成仙、李小妹、周　浩

2013～2014 年本科生
获国家奖学金 3 人：王蕴萍、汪忠碧、何冬丽
获省政府奖学金 4 人：龚丽梅、韦元伟、李红樱、吕东旭

获国家励志奖学金 62 人：

李梦萍　罗　天　王银珠　张素婷　陈　璐　朵玲红　梁　洪　邓伍丹　黄雨虹
杨凯渊　曹　凤　郭　彪　朱红桃　白　赟　宋　刚　詹　娟　艾辉存　范凤春
李德盛　刘　艳　彭永琴　唐燕燕　张国香　杜文娜　李如意　刘艳非　马赛飞
满妍颖　太江艳　王园静　李佳敏　李　荣　任　瑞　张冬梅　丁昌林　苏　娜
赵庆莲　陈　晓　邓琴芳　丁　俏　杨武菊　张开敏　白　艳　何佳蓉　黄琼华
辉丽梅　姜　毅　欧阳乔　马江成　李时雨　蒋　雄　沈　巍　赵万丹　刘珂羽
杜　丹　王晓航　姚　佳　黄湘海　王誉瑾　范云婷　马　肖　李瑞琼

获省政府励志奖学金 13 人：

杨新鹏　朱佩珍　郭榕聪　王　文　张福艳　刘　冉　赵辉辉　吴晓弘　刘苏碧
张丽娜　雷东霖　段　宇　刘　丽

2014～2015 年本科生

国家奖学金、省政府奖学金学生共计 7 名(本科生)：

获国家奖学金 3 人：王蕴萍、汪忠碧、何冬丽

获省政府奖学金 4 人：环学艳、李时雨、彭云宣、吕东旭

2015～2016 年本科生

国家奖学金、省政府奖学金学生共计 7 名(本科生)：

获国家奖学金 3 人：王明娟、陈德春、杜　丹

获省政府奖学金 4 人：田　玥、金关丽、朱　翡、贺政刚

2016～2017 年本科生

获国家奖学金 3 人：张港铧、贺政刚、安怡睿

获省政府奖学金 4 人：李　云、王　怡、杨　娜、朱启芸

3) 全国数学建模竞赛及美国数学建模竞赛获奖情况

(1) 全国大学生数学建模竞赛获奖情况(国家级)

年份	获奖等级	队员	指导教师
1994	二等奖 55 名	尚炳仰、杨　林、周　波	张志明
1995	二等奖 75 名	孙兴平、黄　鹏、施宏昌	教师指导组
1996	一等奖 48 名	陈世玺、贾学明、胡恩良	李　锋
1997	二等奖 129 名	胡恩良、罗骥辉、张园华	张洪波
1998	一等奖 79 名	吴元勇、张东礼、王　俊	教练组
	二等奖 155 名	周兴伟、李正忠、常国权	教练组
1999	二等奖	李　源、李　毅、季新文	教练组

续表

年份	获奖等级	队员	指导教师
		赵文强、李洪斌、方绿鹏	教练组
2000	一等奖 96 名	胡建何、周　建、卯升彩	教练组
	二等奖 190 名	李　源、李国栋、胡绍明	教练组
2001	一等奖 108 名	杨明周、范美忠、杨肖霞	教练组
	二等奖 233 名	谌　宁、常　翔、肖春梅	教练组
2002	二等奖 274 名	陈孝云、王　东、张德飞	教练组
2003	一等奖 151 名	段冬梅、段生指、杨　薇	教练组
	二等奖 306 名	李俊宏、郭旭琼、马利霞	教练组
		李云松、胡　觉、张呈旭	教练组
		何梦杨、张　姝、符慧山	教练组
2004	甲组二等奖 404 名	韦　欢、徐永锋、杨　俊	教练组
		苏　敏、任　强、赵宇辉	教练组
2005	甲组一等奖 189 名	孟凡星、许　雍、李　凤	教练组
	甲组二等奖 457 名	李金奎、邱建友、昌　霞	教练组
2006	甲组二等奖 537 名	杨勤明、王宁邦、章玉梅	教练组
2007	甲组二等奖 685 名	刘东琼、吴燕霞、曾王平	马　煜
		吴晓南、王志红、曾建杨	张洪波
		陈玲、李自芹、张潇月	张洪波
2008	甲组二等奖 716 名	陈典雨、周跃佳、刘鹏	教练组
2009	本科组一等奖 216 名	倪　洁、王　策、胡锦程	邓伟升
	本科组二等奖 820 名	赵勇波、张静静、许冬冬	张志明
		朱琼芳、杨　丽、张　轶	杨庆益
		王　敏、徐凤会、马丽坤	张洪波
2010	本科组一等奖(210 名)	赵勇波、朱琼芳、黄希芬	张洪波
	本科组二等奖(907 名)	张涛、李建坤、李加飞	李兴平
		牛丽薇、杨俊誉、杨　峰	李　锋
		魏　兵、李　仙、朱　婷	胡恩良
2011	本科组一等奖(共 224 名)	屈生荣、蔡美红、戴林莉	刘海鸿
	本科组二等奖(共 1040 名)	陈小华、陈瑜靓、莫溪武	尹红丽
		崔艺瑞、王宗艳、先黄华	胡恩良
		蔡丽娟、茶永娟、冯　平	王惠文
		谭海云、马　娟、陈久毅	李　锋
		黎玉荟、赵柱连、武贤茜	胥成林
2012	本科组二等奖(共 1166 名)	尹瑞玲、陈得丽、钱　恒	王惠文
		罗　叶、段　微、李　云	王惠文

续表

年份	获奖等级	队员	指导教师
		申　奎、李言顺、刘　楠	胥成林
		梁龙梅、李驰东、鲁进华	李　锋
2013	本科组二等奖(共 1292 名)	贾文娇、顾光泽、吕姣兰	刘海鸿
		和春花、李华福、顾文艳	胥成林
	本科组二等奖(共 1292 名)	吴　优、罗维佼、张　营	教练组
2014	本科组一等奖(共 293 名)	钟彩容、黄红伟、桂洪兵	胥成林
		姚梦远、张倩倩、李　梅	张洪波
	本科组二等奖(共 1256 名)	王　浩、杨　梅、王雨薇	胡恩良
		邬建飞、王启燕、依富斌	张洪波
		李明旭、付　琼、李华福	李　锋
		罗　天、杨海生、索　丽	胥成林
		段如甜、张雪娟、杨新鹏	李　锋
		祝家卫、向　莹、严　杨	张洪波
		满妍颖、刘苏碧、刘艳非	张洪波
2015	本科组二等奖(共 1476 名)	和新梅、王　鑫、周德师	王保云
		俞发龙、陈兆丽、邵　广	张洪波
		刘康、王明娟、王华雯	刘海鸿
		夏瑞琼、陈德春、朱薪羽	闫　芳
		朱　彬、李云龙、赵　华	王保云
		左宝菊、段玉桂、马赛飞	胥成林
2016	本科组一等奖(共 294 名)	杜　丹、吕东旭、周美华	张洪波
	本科二等奖(共 1621 名)	黄　波、车　刘、杨谦媛	李荣丽
		黄　旭、梅　鑫、吴梦瑄	张洪波
		单　禹、罗秀英、赵婉婧	王保云
		赵培莲、孟德超、赵家凤	王保云
		钱生辉、赵仁雄、曾梦颖	杨庆益
		夏瑞琼、俞发龙、杨智超	闫　芳
		李梦伊、李　瑜、杨德升	杨庆益
		刘　康、马文秀、王仙菲	胥成林
2017	本科组二等奖(共 1111 名)	文强林、欧廷晓、刘　姣	王保云
		王　璐、聂金玉、范　彬	王保云
		田朝林、李光艳、王　蕊	杨庆益
		李　婷、李国伟、朱　蕾	刘海鸿
		申　颖、高　博、杨　爽	刘海鸿
		黄　波、罗洪俊、王贵林	张洪波

(2)全国大学生统计建模大赛(国家级)

年 份	获奖等级	论文题目	队 员	指导教师
2015	一等奖(大数据统计建模类-本科生组)	北京市国产轻型轿车的车载诊断系统(OBD)数据分析	黄琼华、王　敏、王　璐	郭民之、胥成林、李荣丽
	成功参赛奖	平安银行股票收盘价与市盈率的多元时间序列分析	龚禹衡、刘珂羽、卓林标	刘海鸿、李兴平
		寻找淘宝卖家的促销目标客户	张涵宇、赵　越、郭迪萍	刘海鸿、李兴平
		高校学生意外伤害风险类型建模	赵辉辉、刘灯阁、姜　毅	李兴平、刘海鸿
		基于随机森林、VAR 模型的消费者价格指数内外部因素分析	白　艳、辉丽梅、向　莹	胥成林、郭民之、李荣丽
		影响黄金价格的因素分析	欧阳乔、康兴媛、曹丽莹	郭民之、胥成林、李荣丽
2017	一等奖(统计建模类-本科生组)	二手车残值率与售价的实证分析	左烜嘉、李妍雅、熊朝松	郭民之
	优秀奖	大学生手机品牌选择影响因素的调查研究——基于传统方法和机器学习方法	解　静、陈　琴、曾令琴	刘海鸿、李　锋
		基于多种分类器研究人格与药物滥用的关系	赵　玺、王　怡、杨春太	郭民之、李荣丽
	成功参赛奖组(统计建模类-本科生)	基于投资人对 P2P 网贷平台选取的信息挖掘	范　垚、阚前芬、郑　磊	郭民之、李荣丽
		关于天津市 PM2.5 的季节变化规律及其预测模型	张雪玲、李冰倩、赵佳丽	李兴平、胥成林
		基于 GA-RBF 神经网络模型的昆明市降雨量的预测分析	朱　翡、蒋学孟、胡彬林	李兴平、胥成林
		艺龙酒店信息数据分析——基于数据挖掘下的酒店信息研究	唐　倩、仝　宇、张瑞彩	李兴平、胥成林
		各地区居民消费倾向分析	陈虹志、骆建霞、杨　祥	胡恩良
	成功参赛奖(统计建模类-研究生组)	“全面二胎”政策下人口的预测及对比分析	王　涵、匡佳佳、许国会	刘海鸿
		基于多元时间序列的沪深 300 指数预测研究	汤泽梅、李　恩、孙　鹿	郭民之

(3)美国大学生数学建模竞赛(MCM/ICM)

参赛学生				指导教师	
年份	姓名	学 院	获奖等次	姓名	学院
2014	贾文娇	数学学院	二等奖(Honorable Mention)	胥成林	数学学院
	顾光泽	数学学院			
	吕姣兰	数学学院			

续表

参赛学生				指导教师	
年份	姓名	学 院	获奖等次	姓名	学院
2014	左董燕	数学学院	二等奖(Honorable Mention)	闫 芳	数学学院
	杨 鹰	物电学院			
	丁 楠	信息学院			
	周 浩	数学学院	成功参赛奖(Successful Participant)	刘海鸿	数学学院
	刘武杰	数学学院			
	保玉华	信息学院			
	顾文艳	数学学院	成功参赛奖(Successful Participant)	王惠文	数学学院
	罗朝斌	物电学院			
	刘丽梅	数学学院			
	李成仙	数学学院	成功参赛奖(Successful Participant)	刘海鸿	数学学院
	余渊洋	数学学院			
	杨西进	物电学院			
2016	张勇丙	信息学院	一等奖		
	赵仁雄	数学学院			
	李 存	信息学院			
2017	杨 超	信息学院	第三层次一等奖	王保云	信息学院
	徐 璐	信息学院			
	黄艳茜	数学学院			

4)全国及省级教学技能大赛获奖情况

序号	比赛名称	获奖人	级别	等级	年份
1	第一届全国师范院校师范生教学技能竞赛	杨周荣麒	国家级	二等奖	2013
2	第二届全国师范院校师范生教学技能竞赛	杨凯渊	国家级	一等奖	2014
3	第三届全国师范院校师范生教学技能竞赛	张宝珠	国家级	优胜奖	2015
4	第四届全国师范院校师范生教学技能竞赛	姚 佳	国家级	二等奖	2016
5	第五届全国师范院校师范生教学技能竞赛	黄 霞	国家级	二等奖	2017
6	第五届“东芝杯”中国师范大学理科师范生教学技能创新大赛	廖凡寓	国家级	优秀奖	2014
7	第六届“东芝杯”中国师范大学理科师范生教学技能创新大赛	苏 娜	国家级	优秀奖	2015
8	第七届“东芝杯”中国师范大学理科师范生教学技能创新大赛	杨耕耘	国家级	优秀奖	2016
9	2016 年“移动 4G+”——“创青春”云南省大学生创业大赛	王震文	省级	优秀奖	2016
10	第五届全国师范生技能竞赛	黄 霞	国家级	二等奖	2017
11	“高教社杯”云南省高等学校教师教育联盟第五届师范专业大学生教学技能竞赛	黄 霞	省级	一等奖	2017
12		戴茂仪	省级	一等奖	2017
13		黄 旭	省级	二等奖	2017

续表

序号	比赛名称	获奖人	级别	等级	年份
14	“高教社杯”云南省高等学校教师教育联盟第五届师范专业大学生教学技能竞赛	陈飞扬	省级	二等奖	2017
15		李　颖	省级	二等奖	2017
16		张　洁	省级	三等奖	2017
17		张梦琪	省级	三等奖	2017

5)云南省三好学生、优秀学生干部、优秀毕业生

2010～2011 年度本科生
三好学生 6 人：杨　娜、边　香、李　莲、侯成顺、易凤婷、林　晶
优秀学生干部 2 人：李智涛、刘知音

2012～2013 年度本科生
三好学生 7 人：杨周荣麟、贾文娇、吴邦瑛、邓隆江、刀　松、周润萍、郭　彪
优秀学生干部 2 人：夏　萧、陈　璐

2013～2014 年度本科生
三好学生 7 人：王银珠、余忠瑞、杨凯渊、夏　典、王蕴萍、刘　冉、常　虹
优秀学生干部 2 人：王　瑞、刘珂羽

2014～2015 年度本科生
三好学生 8 人：赵辉辉、蒋雄、邓敬也、赵万丹、王园静、白艳、王晓航、刘珂羽
优秀学生干部 2 人：孙婷婷、吕东旭

2015～2016 年度本科生
三好学生 8 人：刘小丽、刘珂羽、白　艳、吕东旭、杜　丹、黄　旭、陈德春、李　蕾
优秀学生干部 2 人：蒋　雄、马　肖

2016～2017 年度本科生
三好学生 7 人：胡斌林、朱　翡、张港铧、黄　旭、马　肖、张世平、李雪凤
优秀学生干部 2 人：徐爱婷、杜　丹
省级优秀毕业生 19 人：杜　丹、李梦萍、吕东旭、李　吉、彭云宣、王誉瑾、姚　佳、陈海云、王明娟、杨修文、王晓航、马　肖、刘　双、吴佳佳、黄湘海、高　敏、杨明江、陈　琴、曾令琴

2016～2017 年度本科生
三好学生 7 人：李　云、张港铧、张世平、安怡睿、李雪凤、朱向东、邱若文

优秀学生干部 2 人：普　蓉、徐爱婷

2017～2018 年度本科生

省级优秀毕业生 22 人：李　云、杨艳芝、杨晓冰、田　玥、黄　旭、吕　蕾、叶建娟、张为康、段优优、李　瑜、李旭珍、李天美、张港铧、马　珍、张　洁、贺政刚、文强林、唐玉露、李昊原、阚前芬、朱启芸、刘艳苹

6）研究生获奖情况

序号	比赛名称	获奖人	院系	指导教师	等级	年份
1	第六届全国研究生数学建模竞赛	沈　洁	数学学院	冷天玖 化存才 甘健侯	三等奖	2009
2		迟绍芳	数学学院			
3		李光明	数学学院			
4		高　翔	数学学院	化存才 冷天玖 甘健侯	三等奖	2009
5		张　林	数学学院			
6		王富彬	数学学院			
7	第七届全国研究生数学建模竞赛	高　翔	数学学院	冷天玖	二等奖	2010
8		张　林	数学学院			
9		沈　洁	数学学院	化存才	三等奖	2010
10		黄家胜	数学学院			
11		李凤江	数学学院	杨干山	三等奖	2010
12		杨晓君	数学学院			
13	第八届全国研究生数学建模竞赛	胡东坡	数学学院	化存才 冷天玖	二等奖	2011
14		胡　鹏	数学学院			
15		王莎莎	数学学院	冷天玖 化存才	三等奖	2011
16		徐　能	数学学院			
17	第九届全国研究生数学建模竞赛	黄希芬	数学学院		三等奖	2012
18		孙　锐	数学学院			
19		张静静	数学学院			
20		李思博	数学学院		三等奖	2012
21		胡东坡	数学学院		三等奖	2012
22		胡　鹏	数学学院			
23		李文杰	数学学院		三等奖	2012
24		崔艺瑞	数学学院			
25		张　芳	数学学院			
26		王莎莎	数学学院		三等奖	2012

续表

序号	比赛名称	获奖人	院系	指导教师	等级	年份
27	第十届全国研究生数学建模竞赛	李文杰	数学学院		三等奖	2013
28		崔艺瑞	数学学院			
29		王　策	数学学院		三等奖	2013
30		康文倩	数学学院			
31		韩　丽	数学学院			
32	第十一届全国研究生数学建模竞赛	张利敏	数学学院	化存才 胥成林	三等奖	2014
33		姜　飞	数学学院			
34		赵　芳	数学学院			
35		安智慧	经管学院	化存才 刘海鸿	三等奖	2014
36		苟竹林	经管学院			
37		王翔香	经管学院			
38	第十三届全国研究生数学建模竞赛	潘艳芳	数学学院	化存才	三等奖	2016
39		孙　鹿	数学学院	化存才		
40		汤泽梅	数学学院			
41		李　恩	数学学院			
42	首届全国全日制教育硕士学科教学(数学)专业教学技能大赛	杨新鹏	数学学院	孔德宏 刘　云 孙莅文 朱维宗	一等奖	2016
43		崔　锦	数学学院		一等奖	
44		朱红桃	数学学院		二等奖	
45		曹　凤	数学学院		二等奖	
46		王敏雪	数学学院		二等奖	
47		张利橙	数学学院		优秀奖	
48	第二届全国全日制教育硕士学科教学(数学)专业教学技能大赛	何　旋	数学学院	孔德宏	三等奖	2017
49		王园静	数学学院	黄永明	三等奖	
50		李佳敏	数学学院		优秀教学设计奖	
51		常秀璐	数学学院			

7)班级、社团获奖情况等

序号	奖励或荣誉名称	获奖单位	授予单位	等级	年份
1	第四届冬运会团体总分第二名	数理教育分院	云南教育学院	校级	1995
2	首届“爱院杯”篮球赛获男子组亚军	数理教育分院	云南教育学院团委、云南师范大学学生会	校级	1996
3	云南省高校先进党支部	数理教育学院	中共云南省委高校工委	省级	1996
4	1996年“人生与社会”普通话演讲比赛获团体第三名	数理教育分院	云南教育学院团委、云南师范大学学生会	校级	1996

续表

序号	奖励或荣誉名称	获奖单位	授予单位	等级	年份
5	第二届“猛士杯”象棋、围棋比赛团体第一名	数理教育分院	云南教育学院团委、学生会	校级	1997
6	第四届“爱院杯”篮球赛荣获男子组第二名	数学系	云南师范大学成教院第四届“爱院杯”篮球赛组委会	校级	1999
7	第四届“爱院杯”篮球赛荣获女子组第三名	数学系	云南师范大学成教院第四届“爱院杯”篮球赛组委会	校级	1999
8	2000 年度云南师范大学学生素质拓展夺杯赛获“优秀组织奖”	数学学院	共青团云南师范大学委员会	校级	2001
9	先进党支部	数学学院	中共云南省委高校工委	省级	2001
10	云南师范大学 2001 年田径运动会学生女子团体第一名	数学学院	云南师范大学体育运动委员会	校级	2001
11	云南师范大学 2001 年田径运动会学生男子团体第二名	数学学院	云南师范大学体育运动委员会	校级	2001
12	云南师范大学 2001 年度学生素质拓展夺杯赛优胜奖	数学学院	云南师范大学团委	校级	2002
13	云南师范大学 2002 年田径运动会学生男子团体第一名	数学学院	云南师范大学体育运动委员会	校级	2002
14	云南师范大学 2002 年田径运动会学生女子团体第一名	数学学院	云南师范大学体育运动委员会	校级	2002
15	云南师范大学 2002 年田径运动会道德风尚奖	数学学院	云南师范大学体育运动委员会	校级	2002
16	云南师范大学首届学生自创文艺节目比赛暨 2002 年度“祖国之春”文艺汇演优秀表演奖	数学学院	云南师范大学团委、云南师范大学学生会	校级	2002
17	2003 年田径运动会(学生女子团体)第二名	数学学院(女子团体)	云南师范大学	校级	2003
18	云南省红旗团支部	数学学院	共青团云南省委	省级	2004
19	党内法规知识竞赛二等奖	数学学院	云南师范大学党委、云南师范大学纪委	校级	2004
20	2004 年田径运动会道德风尚奖	数学学院	云南师范大学	校级	2004
21	2003～2004 学年先进班集体	数学学院 2003 级 C 班	云南师范大学	校级	2004
22	2003～2004 学年先进班集体	数学学院 2003 级 B 班	云南师范大学	校级	2004
23	纪念中国共产党成立 84 周年合唱比赛暨知识竞赛二等奖	数学学院	中共云南师范大学委员会	校级	2005
24	云南师范大学 2005 年田径运动会道德风尚奖	数学学院	云南师范大学	校级	2005
25	先进党支部	数学学院	中共云南师范大学委员会	校级	2005
26	云南师范大学 2006 年“振兴中华杯”排球赛第二名	数学学院	共青团云南师范大学委员会、云南师范大学学生会	校级	2006

续表

序号	奖励或荣誉名称	获奖单位	授予单位	等级	年份
27	云南师范大学 2006 年“振兴中华杯”排球赛第一名	数学学院	共青团云南师范大学委员会、云南师范大学学生会	校级	2006
28	云南师范大学 2006 年田径运动会道德风尚奖	数学学院	云南师范大学	校级	2006
29	云南师范大学 2006 年田径运动会学生女子团体第三名	数学学院女子团体	云南师范大学	校级	2006
30	云南师范大学 2006 年广播体操比赛第四名	数学学院	云南师范大学	校级	2006
31	云南省五四红旗团支部	数学学院	共青团云南省委	省级	2006
32	云南师范大学第四届学生科技节暨第十四届学生课外学术科技作品竞赛“优胜杯”	数学学院	共青团云南师范大学委员会	校级	2006
33	第三届云南师范大学十佳示范红旗团支部	数学学院	共青团云南师范大学委员会	校级	2007
34	中华人民共和国第七届残疾人运动会优秀服务志愿队	数学学院	共青团云南省委	省级	2007
35	云南师范大学第三届十佳红旗示范团支部	2005 级数学 B 班团支部	共青团云南师范大学委员会	校级	2007
36	云南师范大学 2007 年田径运动会学生男子团体第三名	数学学院	云南师范大学	校级	2007
37	云南师范大学 2007 年田径运动会道德风尚奖	数学学院	云南师范大学	校级	2007
38	云南师范大学 2006～2007 学年学生工作先进集体	数学学院	云南师范大学	校级	2007
39	云南师范大学学生学习十七大精神知识竞赛二等奖	数学学院	校团委、马列部	校级	2008
40	乒乓球赛“和谐杯”第三名	数学学院男子组	共青团云南师范大学委员会、云南师范大学学生社团联合会	校级	2008
41	先进党支部	数学学院	共青团云南师范大学委员会	校级	2008
42	2008 年度“三好杯”篮球赛第一名	数学学院女子组	共青团云南师范大学委员会、云南师范大学学生委员会	校级	2008
43	云南师范大学 2008 年田径运动会道德风尚奖	数学学院	云南师范大学	校级	2008
44	云南师范大学第五届学生科技节暨第十六届学生课外学术科技作品竞赛优秀组织奖	数学学院	共青团云南师范大学委员会	校级	2008
45	2008～2009 年度“三育”先进集体	数学分析教研室	云南师范大学	校级	2010
46	先进班集体	2013 级 E 班	云南师范大学		2015
47	五四红旗团支部	2013 级 E 班	云南师范大学		2015

续表

序号	奖励或荣誉名称	获奖单位	授予单位	等级	年份
48	云南省五四红旗团荣誉称号	数学学院团委	共青团云南省委员会	省级	2016
49	云南省红十字社区服务表彰	心方程社		省级	2016
50	2016～2017 年云南省先进班集体	2014 级数学与应用数学 A 班		省级	2017
51	2017～2018 年云南省先进班集体	2015 级数学与应用数学 A 班		省级	2018

8)其他获奖

序号	获奖或比赛名称	获奖同学	获奖单位	获奖等级	指导教师	年份
1	第二届云南高校青年学术科技活动标兵	苏 敏	数学学院			2006
2	全国大学生英语竞赛	周丽等 5 人	数学学院	国家级一等奖		2011
3	建昊奖学金	庞春平	数学学院 1999 级			2003
4	2014 年“创青春”云南省大学生创业大赛	晏 丽	数学学院	省级银奖	代芳芳	2014
5		杨 丹	数学学院			
6		杨周荣麟	数学学院			
7	全国大学生英语竞赛 NECCS	孙艳玲	数学学院	省级特等奖	蒋 茜 沈艳萍 万向兴	2017
8	云南省教育厅优秀志愿者	申上于 王策冰	数学学院			2017
9	“外研社杯”全国英语写作大赛二等奖	乔左英	数学学院			2017
10	“外研社杯”全国英语写作大赛三等奖	张思帆	数学学院			2017
11	“外研社杯”全国英语写作大赛三等奖	耿 柳	数学学院			2017

十三 历年师生名单

1. 历年师生人数

年份/年级	教师人数						学生人数				
	教授	副教授	讲师	助教	行政和教辅	合计	硕士研究生	本科	专科或专修科	备注	合计
1938	12	1		10	1	24		22			22
1939	13	1	1	6	1	22		12			12
1940	14	1	2	13	1	31					0
1941	12	1	1	12	3	29		2			2
1942	10	1	2	10	3	26		24			24
1943	10		3	9	7	29		20			20
1944	9		4	4	5	22		3	32		35
1945	11		6	10	3	30			14		14
1946	14	1	8	11	8	42		3			3
1947	2	2	4	2		10		3			3
1948	2	2	4	1		9		1			1
1949	2		5	3		10		11			11
1950	2	3	1	2		8		14			14
1951	2	3	1	2		8		8			8
1952	2	3	4	6		15		34	36	一年制专修科	70
1953	2	3	4	6		15		36	60	二年制专修科	96
1954	2	3	6	12	2	25		43	53	二年制专修科	96
1955	1	3	6	12	2	24		31	79	二年制专修科	110
1956	1	3	9	27	3	43		77	168	二年制专修科	245

续表

年份/年级	教师人数						学生人数				
	教授	副教授	讲师	助教	行政和教辅	合计	硕士研究生	本科	专科或专修科	备注	合计
1957	1	3	9	29	3	45		79	58		137
1958	1	2	10	18	2	33		58	121	二年制专修科	179
1959	1	2	10	21	2	36		127	111	滇西大学、滇南大学撤销，其数学专业本科并入昆明师范学院数学系	238
1960	1	2	10	21	2	36		142			142
1961	1	2	9	23	4	39		154			154
1962	1	2	11	21	5	40		53	16	二年制专修科	69
1963	1	2	11	22	4	40		51			51
1964	1	2	11	22	5	41		40			40
1965	1	2	11	21	5	40		91			91
1966	1	2	11	20	5	39					0
1967	1	2	11	20	5	39					0
1968	1	2	11	20	5	39					0
1969	1	2	11	22	5	39					0
1970	1	1	11	19	5	37					0
1971	1	1	12	19	34	67					0
1972	1	1	12	18	42	74		96			96
1973	1	1	11	19	42	74		41	39	一年制进修班	80
1974	1	1	11	22	43	78		51	54	一年制进修班	105
1975	1	1	11	22	44	79		47			47
1976	1	1	9	24	42	77		51			51
1977	1	1	9	27	39	77		467		本科班有昆明、曲靖、保山各1个班，大理、红河各2个班	467
1978	2	2	31	7	16	58	3	98			101
1979	2	2	31	10	11	56		38			38
1980	2	2	31	12	11	58		54			54
1981	2	2	31	12	11	58		52			52
1982	2	2	31	22	11	68	5	107			112
1983	2	6	24	20	12	64		79			79
1984	2	8	24	25	15	74		101			101
1985	2	9	25	28	16	80	41	61			102
1986	5	14	25	30	17	91	6	81			87
1987	10	17	25	22	15	89		70			70
1988	5	12	29	18	13	77	1	114			115

续表

年份/年级	教师人数						学生人数				
	教授	副教授	讲师	助教	行政和教辅	合计	硕士研究生	本科	专科或专修科	备注	合计
1989	5	11	28	19	13	76		105	38	专科班为数学教育民族干部班	143
1990	5	11	28	20	14	78		99	33		132
1991	5	11	32	16	14	78	10	109	41		160
1992	7	15	35	5	12	74		132	41		173
1993	6	21	31	4	11	73		105	85	专科有数学教育民族干部班和会计班	190
1994	9	19	26	7	11	72	1	123	75		199
1995	6	20	23	5	10	64	2	116	126	专科班有数学教育、民族干部班、计算机民族干部班和会计班共3个班	244
1996	10	17	23	5	9	64	3	117	123		243
1997	10	18	23	5	6	62	4	115	99		218
1998	10	17	13	3	7	50		176	72	专科班有数学教育和计算机民族干部班	248
1999	12	27	14	10	11	74	7	252	41	数学教育民族干部班	300
2000	15	24	15	8	10	72	8	251			259
2001	10	27	15	5	9	66	12	241			253
2002	13	25	18	4	9	69	29	293			322
2003	13	23	21	5	7	69	43	223			266
2004	12	22	22	12	6	74	24	208			232
2005	12	22	24	12	6	76	29	246			275
2006	12	19	28	10	8	77	30	263			293
2007	12	22	28	6	10	78	68	305			373
2008	11	25	28	3	11	78	50	354			404
2009	13	25	28	3	10	79	62	347			409
2010	14	25	25	4	10	78	51	337			388
2011	15	25	23	4	9	76	51	364			415
2012	15	25	20	1	8	68	62	397		数学与应用数学5个班，统计1个班	459
2013	15	24	21	2	9	71	32	374			406
2014	16	20	23	1	9	69	42	439			481
2015	15	21	21	4	9	70	37				37
2016	14	21	23	3	8	69				硕士研究生和本科生学生尚未毕业	
2017	14	23	24	3	9	73					
2018	14	25	26	2	9	76					
合计							713	8838	1615		11164

2. 历年教职工名单

1938～1986 年数据来源于学院档案室保管的“数学系历年教职工人数统计表”，教师名单按汉语拼音顺序排序。

1947 年(10 人)
教授(2 人)：蒋硕民、杨武之。
副教授(1 人)：张福华。
讲师(4 人)：高本荫、杨兴楷、于家乐、朱德祥。
助教(2 人)：迟宗陶、吕锡麟、欧阳权。

1948 年(9 人)
教授(2 人)：蒋硕民、杨武之。
副教授(2 人)：张福华、朱德祥。
讲师(4 人)：高本荫、刘声烈、杨兴楷、于家乐。
助教(1 人)：吕锡麟。

1949 年(10 人)
教授(2 人)：蒋硕民、朱德祥。
讲师(5 人)：高本荫、刘声烈、唐绍宾、杨兴楷、于家乐。
助教(3 人)：吕锡麟、王文绪、赵民义。

1950 年(8 人)
教授(2 人)：蒋硕民、朱德祥。
讲师(4 人)：高本荫、刘声烈、唐绍宾、于家乐。
助教(2 人)：吕锡麟、王文绪。

1951 年(8 人)
教授(2 人)：蒋硕民、朱德祥。
副教授(3 人)：高本荫、刘声烈、于家乐。
讲师(1 人)：唐绍宾。
助教(2 人)：吕锡麟、王文绪。

1952 年(15 人)
教授(2 人)：蒋硕民、朱德祥。
副教授(3 人)：高本荫、刘声烈、于家乐。
讲师(4 人)：吕锡麟、唐绍宾、王文绪、杨兴楷。

助教(6 人)：冯荣轩、万书纲、吴兴来、项毓英、张一立、郑佩瑶。

1953 年(15 人)

教授(2 人)：蒋硕民、朱德祥。

副教授(3 人)：高本荫、刘声烈、于家乐

讲师(4 人)：吕锡麟、唐绍宾、王文绪、杨兴楷。

助教(6 人)：冯荣轩、万书纲、吴兴来、项毓英、张一立、郑佩瑶。

1954 年(24 人)

教授(2 人)：蒋硕民、朱德祥。

副教授(3 人)：高本荫、刘声烈、于家乐。

讲师(6 人)：冯荣轩、何　瑶、吕锡麟、唐绍宾、王文绪、杨兴楷。

助教(12 人)：姜兴邦、李绍尧、罗由学、倪国馨、万书纲、王用华、吴兴来、袁　熹、张一立、郑佩瑶、朱文龙。

教辅(2 人)：胡明漪、黄佩娥。

1955 年(24 人)

教授(1 人)：朱德祥。

副教授(3 人)：高本荫、刘声烈、于家乐。

讲师(6 人)：冯荣轩、何　瑶、吕锡麟、唐绍宾、王文绪、杨兴楷。

助教(12 人)：姜兴邦、李绍尧、罗由学、倪国馨、万书纲、王用华、吴兴来、徐学钰、袁　熹、张一立、郑佩瑶、朱文龙。

教辅(2 人)：胡明漪、黄佩娥。

1956 年(43 人)

教授(1 人)：朱德祥。

副教授(3 人)：高本荫、刘声烈、于家乐。

讲师(9 人)：冯荣轩、何瑶、吕锡麟、倪国馨、唐绍宾、王文绪、杨兴楷、张一立、郑佩瑶。

助教(27 人)：冯传清、姜兴邦、金传慧、李绍尧、李志尧、罗由学、潘朝暾、秦有堂、邱达三、任戴礼、万书纲、王从胤、王瑞君、王用华、吴兴来、谢先琼、熊民福、徐绍珍、徐学钰、袁　熹、张大章、张惠芬、赵惠然、郑秉兰、朱　明、朱文龙、宗瑞馨。

教辅(2 人)：黄佩娥、赵鑫云。

教员(1 人)：解子魁。

1957 年(45 人)

教授(1 人)：朱德祥。

副教授(3 人)：高本荫、刘声烈、于家乐。

讲师(9 人)：冯荣轩、何瑶、吕锡麟、倪国馨、唐绍宾、王文绪、杨兴楷、张一立、郑佩瑶。

助教(29 人)：冯传清、蒋嗣渠、姜兴邦、金传慧、李绍尧、李志尧、罗由学、潘朝暾、秦有堂、邱达三、任戴礼、万书纲、王　骅、王从胤、王瑞君、王用华、吴兴来、谢先琼、熊民福、徐绍珍、徐学钰、袁　熹、张大章、张惠芬、赵惠然、郑秉兰、朱　明、朱文龙、宗瑞馨。

教辅(2 人)：黄佩娥、赵鑫云。

教员(1 人)：解子魁。

1958 年(33 人)

教授(1 人)：朱德祥。

副教授(2 人)：高本荫、刘声烈。

讲师(10 人)：冯荣轩、何　瑶、吕锡麟、倪国馨、唐绍宾、王文绪、杨兴楷、于家乐、张一立、郑佩瑶。

助教(18 人)：蒋嗣渠、姜兴邦、罗由学、潘朝暾、邱达三、万书纲、王　骅、王从胤、王用华、吴兴来、熊民福、徐绍珍、徐学钰、袁　熹、赵惠然、朱文龙　等。

教辅(1 人)：赵鑫云。

干部(1 人)：孙贵如。

1959 年(36 人)

教授(1 人)：朱德祥。

副教授(2 人)：高本荫、刘声烈。

讲师(10 人)：冯荣轩、何　瑶、吕锡麟、倪国馨、唐绍宾、王文绪、杨兴楷、于家乐、张一立、郑佩瑶。

助教(21 人)：蒋嗣渠、姜兴邦、罗由学、潘朝暾、邱达三、万书纲、王　骅、王从胤、王用华、吴兴来、熊民福、徐绍珍、徐学钰、袁　熹、赵惠然、朱文龙　等。

教辅(1 人)：赵鑫云。

干部(1 人)：孙贵如。

1960 年(36 人)

教授(1 人)：朱德祥。

副教授(2 人)：高本荫、刘声烈。

讲师(10 人)：冯荣轩、何　瑶、吕锡麟、倪国馨、唐绍宾、王文绪、杨兴楷、于家乐、张一立、郑佩瑶。

助教(21 人)：蒋嗣渠、姜兴邦、罗由学、潘朝暾、邱达三、万书纲、王　骅、王从胤、王用华、吴兴来、熊民福、徐绍珍、徐学钰、袁　熹、赵惠然、朱文龙等。

教辅(1 人)：赵鑫云。

干部(1 人)：孙贵如。

1961年(39人)

教授(1人)：朱德祥。

副教授(2人)：高本荫、刘声烈。

讲师(9人)：冯荣轩、何瑶、吕锡麟、潘朝暾、邱达三、唐绍宾、王文绪、于家乐、张一立。

助教(23人)：陈忠恺、何继德、和树本、黄华秋、李彬荣、李忠映、罗一福、罗由学、宁敦品、潘琨宇、唐家祥、王　骅、王从胤、王文偁、王用华、吴兴来、熊民福、徐绍珍、徐学钰、俞洁玉、张志鸿、赵惠然、朱文龙。

教辅(1人)：赵鑫云。

干部(3人)：雷文慧、李景舒、孙贵如。

1962年(40人)

教授(1人)：朱德祥。

副教授(2人)：高本荫、刘声烈。

讲师(11人)：冯荣轩、何　瑶、吕锡麟、潘朝暾、邱达三、唐绍宾、王文绪、王用华、吴兴来、于家乐、张一立。

助教(21人)：陈忠恺、何继德、和树本、黄华秋、李彬荣、李忠映、罗一福、罗由学、宁敦品、潘琨宇、唐家祥、王　骅、王从胤、王文偁、熊民福、徐绍珍、徐学钰、俞洁玉、张志鸿、赵惠然、朱文龙。

教辅(1人)：赵鑫云。

干部(4人)：雷文慧、李　明、李景舒、孙贵如。

1963年(40人)

教授(1人)：朱德祥。

副教授(2人)：高本荫、刘声烈。

讲师(11人)：冯荣轩、何　瑶、潘朝暾、和自超、邱达三、唐绍宾、王文绪、王用华、吴兴来、于家乐、郑佩瑶。

助教(22人)：陈忠恺、何继德、胡国樑、黄华秋、蒋嗣渠、李彬荣、李正方、李忠映、罗由学、宁敦品、唐家祥、王　骅、王从胤、王文偁、熊民福、徐绍珍、徐学钰、俞洁玉、张　森、张凤周、郑淑泽、朱文龙。

教辅(1人)：赵鑫云。

干部(3人)：雷文慧、李　明、孙贵如。

1964年(41人)

教授(1人)：朱德祥。

副教授(2人)：高本荫、刘声烈。

讲师(11人)：冯荣轩、何　瑶、潘朝暾、和自超、邱达三、唐绍宾、王文绪、王用华、吴兴来、于家乐、郑佩瑶。

助教(22 人)：陈忠恺、何继德、胡国樑、黄华秋、蒋嗣渠、李彬荣、李正方、李忠映、罗由学、宁敦品、唐家祥、王　骅、王从胤、王文偁、熊民福、徐绍珍、徐学钰、俞洁玉、张　森、张凤周、郑淑泽、朱文龙。

教辅(1 人)：赵鑫云。

干部(4 人)：雷文慧、李　明、乔中春、孙贵如。

1965 年(40 人)

教授(1 人)：朱德祥。

副教授(2 人)：高本荫、刘声烈。

讲师(11 人)：冯荣轩、何　瑶、吕锡麟、潘朝暾、邱达三、唐绍宾、王文绪、王用华、吴兴来、于家乐、郑佩瑶。

助教(21 人)：陈忠恺、胡国樑、黄华秋、简光全、蒋嗣渠、李正方、李忠映、罗由学、宁敦品、唐家祥、王　骅、王从胤、王文偁、熊民福、徐绍珍、徐学钰、杨承纶、张　森、张凤周、郑淑泽、朱文龙。

教辅(1 人)：赵鑫云。

干部(4 人)：雷逢庄、雷文慧、李　明、乔中春。

1966 年(39 人)

教授(1 人)：朱德祥。

副教授(2 人)：高本荫、刘声烈。

讲师(11 人)：冯荣轩、何　瑶、吕锡麟、潘朝暾、邱达三、唐绍宾、王文绪、王用华、吴兴来、于家乐、郑佩瑶。

助教(20 人)：陈忠恺、胡国樑、黄华秋、简光全、蒋嗣渠、李正方、李忠映、罗由学、宁敦品、唐家祥、王　骅、王从胤、王文偁、熊民福、徐绍珍、徐学钰、杨承纶、张　森、张凤周、郑淑泽。

教辅(1 人)：赵鑫云。

干部(4 人)：雷逢庄、雷文慧、李　明、乔中春。

1967 年(39 人)

教授(1 人)：朱德祥。

副教授(2 人)：高本荫、刘声烈。

讲师(11 人)：冯荣轩、何　瑶、吕锡麟、潘朝暾、邱达三、唐绍宾、王文绪、王用华、吴兴来、于家乐、郑佩瑶。

助教(20 人)：陈忠恺、胡国樑、黄华秋、简光全、蒋嗣渠、李正方、李忠映、罗由学、宁敦品、唐家祥、王　骅、王从胤、王文偁、熊民福、徐绍珍、徐学钰、杨承纶、张　森、张凤周、郑淑泽。

教辅(1 人)：赵鑫云。

干部(4 人)：雷逢庄、雷文慧、李　明、乔中春。

1968 年(39 人)

教授(1 人)：朱德祥。

副教授(2 人)：高本荫、刘声烈。

讲师(11 人)：冯荣轩、何　瑶、吕锡麟、潘朝暾、邱达三、唐绍宾、王文绪、王用华、吴兴来、于家乐、郑佩瑶。

助教(20 人)：陈忠恺、胡国樑、黄华秋、简光全、蒋嗣渠、李正方、李忠映、罗由学、宁敦品、唐家祥、王　骅、王从胤、王文偁、熊民福、徐绍珍、徐学钰、杨承纶、张　森、张凤周、郑淑泽。

教辅(1 人)：赵鑫云。

干部(4 人)：雷逢庄、雷文慧、李　明、乔中春。

1969 年(41 人)

教授(1 人)：朱德祥。

副教授(2 人)：高本荫、刘声烈。

讲师(11 人)：冯荣轩、何　瑶、吕锡麟、潘朝暾、邱达三、唐绍宾、王文绪、王用华、吴兴来、于家乐、郑佩瑶。

助教(22 人)：陈忠恺、胡国樑、胡思章、黄华秋、简光全、蒋嗣渠、李正方、李忠映、罗由学、宁敦品、宋金义、唐家祥、王　骅、王从胤、王文偁、熊民福、徐绍珍、徐学钰、杨承纶、张　森、张凤周、郑淑泽。

教辅(1 人)：赵鑫云。

干部(4 人)：雷逢庄、雷文慧、李　明、乔中春。

1970 年(37 人)

教授(1 人)：朱德祥。

副教授(1 人)：刘声烈。

讲师(11 人)：冯荣轩、何　瑶、吕锡麟、潘朝暾、邱达三、唐绍宾、王文绪、王用华、吴兴来、于家乐、郑佩瑶。

助教(19 人)：陈忠恺、胡国樑、黄华秋、简光全、蒋嗣渠、李正方、李忠映、罗由学、宁敦品、唐家祥、王　骅、王从胤、王文偁、熊民福、徐绍珍、徐学钰、杨承纶、张　森、张凤周。

教辅(1 人)：赵鑫云。

干部(4 人)：雷逢庄、雷文慧、李　明、乔中春。

1971 年(67 人)

教授(1 人)：朱德祥。

副教授(1 人)：刘声烈。

讲师(12 人)：冯荣轩、何　瑶、吕锡麟、倪国馨、潘朝暾、邱达三、唐绍宾、王文绪、王用华、吴兴来、于家乐、郑佩瑶。

助教(19 人)：陈忠恺、胡国樑、黄华秋、简光全、蒋嗣渠、姜兴邦、李正方、李忠映、罗由学、宁敦品、唐家祥、王　骅、王从胤、王文偁、熊民福、徐学钰、杨承纶、张　森、张凤周。

教辅(1 人)：赵鑫云。

干部(4 人)：雷逢庄、雷文慧、李　明、乔中春。

工人(29 人)：陈桂仙、崔海燕、代光辉、杜荣章、耿国伟、郭建强、郭思平、纪兆平、李宝玉、李福芝、李立新、李映芬、李映华、李志民、刘洪俊、刘庭举、刘兴生、刘玉仙、缪吉才、陶遵明、王丽星、王士荣、杨桂云、俞大邦、俞小平、张存安、张丽莎、周　恒、邹美昆。

1972 年(74 人)

教授(1 人)：朱德祥。

副教授(1 人)：刘声烈。

讲师(12 人)：冯荣轩、何　瑶、吕锡麟、倪国馨、潘朝暾、邱达三、唐绍宾、王文绪、王用华、吴兴来、于家乐、郑佩瑶。

助教(18 人)：陈忠恺、胡国樑、黄华秋、简光全、蒋嗣渠、姜兴邦、李正方、李忠映、宁敦品、唐家祥、王　骅、王从胤、王文偁、熊民福、徐学钰、杨承纶、张　森、张凤周。

教员(4 人)：李小玲、罗用晋、吕冠国、杨直中。

教辅(1 人)：赵鑫云。

干部(3 人)：雷逢庄、雷文慧、乔中春。

工人(34 人)：陈桂仙、崔海燕、崔兰仙、代光辉、杜荣章、耿国伟、郭建强、郭思平、纪兆平、李宝玉、李福芝、李立新、李丕仁、李映芬、李映华、李志民、刘洪俊、刘庭举、刘兴生、刘玉仙、马树芝、缪吉才、孙　美、陶遵明、王丽星、王士荣、杨桂云、俞大邦、俞小平、张存安、张丽莎、张绍清、周　恒、邹美昆。

1973 年(74 人)

教授(1 人)：朱德祥。

副教授(1 人)：刘声烈。

讲师(11 人)：冯荣轩、何　瑶、吕锡麟、倪国馨、潘朝暾、邱达三、唐绍宾、王文绪、王用华、吴兴来、郑佩瑶。

助教(19 人)：陈忠恺、胡国樑、黄华秋、简光全、蒋嗣渠、姜兴邦、李正方、李忠映、宁敦品、唐家祥、王　骅、王从胤、王文偁、熊民福、徐学钰、杨承纶、张　森、张凤周、赵惠然。

教员(4 人)：李小玲、罗用晋、吕冠国、杨直中。

教辅(1 人)：赵鑫云。

干部(3 人)：雷逢庄、雷文慧、乔中春。

工人(34 人)：陈桂仙、崔海燕、崔兰仙、代光辉、杜荣章、耿国伟、郭建强、郭思平、纪兆平、李宝玉、李福芝、李立新、李丕仁、李映芬、李映华、李志民、刘洪俊、刘庭举、刘兴生、刘玉仙、马树芝、缪吉才、孙　美、陶遵明、王丽星、王士荣、杨桂云、俞大邦、俞小平、张存安、张绍清、赵丽珠、周　恒、邹美昆。

1974 年(78 人)

教授(1 人)：朱德祥。

副教授(1 人)：刘声烈。

讲师(11 人)：冯荣轩、何　瑶、吕锡麟、倪国馨、潘朝暾、邱达三、唐绍宾、王文绪、王用华、吴兴来、郑佩瑶。

助教(22 人)：陈忠恺、高哲敏、胡国樑、黄华秋、简光全、蒋嗣渠、姜兴邦、李正方、李忠映、宁敦品、唐家祥、万书纲、王　骅、王从胤、王文偁、熊民福、徐绍珍、徐学钰、杨承纶、张　森、张凤周、赵惠然。

教员(4 人)：李小玲、罗用晋、吕冠国、杨直中。

教辅(2 人)：赵鑫云、邱秀凤。

干部(6 人)：杜荣章、雷逢庄、雷文慧、刘云英、乔中春、杨宗赐。

工人(31 人)：陈桂仙、崔海燕、崔兰仙、代光辉、耿国伟、郭建强、郭思平、纪兆平、李宝玉、李福芝、李立新、李丕仁、李映芬、李映华、李志民、刘洪俊、刘庭举、刘兴生、刘玉仙、缪吉才、孙　美、陶遵明、王丽星、王士荣、杨桂云、俞大邦、张存安、张绍清、赵丽珠、周　恒、邹美昆。

1975 年(79 人)

教授(1 人)：朱德祥。

副教授(1 人)：刘声烈。

讲师(11 人)：冯荣轩、何　瑶、吕锡麟、倪国馨、潘朝暾、邱达三、唐绍宾、王文绪、王用华、吴兴来、郑佩瑶。

助教(22 人)：陈忠恺、高哲敏、胡国樑、黄华秋、简光全、蒋嗣渠、姜兴邦、李正方、李忠映、宁敦品、唐家祥、万书纲、王　骅、王从胤、王文偁、熊民福、徐绍珍、徐学钰、杨承纶、张　森、张凤周、赵惠然。

教员(5 人)：李小玲、罗用晋、吕冠国、施恩伟、杨直中。

教辅(2 人)：赵鑫云、邱秀凤。

干部(6 人)：杜荣章、雷逢庄、雷文慧、刘云英、乔中春、杨宗赐。

工人(31 人)：陈桂仙、崔海燕、崔兰仙、代光辉、耿国伟、郭建强、郭思平、纪兆平、李宝玉、李福芝、李立新、李丕仁、李映芬、李映华、李志民、刘洪俊、刘庭举、刘兴生、刘玉仙、缪吉才、孙　美、陶遵明、王丽星、王士荣、杨桂云、俞大邦、张存安、张绍清、赵丽珠、周　恒、邹美昆。

1976 年(77 人)

教授(1 人)：朱德祥。

副教授(1 人)：刘声烈。

讲师(9人)：冯荣轩、何　瑶、吕锡麟、潘朝暾、邱达三、唐绍宾、王用华、吴兴来、郑佩瑶。

助教(24人)：陈忠恺、高哲敏、胡国樑、黄华秋、简光全、蒋嗣渠、姜兴邦、李正方、李忠映、罗用晋、吕冠国、宁敦品、唐家祥、万书纲、王　骅、王从胤、王文偁、熊民福、徐绍珍、徐学钰、杨承纶、张　森、张凤周、赵惠然。

教员(3人)：施恩伟、杨直中、和福生。

教辅(2人)：赵鑫云、邱秀凤。

干部(6人)：杜荣章、雷逢庄、雷文慧、刘云英、乔中春、杨宗赐。

工人(31人)：陈桂仙、崔海燕、崔兰仙、代光辉、耿国伟、郭建强、郭思平、纪兆平、李宝玉、李福芝、李立新、李丕仁、李映芬、李映华、李志民、刘洪俊、刘庭举、刘兴生、刘玉仙、缪吉才、孙　美、陶遵明、王丽星、王士荣、杨桂云、俞大邦、张存安、张绍清、赵丽珠、周　恒、邹美昆。

1977年(78人)

教授(1人)：朱德祥。

副教授(1人)：刘声烈。

讲师(9人)：冯荣轩、何瑶、吕锡麟、潘朝暾、邱达三、唐绍宾、王用华、吴兴来、郑佩瑶。

助教(27人)：陈忠恺、高哲敏、和福生、胡国樑、黄华秋、简光全、蒋嗣渠、姜兴邦、李正方、李忠映、罗用晋、吕冠国、宁敦品、施恩伟、唐家祥、万书纲、王　骅、王从胤、王文偁、熊民福、徐绍珍、徐学钰、杨承纶、杨直中、张　森、张凤周、赵惠然。

教员(3人)：谷天慧、李华明、袁南漳。

教辅(1人)：赵鑫云。

干部(5人)：雷逢庄、雷文慧、乔中春、杨元泰、杨宗赐。

工人(31人)：陈桂仙、崔海燕、崔兰仙、代光辉、耿国伟、郭建强、郭思平、纪兆平、李宝玉、李福芝、李立新、李丕仁、李映芬、李映华、李志民、刘洪俊、刘庭举、刘兴生、刘玉仙、缪吉才、孙　美、陶遵明、王丽星、王士荣、杨桂云、俞大邦、张存安、张绍清、赵丽珠、周　恒、邹美昆。

1978年(58人)

教授(2人)：刘声烈、朱德祥。

副教授(2人)：冯荣轩、吕锡麟。

讲师(31人)：陈忠恺、高哲敏、何　瑶、胡国樑、黄华秋、简光全、蒋嗣渠、姜兴邦、李正方、李忠映、吕冠国、宁敦品、潘朝暾、邱达三、唐家祥、唐绍宾、万书纲、王　骅、王从胤、王文偁、王用华、吴兴来、熊民福、徐绍珍、徐学钰、杨承纶、杨兴楷、杨直中、张　森、张凤周、赵惠然。

教员(7人)：谷天慧、和福生、李华明、罗用晋、施恩伟、袁南漳、张志明。

教辅(2人)：李本珍、赵鑫云。

干部(14 人)：陈桂仙、郭思平、雷逢庄、雷文慧、李福芝、李立新、李映芬、乔中春、陶遵明、许　铭、杨树堂、杨元泰、杨宗赐、周　恒。

1979 年(56 人)

教授(2 人)：刘声烈、朱德祥。

副教授(2 人)：冯荣轩、吕锡麟。

讲师(31 人)：陈忠恺、高哲敏、何　瑶、胡国樑、黄华秋、简光全、蒋嗣渠、姜兴邦、李正方、李忠映、吕冠国、宁敦品、潘朝暾、邱达三、唐家祥、唐绍宾、万书纲、王　骅、王从胤、王文偁、王用华、吴兴来、熊民福、徐绍珍、徐学钰、杨承纶、杨兴楷、杨直中、张　森、张凤周、赵惠然。

助教(6 人)：谷天慧、和福生、李华明、施恩伟、袁南漳、张志明。

教员(4 人)：罗用晋、邵儒林、许慧芳、子家燕。

教辅(2 人)：李本珍、赵鑫云。

干部(9 人)：陈桂仙、高明洁、郭思平、雷逢庄、廖忠言、乔中春、陶遵明、许铭、杨树堂。

1980 年(58 人)

教授(2 人)：刘声烈、朱德祥。

副教授(2 人)：冯荣轩、吕锡麟。

讲师(31 人)：陈忠恺、高哲敏、何　瑶、胡国樑、黄华秋、简光全、蒋嗣渠、姜兴邦、李正方、李忠映、吕冠国、宁敦品、潘朝暾、邱达三、唐家祥、唐绍宾、万书纲、王　骅、王从胤、王文偁、王用华、吴兴来、熊民福、徐绍珍、徐学钰、杨承纶、杨兴楷、杨直中、张　森、张凤周、赵惠然。

助教(8 人)：谷天慧、郭　震、和福生、李华明、林　谦、施恩伟、袁南漳、张志明。

教员(4 人)：罗用晋、邵儒林、许慧芳、子家燕。

教辅(2 人)：李本珍、赵鑫云。

干部(9 人)：陈桂仙、高明洁、郭思平、雷逢庄、廖忠言、乔中春、陶遵明、许铭、杨树堂。

1981 年(58 人)

教授(2 人)：刘声烈、朱德祥。

副教授(2 人)：冯荣轩、吕锡麟。

讲师(31 人)：陈忠恺、高哲敏、何　瑶、胡国樑、黄华秋、简光全、蒋嗣渠、姜兴邦、李正方、李忠映、吕冠国、宁敦品、潘朝暾、邱达三、唐家祥、唐绍宾、万书纲、王　骅、王从胤、王文偁、王用华、吴兴来、熊民福、徐绍珍、徐学钰、杨承纶、杨兴楷、杨直中、张　森、张凤周、赵惠然。

助教(8 人)：谷天慧、郭　震、和福生、李华明、林　谦、施恩伟、袁南漳、张志明。

教员(4 人)：罗用晋、邵儒林、许慧芳、子家燕。

教辅(2 人)：李本珍、赵鑫云。

干部(9 人)：陈桂仙、高明洁、郭思平、雷逢庄、廖忠言、乔中春、陶遵明、许铭、杨树堂。

1982 年(68 人)

教授(2 人)：刘声烈、朱德祥。

副教授(2 人)：冯荣轩、吕锡麟。

讲师(31 人)：陈忠恺、高哲敏、何　瑶、胡国樑、黄华秋、简光全、蒋嗣渠、姜兴邦、李正方、李忠映、吕冠国、宁敦品、潘朝暾、邱达三、唐家祥、唐绍宾、万书纲、王　骅、王从胤、王文偁、王用华、吴兴来、熊民福、徐绍珍、徐学钰、杨承纶、杨兴楷、杨直中、张　森、张凤周、赵惠然。

助教(8 人)：谷天慧、郭　震、和福生、李华明、林　谦、施恩伟、袁南漳、张志明。

教员(14 人)：郭志勇、胡　星、姜　浩、李恒琦、林毓材、刘娅芳、罗用晋、邵儒林、邵　南、许慧芳、杨秀国、曾宪祖、朱洪声、子家燕。

教辅(2 人)：李本珍、赵鑫云。

干部(9 人)：陈桂仙、高明洁、郭思平、雷逢庄、廖忠言、乔中春、陶遵明、许铭、杨树堂。

1983 年(64 人)

教授(2 人)：刘声烈、朱德祥。

副教授(6 人)：冯荣轩、吕锡麟、邱达三、唐绍宾、王用华、吴兴来。

讲师(24 人)：陈忠恺、高哲敏、何　瑶、胡国樑、黄华秋、蒋嗣渠、姜兴邦、李正方、李忠映、吕冠国、宁敦品、潘朝暾、万书纲、王　骅、王从胤、王文偁、熊民福、徐绍珍、徐学钰、杨承纶、杨直中、张　森、张凤周、赵惠然。

助教(17 人)：谷天慧、郭　震、郭志勇、和福生、胡　星、姜　浩、李华明、林　谦、林毓材、刘娅芳、邵　南、施恩伟、谭礼跃、杨秀国、曾宪祖、张志明、朱洪声。

教员(3 人)：邵儒林、燕琼芝、子家燕。

教辅(2 人)：李本珍、赵鑫云。

干部(10 人)：陈桂仙、高明洁、郭思平、雷逢庄、李恒琦、廖忠言、乔中春、陶遵明、许　铭、杨树堂。

1984 年(74 人)

教授(2 人)：刘声烈、朱德祥。

副教授(8 人)：冯荣轩、蹇素雯、林玉波、吕锡麟、邱达三、唐绍宾、王用华、吴兴来。

讲师(24 人)：陈忠恺、高哲敏、何　瑶、胡国樑、黄华秋、蒋嗣渠、姜兴邦、李正方、李忠映、吕冠国、宁敦品、潘朝暾、万书纲、王　骅、王从胤、王文偁、熊民福、徐绍珍、徐学钰、杨承纶、杨直中、张　森、张凤周、赵惠然。

助教(22 人)：谷天慧、郭　震、郭志勇、和福生、胡　星、贾林豫、姜　浩、李　锋、李昂生、李华明、林　谦、林毓材、刘娅芳、任幼明、邵　南、施恩伟、杨秀国、曾宪祖、张志明、赵　波、周　芸、朱洪声。

教员(3 人)：邵儒林、燕琼芝、子家燕。

教辅(5 人)：郭思平、李本珍、李光德、林大庆、赵鑫云。

干部(10 人)：陈桂仙、高明洁、雷逢庄、李恒琦、廖忠言、乔中春、陶遵明、王　俊、许　铭、杨树堂。

1985 年(80 人)

教授(2 人)：刘声烈、朱德祥。

副教授(9 人)：冯荣轩、蹇素雯、林玉波、吕冠国、吕锡麟、邱达三、唐绍宾、王用华、吴兴来。

讲师(25 人)：陈忠恺、高哲敏、何　瑶、胡国樑、黄华秋、蒋嗣渠、姜兴邦、李正方、李忠映、宁敦品、潘朝暾、邵儒林、万书纲、王　骅、王从胤、王文俑、熊民福、徐绍珍、徐学钰、杨承纶、杨直中、张　森、张凤周、赵惠然、子家燕。

助教(27 人)：谷天慧、郭　震、郭志勇、和福生、胡　星、贾林豫、姜　浩、李才恒、李　锋、李昂生、李华明、梁　立、林　谦、林毓材、刘娅芳、卢学妙、马　煜、任幼明、邵　南、夏幼明、施恩伟、杨秀国、曾宪祖、张志明、赵　波、周　芸、朱洪声。

教员(1 人)：燕琼芝。

教辅(5 人)：郭思平、李本珍、李光德、林大庆、赵鑫云。

干部(11 人)：陈桂仙、高明洁、雷逢庄、李恒琦、李松林、廖忠言、乔中春、陶遵明、王　俊、许　铭、杨树堂。

1986 年(91 人)

教授(5 人)：林玉波、林毓材、刘声烈、吕冠国、朱德祥。

副教授(14 人)：陈忠恺、冯荣轩、何　瑶、胡国樑、蹇素雯、蒋嗣渠、吕锡麟、邱达三、唐绍宾、王　骅、王文俑、王用华、吴兴来、赵惠然。

讲师(25 人)：高哲敏、和福生、黄华秋、姜兴邦、李华明、李正方、林　谦、马裕民、宁敦品、潘朝暾、邵儒林、施恩伟、万书纲、王　安、王从胤、熊民福、徐绍珍、徐学钰、燕琼芝、杨承纶、杨秀国、张　森、张凤周、张志明、子家燕。

助教(26 人)：董义琳、方　钢、冯全杰、谷天慧、郭　震、郭民之、郭志勇、贾林豫、姜　浩、蒋文江、李　锋、李昂生、李才恒、梁立、刘娅芳、卢学妙、吕文进、马　煜、任幼明、邵　南、夏幼明、曾宪祖、赵　波、周　芸、朱洪声、朱维宗。

教员(4 人)：李连章、石　幸、王　涛、张洪波。

教辅(10 人)：高寿忠、郭思平、李本珍、李光德、李立新、李为兴、林大庆、陶遵明、许　铭、赵鑫云。

干部(7 人)：陈桂仙、高明洁、雷逢庄、李　明、李松林、王　俊、王　强。

1987 年(89 人)

教授(10 人)：冯荣轩、蹇素雯、林玉波、林毓材、刘声烈、吕冠国、吕锡麟、邱达三、王用华、吴兴来。

副教授(17 人)：陈忠恺、何　瑶、胡国樑、黄华秋、姜兴邦、李正方、蒋嗣渠、邵儒林、王　骅、王文偁、熊民福、徐学钰、杨承纶、杨秀国、赵惠然、唐绍宾、张　森。

讲师(25 人)：董义琳、方　钢、冯全杰、高哲敏、谷天慧、郭　震、郭志勇、和福生、李华明、李光德、林　谦、马裕民、刘娅芳、卢学妙、邵　南、施恩伟、万书纲、王　安、王从胤、徐绍珍、燕琼芝、张凤周、张志明、朱维宗、子家燕。

助教(18 人)：郭思平、郭民之、贾林豫、姜　浩、蒋文江、李　锋、李昂生、李才恒、梁　立、吕文进、马　煜、任幼明、夏幼明、曾宪祖、赵　波、周　芸、朱洪声。

教员(4 人)：李连章、石　幸、王　涛、张洪波。

教辅(8 人)：高寿忠、李本珍、李立新、李为兴、林大庆、陶遵明、许　铭、赵鑫云。

干部(7 人)：陈桂仙、高明洁、雷逢庄、李　明、李松林、王　俊、王　强。

1988 年(77 人)

教授(5 人)：蹇素雯、林玉波、林毓材、吕冠国、邱达三。

副教授(12 人)：黄华秋、姜兴邦、李正方、龙敏信、蒋嗣渠、邵儒林、王　骅、王文偁、熊民福、杨承纶、杨秀国、张　森。

讲师(29 人)：董义琳、方　钢、冯全杰、高哲敏、谷天慧、郭思平、郭　震、郭志勇、和福生、姜　浩、李才恒、李光德、李华明、林　谦、刘娅芳、卢学妙、马裕民、邵　南、施恩伟、王从胤、燕琼芝、杨庆益、曾宪祖、张凤周、张志明、周　芸、朱洪声、朱维宗、子家燕。

助教(18 人)：顾震宇、郭民之、贾林豫、蒋文江、李　锋、李昂生、李玉华、刘　薇、马　煜、任幼明、石　幸、王　涛、夏幼明、肖体俊、尹　正、张　华、张　俊、张洪波。

教辅(7 人)：高寿忠、李本珍、李立新、李为兴、林大庆、陶遵明、赵鑫云。

干部(6 人)：陈桂仙、高明洁、雷逢庄、李　明、王　俊、王　强。

1989 年(76 人)

教授(5 人)：蹇素雯、林玉波、林毓材、吕冠国、邱达三。

副教授(11 人)：黄华秋、姜兴邦、李正方、龙敏信、邵儒林、王　骅、王文偁、熊民福、杨承纶、杨秀国、张　森。

讲师(28 人)：董义琳、方　钢、冯全杰、高哲敏、谷天慧、郭思平、郭　震、郭志勇、和福生、姜　浩、李才恒、李光德、李华明、林　谦、刘娅芳、卢学妙、马裕民、邵　南、施恩伟、燕琼芝、杨庆益、曾宪祖、张凤周、张志明、周　芸、朱洪声、朱维宗、子家燕。

助教(19 人)：顾震宇、郭民之、贾林豫、蒋文江、李　锋、李昂生、李玉华、刘　薇、马　煜、任幼明、石　幸、王　涛、夏幼明、肖体俊、尹　正、张　华、张　俊、张洪波、张曙翔。

教辅(7 人)：高寿忠、李本珍、李立新、李为兴、林大庆、陶遵明、赵鑫云。

干部(6人)：陈桂仙、高明洁、雷逢庄、李　明、王　俊、王　强。

1990年(78人)

教授(5人)：蹇素雯、林玉波、林毓材、吕冠国、邱达三。

副教授(11人)：黄华秋、姜兴邦、李正方、龙敏信、邵儒林、王　骅、王文偁、熊民福、杨承纶、杨秀国、张　森。

讲师(28人)：董义琳、方　钢、冯全杰、高哲敏、谷天慧、郭思平、郭　震、郭志勇、和福生、姜　浩、李才恒、李光德、李华明、林　谦、刘娅芳、卢学妙、马裕民、邵　南、施恩伟、燕琼芝、杨庆益、曾宪祖、张凤周、张志明、周　芸、朱洪声、朱维宗、子家燕。

助教(20人)：顾震宇、郭民之、贾林豫、蒋文江、李　锋、李昂生、李玉华、刘　薇、马　煜、任幼明、石　幸、王　涛、夏幼明、肖体俊、杨晓黎、尹　正、张　华、张　俊、张洪波、张曙翔。

教辅(7人)：高寿忠、李本珍、李立新、李为兴、林大庆、陶遵明、赵鑫云。

干部(7人)：陈桂仙、高明洁、雷逢庄、李　明、王　俊、王　强、魏　忠。

1991年(78人)

教授(5人)：蹇素雯、林玉波、林毓材、吕冠国、邱达三。

副教授(11人)：黄华秋、姜兴邦、李正方、龙敏信、邵儒林、王　骅、王文偁、熊民福、杨承纶、杨秀国、张　森。

讲师(32人)：董义琳、方　钢、冯全杰、高哲敏、谷天慧、顾震宇、郭思平、郭　震、郭志勇、和福生、姜　浩、蒋文江、李才恒、李光德、李华明、林　谦、刘　薇、刘娅芳、卢学妙、马裕民、邵　南、施恩伟、夏幼明、燕琼芝、杨庆益、曾宪祖、张凤周、张志明、周　芸、朱洪声、朱维宗、子家燕。

助教(16人)：郭民之、贾林豫、李　锋、李昂生、李玉华、马　煜、任幼明、石　幸、王　涛、肖体俊、杨晓黎、尹　正、张　华、张　俊、张洪波、张曙翔。

教辅(8人)：高寿忠、黄盈才、李本珍、李立新、李为兴、林大庆、陶遵明、赵鑫云。

干部(6人)：陈桂仙、雷逢庄、李　明、王　俊、王　强、魏　忠。

1992年(75人)

教授(7人)：蹇素雯、林玉波、林毓材、吕冠国、王　骅、王文偁、熊民福。

副教授(15人)：高哲敏、黄华秋、李　明、李正方、龙敏信、马裕民、邵　南、邵儒林、施恩伟、肖体俊、燕琼芝、杨承纶、杨庆益、张　森、子家燕。

讲师(35人)：董义琳、方　钢、冯全杰、谷天慧、顾震宇、郭　震、郭民之、郭思平、郭志勇、姜　浩、蒋文江、李才恒、李　锋、李光德、李华明、李玉华、林　谦、刘　薇、刘娅芳、卢学妙、马　煜、任幼明、王　涛、夏幼明、杨秀国、尹　正、曾宪祖、张凤周、张　华、张　俊、张洪波、张曙翔、张志明、朱洪声、朱维宗。

助教(5人)：贾林豫、蒋　映、李昂生、石　幸、杨晓黎。

教辅(8人)：高寿忠、黄盈才、李本珍、李立新、李为兴、林大庆、陶遵明、王源昌、赵鑫云。

干部(4 人)：陈桂仙、雷逢庄、王　俊、魏　忠。

1993 年(73 人)

教授(6 人)：蹇素雯、林毓材、吕冠国、王　骅、王文偁、熊民福。

副教授(20 人)：董义琳、高哲敏、谷天慧、郭　震、黄华秋、李　明、李正方、林　谦、龙敏信、马裕民、邵　南、邵儒林、施恩伟、肖体俊、燕琼芝、杨承纶、杨庆益、张　森、朱维宗、子家燕。

讲师(31 人)：方　钢、冯全杰、顾震宇、郭民之、郭思平、郭志勇、姜　浩、蒋　映、蒋文江、李才恒、李　锋、李光德、李华明、李玉华、刘　薇、刘娅芳、卢学妙、马　煜、任幼明、王　涛、夏幼明、杨秀国、尹　正、曾宪祖、张　华、张　俊、张凤周、张洪波、张曙翔、张志明、朱洪声。

助教(4 人)：贾林豫、李昂生、石　幸、杨晓黎。

教辅(8 人)：高寿忠、李本珍、李立新、李为兴、林大庆、陶遵明、王源昌、张洪巍。

干部(4 人)：陈桂仙、雷逢庄、王　俊、魏　忠。

1994 年(72 人)

教授(9 人)：蹇素雯、黄华秋、林毓材、吕冠国、邵儒林、王　骅、王文偁、肖体俊、杨承纶。

副教授(18 人)：董义琳、高哲敏、谷天慧、郭　震、蒋文江、李　明、李正方、林　谦、龙敏信、马裕民、邵　南、施恩伟、吴　鲜、燕琼芝、杨庆益、张　森、朱维宗、子家燕。

讲师(26 人)：方　钢、冯全杰、顾震宇、郭民之、郭思平、郭志勇、蒋　映、李　锋、李光德、李玉华、刘　薇、刘娅芳、马　煜、任幼明、王　涛、夏幼明、杨秀国、尹　正、曾宪祖、张凤周、张　华、张　俊、张洪波、张曙翔、张志明、朱洪声。

助教(7 人)：李昂生、石　幸、杨晓黎、郭漫勤、贾　静、任薇薇。

教辅(8 人)：高寿忠、李本珍、李立新、李为兴、林大庆、陶遵明、王源昌、张洪巍。

干部(4 人)：陈桂仙、雷逢庄、魏　忠、杨蕾。

1995 年(64 人)

教授(6 人)：黄华秋、林毓材、吕冠国、邵儒林、王文偁、肖体俊。

副教授(19 人)：董义琳、方　钢、高哲敏、谷天慧、郭　震、蒋文江、李正方、林　谦、龙敏信、马裕民、邵　南、施恩伟、吴　鲜、燕琼芝、杨庆益、张　森、张志明、朱维宗、子家燕。

讲师(23 人)：冯全杰、顾震宇、郭民之、郭思平、郭志勇、蒋　映、李　锋、李光德、李玉华、刘　薇、刘娅芳、马　煜、任幼明、孙祖良、王　涛、夏幼明、杨秀国、尹　正、张　华、张　俊、张凤周、张洪波、张曙翔。

助教(5 人)：郭漫勤、贾　静、任薇薇、孙　瑜、杨晓黎。

教辅(8 人)：高寿忠、李本珍、李立新、李为兴、林大庆、陶遵明、王源昌、张洪巍。

干部(3 人)：雷逢庄、魏　忠、杨　蕾。

1996 年(64 人)

教授(10 人)：黄华秋、李正方、林毓材、龙敏信、吕冠国、邵儒林、王文偁、吴　鲜、肖体俊、张　森。

副教授(16 人)：董义琳、方　钢、高哲敏、谷天慧、郭　震、侯　芳、蒋文江、林　谦、马裕民、施恩伟、肖　薇、燕琼芝、杨庆益、张志明、朱维宗、子家燕。

讲师(23 人)：冯全杰、顾震宇、郭民之、郭思平、郭志勇、蒋　映、李　锋、李光德、李玉华、刘　薇、刘娅芳、马　煜、任幼明、孙祖良、王　涛、夏幼明、杨秀国、尹　正、张　华、张　俊、张凤周、张洪波、张曙翔。

助教(5 人)：郭漫勤、贾　静、任薇薇、孙　瑜、杨晓黎。

教辅(7 人)：高寿忠、李本珍、李立新、李为兴、林大庆、王源昌、张洪巍。

干部(3 人)：雷逢庄、魏　忠、杨　蕾。

1997 年(62 人)

教授(10 人)：郭　震、黄华秋、李正方、林毓材、龙敏信、吕冠国、邵儒林、吴　鲜、肖体俊、张　森。

副教授(17 人)：董义琳、方　钢、高哲敏、谷天慧、郭民之、侯　芳、蒋文江、李本珍、林　谦、马裕民、施恩伟、肖　薇、燕琼芝、杨庆益、张　华、张志明、朱维宗。

讲师(23 人)：冯全杰、顾震宇、郭思平、郭志勇、蒋　映、李　锋、李光德、李玉华、刘　薇、刘娅芳、马　煜、任幼明、孙祖良、王　涛、王源昌、夏幼明、杨秀国、尹　正、张凤周、张洪波、张洪巍、张　俊、张曙翔。

助教(5 人)：郭漫勤、贾　静、任薇薇、孙　瑜、杨晓黎。

教辅(4 人)：高寿忠、李立新、林大庆、吴仕勇。

干部(3 人)：雷逢庄、冷天玖、杨　蕾。

1998 年(50 人)

教授(10 人)：郭　震、李正方、龙敏信、吕冠国、邵儒林、施恩伟、吴　鲜、肖体俊、燕琼芝、张　森。

副教授(16 人)：董义琳、方　钢、高哲敏、谷天慧、郭民之、侯　芳、蒋文江、李本珍、林　谦、马裕民、肖　薇、杨庆益、张洪波、张　华、张志明、朱维宗。

讲师(13 人)：冯全杰、李　锋、李玉华、刘　薇、马　煜、任幼明、孙祖良、王　涛、王源昌、尹　正、张凤周、张洪巍、张曙翔。

助教(3 人)：郭漫勤、贾　静、任薇薇。

教辅(4 人)：高寿忠、李立新、林大庆、吴仕勇。

干部(4 人)：雷逢庄、冷天玖、李兴平、杨　蕾。

1999 年(74 人)

教授(12 人)：邓起荣、郭　震、黄毅生、李正方、龙敏信、吕冠国、邵儒林、施恩伟、吴　鲜、肖体俊、燕琼芝、张　森。

副教授(26 人)：陈静安、代　龙、董义琳、方　钢、高哲敏、谷天慧、郭民之、侯　芳、黄永明、蒋文江、李本珍、李　锋、李玉华、林　谦、马裕民、孙　敏、王　涛、肖　薇、杨庆益、于克芳、张洪波、张　华、张志明、赵奎奇、周育英、朱维宗。

讲师(14 人)：陈丽萍、冯全杰、李占现、刘　薇、马　煜、任幼明、孙莅文、孙祖良、王源昌、尹　正、曾永康、张长福、张洪巍、张曙翔。

助教(10 人)：陈　励、陈旭瑾、邓伟升、丁海华、郭漫勤、黄炯、贾静、屈子海、任薇薇、杨慧。

教辅(7 人)：程玉芬、高寿忠、李立新、林大庆、吴仕勇、袁永惠、郑频。

干部(5 人)：雷逢庄、冷天玖、李兴平、唐　瑛、杨　蕾。

2000 年(72 人)

教授(15 人)：邓起荣、董义琳、高哲敏、郭　震、黄毅生、蒋文江、李正方、吕冠国、马裕民、邵儒林、施恩伟、吴　鲜、肖体俊、燕琼芝、张　森。

副教授(24 人)：陈静安、代　龙、方　钢、谷天慧、郭民之、侯　芳、黄永明、李本珍、李　锋、李玉华、林　谦、马　煜、孙　敏、王　涛、肖　薇、杨庆益、于克芳、张洪波、张　华、张曙翔、张志明、赵奎奇、周育英、朱维宗。

讲师(15 人)：陈丽萍、陈　励、冯全杰、郭漫勤、李占现、刘　薇、任幼明、孙莅文、孙祖良、王源昌、杨　蕾、尹　正、曾永康、张长福、张洪巍。

助教(8 人)：陈旭瑾、邓伟升、丁海华、黄　炯、贾　静、屈子海、任薇薇、杨　慧。

教辅(7 人)：程玉芬、高寿忠、李立新、林大庆、吴仕勇、袁永惠、郑　频。

干部(3 人)：冷天玖、李兴平、唐　瑛。

2001 年(66 人)

教授(10 人)：邓起荣、董义琳、郭　震、黄毅生、蒋文江、吕冠国、马裕民、施恩伟、吴　鲜、燕琼芝。

副教授(27 人)：陈静安、代　龙、方　钢、谷天慧、郭民之、侯　芳、黄永明、李本珍、李　锋、李玉华、林　谦、刘　薇、马　煜、孙莅文、孙　敏、王　涛、王源昌、肖　薇、杨庆益、于克芳、张洪波、张　华、张曙翔、张志明、赵奎奇、周育英、朱维宗。

讲师(15 人)：陈丽萍、陈　励、邓伟升、冯全杰、郭漫勤、黄　炯、李占现、任薇薇、任幼明、孙祖良、杨　蕾、尹　正、曾永康、张长福、张洪巍。

助教(5 人)：陈旭瑾、丁海华、贾　静、屈子海、杨　慧。

教辅(7 人)：程玉芬、高寿忠、李立新、林大庆、吴仕勇、袁永惠、郑频。

干部(2 人)：冷天玖、李兴平。

2002 年(69 人)

教授(13 人)：邓起荣、董义琳、郭　震、黄毅生、蒋文江、李玉华、吕冠国、马裕民、施恩伟、吴　鲜、燕琼芝、张志明、朱维宗。

副教授(25 人)：陈静安、陈　励、代　龙、方　钢、谷天慧、郭民之、侯　芳、黄永明、李本珍、李　锋、林　谦、刘　薇、马　煜、孙莅文、孙　敏、王　涛、王源昌、肖　薇、杨庆益、于克芳、张洪波、张　华、张曙翔、赵奎奇、周育英。

讲师(18 人)：陈丽萍、邓伟升、冯全杰、郭漫勤、化存才、黄　炯、贾　静、李占现、屈子海、任薇薇、任幼明、孙祖良、杨　慧、杨　蕾、尹　正、曾永康、张长福、张洪巍。

助教(4 人)：陈旭瑾、丁海华、韩俊林、徐丽梅。

教辅(7 人)：程玉芬、高寿忠、李立新、林大庆、吴仕勇、袁永惠、郑频。

干部(2 人)：冷天玖、李兴平。

2003 年(69 人)

教授(13 人)：邓起荣、董义琳、方　钢、郭　震、化存才、蒋文江、李玉华、吕冠国、施恩伟、吴　鲜、燕琼芝、张志明、朱维宗。

副教授(23 人)：陈静安、陈　励、代　龙、谷天慧、郭民之、侯　芳、黄永明、李本珍、李　锋、林　谦、刘　薇、马　煜、孙莅文、孙　敏、王　涛、王源昌、肖　薇、杨庆益、于克芳、张洪波、张　华、张曙翔、赵奎奇。

讲师(21 人)：陈丽萍、邓伟升、丁海华、冯全杰、郭漫勤、韩俊林、黄　炯、贾　静、冷天玖、李占现、屈子海、任薇薇、任幼明、孙祖良、吴仕勇、杨　慧、杨　蕾、尹　正、曾永康、张长福、张洪巍。

助教(5 人)：陈旭瑾、李　燕、王　俊、徐丽梅、赵富坤。

教辅(6 人)：程玉芬、高寿忠、李立新、林大庆、袁永惠、郑频。

干部(1 人)：李兴平。

2004 年(74 人)

教授(12 人)：邓起荣、董义琳、方　钢、郭　震、化存才、蒋文江、李　锋、李玉华、施恩伟、吴　鲜、张志明、朱维宗。

副教授(22 人)：陈静安、陈　励、代　龙、谷天慧、郭民之、侯　芳、黄永明、李本珍、林　谦、刘　薇、马　煜、孙莅文、孙　敏、王　涛、王源昌、肖　薇、杨庆益、于克芳、张洪波、张　华、张曙翔、赵奎奇。

讲师(22 人)：陈丽萍、邓伟升、丁海华、冯全杰、郭漫勤、韩俊林、黄　炯、冷天玖、李兴平、李占现、屈子海、任薇薇、任幼明、孙祖良、吴仕勇、徐丽梅、杨　慧、杨　蕾、尹　正、曾永康、张长福、张洪巍。

助教(12 人)：陈绍雄、陈旭瑾、程　洁、胡恩良、李　丽、李　燕、刘祥清、王　俊、伍晓敏、夏伶莉、严庆丽、赵富坤。

教辅(5 人)：程玉芬、高寿忠、李立新、林大庆、郑频。

干部(1 人)：李迎果。

2005 年(76 人)

教授(12 人)：邓起荣、董义琳、方　钢、郭　震、化存才、蒋文江、李　锋、李玉华、施恩伟、吴　鲜、张志明、朱维宗。

副教授(22 人)：陈静安、陈　励、代　龙、谷天慧、郭民之、侯　芳、黄永明、李本珍、林　谦、刘　薇、马　煜、孙莅文、孙　敏、王　涛、王源昌、肖　薇、杨庆益、于克芳、张洪波、张　华、张曙翔、赵奎奇。

讲师(24 人)：陈丽萍、陈绍雄、陈旭瑾、邓伟升、丁海华、冯全杰、郭漫勤、韩俊林、胡恩良、黄　炯、李兴平、李占现、屈子海、任薇薇、任幼明、孙祖良、吴仕勇、徐丽梅、杨　慧、杨　蕾、尹　正、曾永康、张长福、张洪巍。

助教(12 人)：蔡　翠、程　洁、李　丽、李荣丽、李　燕、刘祥清、王　俊、王守峰、伍晓敏、夏伶莉、严庆丽、赵富坤。

教辅(5 人)：程玉芬、高寿忠、李立新、林大庆、郑频。

干部(1 人)：李迎果。

2006 年(77 人)

教授(12 人)：董义琳、方　钢、郭　震、化存才、蒋文江、李　锋、李玉华、林　谦、施恩伟、吴　鲜、张志明、朱维宗。

副教授(19 人)：陈静安、陈　励、代　龙、郭民之、侯　芳、黄永明、李本珍、刘　薇、孙莅文、孙　敏、王　涛、王源昌、肖　薇、杨庆益、张洪波、张　华、张曙翔、赵富坤、赵奎奇。

讲师(28 人)：陈丽萍、陈绍雄、陈旭瑾、邓伟升、丁海华、冯全杰、郭漫勤、韩俊林、胡恩良、黄　炯、李兴平、李占现、刘海鸿、刘祥清、屈子海、任薇薇、任幼明、孙祖良、吴仕勇、伍晓敏、胥成林、徐丽梅、杨　慧、杨　蕾、尹　正、曾永康、张长福、张洪巍。

助教(10 人)：蔡　翠、程　洁、李　丽、李荣丽、李　燕、刘　云、王　俊、王守峰、夏伶莉、严庆丽。

教辅(5 人)：程玉芬、高寿忠、李立新、林大庆、郑频。

干部(3 人)：陈　林、李迎果、杨映霞。

2007 年(78 人)

教授(12 人)：董义琳、方　钢、郭　震、化存才、蒋文江、李　锋、李玉华、林　谦、施恩伟、吴　鲜、张志明、朱维宗。

副教授(22 人)：陈静安、陈　励、陈绍雄、代　龙、郭漫勤、郭民之、侯　芳、黄永明、李本珍、刘　薇、孙莅文、孙　敏、王　涛、王源昌、吴仕勇、肖　薇、杨庆益、张洪波、张　华、张曙翔、赵富坤、赵奎奇。

讲师(28 人)：陈丽萍、陈旭瑾、程　洁、邓伟升、丁海华、冯全杰、韩俊林、胡恩良、黄　炯、李　丽、李兴平、李占现、刘海鸿、刘祥清、屈子海、任薇薇、任幼明、孙祖良、伍晓敏、夏伶莉、胥成林、徐丽梅、严庆丽、杨　慧、杨　蕾、尹　正、曾永康、张长福。

助教(6 人)：蔡　翠、李荣丽、李　燕、刘　云、王　俊、王守峰。

教辅（5 人）：程玉芬、高寿忠、李立新、林大庆、郑频。

干部（5 人）：陈　林、李迎果、吕国梁、吴　洋、杨映霞。

2008 年（78 人）

教授（11 人）：方　钢、郭　震、化存才、蒋文江、李　锋、李玉华、林　谦、吴书印、吴　鲜、张志明、朱维宗。

副教授（25 人）：陈静安、陈　励、陈绍雄、代　龙、郭漫勤、郭民之、侯　芳、黄永明、李本珍、李　芳、刘海鸿、刘　薇、孙莅文、孙　敏、王惠文、王　涛、王源昌、吴仕勇、肖　薇、杨庆益、张洪波、张　华、张曙翔、赵富坤、赵奎奇。

讲师（28 人）：蔡　翠、陈丽萍、陈旭瑾、程　洁、邓伟升、丁海华、冯全杰、韩俊林、胡恩良、黄　炯、李　丽、李荣丽、李兴平、李占现、刘祥清、屈子海、任薇薇、任幼明、孙祖良、王守峰、伍晓敏、胥成林、徐丽梅、严庆丽、杨　慧、杨　蕾、尹　正、张长福。

助教（3 人）：李　燕、刘　云、王　俊。

教辅（5 人）：程玉芬、高寿忠、李立新、林大庆、郑频。

干部（6 人）：陈　林、代芳芳、李迎果、吕国梁、吴　洋、杨映霞。

2009 年（79 人）

教授（13 人）：陈静安、方　钢、郭　震、化存才、蒋文江、李　锋、李玉华、林　谦、吴书印、吴　鲜、张志明、赵富坤、朱维宗。

副教授（25 人）：陈　励、陈绍雄、崔　艳、代　龙、郭漫勤、郭民之、侯　芳、黄永明、李本珍、李　芳、刘　薇、刘海鸿、刘祥清、孙莅文、孙　敏、王惠文、王　涛、王源昌、吴仕勇、肖　薇、杨庆益、张洪波、张　华、张曙翔、赵奎奇。

讲师（28 人）：蔡　翠、陈丽萍、陈旭瑾、程　洁、邓伟升、丁海华、冯全杰、韩俊林、胡恩良、黄　炯、李　丽、李荣丽、李兴平、李占现、刘　云、屈子海、任薇薇、任幼明、孙祖良、王守峰、伍晓敏、胥成林、徐丽梅、严庆丽、杨　慧、杨　蕾、尹　正、张长福。

助教（3 人）：李　燕、王　俊、苏　敏。

教辅（5 人）：程玉芬、高寿忠、李立新、林大庆、郑频。

干部（5 人）：陈　林、代芳芳、吕国梁、吴　洋、杨映霞。

2010 年（78 人）

教授（14 人）：陈静安、方　钢、郭　震、化存才、蒋文江、李　锋、李玉华、林　谦、吴书印、吴　鲜、张志明、赵富坤、赵奎奇、朱维宗。

副教授（25 人）：陈　励、陈绍雄、崔　艳、代　龙、郭漫勤、郭民之、韩俊林、侯　芳、黄永明、李　芳、刘　薇、刘海鸿、刘祥清、孙莅文、孙　敏、王惠文、王　涛、王源昌、吴仕勇、肖　薇、杨　慧、杨庆益、张洪波、张　华、张曙翔。

讲师（25 人）：蔡　翠、陈丽萍、陈旭瑾、程　洁、邓伟升、丁海华、冯全杰、胡恩良、黄　炯、李　丽、李荣丽、李兴平、李占现、刘　云、屈子海、任薇薇、任幼明、王守峰、伍晓敏、胥成林、徐丽梅、杨　蕾、尹　正、张长福、张洪巍。

助教(4 人)：李　燕、王　俊、苏　敏、李凤江。

教辅(5 人)：程玉芬、李立新、林大庆、高寿忠、郑频。

干部(5 人)：陈　林、代芳芳、吕国梁、吴　洋、杨映霞。

2011 年(76 人)

教授(15 人)：陈静安、方　钢、郭　震、化存才、黄永明、蒋文江、李　锋、李玉华、林　谦、吴书印、吴　鲜、张志明、赵富坤、赵奎奇、朱维宗。

副教授(25 人)：陈　励、陈绍雄、崔　艳、代　龙、郭漫勤、郭民之、韩俊林、侯　芳、李　芳、刘　薇、刘海鸿、刘祥清、孙莅文、孙　敏、王惠文、王　涛、王源昌、吴仕勇、肖　薇、胥成林、杨　慧、杨庆益、张洪波、张　华、张曙翔。

讲师(23 人)：蔡　翠、陈丽萍、陈旭瑾、程　洁、邓伟升、丁海华、冯全杰、胡恩良、黄　炯、李　丽、李荣丽、李兴平、李占现、刘　云、屈子海、任薇薇、任幼明、王守峰、伍晓敏、徐丽梅、杨　蕾、尹　正、张长福。

助教(4 人)：李　燕、李凤江、苏　敏、王　俊。

教辅(5 人)：程玉芬、高寿忠、李立新、林大庆、郑频。

干部(4 人)：代芳芳、吕国梁、吴　洋、杨映霞。

2012 年(68 人)

教授(15 人)：陈静安、郭　震、化存才、黄永明、蒋文江、李　锋、李玉华、林　谦、王源昌、吴书印、吴　鲜、张志明、赵富坤、赵奎奇、朱维宗。

副教授(25 人)：陈绍雄、崔　艳、代　龙、郭漫勤、郭民之、韩俊林、侯　芳、胡恩良、李　芳、刘　薇、刘海鸿、刘祥清、孙莅文、王惠文、王守峰、王　涛、吴仕勇、胥成林、杨　慧、杨庆益、杨映霞、张洪波、张　华、张曙翔。

讲师(20 人)：蔡　翠、陈丽萍、程　洁、邓伟升、丁海华、冯全杰、黄　炯、李　丽、李荣丽、李兴平、李占现、刘　云、屈子海、任薇薇、苏　敏、伍晓敏、徐丽梅、杨　蕾、尹　正、张长福。

助教(1 人)：李凤江。

教辅(4 人)：程玉芬、高寿忠、林大庆、郑频。

干部(4 人)：代芳芳、吕国梁、吴　洋、张绍宗。

2013 年(71 人)

教授(15 人)：陈静安、郭　震、化存才、黄永明、蒋文江、李　锋、李玉华、林　谦、王源昌、吴书印、吴　鲜、张志明、赵富坤、赵奎奇、朱维宗。

副教授(24 人)：陈绍雄、崔　艳、代　龙、郭漫勤、郭民之、韩俊林、侯　芳、胡恩良、李　芳、刘　薇、刘海鸿、刘祥清、孙莅文、王惠文、王守峰、王　涛、吴仕勇、胥成林、杨　慧、杨庆益、杨映霞、张洪波、张　华、张曙翔。

讲师(21 人)：蔡　翠、陈丽萍、程　洁、邓伟升、丁海华、冯全杰、黄　炯、李凤江、李　丽、李荣丽、李兴平、李占现、刘　云、屈子海、任薇薇、苏　敏、伍晓敏、徐丽梅、

杨　蕾、尹　正、张长福。

助教(2人)：郝五零、闫　芳。

教辅(5人)：程玉芬、高寿忠、康　霞、林大庆、郑　频。

干部(4人)：代芳芳、吕国梁、吴　洋、张绍宗。

2014年(69人)

教授(16人)：郭　震、化存才、黄永明、蒋文江、李　芳、李　锋、李玉华、林　谦、刘祥清、王源昌、吴书印、吴　鲜、张志明、赵富坤、赵奎奇、朱维宗。

副教授(20人)：陈绍雄、崔　艳、郭漫勤、郭民之、侯东平、侯　芳、胡恩良、孔德宏、刘海鸿、刘　薇、孙莅文、王惠文、王守峰、王　涛、胥成林、杨　慧、杨庆益、杨映霞、张洪波、张　华、张曙翔。

讲师(23人)：蔡　翠、陈丽萍、程　洁、邓伟升、丁海华、冯全杰、郝五零、黄　炯、李凤江、李　丽、李荣丽、李兴平、李占现、刘　云、屈子海、任薇薇、苏　敏、伍晓敏、徐丽梅、闫　芳、杨　蕾、尹　正、张长福。

助教(1人)：范文文。

教辅(4人)：高寿忠、康　霞、林大庆、郑频。

干部(5人)：崔艺瑞、代芳芳、吕国梁、吴　洋、张绍宗。

2015年(70人)

教授(15人)：郭　震、化存才、黄永明、蒋文江、李　芳、李　锋、李玉华、刘祥清、王源昌、吴书印、吴鲜、张　华、赵富坤、赵奎奇、朱维宗。

副教授(21人)：陈绍雄、崔　艳、郭漫勤、郭民之、候冬平、侯　芳、胡恩良、孔德宏、刘海鸿、刘　薇、孙莅文、王惠文、王守峰、王　涛、吴　科、胥成林、杨　慧、杨庆益、杨映霞、张洪波、张曙翔

讲师(21人)：蔡　翠、陈丽萍、程　洁、邓伟升、丁海华、范文文、冯全杰、郝五零、黄　炯、李凤江、李荣丽、李兴平、李占现、刘　云、苏　敏、伍晓敏、徐丽梅、闫　芳、杨　蕾、尹　正、张长福

助教(4人)：郭　锋、刘　寅、欧阳薇、张静静

教辅(4人)：高寿忠、康　霞、林大庆、郑频。

干部(5人)：崔艺瑞、代芳芳、吴　洋、俞聃、张绍宗。

2016年(69人)

教授(14人)：郭　震、化存才、黄永明、蒋文江、李　芳、李　锋、李玉华、刘祥清、王源昌、吴书印、吴鲜、赵富坤、张华、赵奎奇

副教授(21人)：陈绍雄、崔　艳、郭漫勤、郭民之、候冬平、侯　芳、胡恩良、孔德宏、刘海鸿、刘　薇、孙莅文、王惠文、王守峰、王　涛、吴　科、胥成林、杨　慧、杨庆益、杨映霞、张洪波、张曙翔

讲师(23人)：蔡　翠、陈丽萍、邓伟升、丁海华、范文文、冯全杰、郭　锋、郝五零、

黄　炯、李凤江、李荣丽、李兴平、李占现、刘　寅、刘　云、欧阳薇、苏　敏、伍晓敏、徐丽梅、闫　芳、杨　蕾、尹　正、张长福

助教(3 人)：杨亚平、张静静、张宇。

教辅(2 人)：康　霞、林大庆。

干部(6 人)：程　洁、崔艺瑞、林卫东、王天志、俞　聃、朱　林。

2017 年(73 人)

教授(14 人)：郭　震、化存才、黄永明、李　芳、李　锋、李玉华、刘祥清、王守峰、王源昌、吴书印、吴　鲜、张　华、赵富坤、赵奎奇

副教授(23 人)：陈绍雄、崔　艳、郭漫勤、郭民之、郝五零、候冬平、侯　芳、胡恩良、孔德宏、刘海鸿、刘　薇、刘　云、孙莅文、王惠文、王　涛、吴　科、胥成林、闫　芳、杨　慧、杨庆益、杨映霞、张洪波、张曙翔

讲师(24 人)：蔡　翠、陈丽萍、邓伟升、丁海华、范文文、冯全杰、郭　锋、黄　炯、李凤江、李荣丽、李兴平、李占现、刘　寅、欧阳薇、苏　敏、伍晓敏、徐丽梅、杨　蕾、杨　旭、杨亚平、尹　正、张长福、张雪梅、张　宇

助教(3 人)：刘冰楠、杨博、张静静

教辅(2 人)：康　霞、林大庆

干部(7 人)：崔艺瑞、程　洁、林卫东、王天志、夏　磊、玉佩锺、朱　林

2018 年(74 人)

教授(13 人)：郭　震、化存才、黄永明、李　芳、李　锋、李玉华、刘祥清、王守峰、王源昌、吴书印、吴　鲜、张　华、赵富坤

副教授(24 人)：陈绍雄、崔　艳、郭漫勤、郭民之、郝五零、候冬平、侯　芳、胡恩良、孔德宏、刘海鸿、刘　薇、刘　云、孙莅文、王惠文、王　涛、王永生、吴　科、胥成林、闫　芳、杨　慧、杨庆益、杨映霞、张洪波、张曙翔

讲师(26 人)：蔡　翠、邓伟升、丁海华、范文文、冯全杰、郭　锋、郭顺滋、黄　炯、李凤江、李荣丽、李兴平、李占现、刘冰楠、刘　寅、欧阳薇、苏　敏、伍晓敏、徐丽梅、杨　博、杨　蕾、杨　旭、杨亚平、尹　正、张长福、张雪梅、张　宇。

助教(2 人)：张静静、周玉龙

教辅(2 人)：康　霞、林大庆

干部(7 人)：程　洁、崔艺瑞、林卫东、王天志、夏　磊、玉佩锺、朱　林。

3. 不一样的“人生几何”——著名几何学家朱德祥

朱德祥，字致和，全国著名几何学家、教育家。1911 年出生于江苏南通一个贫寒的农村家庭。1932 年毕业于南通师范学校，1938 年毕业于清华大学算学系。先后任教于云南大学、国立西南联合大学、国立昆明师范学院。历任昆明师范学院数学系主任、副院

长，云南师范大学学位委员会主任。主要社会兼职有：中国数学会理事，云南省数学会秘书长、名誉理事长，教育部理科(力学、数学)教材编审委员，全国高师院校高等几何教学研究会名誉理事长，国立西南联合大学昆明校友会理事长等。1962 年被教育部批准为二级教授。是第四、五、六、七届全国人大代表，两次被评为云南省劳动模范。朱德祥为我国现代数学教育特别是几何学教育做出了杰出贡献，是 20 世纪云南教育界德高望重的一代宗师。

颠沛流离自强不息

朱德祥出身贫寒，早年丧父。人生的每一个阶段都遇到许多困难，他没有被苦难击倒，而是坚忍不拔，严格自律，刻苦学习，勤奋工作，踏实做人，克服各种障碍，一步步走上成功之路，充分实现了生命的价值。南通师范学校“坚苦自立，忠实不欺”和清华大学“自强不息，厚德载物”的校训，在他身上得到了充分体现。

自强不息是朱德祥终生践行的人生准则。他说，南通师范学校教务长顾怡生老师的教导给他精神力量，“他强调国家兴亡匹夫有责；人生不是一帆风顺的而是云龙起伏的，要能克服困难，顶天立地；要能化悲观为乐观，化消极为积极，与其苦恼地干，不如高高兴兴地干，反正得干，等等。这类话使我度过艰难困苦的诸多局面，甚至生死难卜的场合，我能泰然处之”。这样的人生信念和精神力量使朱德祥在苦难面前没有怨天尤人，也没有自怨自艾，而是始终勇往直前，奋发图强，改变了自身处境和命运，创造了人生的辉煌。通过刻苦学习，他掌握了英、法、德、俄 4 种语言。这种精神感人至深，具有恒久价值。

朱先生还有以感恩之心回报社会的奉献精神。在艰辛的青少年时期，朱德祥遇到了许多好心人。初小毕业失学，语文老师王揖之免费为他补课；上高小，王老师又为了他买了洗脸盆。考上高小，无钱读书，姑母借钱资助。考上清华大学，胡履之老师替他筹措经费，并获得清华大学每年 240 元的清寒生资助。在清华大学，他得到熊庆来先生的关怀。抗日战争爆发，清华大学颠沛流离，清寒公费生资助发生问题，熊庆来为他妥善解决。读大学的最后一年，刚刚回国的陈省身教授知道他欠债很多，就介绍他翻译从巴黎带回的《代数与几何》，并将译稿推荐到重庆国立编译馆，以期出版后得到稿费来还债。工作以后，他又得到社会的尊重，享有极高社会地位和经济待遇。这使他感受到了艰难时世中人情的温暖，而以感恩之心面对人生，报答社会。

朱德祥先生对金钱和名位看得很淡，而对感情和奉献看得很重。他说上高小时舅父对他一篇作文的批语“浮云富贵，敝屣功名”八个字支配了他一生。这是八旬老人坦荡磊落的宣示，掷地有声。抗日战争胜利后，西南联大北返复校，清华大学已向朱德祥发了聘书和工资，他本应该随清华大学北上。清华大学校长梅贻琦先生还来电催促，说学校初回北方，“需才孔急，速回校”，并由清华大学驻昆明办事处买好机票。这时，他的恩师杨武之先生留任国立昆明师范学院数学系主任，生了重病，托付他照管家小，处理系务。朱德祥临危受命，一面延请名医为老师治病，一面聘请教师，组织考试，帮助恩师完成了数学系办学任务，使国立昆明师范学院数学系的工作得以顺利开展。他因此丧失了担任清华大学教授的机会，一辈子留在了云南边疆。

淡泊明志宁静致远

1954 年，鉴于他的资历和影响，昆明师范学院领导想请他负责数学系，他说："人要各尽其才。我适合教书，不适合当领导。"苦辞不就。数学系主任一职空缺达两年之久。后来经学院领导再三动员，才于 1956～1958 年、1978～1981 年当了两届系主任。当了系主任后，他尽职尽责，加强教师培养和学科建设，自编多种教学讲义，如《几何轨迹与作图》《近世几何讲义》《初等几何讲义》《偏微分方程》《诺模图》《公理法与黎曼几何简介》等，使昆明师范学院数学系成为在全国享有一定声誉的数学系。

朱德祥的教学生涯平凡又成绩卓著，他先后开设过"微积分""微分方程""复变函数""偏微分方程""综合几何""空间解析几何""代数与几何""综合几何""高等几何""微分几何""三角""立体几何""教材教法"等十余门课程，为中学、先修班、大学专科、大学本科、进修教师、研究生等各种不同层次的学生上过课。他上课心里总装着学生，上一次课备一次课，上十次课备十次课，每一次都要重新准备，把备课的重点放在熟悉教材、分析难点、理清思路、列出教学步骤，课堂上要示范的题目、要布置的习题，都一一重新做过，他认为不断地反复，才能熟悉教材，不断地解题才能熟悉技巧，并发现新的解题方法。他在课堂上出口成章、应付自如、重点突出、逐层阐发、深入浅出，富于逻辑性和启发性。他不但要求自己讲好，而且还设法让学生爱听、爱学，既学内容又学方法。在课后，他常常到教室或宿舍辅导学生。只要有人提问，他总是耐心地解答，有时为了推演一道复杂的题目宁肯花一两个小时。辅导时他特别注意鼓励学生，帮助他们树立学习的信心、提高学习兴趣。学生们常说："朱德祥老师的教学方法和辅导方法是教我们在知识的海洋里游泳的本领，而不是代替我们去游泳。"

20 世纪 80 年代以后，各种"名人录"满天飞，一些人用来自我炫耀，以为一进入"名人录"就成了"世界名人"，但朱德祥从不应命，拒绝进入"名人录"或"名人辞典"。他被评为二级教授，工资较高。他认为自己所得超过了付出，多次要求学校降低工资。学校领导认为不符合政策，未予同意。他就两个月领一个月的工资。到 20 世纪 80 年代初，这笔钱攒到 13000 多元，他多次表示愿意捐给学校。云南师范大学为表彰他的美德懿行、激励学生，用这笔钱设立了"朱德祥奖学金"。消息见报后，上海科学技术出版社致函学校党委，回顾了朱德祥先生与该社不同寻常的关系，说出版社还保管着朱先生的 6000 多元的稿酬。原来朱德祥在该社出版的著作稿酬他分文未取，捐献给出版社作为发展科技出版事业所用。出版社将这笔钱寄回昆明，建议征得朱先生同意后作为奖学金基金的一部分。这样，朱德祥奖学金的基金共 1.9 万元，这在当时称得上是巨款。如今，朱德祥奖学金已经颁发了 30 余年。

厚德载物山高水长

朱先生具有厚德载物的情怀。他的内心世界丰富宽广，为人诚挚朴实，谦虚平易，对别人满腔热忱。对遇到困难的师生，既从思想上安慰，也从经济上支持，给予切实的帮助。

他是高级知识分子，在当时属于收入较高的人士，但他严于律己，克勤克俭，生活朴素，而把工资、稿酬等无私地捐出。他使用稿纸的故事被传为美谈。为节约纸张，他的稿纸都要用三遍，第一遍用铅笔写，第二遍用蓝笔写，第三遍用红笔写。他长期用小口瓷盆洗脸，一方面是不忘师恩，另一方面是节约用水。他说“于亲不严，诸事难成”，他严格要求子女，不把金钱留给孩子。他说：“不能让孩子做金钱的继承人、争夺者，要让他们成为知识的继承人、求知的进取者。”他的子女们严守家训，自立自强，成为知名专家。朱氏一家为云南教育事业发展做出了特殊贡献。

自强不息、严谨治学取得了丰硕成果。鉴于朱德祥在几何学方面的精深造诣，教育部指定他编写了 3 部高校数学教材。《初等数学复习及研究——立体几何》，人民教育出版社 1960 年出版印刷 2 万册，1979 年印刷 32 万册；《高等几何》，高等教育出版社 1983 年初版；《初等几何研究》，高等教育出版社 1985 年初版。这 3 部教材 1991 年统计，共印刷 70 万册。1991 年以后，仍在反复印刷并出版了第二版。《高等几何》到 2005 年共印刷 25 次，《初等几何研究》到 2003 年共印刷 21 次，成为高等院校几何课程的权威教材。进入 20 世纪 80 年代后期，他与朱维宗合作，编写了《新编解析几何》(1989 年由西南师范大学出版社出版)；他应云南教育出版社之请，将多年来为大学师生、中小学一线教师所做的讲座精心整理成《方法·能力·技巧——数学园地》，于 1989 年 12 月出版；他还翻译了法国科学院院士、著名数学家阿达玛等科学技术的经典教材《初等数学教材》中的《平面几何》《立体几何》《理论与实用算术》等，由上海科学技术出版社出版，累计印刷近 30 万册。鉴于朱德祥在学术上的造诣，哈尔滨工业大学出版社“刘培杰数学工作室”再版了他的全部著作(2009～2016 年)，还计划影印出版他的讲义《朱德祥代数与几何讲义》《几何基础》等。此外，他为《中国大百科全书·数学卷》撰写过条目。他翻译的著作累计发行量达 200 多万册，创造了奇迹。1989 年，他的“高师几何系列课程与教材建设”获首届全国优秀教学成果奖。《高等几何》(第三版)成为云南省普通高等学校“十二五”规划教材(2015 年)。1990 年朱德祥被评为云南省优秀党员。

朱德祥光风霁月般的胸怀、高洁的品格和卓著的学术成绩，赢得了国家的尊重，也赢得了社会的敬仰。《云南日报》《支部生活》等报刊多次发表长篇通讯报道他的事迹，用以激励人们。著名物理学家、诺贝尔物理学奖获得者杨振宁先生赞扬他的人品和奉献精神：“朱先生是我父亲的学生，又曾做过我弟弟们的老师，和我家有两代的关系。我们全家都极佩服他的平实诚恳的态度，和为教育工作奉献一切的精神。”朱德祥以自己的人格魅力感动了所有直接或间接接受过他教育的人。熊庆来先生在谈到他培养的优秀学生时，将朱德祥名列其中。

朱德祥常说：“我一生唯一的菲薄贡献是在祖国西南边疆民族地区，率妻子儿女全部从事我一生热爱并为之艰苦奋斗的教育事业，力求不辜负云南人民养育之恩。”

4. 云南计算机界的拓荒者——云南著名数学家、计算机科学家刘声烈

刘声烈，男，1920 年 1 月出生，湖南衡山县人，1942 年 7 月武汉大学数学系毕业，先后任教于重庆南开中学、四川江津白沙女子师范学院、武汉大学。1948 年 2 月起执教于昆明师范学院，1951 年 2 月晋升为讲师，1952 年 9 月晋升为副教授，1978 年 4 月晋升为教授，1987 年 12 月退休，2010 年 6 月 3 日逝世，享年 91 岁。刘声烈教授一生致力于科学研究、人才培养和学科建设工作，曾被评为云南省劳动模范、云南省特级劳动模范、全国优秀教师称号，1991 年获得首批国务院政府特殊津贴、首批云南省政府特殊津贴。其人才培养成果于 1989 年先后荣获云南省优秀教学成果一等奖和普通高等学校优秀教学成果国家级优秀奖。

开拓云南计算机科学理论

刘声烈教授一直执着于数学和计算机科学的学术研究与应用工作。他学识渊博，勤奋刻苦，朴实睿智，思维活跃，成果丰富，得到同行首肯和赞赏。

刘声烈教授早在 20 世纪 50 年代就发表了学术论文《复数合同群之构造及其对于合同方程式 $x^2+y^2\equiv d \bmod n$ 之解之应用》和《换位群为巡回群且属于中核的 P 群》。这组成果在全国范围内产生了重要的影响，当时的代数学家、中国科学院资深院士(学部委员)段学复先生对他的研究成果给予了高度评价。刘声烈教授随后完成的另外两篇学术论文在 1965 年召开的中国科学院数学代数专业会上宣读后，引起有关学者的重视，得到了同行的高度评价。从那时起，刘声烈教授就一直作为云南省代数学科的带头人。

在 20 世纪 70 年代，刘声烈教授带领团队开展了大量的生产应用分析与研究工作。在建筑结构领域，系统、完整地完成了干系结构及板块结构的理论分析及计算机实现，撰写了《干系结构分析及其计算机程序》一书。在制造领域，完成了冷轧丝杆轧辊的辊形理论与计算的研究工作，建立了梯形丝杆扎辊的数学模型，揭示了扎制过程中的“干涉”与“空挡”现象，并在 DJS21 计算机上实现了梯形丝杆扎辊辊形的自动计算，得到了同行和业界的赞赏和高度评价。

20 世纪 70 年代中期，刘声烈教授系统地开展了计算机科学及相关数学的理论研究工作，撰写了《自动机与半群》等著作，并在随后的几十年中带领学生和团队开展了包括数理逻辑、组合数学、图论、可计算性理论、计算机软件与应用、人工智能等方向的研究工作，取得了大量的高水平成果。刘声烈教授是云南省计算机科学理论研究的开拓者，并在 1979 年发起并主持了云南省计算机学会的成立工作，先后担任了第一、二届云南省计算机学会理事长，引领和推动了云南省计算机科学及其应用的发展。

20 世纪 70 年代后期，刘声烈教授开始在云南师范大学创建“计算机科学理论”学科，并在 1978 年招收了首批计算机科学理论硕士研究生。该学科在 1986 年 11 月，经云南省政府批准为云南省“七五”期间的首批省级重点学科。在云南省教育委员会和云南师范大学的关怀和支持下，经过学科带头人刘声烈教授、林毓材教授和学科成员的共同努力，该学科得到了迅速的发展，组织领导健全，专业方向明确，完成了大量教学科研工作，取得了若干高水平且在国内外有影响的科研成果，为计算机科学理论学科的人才培养模式、学科建设方向奠定了很好的基础，在 1988 年进行的重点学科建设实地检查评比中获全省理科总分第一名。

随着我国学位制度的建立，以“计算机科学理论”学科为基础，通过持续建设与发展，云南师范大学于 2001 年获得了“计算机软件与理论”硕士学位授权点，2007 年获得了“计算机软件与理论”省级重点学科，2007 年获得了云南省高等学校“智能信息处理”重点实验室，2010 年获得了“计算机科学与技术”一级学科硕士学位授权点。

呕心沥血培育拔尖人才

刘声烈教授一生酷爱教育事业，为人才培养呕心沥血，培养了大批德才兼备的高质量人才，为国家和社会做出了重大贡献。

刘声烈教授从教 45 年，先后为多届本科生和研究生讲授过“数学分析”“高等代数”“理论力学”“微分方程”“组合论”“图论”“近世代数”“群论”“形式语言与自动机”“数理逻辑”“递归函数论”“人工智能”“定理的机器证明”等课程。

刘声烈教授治学严谨、勤奋专注、精益求精，并具有高超的教育艺术。不论是对专业培养体系的构架，还是课程的设置，以至每一节课的教学准备，他都要进行认真和深入的思考并反复斟酌，力争达到完美的地步。老师们感慨地说：刘老师的教学不只在教案上，更在他的心里。

刘声烈教授不仅自身学风朴实、为人师表，同时也极为关注学生的学风培养。他经常教导学生的“是就是是，不是就是不是”“懂就是懂，不懂就是不懂”“说话要算数”等话语，一直被学生们牢牢记在心里，对学生学业的进步、研究的进展、人才的成长，以至整个人生都产生了深远的影响。

刘声烈教授在教学中，特别强调学生的主动性和参与程度。早在 20 世纪 50 年代初，在他主讲本科师范生的“初等几何复习研究”课程时，就积极鼓励和要求每个学生找出一些自己感兴趣的难题，随堂提问，然后当堂讨论解答。这一教学安排极大地激发了学生学习的主动性和积极性，促进了学生学识与能力的提高，至今仍令学生们感到惊叹和佩服。

刘声烈教授特别重视因材施教，充分发挥学生的特长和潜力，为学生开拓发展空间，促进学生茁壮成长。他对不同的学生都有不同的教学安排。学生李才恒教授在回忆中写道：刘老师给我的指导长久地影响着我后来的研究工作。他当年很希望我们中有人能推动巡回群这一课题的研究。那时候我还没有能真正理解这个问题的价值，多年后才发现这个问题很重要，是刻画循环图的一个关键步骤并开始研究这个问题，做出了有用的结果，对边传递循环图给出了很好的刻画。后来，又完成了对包含交换正则子群的本原群的分类，这实际上解决了 Burnside 1900 年提出的一个悬而未决的问题。

刘声烈教授知人惜才，他不仅了解每一个研究生当前的知识、能力、水平，更善于洞察学生的学术专长、发展潜力与兴趣志向。他常常会对某一学生给出某一项特定的学习或研究安排或要求。学生们常常感到吃惊，认为自己完全不可能做到。“你能做到的”，这是刘声烈教授常用的一个朴实的回答。事后，学生更为吃惊的是，自己竟然做到了。学生感叹地说：“刘老师比我自己还了解我。”1990 年，学生李昂生刚硕士毕业留校，在数学系工作不久，刘声烈教授认定他具有很好的发展潜力，鼓励他继续攻博深造。那时李昂生正面临着工作和生活等方面的一些困难，不想前往，刘声烈教授便亲自带他去数学系并极力推荐。后又亲自为他代课，让他有更多时间准备，并为他出路费赴京考试。李昂生研究员深有感触地说：一个人的成长一定有贵人相助。在我学术成长中的贵人就是刘声烈教授、杨东屏老师、Barry Cooper 和 Juris Hartmanis，他们都是我的恩师。刘老师助我从一开始就走上正确的学术道路，他的科学精神和人格魅力一直是我力量的源泉。

山花烂漫他在丛中笑

刘声烈教授所培养的研究生品学兼优，获得了许多世界领先水平的成果，承担了若干国家重大科研项目和大量各类人才的培养工作，获得国内外同行和学术界的肯定和赞赏，为学科的发展、国家的建设做出了重要贡献。

学生林毓材教授作为云南省计算机科学与技术专业的学科带头人，在省内信息技术领域具有很高的知名度，曾担任云南省信息化建设专家咨询委员会主任委员、云南省计委科技产业化专家委员会电子信息组组长、云南省应用基金委评审委员会委员、云南省计算机学会副理事长等职务，为云南省信息产业的发展做出了突出的贡献，发挥了重大的作用，同时在不可解问题和图论等方面取得了若干重要的学术成果，获得了多项省科技奖励。

学生李才恒教授现为国家“千人计划”学者，西澳大学教授，在代数组合及有限群等领域连续取得了多项重要成果，解决了多个长期未决的猜想和公开问题，开创了代数图论中多个重要课题，发展了研究对称图的新方法，在置换群论和代数图论方向做出了开创性的贡献，是代数图论和置换群论的国际学术带头人。1998 年被国际数学组织授予 Kirkman 奖章。

学生眭跃飞现为中国科学院计算技术研究所研究员，在递归论和不可解度结构等领域开展深入的研究工作，改进了 Guntsch 和 Gediga 关于 Wong 和 Ziark 猜测的结果，证明了粗关系数据库中信息熵关于粗关系数据库的加细的单调性，提出了分层在线调页算法，在可计算性理论方面独立或合作解决了 4 个可计算性理论中的未解决问题，在可计算性理论研究中提出了同时及时允许的概念，在该域内具有重要的影响和作用。

学生李昂生现为中国科学院软件研究所研究员，2003 年获国家自然科学杰出青年基金，2008 年入选中国科学院“百人计划”，在可计算性理论研究中解决了 Lachlan 1967 年提出的学科主流方向的一个 40 余年的未解决问题，在网络理论、网络算法和信息科学研究中提出了结构信息概念，建立了结构信息基本理论，解决了 Shannon 1953 年提出的信息科学和计算机科学半个多世纪的重大挑战性科学问题。

学生曹存根现为中国科学院计算技术研究所研究员，1999 年入选中国科学院“百人计划”，曾担任全国农业信息化咨询专家组成员、国家中医临床研究基地中医医疗与临床科研共享系统建设专家组成员，现任美国 AAAI 会员和 AMIA 会员、中国人工智能学会理事。他领导的大规模知识处理课题，已完成了一系列卓有成效的工作。

刘声烈教授为人宽厚耿直、豁达乐观、淡泊名利，他兴趣广泛，对哲学、历史、文学、音乐、绘画、书法、棋艺都具有很高的修养。刘声烈教授家里，经常有师生、亲友和校外各界客人前来探望请教，交流探讨。

刘声烈教授是云南省著名的数学家、计算机科学家和教育家。他热爱党，热爱社会主义祖国，在科学研究与人才培养等方面贡献卓著，为国家和社会在科学研究方面做出了重大贡献，为云南教育事业和计算机科学与信息化建设贡献了毕生的精力，被公认为云南数学界和计算机界的领头人。

5. 全日制学生名单

1938～2018 年，云南师范大学数学学院，包括国立西南联合大学师范学院数学系、国立昆明师范学院数学系、昆明师范学院数学系、昆明师范学院数理系、昆明师范学院数学系、云南师范大学数学系、云南师范大学数学学院，共培养了全日制硕士研究生、本科生、专科生和专修科学生 11164 余人，其中研究生 713 人，本科生 8838 人，专科生和专修科学生 1615 人。由于学生或学员人数众多，办学层次(有脱产、短期，本科、专科等)和类别繁多，档案资料不齐全等原因，加之时间紧迫、任务繁重，需要投入大量的人力物力进行整理核对，现有两部分学生名单难以收录到本书中：一是成人继续教育学生和学员，二是原云南教育学院(1999 年并入云南师范大学)数学专业学生。数学学院从 1956 年开展函授教育起便开始了成人继续教育，1978 年设脱产教育，1993 年开办自学考试，1985 年举办夜大学，2012 年承担教育部“国培计划”学员培训等。

1)硕士研究生名单

学号	姓名	性别	民族	出生年月	籍贯	入学时间	毕业时间	专业	导师
1978 级									
	林毓材	男	汉	194009	云南保山	197809	198207	离散数学与计算机科学	朱德祥 刘声烈 冯荣轩
	张天民	男	汉	194311	上海	197809	198207		
	杨秀国	男	汉	194502	湖南长沙	197809	198207		
1982 级									
	吕文进	男	汉	196003	安徽	198209	198507	基础数学	刘声烈
	卢学妙	男	汉	196010	福建龙岩	198209	198507	基础数学	刘声烈
	李才恒	男	回	196001	云南沾益	198209	198507	基础数学	刘声烈
	夏幼明	男	汉	195612	浙江镇海	198209	198507	基础数学	刘声烈
	眭跃飞	男	汉	196302	江苏丹阳	198209	198507	基础数学	刘声烈

续表

学号	姓名	性别	民族	出生年月	籍贯	入学时间	毕业时间	专业	导师
1985 级									
854001	曹存根	男	汉	196405	江苏	198509	198807	基础数学	刘声烈
854002	任　韩	男	汉	195805	河南	198509	198807	基础数学	刘声烈
854003	董峰明	男	汉	196203	福建龙岩	198509	198807	基础数学	刘声烈
854004	顾震宇	男	汉	196202	江苏丹阳	198509	198807	基础数学	刘声烈
854005	吴啟明	男	汉	196409	湖北	198509	198807	基础数学	刘声烈
854006	李昂生	男	汉	196404	云南陆良	198509	198807	基础数学	刘声烈
854007	刘泽强	男	汉	196311	湖南宁乡	198509	198807	基础数学	刘声烈
854008	刘　薇	女	汉	196202	云南昆明	198509	198807	基础数学	刘声烈
854009	杨震啟	男	汉	196209	山东济宁	198509	198807	基础数学	刘声烈
854010	李祥贵	男	汉	196212	湖南双丰	198509	198807	基础数学	刘声烈
854011	郭黎明	男	汉	196202	湖北丹江口	198509	198807	基础数学	刘声烈
385001	张　华	男	汉	196305	河南南召	198509	198707	基础数学(代数)研究生班	
385002	张木诚	男	汉	195110	湖北天门	198509	198707	基础数学(代数)研究生班	
385003	和福生	男	纳西	195312	云南丽江	198509	198707	基础数学(代数)研究生班	
385004	安志强	男	汉	196110	贵州	198509	198707	基础数学(代数)研究生班	
385005	郑洲顺	男	汉	196408	云南西畴	198509	198707	基础数学(代数)研究生班	
385006	王　娅	女	汉	195902	四川开县	198509	198707	基础数学(代数)研究生班	
385008	钱双平	男	汉	196310	云南泸西	198509	198707	基础数学(代数)研究生班	
385009	黎奇升	男	土家	196410	湖南	198509	198707	基础数学(代数)研究生班	
385010	肖　薇	女	汉	196206	湖北宜昌	198509	198707	基础数学(代数)研究生班	
385011	谢　牧	男	汉	195408	广东	198509	198707	基础数学(代数)研究生班	
385012	杨晨曦	女	汉	196001	云南	198509	198707	基础数学(代数)研究生班	
385013	徐聪全	男	汉	196309	云南	198509	198707	基础数学(代数)研究生班	
385014	尹　正	男	白	196406	云南云龙	198509	198707	基础数学(代数)研究生班	
385015	晁　阳	男	汉	195712	河南	198509	198707	基础数学(代数)研究生班	
851301	方　钢	男	汉	195107	吉林	198509	198701	硕士研究生主要课程助教进修班	
851302	宴　林	男	汉	195910	云南	198509	198701	硕士研究生主要课程助教进修班	
851303	干晓蓉	女	汉	196206	四川成都	198509	198701	硕士研究生主要课程助教进修班	
851304	黄世同	男	汉	194712	江苏淮阴	198509	198701	硕士研究生主要课程助教进修班	
851305	张继前	男	汉	195009	云南文山	198509	198701	硕士研究生主要课程助教进修班	
851306	杨庆益	男	汉	196108	云南盈江	198509	198701	硕士研究生主要课程助教进修班	

续表

学号	姓名	性别	民族	出生年月	籍贯	入学时间	毕业时间	专业	导师
851307	朱维宗	男	汉	195511	江苏南通	198509	198701		
851308	张志明	男	汉	195508	云南通海	198509	198701		
851309	王　琼	女	白	195612	云南鹤庆	198509	198701		
841310	高建兴	男	汉	195912	云南腾冲	198509	198701		
851311	黄　刚	男	汉	195710	云南曲靖	198509	198701		
851312	陈季林	男	汉	196111	云南	198509	198701		
851314	李昆华	男	白	196107	云南大理	198509	198701		
851315	曾宪祖	男	汉	194710	湖南株洲	198509	198701		
851317	林　谦	男	汉	195608	云南	198509	198701		
1986 级									
864001	杨凤藻	男	白	196305	云南鹤庆	198609	198907	基础数学	吕冠国 蹇素雯
864002	张　俊	男	汉	196504	云南曲靖	198609	198907	基础数学	
865001	段宇樑	男	白	196211	云南剑川	198609	198907	基础数学	林玉波
865002	张曙翔	男	汉	196403	云南呈贡	198609	198907	基础数学	林玉波
865003	张红星	男	汉	196608	云南曲靖	198609	198907	基础数学	林玉波
研究生班	李云保	男	汉	195912	湖北	198609	198907	基础数学	林玉波
1988 级									
880102	蒋　映	男	汉	196210	四川	198809	199107	基础数学	刘声烈 林毓材
1991 级									
91159	桂正华	男	白	196612	云南大理	199109	199208	基础数学	青年教师学习研究生主要课程进修班
91160	王险峰	男	汉	196804	云南弥勒	199109	199208	基础数学	
91161	黄盈才	男	汉	196702	云南施甸	199109	199208	基础数学	
91162	郭龙先					199109	199208	基础数学	
91163	吉　伟	男			云南石屏	199109	199208	基础数学	
91164	杨爱民					199109	199208	基础数学	
91165	段　毅					199109	199208	基础数学	
91166	陈丽萍	女				199109	199208	基础数学	
91167	薛立宏	男		196710		199109	199208	基础数学	
91168	赵廷惠					199109	199208	基础数学	

续表

学号	姓名	性别	民族	出生年月	籍贯	入学时间	毕业时间	专业	导师
1994 级									
	邓伟升	男	汉	197212	云南禄劝	199409	199707	基础数学	林毓材
1995 级									
	陈玉华	女	汉	197301	云南丽江	199509	199807	基础数学	林毓材
	邓建平	男	汉	197105	四川仪陇	199509	199807	基础数学	肖体俊
1996 级									
	黄　炯	女	汉	197501	云南昆明	199609	199907	数学教育	吕冠国
	高建伟	男	汉	197212	河北无极	199609	199907	基础数学	肖体俊
	屈子海	男	汉	197404	河北张家口	199609	199907	基础数学	肖体俊
1997 级									
	张建军	男	汉	197412	河南上蔡	199709	200007	基础数学	林毓材
	向永红	男	汉	197310	湖南	199709	200007	基础数学	林毓材
	张春霞	女	汉	197410	山西	199709	200007	基础数学	林毓材
	丁海华	女	汉	197408	云南通海	199709	200007	基础数学	吕冠国
1999 级									
	孙　瑜	女	汉	197404	湖南	199909	200207	基础数学	林毓材
	张宇翔	男	汉	197509	山西	199909	200207	基础数学	林毓材
9900602	张德海	男	汉	197703	云南临沧	199909	200207	基础数学	林毓材
	陈六新	男	汉	197105	重庆梁平	199909	200207	基础数学	郭　震
	李同柱	男	土家	197412	湖南沅陵	199909	200207	基础数学	郭　震
9900605	刘海鸿	男	汉	197707	云南楚雄	199909	200207	基础数学	吕冠国
	杨玉红	女	汉	197407	黑龙江	199909	200207	基础数学	吕冠国
2000 级									
	胥成林	男	汉	197404	云南曲靖	200009	200307	基础数学	黄毅生
	陈　伟	男	汉	196509	云南大理	200009	200307	基础数学	郭　震
	胡恩良	男	汉	197412	云南巍山	200009	200307	基础数学	林毓材
	赵富坤	男	汉	197802	云南彝良	200009	200307	基础数学	吴　鲜
	李　晶	女	汉	197409	云南玉溪	200009	200307	基础数学	林毓材
	赵成贵	男	汉	197412	云南曲靖	200009	200307	基础数学	林毓材

续表

学号	姓名	性别	民族	出生年月	籍贯	入学时间	毕业时间	专业	导师
	谷　雨	女	汉	197404	云南腾冲	200009	200307	基础数学	林毓材
	饶若峰	男	汉	196901	江西抚州	200009	200307	基础数学	黄毅生
2001 级									
000201	王云峰	男	汉	196307	云南禄丰	200103	200407	教育硕士	姚文孝
000202	周长军	男	汉	196307	山东	200109	200407	教育硕士	燕琼芝
000203	李成凤	女	汉	196411	云南昆明	200109	200407	教育硕士	王　涛
000205	宋继林	女	彝	196708	云南楚雄	200109	200407	教育硕士	宋继宗
000206	张子发	男	汉	196702	云南大姚	200109	200407	教育硕士	张一民
000207	班　云	男	汉	197001	云南姚安	200109	200407	教育硕士	黄永明
000208	环　敏	女	汉	196212	云南大理	200109	200407	教育硕士	杨文泽
000209	李　兵	女	汉	196907	贵州贵阳	200109	200407	教育硕士	李　锋
000211	张志远	男	汉	196411	云南腾冲	200109	200407	教育硕士	杨文泽
000212	石函早	男	汉	196806	云南保山	200109	200407	教育硕士	马　煜
000213	杨　虹	女	汉	196711	云南保山	200109	200407	教育硕士	王　涛
	王泽娟	女				200103	200407	教育硕士	李　锋
2002 级									
02070101001	钱加玲	女	傣	197303	云南盈江	200209	200507	基础数学	蒋文江
02070101002	李会琼	女	汉	197903	云南宣威	200209	200507	基础数学	蒋文江
02070101003	王兴超	男	汉	197909	云南镇雄	200209	200507	基础数学	夏幼明
02070101004	杨金华	男	汉	197901	云南昆明	200209	200507	基础数学	冯乔生
02070101005	吴绍兵	男	汉	197607	云南永善	200209	200507	基础数学	夏幼明
02070101006	代国林	男	汉	197602	云南祥云	200209	200507	基础数学	夏幼明
02070101007	姚　丽	女	汉	197805	云南石屏	200209	200507	基础数学	李玉华
02070101008	李兴平	男	汉	197601	云南嵩明	200209	200507	基础数学	蒋文江
02070101009	蔡　翠	女	汉	197911	云南弥勒	200209	200507	基础数学	李玉华
02070101011	纪　楠	女	汉	197812	河北唐山	200209	200507	基础数学	郭　震
02070101012	夏云伟	男	汉	197402	湖北	200209	200507	基础数学	郭　震
02070101013	郭开文	男	汉	196608	江西吉安	200209	200507	基础数学	郭　震
研究生班	张永兵	男	白	197409		200209	200507	基础数学	夏幼明
研究生班	吴　坚	女	汉	197204	云南昆明	200209	200507	基础数学	夏幼明
研究生班	陈本辉	男	汉	197811	云南大理	200209	200507	基础数学	冯乔生
研究生班	王家红	女	汉	197504	云南祥云	200209	200707	基础数学	夏幼明

续表

学号	姓名	性别	民族	出生年月	籍贯	入学时间	毕业时间	专业	导师
01200204001	邓和秀	女	汉	197411	云南水富	200203	200507	学科教学	王　涛
01200204002	凡　萍	女	汉	196707	云南宣威	200203	200507	学科教学	黄永明
01200204003	冯海铃	女	汉	197105	安徽凤阳	200203	200507	学科教学	姚文孝
01200204004	李俊红	女	汉	197107	云南建水	200203	200507	学科教学	张一民
01200204005	卢焱尧	男	土家	197310	贵州	200203	200507	学科教学	朱维宗
01200204006	莫蔚坚	女	汉	197506	云南昆明	200203	200507	学科教学	杨文泽
01200204007	彭　杰	女	汉	197707	云南德宏	200203	200507	学科教学	王　涛
01200204008	冉正强	男	汉	197409	云南麻栗坡	200203	200507	学科教学	陈静安
01200204009	谭爱民	女	毛南	196907	广西	200203	200507	学科教学	燕琼芝
01200204010	王荣琴	女	汉	196603	贵州遵义	200203	200507	学科教学	马　煜
01200204011	吴明波	女	汉	196805	云南禄劝	200203	200507	学科教学	马　煜
01200204012	邢　妍	女	汉	196907	云南腾冲	200203	200507	学科教学	黄永明
01200204013	杨茂均	男	白	196704	云南泸水	200203	200407	学科教学	朱维宗
2003 级									
03070101001	马文兴	男	汉	197509	河南	200309	200607	基础数学	郭　震
03070101002	王福宁	女	汉	197310	河北	200309	200607	基础数学	夏幼明
03070101003	吕映洁	女	汉	198103	山东威海	200309	200607	基础数学	施恩伟
03070101004	陈引兰	女	汉	197403	湖北	200309	200607	基础数学	施恩伟
03070101006	谭海女	女	汉	197909	江西	200309	200607	基础数学	李玉华
03070101007	冯志敏	男	汉	197909	河南禹州	200309	200607	基础数学	夏幼明
03070101008	章江花	女	白	198010	云南鹤庆	200309	200607	基础数学	夏幼明
03070101009	杨慧章	女	彝	198212	云南寻甸	200309	200507	基础数学	郭　震
03070101010	周兴伟	男	汉	197612	云南嵩明	200309	200607	基础数学	吴　鲜
03070101011	吴仕勇	男	汉	197305	云南宣威	200309	200607	基础数学	夏幼明
03070101012	冷天玖	男	汉	197311	云南宣城	200309	200607	基础数学	吴　鲜
03070101013	王少敏	女	汉	197508	云南大理	200309	200607	基础数学	吴　鲜
03070101014	杨存基	男	白	197108	云南大理	200309	200607	基础数学	李玉华
03070101015	张家玲	男	汉	198101	湖北	200309	200607	基础数学	郭　震
03070101016	孙　霞	女	汉	198110	云南曲靖	200309	100707	基础数学	李玉华
03070101017	郭顺滋	男	汉	197808	江西安福	200309	200607	基础数学	郭　震
02200204001	邹　丽	女	汉	196601	云南建水	200307	200607	学科教学	陈静安
02200204002	王琼华	女	汉	196711	云南玉溪	200307	200607	学科教学	张一民
02200204003	何守元	男	汉	196411	云南永胜	200307	200607	学科教学	张一民

续表

学号	姓名	性别	民族	出生年月	籍贯	入学时间	毕业时间	专业	导师
02200204004	杨颖声	女	汉	196603	云南元谋	200307	200607	学科教学	陈静安
02200204005	顾　琨	女	汉	196811	江苏	200307	200607	学科教学	姚文孝
02200204006	陈瑰莲	女	汉	196712	云南大姚	200307	200607	学科教学	马煜
02200204008	陈　光	男	汉	196110	云南巍山	200307	200607	学科教学	朱维宗
02200204009	武　坚	女	汉	196207	山西	200307	200607	学科教学	朱维宗
02200204010	唐德绪	女	汉	196411	重庆永川	200307	200607	学科教学	李　锋
02200204011	方国敏	男	汉	196709	四川内江	200307	200607	学科教学	黄永明
02200204012	姚　禾	男	汉	196809	四川威远	200307	200607	学科教学	黄永明
02200204013	陈兴国	男	汉	196912	云南沾益	200307	200607	学科教学	赵奎奇
02200204014	张建宏	女	汉	196909	云南大姚	200307	200607	学科教学	杨文泽
02200204015	刘式良	男	彝	196810	云南巍山	200307	200607	学科教学	马　煜
02200204016	王国仙	女	彝	197107	云南普洱	200307	200607	学科教学	王　涛
02200204017	尹向云	女	彝	196510	云南双柏	200307	200607	学科教学	陈静安
02200204018	刘永昌	男	汉	196907	云南楚雄	200307	200607	学科教学	姚文孝
02200204019	杨金荣	男	彝	197211	云南禄劝	200307	200607	学科教学	姚文孝
02200204020	商　颖	男	汉	197302	山东济南	200307	200607	学科教学	李　锋
02200204021	谭武昌	男	汉	196709	云南昆明	200307	200607	学科教学	张一民
02200204022	邱友会	男	汉	196705	云南马龙	200307	200607	学科教学	候　芳
02200204023	王　刚	男	汉	196701	四川广安	200307	200607	学科教学	李　锋
02200204024	张自惠	女	汉	197303	云南禄丰	200307	200607	学科教学	董义琳
02200204025	曾振新	女	汉	196303	湖南	200307	200607	学科教学	张一民
02200204027	白淑坤	女	汉	196812	云南祥云	200307	200607	学科教学	董义琳
02200204029	宋　群	女	汉	196803	陕西兴平	200307	200607	学科教学	朱维宗
02200204030	谭忠选	男	汉	197101	云南	200307	200507	学科教学	朱维宗
2004 级									
020754	吴荣海	男	汉	197508		200409	200607	基础数学	夏幼明
04070101001	穆道松	男	汉	197303	江苏东海	200409	200707	基础数学	施恩伟
04070101002	周伟峰	女	汉	198106	山东青岛	200409	200707	基础数学	施恩伟
04070101004	腾凯民	男	汉	198001	河南	200409	200707	基础数学	吴　鲜
04070101005	邓翠荣	女	侗	198108	湖南	200409	200707	基础数学	吴　鲜
04070101006	陈庆娥	女	汉	198011	云南宣威	200409	200707	基础数学	施恩伟
04070101007	何秀梅	女	汉	197811	云南大理	200409	200707	基础数学	吴　鲜
04070101008	周见文	男	汉	198103	云南陆良	200409	200707	基础数学	吴　鲜

续表

学号	姓名	性别	民族	出生年月	籍贯	入学时间	毕业时间	专业	导师
04070101009	段胜忠	男	汉	198211	云南腾冲	200409	200707	基础数学	吴　鲜
04070104001	贾宏恩	男	汉	198106	山西	200409	200707	应用数学	化存才
04070104002	朱晓丽	女	汉	198005	河南禹州	200409	200707	应用数学	化存才
04070104003	葛菊红	女	汉	198006	河南上蔡	200409	200707	应用数学	化存才
04070104004	李保东	男	汉	196711	河南南阳	200409	200707	应用数学	王　涛
04070104005	陈中东	男	汉	196807	湖南	200409	200607	应用数学	王　涛
04070104007	周俊梅	女	汉	198105	四川资中	200409	200707	应用数学	蒋文江
04070104008	向　华	男	汉	197402	湖南	200409	200707	应用数学	蒋文江
04070104008	张德飞	男	汉	198009	云南楚雄	200409	200707	应用数学	蒋文江
04070104009	段星德	男	彝	198209	云南宾川	200409	200707	应用数学	蒋文江
04070104010	王景艳	女	汉	198111	云南大理	200409	200707	应用数学	化存才
04070104011	沙春宏	男	彝	197602	云南文山	200409	200507	应用数学	化存才
04040102005	徐兆洋	男	汉	196608	江苏淮安	200409	200707	课程与教学论	朱维宗
04040102006	袁　樱	女	汉	198006	山东曹县	200409	200707	课程与教学论	朱维宗
04040102007	马艳园	女	哈尼	198209	云南红河	200409	200707	课程与教学论	朱维宗
05040102016	张洪巍	男				200409	200807	课程与教学论	朱维宗
2005 级									
05070101001	林丽妙	女	汉	198309	福建泉州	200509	200807	基础数学	郭　震
05070101002	李建祥	男	汉	198008	云南保山	200509	200807	基础数学	郭　震
05070101003	刘满霞	女	汉	197801	河北唐山	200509	200807	基础数学	李玉华
05070101004	叶枝宏	男	汉	198011	云南景谷	200509	200807	基础数学	李玉华
05070101005	何　萍	女	彝	198109	云南	200509	200807	基础数学	李玉华
05070101006	熊　坚	男	汉	198407	江西平城	200509	200807	基础数学	李玉华
05070101007	陈亦佳	女	汉	198202	安徽	200509	200807	基础数学	李玉华
05070104001	陶　熙	男	汉	198204	湖北	200509	200807	应用数学	郭民之
05070104002	张晓磊	男	汉	198303	河南	200509	200807	应用数学	蒋文江
05070104003	闫　亮	男	汉	198209	河北	200509	200807	应用数学	王　涛
05070104004	石东伟	男	汉	197506	河南鲁山	200509	200807	应用数学	化存才
05070104005	曲　娜	女	汉	198211	黑龙江	200509	200807	应用数学	化存才
05070104006	贾秀娟	女	汉	198007	河南	200509	200807	应用数学	化存才
05070104007	谢　军	男	汉	198208	湖南邵阳	200509	200807	应用数学	郭民之
05070104008	吴　奇	男	汉	198312	云南石屏	200509	200807	应用数学	化存才
05070104009	侯书红	男	汉	196803	安徽	200509	200807	应用数学	王　涛

续表

学号	姓名	性别	民族	出生年月	籍贯	入学时间	毕业时间	专业	导师
05070104011	法建荣	男	彝	197402	云南易门	200509	200807	应用数学	张志明
05070104012	罗　平	女	回	198301	云南	200509	200807	应用数学	邓起荣
05070104013	杨冰涛	男	汉	198312	山东聊城	200509	200807	应用数学	邓起荣
05070104014	苏梅会	女	汉	197905	云南普洱	200509	200807	应用数学	化存才
05070104015	朱启飞	男	汉	197905	云南宣威	200509	200807	应用数学	李　锋
05070104016	潘汉标	男	汉	198209	湖北	200509	200807	应用数学	蒋文江
05070104017	王　飞	男	汉	198105	山西运城	200509	200807	应用数学	邓起荣
05040102016	张博赢					200509	200807	课程与教学论	朱维宗
05040102017	谢志勇	男				200509	200807	课程与教学论	朱维宗
05040102018	钟华红					200509	200807	课程与教学论	朱维宗
05040102019	胡晓飞					200509	200807	课程与教学论	朱维宗
04200204012	谢贤慧	女	汉	197412	云南威信	200503	201007	学科教学	朱维宗
04200204023	李海涛	男	汉	197112	云南昆明	200503	201007	学科教学	朱维宗
2006 级									
6070101001	王俊杰	男	汉	197907	河南新蔡	200609	200907	基础数学	郭　震
6070101002	方建波	男	汉	198302	四川广安	200609	200907	基础数学	郭　震
6070101003	李良文	男	汉	197905	湖南	200609	200907	基础数学	郭　震
6070101004	吴　科	男	汉	198302	云南宣威	200609	200907	基础数学	吴　鲜
6070101005	李　娴	女	汉	198203	云南昭通	200609	200907	基础数学	吴　鲜
6070101006	缪彩花	女	汉	198508	云南宣威	200609	200907	基础数学	李玉华
6070101007	浦同贯	男	汉	198312	云南宣威	200609	200907	基础数学	李玉华
6070101008	李　超	男	汉	198304	云南个旧	200609	200907	基础数学	施恩伟
6070101009	刘瑞娟	女	汉	197812	陕西	200609	200907	基础数学	施恩伟
6070101010	杨合松	女	汉	197912	云南大理	200609	200907	基础数学	李玉华
6070101011	马爱平	女	回	198305	云南大理	200609	200907	基础数学	施恩伟
6070101012	杨　旭	男	白	198406	云南大理	200609	200906	基础数学	施恩伟
6070101013	张学勤	男	白	198412	云南大理	200609	200907	基础数学	李玉华
6070101014	高　炜	男	汉	198102	浙江绍兴	200609	200907	基础数学	梁　立
6070101015	程毕陶	男	汉	198404	云南宣威	200609	200907	基础数学	吴　鲜
6070101016	苏　敏	女	白	198309	云南大理	200609	200907	基础数学	李玉华
6070104001	兰宏勇	男	畲	198305	江西	200609	200907	应用数学	化存才
6070104002	罗小明	男	汉	197212	江西吉永	200609	200907	应用数学	王源昌
6070104003	王林根	男	汉	197605	江西	200609	200907	应用数学	化存才

续表

学号	姓名	性别	民族	出生年月	籍贯	入学时间	毕业时间	专业	导师
6070104004	张慧敏	女	汉	198111	河南淮阳	200609	200907	应用数学	化存才
6070104005	白国民	男	汉	197906	河南上蔡	200609	200907	应用数学	郭民之
6070104006	王明忠	男	汉	197101	河南	200609	200907	应用数学	化存才
6070104007	班利兵	男	汉	198311	云南姚安	200609	200907	应用数学	张志明
6070104008	李　伟	男	汉	198203	湖北	200609	200907	应用数学	李　锋
6070104009	于天慈	女	汉	198305	河北	200609	200907	应用数学	蒋文江
6070104010	王佳佳	女	汉	198406	辽宁	200609	200907	应用数学	蒋文江
7070103001	原　全	男	满	198508	辽宁海城	200609	200907	概率论与数理统计	郭民之
5200204009	王树国	男	汉	197406	云南建水	200607	201107	学科教学	杨文泽
5200204014	赵露萍	女	汉	197908	云南昆明	200609	200807	学科教学	黄　炯
5200204019	杨肖霞	女	汉	197911	云南昆明	200609	200907	学科教学	李　锋
2007 级									
6070101001	张　玮	男	汉	197411	云南嵩明	200707	201007	基础数学	吴　鲜
6070101002	张汝美	女	汉	197506	云南普洱	200707	201007	基础数学	赵富坤
6070101003	杨淑菊	女	汉	196901	云南永胜	200709	201007	基础数学	陈绍雄
6070101004	尹爱军	女	汉	196902	云南曲靖	200709	201007	基础数学	李玉华
6070101005	张丽琼	女	汉	197103	云南玉溪	200709	201007	基础数学	郭民之
6070101006	王玉华	女	汉	198106	云南凤庆	200709	201007	基础数学	李玉华
6070101007	张丽萍	女	汉	196409	云南会泽	200709	201007	基础数学	化存才
6070101008	胡俊山	男	汉	197302	云南	200709	201007	基础数学	张志明
6070101009	白丽艳	女	汉	197410	云南玉溪	200707	201007	基础数学	刘海鸿
6070101010	余　波	女	汉	197211	云南保山	200707	201007	基础数学	王　涛
6070101012	邹　敏	女	蒙古	197611	云南蒙自	200707	201007	基础数学	蒋文江
6070101014	陈　恳	男	汉	197811	贵州毕节	200707	201007	基础数学	化存才
6070101015	马廷强	男	苗	197806	云南威信	200709	201007	基础数学	施恩伟
6070101016	梁　林	男	汉	196712	云南景东	200709	201007	基础数学	郭震
6070101018	唐　虹	女	汉	197607	云南保山	200707	201007	基础数学	郭民之
6070101019	陈丽萍	女	彝	197810	云南弥勒	200707	201007	基础数学	刘海鸿
6070101020	杨　玲	女	白	197604	云南保山	200709	201007	基础数学	李　锋
6070101021	杨映霞	女	汉	197407	云南华坪	200709	201007	基础数学	张志明
6070101022	蒋　艳	女	拉祜	197504	云南思茅	200709	201006	基础数学	陈绍雄
6070101023	杨春华	男	汉	197312	云南施甸	200709	201007	基础数学	李　锋
7070101001	金家华	男	汉	198406	云南西双版纳	200709	201007	基础数学	吴　鲜

续表

学号	姓名	性别	民族	出生年月	籍贯	入学时间	毕业时间	专业	导师
7070101002	刘云涛	男	汉	198310	河北	200709	201007	基础数学	吴　鲜
7070101003	王利利	女	汉	198511	河南	200709	201007	基础数学	施恩伟
7070101004	张建红	女	汉	198206	山西长治	200709	201007	基础数学	施恩伟
7070101005	尹玉玲	女	汉	198411	湖北	200709	201007	基础数学	吴　鲜
7070103002	李　莉	女	汉	198411	河南	200709	201007	概率论与数理统计	王　涛
7070103003	句媛媛	女	汉	198406	云南宜良	200709	201007	概率论与数理统计	蒋文江
7070103004	李　春	男	哈尼	198109	云南	200709	201007	概率论与数理统计	张志明
7070103005	胡　杨	女	汉	198605	重庆	200709	201007	概率论与数理统计	郭民之
7070104001	闫　芳	女	汉	198406	山西吕梁	200709	201007	应用数学	化存才
7070104002	赵　茂	男	汉	198509	四川	200709	201007	应用数学	蒋文江
7070104004	何明星	男	汉	198202	云南威信	200709	201007	应用数学	蒋文江
7070104006	田　维	男	汉	197805	云南宣威	200709	201007	应用数学	张志明
7070104007	任丽萍	女	汉	198201	山西	200709	201007	应用数学	化存才
6200204001	李　梅	女	哈尼	197301	云南景洪	200709	200807	学科教学	方艳溪
6200204002	杨厌卿	男	汉	197303	云南永善	200709	201107	学科教学	罗少辉
6200204003	杨　春	男	汉	198102	云南	200709	201007	学科教学	朱维宗
6200204004	梁　艳	女	汉	198104	云南	200703	201007	学科教学	朱维宗
6200204005	周开梅	女	汉	198103	浙江丽水	200703	201007	学科教学	李　锋
6200204007	丁九桃	女	汉	198102	云南沾益	200709	201007	学科教学	常进荣
6200204008	刘红映	女	彝	198001	云南	200709	200907	学科教学	黄　炯
6200204010	李玉金	男	白	198010	云南宾川	200703	201007	学科教学	杨文泽
6200204011	郑桂仙	女	汉	197004	云南呈贡	200707	201107	学科教学	陈静安
6200204012	康厚莲	女	汉	197009	四川富顺	200703	201007	学科教学	朱维宗
6200204013	赛麒麟	男	汉	197404	云南马龙	200703	201007	学科教学	孙雪梅
6200204014	徐体兰	女	汉	198001	云南	200709	201007	学科教学	朱维宗
6200204015	施兆伦	女	白	197909	云南洱源	200703	201007	学科教学	陈静安
6200204016	候　静	女	汉	197710	云南昭通	200703	201007	学科教学	朱维宗
6200204017	赵云丽	女	汉	197808	云南泸西	200703	201007	学科教学	黄　炯 朱维宗
6200204018	丰慧琼	女	汉	197903	云南寻甸	200707	201107	学科教学	朱维宗
6200204019	万　俊	男	汉	197410	云南金平	200703	201007	学科教学	董义琳
6200204020	李冠宏	女	汉	197501	云南昆明	200703	201007	学科教学	杨文泽
6200204021	王绍坤	男	汉	197906	云南陆良	200703	201007	学科教学	董义琳
6200204022	王升机	男	汉	197801	河南	200709	201107	学科教学	朱维宗

续表

学号	姓名	性别	民族	出生年月	籍贯	入学时间	毕业时间	专业	导师
6200204024	施正清	女	汉	197611	云南曲靖	200703	201007	学科教学	黄永明
6200204025	王文静	女	汉	197811	云南永善	200703	201007	学科教学	李锋
6200204026	李永琴	女	汉	197906	云南永胜	200703	201007	学科教学	黄永明
6200204027	何家立	男	傣	196502	云南盈江	200703	201007	学科教学	常进荣
6200204028	蒋正拥	男	汉	197709	云南建水	200703	201007	学科教学	罗少辉
6200204029	陈丽芸	女	汉	197702	云南宣威	200703	200907	学科教学	孙雪梅
7420104009	郭炳燕	女	汉	198109	云南永胜	200707	201107	学科教学	朱维宗
7420104012	杨左桑	男	彝	197710	云南保山	200711	201107	学科教学	李　锋
7420104016	张育花	女	汉	197403	云南曲靖	200707	201107	学科教学	黄永明
20071254J	李书生	男	汉	197901	辽宁盘锦	200701	201007	学科教学	谭　奕
63051919	王　迎	女	汉	198103	山东	200701	201007	学科教学	王光明
63051923	王金鳈	女	汉	198001	天津	200701	201007	学科教学	朱鸿玲
63051924	黄伟丽	女	汉	198007	天津	200709	201207	学科教学	朱维宗
63051926	刘　颖	女	汉	197907	天津	200701	201006	学科教学	朱维宗
2008 级									
6070101011	刘承萍	女	汉	197804	云南昭通	200807	201107	基础数学	韩俊林
7070101001	杨洪秀	女	汉	198205	云南保山	200807	201107	基础数学	吴书印
7070101002	王美娜	女	布依	198302	贵州安龙	200807	201107	基础数学	杨干山
7070101003	张　维	男		197904	云南昆明	200807	201107	基础数学	吴　鲜
7070101004	赵云梅	女	汉	197212	云南泸西	200807	201107	基础数学	刘海鸿
7070101005	黄中杰	男	汉	198004	云南保山	200807	201107	基础数学	陈绍雄
7070101006	何舒颖	女	汉	198006	广东	200809	201107	基础数学	赵富坤
7070101007	李国发	男	汉	197905	云南会泽	200807	201107	基础数学	刘海鸿
7070101008	陈　静	女	彝	197511	云南文山	200807	201107	基础数学	杨　慧
7070101009	赵若男	女	汉	198212	云南保山	200807	201107	基础数学	化存才
7070101010	陈　劲	男	汉	197712	云南昭通	200807	201107	基础数学	胥成林
8070101001	冯建军	男	汉	197711	河南濮阳	200809	201107	基础数学	杨干山
8070101002	魏连勇	男	汉	197407	河南	200809	201107	基础数学	郭　震
8070101003	陈永香	女	汉	198505	云南	200809	201107	基础数学	李玉华
8070101004	易　斌	男	汉	198610	湖南衡阳	200809	201107	基础数学	李玉华
8070101005	罗明珍	女	汉	198511	云南玉溪	200809	201107	基础数学	郭　震
8070101006	杨晓君	女	汉	198309	云南昆明	200809	201107	基础数学	杨干山
8070101007	张银宽	男	汉	198403	云南楚雄	200809	201107	基础数学	李玉华

续表

学号	姓名	性别	民族	出生年月	籍贯	入学时间	毕业时间	专业	导师
8070101008	王富彬	男	苗	198504	云南砚山	200809	201107	基础数学	孙　瑜
8070101009	孙承雄	男	汉	198011	云南	200809	201107	基础数学	李玉华
8070101010	潘　艳	女	汉	198410	湖北黄冈	200809	201107	基础数学	杨干山
8070101011	李凤江	女	汉	198509	云南保山	200809	201107	基础数学	郭　震
8070103001	刘统华	男	汉	198307	江西	200809	201107	概率论与数理统计	王　涛
8070103002	沈　霞	女	汉	198002	河南	200809	201107	概率论与数理统计	张志明
8070103003	迟绍芳	女	汉	198605	云南昆明	200809	201107	概率论与数理统计	郭民之
8070103004	徐　丽	女	汉	198502	湖北	200809	201107	概率论与数理统计	蒋文江
8070103005	张小乐	男	汉	198411	山西	200809	201107	概率论与数理统计	张志明
8070103006	周顺华	男	汉	197911	湖南新邵	200809	201107	概率论与数理统计	韩俊林
8070103007	肖　晴	女	汉	198412	湖北仙桃	200809	201107	概率论与数理统计	李　锋
8070103008	王利粉	女	汉	198405	河南	200809	201107	概率论与数理统计	王　涛
8070104001	王　楠	女	汉	198705	山西	200809	201107	应用数学	刘海鸿
8070104002	余　雷	男	汉	198303	河南	200809	201107	应用数学	王源昌
8070104004	沈　洁	女	汉	198505	浙江宁波	200809	201107	应用数学	蒋文江
8070104005	马招丽	女	回	198201	云南昆明	200809	201107	应用数学	化存才
8070104006	李　毅	男	彝	198411	云南	200809	201107	应用数学	杨　慧
8070104007	陈红菊	女	汉	198408	云南大理	200809	201107	应用数学	化存才
8070104008	黄家胜	男	汉	198607	福建莆田	200809	201107	应用数学	蒋文江
8070104009	王艳兵	男	汉	198408	安徽	200809	201107	应用数学	郭民之
8070104010	高　翔	男	汉	198206	四川	200809	201107	应用数学	化存才
7420104005	白继东	男	傣	196603	云南红河	200809	201007	学科教学	朱维宗
7420104006	吴丽梅	女	汉	197810	云南永胜	200801	201107	学科教学	朱维宗
7420104013	胡洪菊	女	汉	198009	云南	200807	201107	学科教学	朱维宗
7420104015	杨洪波	男	汉	197311	云南昆明	200802	201107	学科教学	朱维宗
7420104017	张贵贤	男	汉	197505	江西	200807	201107	学科教学	朱维宗
7420104018	金正宏	男	彝	196806	云南	200807	201107	学科教学	朱维宗 罗少辉
7420104019	郑霄凌	女	彝	197711	云南勐腊	200809	201007	学科教学	黄永明
7420104021	徐永惠	女	汉	197503	云南昆明	200809	201107	学科教学	黄永明
7420104023	邓　丽	女	汉	198101	四川仪陇	200809	201107	学科教学	黄永明
8040102025	刘贤建	男	汉	198409	江西都昌	200809	201107	课程与教学论	黄永明
8420104007	马小然	女	回	197912	云南昭通	2008	201107	学科教学	朱维宗

续表

学号	姓名	性别	民族	出生年月	籍贯	入学时间	毕业时间	专业	导师
2009 级									
09070101001	陈　昱	男	汉	198610	河南三门峡	200909	201207	基础数学	吴　鲜
09070101002	聂建军	男	汉	198402	山东定陶	200909	201207	基础数学	吴　鲜
09070101003	覃文平	男	土家	198501	湖北巴东	200909	201207	基础数学	赵富坤
09070101004	冯　慧	女	汉	198502	山西永和	200909	201207	基础数学	李玉华
09070101005	张　卓	男	汉	198503	黑龙江	200909	201207	基础数学	郭　震
09070101006	张　健	男	苗	198604	湖南	200909	201207	基础数学	赵富坤
09070101007	郭　峰	男	汉	198601	河南唐河	200909	201207	基础数学	李玉华
09070101008	柳　鸠	男	汉	198207	湖南浏阳	200909	201207	基础数学	陈绍雄
09070101009	彭胤漫	女	汉	198502	云南曲靖	200909	201207	基础数学	李玉华
09070101010	张　霞	女	汉	198609	四川内江	200909	201207	基础数学	郭　震
09070103001	冉　朝	女	汉	198603	河南	200909	201207	概率论与数理统计	王源昌
09070103002	谢书培	女	汉	198708	山东兖州	200909	201207	概率论与数理统计	韩俊林
09070103003	贺彦淇	男	汉	198210	四川乐至	200909	201207	概率论与数理统计	张志明
09070103004	季晓莉	女	汉	198707	江苏泰兴	200909	201207	概率论与数理统计	李　锋
09070103005	李国栋	男	汉	198601	湖南浏阳	200909	201207	概率论与数理统计	王源昌
09070103006	徐　敬	男	汉	198502	湖北	200909	201207	概率论与数理统计	李　锋
09070103007	钟　雪	女	汉	198501	黑龙江	200909	201207	概率论与数理统计	王源昌
09070103008	张清燕	女	汉	198611	河南	200909	201207	概率论与数理统计	张志明
09070103009	余国锐	男	汉	198511	云南宣威	200909	201207	概率论与数理统计	李　锋
09070103010	姜银莹	女	汉	198707	云南大理	200909	201207	概率论与数理统计	王　涛
09070104001	张　林	女	汉	198612	河南	200909	201207	应用数学	化存才
09070104002	王新慧	女	汉	198405	河南开封	200909	201207	应用数学	刘海鸿
09070104003	袁　娜	女	汉	198811	湖北仙桃	200909	201207	应用数学	化存才
09070104004	张　文	女	汉	198603	安徽安庆	200909	201207	应用数学	刘海鸿
09070104005	杨雪敏	女	汉	198611	云南大理	200909	201207	应用数学	杨干山
09070104006	杜　勇	男	汉	198502	山东冠县	200909	201207	应用数学	化存才
09070104007	郑治波	女	汉	198509	云南腾冲	200909	201207	应用数学	杨干山
09070104008	冯廷福	男	汉	198606	云南大理	200909	201207	应用数学	杨　慧
9040102012	钮　钰	女	汉	198610	云南楚雄	200909	201206	课程与教学论	朱维宗
9040102013	文　慧	女	汉	198108	江西	200909	201206	课程与教学论	朱维宗
9040102014	朱　林	男	汉	198011	云南昆明	200909	201206	课程与教学论	黄永明
9040102015	施敏子	女	汉	198509	云南文山	200909	201206	课程与教学论	黄永明

续表

学号	姓名	性别	民族	出生年月	籍贯	入学时间	毕业时间	专业	导师
8040102019	孙金妮	女	汉	197902	陕西耀县	200909	201206	课程与教学论	朱维宗
63051912	胡玮琼	女	汉	198007	山东	200909	201207	学科教学(数学)	朱鸿玲
63051918	赵金虹	女	汉	197811	天津	200909	201207	学科教学(数学)	朱维宗
7040102065	沈振云	女	汉	198505	云南宣威	200909	201207	学科教学(数学)	陈静安
7040102066	沈定文	男	壮	198410	云南砚山	200909	201207	学科教学(数学)	罗少辉
7040102067	林　银	男	汉	198409	云南嵩明	200909	201207	学科教学(数学)	罗少辉
7040102068	杨世玲	女	汉	198505	云南腾冲	200909	201207	学科教学(数学)	朱维宗
7040102069	孙树记	男	汉	198408	云南石林	200909	201207	学科教学(数学)	常进荣
7040102070	郑全美	女	汉	198411	云南通海	200909	201207	学科教学(数学)	朱维宗
7040102071	罗之兵	男	汉	198308	四川雅安	200909	201207	学科教学(数学)	罗少辉
7420014004	李颖睿	女	白	197902	云南	200909	201207	学科教学(数学)	朱维宗
7420014006	郭兴淑	女	汉	198208	云南腾冲	200909	201207	学科教学(数学)	朱维宗
7420014008	王雪霏	女	汉	198201	云南石屏	200909	201007	学科教学(数学)	朱维宗
7420014011	木世杰	男	纳西	197901	云南丽江	200909	201207	学科教学(数学)	孙莅文
7420014014	沈艳芳	女	汉	197807	云南建水	200909	201207	学科教学(数学)	朱维宗
7420014020	宋　波	男	汉	197008	云南东川	200909	201207	学科教学(数学)	孙雪梅
7420014022	梁　慧	女	汉	197311	云南宣威	200909	201207	学科教学(数学)	孙雪梅
08420014001	李美琼	女	汉	197803	云南牟定	200909	201207	教育硕士	罗少辉
08420104002	刘春燕	女	汉	197909	云南曲靖	200907	201307	教育硕士	孙雪梅
08420104003	杨兴建	男	汉	197907	云南寻甸	201009	201307	教育硕士	陈静安
08420104005	唐官洪	男	汉	196608	云南巧家	200909	201107	教育硕士	朱维宗
08420014006	李玉翠	女	汉	198308	云南寻甸	200909	201207	教育硕士	黄永明
08420014007	马艳芳	女	回	1979		200909	201207	教育硕士	
08420014008	廖助会	女	汉	198208		200909	201207	教育硕士	
08420014009	李章莹	女	汉	198201		200909	201207	教育硕士	
08420104011	杨定原	男	汉	197509		200909	201207	教育硕士	
08420104012	吴绍蒲	男	汉	198302	云南寻甸	200909	201207	教育硕士	朱维宗
08420104013	杨朝锋	男	白	197811	云南	200909	201207	教育硕士	朱维宗
09040102075	杨振勇	男	彝	198410	云南楚雄	200909	201107	教育硕士	黄永明
093051999	王丽萍	女	汉	198003	河北	200909	201207	教育硕士	朱维宗
2010 级									
10070101001	万中荣	男	汉	198711	江苏	201009	201307	基础数学	郭　震
10070101002	高晓佳	男	汉	198203	广东	201009	201307	基础数学	李玉华

续表

学号	姓名	性别	民族	出生年月	籍贯	入学时间	毕业时间	专业	导师
10070101004	夏乐然	女	汉	198806	甘肃	201009	201307	基础数学	赵富坤
10070101005	白　蓉	女	汉	198703	云南玉溪	201009	201307	基础数学	陈绍雄
10070101006	阮礼琴	女	汉	198602	江西新余	201009	201307	基础数学	郭　震
10070101007	安佳艳	女	彝	198812	云南昆明	201009	201307	基础数学	郭　震
10070101008	许宇霞	女	汉	198407	云南玉溪	201009	201307	基础数学	李玉华
10070101009	徐　能	女	汉	198911	江西上饶	201009	201307	基础数学	吴书印
10070101011	冯宗红	女	汉	198610	甘肃武威	201009	201307	基础数学	吴鲜
10070101012	李子宝	男	汉	198411	云南楚雄	201009	201307	基础数学	吴书印
10070101013	杨翠莲	女	白	198803	云南大理	201009	201307	基础数学	郭　震
10070101014	李全清	男	汉	198712	云南红河	201009	201307	基础数学	吴　鲜
10070103001	冉金艳	女	傣	198710	云南弥勒	201009	201307	概率论与数理统计	蒋文江
10070103002	徐　鑫	男	汉	198708	山西	201009	201307	概率论与数理统计	郭民之
10070103003	寸守辉	男	汉	198205	云南盈江	201009	201307	概率论与数理统计	韩俊林
10070103004	梅松波	男	汉	198004	湖南常德	201109	201407	概率论与数理统计	蒋文江
10070103005	李　刚	男	汉	198606	云南昆明	201009	201307	概率论与数理统计	蒋文江
10070103006	杨明周	男	汉	198101	云南施甸	201009	201307	概率论与数理统计	李　锋
10070103007	石峰利	女	汉	198710	山西阳泉	201009	201307	概率论与数理统计	郭民之
10070103008	陈　宇	男	汉	198703	辽宁	201009	201307	概率论与数理统计	王源昌
10070103009	林悦冰	男	汉	198609	广州汕头	201009	201307	概率论与数理统计	王源昌
10070103010	罗发锦	男	汉	198901	福建宁化	201009	201307	概率论与数理统计	李　锋
10070104002	杨云波	男	汉	198709	云南曲靖	201009	201307	应用数学	杨干山
10070104003	王莎莎	女	白	198811	云南临沧	201009	201307	应用数学	胥成林
10070104004	刘　明	女	汉	198909	湖北仙桃	201009	201307	应用数学	刘海鸿
10070104005	杨绍杰	男	壮	198802	云南文山	201009	201307	应用数学	化存才
10070104007	胡东坡	男	汉	198705	安徽	201009	201307	应用数学	化存才
10070104008	李瑜凤	女	汉	198706	山西	201009	201307	应用数学	化存才
10070104009	胡　鹏	男	汉	198701	安徽	201009	201307	应用数学	杨　慧
10070104010	武艳云	女	汉	198702	湖北	201009	201307	应用数学	杨干山
8420104003	杨兴建	男	汉	197907	云南寻甸	201009	201307	学科教学(数学)	陈静安
6200204006	李　颖	女	哈尼	197202	广东	201009	201307	学科教学(数学)	罗少辉
7040102064	施品林	男	汉	198310	云南弥渡	201009	201307	学科教学(数学)	陈静安
8040102052	杨丽英	女	汉	198311	云南石屏	201009	201307	学科教学(数学)	陈静安
8040102053	吴　燕	女	汉	198503	云南昭通	201009	201307	学科教学(数学)	朱维宗
8040102055	玉喃龙	女	傣	198403	云南景洪	201009	201307	学科教学(数学)	罗少辉

续表

学号	姓名	性别	民族	出生年月	籍贯	入学时间	毕业时间	专业	导师
8040102056	和剑全	男	白	198411	云南兰坪	201009	201307	学科教学(数学)	罗少辉
9420104001	黄明秀	女	汉	197809	云南建水	201007	201307	学科教学(数学)	孙莅文
9420104002	缪祥波	男	汉	198201				学科教学(数学)	
9420104003	高杨洁	女	彝	197912	云南石屏	201007	201307	学科教学(数学)	孙莅文
9420104004	朱维迎	女	汉	197710	云南个旧	201007	201307	学科教学(数学)	朱维宗
9420104007	林　琪	女	汉	198311	云南腾冲	201007	201307	学科教学(数学)	朱维宗
9420104008	孙　怡	女	回	198408				学科教学(数学)	
9420104009	毛晓梅	女	汉	198608	云南寻甸	201007	201307	学科教学(数学)	朱维宗
9420104010	莫　弘	男	汉	198409	云南昆明	201007	201307	学科教学(数学)	孔德宏
9420104012	李国宏	男	汉	197711				学科教学(数学)	
10040102022	骆雯琦	女	汉	198710	江西	201009	201307	课程与教学论(数学)	陈静安
10040102023	李丹杨	女	白	198802	云南大理	201009	201307	课程与教学论(数学)	朱维宗
10040102024	朱　彪	男	汉	198707	云南宣威	201009	201307	课程与教学论(数学)	朱维宗
10420104001	康　霞	女	汉	198810	云南昆明	201009	201212	学科教学(数学)	朱维宗
Z09420104005	赵建红	男	汉	198108	云南大理	201007	201307	学科教学(数学)	朱维宗
2011 级									
11070101001	杨先勇	男	汉	198512	云南楚雄	201109	201407	基础数学	赵富坤
11070101002	王文波	男	彝	198801	云南大理	201109	201407	基础数学	赵富坤
11070101004	岑春叶	女	汉	198803	贵州	201109	201407	基础数学	郭　震
11070101006	蔡　迁	男	汉	198802	湖北	201109	201407	基础数学	张　华
11070101007	张文娟	女	汉	198908	江西九江	201109	201407	基础数学	郭　震
11070101008	张静静	女	汉	198810	安徽亳州	201109	201407	基础数学	郭　震
11070101009	吴　静	女	汉	198810	陕西韩城	201109	201407	基础数学	张　华
11070103002	李海涛	男	汉	198806	云南曲靖	201109	201407	概率论与数理统计	蒋文江
11070103003	黄希芬	女	汉	198811	云南	201109	201407	概率论与数理统计	蒋文江
11070103004	潘江华	男	汉	198501	江西	201109	201407	概率论与数理统计	张志明
11070103005	张登峰	男	汉	198905	山西运城	201109	201407	概率论与数理统计	张志明
11070103006	李思博	女	汉	198606	黑龙江	201109	201407	概率论与数理统计	王　涛
11070103007	孙　锐	男	汉	198806	天津	201109	201407	概率论与数理统计	王源昌
11070103008	李　超	男	汉	199005	湖南	201109	201407	概率论与数理统计	王源昌
11070103009	张诗琪	女	汉	199101	吉林	201109	201407	概率论与数理统计	王　涛
11070104001	李爱萍	女	汉	198812	云南玉溪	201109	201407	应用数学	杨　慧
11070104002	韩同耀	男	汉	198609	山东	201109	201407	应用数学	化存才

续表

学号	姓名	性别	民族	出生年月	籍贯	入学时间	毕业时间	专业	导师
11070104003	王沙沙	女	汉	198704	山西	201109	201407	应用数学	刘海鸿
11070104004	付　珊	女	汉	198911	安徽	201109	201407	应用数学	胥成林
11070104005	李文杰	男	汉	198509	湖北	201109	201407	应用数学	化存才
11070104006	张　芳	女	汉	198810	河南	201109	201407	应用数学	化存才
11070104007	苏文火	男	汉	198710	江西	201109	201407	应用数学	杨干山
11070104008	陈小玲	女	汉	198809	江西	201109	201407	应用数学	刘海鸿
11070104009	刘云川	男	汉	198803	云南大关	201109	201407	应用数学	杨干山
8040102049	阳元福	男	汉	198202	云南普洱	201109	201307	课程教学论	罗少辉
11040102028	舒盛平	男	汉	198708	江西上饶	201109	201407	课程教学论	朱维宗 陈静安
11040102029	可　静	女	汉	198904	云南昆明	201109	201407	课程教学论	黄永明
11040102030	张　玚	女	汉	198402	黑龙江	201109	201407	课程教学论	黄永明 朱维宗
11040102031	朱园娇	女	汉	198711	江西	201109	201407	课程教学论	朱维宗
11040102032	杨崇豹	男	纳西	198710	云南丽江	201109	201407	课程教学论	陈静安
09040102108	黄成兴	男	彝	198803	云南云县	201109	201407	学科教学(数学)	罗少辉
09040102109	饶桂艳	女	汉	198603	云南保山	201107	201407	学科教学(数学)	罗少辉
10420104005	陈路遥	女	土家	198406	云南曲靖	201107	201407	学科教学(数学)	朱维宗
11045104001	夏　莲	女	汉	198902	湖北	201109	201407	学科教学(数学)	朱维宗
11045104002	刘星辰	女	汉	198707	云南石林	201109	201407	学科教学(数学)	朱维宗
11045104003	汤旭峰	男	汉	198809	云南澄江	201109	201407	学科教学(数学)	朱维宗
Z09420104011	李禄芬	女	汉	197009	云南保山	201107	201407	学科教学(数学)	朱维宗
Z10420104002	杨晓丽	女	回	198209	云南保山	201107	201407	学科教学(数学)	罗少辉
Z10420104003	马　勇	男	彝	198306	云南文山	201107	201407	学科教学(数学)	孙莅文
Z10420104004	李宗为	男	汉	197809	云南昆明	201107	201407	学科教学(数学)	孔德宏
Z10420104005	陈路瑶	女	土	198406				学科教学(数学)	
Z10420104006	徐艳琼	女	汉	197712	云南宣威	201107	201407	学科教学(数学)	朱维宗
Z10420104007	唐发涛	男	汉	198406	云南龙陵	201107	201407	学科教学(数学)	孙莅文
Z10420104008	张　娟	女	汉	198305				学科教学(数学)	
Z10420104009	段景荣	女	汉	198309	云南昆明	201107	201407	学科教学(数学)	朱维宗
Z10420104010	刘阳凤	女	汉	198603				学科教学(数学)	
Z10420104011	魏春华	女	汉	197902	云南宣威	201107	201407	学科教学(数学)	朱维宗
Z10420104012	丁　茵	女	汉	198207	云南蒙自	201109	201407	学科教学(数学)	孔德宏
Z10420104013	宋云涛	男	回	198209	云南昆明	201109	201307	学科教学(数学)	朱维宗

续表

学号	姓名	性别	民族	出生年月	籍贯	入学时间	毕业时间	专业	导师
Z10420104015	周　盈	女	汉	198403	云南昆明	201107	201407	学科教学(数学)	石稀林
Z10420104016	李永芳	女	汉	197709	云南建水	201107	201407	学科教学(数学)	朱维宗
2012级									
12070101001	张　薇	女	汉	199009	云南	201209	201507	基础数学	刘祥清
12070101002	臧林恩	男	汉	198805	江西上饶	201209	201507	基础数学	吴书印
12070101003	郑　伟	男	汉	198811	云南泸西	201209	201507	基础数学	吴　鲜
12070101004	杨　娜	女	汉	198912	云南施甸	201209	201507	基础数学	吴　鲜
12070101005	陶　菲	女	汉	199011	云南宣威	201209	201507	基础数学	吴　鲜
12070101006	杨瑞瑞	女	汉	198903	河南汝州	201209	201507	基础数学	刘祥清
12070101007	朱师师	女	汉	198906	江西南昌	201209	201507	基础数学	吴书印
12070103001	张　芬	女	汉	199001	江西上饶	201209	201507	概率论与数理统计	王源昌
12070103002	李　盛	男	汉	198912	云南丘北	201209	201507	概率论与数理统计	郭民之
12070103003	雷　丹	女	汉	199011	云南曲靖	201209	201507	概率论与数理统计	王源昌
12070103004	蒋　芬	女	彝	199002	云南	201209	201507	概率论与数理统计	蒋文江
12070103005	马　娟	女	汉	199001	云南曲靖	201209	201507	概率论与数理统计	蒋文江
12070103006	韩　丽	女	汉	198807	河南	201209	201507	概率论与数理统计	李　锋
12070103007	王　策	女	汉	197809	河北	201209	201507	概率论与数理统计	王　涛
12070103008	任　艳	女	汉	199001	甘肃	201209	201507	概率论与数理统计	韩俊林
12070104001	张利敏	女	汉	198810	山西汾阳	201209	201507	应用数学	化存才
12070104002	张　远	男	苗	198905	云南昭通	201209	201507	应用数学	刘海鸿
12070104003	赵灵燕	女	汉	198811	山东德州	201209	201507	应用数学	刘海鸿
12070104004	姜　飞	男	汉	198904	湖北黄石	201209	201507	应用数学	化存才
12070104005	贾俊一	女	汉	198709	山东淄博	201209	201507	应用数学	胥成林
12071400001	康文倩	女	汉	199001	河南	201209	201507	统计学	郭民之
12071400002	谢　晓	男	汉	199002	北京	201209	201507	统计学	王　涛
12071400003	张　恒	男	汉	198903	安徽	201209	201507	统计学	李　锋
12040102018	陈　琴	女	彝	198902	云南昭通	201209		课程与教学论	朱维宗
12040102019	李健美	女	彝	198907	云南巍山	201209		课程与教学论	黄永明
10420104002	李　虎	男	汉	198804	云南西畴	201209	201507	学科教学(数学)	朱维宗
10420104003	赵立忠	男	汉	198610	云南嵩明	201209	201507	学科教学(数学)	朱维宗
10420104004	乔春娇	女	汉	198701	云南龙陵	201209	201507	学科教学(数学)	朱维宗
10420104005	王爱龙	男	汉	198804	云南宾川	201209	201507	学科教学(数学)	朱维宗

续表

学号	姓名	性别	民族	出生年月	籍贯	入学时间	毕业时间	专业	导师
12045104001	刘知音	女	汉	198810	湖南	201209	201507	学科教学(数学)	朱维宗
12045104002	崔艺瑞	女	汉	198906	云南曲靖	201209	201407	学科教学(数学)	朱维宗
Z10420104001	李非智	男	傈僳	198402	云南中甸	201207	201507	学科教学(数学)	孙莅文
Z10420104014	李正秀	女	纳西	198309	云南中甸	201207	201507	学科教学(数学)	孙莅文
Z11420104***	杨春猛	男	彝	198307	云南新平	201207	201507	学科教学(数学)	罗少辉
Z11420104001	管恩臣	男	汉	197804	山东诸城	201207	201507	学科教学(数学)	朱维宗
Z11420104003	吕凤英	女	汉	197903	云南曲靖	201207	201507	学科教学(数学)	朱维宗
Z11420104004	潘永燕	女	汉	198205	云南师宗	201207	201507	学科教学(数学)	孙雪梅
Z11420104005	冷天存	男	汉	198112	云南宣威	201207	201507	学科教学(数学)	朱维宗
Z11420104005	李　俊	女	汉	198911	云南昆明	201207	201707	学科教学(数学)	朱维宗
Z11420104007	江泽华	男	汉	198410	云南寻甸	201207	201507	学科教学(数学)	孔德宏
Z11420204001	代春燕	女	汉	198404	云南宣威	201207	201507	学科教学(数学)	朱维宗
Z11420204002	陈天淡	男	汉	198507	云南武定	201207	201507	学科教学(数学)	朱维宗
Z11420204003	赵春燕	女	汉	198504	云南玉溪	201207	201507	学科教学(数学)	朱维宗
Z11420204004	穆正义	男	汉	198506	云南镇康	201207	201507	学科教学(数学)	朱维宗
Z11420204005	康　杰	男	汉	198505	云南盈江	201207	201507	学科教学(数学)	朱维宗
Z11420204006	王　敏	女	哈尼	198304	云南玉溪	201207		学科教学(数学)	
Z11420204007	张柳钦	女	汉	198412	云南腾冲	201207	201507	学科教学(数学)	朱维宗
Z12045104001	刁晓燕	女		198410	云南巍山	201207	201607	在职教育硕士	龚树武
Z12045104002	钱红英	女				201207	201607	在职教育硕士	孙莅文
Z12045104003	崔石买	女				201207	201607	在职教育硕士	刘海鸿
Z12045104004	王荣宝	男				201207	201607	在职教育硕士	罗少辉
Z12045104005	王　煜	男				201207	201607	在职教育硕士	刘　云
Z12045104006	缪　韬	男	汉	198608	云南曲靖	201207	201607	在职教育硕士	孔德宏
Z12045104007	明文俊	男				201207	201607	在职教育硕士	黄　炯
Z12045104008	史凌娟	女				201207	201607	在职教育硕士	孔德宏
Z12045104009	陈兴勇	男	汉		云南宣威	201207	201607	在职教育硕士	朱维宗
Z12045104010	李秋玲	女	汉	198510	湖北随州	201207	201607	在职教育硕士	黄　炯
Z12420204001	赵孝安	男	汉	198510	云南	201207	201607	在职教育硕士	朱维宗
Z12420204002	李枝丽	女				201207	201607	在职教育硕士	龚树武
Z12420204003	闫奇艳	女	汉	198806		201207	201607	在职教育硕士	
Z12420204006	范余光	男				201207	201607	在职教育硕士	罗少辉
Z12420204008	贺安全	女	汉	198302	云南富源	201207	201607	在职教育硕士	朱维宗

续表

学号	姓名	性别	民族	出生年月	籍贯	入学时间	毕业时间	专业	导师
2013 级									
13070101001	殷邦超	男	汉	198906	重庆北碚	201308	201607	基础数学	郭　震
13070101002	张志林	男	汉	199011	山东济南	201308	201607	基础数学	张　华
13070101003	王　丽	女	汉	199305	云南昭通	201308	201607	基础数学	李玉华
13070101004	包　弘	女	汉	199001	云南宣威	201308	201607	基础数学	郭　震
13070101005	李　虹	女	汉	199002	云南曲靖	201308	201607	基础数学	郭　震
13070101006	段江梅	女	白	198812	云南大理	201309	201607	基础数学	李玉华
13070101007	王慧莹	女	汉	199011	云南安宁	201308	201607	基础数学	郭　震
13070101008	刘雄杰	男	汉	198906	云南元江	201308	201607	基础数学	李玉华
13070101009	李义斌	男	汉	198911	重庆	201308	201607	基础数学	郭　震
13070101010	杨晋龙	男	汉	199004	山西晋城	201308	201607	基础数学	张　华
13070103001	杨海丽	女	汉	199110	云南保山	201309	201607	概率论与数理统计	李　锋
13070103002	李红梅	女	汉	198911	江西	201309	201607	概率论与数理统计	王　涛
13070103003	刘鹏懿	男	汉	199103	山西	201309	201607	概率论与数理统计	蒋文江
13070104001	赵　芳	女	汉	199008	湖南	201309	201607	应用数学	化存才
13070104002	李富智	男	汉	199011	江西	201309	201607	应用数学	杨干山
13070104003	周春红	女	汉	199012	云南昆明	201309	201607	应用数学	化存才
13070104005	于佳利	女	汉	199006	辽宁海城	201309	201607	应用数学	杨　慧
13071400001	温　征	男				201309	201607	统计学	王　涛
13071400002	陈　杨	女				201309	201607	统计学	李　锋
10420104002	李　虎	男	汉	198804	云南西畴	201009	201507	学科教学(数学)	朱维宗
10420104003	赵立忠	男	汉	198610	昆明嵩明	201009	201507	学科教学(数学)	朱维宗
10420104004	乔春娇	女	汉	198701	云南龙陵	201009	201507	学科教学(数学)	朱维宗
10420104005	王爱龙	男	汉	198804	云南宾川	201009	201507	学科教学(数学)	朱维宗
13040102019	赵永香	女	汉	199012	云南永胜	201309	201607	课程与教学论	朱维宗
13040102020	赵　倩	女	白	199006	云南大理	201309	201607	课程与教学论	朱维宗
13040102021	李博润	女	回	199011	云南蒙自	201308	201607	课程与教学论	朱维宗
13045104001	陈建鑫	男	汉	198812	云南昆明	201309	201607	学科教学(数学)	黄永明
13045104002	徐锦乐	男	汉	199007	广东	201309	201607	学科教学(数学)	孙莅文
13045104003	严　潮	男	汉	198811	云南姚安	201309	201607	学科教学(数学)	孙莅文
13045104004	林　超	女	回	199104	云南东川	201309	201607	学科教学(数学)	黄永明

续表

学号	姓名	性别	民族	出生年月	籍贯	入学时间	毕业时间	专业	导师
13045104005	张素娟	女	汉	198811	河南许昌	201309	201607	学科教学(数学)	朱维宗
13045104006	黄宁静	女	汉	199001	云南昭通	201309		学科教学(数学)	朱维宗
2014 级									
14070101001	邱炳钦	男	汉	199109	江西抚州	201409	201707	基础数学	李祥清
14070101002	胡玉新	男	汉	199103	山东济宁	201409	201707	基础数学	李　芳
14070101003	罗微微	女	汉	199107	云南玉溪	201409	201707	基础数学	张　华
14070101004	骆　芳	女	汉	198711	云南镇雄	201409	201707	基础数学	刘祥清
14070101006	陈建学	男	汉	199108	云南临沧	201409	201707	基础数学	张　华
14070101007	苗云松	男	汉	199101	云南昆明	201409	201707	基础数学	李　芳
14070101008	余渊洋	男	汉	199004	云南昭通	201409	201707	基础数学	赵富坤
14070101009	顾光泽	男	汉	199102	云南宣威	201409	201707	基础数学	赵富坤
14070103001	张　豪	男	汉	199107	湖北武汉	201409	201707	概率论与数理统计	王源昌
14070103002	赵　俊	男	汉	199110	云南泸西	201409	201707	概率论与数理统计	郭民之
14070103003	廖祥超	男	彝	199008	云南建水	201409	201707	概率论与数理统计	郭民之
14070103004	吕姣兰	女	汉	199208	云南	201409		概率论与数理统计	郭民之
14070104001	郭立娜	女	满	199005	辽宁锦州	201409	201707	应用数学	刘海鸿
14070104002	蒋莹莹	女	汉	199010	安徽宿州	201409	201707	应用数学	王惠文
14070104003	朱　鹏	男	汉	199103	安徽安庆	201409	201707	应用数学	杨干山
14070104004	丁莉园	女	汉	199112	河南	201409	201707	应用数学	杨干山
14070104005	余景丽	女	汉	199009	云南宣威	201409	201707	应用数学	胡恩良
14070104006	李成仙	女	壮	198911	云南文山	201409	201707	应用数学	刘海鸿
14070104007	刘丽梅	女	彝	199409	云南宣威	201409	201707	应用数学	化存才
14070104008	郭　婷	女	汉	199105	山西平陆	201409	201707	应用数学	胥成林
14070104009	王润霞	女	汉	199006	陕西榆林	201409	201707	应用数学	刘海鸿
14071400001	吴建英	男	汉	199006	山东	201409	201707	统计学	王　涛
14071400002	李彦夫	男	汉	199110	湖南衡阳	201409	204707	统计学	王源昌
14071400003	牟　娟	女	汉	199205	四川	201409	201707	统计学	王源昌
14045104001	霍盛娇	女	汉	198911	河北	201409	201707	学科教学(数学)	黄永明
14045104002	韦问敏	男	汉	198911	江苏淮安	201409	201707	学科教学(数学)	孔德宏
14045104003	唐永桥	男	汉	198911	湖南	201409	201707	学科教学(数学)	朱维宗
14045104004	陶　吉	女	白	199110	云南昆明	201409	201707	学科教学(数学)	黄永明
14045104005	徐瑞霞	女	汉	199103	云南富源	201409	201707	学科教学(数学)	朱维宗

续表

学号	姓名	性别	民族	出生年月	籍贯	入学时间	毕业时间	专业	导师
14045104006	王敏雪	女	白	199006	云南大理	201409	201707	学科教学(数学)	朱维宗
Z13045104002	刘　纲	男	白	198407	云南	201407	201707	教育硕士	孙莅文
Z13045104003	罗百熙	女	壮	198301	云南文山	201407	201707	教育硕士	孔德宏
Z13045104004	徐学锋	男	汉	197908	安徽肥东	201407	201707	教育硕士	黄永明
Z13045104005	周跃佳	男	汉	198611	云南曲靖	201407	201707	教育硕士	孔德宏
Z13045104006	谭晓焕	女	汉	198501		201407	201707	教育硕士	孙莅文
Z13045104008	史培喜	男	汉	198110	安徽	201407		教育硕士	王　涛
Z13045104009	王鸿波	男	汉	197810	云南玉溪	201407		教育硕士	王　涛
Z13045104012	唐　华	男	汉	198812	湖北	201407	201707	教育硕士	孔德宏
Z13045104014	黄丽萍	女	汉	198608	云南宜良	201407	201707	教育硕士	王源昌
Z13920204002	彭小波	女	汉	198608	云南德宏	201407	201707	教育硕士	王源昌
Z13920204005	黄世云	男	汉	198503	云南禄劝	201407		教育硕士	刘　云
Z13920204007	普秀琼	女	汉	198406	云南石屏	201407	201707	教育硕士	王源昌
2015 级									
1523080001	吕　智	男	汉	199112	安徽宿州	201509	201807	概率论与数理统计	王源昌
1523080002	李　恩	女	汉	199411	云南富源	201509	201807	概率论与数理统计	王源昌
1523080003	汤泽梅	女	汉	199303	云南华坪	201509	201807	概率论与数理统计	郭民之
1523080004	李志刚	男	汉	199006	云南昆明	201509	201807	概率论与数理统计	王源昌
1523080005	夏　典	男	汉	199304	云南宣威	201509	201807	概率论与数理统计	郭民之
1523080006	赵顺能	男	汉	199106	云南富源	201509	201807	基础数学	赵富坤
1523080007	周　鉴	男	汉	198911	云南昭通	201509	201807	基础数学	郭　震
1523080008	梁　娥	女	汉	199110	云南	201509	201807	基础数学	李玉华
1523080010	钟结枚	女	汉	199106	广东惠州	201509	201807	基础数学	梁　立
1523080011	刚鹏飞	女	汉	199109	黑龙江	201509	201807	基础数学	李玉华
1523080012	官展聿	女	汉	199204	山东	201509	201807	基础数学	郭　震
1523080013	杨志鹏	男	汉	199303	黑龙江	201509	201807	基础数学	赵富坤
1523080014	于丽芳	女	汉	198910	甘肃张掖	201509	201807	课程与教学论	黄永明
1523080015	陈　晨	女	汉	199109	安徽安庆	201509	201807	课程与教学论	孔德宏
1523080016	孙　鹿	女	汉	199305	北京	201509	201807	统计学	郭民之
1523080017	潘艳芳	女	汉	199109	云南昆明	201509	201807	应用数学	刘海鸿
1523080018	周艳婷	女	汉	199205	云南玉溪	201509	201807	应用数学	杨干山
1523080019	谭艳霞	女	汉	199210	重庆	201509	201807	应用数学	李　锋

续表

学号	姓名	性别	民族	出生年月	籍贯	入学时间	毕业时间	专业	导师
1523080020	沈 奎	男	汉	199103	安徽	201509	201807	应用数学	化存才
1523080021	王从华	男	汉	199210	重庆	201509	201807	应用数学	刘海鸿
1523080022	黎超琼	女	汉	199210	重庆	201509	201807	运筹学与控制论	李 锋
1523080023	邢会超	男	汉	199103	陕西	201509	201807	运筹学与控制论	李 锋
1523080024	张 涛	男	汉	199203	安徽	201509	201807	运筹学与控制论	胡恩良
1526080016	李书铭	男	汉	198309	河南	201509	201807	学科教学(数学)	孔德宏
1526080017	常秀璐	女	汉	199307	云南瑞丽	201509	201807	学科教学(数学)	黄永明
1526080019	孔 帅	男	彝	199212	云南宣威	201509	201807	学科教学(数学)	孔德宏
1626080001	钟彩容	女	汉	199006	广东高州	201609	201807	学科教学(数学)	刘海鸿
1626080002	王园静	女	汉	199310	云南昆明	201609	201807	学科教学(数学)	黄永明
1626080003	何 璇	女	汉	199402	云南个旧	201609	201807	学科教学(数学)	孔德宏
1626080004	李佳敏	女	满	199404	辽宁锦州	201609	201807	学科教学(数学)	孔德宏
1626080005	杨武菊	女	汉	199303	云南昆明	201609	201807	学科教学(数学)	黄 炯
1626080006	刘芮彤	女	汉	199401	云南昆明	201609	201807	学科教学(数学)	黄永明
1626080007	太江艳	女	汉	199403	云南陆良	201609	201807	学科教学(数学)	刘 云
1626080008	满妍颖	女	汉	199408	云南陆良	201609	201807	学科教学(数学)	刘 云
1626080009	贾 婷	女	汉	199308	云南宣威	201609	201807	学科教学(数学)	孙莅文
1626080010	任 瑞	女	汉	199305	云南玉溪	201609	201807	学科教学(数学)	黄永明
1626080011	张冬梅	女	汉	199411	云南昭通	201609	201807	学科教学(数学)	杨亚平

2)全日制本专科学生名单

据蒋嗣渠老师回忆：1946 级本科学生有：张吉昆、郑佩瑶、杨晋国。1947 级本科学生有：华述典、冯荣轩、孙纯生。1948 级本科学生有：王用华，1952 年 8 月毕业，云南鹤庆人。1950 级本科学生(1953 年秋调整到西南师范学院)有：姜兴邦、李绍尧、赵春高、赵宏亮、赵其禄、钟世华、王骅、王文纲、吴淑珍、朱文龙、蒲恩佛、朱焱荪、李彦、郭希哲、周维义。1951 级本科学生(1953 年秋调整到西南师范学院)有：杨桂山、刘仁堂、刘维贞、詹琼仙、和凤春、蒋嗣渠、迟光前、罗文忠。

在此基础上，结合档案资料，名单整理如下：

1946 级本科学生

学号	姓名	性别	生源地	专业	入学时间	毕业时间
35002	张吉琨	男	云南	数学	194610	195007
35036	郑佩瑶	男	云南陆良	数学	194610	195007
35192	杨晋国	男	云南洱源	数学	194610	195007

1947 级本科学生

学号	姓名	性别	生源地	专业	入学时间	毕业时间
35059	冯荣轩	男	云南嵩明	数学	194610	195107
35082	华述典	男	云南昆明	数学	194610	195107
36197	孙纯生	男	湖南	数学	194710	195107

1948 级本科学生

学号	姓名	性别	生源地	专业	入学时间	毕业时间
37159	王用华	男	云南鹤庆	数学	194810	195208

1949 级数学专业本科学生

学号	姓名	性别	生源地	入学时间	毕业时间	学号	姓名	性别	生源地	入学时间	毕业时间
37064	郭光琼	男	云南江川	194810	195308	38133	苏天视	男	云南	194910	195308
36190	尹　维	男	云南弥渡	194710	195308	38142	丁锡恩	男	云南曲靖	194910	195308
37158	王有舜	男	云南宣威	194810	195308	38143	丁守中	男	云南牟定	194910	195308
37180	杨元生	男	云南	194810	195308	38172	杨世明	男	云南建水	194910	195308
38056	钱自强	男	云南昆明	194910	195308	37159	万书纲	男	四川	194810	195308
38108	罗雪莹	女	广西	194910	195308						

注：1953 年全国高校院系调整，昆明师范学院数学系 1950 级、1951 级学生全部调入西南师范学院数学系，因此昆明师范学院数学系没有这两级毕业生。

1950 级数学专业本科学生

学号	姓名	性别	生源地	学号	姓名	性别	生源地
5019	王文纲	男	云南广通	5209	赵其禄	男	云南玉溪
5020	王　骅	男	云南曲靖	5093	周维权	男	云南蒙自
5041	朱文龙	男	云南建水	5106	姜兴邦	男	云南曲靖
5042	朱炎荪	男	浙江	5127	蒲恩佛	男	云南宣威
5058	李绍尧	男	云南昆明	5185	郭希哲	男	云南澄江
5059	李　彦	男	云南牟定	5245	钟世桦	男	
5089	吴淑珍	女	云南昆明		赵宏亮	男	云南曲靖

1951 级数学专业本科学生

学号	姓名	性别	生源地	学号	姓名	性别	生源地
6112	迟光前	男	云南	5226	刘维贞	女	云南腾冲
6127	和凤春	男	云南丽江	5229	刘仁堂	男	云南景东
6128	蒋嗣渠	男	云南剑川	5202	杨桂山	男	河北
6132	罗文忠	男	云南弥渡	5208	詹琼仙	女	云南昆明

1952级数学专修科(一年制)学生

学号	姓名	性别	籍贯	入学时间	毕业时间	学号	姓名	性别	籍贯	入学时间	毕业时间
52203	王周武	男	云南巧家	195210	195310	52271	杨正绅	男	云南景东	195210	195308
52205	甘雨树	男	云南景谷	195210	195310	52272	杨颙烈	男	云南剑川	195210	195308
52212	李天才	男	云南罗平	195210	195310	52273	杨作洲	男	云南	195210	195308
52220	李龙初	男	四川	195210	195310	52275	董元吉	男	云南西畴	195210	195308
52221	李泽萍	男	四川	195210	195310	52278	郑旦初	男	四川	195210	195308
52223	杜俊位	男	四川	195210	195310	52283	廖林岚	男	云南寻甸	195210	195308
52230	周贤泽	男	四川	195210	195310	52285	廖长治	男	四川	195210	195308
52238	郭声华	男	四川	195210	195310	52286	廖瀛禄	男	四川	195210	195308
52242	胡光魁	男	四川	195210	195310	52297	刘仕炯	男	四川	195210	195308
52243	马文云	男	云南永胜	195210	195310	52298	欧祖尧	男	四川	195210	195308
52247	高泽广	男	云南广南	195210	195310	52301	钟立德	男	四川	195210	195308
52249	徐光荣	男	云南玉溪	195210	195310	52302	戴绍维	男	四川	195210	195308
52255	唐远成	男	四川	195210	195310	52306	韩锦光	男	四川	195210	195308
52256	许维庚	男	云南石屏	195210	195310	52307	饶伟藩	男	云南保山	195210	195308
52261	张恒柽	男	云南陆良	195210	195310	52311	萧孝志	男	四川	195210	195308
52262	张树春	男	云南永平	195210	195310	52314	萧泽九	男	四川	195210	195308
52267	黄俊杰	男	四川	195210	195310	52321	胡永棠	女	四川	195210	195308
52270	汤昌炳	男	四川	195210	195308	52319	李　毅	女	云南	195210	195308

1952级数学专业本科学生

学号	姓名	性别	籍贯	学号	姓名	性别	籍贯	学号	姓名	性别	籍贯
5043	艾朝相	男	云南昌宁	7053	董　芬	男	云南昆明	7123	张淑英	女	四川
6132	罗文忠	男	云南弥渡	7068	蔡朝钦	男	四川资中	7124	张祖芬	女	云南镇雄
7003	王兴智	男	云南昭通	7072	赵美馀	男	四川广安	7125	张庆云	女	四川内江
7004	王从胤	男	四川合川	7075	蒋盈中	男	云南保山	7127	赵惠然	女	云南昆明
7005	王家富	男	四川合川	7076	熊民福	男	四川万县	7130	郑明翠	女	四川
7013	色德超	男	四川	7090	王瑞君	女	四川万县	7131	郑秉兰	女	云南鹤庆
7014	朱　明	男	云南大姚	7098	李淑君	女	四川万县	7132	蒋秀秋	女	四川广安
7017	吕玉沛	男	四川隆昌	7099	李琼芬	女	云南宜良	7138	戴兆筠	女	云南昆明
7023	李行溪	男	云南昆明	7107	冯传清	女	四川	7140	李家玉	女	贵州贵阳
7024	李志尧	男	四川邛崃	7108	陈玉卉	女	四川		王学东	男	
7032	俞光才	男	四川荣昌	7117	黄淑清	女	四川				
7034	秦有堂	男	四川	7122	张蕙芬	女	云南保山				

1953 级数学专业本科学生

姓名	性别	姓名	性别	姓名	性别	姓名	性别	姓名	性别	姓名	性别
朱沛忠		龙永莲	女	何秀光	女	袁吉寿		江良琼	女	傅才湶	
罗志芳	女	翟启旺		杨大清		王荣仙	女	宋必信		孙先琴	女
王正侯	男	张瑞芳	女	吴子元		刘廷耀		陈学贵		李克恢	
杨培庆		张澄清		邓德安		张振国		何绍良		潘浦泉	
罗文玉	女	石顺兰	女	陈全礼		李永清		汪映仙	女	赵安平	
李光泽	女	刘金荣		陈显福		谭云芳	女	吴继安		张正明	女

1953 级数学专修科(二年制)学生

学号	姓名	性别	籍贯	学号	姓名	性别	籍贯	学号	姓名	性别	籍贯
53123	陈旺祖	男		53116	李锡镔	男	云南蒙自	53138	周人玉	男	湖北
53047	龙　瑛	女	湖北	53117	金树荣	男	云南蒙自	53139	车正培	女	四川
53091	许毓礼	男	四川	53118	查朝林	男	云南陆良	53140	杨述清	女	四川
53092	李淑芳	女	云南昆明	53120	熊会文	男	四川	53141	周　界	男	四川
53093	李云钧	男	云南昆明	53121	周源根	男	四川	53142	罗淑华	女	四川
53094	杨　熙	男	云南寻甸	53122	王庸清	女	四川	53144	张清圣	女	四川
53098	赵　树	男	云南嵩明	53124	袁家玲	女	四川	53145	李桂芬	女	四川
53100	王永兴	女	云南昆明	53125	戴武芬	女	四川	53147	廖如芳	男	四川
53101	何朝书	男	云南石屏	53126	吴慧芸	女	四川	53148	阳聪儒	男	四川
53102	萧锐藻	男	云南宜良	53127	李学成	男	四川	53149	杨　煜	女	四川
53103	周文动	男	云南文山	53128	舒銮容	女	四川隆昌	53150	石万钟	男	云南南华
53104	李正德	男	云南路南	53129	陈歷煜	男	四川隆昌	53151	赵光惠	男	云南大理
53105	刘　宝	男	云南嵩明	53130	李守仁	男	四川	53153	戴兴平	男	云南
53106	李树馨	男	云南华宁	53131	严雅贤	女	四川	53154	吴光玲	男	云南泸西
53107	张承信	男	云南建水	53132	谢元龙	男	四川	53155	王立芬	女	云南易门
53108	吕人秀	男	云南沾益	53133	李维祥	男	四川	53156	张永贵	男	云南南华
53109	侯品钟	男	云南巍山	53134	徐泽加	男	四川	53157	杨丽芬	女	云南泸西
53110	周明之	男	云南宜良	53135	邓商中	男	四川	53159	廖　诚	男	云南泸西
53111	蒋选才	男	云南陆良	53136	刘大惠	女	四川	53160	李近仁	男	云南泸西
53115	解秀芝	女	云南昆明	53137	朱儒琼	女	四川		杨玉成	男	四川

1954 级数学专业本科学生

学号	姓名	籍贯	学号	姓名	籍贯	学号	姓名	籍贯
9041	王凤仙	云南宜良	9063	冯明璧	四川合川	9070	邓隆吉	四川大竹
9043	王淑玉	四川灌县	9064	舒仁饶	四川彭县	9076	谢必鲲	四川忠县
9044	王贞文	四川永川	9065	雷闻侠	四川井研	9078	缪重义	四川威远
9046	伍启证	四川广安	9067	杨玉成	四川彭县	9080	韩元成	贵州
9049	李　敏	四川三台	9068	杨直中	四川犍为	8027	熊寿全	四川

续表

学号	姓名	籍贯	学号	姓名	籍贯	学号	姓名	籍贯
9050	李忠泌	四川泸县	9071	邓陞理	四川荣县	8030	李玉娥	四川三台
9051	尚长明	四川郫县	9045	史家让	四川垫江	8038	杜懋瑶	四川广安
9053	唐昌敏	四川开江	9047	余泽辉	四川荣昌	9073	刘荣春	云南姚安
9054	唐绍武	四川大竹	9048	李浩东	四川通江	9075	卢学林	四川
9056	曹培湘	四川汉源	9052	段绪鼎	四川营山	8035	李白群	四川南充
9058	张光远	四川巴县	9057	陈嘉庆	云南凤庆	8034	郑崇尚	四川绵阳
9077	钟耀明	四川资阳	9060	曾繁贵	四川资阳	8004	黄筑芳	云南昭通
9081	龚继勇	四川西充	9062	詹沛汲	四川泸县	8020	冯秉国	四川射洪
9059	张义举	四川荣县	9066	杨贵培	四川西充			
9061	曾光容	四川成都	9069	蒋玉和	云南保山			

1954 级数学专修科(二年制)学生

学号	姓名	性别	籍贯	学号	姓名	性别	籍贯	学号	姓名	性别	籍贯
54103	王淑惠	女	四川大邑	54125	秦育兰	女	四川	54144	刘迁金	男	四川威远
54104	王吉星	男	四川新都	54126	张存道	男	云南石屏	54145	刘常宽	男	云南腾冲
54105	王光潸	女	贵州安顺	54127	张志远	男	四川江安	54146	刘祖燕	女	四川潼南
54106	王希贤	男	四川涪陵	54128	张大章	女	四川锦竹	54147	刘傅俊	男	四川达县
54107	文先禄	男	四川开江	54129	陈信禄	男	四川资中	54148	刘以文	男	四川开县
54108	古啓愚	男	四川简阳	54130	陈君实	男	四川新津	54149	谢先琼	女	四川
54109	任戴礼	男	四川西充	54131	黄超男	女	四川资中	54150	锺静昭	女	四川
54111	李俊文	女	江苏	54132	眭绍弘	男	四川忠县	54151	罗铠云	男	云南永胜
54112	李允林	男	四川	54133	贺光中	男	四川万县	54152	罗知超	男	云南凤庆
54113	李邦廉	男	四川万县	54134	曾琼林	女	四川资中	53095	李培林	男	云南昆明
54114	李章农	女	江西	54135	曾庆德	男	四川	53097	张　纲	男	云南云县
54117	何松林	男	云南墨江	54137	杨桂媛	女	四川灌县	53112	高　嵩	男	云南
54118	金傅慧	女	湖北	54138	杨秀华	女	四川遂宁	53113	汤国英	女	云南易门
54119	段自寿	男	云南保山	54139	杨保现	女	云南蒙自	53119	杨　元	男	云南宾川
54120	段绍禹	男	云南永胜	54140	黎志华	女	四川仁寿	53158	金朝富	男	云南南华
54122	马万锺	男	四川忠县	54141	邓银成	男	四川威远	702953	非嘉荣	男	云南昆明
54123	唐碧玉	女	四川三台	54142	邓子纶	男	四川武胜	54243	熊　湘	女	云南昆明
54124	姚　良	男	云南路南	54143	郑国良	男	四川潼南				

1955 级数学专业本科学生

姓名	籍贯	姓名	籍贯	姓名	籍贯	姓名	籍贯
王富昌	云南建水	岳　泰	四川盐亭	王广茂	四川开江	陈兆桐	云南会泽
王润南	云南泸西	胡国樑	云南石屏	王安静	四川资中	陈富全	四川西充
任德根	云南西充	王泽鋐	四川宜宾	尹懋禧	云南大理	罗述修	四川
李文稚	四川开江	梁德珠	广东	李寿康	云南保山	高云彩	云南曲靖

续表

姓名	籍贯	姓名	籍贯	姓名	籍贯	姓名	籍贯
沈慧仙	云南开远	袁连鸿	四川	和丕昌	云南牟定	黄　靖	广东广州
杜泽仁	四川达县	陈光华	四川邛崃	曹志洁	云南昆明	李寿濂	四川会理
吴盛殷	云南昆明	唐亚兰	四川广安	常　声	云南大姚		
林美柱	四川开县	万国钰	四川	陈玉芳	云南泸西		

1955 级数学专修科(二年制)学生

学号	姓名	学号	姓名	学号	姓名	学号	姓名
55109	毛荣辉	55161	程時瑗	55138	唐忠乾	55153	华德高
55110	朱承义	55162	杨乾隆	55140	郭德谱	55154	舒仕恒
55111	朱仲良	55163	杨庆文	55141	高泽民	55159	冯裕超
55115	李　铎	55175	穆国发	55142	张梧英	55160	冯克雄
55116	李佑孚	55178	钟松如	55145	张志忠	55164	杨维恭
55117	李绍亮	55183	郭有寿	55156	曾繁荣	55167	杨正贤
55118	余祥森	55184	孙开翼	55168	刘顺贞	55169	刘盛明
55122	和家玉	7022	李保修	55170	刘光星	55171	赵光荣
55123	周沢岗	55104	王德邻	55179	罗启聪	55172	赵嗣华
55124	周　廉	55108	王本钰	55180	阙正鲁	55173	樊玉珍
55127	梁　多	55112	朱纪贤	55132	郭咸让	55174	熊集合
55131	胡崇基	55113	朱竹芬	55103	丁淑芳	55177	蓝运元
55135	陈汝光	55114	李自达	55106	王政光	55181	罗　竹
55136	陈让德	55119	宋荣良	55130	胡尚麟	55182	罗木芳
55146	张臣变	55120	吴健禹	55134	祖彝学	53143	邵光容
55147	张碧君	55121	吴桂华	55139	徐兴泰	54136	彭孝永
55151	许业武	55126	柏安祥	55143	张华南	55115	祝新民
55155	曾通成	55128	段润辉	55148	张崇英	54116	何鸿德
55157	彭兴微	55129	荀纪丰	55150	常宗琴	1084	康　福
55158	何玉琢	55133	秦祖佑	55152	梅发槐		

1956 级数学专业本科学生

姓名	性别	籍贯	姓名	性别	籍贯	姓名	性别	籍贯
马德荣	男	云南华坪	周天容	男	四川忠县	黄维毅	男	云南晋宁
张顺婉	女	四川荣县	汤幼盤	男	云南	度仿照	女	四川南充
张天瑜	女	四川涪陵	涂荣富	男	四川大竹	赵智昌	男	云南保山
陈维贵	男	云南大姚	段汉佐	男	云南洱源	赵缦林	女	四川宜宾
甘　翔	男	云南	赵淑兰	女	云南腾冲	熊伯华	男	四川三台
刘绐钧	男	云南巍山	赵昌荣	男	四川盐亭	廖鸿康	男	云南彝良
朱　瞰	男	云南西畴	徐自修	男	云南易门	蔡玉珍	女	云南华宁

续表

姓名	性别	籍贯	姓名	性别	籍贯	姓名	性别	籍贯
李崇钦	男	四川简阳	郭　曦	男	云南昆明	殷建光	男	四川
何培雍	男	四川广安	徐　曦	男	云南姚安	刘太明	男	四川灌县
陈长安	男	云南大关	冯银甲	男	云南文山	陶宏康	女	四川奉节
陈孝华	女	云南楚雄	杨茂萱	男	四川盐亭	和树本	男	云南丽江
杜蔚璋	男	云南大理	陈丽洁	女	广东揭阳	邱国铭	男	四川邻水
林烈禄	男	四川永川	张　琪	女	云南昆明	柯亨楷	男	云南绥江
周欣然	男	云南鹤庆	王中华	男	四川资中	李基媛	女	四川渠县
郎永昌	男	云南曲靖	王秀珍	女	云南昆明	寸守彦	男	云南腾冲
姜季华	男	四川犍为	张东一	男	云南凤庆	毛翠云	女	四川仁寿
封应楷	男	云南腾冲	朱光尧	男	云南昆明	石秉戎	男	云南江川
茅文娟	女	浙江宁波	刘应天	男	四川会理	张泽宏	男	四川巴县
曾子愚	男	四川犍为	李　錬	男	云南丽江	张文麟	男	云南巍山
赵家銤	男	云南澄江	李文彩	男	云南景东	张凤枢	男	云南石屏
赵鸿立	男	云南龙陵	李　才	男	云南昆明	刘子樑	男	云南大理
郭维蒋	男	四川汉源	李士伦	男	云南	肖彭年	男	云南晋宁
杨树诚	男	云南保山	范　昭	男	云南保山	李保安	男	云南华宁
饶根生	男	四川荣县	徐士信	男	云南	李荣谦	男	云南广南
王万喜	男	四川	聂鸿铨	男	云南保山	李朝坤	男	云南曲靖
皮仕先	男	四川灌县	龚景晖	女	云南昆明			

1956 级数学专修科(二年制)学生

姓名	籍贯	姓名	籍贯	姓名	籍贯	姓名	籍贯
王恩溥	云南大理	涂正德	云南凤庆	曾法军	四川永川	谷从龙	云南腾冲
阮绍珍	云南昆明	曾绍能	云南富源	宴相禄	云南永胜	罗应堃	云南昆明
刘道源	四川资中	秦兴德	四川达县	万家荣	云南陆良	高丽华	云南墨江
邱锡侯	云南石屏	杨　发	云南安宁	马才良	云南石屏	杨春岳	云南昆明
李彭华	四川	杨声涛	云南广南	方贵仙	云南昆明	杨振民	四川
陈可藩	云南牟定	徐素清	四川成都	王承业	云南牟定	蔡文玲	四川成都
郑映屏	云南建水	屠和森	江苏	张家齐	四川	潘绍华	云南昭通
范保珍	云南通海	代月英	四川灌县	刘凤林	四川会理	李国惠	云南华宁
徐德衡	四川大竹	何永兴	云南下关	孙　汉	云南昆明	邹国樑	云南麻栗坡
姜品尧	云南景东	蒋学勋	四川岳池	陈浩为	福建闽侯	张克齐	四川万县
唐吉全	四川乐山	李荣启	云南嵩明	陈焕迁	云南蒙自	刘惟孝	湖南衡阳
程福全	四川开县	李世光	四川屏山	陈泽金	四川永川	张子宾	云南保山
梁　贞	河南	尹　伊	云南昆明	李成龙	云南凤庆	张菊贞	云南凤庆
杨永品	云南保山	陈祖蕙	四川成都	李崇武	云南广南	刘　敏	云南昆明
杨叔杰	云南建水	陈渐新	云南巍山	林培根	云南巍山	赵正德	四川灌县
潘尔帜	云南南华	王　大	云南巍山	周银桥	云南石屏	王月霖	云南保山

续表

姓名	籍贯	姓名	籍贯	姓名	籍贯	姓名	籍贯
代国庆	北京	王兆熊	云南	周　法	四川荣昌	张朝冕	云南姚安
李树兰	云南	龙德福	四川云阳	周　力	云南昆明	李丽华	云南保山
李开风	云南牟定	卢美环	云南昆明	段大舜	云南鹤庆	吴　瑾	云南凤庆
常维璠	河南开封	刘秀英	云南昆明	徐慧芬	江苏宜宾	周国华	云南昆明
寸大安	云南保山	刘安禄	云南巧家	胡铭学	云南玉溪	周相雄	云南鹤庆
张文荣	云南昆明	刘法炽	四川	高金书	云南建水	周玉芬	四川合川
王素彬	四川乐山	李德祯	云南永仁	展桂英	云南昆明	范承丽	云南建水
王迁英	云南牟定	李嘉祯	云南	赵泽东	云南宾川	赵宗舜	云南鹤庆
王嘉云	云南会泽	李曰昭	云南保山	杨克能	云南宾川	高新孝	四川合川
周学芳	四川彭县	陈开杰	四川威远	杨世昌	云南大理	郭礼金	四川岳池
隆道本	四川中江	陈启蓉	四川成都	管同济	四川眉山	许乔玉	云南墨江
杨书文	四川	罗月珠	云南巍山	张自铭	云南建水	许时勋	云南普洱
马汉昌	云南弥勒	周武兴	云南昌宁	邓松涛	四川	杨绍康	云南会泽
王嘉祖	云南嵩明	唐俊光	四川仁寿	刁锡浦	四川武胜	撒光孝	云南永仁
卢家福	云南宜良	蒋正华	云南昭通	王克宽	云南建水	董华湘	云南榕峰
张定疆	云南鹤庆	施德孚	云南凤庆	王开华	云南宜良	李忠实	云南昆明
张继恒	云南元阳	梁显堂	云南洱源	任思尧	云南昆明	陈光东	云南昭通
张振洋	云南个旧	凌育鹏	云南绥江	刘培菊	云南昆明	师祖彦	云南江城
刘润明	云南建水	杨光表	云南保山	周莲箴	云南永胜	陈焕煦	四川西昌
冯克武	云南建水	董　达	河南	赛玉英	云南昆明	向华庭	云南玉溪
孙　恒	浙江定海	缪德勤	浙江	李章姮	云南昆明	李克治	云南昆明
李　洲	云南邓川	谭崇高	四川丰都	李铭德	江苏常熟	周汝康	云南鹤庆
李蓉蓉	云南昆明	宋　健	四川威远	周善涥	四川达县	林凤嶷	云南南华
苏学昌	云南	汪地纬	四川峨眉	吴仕焕	云南大姚	杨华书	云南建水
罗盛高	云南富源	周振华	云南昆明	朱自成	四川峨边	赵树义	云南鹤庆
陈志广	云南	周庚润	云南巍山	吴玉华	四川遂宁	彭设光	四川富顺

1957级数学专业本科学生

姓名	性别	民族	籍贯	班别	姓名	性别	民族	籍贯	班别
唐家祥	男	汉	云南丘北	甲班	芮桂芝	女	汉	云南宜良	乙班
杨树仙	女	汉	云南普洱	甲班	倪　逵	男	汉	云南永仁	乙班
林维正	男	汉	云南镇沅	甲班	罗全忠	男	汉	四川大邑	乙班
杨尚义	男	汉	云南昆明	甲班	张春曜	男	汉	云南华宁	乙班
杨林盛	男	白	云南剑川	甲班	潘　瑛	男	汉	云南	乙班
康　成	男	汉	云南蒙自	甲班	罗显琨	男	汉	云南景东	乙班
周福祥	男	汉	云南榕峰	甲班	刘国才	男	汉	云南永善	乙班
马国华	男	汉	云南昆明	甲班	李星恒	男	汉	云南大关	乙班
冯承基	男	汉	江苏武进	甲班	李忠映	男	汉	云南	乙班

续表

姓名	性别	民族	籍贯	班别	姓名	性别	民族	籍贯	班别
杨淑琼	女	汉		甲班	李松凯	男	汉	云南鹤庆	乙班
喻星云	女	汉	湖南宁乡	甲班	王　泽	男	白	云南剑川	乙班
许慧芳	女	汉	云南石屏	甲班	陈经武	女	汉	云南凤庆	乙班
张凤仙	女	汉	云南宜良	甲班	和嘉龙	女	纳西	云南丽江	乙班
俞　云	男	汉	云南宜良	甲班	薛耀昌	男	汉	云南永平	乙班
萧泰麟	男	汉	云南广通	甲班	李宝年	男	汉	云南石屏	乙班
周炳德	男	汉	四川资阳	甲班	张清元	男	汉	云南文山	乙班
钟万生	男	汉	云南通海	甲班	康艳芳	女	汉	云南蒙自	乙班
钟绍基	男	汉	云南大姚	甲班	杨怀有	男	汉	云南石屏	乙班
马朝忠	男	汉	云南墨江	甲班	张淑兰	女	汉	云南榕峰	乙班
谭正兴	男	汉	云南思茅	甲班	杨孝文	男	汉	云南砚山	乙班
姚丕勋	男	汉	四川屏山	甲班	马文波	男	回	云南永平	乙班
李德龙	男	汉	云南会泽	甲班	李莉萍	女	汉	云南凤仪	乙班
江汉勋	男	汉	云南保山	甲班	董学易	女	汉	云南大理	乙班
王国萱	女	汉	云南腾冲	甲班	杨灿春	男	汉	云南鹤庆	乙班
赵任壁	男	汉	云南晋宁	甲班	李德钧	男	汉	云南鹤庆	乙班
和学仁	男	纳西	云南丽江	甲班	予家燕	男	汉	云南宾川	乙班
谢荣敏	男	汉	云南凤庆	甲班	杨元良	男	汉	云南景谷	乙班
赵　标	男	白	云南大理	甲班	那家华	女	汉	云南大理	乙班
汤子仁	男	汉	云南江川	甲班	刘承英	男	汉	云南武定	乙班
甘正海	男	汉	云南石屏	甲班	李伦华	男	汉	云南宜良	乙班
李正孝	男	汉	云南丘北	甲班	程联志	男	汉	云南昭通	乙班
王　廉	男	汉	云南丘北	甲班	王玉光	男	汉	云南保山	乙班
甯敦品	男	汉	云南昆明	甲班	杨　寿	男	汉	云南昆明	乙班
杨培武	男	汉	山西安泽	甲班	程永安	女	汉	云南大理	乙班
施德超	男	白	云南凤仪	甲班	李继美	女	汉	云南腾冲	乙班
谭明涛	男	汉	四川万县	甲班	文荣春	男	汉	四川西充	乙班
华增锐	男	汉	云南昆明	甲班	王玉光	男	汉	云南保山	乙班
宋大荣	男	汉	云南邓川	乙班	张光钰	女	汉	四川	乙班
倪正琴	女	汉	云南腾冲	乙班	赵欧俊	男		云南腾冲	乙班
庚鸿文	男	汉	江苏南京	乙班					

1957 年专修科(二年制)学生

学号	姓名	籍贯	毕业时间	学号	姓名	籍贯	毕业时间
57002	张国清	云南漾濞	195908	57031	杨士天	云南凤庆	195908
57003	赵其新	云南龙陵	195908	57032	杨之佑	云南龙陵	195908

续表

学号	姓名	籍贯	毕业时间	学号	姓名	籍贯	毕业时间
57004	卫恒能	云南石屏	195908	57033	李培德	云南普洱	195908
57005	张嘉麒	云南昆明	195908	57034	宋定国	云南昭通	195908
57006	杨洁民	云南大理	195908	57035	陆文达	云南武定	195908
57007	姚元栻	广东阳江	195908	57036	余汝昌	云南晋宁	195908
57008	王文雄	安徽	195908	57037	傅左斌	福建晋江	195908
57009	童学文	云南巍山	195908	57038	黄恩宇	云南绥江	195908
57010	李荣昌	云南昆明	195908	57039	孟世兰	四川西昌	195908
57011	蔡林生	江西南昌	195908	57040	文琴美	云南漾濞	195908
57012	王贵平	安徽	195908	57041	刘季阶	四川仁寿	195908
57013	杨兰芹	云南腾冲	195908	57042	杨之江	云南凤仪	195908
57014	何文喜	云南大姚	195908	57043	管惠蓉	江苏南京	195908
57015	沈光普	云南巍山	195908	57044	曾会寅	湖南	195908
57016	郑国珖	云南昆明	195908	57046	颜家兴	云南罗平	195908
57017	陈诗云	云南昭通	195908	57047	龙文瑞	云南昆明	195908
57019	王　玮	山东临清	195908	57049	罗玉琼	广东南海	195908
57020	杨俊英	云南会泽	195908	57050	张德寅	云南大姚	195908
57023	段鹏高	云南石屏	195908	57052	郭　汉	云南昆明	195908
57024	唐宾华	云南榕峰	195908	57053	王相曾	云南剑川	195908
57025	范承璧	云南建水	195908	57054	蔡世华	云南大关	195908
57026	童景惠	云南巍山	195908	57055	施雅君	云南鹤庆	195908
57027	周绍荣	云南宜良	195908	57056	胡家武	云南泸西	195908
57028	傅胜周	云南祥云	195908	57057	袁绩坤	云南石屏	195908
57029	张崧生	云南通海	195908	56546	何　燕	广东	195908
57030	王珍华	云南建水	195908	57059	曹树国	云南建水	195908
56419	高永寿	云南昆明	195908	56485	廖嘉华	四川岳池	195908
56613	王建用	云南蒙自	195908	56545	郭　惠	云南昆明	195908
1093	傅大树	四川	195908	7972	邓述芳	四川灌县	195908

1958级数学专业本科学生

学号	姓名	性别	生源地	学号	姓名	性别	生源地	学号	姓名	性别	生源地
4266	许丽如	女	云南宜良	4244	郭培炳	男	云南文山	4312	王世杰	男	山东
4326	张治龙	男	云南威信	4253	董锦云	男	云南鹤庆	4356	黄成先	女	云南景东
4309	韩绍兴	男	云南路南	4280	周宝仁	男	云南昆明	4254	杨庆亮	男	云南保山
4293	李筠和	女	云南澜沧	4318	邓良平	男	云南彝良	4247	周绍先	男	云南宜良
4328	张开武	男	云南牟定	4285	蔡培华	男	云南凤庆	4300	何绍明	男	云南宣威
4242	陆增寿	男	云南剑川	4260	路宏途	男	云南蒙自	4345	林惠珍	女	云南彝良

续表

学号	姓名	性别	生源地	学号	姓名	性别	生源地	学号	姓名	性别	生源地
4279	李若泉	男	云南宜良	4302	唐岫笙	女	云南昆明	4334	李宝光	男	云南建水
4256	田克杰	女	云南建水	4265	徐家诚	男	云南蒙自	4357	王万全	男	云南镇雄
4324	杨守义	男	云南保山		沈桂莊	女	云南建水	4245	李裕发	男	云南蒙自
4230	熊开昌	男	云南景谷		申业华	男	四川	4317	陈淑芬	女	云南墨江
4333	李云发	男	云南建水	4347	朱朝品	男	云南泸西	4343	李赞勇	男	云南威信
4286	黄应强	男	云南盈江	4290	王子云	男	云南石屏	4224	色弼聪	男	云南会泽
4803	戴国发	男	云南西畴	4267	张月英	女	云南巍山	4287	孙鑫文	男	云南宣威
4354	李学昇	男	云南永仁	4232	成绍全	男	云南镇雄	4217	陈祖培	男	云南昆明
4229	伍成义	男	云南开远	4241	杨　清	男	云南大理	4250	陈　建	男	云南昆明
4274	董新发	男	云南剑川	4275	张　森	男	云南晋宁	4248	杨崇德	女	云南昆明
4304	赵锦临	男	云南鹤庆	4238	郑金琳	男	云南晋宁	4240	赵家荣	男	云南丘北
4327	杨正龙	男	云南会泽	4263	尹尚文	男	云南永平	4225	舒家政	男	云南丽江
4355	张宁一	男	云南昆明	4262	高沛康	男	云南鹤庆				
4215	杨开惠	男	云南富民	4348	张德明	男	云南盐津				

1958 级数学专修科(二年制)学生

学号	姓名	班级	学号	姓名	班级	学号	姓名	班级
58121	刘代鑫	甲班	58150	吴大伦	乙班	58178	李之全	丙班
58122	施传珮	甲班	58151	胡凤英	乙班	58179	杨　震	丙班
58123	雷应汉	甲班	58153	王媛若	乙班	58180	王民辉	丙班
58124	何　周	甲班	58155	姜泽新	乙班	58181	赵淑华	丙班
58125	王启秋	甲班	58158	朱美泉	乙班	58182	杨惠卿	丙班
58126	蔡方桃	甲班	58159	代孔英	乙班	58183	谢定安	丙班
58128	黄永奇	甲班	58160	赵纯增	乙班	58184	杨竹清	丙班
58129	张若怀	甲班	58162	倪光灿	乙班	58185	袁茂东	丙班
58130	马汝骥	甲班	58163	金　智	乙班	58186	李应生	丙班
58131	李德贵	甲班	58164	杨　起	乙班	58187	王毓兰	丙班
58132	杨嘉映	甲班	58165	方　印	乙班	58188	李肇基	丙班
58133	张文祥	甲班	58189	袁　忠	乙班	58191	李赓印	丙班
58134	刘荣熙	甲班	58190	周益谦	乙班	58192	姜启惠	丙班
58135	刘云汉	甲班	58166	陈玉英	乙班	58152	王学文	丙班
58136	王建鼎	甲班	58167	杨世耀	乙班	58154	刘素秋	丙班
58139	郭嘉燕	甲班	58168	周冠军	乙班	58161	曾纪泽	丙班
58137	马　力	甲班	58169	张培德	乙班	58193	谢光兴	丙班
58140	李万端	甲班	58172	施光福	乙班	58194	何能清	丙班

续表

学号	姓名	班级	学号	姓名	班级	学号	姓名	班级
58141	李朝选	甲班	58173	冯玉莲	乙班	58195	孙均昌	丙班
58142	李凤梧	甲班	58174	张培坤	乙班	58196	孙绍雄	丙班
58143	张远元	甲班	58175	任家毅	乙班	58198	周　铣	丙班
58144	李世坤	甲班	58176	熊兴汉	乙班	58199	董作英	丙班
58145	李长清	甲班	58177	李维阳	乙班	58201	高　俊	丙班
58146	李明伦	甲班	58212	沈马义	乙班	58202	龙必寿	丙班
58147	武有荣	甲班	58213	杜菊芬	乙班	58203	宗继堂	丙班
58148	潘琨宇	甲班	58214	李鸿彬	乙班	58204	范子贤	丙班
58149	郑丽霞	甲班	58216	范文幕	乙班	58205	李枝惠	丙班
58205	金保善	甲班	58233	周道贤	乙班	58217	李保钾	丙班
58207	姚丽娟	甲班	58200	杨廷举	乙班	58218	罗锦连	丙班
58291	周锡云	甲班	58208	全赐昌	乙班	58219	毛官祥	丙班
58210	杨怀芝	甲班	58228	王明刚	乙班	58156	李兰言	丙班
58211	杨蓉芬	甲班	58234	邓代清	乙班	58220	李宗洪	丙班
58231	徐定仙	甲班	58171	杨纯林	乙班	58223	朱　惠	丙班
58229	张怀莲	甲班	58225	顾荣兴	乙班	58224	达汝和	丙班
58246	饶世华	甲班	58157	李法懋	乙班	58226	蔡兆明	丙班
58230	金家寿	甲班	57021	李汝昌	乙班	58227	杨树琼	丙班
58232	王必寿	甲班	57001	余关泉	乙班	4296	张士兰	丙班
57097	吴文俊	甲班	57022	申朝新	乙班	57045	熊琴芬	丙班
2178	曾培德	甲班	58235	马武群	乙班	57058	李　价	丙班
	李承志	甲班				57051	王恩鹏	丙班
						57086	吉修善	丙班
						2201	余　敏	丙班

1959 级数学专业本科学生

学号	姓名	班级	学号	姓名	班级	学号	姓名	班级
5402	杨茂松	甲	4277	林福金	乙	5438	李远萍	丙
5403	杨嘉和	甲	4668	王昌银	乙	5443	杨奇源	丙
5405	严学美	甲	5440	张开兰	乙	5481	刘光吉	丙
5406	杨映代	甲	5441	普珍英	乙	5488	廖志清	丙
5408	王振弼	甲	5442	童景德	乙	5491	赵学镒	丙
5409	陈丕基	甲	5444	田兴志	乙	5495	房昌柳	丙
5410	欧振才	甲	5447	姚羽陆	乙	5498	汤成杰	丙

续表

学号	姓名	班级	学号	姓名	班级	学号	姓名	班级
5411	高富德	甲	5448	卢寿和	乙	5501	罗永碧	丙
5412	杜惠云	甲	5450	吕翠菊	乙	5506	唐希渊	丙
5413	李树芬	甲	5451	李堂	乙	5512	潘朝华	丙
5415	许培德	甲	5452	杨锦堂	乙	5515	曹　铮	丙
5418	向　爱	甲	5453	吴兴照	乙	5517	白映江	丙
5419	唐钟琼	甲	5454	鲍福灿	乙	5519	宗丽华	丙
5420	田月侬	甲	5455	赵映祥	乙	5520	吴建周	丙
5422	胡学胜	甲	5457	徐克轩	乙	5521	张治平	丙
5423	赵贤淑	甲	5458	傅朝彦	乙	5522	王继铭	丙
5424	曾永清	甲	5461	徐禄铭	乙	5523	王民强	丙
5425	王学芬	甲	5462	谭顺福	乙	5524	周家麟	丙
5426	舒昱仁	甲	5467	冯富文	乙	5525	陈永泰	丙
5427	周长贵	甲	5469	张平生	乙	5526	李裕祥	丙
5428	岑永耀	甲	5470	黄修槐	乙	5527	苏万藻	丙
5429	罗代斌	甲	5471	廖经春	乙	5528	孙　安	丙
5430	李继远	甲	5472	马敬全	乙	5529	骆芳翠	丙
5431	龚世明	甲	5473	肖乾熙	乙	5530	刘素芬	丙
5432	雷元辉	甲	5474	蒋志荣	乙	5531	冯楼台	丙
5433	刘靖宇	甲	5477	张瑞民	乙	5532	罗白莹	丙
5434	潘英德	甲	5479	徐安邦	乙	5533	向平安	丙
5435	许鸿耘	甲	5482	梁宗寿	乙	5534	余开瑞	丙
5436	姚永勤	甲	5483	卞起恩	乙	5535	唐利文	丙
5437	樊建敏	甲	5487	杨家文	乙	5536	刘胜琼	丙
5464	明道绪	甲	5499	刘端仪	乙	5538	申正伦	丙
5476	李焕仙	甲	5502	秦捷文	乙	5539	何克美	丙
5478	张光玉	甲	5504	杜崇俊	乙	5540	汤建修	丙
5480	王兆富	甲	5508	赵租舜	乙	5541	邓芳敏	丙
5484	张群萱	甲	5509	黄怀光	乙	5542	袁承瑞	丙
5485	杨辅震	甲	5511	刘承玉	乙	5543	周奎文	丙
5486	杨镇龙	甲	5537	吴天震	乙	5544	张文焕	丙
5489	王宝贵	甲	5540	张学柳	乙	5545	李崇兴	丙
5490	徐尚谦	甲	5550	官建立	乙	5546	胡祯安	丙
5493	曾素君	甲				5547	李隆美	丙
5494	邬维昌	甲				5548	王昌兴	丙
5497	李世智	甲				5549	何守模	丙
5503	周才全	甲				5551	周明纯	丙

续表

学号	姓名	班级	学号	姓名	班级	学号	姓名	班级
5505	冉隆泉	甲						
5510	魏常宁	甲						

1959 级数学专修科(二年制)学生

学号	姓名	班级	学号	姓名	班级	学号	姓名	班级
59201	严振宇	甲组	59241	刘和生	乙组	59280	李寅镇	丙组
59202	郭秀英	甲组	59242	杨昆华	乙组	59282	董秉汉	丙组
59203	王翠娥	甲组	59243	刘映香	乙组	59283	李新有	丙组
59204	华成明	甲组	59244	曾有寿	乙组	59284	昂宝珏	丙组
59205	钟志成	甲组	59245	张金洋	乙组	59285	龙玉风	丙组
59206	那恩逵	甲组	59246	周学林	乙组	59286	李荣辉	丙组
59207	江发安	甲组	59247	李树繁	乙组	59287	段德莊	丙组
59208	普朝文	甲组	59248	孙珍媛	乙组	59288	李汉建	丙组
59209	王纯建	甲组	59249	章鸣禛	乙组	59289	车士敏	丙组
59210	林佩卿	甲组	59250	赵光恒	乙组	59290	冯建华	丙组
59211	倪琼珍	甲组	59252	李志民	乙组	59291	彭文瑛	丙组
59213	康进才	甲组	59253	杨肇桢	乙组	59292	张子威	丙组
59214	赵明祥	甲组	59254	刘祖佑	乙组	59294	虞天寿	丙组
59216	施佑生	甲组	59255	赵钰	乙组	59297	王宝元	丙组
59217	田正仁	甲组	59257	康国正	乙组	59298	何自祥	丙组
59218	李发兴	甲组	59258	杨兰根	乙组	59299	李永宽	丙组
59219	聂冠文	甲组	59259	成绍武	乙组	59300	张　铠	丙组
59220	白守敬	甲组	59260	陈尚义	乙组	59301	贾应蛟	丙组
59221	李能仁	甲组	59261	和镇海	乙组	59302	杨存仁	丙组
59222	李兴成	甲组	59262	王登禄	乙组	59303	邱长泰	丙组
59223	由春华	甲组	59263	张名高	乙组	59304	李文辉	丙组
59224	张如龙	甲组	59264	马香瑛	乙组	59306	张　维	丙组
59225	李品昌	甲组	59265	唐钟	乙组	59307	杨贵能	丙组
59226	韩映才	甲组	59267	袁肇基	乙组	59308	曾　俊	丙组
59228	胡宝泉	甲组	59268	马冠群	乙组	59309	郝茂生	丙组
59229	张广田	甲组	59269	舒晓岚	乙组	59310	曾　理	丙组
59230	张　墀	甲组	59270	杨兆建	乙组	59311	廖佩芝	丙组
59231	赵励中	甲组	59271	秦西伯	乙组	59313	李定元	丙组
59232	范增富	甲组	59272	石安炯	乙组	59315	严德纯	丙组

续表

学号	姓名	班级	学号	姓名	班级	学号	姓名	班级
59233	高昌华	甲组	59276	杨华春	乙组	59316	杨安军	丙组
59234	徐开益	甲组	59278	于世英	乙组	59317	曾德备	丙组
59237	王焱均	甲组	3248	甘丽本	乙组	59295	唐　湛	丙组
59238	黎华央	甲组	59321	林鑑基	乙组	59296	梁南云	丙组
59239	杨泽祥	甲组	59274	屈忠顺	乙组	59314	曹树伦	丙组
59240	张守辰	甲组	58245	将赵恒	乙组	59319	马国华	丙组
59323	周志江	甲组	58211	杨蓉芬	乙组	59320	李君成	丙组
59324	卿明金	甲组	58215	武家芬	乙组	59277	刘思成	丙组

1960 级数学专业本科学生

1962 年滇南大学、滇西大学数学系并入云南师范学院数学系，1960 级本科学生由原昆明师范学院、滇南大学、滇西大学的学生组成。

姓名	性别	籍贯	班别	姓名	性别	籍贯	班别
谭继荷	女	云南永胜	甲 I/III	杨济沧	男	云南大理	甲 II/IV
杨承纶	男	云南大理	甲 I/III	杨嘉福	男	云南宾川	甲 II/IV
龙敏信	男	云南石屏	甲 I/III	何绣成	男	云南大理	甲 II/IV
冯伯来	男	广东开平	甲 I/III	周元昌	男	云南石屏	甲 II/IV
陈　钢	男	云南石屏	甲 I/III	张齐全	男	云南元江	甲 II/IV
李荣诏	男	云南弥渡	甲 I/III	何鸿强	男	云南石屏	甲 II/IV
许嘉龄	男	云南昆明	甲 I/III	唐友国	男	福建安溪	甲 II/IV
张家玉	女	广东	甲 I/III	黄成华	男	广东大埔	甲 II/IV
邱宗发	男	云南石屏	甲 I/III	王仁迪	男	云南开远	甲 II/IV
牛志学	男	云南昆明	甲 I/III	王德生	男	云南鹤庆	甲 II/IV
乔中春	男	上海	甲 I/III	戚守华	男	云南丘北	甲 II/IV
包学文	男	云南蒙自	甲 I/III	尹治方	男	云南	甲 II/IV
游逢招	女	福建	甲 I/III	刘映华	男	云南建水	甲 II/IV
李国琛	男	云南	甲 I/III	潘家元	男	云南建水	甲 II/IV
陈邦辉	男	广东潮安	甲 I/III	胡天才	男	云南石屏	甲 II/IV
李陵生	男	浙江杭州	甲 I/III	徐素珍	女	云南广南	甲 II/IV
马文芝	女	云南楚雄	甲 I/III	李玉银	女	福建思明	甲 II/IV
林如璧	男	云南大姚	甲 I/III	刘　龙	男	云南昆明	甲 II/IV
李玉华	女	云南玉溪	甲 I/III	肖缮武	男	云南建水	甲 II/IV
熊天宝	男	湖南湘乡	甲 I/III	王万添	男	福建金门	甲 II/IV
喻明书	女	云南鹤庆	甲 I/III	徐慧碧	女	云南昆明	甲 II/IV

续表

姓名	性别	籍贯	班别	姓名	性别	籍贯	班别
黄定树	男	云南江川	甲 I/III	朱树荣	男	云南昆明	甲 II/IV
吴　萍	女	云南昆明	甲 I/III	陈永保	男	云南兰坪	甲 II/IV
冯庆民	男	广东	甲 I/III	余成明	男	云南景东	甲 II/IV
林公源	男	福建福州	甲 I/III	张玲英	女	云南昆明	甲 II/IV
罗君时	男	云南昭通	甲 I/III	叶淑英	女	云南昆明	甲 II/IV
杨　慎	男	云南云龙	甲 I/III	李世泽	男	云南剑川	甲 II/IV
姚自坤	女	云南红河	甲 I/III	罗自忠	男	云南凤庆	甲 II/IV
陈祖惇	男	云南弥勒	甲 I/III	赵美恩	女	云南大理	甲 II/IV
段美琼	女	云南昆明	甲 I/III	叶　云	男	上海	甲 II/IV
田丰谷	男	云南鹤庆	甲 I/III	张　昇	男	云南昆明	甲 II/IV
龙　回	男	四川富顺	甲 I/III	杨映岱	男	云南巍山	甲 II/IV
陶天佑	男	云南鹤庆	甲 I/III	龚世明	男	四川犍为	甲 II/IV
张官祥	男	云南石屏	甲 I/III	唐玉范	女	四川泸州	甲 II/IV
张富盛	男	云南镇源	甲 I/III	张琼萱	女	云南开远	甲 II/IV
严绍曾	男	云南漾濞	甲 I/III	王宝贵	男	云南江川	甲 II/IV
徐炯粦	男	广东	甲 I/III	向　爱	男	湖北利川	甲 II/IV
徐继忠	男	云南石屏	甲 I/III	吴世良	男	云南丘北	甲 II/IV
林胜曾	男	广东	甲 I/III	孙志诚	男	云南昆明	甲 II/IV
曾如意	女	福建晋江	甲 I/III	赵凯羚	女	山东	甲 II/IV
陈清和	男	福建晋江	甲 I/III	孙振勇	男	山东	甲 II/IV
陈虞芬	女	四川蓬溪	甲 I/III	王　森	男	云南昆明	甲 II/IV
潘英德	男	四川永川	甲 I/III	王素芬	女	河北	甲 II/IV
杨杏兰	女	云南大理	甲 I/III	高思安	男	云南昆明	甲 II/IV
王　安	男	云南昆明	甲 I/III	王子荣	男	云南文山	甲 II/IV
张秀琴	女	广东鹤山	甲 I/III	杨保新	男	黑龙江	甲 II/IV
周文林	男	云南昆明	甲 I/III	何琼华	女	云南石屏	甲 II/IV
晋开发	男	云南昆明	甲 I/III	杨存珍	女	云南弥勒	甲 II/IV
马忠英	男	云南峨山	甲 I/III	张凯沅	男	湖南	甲 II/IV
安彩珍	女	云南双柏	甲 I/III	段宗孔	男	云南墨江	甲 II/IV
黄华仙	女	云南镇源	甲 I/III	杨德年	男	云南昌宁	甲 II/IV
何忠禄	男	浙江	甲 I/III	段文绮	女	云南昆明	甲 II/IV
向志诚	男	云南石屏	甲 I/III	李友诚	男	云南腾冲	甲 II/IV
吴永康	男	云南宜良	甲 I/III	刘素秋	女	云南昆明	乙
任树人	男	江苏	甲 I/III	杨乾隆	男	云南文山	乙

续表

姓名	性别	籍贯	班别	姓名	性别	籍贯	班别
张一中	女	云南景东	甲 I/III	廖嘉华	男	四川	乙
陈元麟	男	云南永胜	甲 I/III	龙文端	男	云南昆明	乙
李广生	男	云南鹤庆	甲 I/III	张嘉麟	男	云南昆明	乙
董家富	男	云南腾冲	甲 I/III	蔡林生	男	江西南昌	乙
李国芬	女	云南祥云	甲 I/III	张国清	男	云南漾濞	乙
革燕芳	女	云南腾冲	甲 II/IV	刘荣熙	男	云南大理	乙
寸亮炯	男	云南丽江	甲 II/IV	罗淑华	女	四川彭山	乙
赵　凤	女	云南保山	甲 II/IV	凌育鹏	男	云南绥江	乙
邹惠芳	女	云南宾川	甲 II/IV	李兴成	男	云南腾冲	乙
李　玮	男	云南昆明	甲 II/IV	白春华	男	云南姚安	乙
施光福	女	云南昭通	乙	高昌华	男	四川北川	乙
耿宪葰	男	云南宣威	乙	马秀瑛	女	云南寻甸	乙
张崧生	男	云南通海	乙	张子威	男	广东鹤山	乙
范承璧	女	云南建水	乙	杨贵能	男	云南西畴	乙
杨纯林	女	云南大理	乙	张　凯	男	云南永平	乙
刘法炽	男	四川	乙	曹树伦	男	四川	乙

1961 级数学专业本科学生

学号	姓名	性别	籍贯	学号	姓名	性别	籍贯	学号	姓名	性别	籍贯
7502	阙碧娇	女	广东梅县	61315	李树德	男	云南祥云	7592	杨朴生	男	云南丽江
7503	尹茂顺	男	云南梁河	61316	杨正华	男	云南华宁	7593	陈桂芳	女	云南宜良
7504	端木俐鉱	男	云南元阳	61317	陶明旭	男	云南景谷	7595	姜衡年	男	江苏徐州
7505	程瑞芳	女	云南大理	61318	王文湘	女	四川宜宾	7596	刘述武	男	云南保山
7506	林钦昆	男	福建福州	61319	胡再义	男	云南宜良	7597	方应祥	男	云南丽江
7507	蔡道建	男	福建福清	61320	王兴童	男	云南永善	7598	解荣棣	女	云南通海
7508	章文贡	男	浙江杭州	61321	马品亮	男	云南禄丰	7599	赵壁新	男	云南龙陵
7510	周维义	男	云南昆明	61322	李绍珍	女	云南武定	7803	田广斌	男	云南马关
7511	甘奥夫	男	江西萍乡	61323	李　伟	男	云南晋宁	7805	葛玉湘	男	云南玉溪
7512	陈龙江	男	浙江宁波	61324	陈淑先	女	四川威远	7806	胡家瑞	男	云南姚安
7513	温瑞兰	女	广东梅县	61325	余为东	女	云南石屏	7808	郜云锋	男	云南鹤庆
7514	朱德邦	男	浙江宁波	61326	王永兴	男	云南宜良	7809	唐宗树	男	云南广南
7515	杨君翔	男	云南昆明	61354	唐明华	男	云南华坪	61327	彭发高	男	云南建水
7516	陈美英	女	福建福清	7544	农永宏	男	云南富宁	61329	胡镇珊	男	云南巍山
7517	曹咏荃	女	云南	7545	余佩蕙	女	云南丽江	61330	赵丕康	男	云南大理
7519	李继虞	男	云南大理	7546	王　润	男	云南晋宁	61331	黄宏忠	男	云南绥江

续表

学号	姓名	性别	籍贯	学号	姓名	性别	籍贯	学号	姓名	性别	籍贯
7520	高　勤	女	云南大理	7548	杨　发	男	云南昆明	61332	普晋昭	男	云南昌宁
7521	李国俊	男	云南大理	7549	徐润嫦	女	云南昆明	61333	董文龙	男	云南维西
7522	杨玉宝	女	云南大理	7550	张学林	男	云南开远	61334	向双元	男	云南宣威
7524	王尔智	男	云南文山	7551	白绍华	男	云南弥勒	61335	宁福菊	女	云南宣威
7525	郑兰珍	女	云南玉溪	7552	杨燕琴	女	云南昆明	61337	沈杠先	男	云南宣威
7526	徐瑞寿	男	云南江川	7553	段　绅	男	云南洱源	61338	彭文钧	男	云南大关
7527	李金莲	女	云南保山	7555	王慈镛	男	云南广南	61340	罗继元	男	云南石屏
7528	雷逢庄	男	云南梁河	7556	段　纹	男	云南洱源	61341	王树清	男	云南石屏
7530	汪蔚霞	女	湖南长沙	7558	余润清	男	云南晋宁	61342	尹守忠	男	云南大姚
7531	段大信	男	云南腾冲	7559	陈健先	男	云南丽江	61344	王立宝	男	云南通海
7532	许鸿祥	男	云南石屏	7560	杨孝武	男	云南砚山	61345	刘忠喜	男	云南玉溪
7533	佴凤祥	男	云南建水	7561	尹用芳	男	云南西畴	61346	王朝玉	女	云南宣威
7534	陈相云	男	云南大姚	7562	吴大年	男	云南大姚	61347	王德显	男	云南通海
7535	何继坤	男	云南会泽	7564	杨　贤	男	云南昆明	6424	唐占先	男	云南弥勒
7536	杨钟铃	女	云南普洱	7565	杨雁珍	女	云南会泽	6435	张家兴	男	云南玉溪
7537	陈学魁	男	云南富源	7566	李　安	男	云南昆明	6405	林永溪	男	福建
7538	杨　礼	男	云南凤庆	7567	张　握	男	云南云龙	6434	龙兴洲	男	云南石屏
7539	刘汉武	男	云南兰坪	7568	欧阳惠娟	女	云南剑川	6421	萧远志	男	广东
7541	萧家福	男	云南	7569	孟琴仙	女	云南昆明	6478	王万炫	男	福建
7542	高哲敏	男	福建福清	7570	李存信	男	云南昆明	6498	丁复国	男	云南曲靖
7543	尹家树	男	云南师宗	7571	苏玄采	男	云南鹤庆	6499	陈汝杰	男	云南大理
7583	张文彬	男	山西汾西	7572	沙艳蓉	女	云南昆明	6413	陈廷华	男	广东
61301	许昌华	男	云南盐津	7573	马品轩	男	云南大理	64319	黄琨钿	男	福建
61302	杨继先	男	云南宾川	7574	文登生	男	云南红河	60339	吴华章	男	四川
61303	李凤元	男	云南盐津	7576	李自文	男	云南洱源	6432	杨启成	男	云南大理
61304	马庆文	男	云南寻甸	7577	王兴业	男	云南马关	61348	陈金鳌	男	云南弥勒
61305	李映章	男	云南弥渡	7578	孟绍银	男	云南保山	61350	萧云东	男	云南南涧
61306	李　鸿	男	云南洱源	7579	邵廷年	男	云南姚安	61351	薛兆珍	女	云南建水
61307	黄忠轩	男	云南腾冲	7580	陈　连	男	甘肃兰州	61352	胡兴培	男	云南文山
61308	王恕仁	女	云南弥渡	7581	彭淑贞	女	云南石屏	60055	戴国英	女	云南丘北
61309	靳秀芬	女	云南昆明	7584	李兆繁	男	云南洱源	60061	邹润铨	男	云南维西
61310	张家祥	男	云南昆明	7585	刘正元	男	云南曲靖	6487	田学义	男	云南文山
61311	沈德康	女	湖北武汉	7587	李士明	男	云南大理	60305	张秉纯	女	云南昆明
61312	熊　敏	女	云南昭通	7588	张崇中	男	云南巍山	59263	张名高	男	云南弥勒
61313	冯家业	男	云南蒙自	7589	杜芳明	男	云南马关				
61314	尧辉彬	男	云南文山	7590	李　福	男	云南昆明				

1962 级数学专业本科学生

学号	姓名	性别	民族	籍贯	学号	姓名	性别	民族	籍贯
62301	刘树新	男	汉	云南嵩明	62329	赵惠英	女	汉	云南昆明
62302	谭鹤升	男	汉	云南砚山	62330	鲁　庆	男	汉	云南昆明
62303	马强中	男	回	云南晋宁	62331	郑惠蓉	女	汉	云南开远
62304	马绍清	男	回	云南开远	62332	邵儒林	男	汉	云南陆良
62305	赵石铭	男	白	云南剑川	62333	林毓材	男	汉	云南保山
62306	郭景亮	男	汉	云南昆明	62334	杨建中	男	汉	云南曲靖
62307	赵福仙	男	汉	云南建水	62335	张　钢	男	汉	云南宜良
62308	张炳秀	男	汉	云南丘北	62336	李棉生	男	汉	云南嵩明
62309	胡　堃	男	汉	云南昆明	62338	周文俊	男	汉	云南合庆
62310	陈　杰	男	白	云南大理	62339	李明三	男	汉	云南盐津
62311	李仁林	男	汉	云南腾冲	62340	史仕贵	男	汉	云南牟定
62312	周礼华	男	汉	云南绥江	7501	李家顺			
62313	吴增屏	男	汉	云南墨江	7509	李仁伟	男	汉	云南晋宁
62314	冯天祥	男	汉	云南永胜	7547	曾　绘	女	汉	云南昆明
62315	田正义	男	汉	四川	7563	宁家彬	男	汉	云南峨山
62316	杨宗琳	男	汉	云南昆明	7575	刘　祥	男	汉	云南昆明
62317	燕琼芝	女	汉	云南昆明	7594	宋金义			
62318	朱德成	男	汉	湖北	7801	张西江	女	汉	云南禄丰
62319	周宗荫	男	白	云南云龙	6410	杨明道	男	汉	云南文山
62320	段惠宁	男	白	云南剑川	61328	李勋嫦	男	回	河北
62321	曹用贤	男	汉	云南弥渡	61336	华　伟	男	汉	云南昆明
62322	胡吉光	男	汉	云南昆明	61343	胡思章	男	汉	云南通海
62323	杨　坤	男	汉	云南昆明	61349	邢顺生	男	汉	云南江川
62324	吴德源	男	汉	浙江	61353	崔啟成	男	汉	云南昆明
62325	金汝彪	男	汉	云南牟定	6452	赵国琴			
62326	杨　镕	男	汉	云南昆明	7554	周国英	女	汉	河北
62327	李自力	男	汉	云南昆明	59201	严振宇			
62328	邓序祚								

1962 级数学专业专科(二年制)学生

学号	姓名	性别	籍贯	学号	姓名	性别	籍贯	学号	姓名	性别	籍贯
623001	施光福	女	云南昭通	623008	刘素秋	女	云南昆明	623016	张国清	男	云南漾濞
623002	耿宪葆	男	云南宣威	623009	杨乾隆	男	云南文山	623017	刘荣熙	男	云南大理
623004	张崧生	男	云南通海	623011	廖嘉华	男	四川重庆	623018	罗淑华	女	四川彭山
623005	范承璧	女	云南建水	623012	龙文端	男	云南昆明	623019	凌育鹏	男	云南绥江

续表

学号	姓名	性别	籍贯	学号	姓名	性别	籍贯	学号	姓名	性别	籍贯
623006	杨纯林	女	云南大理	623013	张嘉麒	男	云南昆明				
623007	刘法炽	男	四川重庆	623015	蔡林生	男	江西南昌				

1963 级数学专业本科学生

学号	姓名	性别	籍贯	学号	姓名	性别	籍贯	学号	姓名	性别	籍贯
63401	吕世庆	男	云南下关	63419	楼洪昆	男	浙江诸暨	63436	龙发海	男	云南建水
63402	刘凯盟	男	河北沧县	63420	陈毅钦	女	云南昆明	63437	谷培德	男	云南建水
63403	岳绍嘉	女	云南昆明	63421	冯登昆	男	江苏江都	63438	韩天佑	男	云南弥勒
63404	林晴隆	男	浙江瑞安	63422	卢伟民	男	云南昆明	63440	刘汉超	男	云南保山
63405	杨绍兴	男	云南昆明	63423	付宝珍	女	云南昆明	63441	尹质彬	男	云南师宗
63406	赵发科	男	云南宜良	63424	卫修昆	男	安徽合肥	63442	龚宁庆	女	江西南昌
63407	金保泰	男	云南昆明	63425	韦荣芳	女	云南昆明	63443	张孔相	男	云南鹤庆
63408	张培育	女	河北	63426	尚吉璇	女	云南开远	63444	赵鑫泉	男	云南大理
63409	刘世强	男	江西萍乡	63427	王智永	女	四川资中	63445	赵光成	男	云南凤仪
63410	朱光辉	男	云南昆明	63428	谢群安	男	云南玉溪	63446	杨　富	男	云南下关
63411	秦淑珍	女	云南昆明	63429	徐家树	男	云南昭通	63447	王正发	男	云南祥云
63412	李昆玲	女	浙江	63430	吴忠慧	女	江苏扬州	63448	魏嘉菱	女	河南
63413	陈光璞	女	云南丽江	63431	张达昇	男	云南东川	6404	姜汝池	女	云南云龙
63414	邹桂萼	男	云南开远	63432	徐绍述	男	云南	6467	马开仁	男	云南昆明
63415	汤庆琦	女	浙江	63433	马显能	男	云南楚雄	6493	朱康邦	男	云南昆明
63416	吴德芳	女	浙江	63434	夏成材	男	四川武胜	62303	马强忠	男	云南晋宁
63417	刘泽清	男	云南昆明	63435	吴家静	女	浙江杭州				
63418	张靖德	男	云南安宁	63435	吴家静	女	浙江杭州				

1964 级数学专业本科学生

学号	姓名	性别	民族	籍贯	学号	姓名	性别	民族	籍贯
64201	赵光义	男	汉	云南宜良	64221	王锡章	男	回	云南蒙自
64202	王清安	男	汉	河南邓县	64222	何阿志	男	彝	云南红河
64203	刘焕章	男	汉	云南东川	64223	王宗其	男	汉	云南泸西
64204	戚俊超	男	汉	山东	64224	孙广有	男	汉	云南石屏
64205	张朝林	男	汉	云南保山	64225	杨学文	男	汉	云南禄劝
64206	罗绍成	男	汉	云南巍山	64226	彭　利	女	汉	河南邓县
64207	翟维珠	男	汉	云南大理	64228	陈华珍	女	汉	广东梅县
64208	黄玉芬	女	汉	云南下关	64229	李嵩华	男	汉	云南昆明
64209	王体谦	男	汉	云南祥云	64230	王寿喜	男	汉	云南嵩明
64210	张翠仙	女	汉	云南曲靖	64231	许振国	男	汉	福建龙海
64211	萧　迅	女	汉	云南大理	64232	赵小蘋	女	汉	云南昆明

续表

学号	姓名	性别	民族	籍贯	学号	姓名	性别	民族	籍贯
64212	单德云	男	汉	云南宣威	64233	朱翠明	女	汉	江苏常州
64213	张小片	男	汉	云南曲靖	64234	李慧明	女	汉	福建厦门
64214	杨建坤	女	汉	云南腾冲	64235	谢福香	女	汉	广东梅县
64215	杨月珍	女	汉	云南腾冲	64236	萧德贵	男	汉	湖南芷江
64216	刘时莲	女	汉	云南腾冲	64237	任致玲	女	汉	四川重庆
64217	张信纯	男	汉	云南腾冲	64238	戚荫昌	男	汉	云南昆明
64218	谷天柱	男	汉	云南腾冲	64239	杨兴全	男	汉	云南宜良
64219	普瑞活	男	彝	云南石屏	64240	李凤珍	女	汉	云南昆明
64220	晏　莉	女	汉	云南蒙自					

1965 级数学专业本科学生

姓名	性别	籍贯	班级	姓名	性别	籍贯	班级	姓名	性别	籍贯	班级
马超俊	女	云南大理	甲班	陈可停	男	广东	甲班	张齐正	男	云南蒙自	甲班
马士标	男	云南大理		叶瑞琼	女	福建	甲班	江宝华	女	云南蒙自	甲班
杨建国	男	云南大理		杨昭华	男	云南昆明	甲班	王佩连	男	北京	
董开福	男	云南大理		陈世樵	男	江苏南京	甲班	曹德培	男	上海	
董国胜	男	云南大理		周丽华	女	云南昆明		韦文义	男	云南开远	
柳万华	女	云南易门		毛昆玲	女	云南永善	甲班	冯裕祥	男	云南会泽	甲班
杨　甲	男	云南下关	甲班	李丽萍	女	云南昆明	甲班	冯艳琼	女	云南新平	
施碧娟	女	云南下关		杨若云	女	云南昆明		解顺祥	男	云南泸西	甲班
汤培汉	男	云南洱源	甲班	郎韵霓	女	云南昆明		徐金昆	男	江苏南京	甲班
李克恭	男	云南洱源	甲班	肖桂媛	女	云南昆明	甲班	高文清	女	贵州	
潘运琪	男	云南鹤庆		王佩营	女	北京	甲班	杨树发	男	云南曲靖	甲班
王国樑	男	云南鹤庆	甲班	宋玉焕	女	山东	甲班	陈玉生	男	云南曲靖	甲班
李俊荣	男	云南鹤庆	甲班	龙达霓	女	云南大关		张德荣	男	云南曲靖	
何学惠	女	云南腾冲	甲班	肖丽芬	女	云南昆明	甲班	段希珠	男	云南弥勒	
寸琳苑	女	云南腾冲	甲班	夏力耕	男	云南玉溪		李启雄	男	云南宣威	甲班
黄邦亮	男	云南绥江	甲班	白秀华	女	云南昆明	甲班	何兆虎	男	云南宣威	
张光明	男	四川	甲班	江敬昆	男	福建	甲班	段汝勤	男	云南宜良	甲班
陈　超	男	云南昆明		孙　钧	男	云南昆明	甲班	崔树荣	男	云南宜良	
许发旺	男	云南祥云		刘　汾	女	广西		马　立	男	云南宜良	甲班
王浩芳	男	云南楚雄		阮昆生	男	安徽		赵　凯	男	云南祥云	
王永奎	男	云南广南	甲班	杨珠光	女	云南昆明		杨嘉柟	男	云南大理	
周述藩	男	云南广南		李光溪	男	云南富民	甲班	李翠华	女	云南建水	甲班
胡荣越	男	云南盐津		李薇山	女	广东鹤山		毛福有	男	云南石屏	

续表

姓名	性别	籍贯	班级	姓名	性别	籍贯	班级	姓名	性别	籍贯	班级
杨美竹	男	云南昭通	甲班	王利身	男	上海	甲班	郭丽华	女	云南个旧	
王文兰	女	云南昭通		何尔丽	女	云南昆明		覃海曜	男	广西百色	
孟吕超	男	云南		张　福	男	云南昆明		汤　澄	男	云南蒙自	甲班
周苏华	男	云南双江	甲班	李若琪	女	云南昆明		王丽英	女	云南蒙自	甲班
林雨高	男	云南昆明		郭振家	男	云南昆明		李正龙	男	云南石屏	甲班
罗少华	女	云南易门	甲班	邢文林	女	山东济南		陈炳亮	男	广西	甲班
王金宪	男	云南玉溪		何瑞云	女	云南昆明					
曾似兰	女	福建	甲班	刘　祥	男	云南蒙自					

1972 级数学专业本科学生

1972～1976 年招生数学专业本科学生，学制 3 年，一般是每年 9 月入学，三年后的 8 月毕业。

学号	姓名	性别	生源地	学号	姓名	性别	生源地	学号	姓名	性别	生源地
727001	龚　勇	男		727033	李　树	男	云南大理	727066	宝汉访	男	云南大理
727002	杨续义	男	云南丽江	727034	彭学文	男		727067	于春李	男	云南昆明
727003	张明武	男	云南保山	727035	周光秀	女	云南昭通	727068	董进程	男	122 部队
727004	何维勤	女	云南红河	727036	张惠能	男	云南丽江	727069	和继仁	男	云南丽江
727005	杨滨生	男	云南保山	727037	刀洪文	男	云南保山	727070	张美芳	女	云南思茅
727006	张玉良	男	云南文山	727038	张廷福	男	云南文山	727071	白勇俊	男	云南红河
727007	熊向荣	男	云南曲靖	727039	杜流芝	女		727072	杨长发	男	8365 部队
727008	李秀兰	女		727040	段存伟	男	云南保山	727073	李　湘	男	云南保山
727009	周天平	男	云南临沧	727041	赵元春	男	云南红河	727074	毛兰芳	女	云南楚雄
727010	梅　高	男	云南临沧	727042	杨石生	男	云南思茅	727075	陈　凯	女	
727011	蒋永正	男	云南昭通	727043	易铭贤	男	云南保山	727076	邱　林	男	云南思茅
727012	孙　财	男	8365 部队	727044	牛新亭	男	8365 部队	727077	刘文龙	男	
727013	陈义先	女	云南保山	727045	卫　红	女	云南思茅	727078	陈建林	男	云南昆明
727014	杨茂昌	男	云南保山	727046	韩国永	男	云南昭通	727079	冯志成	男	云南昆明
727015	许朝春	男	云南思茅	727047	李灿东	男	云南景洪	727080	谢祥德	男	云南昭通
727016	李静伶	女	云南思茅	727048	张广平	男	云南文山	727081	刘宗朝	男	云南文山
727017	查天荣	男	云南临沧	727049	李占通	男	8365 部队	727082	周吉恩	男	云南昭通
727018	武天文	男	云南临沧	727050	彭文堂	男	云南红河	727083	和汝恭	男	云南丽江
727019	马培安	男	云南思茅	727051	施恩伟	男	云南保山	727084	阚有贵	男	云南红河
727020	陈　进	男	云南丽江	727052	蒋贵生	女	云南思茅	727085	陈忠浩	男	云南文山
727021	吴志立	男	云南昭通	727053	杨凤荣	男	云南玉溪	727086	候嘉桢	男	云南曲靖
727022	金福强	男	云南临沧	727054	李文富	男	云南临沧	727087	赵立敏	女	云南思茅

续表

学号	姓名	性别	生源地	学号	姓名	性别	生源地	学号	姓名	性别	生源地
727023	杨永顺	男	云南玉溪	727055	张宝昌	男	云南大理	727088	王志文	男	云南玉溪
727024	李瑞庭	男	8365 部队	727056	杨兴明	男	云南曲靖	727089	唐石生	男	云南昆明
727025	詹仕荣	男	云南保山	727058	马以玔	男	云南楚雄	727090	张晓林	男	云南思茅
727026	叶耀东	男	云南丽江	727059	兰德春	男	云南保山	727091	陈太礼	男	云南昭通
727027	李珍菊	女	云南临沧	727060	李树英	女	云南红河	727092	奚家政	男	云南丽江
727028	马云良	男	云南思茅	727061	李才高	男		727093	熊兰英	女	
727029	杨春金	男	云南保山	727062	伏国庆	男	云南保山	727094	王珍兰	女	云南丽江
727030	祁　楚	男	云南楚雄	727063	廖琨祥	男	云南玉溪	727095	丁梅春	男	云南怒江
727031	杨丽华	女	云南楚雄	727064	毕士华	男	云南临沧	727096	钱　明	女	云南昭通
727032	吴维权	男	云南昭通	727065	杨淇贤	男	云南临沧	727097	寇永祥	男	云南曲靖

1973 级数学专业本科学生

学号	姓名	性别	民族	籍贯	学号	姓名	性别	民族	籍贯
737001	刘富成	男	汉	四川	737022	马昆兰	女	汉	河北
737002	纳解生	男	汉	云南华宁	737023	周绍光	男	汉	四川
737003	刘祥武	男	汉		737024	李从文	女	汉	云南易门
737004	郑祥华	男	汉	云南玉溪	737025	黄惠清	女	汉	云南普洱
737005	李树义	男	汉	云南云龙	737026	杨子仙	女	汉	云南镇沅
737006	姚光寿	男	汉	云南永平	737027	于勇莉	女	汉	云南保山
737007	张植华	男	汉	上海	737028	李永才	男	彝	云南红河
737008	李云天	男	汉	云南永胜	737029	杨映萍	女	汉	云南武定
737009	窦旭东	男	汉	云南	737030	曾兴玉	男	汉	云南大关
737010	张振坤	男	汉	云南镇康	737031	王贵文	男	汉	云南宜良
737011	胡顺昌	男	汉	云南东川	737032	殷强邦	男	汉	云南富民
737012	胡洁珊	女	汉	安徽	737033	李　刘	男	汉	云南昆明
737013	李申初	男	汉	江苏	737034	赵永祥	男	汉	云南晋宁
737014	陈明珠	女	汉	上海	737035	宋一珏	女	汉	云南大理
737015	和文祥	男	藏	云南贡山	737036	张耀焜	男	汉	江苏南京
737016	和福生	男	纳西	云南丽江	737037	杨开明	男	汉	河北
737017	阿　那	男	藏	云南德钦	737038	李武安	男	苗	云南西畴
737018	罗　瞻	男	藏	云南永胜	737039	龙绍光	男	壮	云南文山
737019	温绍维	男	汉	云南富源	737040	马百利	男	汉	河北
737020	保明轩	男	汉	云南寻甸	737041	易铭贤	男	汉	
737021	梁文华	男	汉	四川内江					

1973级数学专业进修班学员(一年制)

学号	姓名	性别	民族	籍贯	入学时间	毕业时间	学号	姓名	性别	民族	籍贯	入学时间	毕业时间
737001	曹　锋	男		云南文山	1973	1974	737021	袁德良	男	汉	云南临沧	1973	1974
737002	邓陆廉	男	汉	四川荣县	1973	1974	737022	赵立武	男	汉	云南凤庆	1973	1974
737003	汪保良	男	汉	云南师宗	1973	1974	737023	李应华	男	汉	云南镇沅	1973	1974
737004	陈世贵	男	汉	云南宣威	1973	1974	737024	王世忠	男	汉	云南墨江	1973	1974
737005	李顺伦	男	汉	云南鲁甸	1973	1974	737025	姚翠华	女	汉	云南个旧	1973	1974
737006	游汝轩	女	汉	云南宜良	1973	1974	737026	王洪亮	男	汉	云南元谋	1973	1974
737007	李福堂	男	汉	云南中甸	1973	1974	737027	张蓬莲	女	汉	云南昆明	1973	1974
737008	周苏华	男	汉	云南双江	1973	1974	737028	吴永康	男	汉	云南昆明	1973	1974
737009	孙乃聪	男	汉	云南易门	1973	1974	737029	普正湖	男	彝	云南牟定	1973	1974
737010	姚朝斌	男	汉	云南富源	1973	1974	737030	余文涛	男	汉	云南宾川	1973	1974
737011	颜永万	男	汉	云南宜良	1973	1974	737031	马士标	男	回	云南大理	1973	1974
737012	李春学	男	汉	云南保山	1973	1974	737032	李　弼	男	纳西	云南丽江	1973	1974
737013	林韵民	女	汉	云南腾冲	1973	1974	737033	黄昆生	男	汉	云南昆明	1973	1974
737014	段兴文	男	汉	云南泸西	1973	1974	737034	周耀兰	女	回	云南河南	1973	1974
737015	王　锋	男	汉	云南师宗	1973	1974	737035	明增荣	男	回	云南腾冲	1973	1974
737016	郑双桥	男	汉	湖南	1973	1974	737036	马　彪	男	汉	云南晋宁	1973	1974
737017	王铸成	男	汉	云南昆明	1973	1974	737037	喻文礼	男		云南弥勒	1973	1974
737018	邓承印	男	汉	云南普洱	1973	1974	737038	张全汉	男	汉	云南西畴	1973	1974
737019	朱美英	女	汉	云南腾冲	1973	1974	737039	何　忠	男	汉	云南新平	1973	1974
737020	周存仁	男	汉	云南通海	1973	1974							

1974级数学专业本科学生

编号	姓名	性别	民族	籍贯	编号	姓名	性别	民族	籍贯
747001	杨允钊	男	纳西	云南丽江	747027	杨天庆	男	白	云南云龙
747002	和国伟	男	纳西	云南丽江	747028	李永文	男	汉	云南砚山
747003	银　星	女	藏	云南德钦	747029	陆太忠	男	壮	云南广南
747004	丰德光	男	傈僳	云南维西	747030	张　军	男	汉	云南麻栗坡
747005	孙定珠	女	汉	云南楚雄	747031	常继英	女	汉	云南峨山
747006	张正伟	女	汉	湖南常德	747032	张德英	女	汉	云南呈贡
747007	张保中	男	彝	云南禄劝	747033	裘志裕	男	汉	上海
747008	石　蓉	女	汉	上海	747034	马建芬	女	汉	云南峨山
747009	刘光武	男	汉	云南玉溪	747035	杨天福	男	汉	云南凤庆
747010	刘　洪	男	汉	云南路南	747036	袁南漳	女	汉	四川成都
747011	赵琼兰	女		云南宣威	747037	范国兴	男	傣	云南

续表

编号	姓名	性别	民族	籍贯	编号	姓名	性别	民族	籍贯
747012	施玉辛	女	汉	云南昆明	747038	王保有	男	汉	云南弥勒
747013	李启武	男	汉	云南镇源	747039	杨文云	男	彝	云南弥勒
747014	朱荣峰	男	汉	云南昆明	747040	崔体英	女	汉	云南晋宁
747015	李志荣	男		云南墨江	747041	周天良	男	汉	云南富民
747016	李太清	男	汉	云南镇雄	747042	季宝泉	男	汉	上海
747017	刘明光	男	汉	云南威信	747043	周关留	男	汉	云南昆明
747018	阮琼仙	女	汉	云南昆明	747044	缪以彬	女	汉	云南昆明
747019	申正樑	男	汉	上海	747045	张晓东	女	汉	云南会泽
747020	盛国强	男	汉	上海	747046	施爱珊	女	汉	江苏
747021	谷天慧	女	汉	云南腾冲	747047	李华明	男	汉	陕西延安
747022	段栒美	女	汉	云南龙陵	747048	吴宽金	男	汉	贵州遵义
747023	彭吉仙	女	汉	云南永胜	747049	陈新民	男	汉	四川
747024	赵德福	男	汉	云南永胜	747050	赵　瑜			云南大理
747025	何清泉	男	汉	云南华坪	747052	杨声华	男	汉	云南宜良
747026	张学义	男	土	云南永平					

1974级数学专业进修班(一年制)学生

学号	姓名	性别	民族	学号	姓名	性别	民族
74(7)001	郭良仁	男	汉	74(7)028	杨学科	男	汉
74(7)002	尹辉光	男	汉	74(7)029	陈　明	男	汉
74(7)003	胡文辉	男	汉	74(7)030	刘星宇	男	汉
74(7)004	和学诚	男	纳西	74(7)031	陈　洲	男	汉
74(7)005	和云岫	男	纳西	74(7)032	张崇高	男	纳西
74(7)006	杨玉仙	女	汉	74(7)033	李爱荣	女	纳西
74(7)007	和学祥	男	藏	74(7)034	司良辉	男	汉
74(7)008	张志云	男	汉	74(7)035	马　云	男	回
74(7)009	杨昌琼	女	汉	74(7)036	张绍文	男	纳西
74(7)010	和文辉	男	纳西	74(7)037	杨英诚	男	纳西
74(7)011	和富安	女	纳西	74(7)038	王从新	男	回
74(7)012	李兴荣	男		74(7)039	蒋其昌	男	纳西
74(7)013	赵清文	男	汉	74(7)040	杨文斌	男	汉
74(7)014	李治国	男		74(7)041	李静生	男	纳西
74(7)015	和泽明	男	纳西	74(7)042	姚家禾	男	白
74(7)016	和文述	男	纳西	74(7)043	张志蓉	女	汉
74(7)017	和学仁	男	纳西	74(7)044	木占发	男	纳西

续表

学号	姓名	性别	民族	学号	姓名	性别	民族
74(7)018	和继宝	男	纳西	74(7)045	杨世发	男	纳西
74(7)019	贺廷耀	男	汉	74(7)046	曾德政	男	汉
74(7)020	冯兴和	男	汉	74(7)047	姚品高	男	白
74(7)021	杨金华	男	彝	74(7)048	和莲枢	男	纳西
74(7)022	马如云	男	彝	74(7)049	沈学臻	男	汉
74(7)023	李兆堂	男	汉		樊桂华	女	汉
74(7)024	郑国泰	男	纳西		张惠琼	女	汉
74(7)025	吴必荣	男	汉		张其曼	女	汉
74(7)026	李汝繁	男	汉		蒋筱清	女	汉
74(7)027	杨秀全	男	汉		郑兴乔	男	汉

1975级数学专业本科学生

学号	姓名	性别	民族	籍贯	学号	姓名	性别	民族	籍贯
757001	缪忠泽	男	汉	云南马龙	757025	瞿发英	女	汉	云南盈江
757002	段卫平	男	汉	云南宜良	757026	杨树堂	男	白	云南剑川
757003	张聪文	男	汉	云南曲靖	757027	董明德	男	白	云南洱源
757004	刘应海	男	汉	云南河口	757028	陈兰芝	女	汉	云南祥云
757005	松文书	男		云南屏边	757029	张耀勋	男	汉	云南祥云
757006	罗自芬	女	汉	云南金平	757030	方绍华	男	白	云南元江
757007	张志明	男	汉	云南红河	757031	金元善	男	汉	云南江川
757008	汤少祥	男	汉	云南富民	757032	王　亚	男	汉	云南
757009	汤　敏	男	汉	云南昆明	757033	陈自华	男	汉	云南
757010	王智昌	男	彝	云南武定	757034	杨荣陆	男	汉	云南龙陵
757011	何光文	男	彝	云南姚安	757035	唐云峰	男	汉	吉林
757012	马文忠	男	汉	云南禄丰	757036	谭元丞	男	汉	湖南
757013	刘定昌	男	汉	云南东川	757037	张新红	女	汉	河南
757014	岳学明	男	汉	云南巧家	757038	盛德君	男	汉	山海
757015	刘光第	男	汉	四川成都	757039	唐良明	男	汉	四川
757016	张晓红	女	汉	河北	757040	梁永忠	男	汉	云南砚山
757017	杜本建	男	汉	四川	757041	黄少川	男	壮	云南富宁
757018	杨向红	男	彝	云南宁蒗	757042	周桂兰	女	汉	云南麻栗坡
757019	王顺芬	女	汉	云南水富	757043	刘琼芬	女	汉	山西
757020	张儒林	女	彝	云南镇雄	757044	宋　鸣	男	汉	河北
757021	罗兰芬	女	汉	四川富顺	757045	张新宪	男	汉	山西
757022	王宝珠	女	汉	云南通海	757046	李金樑	男	汉	云南建水

续表

学号	姓名	性别	民族	籍贯	学号	姓名	性别	民族	籍贯
757023	汪林贵	男	汉	四川成都	757047	陈　松	男	汉	云南永胜
757024	刘远贵	男	汉	四川成都					

1976级数学专业本科学生

学号	姓名	性别	民族	籍贯	入学时间	毕业时间	学号	姓名	性别	民族	籍贯	入学时间	毕业时间
767001	王治国	男	汉	云南保山	197703	198002	767027	刘自国	男	汉	云南元江	197703	198002
767002	陈美娟	女	汉	浙江	197703	198002	767028	高　宏	女	汉	四川	197703	198002
767003	赵永贵	男	汉	云南宣威	197703	198002	767029	赵令玲	女	汉	广西	197703	198002
767004	陈宝华	女	汉	云南石屏	197703	198002	767030	邓国才	男	汉	云南盐津	197703	198002
767005	戴雪峰	女	汉	云南宣威	197703	198002	767031	潘仁兴	男	壮	云南富宁	197703	198002
767006	郑明鼎	男	汉	云南宣威	197703	198002	767032	郭光禄	男	汉	云南麻栗坡	197703	198002
767007	常　杰	女	汉	吉林	197703	198002	767033	孔令锋	男	汉	云南泸西	197703	198002
767008	唐志祥	男	汉	湖北	197703	198002	767034	陈　灿	男	汉	云南蒙自	197703	198002
767009	方　钢	男	汉	吉林	197703	198002	767035	文云康	男	傣	云南武定	197703	198002
767010	蒋兴建	男	汉	四川	197703	198002	767036	郭　震	男	汉	云南双柏	197703	198002
767011	田立新	男	佤	云南沧源	197703	198002	767037	茶　蔚	女	彝	云南南涧	197703	198002
767012	李金昌	男	汉	云南永德	197703	198002	767038	杜银书	男	白	云南大理	197703	198002
767013	谢　艳	女	汉	广西	197703	198002	767039	李宏钧	女	汉	云南云龙	197703	198002
767014	杨家寒	男	汉	云南梁河	197703	198002	767040	杨仕德	男	纳西	云南丽江	197703	198002
767015	张安国	男	汉	四川	197703	198002	767041	杨仕祥	女	纳西	云南丽江	197703	198002
767016	张兰辉	女	彝	云南丘北	197703	198002	767042	林　谦	男	汉	云南保山	197703	198002
767017	郭爱珍	女	汉	山西	197703	198002	767043	李志坚	女	汉	云南晋宁	197703	198002
767018	丁金花	女	汉	云南沾益	197703	198002	767044	冯德稼	男	汉	云南镇源	197703	198002
767019	何林发	男	汉	云南宣威	197703	198002	767045	龙　瑶	女	汉	云南石屏	197703	198002
767020	李兴乔	男	汉	云南罗平	197703	198002	767046	曹灿庭	男		云南墨江	197703	198002
767021	范　瑜	女	汉	云南宜良	197703	198002	767047	王文祥	男	蒙化	云南临沧	197703	198002
767022	张建平	女	汉	云南晋宁	197703	198002	767048	陆清萍	女	汉	上海	197703	198002
767023	杨凤麟	男	汉	云南昆明	197703	198002	767049	刘晋萍	女	汉	山西	197703	198002
767024	余廷江	男	汉	云南东川	197703	198002	767050	陈丹舟	男	汉	辽宁	197703	198002
767025	范培亮	男	汉	云南玉溪	197703	198002		尹月华	女			197703	198002
767026	张艺文	男	汉	云南新平	197703	198002							

1977 级数学专业本科学生

1977 年开始，数学专业本科学制 4 年。1977 年，昆明师范学院数学系本科班共有 5 个办学点 8 个学籍班：昆明师范学院 1 个班、保山 1 个班、大理 3 个班、红河 2 个班、曲靖 1 个班，入学时间为 1978 年 3 月，毕业时间为 1982 年 1 月。

昆明师范学院班

学号	姓名	性别	民族	籍贯	学号	姓名	性别	民族	籍贯	学号	姓名	性别	民族	籍贯
82001	王汉豪	男	汉	广东	82024	饶　惠	女	汉	广东	82047	岳修凤	男	汉	云南通海
82002	钟汝佳	男	汉	云南云县	82025	李恒绮	女	汉	北京	82048	董水仙	女	汉	云南宜良
82003	陈知周	男	汉	云南镇雄	82026	张洪志	男	汉	云南罗平	82049	何　昌	男	汉	云南弥渡
82004	王　郁	女	汉	云南建水	82027	王　琼	女	白	云南鹤庆	82050	寸待龙	男	汉	云南腾冲
82005	徐裕光	男	汉	上海	82028	王　姮	女	汉	云南蒙自	82051	吕　群	男	汉	云南东川
82006	王玉茗	女	汉	河北	82029	詹　雄	男		云南南华	82052	谢帜标	男	汉	云南景东
82007	孙可钦	女	汉	云南昆明	82030	岳朝宋	男	汉	云南腾冲	82053	王　白	女	汉	江苏昆山
82008	卫述义	男	汉	云南石屏	82031	李贞贵	男		云南禄劝	82054	孙昭洪	男	汉	云南昭通
82009	杨吉贵	男	汉	云南江川	82032	李洁临	女	汉	云南昆明	82055	李跃先	男	汉	云南陆良
82010	张惠丽	女	彝	云南	82033	蒋建伟	男	汉	云南马龙	82056	谢保平	男	汉	云南泸西
82011	冯全杰	男	汉	云南嵩明	82034	黄　微	女	汉	四川重庆	82057	郭存寿	男	汉	云南昆明
82012	余玉良	男		云南石屏	82035	段志鹏	男	汉	云南腾冲	82058	罗　平	男		云南巍山
82013	邹昭晞	女	汉	江苏南京	82036	夏正星	男	汉	云南保山	82059	苏天鹏	男		云南嵩明
82014	赵宗尧	男	汉	云南镇雄	82037	吴　鲜	男	汉	云南镇雄	82060	朱维宗	男	汉	江苏南通
82015	高海云	女	汉	安徽宿城	82038	许家辉	男	汉	云南路南	82061	高有俊	男	彝	云南宣威
82016	刘夕标	男	汉	云南昆明	82039	张荣珠	女	汉	云南蒙自	82062	蔡昌虎	男	汉	江西南昌
82017	储国根	男	汉	上海	82040	钱迎武	女	汉	云南丘北	82063	纪燕桥	女		北京
82018	曾宪祖	男	汉	湖南株洲	82041	孙建国	男	汉	云南勐腊	82064	刘文俊	男	汉	云南昆明
82019	甘德中	男		上海	82042	张其曼	女	汉	云南建水	82065	姜　浩	男	汉	山东威海
82020	吴雁沙	女	汉	云南建水	82043	张　进	男	汉	湖南长沙	82066	邱秀凤	女	汉	福建
82021	李增裕	男	彝	云南建水	82044	蔡荷兰	女	汉	云南云县	82067	周　芸	女	汉	四川乐山
82022	姜成焕	男	汉	云南威信	82045	邓卫和	男	汉	云南马关	82068	吴　宏	男	汉	浙江镇海
82023	伊继昆	女	汉	山东高青	82046	杨祖葵	女	汉	河南邓县					

保山班

姓名	性别	姓名	性别	姓名	性别	姓名	性别	姓名	性别	姓名	性别
寸　华	女	尹可明	男	杨在荣	男	李寿海	男	张中道	男	康万云	男
王明纲	男	韦银川	男	杨树榆	男	李云保	男	吴建华	女	常会晟	男
王双惠	女	安　伟	男	杨宽荣	男	陈桂芝	女	余安娜	女	傅　珍	女
王玉昌	男	朱星薇	女	何明兴	男	陈红卫	女	郑文昌	男	谢　忠	男

续表

姓名	性别	姓名	性别	姓名	性别	姓名	性别	姓名	性别	姓名	性别
王其虎	男	刘建美	女	李育惠	女	夏洪基	男	屈生刚	男	谢金晓	男
王边疆	男	刘胜秋	女	李映芬	女	闵慧颖	女	郝蜀琼	女	辉　明	男
王希和	男	刘学祖	男	李兴科	男	张泽升	男	徐成芬	女	虞跃能	男
王希华	男	刘正安	男	李继学	男	张崇政	男	郭秀清	男	蔡有武	男
王睿琛	女	杨本济	男	李德兴	男	张水生	男	段应强	男	潘正忠	男
尹仁留	男	杨兴相	男	李子沛	男	张德在	男	高建兴	男	薛　梅	女
尹凤仙	女										

大理班

学号	姓名	性别	民族	生源地	班级	学号	姓名	性别	民族	生源地	班级
1	王先佑	男	汉	大理	一班	84	徐湘云	女	汉	洱源	二班
2	王　洪	男	汉	弥渡	一班	85	肖　丁	男	汉	剑川	二班
3	王文清	男	汉	永胜	一班	86	史书华	女	汉	陕西	二班
4	李家乐	男	白	鹤庆	一班	87	谢志伟	男	汉	巍山	二班
5	李越新	男	汉	祥云	一班	88	阿家斌	男	彝	南涧	二班
6	李如锦	男	汉	弥渡	一班	89	刘德宏	男	汉	湖南	二班
7	李茂才	男	汉	牟定	一班	90	高昌生	男	汉	宜良	二班
8	李翠钦	男	汉	牟定	一班	91	庆新楚	女	汉	山东	二班
9	李宗洲	男	汉	上海	一班	93	崔　璞	男	汉	楚雄	二班
10	李　毅	男	纳西	丽江	一班	94	陆学琼	女	汉	大姚	二班
11	李正良					95	唐继文	男	汉	元谋	二班
12	刘幼凯	男	汉	洱源	一班	96	樊丽仙	女	汉	宣威	二班
13	赵　华	男	汉	楚雄	一班	97	黎　明	男	汉	山东	二班
14	刘元生	男	汉	禄丰	一班	98	施良言	女	汉	洱源	二班
16	杨利泉	男	汉	大理	一班	100	罗开秀	女	汉	临沧	二班
17	杨汝恒	男	白	大理	一班	101	田新富	男	汉	华坪	二班
18	杨　琪	男	白	大理	一班	102	敬伟德	男	汉	四川	二班
19	杨长远	男	白	大理	一班	103	冯丽华	女	汉	湖北	二班
20	杨施承					104	宋茂基	男	汉	永胜	二班
21	赵允安	男	白	大理	一班	105	段汉民	男	汉	丽江	二班
22	赵德树	男	纳西	丽江	一班	106	李爱娟	女	汉	澄江	三班
23	张立堂	男	汉	洱源	一班	107	李　洁	女	汉	四川成都	三班
26	董绍恒	男	汉	祥云	一班	108	李春福	男	白	大理	三班
27	董德文	男	白	大理	一班	109	李杏莲	女	白	鹤庆	三班
29	和新文	男	纳西	丽江	一班	110	李玉冰	女	白	腾冲	三班
30	和兴秀	女	汉	丽江	一班	111	李惠英	女	白	楚雄	三班

续表

学号	姓名	性别	民族	生源地	班级	学号	姓名	性别	民族	生源地	班级
33	孔宪文	男	汉	宾川	一班	112	李景刚	男	白	元谋	三班
34	曹国宏	男	汉	弥渡	一班	113	李文旺	男	白	鹤庆	三班
35	郜绍成	男	汉	合庆	一班	114	李劲东	男	汉	天津	三班
36	袁光熙	男	汉	大理	一班	115	李顺忠	男	汉	凤庆	三班
37	元红道	男	汉	巍山	一班	116	杨名红	男	白	下关	三班
38	廖　言	男	汉	湖南长沙	一班	117	杨泽恒	男	汉	云龙	三班
39	白诚文	男	汉	弥渡	一班	118	杨　琳	女	白	鹤庆	三班
41	赵云学	男	汉	楚雄	一班	119	杨卫华	女	汉	姚安	三班
42	何开禄	男	汉	禄劝	一班	120	杨正邦	男	汉	四川	三班
45	钱树萍	女	汉	昆明	一班	121	杨　浩	女	汉		三班
46	沈友祥	男	汉	四川	一班	122	赵　傣	男	傣	德宏	三班
47	江定中	男	汉	湖南	一班	123	赵　钢	男	傣	四川	三班
48	黄健中	男	汉	湖南	一班	124	黄　曦	男	傣	江西	三班
49	何兆棋	男	汉	四川成都	一班	125	黄建明	男	傣	南涧	三班
50	周福忠	男	汉	临沧	一班	126	黄丹心	女	傣	姚安	三班
51	马兴祥	男	汉	华坪	一班	127	陈榆华	女	傣	大理	三班
53	晏鸿兰	女	汉	永胜	一班	128	陈富强	男	傣	姚安	三班
54	王晓署	男	汉	洱源	二班	129	陈宇红	女	傣	曲靖	三班
55	王　昭	男	汉	永平	二班	130	陈苏红	男	傣	浙江	三班
56	王　萍	女	汉	保山	二班	131	陈　瑛	女	傣	巨甸	三班
57	王绍荣	男	汉	永胜	二班	132	董亚平	男	白	大理	三班
58	李子光	男	汉	永平	二班	133	董　明	男	汉	楚雄	三班
59	李云华	男	汉	呈贡	二班	134	董双红	男	白	丽江	三班
60	李济舟	女	汉	牟定	二班	135	张　震	男	汉	山西	三班
61	李永华	男	汉	凤庆	二班	136	袁　军	男	汉	山东	三班
62	杨永庆	女	白	大理	二班	137	易竟新	男	汉	湖南长沙	三班
64	杨彦高	男	汉	临沧	二班	138	王文武	男	汉	弥渡	三班
66	杨　明	男	白	大理	二班	140	许贵明	男	汉	祥云	三班
67	赵逸才	男	汉	大理	二班	141	曹秋萍	女	汉	山东	三班
68	张荣众	男		大理	二班	142	项春仙	女	汉	弥渡	三班
69	张宗云	男	汉	永胜	二班	143	尹文美	女	汉	腾冲	三班
70	钱德辉		汉	四川重庆	二班	144	吕宁学	男	汉	浙江	三班
71	钱桂芳	女	汉	华坪	二班	145	寇　宇	男	汉	永仁	三班
72	陈　丹	女	汉	安徽	二班	146	白翠萍	女	汉	山西	三班
73	陈喜勤	女	白	大理	二班	147	姜　跃	女	汉	安徽	三班
74	陈浩云	男	汉	江西南昌	二班	148	彭建国	男	汉	大姚	三班

续表

学号	姓名	性别	民族	生源地	班级	学号	姓名	性别	民族	生源地	班级
75	吴君明	女	汉	昆明	二班	149	焦江红	女	汉	河北	三班
77	苏继红	女	汉	下关	二班	150	吴邑洲	男	汉	四川	三班
78	苏绍生	男	汉	双柏	二班	151	霍剑龙	男	汉	广东	三班
79	黑朝明	男	白	大理	二班	152	石兆明	男	汉	临沧	三班
80	孙垒明	女	汉	河北	二班	153	鲍玉龙	男	汉	合庆	三班
81	葛家建	男	汉	巍山	二班	154	苏德安	男	汉	永胜	三班
82	雄滇源	男	汉	江西	二班	155	文加礼	男	汉	永胜	三班
83	岳燕红	女	汉	四川	二班	156	任爱民	男	汉	山西	三班

曲靖班

学号	姓名	性别	民族	生源地	学号	姓名	性别	民族	生源地
77301	尹小建	男	汉	富源	77328	任德华	女	汉	罗平
77302	洪　勇	男	汉	昭通	77329	唐孝生	男	汉	罗平
77303	孙跃洲	女	汉	沾益	77330	王培林	男	汉	嵩明
77304	宋天莉	女	汉	曲靖	77331	崔汝斌	男	汉	会泽
77305	王　红	女	汉	山西	77332	富　毅	男	汉	宜良
77306	李建德	男	汉	陆良	77333	孙家稳	男	汉	沾益
77307	张云岱	女	汉	山东	77334	陈光美	女	汉	昆明
77308	戚惠民	女	汉	昆明	77336	黄茂来	男	汉	昭通
77309	孙　敏	女	汉	四川	77337	付忠凤	女	汉	宜良
77310	司品琴	女	汉	嵩明	77338	毛朱新	男	汉	昭通
77311	朱灿萍	女	汉	陆良	77339	沈声亮	男	汉	昭通
77312	邵　昆	男	汉	陆良	77340	张云香	女	汉	山西
77313	钱琼玉	女	汉	陆良	77341	李曙英	女	汉	丽江
77314	刘国玉	男	汉	宜良	77342	刘卫华	男	汉	山东
77315	许建平	男	汉	宣威	77343	孟世华	男	汉	昭通
77316	耿留忠	男	汉	宣威	77344	杨国明	男	汉	镇雄
77317	郑克耀	男	汉	河南	77345	谢建刚	男	汉	宜良
77318	范光国	男	汉	黑龙江	77346	黄河浪	男	汉	永善
77319	欧阳跃	女	汉	湖南	77347	黄东耀	男	汉	宣威
77320	杨增书	男	汉	曲靖	77348	贾乔元	男	汉	曲靖
77321	肖　纯	女	汉	宾川	77349	王庆国	男	汉	安徽
77322	董玉洲	男	汉	四川	77350	郭　利	女	纳西	山西
77323	张超英	女	汉	浙江	77351	陈和生	男	汉	曲靖
77324	庄　荔	女	汉	宣威	77352	张鹤庆	男	汉	曲靖
77325	陆金德	男	汉	罗平	77353	马树林	男	回	宣威

续表

学号	姓名	性别	民族	生源地	学号	姓名	性别	民族	生源地
77326	王金华	男	汉	寻甸	77354	文吉光	男	汉	宣威
77327	郭晋云	男	汉	山西					

红河班

毕业编号	姓名	性别	生源地	毕业编号	姓名	性别	生源地
82085	马跃增	男	云南砚山	82155	王　萍	女	山东
82086	王家祥	男	云南建水	82156	龙云祥	男	云南建水
82087	王莉莉	女	云南洱源	82157	帅　杰	男	四川
82088	王丽君	女	云南牟定	82158	许永年	男	云南石屏
82089	王豫云	女	河南叶县	82159	许云生	男	广东清远
82090	王　瑾	女	江西会昌	82160	孙柏泉	男	江苏
82091	王　萍	女	云南陆良	82161	吉　伟	男	云南石屏
82092	王玉廷	女	云南建水	82162	伊士坤	男	云南泸西
82093	王治祥	男	云南巍山	82163	朱雅琴	女	湖南
82094	王留德	男	云南江川	82164	沈曙晶	女	云南个旧
82095	方绍兵	男	云南石屏	82165	矣凤英	女	云南峨山
82096	付　红	女	湖南	82166	李雪松	女	四川营山
82097	史习斌	男	云南建水	82167	李　华	女	云南富源
82098	刘振昆	男	云南昆明	82168	李金恩	男	云南石屏
82099	刘若群	女	云南石屏	82169	李　伶	女	云南弥勒
82100	朱丽佳	女	云南石屏	82170	李永进	男	云南华宁
82101	朱建华	女	云南石屏	82171	李德光	男	云南泸西
82102	伊保元	男	云南华宁	82172	吴建琼	女	湖南长沙
82103	李　兴	男	云南石屏	82173	吴惠敏	女	云南富民
82104	李民华	女	云南昆明	82174	肖　柏	男	四川
82105	李成金	男	云南易门	82175	何繁录	男	云南建水
82106	苏忠民	男	云南石屏	82176	何　垒	女	云南石屏
82107	陈莲萍	男	上海	82177	何晓林	女	山西晋城
82108	陈国芳	男	上海	82178	何继新	男	云南富宁
82109	陈泽荣	男	云南马关	82179	佘维平	男	云南开远
82110	金建国	男	河北	82180	杨辉映	女	云南
82111	杨映莉	女	云南云县	82181	杨树兴	男	云南泸西
82112	杨必俊	男	云南石屏	82182	杨亚非	男	云南江川
82113	杨　耀	男	云南丽江	82183	张幸福	男	云南通海
82114	张　萍	女	云南师宗	82184	张辅宝	男	云南建水
82115	张　红	女	云南通海	82185	张伟宏	女	河南许昌

续表

毕业编号	姓名	性别	生源地	毕业编号	姓名	性别	生源地
82116	张　炜	男	云南江川	82186	周建平	男	云南
82117	张　纯	男	云南昆明	82187	周　杰	男	辽宁沈阳
82118	武显芳	女	云南建水	82188	周凤云	男	云南易门
82119	罗少辉	男	广东惠州	82189	钟淑华	女	云南玉溪
82120	周崇高	男	云南石屏	82190	罗靖全	男	云南石屏
82121	周　力	男	河南南召	82191	陈尔舒	男	云南大理
82122	段锦辉	男	云南泸西	82192	梁龙健	男	江苏邳县
82123	姚建勤	女	云南牟定	82193	崔　莹	女	山西
82124	梁艳萍	女	湖南武岗	82194	高玉英	女	云南玉溪
82125	欧　群	男	云南东川	82195	普献禹	男	云南建水
82126	郭建平	男	云南禄丰	82196	雷丽蓓	女	云南
82127	雷艳华	女	云南蒙自	82197	薛　辉	女	山西
82128	向家源	男	湖南宁乡	82198	刘云堂	女	云南建水
82129	田德良	男	浙江	82199	谭正顺	男	云南通海
82130	田莉娅	女	云南建水	82200	丁玉敏	男	云南泸西
82131	廖亚锦	女	云南建水	82201	万　庆	女	云南蒙自
82132	孙矛一	女	云南普洱	82202	王孝德	男	云南建水
82133	吕原华	男	北京	82203	王跃屏	女	云南石屏
82134	李素华	女	云南建水	82204	方明健	男	湖南醴陵
82135	李广好	男	云南石屏	82205	孔祥均	男	云南元阳
82136	李天锡	男	云南玉溪	82206	冯力群	女	云南洱源
82137	李繁忠	男	云南个旧	82207	旦荣昌	男	云南建水
82138	李富林	男	云南江川	82208	刘如义	男	云南石屏
82139	李胜平	男	云南墨江	82209	刘少玲	女	广东
82140	钟俐玲	女	四川永川	82210	刘永梅	女	云南马关
82141	杨大云	男	湖南	82211	孙　蘋	女	云南昆明
82142	周朝清	男	云南泸西	82212	汪　军	女	安徽
82143	陈　斌	女	云南建水	82213	乔宁刚	男	云南玉溪
82144	陈华富	男	云南马关	82214	李文志	男	云南峨山
82145	张　萍	女	云南石屏	82215	吴志勤	女	山东
82146	罗存芳	女	云南腾冲	82216	杨　芳	女	四川
82147	夏鸿华	女	江西	82217	杨春恩	男	云南弥勒
82148	赵　刚	男	云南建水	82218	周忠群	男	云南昆明
82149	徐亚宾	男	云南陆良	82219	陈　虹	女	河南
82150	黄发有	男	云南江川	82220	郑　敏	女	云南石屏
82151	朱　昆	男	云南玉溪	82221	袁思敏	男	云南西畴

续表

毕业编号	姓名	性别	生源地	毕业编号	姓名	性别	生源地
82152	王兰湘	女	安徽	82222	贾　平	男	云南牟定
82153	王永胜	男	云南通海	82223	勒智明	男	山西
82154	王以明	男	云南景谷	82275	李晓堤	女	北京

1978 级本科学生

学号	姓　名	性别	籍贯	入学时间	毕业时间	学号	姓　名	性别	籍贯	入学时间	毕业时间
82001	陈季林	男	云南镇雄	197810	198207	82050	张见有	男	云南曲靖	197810	198207
82002	朱　艳	女	云南广南	197810	198207	82051	贾纳豫	男	河南	197810	198207
82003	刘娅芳	女	湖北通城	197810	198207	82052	张任重	男	山东聊城	197810	198207
82004	冒子文	男	云南昆明	197810	198207	82053	和光明	男	云南丽江	197810	198207
82005	严　艳	女	云南昆明	197810	198207	82054	陈德华	女	云南峨山	197810	198207
82006	邓　媛	女	上海	197810	198207	82055	彭毅力	女	云南保山	197810	198207
82007	马丽梅	女	云南开远	197810	198207	82056	张　帆	男	黑龙江	197810	198207
82008	黄　京	男	山东济南	197810	198207	82057	蔡仁思	男	上海	197810	198207
82009	季永琪	男	云南永胜	197810	198207	82058	朱　伟	男	云南建水	197810	198207
82010	林昆玉	女	云南通海	197810	198207	82059	叶意绿	女	四川成都	197810	198207
82011	仉金昌	男	云南建水	197810	198207	82060	袁家福	男	云南昭通	197810	198207
82012	李　瑾	女	云南曲靖	197810	198207	82061	王跃华	男	云南文山	197810	198207
82013	王　浩	男	山东茌县	197810	198207	82062	文　勇	男	云南元谋	197810	198207
82014	徐学德	男	云南宣威	197810	198207	82063	王跃英	女	云南蒙自	197810	198207
82015	宋昭寿	男	云南镇雄	197810	198207	82064	岳朝志	男	云南镇雄	197810	198207
82016	穆德华	男	云南镇雄	197810	198207	82065	李鸿鹰	女	山阳城县	197810	198207
82017	王蜀平	女	云南云龙	197810	198207	82066	罗　红	女	云南昆明	197810	198207
82018	张建平	女	云南南华	197810	198207	82067	赵念乔	男	湖北	197810	198207
82019	陈加莉	女	四川	197810	198207	82068	肖　平	男	四川重庆	197810	198207
82120	赵世伦	男	云南华坪	197810	198207	82069	李兴全	男	云南永善	197810	198207
82021	雷绪瑞	男	广西荔浦	197810	198207	82070	郭志勇	男	云南江川	197810	198207
82022	王阿六	男	上海	197810	198207	82071	王林艺	女	山东	197810	198207
82023	吴　健	男	江苏宜兴	197810	198207	82072	刘卫红	女	河北	197810	198207
82024	代　武	男	云南建水	197810	198207	82073	赵　玲	女	云南大理	197810	198207
82025	段怀秦	男	云南腾冲	197810	198207	82074	魏云陵	女	甘肃兰州	197810	198207
82026	关锦寿	男	云南建水	197810	198207	82075	谭美敏	女	湖南湘潭	197810	198207
82027	严　策	男	浙江杭州	197810	198207	82076	张文彬	女	云南保山	197810	198207
82028	谢冬梅	女	河南	197810	198207	82077	袁越源	男	浙江嵊县	197810	198207

续表

学号	姓 名	性别	籍贯	入学时间	毕业时间	学号	姓 名	性别	籍贯	入学时间	毕业时间
82029	温树超	男	云南昭通	197810	198207	82078	莊江黔	男	浙江泰顺	197810	198207
82030	邵 南	女	贵州贵阳	197810	198207	82079	杨多立	女	湖南长沙	197810	198207
82031	蒋庆雄	男	云南大理	197810	198207	82080	鲁延森	男	云南姚安	197810	198207
82032	黄建昌	男	云南罗平	197810	198207	82081	李晋云	男	山西	197810	198207
82033	陈学昆	男	云南昭通	197810	198207	82082	水云波	女	安徽临泉	197810	198207
82034	朱明派	女	四川	197810	198207	82083	张云山	男	山西晋城	197810	198207
82035	贾题荣	男	河北晋县	197810	198207	82084	胡 红	女	云南建水	197810	198207
82036	刘伟耘	女	广东宝安	197810	198207	82085	郭熙强	男	上海	197810	198207
82037	吴寿昌	男	云南文山	197810	198207	82086	段 毅	男	四川重庆	197810	198207
82038	姚朝斌	男	云富源县	197810	198207	82087	刘福昌	男	云南石屏	197810	198207
82039	蔡华仙	女	云南曲靖	197810	198207	82088	沙 丹	女	辽宁	197810	198207
82040	杨庆益	男	云南盈江	197810	198207	82089	侯 芳	女	云南宣威	197810	198207
82041	李跃清	女	云南大姚	197810	198207	82090	张和安	男	山东	197810	198207
82042	师从良	男	云南玉溪	197810	198207	82091	安志强	男	贵州思南	197810	198207
82043	闵建华	男	云南鹤庆	197810	198207	82092	刘 红	男	云南罗平	197810	198207
82044	陈建民	男	广东澄海	197810	198207	82093	张维勇	男	山西阳城	197810	198207
82045	谢娅玲	女	云南威信	197810	198207	82094	萌 星	男	四川梁平	197810	198207
82046	何海燕	男	云南腾冲	197810	198207	82095	陈炳兴	男	云南富民	197810	198207
82047	谭顺昆	男	四川达县	197810	198207	82096	陆琼辉	女	云南建水	197810	198207
82048	李永红	女	云南巧家	197810	198207	82097	李 鹄	男	云南丽江	197810	198207
82051	张 进	男	云南安宁	197810	198207	82098	朱洪声	男	江苏无锡	197810	198207

1979 级数学专业本科学生

从 1979 级开始，数学系本科学生学制 4 年，入学时间为每年 9 月，毕业时间为每年 7 月。

学号	姓名	性别	出生日期	籍贯	学号	姓名	性别	出生日期	籍贯
790701	盛云富	男	195612	云南禄劝	790721	刘 强	男	196202	山东
790702	林云兰	女	196201	湖南	790722	柳文溪	男	195712	四川西昌
790703	李秀妮	女	196101	云南石屏	790723	张荣华	男	196107	云南云龙
790704	邓孝敏	女	196301	云南元谋	790724	方旭东	男	196206	云南陆良
790705	张文斌	男	196105	云南文山	790725	钟 明	女	196111	广东龙川
790706	张 俊	男	196012	云南鹤庆	790726	何树云	男	196302	云南绥江
790707	付世逵	男	196207	云南禄劝	790727	李 祥	男	196208	云南永德
790708	寸庆中	男	196203	云南鹤庆	790728	赵 平	女	196202	云南大理
790709	黄 蘅	男	196301	云南鹤庆	790729	罗 瑞	男	196209	云南昌宁

续表

学号	姓名	性别	出生日期	籍贯	学号	姓名	性别	出生日期	籍贯
790710	普　雁	男	196205	云南弥勒	790730	彭琼芝	女	196112	云南鹤庆
790711	缪应志	男	196210	云南宣威	790731	周保洪	男	196310	云南弥勒
790712	贾希孝	男	196208	辽宁海城	790732	王福德	男	196211	云南昭通
790713	余云芬	女	196212	云南宣威	790733	范和生	男	196005	云南路南
790714	谢　蕊	女	196305	贵州遵义	790734	王灿贤	男	196209	云南陆良
790715	王　俊	女	196305	江苏南京	790735	孟之贵	男	196007	云南陆良
790716	徐聪全	男	196307	云南陆良	790736	侯雪炯	女	196107	云南华宁
790717	钱双平	男	196310	云南泸西	790737	崔　跃	男	195805	云南昆明
790718	康正才	男	196112	云南弥勒	790738	丁　晓	男	196301	安徽怀宁
790719	韦承昆	男	196107	广西柳江	78707	晋树昆	男	195712	云南昆明

1980 级数学专业本科学生

学号	姓名	性别	民族	籍贯	学号	姓名	性别	民族	籍贯
800501	马静如	女	回	云南大理	800529	余　锋	男	汉	湖北武汉
800502	李思慧	女	汉	云南建水	800530	熊　湛	男	汉	湖北襄樊
800503	廖惠云	男	汉	云南建水	800531	李树伟	男	汉	云南腾冲
800504	赵　霆	男	汉	云南宣威	800532	郭　兵	男	汉	云南新平
800505	沈艳平	女	汉	云南昆明	800533	尚国辉	男	汉	河北唐山
800506	邵源城	男	汉	云南姚安	800534	张正洪	男	汉	云南宾川
800507	冷桂芬	女	汉	云南宾川	800535	王　骏	男	汉	
800508	黄　梅	女	汉	安徽	800536	庄少强	男	汉	云南鹤庆
800509	赵昆生	男	纳西	云南丽江	800537	徐　亚	女	汉	云南宣威
800510	张上鼎	男	汉	四川安岳	800538	王树明	男	汉	山西长治
800511	洪礼炽	男	汉	云南鹤庆	800539	郑文义	男	汉	云南江川
800512	张广平	男	汉	河北乐亭	800540	马　斌	男	汉	云南石屏
800513	田旭东	女	汉	云南建水	800541	程玉石	男	汉	河南上蔡
800514	夏伯周	男	汉	江苏南通	800542	殷　勇	男	汉	云南昭通
800515	周志斌	男	汉	云南通海	800543	阮　超	男	汉	云南曲靖
800516	洪小春	男	汉	云南沾益	800544	邓贵民	男	汉	云南昆明
800517	余建坤	男	汉	云南石屏	800545	种　萍	女	汉	云南昆明
800518	朱荣明	男	汉	上海	800546	孙　俊	男	汉	云南陆良
800519	向冬媛	女	汉	云南镇雄	800547	曾　涛	男	汉	云南弥勒
800520	马　锐	女	汉	云南建水	800549	王桂华	女	汉	江苏淮安
800521	张　艳	女	汉	云南弥勒	800550	尹凌云	男	汉	云南云龙
800522	申时凯	男	汉	云南镇雄	800551	王锦堂	男	汉	云南洱源
800523	张建英	男	汉	河北无极	800552	贾林豫	男	汉	河南伊川

续表

学号	姓名	性别	民族	籍贯	学号	姓名	性别	民族	籍贯
800524	王　俊	男	蒙	河南南阳	800553	李继军	男	汉	云南昌宁
800525	李昂生	男	汉	云南陆良	800554	代燕翎	男	汉	重庆
800526	阚家琳	男	汉	云南昭通	800555	徐　峰	男	汉	江苏
800527	李剑铭	男	汉	云南建水	800556	刘世荣	男	汉	昆明
800528	赵　波	女	汉	山西阳城	790740	郝卫民	男	汉	河北盐城

1981 级数学专业本科学生

学号	姓名	性别	民族	生源地	学号	姓名	性别	民族	生源地
81501	张伟亮	男	汉	广东汕头	81528	黄　星	女	汉	贵州独山
81502	吴明东	男	汉	云南会泽	81529	尹　正	男	白	云南云龙
81503	陈丽萍	女	汉	云南宣威	81530	李松林	女	汉	云南会泽
81504	陈江涛	男	汉	云南洱源	81531	肖建昭	男	汉	云南镇雄
81505	庞　清	男	汉	云南临沧	81532	张灿辉	男	汉	云南华宁
81506	赵林华	女	汉	云南昆明	81533	苏运存	男	汉	广东大埔
81507	徐文辉	男	汉	江苏邳县	81534	张敏祥	男	汉	云南玉溪
81508	杨晓黎	女	汉	云南镇源	81535	王海麟	男	汉	云南玉溪
81509	万建国	男	汉	云南保山	81536	黄建南	男	汉	湖南
81510	刘永钦	男	汉	云南腾冲	81537	王春生	男	汉	云南巧家
81511	何建明	男	汉	云南腾冲	81538	丁仲昌	男	汉	云南建水
81512	赵建萍	女	汉	云南保山	81539	李跃春	男	彝	云南元阳
81513	杨永良	男	汉	云南腾冲	81540	杨运涛	男	汉	云南姚安
81514	于　萍	女	汉	吉林	81541	马　煜	男	汉	云南禄丰
81515	戴　叨	男	汉	云南麻栗坡	81542	连　云	男	汉	浙江
81516	方艳溪	女	汉	云南永胜	81543	张光磊	男	汉	广东广州
81517	郑州顺	男	汉	云南西畴	81544	刘建平	男	汉	云南禄丰
81518	马永文	男	回	云南砚山	81545	戴丽华	女	汉	云南宾川
81519	宗　杰	女	汉	云南路南	81546	刘　薇	女	汉	云南昆明
81520	梁　立	男	汉	四川潼南	81547	胡毅敏	女	汉	河南开封
81521	姜　涛	男	汉	云南陆良	81548	张丽萍	女	汉	云南会泽
81522	邱丽娟	女	汉	云南石屏	81549	俞明安	男	汉	浙江
81523	邓顺林	男	汉	云南玉溪	81550	郑胡灵	女	汉	河南登封
81524	李　傑	男	汉	云南建水	81551	况　颖	女	汉	贵州遵义
81525	梁小松	男	汉	福建福州	81552	王　骏	男		云南建水
81526	陈国华	男	汉	云南陆良	81553	刘世荣	男		云南昆明
81527	杨建明	男	汉	云南昆明					

1982 级数学专业本科学生

学号	姓名	性别	民族	籍贯	班级	学号	姓名	性别	民族	籍贯	班级
825001	陈燕云	女	汉	云南巍山	一班	825056	顾利勤	女	汉	江苏启东	二班
825002	郎慧中	女	汉	云南昆明	一班	825057	袁丽晴	女	彝	云南易门	二班
825003	李劲松	女	汉	云南个旧	一班	825058	张晓初	女	汉	四川泸州	二班
825004	王　英	女	汉	云南会泽	一班	825059	王　薇	女	汉	云南昆明	二班
825005	郭龙仙	女	汉	云南昭通	一班	825060	陈　蒙	女	汉	江苏	二班
825006	唐元槐	男	汉	云南绥江	一班	825061	李祖华	男	汉	云南禄丰	二班
825007	黄邦杰	男	汉	福建古田	一班	825062	谭　培	男	汉	云南嵩明	二班
825008	李建章	男	汉	云南宾川	一班	825063	白杨文	男	彝	云南元阳	二班
825009	张红星	男	汉	云南曲靖	一班	825064	段尔超	男	白	云南洱源	二班
825010	黎建军	男	汉	江西南康	一班	825066	赵昌德	男	汉	云南景东	二班
825011	杨长奎	男	汉	云南绥江	一班	825067	王　辉	男	汉	云南景洪	二班
825012	曾振新	男	汉	湖南祁东	一班	825069	王　强	男	汉	云南墨江	二班
825013	张玉忠	男	汉	陕西礼泉	一班	825070	简诚勇	女	汉	四川	二班
825014	陈世联	男	汉	云南宣威	一班	825071	张媛祥	女	汉	云南漾濞	二班
825015	朱　辉	男	汉	云南宣威	一班	825072	肖　雁	女	哈尼	云南个旧	二班
825016	刘艳真	女	白	云南剑川	一班	825073	杨洁民	女	白	云南昆明	二班
825017	刘　翎	女	白	云南大理	一班	825074	王　瑜	女	汉	四川渠县	二班
825018	陆佳凤	女	汉	云南宣威	一班	825075	罗培恩	男	汉	云南江川	二班
825019	王　梅	女	彝	云南华宁	一班	825076	王朝训	男	汉	云南宾川	二班
825020	张　琪	女	汉	云南昆明	一班	825077	汪清燕	男	汉	云南鲁甸	二班
825021	张共胜	男	汉	河北	一班	825078	余楼建	男	汉	云南陆良	二班
825023	李玉华	男	白	云南大理	一班	825079	王　友	男	汉	云南弥渡	二班
825024	周长军	男	汉	山东	一班	825081	杨春林	男	汉	云南绥江	二班
825025	尹树平	男	汉	云南沾益	一班	825082	喻　红	男	汉	四川重庆	二班
825026	黄志勇	男	汉	云南通海	一班	825083	尹　光	男	白	云南云龙	二班
825027	方学富	男	彝	云南新平	一班	825084	宋　丹	女	汉	云南建水	二班
825028	施啓忠	男	汉	云南镇雄	一班	825085	张惠芳	女	汉	山西	二班
825029	柳林春	男	汉	湖北宜昌	一班	825086	张　博	女	汉	湖北广济	二班
825030	黄　芬	女	汉	云南宣威	一班	825087	杨晓鹏	女	白	云南祥云	二班
825031	蒋知梅	女	汉	江苏镇江	一班	825088	邱建华	男	汉	云南南涧	二班
825032	祁　燕	女	汉	云南建水	一班	825089	王福忠	男	汉	云南弥勒	二班
825033	杨亚苹	女	汉	云南昆明	一班	825090	张　龙	男	汉	云南丽江	二班
825034	何攀辉	男	汉	四川	一班	825091	柴金明	男	汉	云南玉溪	二班
825035	杨凤藻	男	白	云南鹤庆	一班	825092	何　斌	男	汉	云南石屏	二班
825036	杨占辉	男	汉	云南潞西	一班	825093	黄秋德	男	汉	云南陆良	二班

续表

学号	姓名	性别	民族	籍贯	班级	学号	姓名	性别	民族	籍贯	班级
825037	李　君	男	汉	四川	一班	825094	董廷锋	男	汉	云南牟定	二班
825038	杨朝凤	男	汉	云南施甸	一班	825095	周自刚	男	汉	云南陆良	二班
825039	胡光祥	男	汉	四川渡口	一班	825096	储维林	男	汉	云南丘北	二班
825040	王　勇	男	汉	云南宣威	一班	825097	石　幸	女	汉	云南西畴	二班
825041	杨锡春	男	汉	云南施甸	一班	825098	雷爱梅	女	汉	云南玉溪	二班
825042	方　雷	男	汉	云南南华	一班	825099	番　匀	女	汉	云南腾冲	二班
825043	郭琳波	女	汉	上海	一班	825100	赵　艳	女	汉	云南建水	二班
825044	陈　敏	女	汉	四川彭县	一班	825101	李正昌	男	汉	云南建水	二班
825045	杨雅玲	女	汉	湖南宁乡	一班	825102	周培刚	男	汉	云南江川	二班
825046	李　娅	女		云南景谷	一班	825103	张　俊	男	汉	云南曲靖	二班
825047	于　欣	男	汉	云南宜良	一班	825104	尹兴文	男	汉	云南腾冲	二班
825048	孙建明	男	汉		一班	825105	孟祖明	男	汉	云南陆良	二班
825049	李　宁	男	汉	云南华宁	一班	825106	段缘昌	男	汉	云南昌宁	二班
825050	庚晓辉	男	白	云南大理	一班	825107	张洪波	男	汉	云南双柏	二班
825051	李　松	男	汉	云南蒙自	一班	825108	张春兴	男	汉	云南石屏	二班
825052	杨金华	男	汉	云南安宁	一班	825109	张　军	男	汉	山西孝义	二班
825053	卢永奇	男	白	云南永胜	一班	81552	王　骏	男		云南建水	二班
825054	刘　克	男	汉	山西	一班						
825055	高　健	男	汉	云南巍山	一班						
825111	张　彤	男	汉	云南昆明	一班						

1983 级数学专业本科学生

学号	姓名	性别	学号	姓名	性别	学号	姓名	性别	学号	姓名	性别
825022	杨　兵	男	836018	张自刚	男	836038	赵家刚	男	836058	陈文彬	女
825068	何康宁	女	836019	崔庆旺	男	836039	李艳波	女	836059	何家贵	男
825110	刘礼伟	男	836020	张志德	男	836040	潘　宁	女	836060	申　文	男
836001	宋　武	男	836021	谭本树	男	836041	周钊忠	男	836061	沈应林	男
836002	邓正聪	男	836022	赵益明	男	836042	崔　怡	女	836062	陈　勇	男
836003	王应翠	女	836023	张　斌	男	836043	李绍琼	女	836063	李加培	男
836004	万民强	男	836024	高中跃	男	836044	杨志东	男	836064	杨玉娟	男
836005	杨利洪	男	836025	李　晶	女	836045	杨志兵	男	836065	杨　喜	男
836006	杜　鸣	男	836026	陈　凤	女	836046	高晓平	女	836066	王　荣	男
836007	高　永	男	836027	左宝宁	男	836047	杨　永	男	836067	赵　冰	女
836008	张　莉	女	836028	季光兴	男	836048	严胜威	男	836068	杨国荣	女
836009	梁淑媛	女	836029	吴晓燕	女	836049	赵焕清	男	836069	谢国斌	男
836010	马　昆	男	836030	赵建玲	女	836050	张文金	男	836070	周建设	女

续表

学号	姓名	性别	学号	姓名	性别	学号	姓名	性别	学号	姓名	性别
836011	侯红璆	女	836031	李兴启	男	836051	曹长青	男	836071	廖文坤	女
836012	张　芃	女	836032	高　翔	男	836052	普思忠	男	836072	吴　波	男
836013	李成凤	女	836033	黄显斌	男	836053	钱亚东	男	836073	杨志兵	男
836014	陈景江	男	836034	杨平权	男	836054	李建锷	女	836074	高晓平	女
836015	李琼珍	女	836035	陈映明	男	836055	伍晓明	男	836075	杨　永	男
836016	张德元	男	836036	魏云辉	男	836056	符建荣	男	836076	严胜威	男
836017	李荣新	男	836037	胡　锡	男	836057	李菊仙	女			

1984级数学专业本科学生

学号	姓名	性别	民族	籍贯	班级	学号	姓名	性别	民族	籍贯	班级
840601	武云彪	男	汉	云南建水	甲班	8406102	杨文从	男	汉	云南龙陵	甲班
840602	陈　伟	男	白	云南大理	甲班	840651	郭云波	男	汉	云南腾冲	乙班
840603	朱　焱	男	汉	云南宣威	甲班	840652	马江海	男	汉	云南下关	乙班
840604	陈卫国	男		云南富源	甲班	840653	王　刚	男	汉	云南宜良	乙班
840605	夏祖政	男	汉	云南西畴	甲班	840654	肖文金	男	汉	云南永胜	乙班
840606	赵　明	男	汉	云南保山	甲班	840655	杨甘霖	男	白	云南洱源	乙班
840607	陈云仙	女	汉	云南新平	甲班	840656	谢增归	男	汉	云南蒙自	乙班
840608	熊　梅	女	汉	云南会泽	甲班	840657	吴翔华	男	汉	云南路南	乙班
840609	李荷云	女	汉	河南平顶山	甲班	840659	吴红庆	女	汉	云南华宁	乙班
840610	飞　燕	女	汉	云南玉溪	甲班	840660	郑映红	女	汉	云南昆明	乙班
840611	谢国宝	男	汉	云南宜良	甲班	840661	李　敏	女	汉	安徽	乙班
840612	李　刚	男	白	云南大理	甲班	840662	刘春芬	女	汉	云南通海	乙班
840613	李文正	男	汉	云南昭通	甲班	840663	金有保	男	汉	云南晋宁	乙班
840614	李润琪	男	汉	云南腾冲	甲班	840664	赵征宏	男	汉	云南宣威	乙班
840615	杨文孝	男	汉	云南腾冲	甲班	840665	闵　文	男	汉	云南保山	乙班
840616	卢　涛	男	汉	云南宜良	甲班	840666	何　勇	男	汉	云南石屏	乙班
840617	杨李菊	女	汉	云南永胜	甲班	840667	岳玉科	男	汉	云南镇雄	乙班
840618	李存珍	女	汉	云南弥渡	甲班	840668	陈　洁	男	汉	云南南华	乙班
840619	张建萍	女	汉	云南澜沧	甲班	840669	宋祖发	男	汉	云南	乙班
840620	李凤兰	女	汉	云南玉溪	甲班	840670	魏树高	男	汉	云南曲靖	乙班
840621	王丽萍	女	汉	云南昆明	甲班	840671	张其尧	男	汉	云南宣威	乙班
840622	吴美兰	女	汉	云南嵩明	甲班	840672	唐　敏	女	汉	云南保山	乙班
840623	杨天梅	女	白	云南大理	甲班	840673	陈丽萍	女	汉	云南大理	乙班
840624	张树雷	男	汉	云南永胜	甲班	840674	兰　玉	女	汉	四川蓬安	乙班
840625	邹　泽	男	汉	江苏	甲班	840675	经慧芹	女	汉	云南牟定	乙班
840626	罗冲生	男	汉	云南陆良	甲班	840676	王宏伟	男	汉	云南宾川	乙班

续表

学号	姓名	性别	民族	籍贯	班级	学号	姓名	性别	民族	籍贯	班级
840627	赵卫民	男	汉	云南保山	甲班	840677	杨生祥	男	白	云南云发	乙班
840628	马自荣	男	汉	云南宜良	甲班	840678	段兴旺	男	汉	云南腾冲	乙班
840629	温　泉	男	汉	广东	甲班	840679	杨文源	男	白	云南云龙	乙班
840630	赵红云	男	汉	山西	甲班	840680	曾俊松	男	汉	云南威信	乙班
840631	赵会武	男	白	云南大理	甲班	840681	由建明	男	汉	云南姚安	乙班
840632	陈克保	男	哈尼	云南绿春	甲班	840682	卢云奎	男	汉	云南宁蒗	乙班
840633	董汉中	男	白	云南洱源	甲班	840683	张明佩	男	汉	云南宣威	乙班
840634	李春锦	男	彝	云南新平	甲班	840684	李炳泉	男	汉	云南建水	乙班
840635	陈龙伟	男	汉	云南景谷	甲班	840685	杨华光	男	汉	云南嵩明	乙班
840636	王化玲	女	汉	云南通海	甲班	840686	罗崇林	男	汉	云南易门	乙班
840637	刘淑苓	女	汉	江苏南京	甲班	840687	张志远	男	汉	云南腾冲	乙班
840638	陈海霞	女	汉	云南宣威	甲班	840688	翟　斌	男	汉	云南曲靖	乙班
840639	翟秀兰	女	汉	江苏南京	甲班	840689	刘涛洪	男	汉	云南陆良	乙班
840640	马　龙	男	回	广西	甲班	840690	普全林	男	彝	云南华宁	乙班
840641	韩学芳	男	汉	云南曲靖	甲班	840691	王学花	女	汉	云南祥云	乙班
840642	赵宏斌	男	汉	云南石林	甲班	840692	姜　琴	女	汉	云南玉溪	乙班
840643	杨有彦	男	汉	云南腾冲	甲班	840693	王庆春	女	汉	云南石屏	乙班
840644	邱光树	男	汉	云南宣威	甲班	840694	杨学利	女	汉	云南宜良	乙班
840645	曹开俊	男	汉	云南镇雄	甲班	840695	董爱群	女	汉	云南保山	乙班
840646	张天禄	男	汉	云南禄丰	甲班	840696	陈淑芬	女	汉	云南宣威	乙班
840647	汪汝平	男	汉	云南宣威	甲班	840697	马　钢	男	汉	四川重庆	乙班
840648	许贵见	男	汉	云南陆良	甲班	840698	王云忠	男	汉	云南易门	乙班
840649	纳周华	男	回	云南通海	甲班	840699	霍文光	男	汉	云南嵩明	乙班
840650	李新明	男	彝	云南峨山	甲班	8406100	黄文生	男	汉	贵州遵义	乙班
8406101	刘常福	男	汉	云南马关	甲班						

1985 级数学专业本科学生

学号	姓名	性别	民族	生源地	学号	姓名	性别	民族	生源地
840653	王　刚	男	汉		850732	谭　艳	女	汉	云南蒙自
850701	胡建云	女	汉	云南昆明	850733	陈　杰	男	汉	云南禄劝
850702	段　善	男	汉	云南永德	850734	赵连慧	男	汉	云南施甸
850703	袁敏智	男	汉	云南鲁甸	850735	殷从全	男	汉	云南陆良
850704	何家相	男	汉	云南绥江	850736	汪世会	男	汉	云南鲁甸
850705	施　冰	女	白	云南大理	850737	白坤俊	男	汉	云南江川
850306	韩志勇	男	汉	云南曲靖	850738	查艳萍	女	汉	云南麻栗坡
850707	甄　勇	男	回	云南昭通	850739	金庆联	男	汉	云南大关

续表

学号	姓名	性别	民族	生源地	学号	姓名	性别	民族	生源地
850708	郭贵州	男	汉	云南永善	850740	王正兴	男	汉	云南马龙
850709	邵永寿	男	汉	云南陆良	850741	郑国彬	男	汉	云南富宁
850710	王　刚	男	汉	四川广安	850742	姜立云	男	汉	云南曲靖
850711	朱至刚	男	汉	云南大理	850743	李腾燕	女	汉	广东梅县
850712	邱光波	男	汉	云南宣威	850744	王　浩	男	汉	云南牟定
850713	薛立宏	男	汉	云南蒙自	850745	张加荣	男	汉	云南会泽
850714	周雪峰	女	汉	云南思茅	850746	赵荣锋	男	彝	云南漾濞
850715	倪照德	男	汉	云南祥云	850747	杨　青	男	白	云南鹤庆
850716	万志琼	女	汉	云南牟定	850748	张进举	男	汉	云南晋宁
850717	普正兴	男	彝	云南元阳	850749	段成勇	男	汉	四川重庆
850718	刀刃钢	男	傣	云南金平	850750	管　玲	女	汉	云南建水
850719	李成金	男	白	云南云龙	850751	张旭伟	男	汉	云南玉溪
850382	陈　剑	男	汉	云南宾川	850752	白绍琼	女	汉	云南玉溪
850721	石函早	男	汉	云南龙陵	850753	王其平	男	汉	云南玉溪
850722	王见友	男	汉	云南曲靖	850754	王永旗	男	汉	云南玉溪
850723	张道佑	男	白	云南洱源	850755	古红云	女	汉	广东五华
850724	刘祥华	男	汉	云南永善	850756	卢跃华	男	汉	云南峨山
850725	邓少云	男	汉	云南曲靖	850757	白海荣	男	傣	云南元阳
850726	张子发	男	汉	云南大姚	850758	杨应雄	男	汉	云南玉溪
850727	亚　云	女	汉	河南巩县	850759	杨福生	男	汉	云南玉溪
850728	王贵能	男	汉	云南江川	850760	康忠顺	男	彝	云南开远
854075	桂正华	男	白	云南大理	850762	倪成翔	男	汉	上海
850730	范如有	男	汉	云南会泽	850765	杨　云	女	白	云南
850731	王　勇	男	汉	云南大姚	850766	陈文华	男	汉	云南临沧

1986级数学专业本科学生

学号	姓名	性别	民族	出生年月	籍贯	学号	姓名	性别	民族	出生年月	籍贯
860679	杨文锟	男	汉	196703		860636	朱智伟	男	汉	196806	云南禄丰
860680	李仕忠	男	汉	196807	云南盈江	860637	范志雄	男	汉	196802	云南澄江
860681	梁　珺	女	汉	196612		860638	李代鹏	男	汉	196904	云南西畴
860682	梁　林	男	汉	196712		860639	蔡立新	女	汉	196705	广东普宁
860683	王琼华	女	汉	196711		860640	杨顺清	男	白	196806	云南大理
860684	李天树	男	汉	196704		860641	曹自保	男	汉	196412	云南曲靖
860685	温杭美	女	汉	196804	云南昭通	860642	余　海	男	汉	196812	云南西畴
860601	赵志菊	女	汉	196904	云南永德	860643	陆治华	男	汉	196712	云南昆明

续表

学号	姓名	性别	民族	出生年月	籍贯	学号	姓名	性别	民族	出生年月	籍贯
860602	刘　宏	男	汉	196710	云南彝良	860644	欧阳涛	女	汉	196809	云南永胜
860603	李绍兵	男	汉	196712	云南昆明	860645	崔向东	男	汉	196811	云南保山
860604	杨冬梅	女	汉	196901	山东青岛	860646	陈有林	男	汉	196808	云南腾冲
860605	王劲松	男	汉	196803	四川岳池	860647	甘　泉	女	汉	196902	云南风庆
860606	王　燕	女	汉	196811	云南鹤庆	860648	魏　忠	男	汉	196811	云南个旧
860607	唐川滇	男	汉	196804	浙江	860649	马嘉芸	女	回	196806	云南大理
860608	颜希团	男	彝	196902	云南南涧	860650	冯智波	男	汉	196810	云南宣威
860609	李国文	男	汉	196711	云南富源	860651	陈稚晖	女	汉	196901	江西
860610	杨天锡	男	白	196705	云南鹤庆	860652	张　伟	男	汉	196802	河南淮阳
860611	张　红	女	汉	196907	云南西畴	860653	李世东	男	汉	196711	云南巧家
860612	高春枚	女	汉	196803	云南嵩明	860654	徐有林	男	汉	196805	云南巧家
860613	许红琳	女	汉	196612	云南弥勒	860655	周增喜	男	汉	196709	湖南祁东
860615	王　春	男	汉	196801	云南建水	860656	李贵富	男	汉	196902	云南富民
860616	王炳林	男	汉	196802	云南永胜	860657	杨　芳	女	哈尼	196712	云南普洱
860617	高　静	女	汉	196905	重庆	860677	甄　勇	男	回	196701	云南昭通
860618	徐朝友	男	汉	196712	云南建水	860665	梁　燕	男	汉	196809	云南昌平
860619	段红玉	女	汉	196804	云南鹤庆	860666	王险峰	男	汉	196804	云南弥勒
860620	符德朝	男	汉	196708	云南宣威	860673	赵　敏	男	汉	196710	云南弥勒
860621	曾亚斌	男	汉	196701	云南曲靖	860676	邱光波	男	汉	196606	云南宣威
860622	王太平	男	汉	196711	云南西畴	860678	朱至刚	男	汉	196707	云南大姚
860623	廖　青	女	汉	196808	云南通海	860679	杨文锟	男	汉	196703	云南蒙自
860624	张海英	女	汉	196709	云南宣威	860681	梁　珺	女	汉	196612	云南罗平
860625	刘忠东	男	汉	196805	广东兴宁	860682	梁　林	男	汉	196712	云南景东
860626	赵祥敏	女	汉	196808	云南宣威	860683	王琼华	女	汉	196711	云南玉溪
860627	卢　燕	女	回	196811	云南泸西	860684	李天树	男	汉	196704	云南永胜
860628	李世珍	女	汉	196810	云南洱源	860658	魏竹华	女	汉	196809	云南玉溪
860629	刘　钢	男	汉	196809	云南建水	860659	郭春荣	男	彝	196810	云南玉溪
860630	马红凯	男	回	196812	云南宣威	860660	谢　勇	男	汉	196803	云南个旧
860631	王晓燕	女	汉	196806	云南姚安	860661	赵德平	男	汉	196712	云南元阳
860632	赵继平	男	汉	196710	云南宜良	860663	尹　红	女	汉	196702	云南腾冲
860633	郑　坷	男	汉	196804	广东潮阳	860667	倪　芸	女	汉	196806	湖南株洲
860634	朱志红	女	汉	196811	云南昆明	860668	李　鹏	男	汉	196906	云南新平
860635	董月海	男	白	196901	云南洱源						

1987 级数学专业本科学生

学号	姓名	性别	民族	出生年月	籍贯	学号	姓名	性别	民族	出生年月	籍贯
870601	朱明建	男	汉	196804	云南晋宁	870638	蓝兴苹	女	汉	196903	云南武定
870602	赵继华	男	汉	196905	云南昆明	870639	刘　鑫	男	汉	197002	广西
870604	解　平	女	汉	196903	云南澄江	870640	晏　堃	男	汉	196801	云南个旧
870605	刘　虹	女	汉	197001	云南曲靖	870641	杨丽英	女	哈尼	196901	云南红河
870606	王秀红	女	汉	196712	山东	870642	李　燕	女	汉	197012	云南弥勒
870607	王　娅	女	汉	196908	云南富民	870643	张红友	男	汉	196908	云南文山
870608	聂　娟	女	汉	196904	云南保山	870644	林　杰	女	汉	196812	云南石屏
870609	张永忠	男	汉	196809	云南沾益	870645	陈玉凤	女	汉	196911	安徽桐城
870610	季亚林	男	汉	196807	云南罗平	870646	钟　伟	男	汉	196907	云南普洱
870611	汪　敏	女	汉	197005	吉林蛟河	870647	张　杰	男	哈尼	196806	云南普洱
870612	杨双友	男	汉	196706	云南马龙	870648	熊文军	男	汉		云南祥云
870613	李桂花	女	汉	196708	湖南邵东	870649	王彩英	女	汉	196809	云南祥云
870614	张　立	男	汉	196811	云南昆明	870650	钱慧先	女	纳西	196902	云南维西
870615	段金国	男	汉	196709	云南曲靖	870651	张正利	女	汉	196812	云南盈江
870616	白　涛	男	汉	196701	云南大理	870652	朱先华	男	汉	196903	重庆
870617	刘光浩	男	汉	196907	云南腾冲	870653	黄蜀云	男	汉	196805	四川眉山
870618	番才高	男	汉	196804	云南腾冲	870654	沈东红	男	汉	197001	云南永胜
870619	殷绍昌	男	汉	196802	云南施甸	870655	杨　勇	男	白	196902	云南玉龙
870620	董永忠	男	汉	196905	云南昌宁	870656	者秀萍	女	汉	196809	云南易门
870621	环建勇	男	汉	196910	云南祥云	870657	吴本春	男	汉	196801	云南玉溪
870622	赵中华	男	白	196801	云南洱源	870658	王继明	男	汉	196809	云南玉溪
870624	李仕文	男	白	196910	云南洱源	870659	师红丽	女	汉	196901	云南玉溪
870625	张双贵	男	白	196705	云南大理	870660	张　俊	男	汉	196712	云南澄江
870626	张红梅	女	汉	196812	云南大理	870661	姜李坤	男	汉	196811	云南澄江
870627	张文海	男	汉	196901	云南江川	870662	李荣富	男	汉	197009	云南宣威
870628	王　洪	男	汉	196912	云南新平	870663	张家杰	男	汉	196801	云南弥勒
870629	吴兆平	男	汉	196705	云南易门	870664	王国跃	男	纳西	196802	云南丽江
870630	李三和	男	汉	196906	云南玉溪	870665	黄盈才	男	汉	196702	云南施甸
870631	任春元	男	汉	197012	云南绥江	870666	马蓉芳	女	回	196810	云南昭通
870632	王万顶	男	汉	196804	云南镇雄	870667	徐　涌	男	汉		云南永善
870633	傅云龙	男	汉	196510	云南镇雄	870668	施丽琼	女	彝	196802	云南建水
870634	罗晓玲	女	汉	197001	四川宜宾	870669	张建宏	女	汉	196909	云南楚雄
870635	昌　奇	男	彝	196910	云南元谋	870670	邢　妍	女	汉	196907	云南腾冲
870636	彭　俊	男	汉	196907	云南大姚	870671	许文慧	女	白	196607	云南祥云
870637	杨新平	男	汉	196906	云南姚安						

1988 级数学专业本科学生

学号	姓名	性别	民族	籍贯	班级	学号	姓名	性别	民族	籍贯	班级
	朱立贤	男	汉	云南禄劝	甲班	8806052	杨奇士	男	彝	云南元江	乙班
8806001	毛孝强	男	汉	云南威信	甲班	8806053	王东云	女	汉	云南丘北	乙班
8806002	车建梅	女	汉	云南泸水	甲班	8806054	潘宏刚	男	汉	云南陆良	乙班
8806003	刘兴梅	女	汉	湖南	甲班	8806055	李永进	男	汉	云南腾冲	乙班
8806004	周　鹏	男	彝	云南漾濞	甲班	8806056	王晓东	男	汉	云南江川	乙班
8806005	施源泽	男	汉	云南大姚	甲班	8806057	陈静兰	女	汉	云南建水	乙班
8806006	郭　刚	男	汉	云南景东	甲班	8806058	马绍文	男	彝	云南安宁	乙班
8806007	赵枝琳	女	汉	云南楚雄	甲班	8806059	王春渝	女	汉	四川重庆	乙班
8806008	尹正润	男	汉	云南富源	甲班	8806060	张永祥	男	汉	云南呈贡	乙班
8806009	张彩香	女	汉	云南曲靖	甲班	8806061	董正洪	男	汉	云南祥云	乙班
8806010	陈　箭	男	汉	山东济宁	甲班	8806062	罗　戎	女	汉	四川	乙班
8806011	邹　咏	女	汉	四川成都	甲班	8806063	张敬尧	男	白	云南安宁	乙班
8806012	董　苹	女	汉	云南昆明	甲班	8806064	计　霞	女	汉	云南陆良	乙班
8806013	李刘祥	男	汉	云南晋宁	甲班	8806065	刘绍富	男	汉	云南曲靖	乙班
8806014	张斌安	男	汉	云南曲靖	甲班	8806066	王传学	男	汉	云南宣威	乙班
8806015	叶正昆	男	汉	云南陆良	甲班	8806067	周永良	男	汉	云南曲靖	乙班
8806016	吴丽华	女	汉	云南宣威	甲班	8806068	李金华	男	汉	云南曲靖	乙班
8806017	高开旺	男	汉	云南宣威	甲班	8806069	刘红志	男	汉	云南通海	乙班
8806018	樊中文	男	汉	云南宣威	甲班	8806070	廖黎明	女	土家	云南华宁	乙班
8806019	张　涛	男	汉	云南陆良	甲班	8806071	陈莲华	女	汉	云南耿马	乙班
8806020	杨丽新	男	纳西	云南丽江	甲班	8806072	李　旭	女	汉	云南南涧	乙班
8806023	李鹏鸣	男	彝	云南建水	甲班	8806073	吴继宏	男	汉	云南南涧	乙班
8806024	王　灿	男	汉	云南石屏	甲班	8806074	高玉德	男	哈尼	云南元阳	乙班
8806025	王运冰	女	汉	山西运城	甲班	8806075	肖　建	男	汉	云南建水	乙班
8806026	周　泳	男	汉	湖北	甲班	8806076	刘明昌	男	汉	云南武定	乙班
8806027	龚良伟	男	汉	云南石屏	甲班	8806077	石廷泽	男	汉	云南南华	乙班
8806028	张国华	男	彝	云南双柏	甲班	8806078	伏　湘	女	汉	云南南涧	乙班
8806029	班　云	男	汉	云南姚安	甲班	8806079	邱　军	男	汉	云南姚安	乙班
8806030	崔文跃	男	汉	云南昆明	甲班	8806081	武美兰	女	汉	云南昆明	乙班
8806031	合彩虹	女	回	云南玉溪	甲班	8806082	龚其斌	男	汉	云南易门	乙班
8806032	周　云	男	汉	云南华宁	甲班	8806083	周鸿强	男	蒙古	云南墨江	乙班
8806033	赵　军	男	汉	云南易门	甲班	8806084	尹俊玲	女	汉	云南丘北	乙班
8806034	李江梅	女	汉	云南勐腊	甲班	8806085	吴　勇	男	汉	云南广南	乙班
8806035	王奇志	男	汉	云南丘北	甲班	8806086	张　饶	男	汉	广东饶平	乙班
8806036	胡亚雄	男	汉	云南文山	甲班	8806087	何光武	男	汉	四川	乙班

续表

学号	姓名	性别	民族	籍贯	班级	学号	姓名	性别	民族	籍贯	班级
8806037	朱　力	男	汉	云南马关	甲班	8806088	颜朝龙	男	汉	云南永善	乙班
8806038	侯　伟	女	汉	四川	甲班	8806089	唐代斌	男	汉	云南彝良	乙班
8806039	李仁贵	男	汉	云南绥江	甲班	8806090	祝　艳	女	汉	云南绥江	乙班
8806040	钱　程	男	汉	四川富顺	甲班	8806091	褚　华	女	汉	四川	乙班
8806041	刘宗华	男	汉	云南保山	甲班	8806092	张跃武	男	汉	云南祥云	乙班
8806042	尹　双	男	汉	云南弥渡	甲班	8806093	张　革	男	白	云南洱源	乙班
8806043	李　宏	男	汉	云南弥渡	甲班	8806094	俞文奕	女	汉	云南宾川	乙班
8806044	郑绍芬	女	汉	云南祥云	甲班	8806095	陈文彪	男	汉	云南祥云	乙班
8806045	蒲正洪	男	汉	云南祥云	甲班	8806096	段才喜	男	白	云南祥云	乙班
8806046	施建朝	男	白	云南大理	甲班	8806097	石曙东	男	汉	云南思茅	乙班
8806047	王围阳	男	汉	云南绥江	甲班	8806098	祝　林	男	汉	云南华宁	乙班
8806048	纪　存	女	汉	云南景谷	甲班	8806099	刘丽华	女	汉	云南巍山	乙班
8806049	李云吉	男	汉	云南澄江	甲班	8806100	沙云生	男	回	云南保山	乙班
8806050	汪丽红	女	汉	云南华宁	甲班	8806101	李富春	男	汉	云南江川	乙班
8806103	李　帅	男	汉	云南	甲班	8806105	李劲峰	男	回	云南开远	乙班
8806104	刘　宏	男	汉	云南开远	甲班	8806106	陈　宏	男	彝	云南开远	乙班
8806110	李江洲	男	白	云南洱源	甲班	8806109	曾凡古	男	汉	云南镇雄	乙班
8806111	宁怀九	女	汉	云南昆明	甲班	8806115	王源昌	男	汉	云南龙陵	乙班
8806112	王建光	男	汉	云南镇雄	甲班	8806116	刘式良	男	彝	云南巍山	乙班
8806113	冉从祥	男	汉	四川忠县	甲班	8806117	郭年彩	男	汉	云南双柏	乙班
8806114	吴　杨	女	汉	云南文山	甲班	8806118	万　玲	女	壮	云南砚山	乙班
8806051	李光俊	男	汉	云南昌宁	乙班	8806119	路金仙	女	汉	云南曲靖	乙班

1989 级数学专业本科学生

学号	姓名	性别	民族	籍贯	班级	学号	姓名	性别	民族	籍贯	班级
88406022	向亦梅	女	傣	云南双江	乙班	89407050	邓崇文	男	汉	云南宜良	乙班
89407001	品　楚	男	藏	云南德钦	甲班	89407051	杨州明	男	汉	云南永仁	乙班
89407002	王政科	男	白	云南泸水	甲班	89407052	郭　芬	女	汉	湖南	乙班
89407003	和林功	男	纳西	云南永胜	甲班	89407053	王卫琼	女	汉	云南马关	乙班
89407004	李文清	男	拉祜	云南澜沧	甲班	89407054	钱卫珉	女	汉	云南巧家	乙班
89407005	林世生	男	汉	云南漾濞	甲班	89407055	唐家德	男	汉	云南曲靖	乙班
89407006	施泽任	男	汉	云南	甲班	89407056	栾平生	男	汉	云南陆良	乙班
89407007	赵占国	男	汉	云南腾冲	甲班	89407057	倪　音	女	汉	广东广州	乙班
89407008	李　岗	男	汉	云南昆明	甲班	89407058	徐家安	男	汉	云南宣威	乙班
89407009	谢国栋	男	汉	云南泸西	甲班	89407059	刘锡元	男	彝	云南永仁	乙班
89407010	王传云	男	汉	云南宣威	甲班	89407060	杨存基	男	白	云南大理	乙班

续表

学号	姓名	性别	民族	籍贯	班级	学号	姓名	性别	民族	籍贯	班级
89407011	杨兆明	男	汉	四川射洪	甲班	89407061	钟诚寿	男	白	云南泸水	乙班
89407012	杨仁文	男	白	云南大理	甲班	89407062	李　刚	男	汉	云南昆明	乙班
89407013	李海涛	女	汉	云南昆明	甲班	89407063	李文燕	女	汉	云南昭通	乙班
89407014	王书茵	女	汉	云南昆明	甲班	89407064	李春宣	男	彝	云南南涧	乙班
89407015	华丽宏	男	汉	上海	甲班	89407065	黄志刚	男	汉	云南姚实	乙班
89407016	刘伟华	女	汉	云南昆明	甲班	89407066	褚　进	男	汉	云南昆明	乙班
89407017	李海燕	女	汉	云南昆明	甲班	89407068	谭忠选	男	彝	云南东川	乙班
89407018	崔　萍	女	汉	云南宣威	甲班	89407069	余　波	女	汉	云南石屏	乙班
89407019	杨本铭	男	汉	云南宣威	甲班	89407070	尹文跃	男	汉	云南玉溪	乙班
89407020	宁德伟	男	汉	云南宣威	甲班	89407071	康厚莲	女	汉	四川富顺	乙班
89407021	宋建忠	男	汉	云南陆良	甲班	89407072	杨与权	男	汉	云南禄功	乙班
89407022	张云虎	男	汉	云南曲靖	甲班	89407073	邱光雄	男	汉	云南宣威	乙班
89407023	李谷新	男	汉	云南罗平	甲班	89407074	胡　钊	男	汉	云南楚雄	乙班
89407024	朱有山	男	汉	云南牟定	甲班	89407075	陈红玲	女	汉	湖南安仁	乙班
89407025	王春荣	男	汉	云南禄丰	甲班	89407077	和继华	男	白	云南兰坪	乙班
89407026	易　红	女	汉	四川巴县	甲班	89407078	李红梅	女	佤	云南澜沧	乙班
89407027	张若爱	女	回	云南巍山	甲班	89407079	郭文霖	女	汉	云南丘北	乙班
89407028	张竹松	男	汉	湖南长沙	甲班	89407080	杜宏伟	男	汉	四川重庆	乙班
89407029	张洪巍	男	汉	云南会泽	甲班	89407081	杨卫红	男	汉	云南龙陵	乙班
89407030	杨世泽	男	汉	云南腾冲	甲班	89407082	樊心宝	男	汉	云南宣威	乙班
89407031	董冰玲	女	汉	云南保山	甲班	89407083	赵永利	男	白	云南大理	乙班
89407032	杨云鹏	男	白	云南大理	甲班	89407084	张绍平	男	汉	云南玉溪	乙班
89407033	彭　震	男	汉	云南丽江	甲班	89407085	陈锦心	男	汉	云南昆明	乙班
89407034	杨华南	男	汉	云南马龙	甲班	89407086	孙继先	男	藏	云南中甸	乙班
89407035	张荟苹	女	彝	云南临沧	甲班	89407087	岳顶权	男	汉	云南镇雄	乙班
89407036	杨春晓	女	汉	云南墨江	甲班	89407088	黄　武	男	汉	湖南	乙班
89407037	郑景荣	男	汉	云南巍山	甲班	89407089	李劲波	男	汉	云南弥勒	乙班
89407040	刘　萍	女	汉	云南昭通	甲班	89407090	曾　茜	女	汉	四川简阳	乙班
89407041	张化平	男	汉	云南丽江	甲班	89407091	孙桂琴	女	汉	云南富源	乙班
89407042	徐声龙	男	汉	云南昭通	甲班	89407092	孙丹勇	男	汉	云南宣威	乙班
89407043	田瑛姿	女	汉	云南建水	甲班	89407093	郭润仙	女	汉	云南巍山	乙班
89407044	袁　坤	男	彝	云南个旧	甲班	89407094	段恒权	男	汉	云南腾冲	乙班
89407045	李俊红	女	汉	云南建水	甲班	89407095	蔡玉梅	女	汉	云南临沧	乙班
89407047	张　英	女	彝	云南红河	甲班	89407096	钱加玲	女	傣	云南盈江	乙班
89407048	张　学	男	傣	云南弥勒	甲班	89407099	杨　建	男	汉	云南凤庆	乙班
89407101	郭凌志	男	汉	云南大理	甲班	89407107	万　飞	女	汉	云南建水	乙班

续表

学号	姓名	性别	民族	籍贯	班级	学号	姓名	性别	民族	籍贯	班级
89407102	梁云虹	男	汉	云南昆明	甲班	89407108	郭朝明	男	汉	云南楚雄	乙班
89407103	李云霞	女	汉	云南元谋	甲班	89407109	邓晓凤	女	汉	四川	乙班
89407104	和丽坤	女	纳西	云南丽江	甲班	89407110	钟朝艳	女	汉	云南呈贡	乙班
89407105	朱俊雄	男	汉	云南玉溪	甲班	8907046	向　军	男	汉		甲班
89407106	廖云晖	女	汉	云南江川	甲班	8907049	李成红	男	汉	云南石林	甲班
8907039	叶茂林	男	汉	云南	甲班						

1989 级数学教育民族干部专修班学生

学号	姓名	性别	民族	出生日期	学号	姓名	性别	民族	出生日期
8922003	丁万强	男	傈僳	196403	8922022	李锡炳	男	白	196212
8922004	李艳芳	女	拉祜	196512	8922023	王德聪	男	彝	196709
8922005	顾英华	男	彝	196512	8922024	赵江华	男	白	196307
8922006	郑兴华	男	彝	196512	8922025	杨红武	男	汉	194702
8922007	冯育英	女	汉	196512	8922026	陶应来	男	布朗	196507
8922008	罗洪兴	男	苗	196209	8922027	罗春宝	男	彝	196705
8922009	郭家宏	男	汉	195610	8922028	王　传	女	傣	196412
8922010	罗开华	男	汉	195603	8922029	刘　炼	男	傣	195610
8922011	陈忠华	男	壮	196112	8922030	周德昌	男	彝	195608
8922012	霜玉华	男	傈僳	196505	8922031	陆忠祥	男	壮	195512
8922013	张正举	男	汉	196104	8922032	杨国海	男	彝	196407
8922014	和永华	男	纳西	196112	8922033	骆永德	男	汉	196209
8922015	梁　琳	女	汉	195806	8922034	徐廷汉	男	汉	196406
8922016	李晓文	男	彝	196112	8922035	姜功礼	男	汉	196406
8922017	高祖亮	男	白	196605	8922036	何庚和	男	哈尼	195204
8922018	罗文兴	男	彝	196512	8922037	危忠玉	男	彝	196401
8922019	木向东	男	纳西	196310	8922038	皇举有	男	彝	196311
8922020	冯娜倮	女	拉祜	196910	8922039	谷中湧	男	汉	196303
8922021	王明亮	男	壮	196212	8922040	寸光祥	男	白	196409

1990 级数学教育本科学生

学号	姓名	性别	民族	籍贯	班级	学号	姓名	性别	民族	籍贯	班级
90407001	李英俊	男	汉	云南南华	甲班	90407049	毕　波	女	汉	云南石林	乙班
90407002	代荣芬	女	汉	云南东川	甲班	90407050	陶　勇	男	汉	四川江津	乙班
90407003	何守丽	女	汉	云南永胜	甲班	90407051	蒋　瑄	男	汉	浙江	

续表

学号	姓名	性别	民族	籍贯	班级	学号	姓名	性别	民族	籍贯	班级
90407004	吕春魁	男	汉	云南东川	甲班	90407052	孔德宏	男	汉	云南曲靖	乙班
90407005	罗振华	男	汉	云南永胜	甲班	90407053	冷天常	男	汉	云南宣威	
90407006	刘啟春	男	汉	云南罗平	甲班	90407054	李　燕	女	白	云南洱源	乙班
90407007	杨清泉	男	白	云南云龙	甲班	90407055	宋婷玉	女	汉	云南昆明	
90407008	邓伟升	男	汉	云南禄劝	甲班	90407056	李映辉	女	汉	云南昆明	乙班
90407009	刘余文	男	汉	云南呈贡	甲班	90407058	李文清	男	汉	云南嵩明	乙班
90407010	罗　伟	男	汉	云南昆明	甲班	90407059	王成刚	男	汉	云南禄劝	乙班
90407011	王竹仙	女	汉	云南曲靖	甲班	90407060	刘劲鹰	女	汉	湖南长沙	乙班
90407012	杨国元	男	汉	云南腾冲	甲班	90407061	贺　勇	男	汉	云南永善	乙班
90407013	欧阳颖婷	女	汉	江西萍乡	甲班	90407062	张光云	男	汉	云南巧家	乙班
90407014	陈晓玲	女	汉	云南文山	甲班	90407063	朱发启	男	汉	云南宣威	乙班
90407015	徐昆云	男	汉	云南昆明	甲班	90407064	黄　玄	男	汉	云南昭通	乙班
90407017	张　岢	男	汉	安徽凤阳	甲班	90407065	李冬梅	女	汉	四川资阳	乙班
90407018	李文仝	男	汉	云南巧家	甲班	90407066	朱华红	男	汉	云南陆良	乙班
90407019	荀仕洪	男	汉	云南绥江	甲班	90407067	李　斌	男	汉	云南曲靖	
90407020	李先强	男	汉	云南绥江	甲班	90407068	葛志能	男	汉	云南大姚	乙班
90407021	周启泽	男	汉	云南宣威	甲班	90407069	徐彩梅	女	汉	云南大姚	乙班
90407023	高柱美	女	汉	云南宣威	甲班	90407070	张克忠	男	彝	云南武定	乙班
90407024	陈建昆	男	汉	四川蓬溪	甲班	90407071	秦春苹	女	汉	云南玉溪	乙班
90407025	何希耀	男	汉	云南宣威	甲班	90407072	吴　凡	男	汉	云南元江	乙班
90407026	聂正林	男	回	云南永仁	甲班	90407073	姜爱莲（现　名：姜乃心）	女	汉	云南屏边	乙班
90407027	白光志	男	汉	云南元谋	甲班	90407074	雷应宇	男	汉	云南建水	乙班
90407028	杨洪伟	男	汉	云南通海	甲班	90407075	赵志升	男	汉	云南泸西	乙班
90407029	甘　景	女	汉	云南华宁	甲班	90407076	许亚平	男	汉	云南石屏	乙班
90407030	唐庆玲	女	汉	云南玉溪	甲班	90407077	蒙　凯	男	壮	云南广南	乙班
90407031	李栋梁	男	汉	云南石屏	甲班	90407078	李敬坤	女	汉	云南丘北	乙班
90407032	白成俊	男	彝	云南石屏	甲班	90407079	娜　嘎	女	佤	云南西盟	乙班
90407033	王　成	男	汉	云南建水	甲班	90407080	查朝标	男	彝	云南南涧	乙班
90407034	沈文举	男	汉	云南砚山	甲班	90407081	陆立新	男	汉	云南鹤庆	乙班
90407035	陈铁梅	女	汉	云南西畴	甲班	90407082	张　勇	男	白	云南洱源	乙
90407036	杨兴春	男	汉	云南路南	甲班	90407083	赵子钺	男	汉	云南施甸	
90407038	杨仕泽	男	彝	云南景东	甲班	90407084	马　嵘	女	汉	云南腾冲	

续表

学号	姓名	性别	民族	籍贯	班级	学号	姓名	性别	民族	籍贯	班级
90407040	赵　宏	女	汉	云南宾川	甲班	90407085	刘志远	男	汉	云南楚雄	
90407041	杨丽波	女	汉	云南龙陵	甲班	90407086	徐永兰	女	汉	云南丽江	乙班
90407042	李耀雁	女	汉	云南保山	甲班	90407087	康红星	男	汉	云南会泽	
90407043	陈　雷	男	汉	湖南	甲班	90407088	杨学文	男	白	云南丽江	乙班
90407044	高永清	男	汉	云南永胜	甲班	90407089	黄静瑶	男	白	云南大理	乙班
90407045	司凤华	女	汉	云南嵩明	甲班	90407090	黄志平	男	汉	云南凤庆	
90407096	陆光禅	女	汉	云南砚山	甲班	90407102	范红龙	男	汉	云南普洱	
90407097	杨　蕾	女	汉	云南保山	甲班	90407103	周开进	男	汉	云南祥云	
90407098	刘皖明	男	汉	安徽颍上	甲班	90407104	吴文俊	男	汉	云南建水	乙班
90407099	黄　平	男	汉	云南禄丰	甲班	90407105	张丽琼	女	汉	云南玉溪	
90407100	付灿德	男	汉	云南曲靖	甲班	90407106	江　明	女	汉	云南保山	
90407101	邓永华	男	汉	云南绥江	甲班	89407038	王　银	男	汉	云南保山	乙班
90407046	龙　旭	男	汉	云南永善	乙班	89407055	马基沙	男	汉	云南红河	
90407047	杨家武	男	汉	云南巍山	乙班	89407067	申国顺	男	汉	云南思茅	
90407048	郑　兰	女	汉	云南景谷	乙班						

1990 级数学教育民族干部专修班学生

姓名	性别	生源地	入学时间	毕业时间	证书编号	姓名	性别	生源地	入学时间	毕业时间	证书编号
王朝强	男	云南永平	199009	199207	科 92187	唐树荣	男	云南墨江	199009	199207	科 92204
王宗碧	男	云南墨江	199009	199207	科 92188	王原孟	男	云南凤庆	199009	199207	科 92205
陆正奎	男	云南巧家	199009	199207	科 92189	喻公文	男	云南金平	199009	199207	科 92206
杨建光	男	云南新平	199009	199207	科 92190	滕云祥	男	云南勐腊	199009	199207	科 92207
李桂芳	女	云南楚雄	199009	199207	科 92191	陶玉斌	男	云南双江	199009	199207	科 92208
谷溶清	男	云南会泽	199009	199207	科 92192	岳超燕	男	云南文山	199009	199207	科 92209
罗　铭	男	云南禄丰	199009	199207	科 92193	赵建勤	男	云南曲靖	199009	199207	科 92210
李爱军	男	云南武定	199009	199207	科 92194	周映华	男	云南姚安	199009	199207	科 92211
颜绍福	男	云南西畴	199009	199207	科 92195	王朝义	男	云南富源	199009	199207	科 92212
朱润德	男	云南武定	199009	199207	科 92196	茶尚周	男	云南巍山	199009	199207	科 92213
钟会成	男	云南禄丰	199009	199207	科 92197	李志民	男	云南永德	199009	199207	科 92214
王家辉	男	云南丘北	199009	199207	科 92198	查正文	男	云南凤庆	199009	199207	科 92215
谢远华	男	云南麻栗坡	199009	199207	科 92199	李希玉	男	云南梁河	199009	199207	科 92216
杨国荣	男	云南禄丰	199009	199207	科 92200	张绍良	男	云南丘北	199009	199207	科 92217
王　波	男	云南江城	199009	199207	科 92201	高仕山	男	云南永德	199009	199207	科 92218
张兆平	男	云南	199009	199207	科 92202	和尚先	男	云南丽江	199009	199207	科 92219
陶建然	男	云南景东	199009	199207	科 92203						

1991 级数学教育专业本科学生

学号	姓名	性别	民族	籍贯	班级	学号	姓名	性别	民族	籍贯	班级
90407039	李凌波	男	汉			91408053	石燕华	男	汉		乙班
91408001	马选丽	女	回	云南保山	甲班	91408054	张　莉	女	汉		乙班
91408002	李廷华	男	汉	云南临沧	甲班	91408055	赵家仪	男	汉		乙班
91408003	赵永光	男	汉	云南禄劝	甲班	91408056	罗建康	男	汉		乙班
91408004	周　英	女	汉	云南昆明	甲班	91408057	杨宏伟	男	汉		乙班
91408005	刘吉仓	男	汉	云南陆良	甲班	91408058	马志平	男	回		乙班
91408006	张天平	男	汉	云南宣威	甲班	91408059	毕家荣	男	汉		乙班
91408007	查荣彬	男	汉	云南马龙	甲班	91408060	郑群超	女	汉		乙班
91408008	杨　光	男	白	云南大理	甲班	91408061	黄忠东	男	汉		乙班
91408009	申时义	男	汉	云南镇雄	甲班	91408062	施月秀	男	白		乙班
91408010	戴红荣	女	汉	云南通海	甲班	91408063	张　媛	女	汉		乙班
91408011	周　宏	男	汉	云南景东	甲班	91408064	尹瑞芳	女	汉		乙班
91408012	周晓明	男	汉	云南祥云	甲班	91408065	陈文涛	男	汉		乙班
91408013	姚苏静	女	汉	江苏江阴	甲班	91408066	刘贵荣	男	汉		乙班
91408015	张　力	男	汉	云南晋宁	甲班	91408067	文米芬	女	汉		乙班
91408016	毕绍芬	女	汉	云南昆明	甲班	91408068	张柱成	男	汉		乙班
91408017	杨燕林	男	汉	云南嵩明	甲班	91408069	方学强	男	汉		乙班
91408018	汪树林	男	汉	云南宜良	甲班	91408070	周　斌	男	汉		乙班
91408019	汪　蓓	女	汉	云南泸西	甲班	91408071	李光所	男	汉		乙班
91408020	张顺吉	男	汉	云南曲靖	甲班	91408072	李建民	男	汉		乙班
91408021	张文达	男	汉	云南曲靖	甲班	91408073	杨　林	男	汉		乙班
91408022	汪常武	男	汉	云南马龙	甲班	91408074	鞠国翔	男	汉		乙班
91408023	邱宝华	男	汉	云南马龙	甲班	91408075	罗会平	女	汉		乙班
91408024	李存兰	女	汉	云南宣威	甲班	91408076	李明华	男	汉		乙班
91408025	王光权	男	汉	云南宣威	甲班	91408077	刘建纯	女	汉		乙班
91408026	武涛顺	男	汉	云南陆良	甲班	91408078	李光明	男	汉		乙班
91408027	丁章俊	男	回	云南寻甸	甲班	91408079	张自惠	女	汉		乙班
91408029	张世平	男	汉	云南牟定	甲班	91408080	陈鹏礼	男	汉		乙班
91408030	徐顺琼	女	汉	云南牟定	甲班	91408081	徐晓苹	女	汉		乙班
91408031	陈龙方	男	汉	云南元谋	甲班	91408082	王　凯	男	汉		乙班
91408032	赵梅凤	女	汉	云南江川	甲班	91408083	丁雪艳	女	汉		乙班
91408033	付光智	男	汉	云南个旧	甲班	91408084	张佳红	男	汉		乙班
91408034	李玉龙	男	彝	云南开远	甲班	91408085	蔡四勇	男	汉		乙班
91408035	龚敬辉	男	汉	云南威远	甲班	91408086	李晓祥	男	汉		乙班
91408036	廖忠民	男	汉	四川巴县	甲班	91408087	彭　林	男	哈尼		乙班
91408037	马　莹	女	回	云南嵩明	甲班	91408088	邹君花	女	汉		乙班

续表

学号	姓名	性别	民族	籍贯	班级	学号	姓名	性别	民族	籍贯	班级
91408038	邹三妹	女	汉	湖南祁东	甲班	91408089	林裕强	男	汉		乙班
91408039	谭志华	男	汉	湖南祁东	甲班	91408090	周家雄	男	汉		乙班
91408040	李　德	男	汉	云南祥云	甲班	91408091	张维煊	男	汉		乙班
91408041	王爱丽	女	汉	云南宾川	甲班	91408092	李　旺	男	汉		乙班
91408042	周　仪	男	汉	云南弥渡	甲班	91408093	叶琼伟	男	汉		乙班
91408043	王　勇	男	汉	云南巍山	甲班	91408094	何建锋	男	汉		乙班
91408044	杨建强	男	汉	云南保山	甲班	91408095	施永宁	男	汉		乙班
91408045	尚炳仰	男	汉	云南腾冲	甲班	91408096	木作恒	男	纳西		乙班
91408046	陈玉华	女	汉	云南禄丰	甲班	91408097	和字恩	男	汉		乙班
91408047	和金群	男	纳西	云南丽江	甲班	91408098	龙云祥	男	汉		乙班
91408048	张昌勇	男	汉	云南华坪	甲班	91408099	龚树武	男	汉		乙班
91408049	和群星	男	纳西	云南中甸	甲班	91408100	王　彬	女	汉		乙班
91408050	董茂昌	男	汉	云南凤庆	甲班	91408103	李凌波	男	汉		乙班
91408106	李菊芬	女	汉	云南	甲班	91408105	杨保生	男	汉		乙班
91408107	段　华	女	汉	云南	甲班	91408112	温志萍	女	瑶		乙班
91408108	管庆芳	女	汉	云南	甲班	91408113	王自琦	女	汉		乙班
91408109	董家明	男	汉	云南	甲班	91408114	杨春城	男	白		乙班
91408051	班　冰	男	汉		乙班	91408115	杨晓曼	女	汉		乙班
91408052	李兴军	男	汉		乙班						

1991 级数学教育民族干部专科班学生

学号	姓名	性别	民族	入学年份	毕业年份	学号	姓名	性别	民族	入学年份	毕业年份
91208001	卡再福	男	彝	199109	199307	91208022	钱正恒	男	哈尼	199109	199307
91208002	肖天慧	女	汉	199109	199307	91208023	罗映忠	男	拉祜	199109	199307
91208003	彭永棘	男	汉	199109	199307	91208024	杨新华	男	汉	199109	199307
91208004	李光宏	男	傣	199109	199307	91208025	张家林	男	哈尼	199109	199307
91208005	查明祝	女	汉	199109	199307	91208026	李仕光	男	傣	199109	199307
91208006	和文贵	男	白	199109	199307	91208027	黄新云	男	布朗	199109	199307
91208007	李　明	男	彝	199109	199307	91208028	李发宽	男	汉	199109	199307
91208008	杨　涛	男	回	199109	199307	91208029	张云昌	男	哈尼	199109	199307
91208009	马简华	男	彝	199109	199307	91208030	蔡法俊	男	汉	199109	199307
91208010	周兴才	男	汉	199109	199307	91208031	和光华	男	藏	199109	199307
91208011	段锡清	男	白	199109	199307	91208032	李春有	男	彝	199109	199307
91208012	赵其昌	男	彝	199109	199307	91208033	胥志英	女	哈尼	199109	199307
91208013	李少川	男	彝	199109	199307	91208034	黄琼华	女	哈尼	199109	199307
91208014	王应培	男	汉	199109	199307	91208035	黄道雄	男	彝	199109	199307
91208015	孙柱莲	女	汉	199109	199307	91208036	张国兵	男	彝	199109	199307

续表

学号	姓名	性别	民族	入学年份	毕业年份	学号	姓名	性别	民族	入学年份	毕业年份
91208016	杨恩彬	男	汉	199109	199307	91208037	陈云柱	男	汉	199109	199307
91208017	王应荣	男	傣	199109	199307	91208038	王子贵	男	汉	199109	199307
91208018	李品华	男	汉	199109	199307	91208039	文清云	女	汉	199109	199307
91208019	马　琳	男	回	199109	199307	91208040	铁建聪	男	汉	199109	199307
91208020	康金高	男	汉	199109	199307	91208041	吕书梅	女	拉祜	199109	199307
91208021	杨贵生	男	白	199109	199307						

1992 级数学教育专业本科学生

学号	姓名	性别	民族	生源地	班级	学号	姓名	性别	民族	生源地	班级
92408001	雷大雨	男	汉	云南盐津	甲班	91408028	晏鲤波	男	汉	云南富源	乙班
92408002	李茂文	男	彝	云南宁蒗	甲班	92408061	王彩苹	女	汉	云南昆明	乙班
92408003	沐春燕	女	汉	云南禄丰	甲班	92408062	李翠琼	女	汉	云南安宁	乙班
92408004	黄　炯	女	汉	云南昆明	甲班	92408063	杨树葆	男	汉	云南昆明	乙班
92408005	朱国宏	女	汉	云南宜良	甲班	92408064	柴凤英	女	汉	云南呈贡	乙班
92408006	云富泽	男	汉	云南禄劝	甲班	92408065	张　宏	男	汉	云南昆明	乙班
92408007	杨洪波	男	汉	云南昆明	甲班	92408066	夏　敏	女	汉	云南楚雄	乙班
92408008	杨丽珍	女	汉	云南宜良	甲班	92408067	赵明忠	男	汉	云南宜良	乙班
92408009	杨崇秀	女	汉	云南寻甸	甲班	92408068	温一新	男	汉	浙江杭州	乙班
92408010	张专红	男	汉	云南曲靖	甲班	92408069	张海涛	男	汉	吉林桦甸	乙班
92408011	刘　华	男	汉	云南陆良	甲班	92408070	郭树洪	男	汉	云南陆良	乙班
92408012	晏玲芬	女	汉	云南曲靖	甲班	92408071	王建华	男	汉	云南曲靖	乙班
92408013	王聪文	男	汉	云南宣威	甲班	92408072	代朴花	女	汉	云南曲靖	乙班
92408014	王玉飞	男	汉	云南宣威	甲班	92408073	谢元厚	男	汉	云南会泽	乙班
92408015	李玉所	男	汉	云南曲靖	甲班	92408074	段培吉	男	汉	云南会泽	乙班
92408016	富麒麟	男	汉	云南马龙	甲班	92408075	吕　斌	男	汉	云南马龙	乙班
92408017	李春乾	男	汉	云南祥云	甲班	92408076	朱春兰	女	汉	云南陆良	乙班
92408018	李竹梅	女	白	云南宾川	甲班	92408077	李德南	男	汉	云南弥渡	乙班
92408019	罗天喜	男	汉	云南祥云	甲班	92408078	杨旭东	男	汉	云南鹤庆	乙班
92408020	杨　艳	女	白	云南大理	甲班	92408079	施宏昌	男	汉	云南鹤庆	乙班
92408021	杨金选	男	白	云南宾川	甲班	92408080	王凤春	女	白	云南大理	乙班
92408022	王正光	男	汉	云南牟定	甲班	92408081	李建忠	男	汉	云南元谋	乙班
92408023	范天华	男	汉	云南大姚	甲班	92408082	刘学鸿	男	汉	云南禄丰	乙班
92408024	刘以邦	男	汉	云南牟定	甲班	92408083	李　平	男	汉	云南楚雄	乙班
92408025	甘兴民	男	汉	云南姚安	甲班	92408084	杨德祥	男	汉	云南大姚	乙班
92408026	尚加祥	男	汉	云南楚雄	甲班	92408085	王艳梅	女	汉	云南玉溪	乙班
92408027	武翠芳	女	汉	云南易门	甲班	92408055	江　俊	男	汉	云南通海	乙班

续表

学号	姓名	性别	民族	生源地	班级	学号	姓名	性别	民族	生源地	班级
92408028	赵　青	女	汉	云南华宁	甲班	92408087	普翠萍	女	汉	云南澄江	乙班
92408029	杨　慧	女	汉	云南玉溪	甲班	92408088	李从波	男	汉	云南华宁	乙班
92408030	周翠玲	女	汉	云南玉溪	甲班	92408089	李永林	男	汉	云南玉溪	乙班
92408031	刘　坤	男	汉	山东烟台	甲班	92408090	刘炳祥	男	汉	云南建水	乙班
92408032	李绍成	男	彝	云南开远	甲班	92408091	李　俊	男	汉	云南泸西	乙班
92408033	尹　乐	女	汉	云南蒙自	甲班	92408092	普云龙	男	彝	云南建水	乙班
92408034	罗　松	男	汉	云南昭通	甲班	92408093	韩家丽	女	汉	云南昭通	乙班
92408035	何海燕	男	汉	云南华坪	甲班	92408094	王　春	男	汉	云南盐津	乙班
92408036	杨春营	男	汉	云南凤庆	甲班	92408095	蔡向阳	男	汉	浙江温岭	乙班
92408037	吴通伟	男	汉	云南绥江	甲班	92408096	赵春山	男	彝	云南凤庆	乙班
92408038	晏　英	男	汉	云南文山	甲班	92408097	熊艳萍	女	汉	云南东川	乙班
92408039	郑晓岚	女	汉	福建福州	甲班	92408098	张汝美	女	汉	云南普洱	乙班
92408040	陈　东	男	汉	辽宁	甲班	92408099	强东育	男	汉	江苏无锡	乙班
92408041	戴凯贤	男	汉	云南宜良	甲班	92408100	晋金娣	女	汉	云南呈贡	乙班
92408042	耿光明	男	汉	云南晋宁	甲班	92408101	张志荣	男	白	云南鹤庆	乙班
92408043	陈利明	男	汉	云南嵩明	甲班	92408103	张发成	男	白	云南宾川	乙班
92408044	郑丽萍	女	汉	云南巍山	甲班	92408104	赵继敏	女	汉	云南宾川	乙班
92408045	李宏标	男	汉	云南洱源	甲班	92408105	陈梦颖	女	汉	云南弥渡	乙班
92408046	杜建锦	女	白	云南洱源	甲班	92408106	孙荣芳	女	汉	云南曲靖	乙班
92408047	王宝林	男	汉	云南马龙	甲班	92408107	耿翊翔	男	汉	云南宣威	乙班
92408048	李　俊	男	汉	云南宣威	甲班	92408108	崔向照	男	汉	云南宣威	乙班
92408049	殷俊平	男	彝	云南永仁	甲班	92408109	刘秀文	男	彝	云南永仁	乙班
92408050	陈艳祥	男	汉	云南禄丰	甲班	92408110	鹿永斌	男	汉	云南大姚	乙班
92408051	曾志红	女	汉	云南玉溪	甲班	92408111	梅海华	女	汉	云南姚安	乙班
92408052	金　鑫	男	汉	云南通海	甲班	92408112	戴朝明	男	汉	云南通海	乙班
92408053	和　凯	男	白	云南兰坪	甲班	92408113	王　欢	男	汉	云南镇雄	乙班
92408054	吴学奇	男	汉	云南镇雄	甲班	92408114	王金春	男	哈尼	云南墨江	乙班
92408055	杨厌聊	男	汉	云南永善	甲班	92408115	施渊晟	男	纳西	云南丽江	乙班
92408056	邱家荣	男	汉	云南建水	甲班	92408116	王　强	男	纳西	云南丽江	乙班
92408057	佟　俊	女	汉	云南通海	甲班	92408117	杜　洪	男	汉	云南文山	乙班
92408058	谢加荣	男	汉	云南永胜	甲班	92408119	蒋子强	男	佤	云南镇康	乙班
92408059	张仕桓	男	汉	云南砚山	甲班	92408120	查琼斌	男	汉	云南鹤庆	乙班
92408060	龙成彬	男	汉	云南文山	甲班	92408121	王正军	男	汉	云南祥云	乙班
92408122	罗金东	男	汉	云南江川	甲班	92408127	白　海	男	彝	云南个旧	乙班
92408123	黄建中	男	汉	云南建水	甲班	92408128	张绍梅	女	汉	云南昭通	乙班
92408124	苏丽梅	女	汉	云南禄丰	甲班	92408129	文琼仙	女	汉	云南昆明	乙班

续表

学号	姓名	性别	民族	生源地	班级	学号	姓名	性别	民族	生源地	班级
92408125	黄　鹏	男	汉	云南宣威	甲班	92408130	沙嗣晖	女	回	云南巍山	乙班
92408126	刘永昌	男	汉	云南楚雄	甲班	92408131	陈裕林	男	汉	云南西畴	乙班
92408134	杨虹珠	女	汉	云南宾川	甲班	92408132	樊腾发	男	汉	云南施甸	乙班
						92408133	周明芝	女	汉	云南大理	乙班

1992 级数学教育民族干部专科班学生

学号	姓名	性别	民族	入学年份	毕业年份	学号	姓名	性别	民族	入学年份	毕业年份
92208001	王荣梅	女	汉	199209	199407	92208022	徐世堂	男	汉	199209	199407
92208002	李　建	男	彝	199209	199407	92208023	祁林勇	男	彝	199209	199407
92208003	马兴德	男	回	199209	199407	92208024	罗大平	男	彝	199209	199407
92208004	王禄艳	女	汉	199209	199407	92208025	杨春学	男	汉	199209	199407
92208005	毛　琳	女	汉	199209	199407	92208026	刘双友	男	哈尼	199209	199407
92208006	张竹翠	女	汉	199209	199407	92208027	饶兴和	男	傣	199209	199407
92208007	李国芬	女	汉	199209	199407	92208028	黄继荣	男	彝	199209	199407
92208008	段文唐	男	哈尼	199209	199407	92208029	马荣田	男	汉	199209	199407
92208009	左先勋	男	彝	199209	199407	92208030	李阳沙	男	彝	199209	199407
92208010	李新林	男	白	199209	199407	92208031	喻　玲	女	汉	199209	199407
92208011	祝何超	男	白	199209	199407	92208032	贾崇立	男	汉	199209	199407
92208012	高荣昌	男	白	199209	199407	92208033	张文坤	男	苗	199209	199407
92208013	杨茂华	男	白	199209	199407	92208034	黄发会	女	汉	199209	199407
92208014	和秀全	男	纳西	199209	199407	92208035	杨　顺	男	彝	199209	199407
92208015	李杏仙	女	纳西	199209	199407	92208036	张　柏	男	彝	199209	199407
92208016	李定情	男	汉	199209	199407	92208037	李明华	男	彝	199209	199407
92208017	孙家艾	男	汉	199209	199407	92208038	赖湘文	男	汉	199209	199407
92208018	李祥云	男	汉	199209	199407	92208039	李世碧	女	汉	199209	199407
92208019	杨洪军	男	佤	199209	199407	92208040	陶学宗	男	苗	199209	199407
92208020	杨家明	男	佤	199209	199407	92208041	何培忠	男	傣	199209	199407
92208021	李国华	男	汉	199209	199407						

1993 级数学教育专业本科学生

学号	姓名	性别	民族	生源地	班级	学号	姓名	性别	民族	生源地	班级
93416001	吴龙山	男	汉	云南宁蒗	甲班	93416051	杨文荣	男	汉	云南永胜	乙班
93416002	李　祥	男	汉	云南易门	甲班	93416052	杨　平	女	白	云南鹤庆	乙班
93416003	徐长江	男	汉	云南富源	甲班	93416053	杨明勇	男	汉	云南龙陵	乙班
93416004	王　林	男	汉	云南蒙自	甲班	93416054	杨君苎	男	白	云南云龙	乙班
93416005	殷文兴	男	汉	云南广南	甲班	93416055	丁海华	女	汉	云南通海	乙班

续表

学号	姓名	性别	民族	生源地	班级	学号	姓名	性别	民族	生源地	班级
93416006	付业梅	女	汉	云南镇雄	甲班	93416056	周凤春	女	汉	云南鲁甸	乙班
93416007	邹家玉	男	汉	云南祥云	甲班	93416057	徐石富	男	汉	云南曲靖	乙班
93416008	夏永平	男	汉	云南宜良	甲班	93416058	张兴虎	男	汉	云南宣威	乙班
93416009	苏家棋	男	汉	云南姚安	甲班	93416059	李新德	男	汉	云南武定	乙班
93416010	朱兴波	男	汉	云南姚安	甲班	93416060	王佳文	男	汉	云南罗平	乙班
93416011	杨任菊	女	汉	云南洱源	甲班	93416061	袁如文	男	汉	云南武定	乙班
93416012	廖鸿燕	女	汉	四川泸州	甲班	93416062	袁水娥	女	汉	云南曲靖	乙班
93416013	龙巧云	女	汉	湖南邵东	甲班	93416063	赵永丽	女	汉	云南禄劝	乙班
93416014	李丽坤	女	白	云南云龙	甲班	93416064	余　波	男	汉	四川	乙班
93416015	周进粉	女	汉	云南曲靖	甲班	93416065	易湘燕	女	汉	湖南祁阳	乙班
93416016	余小学	男	汉	云南曲靖	甲班	93416066	杨静梅	女	汉	云南洱源	乙班
93416017	管尤跃	男	汉	云南宣威	甲班	93416067	廖　华	女	汉	云南威信	乙班
93416018	李映梅	女	彝	云南武定	甲班	93416068	张绍宗	男	汉	云南楚雄	乙班
93416019	彭庆华	男	汉	云南南华	甲班	93416069	李秀凤	女	汉	云南澄江	乙班
93416020	李　杰	男	汉	云南建水	甲班	93416070	李　芳	女	汉	云南昆明	乙班
93416021	金淑琼	女	汉	云南寻甸	甲班	93416071	彭元飞	男	汉	云南宣威	乙班
93416022	廖　萍	女	汉	云南宣威	甲班	93416074	李文红	男	汉	云南姚安	乙班
93416023	涂礼有	男	汉	云南永善	甲班	93416075	李丽芬	女	汉	云南昆明	乙班
93416024	陈光虎	男	汉	云南盐津	甲班	93416076	廖海琼	女	汉	云南宣威	乙班
93416025	吴艳梅	女	汉	云南石屏	甲班	93416077	李家富	男	汉	云南曲靖	乙班
93416026	周　琼	女	汉	云南金平	甲班	93416078	吴仕勇	男	汉	云南宣威	乙班
93416027	周均飞	男	汉	云南宣威	甲班	93416079	他宇虹	女	汉	云南陆良	乙班
93416028	范廷帅	男	汉	云南宣威	甲班	93416080	黄路华	男	汉	云南曲靖	乙班
93416029	戴　品	男	汉	云南宣威	甲班	93416081	蔡　斌	男	汉	云南昆明	乙班
93416030	徐瑞华	女	汉	云南宣威	甲班	93416082	徐永惠	女	汉	云南昆明	乙班
93416031	夏仁仓	男	汉	云南宣威	甲班	93416083	陈春燕	女	汉	云南祥云	乙班
93416032	张丽琼	女	汉	云南昆明	甲班	93416084	邵贤红	男	汉	云南永善	乙班
93416033	姜　萍	女	汉	云南昆明	甲班	93416085	赵泽福	男	汉	云南镇雄	乙班
93416034	包　麟	男	汉	云南禄劝	甲班	93416086	邹　燕	女	汉	云南开远	乙班
93416035	杨兴琴	女	汉	云南永善	甲班	93416087	杨素凡	女	汉	云南丽江	乙班
93416036	郑仲尧	男	汉	云南威信	甲班	93416088	赵　晔	女	汉	云南保山	乙班
93416037	缪祥伟	男	汉	云南宣威	甲班	93416089	杨秀萍	女	汉	云南通海	乙班
93416038	杨世蕊	女	汉	云南腾冲	甲班	93416090	蔡德本	男	汉	云南文山	乙班
93416039	贺天兰	女	汉	云南东川	甲班	93416091	黄兴华	男	汉	云南峨山	乙班
93416040	陈必胜	女	汉	云南宾川	甲班	93416092	李　平	男	汉	云南富民	乙班
93416041	冉正强	男	汉	云南麻栗坡	甲班	93416093	熊　英	女	汉	四川万县	乙班

续表

学号	姓名	性别	民族	生源地	班级	学号	姓名	性别	民族	生源地	班级
93416042	罗正军	男	汉	云南镇雄	甲班	93416094	姜锐武	男	汉	云南昭通	乙班
93416043	郭永琴	女	汉	云南姚安	甲班	93416095	张云松	男	汉	云南武定	乙班
93416044	严庆兵	男	汉	云南牟定	甲班	93416096	徐琼珍	女	汉	云南陆良	乙班
93416045	刘　震	男	汉	云南楚雄	甲班	93416097	徐祥才	男	汉	云南宣威	乙班
93416046	金　琼	女	汉	云南姚安	甲班	93416098	郑玉禄	男	汉	云南玉溪	乙班
93416047	何智倪	男	汉	云南镇雄	甲班	93416099	张　兵	男	汉	云南玉溪	乙班
93416048	单国华	男	汉	云南祥云	甲班	93416100	雷　勇	男	汉	云南昭通	乙班
93416049	冯乖书	男	汉	云南罗平	甲班	93416110	张玲仙	女	汉	云南曲靖	乙班
93416050	黎　春	女	汉	云南建水	甲班	93416111	夏开萍	女	汉	云南昭通	乙班
93416106	冷天玖	男	汉	云南宣威	甲班	93416112	李秀英	女	傣	云南元江	乙班
93416107	杨景慧	女	汉	云南屏边	甲班	93416113	王永生	男	回	云南洱源	乙班
93416108	郭兆琼	女	彝	云南南华	甲班	93416101	周柏华	男	汉	广东徐闻	乙班(专科)
93416109	王国仙	女	彝	云南普洱	甲班	93416102	曾人福	男	汉	广东徐闻	
93416104	梁小丽	女	汉	广东徐闻	甲班(专科)	93416103	林　芳	男	汉	广东徐闻	
93416105	林德胜	男	汉	广东徐闻							
93416106	周爱菊	女	汉	广东徐闻							

1993级数学教育民族干部专科班学生

学号	姓名	性别	民族	入学年月	毕业年月	学号	姓名	性别	民族	入学年月	毕业年月
93217001	杨佳仁	男	汉	199309	199507	93217022	罗迁强	男	白	199309	199507
93217002	吴毅翔	男	布朗	199309	199507	93217023	龙仕芬	女	汉	199309	199507
93217003	李有权	男	汉	199309	199507	93217024	蒋德元	男	彝	199309	199507
93217004	汤土琪	男	汉	199309	199507	93217025	钟国文	男	彝	199309	199507
93217005	董祥荣	男	汉	199309	199507	93217026	马学友	男	哈尼	199309	199507
93217006	陶付贵	男	苗	199309	199507	93217027	彭风玲	女	哈尼	199309	199507
93217007	李运海	男	汉	199309	199507	93217028	徐汝荷	女	汉	199309	199507
93217008	余德良	男	苗	199309	199507	93217029	黄　磊	男	彝	199309	199507
93217009	施富仙	女	汉	199309	199507	93217030	张华美	女	汉	199309	199507
93217010	王　军	男	汉	199309	199507	93217031	符忠田	男	汉	199309	199507
93217011	杜志勇	男	白	199309	199507	93217032	周德存	女	汉	199309	199507
93217012	雷　琼	女	汉	199309	199507	93217033	张璐伦	男	彝	199309	199507
93217013	李继飞	女	彝	199309	199507	93217034	王　钦	男	彝	199309	199507
93217014	王嘉慧	女	汉	199309	199507	93217035	刘　宁	男	汉	199309	199507
93217015	褚家祥	男	彝	199309	199507	93217036	韩兰英	女	彝	199309	199507
93217016	丁恒耀	男	回	199309	199507	93217037	李　松	男	彝	199309	199507
93217017	程汝钦	男	汉	199309	199507	93217038	徐仲平	男	汉	199309	199507

续表

学号	姓名	性别	民族	入学年月	毕业年月	学号	姓名	性别	民族	入学年月	毕业年月
93217018	罗汉斌	男	彝	199309	199507	93217039	卫 春	女	佤	199309	199507
93217019	陈剑波	男	汉	199309	199507	93217040	魏学芝	女	彝	199309	199507
93217020	黄丕荣	男	彝	199309	199507	93217041	陈贵强	男	彝	199309	199507
93217021	金本文	男	哈尼	199309	199507	93217042	自建奇	男	白	199309	199507

1993 级现代会计与统计专科班学生

学号	姓名	性别	民族	入学时间	毕业时间	学号	姓名	性别	民族	入学时间	毕业时间
93218001	鹿 阳	男	汉	199309	199507	93218023	潘 斌	男	汉	199309	199507
93218002	向 艳	女	汉	199309	199507	93218024	沈建国	男	汉	199309	199507
93218003	陈映红	女	汉	199309	199507	93218025	熊向海	男	汉	199309	199507
93218004	余春红	女	汉	199309	199507	93218026	曲燕波	女	汉	199309	199507
93218005	马 涛	女	回	199309	199507	93218027	段 斌	男	白	199309	199507
93218006	李燕梅	女	汉	199309	199507	93218028	王玉娥	女	汉	199309	199507
93218007	李会青	女	汉	199309	199507	93218029	朱 武	男	汉	199309	199507
93218008	马宝成	男	汉	199309	199507	93218030	赵寿萍	女	汉	199309	199507
93218009	陈建新	男	汉	199309	199507	93218031	程金华	女	汉	199309	199507
93218010	胡 敏	女	汉	199309	199507	93218032	卢玉花	女	汉	199309	199507
93218011	木青兰	女	纳西	199309	199507	93218033	马树群	女	回	199309	199507
93218012	林 燕	女	白	199309	199507	93218034	冯 斌	男	汉	199309	199507
93218013	段勇林	男	汉	199309	199507	93218035	李四雄	男	彝	199309	199507
93218014	杨 勇	男	彝	199309	199507	93218036	黄 斌	女	汉	199309	199507
93218015	田正权	男	汉	199309	199507	93218037	高兴恒	男	汉	199309	199507
93218016	杨继凤	女	汉	199309	199507	93218038	赵菊娟	女	汉	199309	199507
93218017	王松玉	女	汉	199309	199507	93218039	魏雅云	女	汉	199309	199507
93218018	孙俊蓉	女	汉	199309	199507	93218040	吕淑明	男	汉	199309	199507
93218019	杨 洋	女	白	199309	199507	93218041	李永泉	男	汉	199309	199507
93218020	刘 丹	男	汉	199309	199507	93218042	叶 敏	女	汉	199309	199507
93218021	杨 寅	女	汉	199309	199507	93218043	李美苏	女	汉	199309	199507
93218022	梁 瑛	女	汉	199309	199507						

1994 级数学教育专业本科学生

学号	姓名	性别	民族	来源地区	班级	学号	姓名	性别	民族	来源地区	班级
044080001	李 俊	男	汉	云南昆明	实验班 041	044080112	吴丽娟	女	汉	山西寿阳	数学 042
044080002	张燕妮	女	汉	云南大理	实验班 041	044080113	王晓峰	女	汉	浙江	数学 042
044080003	陈玲燕	女	汉	云南玉溪	实验班 041	044080114	刘 声	男	汉	湖南	数学 042
044080005	张丽丽	女	汉	云南泸西	实验班 041	044080115	范兴宇	男	汉	安徽	数学 042

续表

学号	姓名	性别	民族	来源地区	班级	学号	姓名	性别	民族	来源地区	班级
044080006	浦　婷	女	汉	云南宣威	实验班 041	044080116	许尔亮	男	汉	四川	数学 042
044080007	李艳玲	女	汉	云南晋宁	实验班 041	044080117	董善清	男	汉	黑龙江	数学 042
044080008	李凤江	女	汉	云南保山	实验班 041	044080118	杨国金	男	彝	四川	数学 042
044080009	胡　平	男	汉	云南	实验班 041	044080119	薛　博	女	汉	黑龙江	数学 042
044080010	宗瑞萍	女	汉	云南巍山	实验班 041	044080120	薛　野	女	满	吉林	数学 042
044080011	母江明	女	汉	云南宣威	实验班 041	044080121	卢　晶	女	汉	吉林	数学 042
044080012	杨明月	女	汉	云南祥云	实验班 041	044080122	王新强	男	汉	吉林	数学 042
044080013	李继辉	男	汉	云南宣威	实验班 041	044080205	李　明	男	汉	云南	数学 042
044080014	杨粉绒	女	汉	云南巍山	实验班 041	044080039	周鸿飞	男	汉	海南	数学 043
044080015	朱尤满	男	汉	云南宣威	实验班 041	044080130	陈丽华	女	汉	云南昆明	数学 043
044080016	李海玉	女	汉	云南寻甸	实验班 041	044080131	李素贞	女	白	云南	数学 043
044080017	李自超	男	汉	云南腾冲	实验班 041	044080132	肖重明	男	汉	云南会泽	数学 043
044080018	严柳艳	女	汉	云南宣威	实验班 041	044080133	普利华	男	汉	云南晋宁	数学 043
044080019	杨　军	男	汉	云南宜良	实验班 041	044080134	罗明珍	女	汉	云南玉溪	数学 043
044080020	刘龙健	男	汉	云南昭通	实验班 041	044080135	林家佳	男	彝	云南弥勒	数学 043
044080021	陈红菊	女	汉	云南祥云	实验班 041	044080136	马红兵	男	汉	云南泸西	数学 043
044080022	钱海娥	女	汉	云南宣威	实验班 041	044080137	何晓梅	女	彝	云南石屏	数学 043
044080023	迟绍芳	女	汉	云南	实验班 041	044080138	李祖权	男	汉	云南腾冲	数学 043
044080025	罗锡旎	男	汉	云南麻栗坡	实验班 041	044080139	陈　娟	女	哈尼	云南	数学 043
044080027	马锡兰	女	回	云南个旧	实验班 041	044080140	尹沙沙	女	汉	云南保山	数学 043
044080029	曹　兰	女	汉	云南玉溪	实验班 041	044080141	沈双平	女	汉	云南玉溪	数学 043
044080030	杨开祥	男	汉	云南陆良	实验班 041	044080142	李　泓	女	汉	云南华宁	数学 043
044080031	田锐兴	女	白	云南鹤庆	实验班 041	044080143	张德明	男	汉	云南会泽	数学 043
044080032	毕之双	女	汉	云南	实验班 041	044080144	赵云伟	男	汉	云南腾冲	数学 043
044080033	文顺序	男	汉	广西	实验班 041	044080145	李柱文	男	彝	云南永仁	数学 043
044080034	周　成	男	汉	福建	实验班 041	044080146	李文江	男	汉	云南宜良	数学 043
044080035	郑慧梅	女	汉	江西	实验班 041	044080147	和平艳	女	傈僳	云南泸水	数学 043
044080036	沈　洁	女	汉	浙江	实验班 041	044080148	刘正堂	男	汉	云南腾冲	数学 043
044080037	王军瑛	女	汉	山西太原	实验班 041	044080149	付贤东	男	汉	云南宣威	数学 043
044080038	石峥刚	男	汉	山西平陆	实验班 041	044080150	吴肖芳	女	汉	云南保山	数学 043
044080041	冯　雁	女	汉	湖北	实验班 041	044080151	卢应富	男	壮	云南砚山	数学 043
044080042	叶倩倩	女	汉	浙江温岭	实验班 041	044080152	陈有平	男	彝	云南南华	数学 043
044080043	王　慧	女	汉	四川	实验班 041	044080153	王宁邦	男	汉	云南宣威	数学 043
044080044	李洪波	男	汉	湖南	实验班 041	044080154	王华婷	女	白	云南云龙	数学 043
044080058	夏跃勇	男	汉	云南宣威	实验班 041	044080155	喻　华	男	汉	云南泸西	数学 043

续表

学号	姓名	性别	民族	来源地区	班级	学号	姓名	性别	民族	来源地区	班级
044080074	陈明兴	男	汉	云南昭通	实验班 041	044080156	柴正建	男	汉	云南宣威	数学 043
044080111	易　斌	男	汉	湖南	实验班 041	044080157	陈燕中	女	汉	云南巍山	数学 043
044080195	黄家胜	男	汉	福建莆田	实验班 041	044080158	高梦萍	女	汉	云南玉溪	数学 043
044080200	黄　蓉	女	汉	湖南株洲	实验班 041	044080159	李新继	女	汉	云南腾冲	数学 043
044080051	罗绍伟	男	汉	云南祥云	数学 042	044080160	刘海波	男	汉	云南泸西	数学 043
044080053	常家速	男	汉	云南腾冲	数学 042	044080161	吴成斌	男	汉	云南富民	数学 043
044080054	王翠连	女	汉	云南陆良	数学 042	044080162	张丽香	女	汉	云南腾冲	数学 043
044080055	李　恒	男	白	云南泸水	数学 042	044080163	字樱佳	女	彝	云南	数学 043
044080056	和剑全	男	白	云南	数学 042	044080164	李利花	女	白	云南大理	数学 043
044080059	赵小波	男	汉	云南曲靖	数学 042	044080165	张飞燕	女	汉	云南建水	数学 043
044080060	赵燕丽	女	白	云南洱源	数学 042	044080166	代红斌	男	汉	云南曲靖	数学 043
044080061	李邑梅	女	白	云南大理	数学 042	044080167	蔡　华	男	汉	云南弥渡	数学 043
044080062	马　丹	女	回	云南玉溪	数学 042	044080168	周跃华	男	汉	云南	数学 043
044080063	何开文	男	汉	云南宣威	数学 042	044080169	包广啟	男	汉	云南宣威	数学 043
044080064	赵　静	女	汉	云南龙陵	数学 042	044080170	陈冰梅	女	汉	云南	数学 043
044080065	赵　苏	女	汉	云南宣威	数学 042	044080171	叶桂梅	女	汉	云南宣威	数学 043
044080066	张成华	男	汉	云南	数学 042	044080172	史丹凤	女	汉	云南曲靖	数学 043
044080067	刘　萍	女	汉	云南	数学 042	044080173	段司揆	男	彝	云南富民	数学 043
044080068	刘素兰	女	汉	云南玉溪	数学 042	044080174	蒋志艳	女	汉	云南	数学 043
044080069	徐陈文	男	白	云南大理	数学 042	044080175	毛晓梅	女	汉	云南寻甸	数学 043
044080070	骆瑞谦	男	汉	云南西畴	数学 042	044080176	张新丛	女	汉	云南龙陵	数学 043
044080071	解志梅	女	汉	云南宣威	数学 042	044080177	李金宝	男	哈尼	云南元江	数学 043
044080072	飞　斌	男	汉	云南通海	数学 042	044080178	毛荣江	男	彝	云南永仁	数学 043
044080073	陶小荣	女	汉	云南宣威	数学 042	044080179	段利琼	女	汉	云南禄丰	数学 043
044080075	王娅梅	女	彝	云南石屏	数学 042	044080181	张　清	女	汉		数学 043
044080076	李　武	男	彝	云南西畴	数学 042	044080182	刘贤建	男	汉	江西都昌	数学 043
044080077	余正仙	女	汉	云南会泽	数学 042	044080183	吴振荣	男	汉	海南海口	数学 043
044080078	丁文涛	男	汉	云南保山	数学 042	044080184	王绥蕊	女	汉	海南	数学 043
044080079	张凌峰	男	汉	云南曲靖	数学 042	044080187	周星宇	男	壮	广西河池	数学 043
044080080	吴　燕	女	汉	云南绥江	数学 042	044080189	柯金秀	女	汉	湖北黄石	数学 043
044080081	尹　丽	女	汉	云南腾冲	数学 042	044080191	范文文	女	汉	湖北	数学 043
044080082	昂云龙	男	彝	云南弥勒	数学 042	044080193	朱　佳	女	汉	四川	数学 043
044080083	王　超	男	汉	云南个旧	数学 042	044080194	李　艳	女	汉	浙江义乌	数学 043
044080084	莫小刚	男	汉	云南	数学 042	044080196	王艳兵	男	汉	安徽怀宁	数学 043
044080085	李文涛	男	汉	云南呈贡	数学 042	044080197	戚　欣	女	汉	黑龙江	数学 043

续表

学号	姓名	性别	民族	来源地区	班级	学号	姓名	性别	民族	来源地区	班级
044080087	左加骥	男	汉	云南	数学 042	044080198	韩玉霞	女	汉	黑龙江	数学 043
044080088	何建美	女	白	云南大理	数学 042	044080199	曾少华	男	汉	湖南	数学 043
044080089	杨　华	女	汉	云南宣威	数学 042	044080201	饶梅先	男	汉	安徽	数学 043
044080090	赵应来	男	汉	云南宣威	数学 042	044080202	陈胜男	女	汉	黑龙江	数学 043
044080092	杨　敏	男	汉	云南宜良	数学 042	044080203	张　磊	女	汉	吉林	数学 043
044080093	赵美一	女	白	云南鹤庆	数学 042	044080204	王凤杰	女	汉	吉林双辽	数学 043
044080094	缪艳林	女	汉	云南宣威	数学 042	044080052	苏永福	男	汉	云南	数学非师范 04
044080096	沐　艳	女	回	云南	数学 042	044080057	孙盛鑫	男	白	云南洱源	数学非师范 04
044080097	李　根	男	汉	云南易门	数学 042	044080086	杨天福	女	彝	云南	数学非师范 04
044080099	黎丕信	男	汉	广西	数学 042	044080091	缪春华	女	汉	云南宣威	数学非师范 04
044080100	林月莲	女	汉	海南儋州	数学 042	044080095	张天伟	男	汉	云南昆明	数学非师范 04
044080101	盛惠平	女	汉	江西景德镇	数学 042	044080098	董建飞	男	汉	云南武定	数学非师范 04
044080102	韦日华	女	壮		数学 042	044080103	曾　晶	女	汉	江西	数学非师范 04
044080104	王子龙	男	汉	海南	数学 042	044080106	征浩然	男	汉	安徽	数学非师范 04
044080105	徐　丽	女	汉	湖北	数学 042	044080185	张学海	男	汉	山西	数学非师范 04
044080107	佘　贞	女	汉	福建	数学 042	044080186	陈　敏	男	汉	山西	数学非师范 04
044080108	张　芹	女	汉	湖北	数学 042	044080188	谌俊林	男	汉	江西	数学非师范 04
044080110	何凤霞	女	汉	浙江	数学 042	044080192	刘祖辉	男	汉	四川筠连	数学非师范 04

1994 级数学教育民族干部专科班(二年制)学生

学号	姓名	性别	民族	生源地	入学时间	毕业时间	学号	姓名	性别	民族	生源地	入学时间	毕业时间
94217001	邓光祥	男	彝	云南宾川	199409	199607	94217021	杨丽萍	女	彝	云南红河	199409	199607
94217002	李从元	男	彝	云南兴平	199409	199607	94217022	曹文伟	男	汉	云南新平	199409	199607
94217003	李　宏	男	哈尼	云南墨江	199409	199607	94217023	李正先	男	白	云南昆明	199409	199607
94217004	罗成坤	男	汉	云南景东	199409	199607	94217024	李绍奇	男	傈僳	云南元谋	199409	199607
94217005	胡文华	男	彝	云南宁蒗	199409	199607	94217025	王荣良	男	拉祜	云南镇源	199409	199607
94217006	和林星	男	纳西	云南宁蒗	199409	199607	94217026	左学忠	男	彝	云南元谋	199409	199607
94217007	起尚康	男	彝	云南永仁	199409	199607	94217027	何应高	男	汉	云南宜良	199409	199607

续表

学号	姓名	性别	民族	生源地	入学时间	毕业时间	学号	姓名	性别	民族	生源地	入学时间	毕业时间
94217008	王尚贤	男	汉	云南澜沧	199409	199607	94217028	李繁荣	男	佤	云南沧源	199409	199607
94217009	殷斯恒	男	哈尼	云南澜沧	199409	199607	94217029	李成昌	男	瑶	云南景东	199409	199607
94217010	罗庭凤	女	彝	云南江城	199409	199607	94217030	杨如仁	男	彝	云南华坪	199409	199607
94217011	梁子超	男	汉	云南永仁	199409	199607	94217031	詹学兴	男	彝	云南凤庆	199409	199607
94217012	王健荣	男	苗	云南昭通	199409	199607	94217032	李金成	男	彝	云南东川	199409	199607
94217013	何文斌	男	壮	云南广南	199409	199607	94217033	罗元寿	男	拉祜	云南双江	199409	199607
94217014	杨万才	男	彝	云南宁蒗	199409	199607	94217034	李和平	男	拉祜	云南沧源	199409	199607
94217015	李莲香	女	傣	云南元阳	199409	199607	94217035	岩　乐	男	布朗	云南勐海	199409	199607
94217016	柏文安	男	彝	云南双柏	199409	199607	94217036	张兴文	男	白	云南兰坪	199409	199607
94217017	成　蹊	男	傈僳	云南	199409	199607	94217037	撒兰芳	女	回	云南宜良	199409	199607
94217018	李宝元	男	汉	云南元阳	199409	199607	94217038	马仲海	男	回	云南大关	199409	199607
94217019	陈旭明	男	彝	云南保山	199409	199607	94217039	杨文革	男	汉	云南	199409	199607
94217020	苏泽仁	男	彝	云南双柏	199409	199607	94217040	黄晓平	男	壮	云南	199409	199607

1994 级现代会计与统计专科班学生

学号	姓名	性别	民族	入学时间	毕业时间	学号	姓名	性别	民族	入学时间	毕业时间
94218001	喻　蕊	女	汉	199409	199607	94218019	朱海林	男	汉	199409	199607
94218002	邹芸春	女	汉	199409	199607	94218020	张燕红	女	汉	199409	199607
94218003	张　霞	女	白	199409	199607	94218022	柏坤红	男	汉	199409	199607
94218004	李文琼	女	哈尼	199409	199607	94218023	杨晓娟	女	汉	199409	199607
94218005	陈玉华	女	汉	199409	199607	94218024	张艳华	女	汉	199409	199607
94218006	邱　蔓	女	汉	199409	199607	94218025	向　燕	女	汉	199409	199607
94218007	王德平	男	汉	199409	199607	94218026	王映芳	女	汉	199409	199607
94218008	李春凤	女	汉	199409	199607	94218027	陈　梅	女	汉	199409	199607
94218009	范　莉	女	汉	199409	199607	94218028	佟　瑾	女	汉	199409	199607
94218010	曹　昆	男	汉	199409	199607	94218029	李永梅	女	汉	199409	199607
94218011	杨东琼	女	汉	199409	199607	94218030	李芳林	女	汉	199409	199607
94218012	郭朝方	男	汉	199409	199607	94218031	苏　静	女	回	199409	199607
94218013	杨子茜	女	汉	199409	199607	94218032	杜　斌	男	汉	199409	199607
94218014	唐学军	男	汉	199409	199607	94218033	万　方	女	汉	199409	199607
94218015	李　睿	女	汉	199409	199607	94218034	杨　宏	女	汉	199409	199607
94218016	刘　茜	女	汉	199409	199607	94218035	戴静萍	女	汉	199409	199607
94218017	林　珺	女	汉	199409	199607	94218036	保云红	女	汉	199409	199607
94218018	甘红红	女	汉	199409	199607						

1995 级数学教育专业本科学生

学号	姓名	性别	民族	生源地	班级	学号	姓名	性别	民族	生源地	班级
95416001	姚　劼	男	汉	浙江绍兴	甲班	94416070	段桂珍	女	汉	云南楚雄	乙班
95416002	尹欣泽	男	白	云南大理	甲班	95416053	陈　宇	男	汉	云南昆明	乙班
95416003	凹婷波	女	彝	云南巍山	甲班	95416054	蔡连芳	女	汉	云南禄劝	乙班
95416004	刘金兰	女	汉	云南昆明	甲班	95416055	李　华	女	汉	云南昆明	乙班
95416005	唐艳红	女	汉	云南宜良	甲班	95416056	陈　东	男	汉	云南宜良	乙班
95416006	张青云	男	汉	云南禄劝	甲班	95416057	周相卫	男	汉	云南禄劝	乙班
95416007	武艳斌	男	汉	云南禄劝	甲班	95416058	关　燕	女	汉	云南昆明	乙班
95416008	宋　勇	男	汉	云南镇雄	甲班	95416059	黄瑞瑛	女	汉	福建泉州	乙班
95416009	徐　波	男	汉	云南永善	甲班	95416060	毕敬勋	男	汉	云南威信	乙班
95416010	江和群	女	汉	云南永善	甲班	95416062	沈顺荣	男	汉	云南巧家	乙班
95416011	李泽平	男	汉	云南彝良	甲班	95416063	王贵良	男	汉	云南陆良	乙班
95416012	吕琼丽	女	汉	云南宣威	甲班	95416065	李琼花	女	汉	云南马龙	乙班
95416013	陈雄达	男	汉	云南曲靖	甲班	95416066	许海英	女	汉	云南曲靖	乙班
95416014	晏和文	男	汉	云南宣威	甲班	95416067	聂红仙	女	汉	云南曲靖	乙班
95416015	孙富云	男	汉	云南曲靖	甲班	95416068	龚　卫	男	汉	云南罗平	乙班
95416016	展丽梅	女	汉	云南宣威	甲班	95416069	李小波	男	汉	云南曲靖	乙班
95416017	尹红丽	女	汉	云南师宗	甲班	95416070	吕石萍	女	汉	云南宣威	乙班
95416018	李　源	男	汉	云南曲靖	甲班	95416071	李　茜	女	汉	云南富源	乙班
95416019	李俊蓉	女	汉	云南富源	甲班	95416072	钱见宝	男	汉	云南陆良	乙班
95416020	代琼艳	女	汉	云南宣威	甲班	95416073	张建华	女	汉	云南姚安	乙班
95416021	李树逵	男	汉	云南宣威	甲班	95416074	张　升	男	彝	云南武定	乙班
95416022	梁　慧	女	汉	云南宣威	甲班	95416075	邓家福	男	汉	云南大姚	乙班
95416023	杞德华	男	彝	云南姚安	甲班	95416076	李云龙	男	汉	云南元江	乙班
95416024	丁文雄	男	汉	云南牟定	甲班	95416077	罗艳萍	女	汉	云南元江	乙班
95416025	普家相	男	汉	云南大姚	甲班	95416078	李　洁	男	彝	云南蒙自	乙班
95416026	法建荣	男	彝	云南易门	甲班	95416079	陈光嵩	男	汉	云南泸西	乙班
95416027	白进芳	女	傣	云南元江	甲班	95416080	薛亚琼	女	回	云南建水	乙班
95416028	赵　晔	男	汉	云南建水	甲班	95416081	胡红光	男	汉	云南泸西	乙班
95416029	周笑峰	女	汉	云南石屏	甲班	95416082	凤　蕊	女	汉	云南通海	乙班
95416030	李新龙	男	汉	云南个旧	甲班	95416083	段永烂	男	彝	云南开远	乙班
95416031	邵丽娟	女	彝	云南石屏	甲班	95416084	刘　韵	女	汉	四川成都	乙班
95416032	张兴武	男	彝	云南建水	甲班	95416085	黄静睿	女	汉	云南通海	乙班
95416033	鲁民生	男	汉	云南玉溪	甲班	95416086	孙福有	男	彝	云南镇源	乙班
95416034	康皓岚	女	汉	云南华宁	甲班	95416087	王　珺	女	汉	河南勐腊	乙班
95416035	曾庆慧	女	汉	云南镇沅	甲班	95416088	沈德元	男	汉	云南鹤庆	乙班

续表

学号	姓名	性别	民族	生源地	班级	学号	姓名	性别	民族	生源地	班级
95416036	杜树雄	男	白	云南大理	甲班	95416089	杨建芬	女	白	云南大理	乙班
95416037	何继光	男	汉	云南洱源	甲班	95416090	黄灿军	男	汉	云南洱源	乙班
95416038	杨学芬	女	汉	云南鹤庆	甲班	95416091	尹兴娣	女	汉	云南腾冲	乙班
95416039	张菊华	女	汉	云南保山	甲班	95416092	杨　杰	女	汉	云南保山	乙班
95416040	邹彩玲	女	汉	云南腾冲	甲班	95416093	杨丽萍	女	汉	云南腾冲	乙班
95416041	杨立卿	女	汉	云南腾冲	甲班	95416094	陶顺君	男	汉	云南华坪	乙班
95416042	焦文杰	男	汉	云南昌宁	甲班	95416095	赵志明	男	汉	湖南祁阳	乙班
95416043	李文娟	女	纳西	云南	甲班	95416096	马忠莲	女	汉	云南双江	乙班
95416044	易湘莉	女	汉	湖南祁阳	甲班	95416097	王天志	男	汉	四川开江	乙班
95416045	徐丽梅	女	汉	云南凤庆	甲班	95416098	向其虎	男	汉	云南云县	乙班
95416046	李成义	男	汉	云南镇康	甲班	95416099	舒媛琼	女	汉	云南宜良	乙班
95416047	杨雪梅	女	白	云南大理	甲班	95416100	屈红萍	女	汉	云南龙陵	乙班
95416048	刘春燕	女	汉	四川安岳	甲班	95416101	杨　承	女	傣	云南镇源	乙班
95416049	赵莉娟	女	纳西	云南丽江	甲班	95416102	字文忠	男	彝	云南云县	乙班
95416050	陈　芹	女	彝	云南景谷	甲班	95416103	杨永康	男	藏	云南迪庆	乙班
95416051	李方永	男	傣	云南梁河	甲班	95416104	孟从彪	男	汉	云南保山	乙班
95416052	廖　军	男	汉	云南西畴	甲班	95416105	高才奎	男	汉	云南会泽	乙班
95416106	阿训兰	女	汉		甲班	95416112	杨春华	男	汉	云南施甸	乙班
95416107	刘安惠	女	汉	云南彝良	甲班	95416113	杨仕华	男	汉	云南江川	乙班
95416108	宋正涛	男	汉	云南江川	甲班	95416114	矣兰珠	女	汉	云南富民	乙班
95416109	孙运松	男	汉	云南宣威	甲班	95416115	尹丽华	女	汉	云南楚雄	乙班
95416110	王　锋	男	汉		甲班	95416116	余东芸	女	汉	云南曲靖	乙班
95416111	吴元勇	男	汉	云南曲靖	甲班						
95428026	毛明明	男	汉	云南昆明	甲班						

1995级数学教育民族干部专科班学生

学号	姓名	性别	民族	入学时间	毕业时间	学号	姓名	性别	民族	入学时间	毕业时间
95217001	杨明奎	男	汉	199509	199707	95217021	江　琴	女	汉	199509	199707
95217002	刘　锋	男	纳西	199509	199707	95217022	舒大文	男	汉	199509	199707
95217003	胡显云	男	汉	199509	199707	95217023	刘　淋	男	汉	199509	199707
95217004	吴勉荣	男	苗	199509	199707	95217024	张华春	男	汉	199509	199707
95217005	苏军胜	男	白	199509	199707	95217025	毛泽云	男	汉	199509	199707
95217006	戚文刚	男	回	199509	199707	95217026	杨云富	男	汉	199509	199707
95217007	高启文	男	白	199509	199707	95217027	唐立翠	女	汉	199509	199707
95217008	郭伟丽	女	彝	199509	199707	95217028	余国望	男	汉	199509	199707
95217009	李光成	男	苗	199509	199707	95217029	肖　莉	女	汉	199509	199707

续表

学号	姓名	性别	民族	入学时间	毕业时间	学号	姓名	性别	民族	入学时间	毕业时间
95217010	瑞　明	女	傣	199509	199707	95217030	孟筱粉	女	汉	199509	199707
95217011	龚家学	男	彝	199509	199707	95217031	曹　磊	男	汉	199509	199707
95217012	龙　慧	女	汉	199509	199707	95217032	徐志祥	男	汉	199509	199707
95217013	陶朝光	男	苗	199509	199707	95217033	薛安雄	男	汉	199509	199707
95217014	罗　耀	男	哈尼	199509	199707	95217034	贺炳站	男	布依	199509	199707
95217015	李正保	男	哈尼	199509	199707	95217035	孙志国	男	汉	199509	199707
95217016	杨　立	男	哈尼	199509	199707	95217036	邱大林	男	汉	199509	199707
95217017	潘思军	女	苗	199509	199707	95217037	魏芹香	女	汉	199509	199707
95217019	彭天富	男	彝	199509	199707	95217038	李洪斌	男	汉	199509	199707
95217020	陈启权	男	汉	199509	199707	95217039	王立志	男	汉	199509	199707

1995 级现代会计与统计专科班学生

学号	姓名	性别	民族	入学时间	毕业时间	学号	姓名	性别	民族	入学时间	毕业时间
95218001	钱　姝	女	汉	199509	199707	95218024	杨银贵	女	回	199509	199707
95218002	罗俊波	女	汉	199509	199707	95218025	王　志	男	汉	199509	199707
95218003	李选燕	女	汉	199509	199707	95218026	赵云鸿	女	汉	199509	199707
95218004	何正美	女	汉	199509	199707	95218027	张世权	男	彝	199509	199707
95218005	余　涛	女	汉	199509	199707	95218028	赵　梅	女	汉	199509	199707
95218006	徐　松	男	汉	199509	199707	95218029	李家欣	男	汉	199509	199707
95218007	和宏志	男	纳西	199509	199707	95218030	黎　波	男	白	199509	199707
95218008	张玉宏	男	汉	199509	199707	95218031	苏潞绚	女	汉	199509	199707
95218009	赵建频	女	汉	199509	199707	95218032	刘粉花	女	汉	199509	199707
95218010	吴石磊	男	汉	199509	199707	95218033	张　毅	男	汉	199509	199707
95218011	童之栩	女	汉	199509	199707	95218034	李雪玲	女	汉	199509	199707
95218012	赵立明	男	汉	199509	199707	95218035	郑　静	女	汉	199509	199707
95218013	赵　勇	男	汉	199509	199707	95218036	肖增红	男	汉	199509	199707
95218014	毕云燕	女	汉	199509	199707	95218037	叶云方	男	汉	199509	199707
95218015	王　丽	女	汉	199509	199707	95218038	陶丽红	女	汉	199509	199707
95218016	黄晓崎	女	汉	199509	199707	95218039	冯　静	女	汉	199509	199707
95218017	林路花	女	汉	199509	199707	95218040	王元杰	男	白	199509	199707
95218018	王国先	男	汉	199509	199707	95218041	黄一苑	女	汉	199509	199707
95218019	骆帅军	男	汉	199509	199707	95218042	李正彪	男	汉	199509	199707
95218020	陶　宏	女	汉	199509	199707	95218043	寸雪荣	男	汉	199509	199707
95218021	王　静	女	汉	199509	199707	95218044	周清泉	男	白	199509	199707
95218022	王　榕	女	汉	199509	199707	95218045	唐　璐	女	汉	199509	199707
95218023	朱丽蓉	女	汉	199509	199707	95218046	杨　军	男	白	199509	199707

1995级计算机及应用民族干部专科班学生

学号	姓名	性别	民族	入学时间	毕业时间	学号	姓名	性别	民族	入学时间	毕业时间
95240001	罗云东	男	汉	199509	199707	95240022	李存祥	男	哈尼	199509	199707
95240002	周国标	男	壮	199509	199707	95240023	黄　银	女	汉	199509	199707
95240003	刘建丰	女	白	199509	199707	95240024	王　福	男	汉	199509	199707
95240004	杨应雪	女	汉	199509	199707	95240025	万　梅	女	汉	199509	199707
95240005	沈　滟	女	彝	199509	199707	95240026	徐韶辉	男	汉	199509	199707
95240006	吴　斌	男	汉	199509	199707	95240027	张学周	男	彝	199509	199707
95240007	李云娥	男	彝	199509	199707	95240028	苏知珍	女	彝	199509	199707
95240008	伙国斌	男	蒙古	199509	199707	95240029	朱启淑	女	彝	199509	199707
95240009	王明秀	女	汉	199509	199707	95240030	施红德	男	汉	199509	199707
95240010	张江英	女	纳西	199509	199707	95240031	郭文宏	男	彝	199509	199707
95240011	高　峰	男	彝	199509	199707	95240032	邓尼锦	男	汉	199509	199707
95240012	李红梅	女	汉	199509	199707	95240033	周春梅	女	汉	199509	199707
95240013	黄文华	男	纳西	199509	199707	95240034	罗　涛	男	纳西	199509	199707
95240014	龙雪亮	男	藏	199509	199707	95240035	王　波	男	汉	199509	199707
95240015	张　益	男	汉	199509	199707	95240036	杨成灿	男	汉	199509	199707
95240016	郭宇昌	男	汉	199509	199707	95240037	张培仙	女	汉	199509	199707
95240017	唐自奎	男	汉	199509	199707	95240038	余保权	男	汉	199509	199707
95240018	俞云山	男	藏	199509	199707	95240039	李宏清	女	汉	199509	199707
95240019	李元庆	男	藏	199509	199707	95240040	陈菊红	女	彝	199509	199707
95240020	王　兵	男	汉	199509	199707	95240041	董　辉	男	回	199509	199707
95240021	赵丽拔	男	白	199509	199707	95240042	杨雄燕	女	汉	199509	199707

1996级数学教育专业本科学生

学号	姓名	性别	民族	生源地	班级	学号	姓名	性别	民族	生源地	班级
96416001	王宗社	男	汉	云南曲靖	甲班	95416061	晁增齐	男	汉	云南	乙班
96416002	袁素勤	女	汉	云南宣威	甲班	95416064	周玲芳	女	汉	云南宣威	乙班
96416003	唐永芬	女	汉	云南红河	甲班	96416054	杨渝敏	女	汉	云南昆明	乙班
96416004	蒋雁林	女	纳西	云南大理	甲班	96416055	李永芹	女	汉	云南楚雄	乙班
96416005	刘　川	男	汉	贵州	甲班	96416056	何　俊	男	彝	云南临沧	乙班
96416006	卢皓东	男	哈尼	云南红河	甲班	96416057	赵　喜	男	汉	云南红河	乙班
96416007	朱明星	男	汉	云南昭通	甲班	96416058	王　俊	男	汉	云南曲靖	乙班
96416008	周　景	男	汉	云南昆明	甲班	96416059	姚　丽	女	汉	云南红河	乙班
96416009	任雪松	男	汉	云南玉溪	甲班	96416060	周兴伟	男	汉	云南昆明	乙班
96416010	张石鑫	男	汉	四川	甲班	96416061	俞　纲	男	汉	江苏	乙班

续表

学号	姓名	性别	民族	生源地	班级	学号	姓名	性别	民族	生源地	班级
96416011	赵文强	男	汉	云南保山	甲班	96416062	张寒树	男	汉	云南昆明	乙班
96416012	张红玲	女	汉	云南玉溪	甲班	96416063	崔学勇	男	汉	云南曲靖	乙班
96416013	王秀华	男	汉	云南大理	甲班	96416064	毛崇斌	男	汉	云南大理	乙班
96416014	李国昌	男	汉	云南临沧	甲班	96416065	姜　茸	男	汉	云南临沧	乙班
96416015	刘永萍	女	汉	云南大理	甲班	96416066	杨　颖	男	彝	云南红河	乙班
96416016	李桂华	女	汉	云南红河	甲班	96416067	李莉娇	女	回	云南玉溪	乙班
96416017	何　磊	女	回	云南昆明	甲班	96416068	马　琳	男	回	云南大理	乙班
96416018	孔云武	男	汉	云南玉溪	甲班	96416069	陈太平	男	汉	云南曲靖	乙班
96416019	蒋正拥	男	汉	云南红河	甲班	96416070	代秀梅	女	彝	云南红河	乙班
96416020	普云宏	男	汉	云南大理	甲班	96416071	李　燕	女	汉	云南曲靖	乙班
96416021	杨淑美	女	白	云南大理	甲班	96416072	陶正兵	男	汉	云南玉溪	乙班
96416022	陈　岩	女	汉	云南曲靖	甲班	96416073	蒋宏春	男	汉	云南文山	乙班
96416023	杨鹏举	男	白	云南大理	甲班	96416074	陈春梅	女	汉	云南曲靖	乙班
96416024	武跃龙	男	汉	云南楚雄	甲班	96416075	杨晓丽	女	汉	云南大理	乙班
96416025	李丽娅	女	汉	云南昆明	甲班	96416076	杨智龙	男	彝	云南临沧	乙班
96416026	周开映	男	彝	云南楚雄	甲班	96416077	袁丽霞	女	汉	云南昆明	乙班
96416027	昌代有	男	哈尼	云南思茅	甲班	96416078	吴　飞	男	汉	云南昆明	乙班
96416028	罗家科	男	汉	云南曲靖	甲班	96416079	万玉静	男	汉	云南昭通	乙班
96416029	金春华	男	汉	云南楚雄	甲班	96416080	李荣梅	女	汉	云南曲靖	乙班
96416030	王翠华	女	汉	云南玉溪	甲班	96416081	张　丽	女	汉	云南昆明	乙班
96416031	普俊华	男	汉	云南昆明	甲班	96416082	李云川	男	汉	四川	乙班
96416032	刘保德	男	彝	云南红河	甲班	96416083	王志宏	男	汉	云南曲靖	乙班
96416033	牛艳宽	女	汉	云南曲靖	甲班	96416084	陈海乐	女	汉	江西九江	乙班
96416034	杨育喜	女	白	云南大理	甲班	96416085	何伟庆	男	哈尼	云南红河	乙班
96416035	赵　峻	男	汉	云南昆明	甲班	96416086	吴永峰	女	汉	云南昆明	乙班
96416036	杨泽雄	男	白	云南大理	甲班	96416087	肖　磊	男	汉	四川	乙班
96416037	张明武	男	苗	云南保山	甲班	96416088	陈　劲	男	汉	云南昭通	乙班
96416038	谭春妹	女	汉	云南曲靖	甲班	96416089	徐卫琼	女	汉	云南曲靖	乙班
96416039	詹菊芬	女	汉	云南楚雄	甲班	96416090	杨清韵	女	汉	云南昆明	乙班
96416040	王　晔	男	汉	云南曲靖	甲班	96416091	张小琼	女	汉	云南曲靖	乙班
96416041	尹　丽	女	汉	云南保山	甲班	96416092	张瑞兵	男	汉	云南保山	乙班
96416042	杨宗兴	男	汉	云南昭通	甲班	96416093	李立娟	女	纳西	云南丽江	乙班
96416043	刘云惠	女	汉	云南玉溪	甲班	96416094	张　伟	男	汉	云南昆明	乙班
96416044	殷永琼	女	汉	云南楚雄	甲班	96416095	邹永稳	男	汉	云南曲靖	乙班
96416045	张叶青	女	汉	云南昆明	甲班	96416096	李伟明	男	汉	云南昆明	乙班
96416046	李　浩	男	汉	云南昆明	甲班	96416097	王燕琳	女	汉	河北	乙班

续表

学号	姓名	性别	民族	生源地	班级	学号	姓名	性别	民族	生源地	班级
96416047	罗　瑛	女	汉	云南开远	甲班	96416098	熊继银	女	汉	云南大理	乙班
96416048	张丽琴	女	汉	云南曲靖	甲班	96416099	代超阳	男	汉	云南曲靖	乙班
96416049	高会平	男	汉	云南曲靖	甲班	96416100	曹云冬	男	汉	云南昆明	乙班
96416050	石海鹏	女	纳西	云南迪庆	甲班	96416101	杨　夏	女	汉	云南红河	乙班
96416051	张浩浩	男	白	云南大理	甲班	96416102	刘　丽	女	汉	云南保山	乙班
96416052	朱　春	男	彝	云南思茅	甲班	96416103	刘彩云	女	汉	云南曲靖	乙班
96416053	陈显东	男	汉	云南丽江	甲班	96416104	石光莹	男	汉	云南东川	乙班
96416109	杨春银	男	汉	云南保山	甲班	96416105	杨忠妮	女	白	云南大理	乙班
96416110	刁有丽	女	汉	云南牟定	甲班	96416106	趙富坤	男	汉	云南昭通	乙班
96416111	杨华香	女	汉	云南大理	甲班	96416107	曹　靖	女	汉	云南楚雄	乙班
96416112	何雪梅	女	汉	云南开远	甲班	96416116	张　慧	女	汉	云南宁洱	乙班
96416113	王粉兰	女	汉	云南会泽	甲班	96416117	郭　勇	女	汉	云南华宁	乙班
96416114	何道芳	女			甲班	96416118	寸彦琳	女	汉	云南腾冲	乙班
						96416119	李维刚	男	汉	云南云县	乙班
						96416120	合志萍	女	回	云南大理	乙班
						96416121	范贵美	女	汉	云南鲁甸	乙班

1996 级数学教育民族干部专科班学生

学号	姓名	性别	民族	入学时间	毕业时间	学号	姓名	性别	民族	入学时间	毕业时间
96217001	李启兴	男	汉	199609	199807	96217023	李树斌	男	苗	199609	199807
96217002	李　艳	女	彝	199609	199807	96217024	沈云武	男	壮	199609	199807
96217003	马金梅	女	白	199609	199807	96217025	张国才	男	回	199609	199807
96217004	何文武	男	汉	199609	199807	96217026	王志珠	女	白	199609	199807
96217005	龙　琼	女	布依	199609	199807	96217027	马成兴	男	回	199609	199807
96217006	龚荣福	男	彝	199609	199807	96217028	刁维铭	男	汉	199609	199807
96217007	李喜瑛	女	白	199609	199807	96217029	陈良坤	男	汉	199609	199807
96217008	潘德喜	男	彝	199609	199807	96217030	杨国洲	男	汉	199609	199807
96217009	关华忠	男	汉	199609	199807	96217031	张正国	男	汉	199609	199807
96217010	李　艳	女	彝	199609	199807	96217032	赵又泉	男	汉	199609	199807
96217011	马朝良	男	汉	199609	199807	96217033	张汝祥	男	汉	199609	199807
96217012	周　艳	女	汉	199609	199807	96217034	陈　婕	女	傣	199609	199807
96217013	苏建喜	男	彝	199609	199807	96217035	姜　健	男	哈尼	199609	199807
96217014	李兴国	男	汉	199609	199807	96217036	张付玲	女	傣	199609	199807
96217015	马廷福	男	苗	199609	199807	96217037	胡俊波	女	汉	199609	199807
96217016	茶智新	男	彝	199609	199807	96217038	张朝荣	男	彝	199609	199807

续表

学号	姓名	性别	民族	入学时间	毕业时间	学号	姓名	性别	民族	入学时间	毕业时间
96217017	李彦林	男	汉	199609	199807	96217039	叶顺军	男	汉	199609	199807
96217018	吴学芳	女	汉	199609	199807	96217040	杨群昌	男	汉	199609	199807
96217019	苏丽琼	女	彝	199609	199807	96217041	梁　景	男	壮	199609	199807
96217020	王奇洪	男	汉	199609	199807	96217042	李洁梅	女	汉	199609	199807
96217021	张子清	男	汉	199609	199807	96217043	陶树梅	女	傣	199609	199807
96217022	陈跃宏	男	汉	199609	199807	96217044	张江琼	女	汉	199609	199807

1996级现代会计与统计专科班学生

学号	姓名	性别	民族	入学时间	毕业时间	学号	姓名	性别	民族	入学时间	毕业时间
96218001	解洋瑜	女	汉	199609	199807	96218019	杨　洁	女	汉	199609	199807
96218002	李慧兰	女	汉	199609	199807	96218020	王家龙	男	汉	199609	199807
96218003	李晓红	女	汉	199609	199807	96218021	李　能	男	汉	199609	199807
96218004	马明丽	女	汉	199609	199807	96218022	王文松	男	白	199609	199807
96218005	卢　萍	女	汉	199609	199807	96218023	苏海燕	女	汉	199609	199807
96218006	徐　娟	女	汉	199609	199807	96218024	程如榕	女	汉	199609	199807
96218007	李　俊	女	白	199609	199807	96218025	李云丽	女	汉	199609	199807
96218008	徐　攀	男	汉	199609	199807	96218026	陈　莉	女	汉	199609	199807
96218009	蒋　捷	女	汉	199609	199807	96218027	李见刚	男	汉	199609	199807
96218010	邱礼雄	男	汉	199609	199807	96218028	陆海春	女	汉	199609	199807
96218011	姜泽军	男	汉	199609	199807	96218029	赵光辉	男	汉	199609	199807
96218012	张少纯	男	汉	199609	199807	96218030	钱　坤	男	汉	199609	199807
96218013	刘林光	男	汉	199609	199807	96218031	杨臻明	男	汉	199609	199807
96218014	和　苹	女	纳西	199609	199807	96218032	陈　伟	男	汉	199609	199807
96218015	朱宏芬	女	汉	199609	199807	96218033	田映芳	女	汉	199609	199807
96218016	雍东娥	女	汉	199609	199807	96218034	刘　燕	女	汉	199609	199807
96218017	娄雄英	女	汉	199609	199807	96218035	王　云	男	彝	199609	199807

1996级计算机及应用民族干部专科班学生

学号	姓名	性别	民族	入学时间	毕业时间	学号	姓名	性别	民族	入学时间	毕业时间
96240001	范六祥	男	汉	199609	199807	96240023	和彦娟	女	纳西	199609	199807
96240002	张文辉	男	汉	199609	199807	96240024	刘伟仙	女	汉	199609	199807
96240003	李正良	男	彝	199609	199807	96240025	吴玉华	男	彝	199609	199807
96240004	刘　华	男	拉祜	199609	199807	96240026	常泽州	男	彝	199609	199807
96240005	阮　陌	男	回	199609	199807	96240027	岩　理	男	佤	199609	199807
96240006	马　江	男	回	199609	199807	96240028	王　斌	男	汉	199609	199807
96240007	李田舒	女		199609	199807	96240029	董　辉	男		199609	199807

续表

学号	姓名	性别	民族	入学时间	毕业时间	学号	姓名	性别	民族	入学时间	毕业时间
96240008	李忠伟	男	汉	199609	199807	96240030	王晓燕	女	汉	199609	199807
96240009	肖丽明	女	藏	199609	199807	96240031	何　彬	男	汉	199609	199807
96240010	刀淑鸾	女	傣	199609	199807	96240032	林　昕	男	汉	199609	199807
96240011	杨　斌	男	汉	199609	199807	96240033	赵迎帆	男	白	199609	199807
96240012	李朝艳	女	汉	199609	199807	96240034	和亚民	男	纳西	199609	199807
96240013	杨信堂	男	苗	199609	199807	96240035	朱启淑	女	彝	199609	199807
96240014	李娅华	女	汉	199609	199807	96240036	何利华	男	汉	199609	199807
96240015	邵宗平	男	汉	199609	199807	96240037	冯　刚	男	汉	199609	199807
96240016	杨永才	男	汉	199609	199807	96240038	陈睿玲	女		199609	199807
96240017	曹　惠	女	普米	199609	199807	96240039	周文秀	女		199609	199807
96240018	和玉玺	男	纳西	199609	199807	96240040	张晓磊	男		199609	199807
96240019	徐申祝	女	汉	199609	199807	96240041	苟开文	男		199609	199807
96240020	单玉芬	女	汉	199609	199807	96240042	邓礼泉	男		199609	199807
96240021	张云梅	女	白	199609	199807	96240043	杨群昌	男		199609	199807
96240022	王　芳	女	哈尼	199609	199807	96240044	杨国州	男		199609	199807

1997 级数学教育专业本科学生

学号	姓名	性别	民族	籍贯	班级	学号	姓名	性别	民族	籍贯	班级
97416001	张桥芹	女	汉	云南保山	甲班	97416052	赵志英	女	藏	云南中甸	乙班
97416002	龚　建	男	汉	湖南	甲班	97416053	李绍全	男	汉	云南南华	乙班
97416003	字紫龙	男	彝	云南凤庆	甲班	97416054	李和明	男	汉	云南临沧	乙班
97416004	陈　敏	男	汉	云南文山	甲班	97416055	代唐勇	男	汉	云南彝良	乙班
97416005	毕　磊	男	彝	云南曲靖	甲班	97416057	伍晓敏	女	汉	云南昆明	乙班
97416006	夏　洁	男	汉	云南罗平	甲班	97416058	李儒健	男	汉	云南永善	乙班
97416007	刘艳梅	女	汉	云南石屏	甲班	97416059	施　阳	男	汉	江苏	乙班
97416008	张　祥	男	汉	云南嵩明	甲班	97416060	黄　伟	男	汉	云南昆明	乙班
97416009	邱启燕	女	汉	云南	甲班	97416061	陈尔彬	男	汉	云南昆明	乙班
97416010	林志兴	男	汉	云南昆明	甲班	97416062	黄荣丽	女	汉	云南晋宁	乙班
97416011	刘树莲	女	汉	云南石林	甲班	97416063	付天云	男	哈尼	云南景东	乙班
97416012	郭雁斌	男	汉	云南宜良	甲班	97416064	张育花	女	汉	云南曲靖	乙班
97416013	段锡阔	男	汉	云南宣威	甲班	97416065	曹在强	男	汉	云南水富	乙班
97416014	包崇江	男	汉	云南宣威	甲班	97416066	夏伶莉	女	汉	云南禄丰	乙班
97416015	刘　元	男	汉	云南宜良	甲班	97416067	王　佳	男	汉	云南楚雄	乙班
97416017	彭　华	女	汉	云南宣威	甲班	97416068	严庆丽	女	汉	云南牟定	乙班
97416018	薛　蕾	女	汉	云南昆明	甲班	97416069	许　伦	男	汉	云南镇雄	乙班
97416019	周　敏	女	哈尼	云南禄春	甲班	97416070	罗晓云	女	汉	云南祥云	乙班

续表

学号	姓名	性别	民族	籍贯	班级	学号	姓名	性别	民族	籍贯	班级
97416020	罗凤军	男	彝	云南漾濞	甲班	97416071	白德普	男	汉	云南宣威	乙班
97416021	张达敏	男	汉	四川	甲班	97416072	窦建明	男	汉	云南宜良	乙班
97416022	傅文玥	女	汉	云南昭通	甲班	97416073	叶文相	男	汉	云南宣威	乙班
97416023	李　静	女	汉	云南大姚	甲班	97416074	资树方	男	汉	云南陆良	乙班
97416024	李传德	男	汉	云南师宗	甲班	97416075	胡培丽	女	汉	云南腾冲	乙班
97416025	张云强	男	汉	云南玉溪	甲班	97416076	杨琼涛	女	汉	云南嵩明	乙班
97416026	周振峰	男	汉	山东	甲班	97416077	刘存宇	男	彝	云南牟定	乙班
97416027	李六七	女	白	云南鹤庆	甲班	97416078	段必超	男	汉	云南腾冲	乙班
97416028	史　安	男	汉	云南陆良	甲班	97416079	潘正永	男	汉	云南富源	乙班
97416029	保建辉	男	汉	云南马龙	甲班	97416080	曾咏晟	女	汉	海南	乙班
97416030	魏开文	男	汉	云南马龙	甲班	97416081	李国栋	男	彝	云南禄劝	乙班
97416031	阮　瑛	女	汉	云南思茅	甲班	97416083	谢义华	男	汉	云南宾川	乙班
97416032	李美琼	女	汉	云南牟定	甲班	97416084	吕忠顺	男	汉	云南昭通	乙班
97416033	赵九华	男	汉	云南曲靖	甲班	97416085	李谷亮	男	白	云南昆明	乙班
97416034	徐体兰	女	汉	云南永胜	甲班	97416086	张粉仙	女	汉	云南宣威	乙班
97416035	李春鸿	男	汉	云南嵩明	甲班	97416087	卢海英	女	汉	云南腾冲	乙班
97416036	李永梅	女	汉	云南禄丰	甲班	97416088	王玉芳	女	汉	云南绥江	乙班
97416037	余世泓	男	汉	云南龙陵	甲班	97416089	吴法国	男	汉	云南富源	乙班
97416038	杨朝丽	女	回	云南大理	甲班	97416090	朱菊芬	女	汉	云南泸西	乙班
97416039	王昌宪	男	汉	云南镇雄	甲班	97416091	周洪林	男	汉	云南陆良	乙班
97416040	范梅花	女	汉	云南马龙	甲班	97416092	刘华西	男	汉	云南镇雄	乙班
97416041	饶建波	男	汉	云南华宁	甲班	97416093	杨文勇	男	白	云南鹤庆	乙班
97416042	王广攀	男	汉	云南龙陵	甲班	97416094	钟睿黎	男	汉	云南湖北	乙班
97416043	李梅玉	女	汉	云南禄劝	甲班	97416095	吴重华	男	彝	云南华坪	乙班
97416044	吴兴雄	男	汉	云南宣威	甲班	97416096	王丽芝	女	汉	云南罗平	乙班
97416045	邹艳丽	女	汉	云南宣威	甲班	97416097	杨学宇	男	汉	云南昭通	乙班
97416046	李祖斌	男	汉	云南陆良	甲班	97416098	胡若华	女	汉	云南保山	乙班
97416047	李国芳	男	汉	云南曲靖	甲班	97416099	赵雪明	女	汉	云南保山	乙班
97416048	郑琳凤	女	汉	云南陆良	甲班	97416100	李　源	男	回	云南呈贡	乙班
97416049	黄明秀	女	汉	云南建水	甲班	97416101	王　巍	女	汉	云南巍山	乙班
97416050	彭建华	女	汉	云南宣威	甲班	97416102	张之旺	男	汉	云南双柏	乙班
97416051	孔德庚	男	汉	云南宣威	甲班	96416025	李丽娅	女	汉	浙江	乙班
96416045	张叶青	女	汉	云南昆明	甲班	96416046	李　浩	男	汉	云南昆明	乙班
97416105	侯　静	女	汉	云南昭通	甲班	97416112	刘　燕	女	汉	云南曲靖	乙班

续表

学号	姓名	性别	民族	籍贯	班级	学号	姓名	性别	民族	籍贯	班级
97416106	文小玲	女	汉	湖南永州	甲班	97416113	江新星	女	汉	云南保山	乙班
97416107	段兴武	男	汉	云南保山	甲班	97416114	余荣琴	女	汉	云南保山	乙班
97416108	张春花	女	汉	云南玉溪	甲班	97416115	苏德芹	女	彝	云南景东	乙班
97416109	朱　梅	女	汉	云南楚雄	甲班	97416116	赵兰英	女	汉	云南红河	乙班
97416110	岳建萍	女	汉	云南楚雄	甲班	97416117	房　华	女	汉	云南腾冲	乙班
97416111	赵云丽	女	汉	云南泸西	甲班						

1997 级数学教育民族干部专科班学生

学号	姓名	性别	民族	入学时间	毕业时间	学号	姓名	性别	民族	入学时间	毕业时间
97217001	赵德银	男	苗	199709	199907	97217013	张桂萍	女	白	199709	199907
97217002	王子贞	男	白	199709	199907	97217014	赵永华	男	汉	199709	199907
97217003	古登富	男	苗	199709	199907	97217015	田晓外	男	汉	199709	199907
97217004	岩　努	男	佤	199709	199907	97217016	戚永贵	男	汉	199709	199907
97217005	李志宏	男	佤	199709	199907	97217017	周继泽	男	汉	199709	199907
97217006	封美英	女	傣	199709	199907	97217018	姚树荣	男	回	199709	199907
97217007	周玉文	男	苗	199709	199907	97217019	扬启明	男	汉	199709	199907
97217008	白昭新	男	傣	199709	199907	97217020	周安明	男	汉	199709	199907
97217009	舒天祥	男	汉	199709	199907	97217021	张茜梅	女	汉	199709	199907
97217010	朱顺荣	男	汉	199709	199907	97217022	吴　明	男	汉	199709	199907
97217011	李　德	男	哈尼	199709	199907	97217023	赵永华	男	汉	199709	199907
97217012	王海洋	男	汉	199709	199907	97217023	郭永胜			199709	199907

1997 级现代会计与统计专科班学生

学号	姓名	性别	民族	入学时间	毕业时间	学号	姓名	性别	民族	入学时间	毕业时间
97249002	杨雪艳	女	汉	199709	199909	97249017	熊小林	男	汉	199709	199909
97249003	李艳萍	女	汉	199709	199909	97249018	袁菊仙	女	汉	199709	199909
97249004	刘　恒	男	西	199709	199909	97249019	王金焕	女	汉	199709	199909
97249005	江　泉	男	纳	199709	199909	97249020	黄建成	男		199709	199909
97249006	肖　静	女		199709	199909	97249021	马　佳	女	回	199709	199909
97249007	李葆春	女	汉	199709	199909	97249022	王仁群	男	汉	199709	199909
97249008	杜红萍	女	汉	199709	199909	97249023	赵银良	男		199709	199909
97249009	曹晓旭	女		199709	199909	97249024	杨丽娟	女		199709	199909
97249010	孔丽华	女		199709	199909	97249025	张金艳	男		199709	199909
97249011	杨建荣	女	汉	199709	199909	97249026	陶艳琼	女	汉	199709	199909
97249012	付明忠	男	汉	199709	199909	97249027	那建阳	女		199709	199909

续表

学号	姓名	性别	民族	入学时间	毕业时间	学号	姓名	性别	民族	入学时间	毕业时间
97249013	刘　芳	女	汉	199709	199909	97249028	马丹丹	女	汉	199709	199909
97249014	张　华	男	汉	199709	199909	97249029	张涵洁	女		199709	199909
97249015	秦　超	女	汉	199709	199909	97249030	樊　莉	女	汉	199709	199909
97249016	郎　晔	男	汉	199709	199909	97249031	董纳珊	女	纳西	199709	199909

1997 级计算机及应用民族干部科班学生

学号	姓名	性别	民族	入学时间	毕业时间	学号	姓名	性别	民族	入学时间	毕业时间
97240001	张建坤	男	汉	199709	199907	97240025	王　翔	男	哈尼	199709	199907
97240002	周文剑	男	汉	199709	199907	97240026	李秋顺	女	纳西	199709	199907
97240003	陆　艳	女	彝	199709	199907	97240027	贾云峰	男	汉	199709	199907
97240004	陈红武	男	汉	199709	199907	97240028	张太琼	女	彝	199709	199907
97240005	和祖勋	男	纳西	199709	199907	97240029	张兴朝	女	汉	199709	199907
97240006	刘礼俊	男	汉	199709	199907	97240030	温树伟	男	汉	199709	199907
97240007	刘少芬	女	汉	199709	199907	97240031	胡德祥	男	汉	199709	199907
97240008	曹　静	女	汉	199709	199907	97240032	吴丽清	女	汉	199709	199907
97240009	李建华	男	彝	199709	199907	97240033	刘卓琼	女	汉	199709	199907
97240010	宋祖惠	女	汉	199709	199907	97240034	白文玲	女	拉祜	199709	199907
97240011	李茂松	男	汉	199709	199907	97240035	罗　坤	男	彝	199709	199907
97240012	王银华	男	苗	199709	199907	97240036	薄　洋	男	布朗	199709	199907
97240013	马　芳	女	汉	199709	199907	97240037	张跃生	男	汉	199709	199907
97240014	钱亚玲	女	汉	199709	199907	97240038	洪　梅	女	藏	199709	199907
97240015	黄云达	男	彝	199709	199907	97240039	何石玉	女	拉祜	199709	199907
97240016	刘　红	女	汉	199709	199907	97240040	李代丽	女	汉	199709	199907
97240018	陈莲粉	女	汉	199709	199907	96240028	王　斌	男	汉	199709	199907
97240019	王跃萍	女	汉	199709	199907	97240041	张晓磊	男	汉	199709	199907
97240020	李　楠	男	彝	199709	199907	97240042	陈睿玲	女	汉	199709	199907
97240021	周继平	男	汉	199709	199907	97240043	周文秀	女	汉	199709	199907
97240022	马云江	男	回	199709	199907	97240044	苟开文	男	汉	199709	199907
97240023	陈振华	男	藏	199709	199907	97240045	邓礼泉	男	汉	199709	199907
97240024	苏秀芬	女	彝	199709	199907						

1998 级数学教育专业本科班学生

学号	姓名	性别	民族	籍贯	班级	学号	姓名	性别	民族	籍贯	班级
98416001	蔡　翠	女	汉	云南弥勒	A	97416082	邓　波	男			B
98416002	叶枝宏	女	汉	云南普洱	A	98416054	辉相梅	女			B
98416003	杨春玲	女	彝	云南广南	A	98416055	余　曼	女			B

续表

学号	姓名	性别	民族	籍贯	班级	学号	姓名	性别	民族	籍贯	班级
98416004	万云富	男	汉	云南弥勒	A	98416056	高永寿	男	彝		B
98416005	李永福	男	汉	云南大关	A	98416057	高继伟	男			B
98416006	毕跃芳	女	彝	云南石林	A	98416058	桂　云	女	回		B
98416007	程良云	男	汉	云南彝良	A	98416059	吴　刚	男			B
98416008	苏永营	男	汉	云南宾川	A	98416060	张丽娟	女			B
98416009	肖红司	女	汉	云南怒江	A	98416061	鲁家武	男			B
98416010	李娇林	女	汉	云南德宏	A	98416062	杨秀芬	女			B
98416011	肖秀红	女	汉	云南玉溪	A	98416063	严明霞	女			B
98416012	王　山	男	壮	云南个旧	A	98416064	戴绍红	女			B
98416013	杨　洋	女	回	云南昆明	A	98416065	李永琴	女			B
98416014	赵锦秀	女	汉	云南宣威	A	98416066	殷双生	男			B
98416015	陈　勇	男	汉	云南宣威	A	98416067	杨顺友	男			B
98416016	曾　莉	女	汉	云南威信	A	98416068	吴丽梅	女			B
98416017	黄　勇	男	汉	云南建水	A	98416069	王　涛	男			B
98416018	张全江	男	汉	云南曲靖	A	98416070	王必书	男			B
98416019	和建芳	女	纳西	云南丽江	A	98416071	刘平海	男			B
98416020	朱　林	男	汉	云南昆明	A	98416072	刘元华	男			B
98416021	贺称富	男	汉	云南宣威	A	98416073	肖植润	男	汉		B
98416022	左绍荣	男	汉	云南漾濞	A	98416074	杨竹珍	女			B
98416023	王天学	男	汉	云南镇雄	A	98416075	吴晓梅	女			B
98416024	李　玲	女	汉	云南陆良	A	98416076	高丽超	女			B
98416025	王玉林	男	汉	云南会泽	A	98416077	卢小乔	男			B
98416026	杨金华	男	汉	云南嵩明	A	98416078	普　丽	女			B
98416027	张国林	男	彝	云南宜良	A	98416079	夏聪群	女			B
98416028	段汝霞	女	汉	云南祥云	A	98416080	陈丽美	女			B
98416029	郑绍贵	男	汉	云南镇雄	A	98416081	何巧宇	男			B
98416030	李　生	男	汉	云南大姚	A	98416082	张　团	女			B
98416031	王光照	男	汉	云南宣威	A	98416083	代琼焕	女			B
98416032	李　杨	男	汉	云南保山	A	98416084	兰艳辉	女	汉	建水	B
98416033	和灿香	女	纳西	云南丽江	A	98416085	董雪萍	女			B
98416034	叶　芬	女	汉	云南曲靖	A	98416086	董雄杰	男			B
98416035	沈　锐	男	汉	云南宜良	A	98416087	邱　强	男			B
98416036	杨　丽	女	汉	云南玉溪	A	98416088	吕长寿	男			B
98416037	赵志春	女	白	云南大理	A	98416089	母其丙	男			B
98416038	郭　英	女	汉	云南师宗	A	98416091	徐　洪	男			B
98416039	李会琼	女	汉	云南宣威	A	98416092	张燕华	女	汉		B
98416040	刘云珍	女	汉	云南陆良	A	98416093	温春仙	女			B

续表

学号	姓名	性别	民族	籍贯	班级	学号	姓名	性别	民族	籍贯	班级
98416041	羊丽宏	男	白	云南鹤庆	A	98416094	陈国强	男			B
98416042	李培根	男	汉	云南腾冲	A	98416095	蒋保香	女			B
98416043	马锐山	男	回	云南个旧	A	98416096	高佐仙	女			B
98416044	张　英	女	汉	云南曲靖	A	98416097	撒　睿	女		昭通	B
98416045	杨　莉	女	汉	云南宣威	A	98416098	孙燕飞	女			B
98416046	黄晓昆	男	汉	云南禄丰	A	98416099	黄　宏	男			B
98416047	李文安	男	汉	云南巧家	A	98416100	杨爱秋	女			B
98416048	王开美	女	汉	云南威信	A	98416101	周继波	男			B
98416049	余艳平	男	汉	云南石屏	A	98416102	朗维环	男			B
98416050	浦富华	女	汉	云南宣威	A	98416103	徐邦俊	男			B
98416051	杨　跃	男	汉	云南富源	A	98416104	杨定荣	女			B
98416052	张文琳	女	汉	云南昆明	A	98416105	凌宗辉	男			B
98416053	董家俊	男	汉	云南宣威	A	98416106	任宗宇	男			B
98416107	余艳琼	女	汉	云南寻甸	A	98416117	李永林	男		泸西	B
98416108	吕俊梅	女	汉	云南宣威	A	98416118	殷丽萍	女		泸西	B
98416109	顾新艳	女	汉	云南江川	A	98416119	沈艳芳	女		建水	B
98416110	苏春玲	女	汉	云南通海	A	98416120	王志刚	男		弥勒	B
98416111	杨继伟	男	纳西	云南丽江	A	98416121	杨丽萍	女			B
98416112	彭　璐	女	汉	云南巍山	A	98416122	田　维	男		宣威	B
98416113	殷贝贝	女	汉	云南禄丰	A	98416123	杨　媚	女		保山	B
98416114	字学斌	男	汉	云南临沧	A	98416124	段开发	男		龙陵	B
98416115	张丽梅	女	彝	云南大姚	A	98416125	李　蕊	女		保山	B
98416116	王树梅	女	汉	云南东川	A	98416126	杨晓琼	女		保山	B
98416129	朱兴强	男	汉	云南景东	A	98416127	苏其平	男		景谷	B
98416130	卢艳彬	女	汉	云南文山	A	98416128	匡艳桂	女		勐腊	B

1998级应用数学(经济分析)专业本科班学生

学号	姓名	性别	民族	籍贯	学号	姓名	性别	民族	籍贯
98453002	师爱红	女			98453024	温宗金	男		
98453003	杜　英	女			98453025	文世敏	男		
98453004	胡建何	男			98453026	赵庆昭	女		
98453005	程　高	男	汉	云南宣威	98453027	高晓燕	女		
98453006	李红仙	女		云南陆良	98453028	付文超	男		会泽
98453007	李荣丽	女		云南丽江	98453029	孙飞俊	男		
98453008	苏梅会	女		云南普洱	98453030	张兴彪	男		
98453009	李应平	男			98453031	李艳兰	女		大理
98453010	王廷水	男			98453032	赵　宾	男		

续表

学号	姓名	性别	民族	籍贯	学号	姓名	性别	民族	籍贯
98453011	杨存永	男		云南禄丰	98453033	秦丽娟	女		红河
98453012	孙　丽	女		江苏无锡	98453034	李有才	男		大理
98453013	经　壮	女			98453035	周　建	男		云南墨江
98453014	杨　毅	女	汉	大理宾川	98453036	罗　俊	女		
98453015	吴　懿	女			98453037	李寿康	男		大理
98453016	张显波	男			98453038	袁魏斌	男		
98453017	杨秋晓	男			98453039	李保花	女		云南嵩明
98453018	蒋　伟	男		云南西畴	98453040	陈加美	女		云南大理
98453019	胡庆远	男			98453041	李世雄	男		
98453020	王子玉	女			98453042	许　啓	男		
98453021	谢智秀	女	汉	云南丽江	98453043	陈留刚	男		
98453022	张汝坤	女		云南鹤庆	98453044	卢　罡	男		昆明
98453023	黄　静	女			98453045	李俊勇	男		大理

1998级数学教育民族干部专科班学生

学号	姓名	性别	民族	入学时间	毕业时间	学号	姓名	性别	民族	入学时间	毕业时间
98217001	杨有成	男	苗	199809	200007	98217016	卫军明	男	佤	199809	200007
98217002	赵学良	男	汉	199809	200007	98217017	谭明凤	女	汉	199809	200007
98217003	李剑龙	男	汉	199809	200007	98217018	李若剑	男	彝	199809	200007
98217004	熊自良	男	彝	199809	200007	98217019	郭方华	男	汉	199809	200007
98217005	期家文	男	彝	199809	200007	98217020	郑建国	男	佤	199809	200007
98217006	顾　锐	女	彝	199809	200007	98217021	黄正荣	男	汉	199809	200007
98217007	万兰芬	女	彝	199809	200007	98217022	王顺贤	女	汉	199809	200007
98217008	茶文字	男	彝	199809	200007	98217023	梅跃青	男	汉	199809	200007
98217009	鲁文杰	男	汉	199809	200007	98217024	王鹏仙	女	汉	199809	200007
98217010	王建华	男	汉	199809	200007	98217025	李国雄	男	彝	199809	200007
98217011	普文富	男	彝	199809	200007	98217026	赵德强	男	汉	199809	200007
98217012	白兰国	男	哈尼	199809	200007	98217027	魏子人	男	哈尼	199809	200007
98217013	李文胜	男	佤	199809	200007	98217028	周德富	男	布朗	199809	200007
98217014	王　挺	男	彝	199809	200007	98217029	黄　智	男	壮	199809	200007
98217015	施兴发	男	汉	199809	200007	98217030	李智兰	女	彝	199809	200007

1998级计算机及应用民族干部专科班学生

学号	姓名	性别	民族	入学时间	毕业时间	学号	姓名	性别	民族	入学时间	毕业时间
98240001	董霞玲	女	藏	199809	200007	98240022	郭全红	男	汉	199809	200007
98240002	王　艳	女	汉	199809	200007	98240023	可红忠	男	彝	199809	200007

续表

学号	姓名	性别	民族	入学时间	毕业时间	学号	姓名	性别	民族	入学时间	毕业时间
98240003	阳玉国	男	布依	199809	200007	98240024	郭海云	女	汉	199809	200007
98240004	王萍美	女	壮	199809	200007	98240025	封云梅	女	满	199809	200007
98240005	张厚彦	男	汉	199809	200007	98240026	杨　军	男	汉	199809	200007
98240006	陈家福	男	彝	199809	200007	98240027	胡绍华	男	普米	199809	200007
98240007	李兰瑛	女	彝	199809	200007	98240028	张玉睿	男	彝	199809	200007
98240008	周立云	男	汉	199809	200007	98240029	何文武	男	汉	199809	200007
98240009	杨　磊	男	彝	199809	200007	98240030	刘明艳	女	汉	199809	200007
98240010	尹　凡	女	汉	199809	200007	98240031	李剑萍	女	汉	199809	200007
98240011	胡　永	男	汉	199809	200007	98240032	张　莉	女	汉	199809	200007
98240012	李洪波	男	彝	199809	200007	98240033	董　玲	女	汉	199809	200007
98240013	萨应荣	男	彝	199809	200007	98240034	马素蓉	女	回	199809	200007
98240014	陈　英	女	汉	199809	200007	98240035	张琳琳	女	汉	199809	200007
98240015	苏世琴	女	汉	199809	200007	98240036	孙雪芹	女	汉	199809	200007
98240016	宋明梅	女	汉	199809	200007	98240037	严跃菊	女	汉	199809	200007
98240017	张兴康	男	苗	199809	200007	98240038	赵　杰	女	彝	199809	200007
98240018	陈玉章	女	汉	199809	200007	98240039	李　平	男	汉	199809	200007
98240019	马　燕	女	苗	199809	200007	98240040	宋荣美	女	汉	199809	200007
98240020	马健波	男	回	199809	200007	98240041	宋荣美	女	汉	199809	200007
98240021	侯天成	男	汉	199809	200007	98240042	李剑萍	女	汉	199809	200007

1999 级数学与应用数学专业本科班学生

学号	姓名	性别	民族	籍贯	班级	学号	姓名	性别	民族	籍贯	班级
220150207	侯冬平	女	汉	云南宣威	C	99465123	蔡昌梦	男	汉	云南昭通	C
222451800	陈志娟	女	汉	云南宣威		99465124	岳太旭	男	汉	云南腾冲	C
222452377	杨德俭	男	汉	云南宣威		99465125	杨相元	男	白	云南鹤庆	C
98416090	罗荣彬	女			C	99465126	杨　洁	女	汉	云南宜良	C
98453001	刘昌智	男				99465127	王　晶	男	汉	河南汝南	C
99465001	毕荣贵	男	彝	云南禄丰	99A	99465128	孙琼梅	女	汉	云南宣威	C
99465002	张家玲	女	汉	湖北	99A	99465129	杨家玉	女	汉	云南南涧	C
99465003	章江花	女	白	云南大理	99A	99465130	钱冲良	男	汉	云南陆良	C
99465004	杨杜兵	男	汉	云南大理	99A	99465131	刘基跃	男	汉	云南麻栗坡	C
99465005	唐怀义	女	汉	云南大理	99A	99465132	王景艳	女	汉	云南祥云	C
99465006	杨慧章	女	彝	云南寻甸	99A	99465133	张怀鲜	女	汉	云南大理	C
99465007	张　健	男	彝			99465134	朱勋壤	男	汉	云南宣威	C
99465008	李玉琼	女	汉	云南罗平	99A	99465135	高分花	女	汉	云南会泽	C
99465009	张　珍	女	汉	云南昆明	99A	99465136	胡　江	男	汉	云南麻栗坡	C

续表

学号	姓名	性别	民族	籍贯	班级	学号	姓名	性别	民族	籍贯	班级
99465010	施爱学	男	汉	云南勐腊	99A	99465137	陈吉松	男	汉	云南威信	C
99465011	冯彦增	男	汉	云南宣威	99A	99465138	赵　丽	女	汉	云南马龙	C
99465012	何红东	男	汉	云南泸西	99A	99465139	陈加方	男	汉	云南陆良	C
99465013	施兆伦	女	白	云南洱源	99A	99465140	熊明烽	男	苗	云南威信	C
99465014	王周贤	男	汉	云南宣威	99A	99465141	张丽芳	女	白	云南剑川	C
99465015	康　伟	男	汉	云南镇雄	99A	99465142	李　勇	男	汉	云南水富	C
99465016	钟　萍	女	汉	云南禄丰	99A	99465143	任鲜艳	女	汉	云南宾川	C
99465017	杨乔芬	女	汉	云南陆良	99A	99465144	徐相兴	男	汉	云南宣威	C
99465018	李文伟	男	彝	云南普洱	99A	99465145	王德伟	男	汉	云南镇雄	C
99465019	陈艳艳	女	汉	云南保山	99A	99465146	李春芬	女	汉	云南宣威	C
99465020	管　寻	男	汉	云南宣威	99A	99465147	自国军	男	汉	云南宾川	C
99465021	胡进云	男	傣	云南文山	99A	99465148	蔡　跃	男	汉	云南通海	C
99465022	张凤香	女	汉	云南大理	99A	99465149	郑治树	女	汉	云南腾冲	C
99465023	李　芳	女	汉	云南潞西	99A	99465150	张丽燕	女	汉	云南曲靖	C
99465024	李小卫	男	汉	云南罗平	99A	99465151	张志祥	男	彝	云南弥勒	C
99465025	杨武清	男	汉	云南祥云	99A	99465153	杨　彬	男	汉	云南西畴	C
99465026	梁　艳	女	汉	云南	99A	99465154	冯智普	男	汉	云南宣威	C
99465027	徐丽艳	女	汉	云南江川	99A	99465155	范全珠	女	汉	云南宣威	C
99465028	陈明权	男	佤	云南	99A	99465156	罗承秀	女	汉	云南景东	C
99465029	郑周祥	男	汉	云南广南	99A	99465157	陈丽萍	女	彝	云南弥勒	C
99465030	纪永生	男	汉	云南曲靖	99A	99465158	郭　兴	男	彝	云南富源	C
99465031	邓成美	女	汉	云南镇雄	99A	99465159	董国珍	女	彝	云南峨山	C
99465032	李国发	男	汉	云南会泽	99A	99465160	何　斌	男	壮	云南	C
99465033	陈苏花	女	汉	云南宣威	99A	99465161	晋家银	男	汉	云南镇雄	C
99465034	李常青	男	汉	云南宣威	99A	99465162	彭灿珍	女	汉	云南鹤庆	C
99465035	母其绍	男	汉	云南宣威	99A	99465164	戴时茂	男	汉	云南思茅	C
99465036	田煜敏	女	汉	云南	99A	99465165	胡　斌	男	汉	云南昭通	C
99465037	朱云龙	男	汉	云南寻甸	99A	99465166	王文婷	女	彝	云南大姚	C
99465038	陈世思	男	汉	云南宣威	99A	99465167	沈立虎	男	汉	云南宣威	C
99465039	费红燕	女	汉	云南楚雄	99A	99465168	王　炜	男	汉	云南西畴	
99465040	李金元	男	白	云南大理	99A	99465169	戴耀刚	男	汉	云南宜良	C
99465041	申　媛	女	汉	云南镇雄	99A	99465170	李　春	男	哈尼	云南绿春	
99465042	霍俊丽	女	汉	云南	99A	99465171	谌　宁	男	汉	湖南	
99465043	李建元	男	汉	云南弥渡	99A	99465172	陈天云	男	汉	云南祥云	
99465044	钱翠芬	女	汉	云南宣威	99A	99465173	肖海生	男	汉	云南宾川	
99465045	罗闻景	男	汉	云南富源	99A	99465174	孙　霞	女	汉	云南宣威	

续表

学号	姓名	性别	民族	籍贯	班级	学号	姓名	性别	民族	籍贯	班级
99465046	张丽菊	女	汉	云南宣威	99A	99465175	陈　娟	女	汉	云南曲靖	
99465047	金文艳	女	汉	云南寻甸	99A	99465176	师亚玲	女	汉	云南玉溪	
99465048	徐廷彬	男	汉	云南绥江	99A	99465177	张国进	男	壮	云南丘北	
99465049	刘红琳	女	拉祜	云南临沧	99A	99465178	廖学华	男		云南	
99465050	李红桃	男	汉	云南陆良	99A	99465179	施金正	男	白	云南鹤庆	
99465051	李文华	男	彝	云南牟定	99A	99465180	陈自红	男	汉	云南陆良	
99465052	李品杰	男	白	云南大理	99A	99465181	程教海	男	汉	云南文山	
99465053	郭瑞萍	女	汉	云南玉溪	99A	99465182	廖玉怀	男	彝	云南文山	
99465054	李相昌	男	汉	云南施甸	99A	99465183	缪应席	男		云南德禄	
99465055	冯绍兵	男	汉	云南陆良	99A	99465184	张坤华	男	汉	云南富源	
99465056	黄国芬	女	汉	云南富源	99A	99465185	杨　军	男	汉	四川乐至	
99465057	高燕峰	男	汉	云南陆良	99A	99465186	关瑞琦	男	汉	广东	
99465058	白荣华	男	哈尼	云南玉溪		99465187	吕文芬	女	汉	云南宣威	
99465059	纳　静	女	回	云南建水		99465188	阮富国	男	汉	云南富源	、
99465060	宋丽芳	女	汉	云南宣威		99465189	闻世胚	女	汉	云南马关	
99465061	赵金萍	女	汉	云南保山		99465191	尹学友	男	汉	云南寻甸	
99465062	江华芬	女	汉	云南曲靖		99465192	黄正义	男	汉	云南宣威	
99465063	施国华	男	汉	云南华宁		99465193	王梅蓉	女	汉	云南宣威	
99465064	张　健	男	彝	云南宣威		99465194	张玉兰	女	白	云南鹤庆	
99465065	马聪梅	女	汉	云南宣威		99465196	马荣杰	男	回	云南楚雄	
99465066	万景丽	女	汉	云南楚雄		99465197	刘冬梅	女	汉	云南昆明	
99465067	李玉金	男	白	云南宾川		99465198	李丽霞	女	白	云南大理	
99465068	何应辉	男	汉	云南宾川		99465199	王　荣	男	汉	云南鲁甸	
99465069	罗照喜	男	白	云南洱源		99465200	丁九桃	女	汉	云南沾益	
99465070	胡保信	男	汉	云南富源		99465201	李建荣	男	汉	云南永胜	
99465071	苏玉叶	女	白	云南剑川		99465202	杨绍英	女	白	云南洱源	
99465072	艾宗仕	男	汉	云南镇雄		99465203	余　红	男	汉	云南镇雄	
99465073	赵　玲	女	汉	云南建水		99465204	张鑫萍	女	汉	云南泸西	
99465074	张应仙	女	白	云南大理		99465205	王凤秀	女	汉	云南昭通	
99465075	杨荣存	男	汉	云南腾冲		99465206	詹嘉宜	男	汉	四川	
99465076	赵永云	男	汉	云南建水		99465207	杨正林	男	汉	云南祥云	
99465077	张红梅	女	汉	云南建水		99465208	林代宏	男	汉	云南永善	
99465078	王理林	男	汉	云南陆良		99465209	段兴平	男	汉	云南会泽	
99465079	段朝会	女	汉	云南昆明		99465210	李艳强	男	汉	云南永胜	
99465080	念华玉	女	汉	云南罗平		99465211	杨明周	男	汉	云南施甸	
99465081	宋彩明	男	汉	云南陆良		99465212	李　胜	男		云南昆明	

续表

学号	姓名	性别	民族	籍贯	班级	学号	姓名	性别	民族	籍贯	班级
99465082	许文芳	男	汉	云南陆良		99465213	朱　雄	男	汉	云南富源	
99465083	李加存	女	汉	云南寻甸		99465215	王　权	男	汉	云南永胜	
99465084	杨　春	男	汉	云南陆良		99465216	杨　林	男	汉	云南陆良	
99465085	杨庆美	女	汉	云南祥云		99465217	凡剑锋	男	汉	云南宣威	
99465086	杨文珠	男	白	云南大理		99465218	彭　伟	男	汉	云南鹤庆	
99465087	杨克林	男	汉	云南罗平		99465219	高　成	男	汉	云南陆良	
99465088	万小芬	女	汉	云南陆良		99465220	张俊良	男	汉	云南师宗	99A
99465089	周德飞	男	汉	云南曲靖		99465221	魏思梅	女			
99465090	李颖睿	女	白	云南大理		99465222	朱雪莲	女			
99465091	张光文	男	汉	云南永胜		99465223	余雪峰	女			
99465092	付汝波	男	汉	云南宣威		99465224	杨正进	男		云南祥云	
99465093	张华英	女	汉	云南曲靖		99465225	茶开妍	女		云南祥云	
99465094	张关红	男	汉	云南马龙		99465226	谢志军	男	汉	湖南醴陵	
99465095	杨章卫	女	汉	云南威信		99465227	赵露萍	女			
99465096	周新涛	男	汉	云南玉溪		99465228	赵　俐	女			
99465097	苏囿瑾	男	汉	云南宣威		99465229	郑路强	男			
99465098	钱红英	女	汉	云南陆良		99465230	周　敏	女			
99465099	李相思	男	汉	云南临沧		99465231	陈媛媛	女			
99465100	李丽萍	女	汉	云南宣威		99465232	荀发蓉	女			
99465101	杨玫娜	女	汉	云南石屏		99465233	兰　兰	女			
99465102	徐春花	女	汉	云南开远		99465234	张仲国	男			
99465103	庞瑞祥	男	汉	云南文山		99465235	杨晓敏	女			
99465104	窦琳琼	女	汉	云南昭通		99465236	潘燕平	女			
99465105	母祺琦	男	汉	云南宣威		99465237	王绍坤	男			
99465106	杨　吉	男	汉	云南宜良		99465238	刘有荣	男			
99465107	王艳芬	女	汉	云南陆良		99465239	诸洪金	男			
99465108	杨启泰	男	白	云南洱源		99465240	溥　斌	男			
99465109	杨发宏	男	白	云南大理		99465241	罗忠菊	女			
99465110	李红利	女	汉	云南祥云		99465243	李雪莲	女		云南昭通	C
99465111	张自宏	男	汉	云南陆良		99465244	和春莲	女			C
99465112	李春梅	女	白	云南宾川	B	99465245	刘志敏	女		云南嵩明	C
99465113	赵　丽	女	汉	云南元江	C	99465246	李　娴	女			C
99465114	包广春	男	汉	云南宣威	C	99465247	万志伟	男		云南腾冲	C
99465115	陶庆梅	女	汉	云南宣威	C	99465248	郑德莉	女		云南昭通	C
99465116	肖春梅	女	彝	云南武定	C	99465249	赵云华	女		云南保山	C
99465117	李建英	女	哈尼	云南绿春	C	99465250	龚祖华	男			C

续表

学号	姓名	性别	民族	籍贯	班级	学号	姓名	性别	民族	籍贯	班级
99465118	邹明辉	男	汉	云南腾冲	C	99465251	赵延武	男		云南普洱	C
99465120	李志梅	女	汉	云南石屏	C	99465252	高兴娟	女		云南普洱	C
99465121	江　南	女	汉	四川乐至	C	99465253	丰慧琼	女		云南寻甸	C
99465122	庞春平	男	汉	云南泸西	C	99471102	蔡源淮	男			

1999 级数学教育民族干部专科班学生

学号	姓名	性别	民族	入学时间	毕业时间	学号	姓名	性别	民族	入学时间	毕业时间
99317001	王凤高	男	汉	199909	200107	99317024	曹　磊	男	汉	199909	200107
99317002	林忠跃	男	回	199909	200107	99317025	丁子俊	男	汉	199909	200107
99317003	陈满忠	男	汉	199909	200107	99317026	李　云	女	拉祜	199909	200107
99317004	李彦恒	男	哈尼	199909	200107	99317027	王海燕	女	傣	199909	200107
99317005	骆　能	男	汉	199909	200107	99317029	丁志芬	女	汉	199909	200107
99317007	起海英	女	彝	199909	200107	99317030	杜增立	男	汉	199909	200107
99317008	李光华	男	汉	199909	200107	99317031	莫光华	男	汉	199909	200107
99317009	朱光才	男	汉	199909	200107	99317032	王　铖	男	彝	199909	200107
99317010	马忠华	男	汉	199909	200107	99317033	黄金雄	男	彝	199909	200107
99317012	周　宏	男	汉	199909	200107	99317034	罗正喜	男	汉	199909	200107
99317013	李硕宣	男	汉	199909	200107	99317035	罗光富	男	彝	199909	200107
99317014	何胜周	男	哈尼	199909	200107	99317036	黎世华	男	瑶	199909	200107
99317015	张守文	男	汉	199909	200107	99317037	王永生	男	彝	199909	200107
99317016	杨　旭	男	彝	199909	200107	99317038	谢　红	女	汉	199909	200107
99317017	张桂英	女	白	199909	200107	99317039	李晋喜	女	汉	199909	200107
99317018	陈红明	男	汉	199909	200107	99317040	彭海铭	男	汉	199909	200107
99317019	陈荣富	男	彝	199909	200107	99317042	段　循	女	汉	199909	200107
99317020	李翠娣	女	汉	199909	200107	99317043	郭　磊	男	彝	199909	200107
99317021	杨慧英	女	纳西	199909	200107	99317045	赵志成	男	哈尼	199909	200107
99317022	张建军	男	汉	199909	200107	99317046	张忠信	男	彝	199909	200107
99317023	马燕华	女	回	199909	200107						

2000 级数学与应用数学专业本科学生

学号	姓名	性别	民族	生源地	班级	学号	姓名	性别	民族	生源地	班级
00465001	刘　云	女	汉	云南开远	A 班	00465127	钱立凯	男	白	云南洱源	
00465002	张红仙	女	汉	云南陆良	A 班	00465128	李　艳	女	彝	云南建水	
00465003	张建梅	女	汉	云南大理	A 班	00465129	黄　梅	女	汉	云南彝良	
00465004	杨国芬	女	汉	云南巍山	A 班	00465130	范守能	男	汉	云南宣威	
00465005	浦仕虎	男	汉	云南宣威	A 班	00465131	何娟娟	女	汉	山东	

续表

学号	姓名	性别	民族	生源地	班级	学号	姓名	性别	民族	生源地	班级
00465006	刘仁洪	男	汉	云南镇雄	A 班	00465132	马义学	男	回	云南泸西	
00465007	钱小慧	女	汉	云南沾益	A 班	00465133	王云波	女	汉	云南永胜	
00465008	郑绍聪	男	汉	云南镇雄	A 班	00465134	李寿朴	男	白	云南大理	
00465009	李永丽	女	汉	云南临沧	A 班	00465135	苏小兰	女	汉	云南石屏	
00465010	赵丽娟	女	汉	云南曲靖	A 班	00465136	王家发	男	彝	云南文山	
00465011	陆艾芬	女	汉	云南宣威	A 班	00465137	缪梅香	女	汉	云南宣威	
00465012	张兰芝	女	汉	云南盈江	A 班	00465138	李旭明	男	彝	云南开远	
00465013	段先友	男	汉	云南保山	A 班	00465139	黄　琳	女	汉	云南曲靖	
00465014	李周权	男	汉	云南师宗	A 班	00465140	周彩仙	女	汉	云南宣威	
00465015	罗开阳	男	彝	云南景山	A 班	00465141	柴为会	男	汉	云南玉溪	
00465016	朱坤蜜	女	汉	云南宣威	A 班	00465142	杨云芬	女	汉	云南祥云	
00465017	孟吉娥	女	汉	云南陆良	A 班	00465143	王秀莲	女	汉	云南宣威	
00465018	杨丽华	女	汉	云南大理	A 班	00465144	李保坤	男	傣	云南弥勒	
00465019	陆继环	男	汉	云南宣威	A 班	00465145	陈绍先	男	汉	云南镇雄	
00465020	玉　的	女	傣	云南景洪	A 班	00465146	谢建福	男	汉	云南师宗	
00465021	王晓剑	男	汉	云南镇雄	A 班	00465147	周　仙	女	白	云南南华	
00465022	白宝龙	男	傣	云南文山	A 班	00465148	杨树琴	女	汉	云南会泽	
00465023	李　霞	女	汉	云南晋宁	A 班	00465149	陈　洁	女	哈尼	云南勐海	
00465024	杨必裕	男	汉	云南施甸	A 班	00465150	陈艳斌	女	壮	广西南宁	
00465025	杨洪秀	女	汉	云南保山	A 班	00465151	陆凯宇	男	壮	广西隆安	
00465026	唐俊波	男	汉	云南宾川	A 班	00465152	李　峰	男	汉	山东枣庄	
00465027	李　芬	女	汉	云南	A 班	00465153	顾永昆	男	汉	云南曲靖	
00465028	刘和景	男	汉	云南宣威	A 班	00465154	刘定伟	男	汉	云南镇雄	
00465029	赵雪梅	女	白	云南鹤庆	A 班	00465155	张德飞	男	汉	云南楚雄	
00465030	朱兴禹	男	汉	云南宣威	A 班	00465156	徐永梅	女	汉	云南宾川	
00465031	姜德全	男	汉	云南会泽	A 班	00465157	谢东兴	男	汉	云南师宗	
00465032	冯育花	女	汉	云南曲靖	A 班	00465158	罗映吉	女	彝	云南凤庆	
00465033	陈红丽	女	汉	云南陆良	A 班	00465159	钱保富	男	汉	云南威信	
00465034	字舜萍	女	白	云南	A 班	00465160	保树军	男	壮	云南丘北	
00465035	刘晓宏	女	汉	云南蒙自	A 班	00465161	陈兴华	男	汉	云南会泽	
00465036	李富饶	男	汉	云南镇雄	A 班	00465162	毛　敏	女	佤	云南镇康	
00465037	谭　莉	女	汉	云南建水	A 班	00465163	张崇波	男	汉	云南昆明	
00465038	李天荣	男	彝	云南凤庆	A 班	00465164	李加禄	男	汉	云南大理	
00465039	洪树兰	女	白	云南鹤庆	A 班	00465165	陆重晶	男	汉	云南大姚	
00465040	杨文生	男	汉	云南陆良	A 班	00465166	袁明凯	男	汉	云南宣威	
00465041	杨建明	男	彝	云南武定	A 班	00465167	字学琴	女	彝	云南凤庆	

续表

学号	姓名	性别	民族	生源地	班级	学号	姓名	性别	民族	生源地	班级
00465042	邱琼娥	女	汉	云南宣威	A 班	00465168	唐丽琼	女	汉	云南宣威	
00465043	余先华	男	汉	云南彝良	A 班	00465169	朱恩元	男	汉	云南宣威	
00465044	谢权方	男	汉	云南绥江	A 班	00465170	李华成	女	汉	云南保山	
00465045	李春华	女	彝	云南建水	A 班	00465171	徐　荣	男	汉	云南新平	
00465046	张正江	男	汉	云南宣威	A 班	00465172	虞新华	男	白	云南剑川	
00465047	王　刚	男	彝	云南景东	A 班	00465173	唐　敏	女	汉	贵州遵义	
00465048	赵平安	男	彝	云南丘北	A 班	00465174	罗天伟	男	汉	云南永善	
00465049	邓　丽	女	汉	四川仪陇		00465175	汤福荣	男	彝	云南永仁	
00465050	王　勤	男	汉	四川		00465176	段胜忠	男	汉	云南腾冲	
00465051	任丽洁	女	汉	昆明		00465177	角红梅	女	汉	云南马龙	
00465052	田　甜	女	汉	云南建水		00465178	赵建国	男	汉	云南弥渡	
00465053	赵庆玉	男	汉	云南会泽		00465179	彭安凤	女	汉	云南腾冲	
00465054	段圆圆	女	汉	云南蒙自		00465180	段星德	男	彝	云南宾川	
00465055	涂圆涛	男	汉	云南镇雄		00465181	姚　南	女	汉	云南建水	
00465056	晏巧菊	女	汉	云南宣威		00465182	王　馗	男	汉	云南宾川	
00465057	胡　敏	女	汉	云南昭通		00465183	胡家辉	男	汉	云南师宗	
00465058	施文光	男	汉	云南大理		00465184	欧秀琼	女	汉	云南宣威	
00465059	段启春	男	白	云南巍山		00465185	子文礼	男	汉	云南永胜	
00465060	徐天冬	男	汉	云南宣威		00465186	尚友仓	男	汉	云南会泽	
00465061	方德彦	男	汉	云南寻甸		00465187	唐瑞荣	男	汉	云南宁蒗	
00465062	单　翊	男	汉	云南宣威		00465188	杨　非	男	汉	重庆	
00465063	刘国彦	男	汉	云南宣威		00465189	何学琼	女	汉	云南丘北	
00465064	杜彩仙	女	汉	云南宣威		00465190	罗兴旺	男	彝	云南宁蒗	
00465065	陈兴勇	男	汉	云南宣威		00465191	范孝刚	男	汉	云南威信	
00465066	魏　馨	女	壮	云南广南		00465192	王正云	男	汉	云南曲靖	
00465067	杨李彪	男	白	云南怒江		00465193	李丽琼	女	汉	云南宣威	
00465068	徐海燕	女	汉	云南弥渡		00465194	徐苏柳	女	汉	云南宣威	
00465069	张金琴	女	白	云南大理		00465195	和建英	女	纳西	云南宁蒗	
00465070	谢　靖	女	汉	云南昆明		00465196	冷天存	男	汉	云南宣威	
00465071	李云军	男	汉	云南泸西		00465197	杨　柳	女	汉	湖南	
00465072	寇德婷	女	汉	云南祥云		00465198	张　迅	男	汉	山东	
00465073	陶春旭	男	汉	云南石屏		00465199	龚　茜	女	汉	四川达州	
00465074	付燕鸣	女	汉	云南会泽		00465200	李俊源	男	汉	云南弥渡	
00465075	陈世权	女	满	云南昭通		00465201	何秀梅	女			
00465076	杨　燕	女	汉	云南江川		00465202	黄光洁	女			
00465077	段文洁	女	白	云南鹤庆		00465203	杨　萍	女			

续表

学号	姓名	性别	民族	生源地	班级	学号	姓名	性别	民族	生源地	班级
00465078	张家伟	男	汉	云南昆明		00465204	陈树柏	男			
00465079	吴学伟	男	汉	云南宣威		00465206	王玉华	女			
00465080	杜失存	女	汉	云南凤庆		00465207	高成波	女			
00465081	常晋珉	女	彝	云南南涧		00465208	杨　萍	女			
00465082	李先进	男	汉	云南富源		00465209	施石宝	男			
00465083	李龙飞	男	汉	云南宾川		00465210	唐　铭	女			
00465084	方红仙	女	汉	云南曲靖		00465211	白杨青	女			
00465085	杨何雄	男	白	云南怒江		00465212	何晓娟	女			
00465086	李如升	男	汉	云南宣威		00465213	李冬梅	女			
00465087	李　凌	女	汉	云南泸西		00465214	张红林	男			
00465088	普粉丽	女	汉	云南江川		00465215	赵秀菊	女			
00465089	程必赛	男	汉	云南宣威		00465218	冯竹林	女			
00465090	田红月	女	汉	云南陆良		00465219	袁志荣	男			
00465091	陈庆娥	女	汉	云南宣威		00465220	杨　伟	男			
00465092	赵　丹	女	汉	云南宣威		00465221	胡　江	男			
00465093	汪家园	男	汉	云南师宗		00465223	李映团	女			
00465094	马艳园	女	哈尼	云南红河		00465224	汪世勇	男			
00465095	王红梅	女	汉	云南宣威		00465225	王开锋	男			
00465096	张文虎	男	汉	云南禄丰		00465226	杨庆芳	女			
00465097	趙恒党	男	汉	云南罗平		00465227	张红波	女			
00465098	王泽先	男	白	云南剑川		00465228	洪仙昌	女			
00465099	杨松波	男	汉	湖南		00465229	何舒颖	女			
00465100	庞　金	男	汉	广西玉林		00465230	任志文	男			
00465101	江　雪	女	汉	云南腾冲		00465231	田　颖	女			
00465102	朱　艳	女	汉	云南石屏		00465232	张　鹭	女			
00465103	聂国华	女	汉	云南石屏		00465233	谭卫群	女			
00465104	李应春	男	汉	云南会泽		00465234	李永平	男			
00465105	刘　玲	女	汉	云南宣威		00465235	杨友波	男			
00465106	杨　莹	女	普米	云南维西		00465236	沈志刚	男			
00465107	苏　琪	男	汉	云南保山		00465237	童阿三	男			
00465108	杨兴梅	女	壮	云南文山		00465238	石春文	男			
00465109	杨大建	男	汉	云南龙陵		00465239	周世友	男			
00465110	张　龙	男	汉	云南丘北		00465240	冯玉芳	女			
00465111	高和仙	女	汉	云南沾益		00465241	李郁聪	男			
00465112	李庆嵩	男	汉	云南宣威		00465242	杨　晶	女			
00465113	黄中杰	男	汉	云南施甸		00465243	陈发庆	男			

续表

学号	姓名	性别	民族	生源地	班级	学号	姓名	性别	民族	生源地	班级
00465114	马建功	男	汉	云南寻甸		00465244	王　妍	女			
00465115	雷红莉	女	汉	云南玉溪		00465245	陈永明	男			
00465116	王雪霏	女	汉	云南石屏		00465246	郑兆琼	女			
00465117	杨艳华	女	汉	云南腾冲		00465248	李金传	男			
00465118	饶文忠	男	汉	云南凤庆		00465249	吴　帅	女			
00465119	王　敏	男	汉	云南宣威		00465250	邹　云	女			
00465120	王亚娟	女	彝	云南嵩明		00465178	廖学华	男			
00465121	张　宇	男	汉	云南腾冲		00465183	缪应席	男			
00465122	周见女	男	汉	云南陆良		00465185	杨　军	男			
00465123	刘　莲	女	汉	云南蒙自		00465186	关瑞琦	男			
00465124	樊一蓉	女	汉	云南昆明		00465190	杨德俭	男			
00465125	胡发能	男	汉	云南会泽		00465206	詹嘉宜	男			
00465126	赵志伟	男	汉	云南保山							

2001 级数学与应用数学专业本科学生

学号	姓名	性别	民族	生源地	班级	学号	姓名	性别	民族	生源地	班级
01465001	邓　曼	女	汉	贵州	A 班	01465103	张晓艳	女	彝	云南禄劝	C 班
01465002	武　建	男	汉	云南镇雄	A 班	01465104	孔钰敏	女	汉	云南昆明	C 班
01465003	罗　平	女	回	云南	A 班	01465105	周　伟	男	汉	云南昆明	C 班
01465004	郑晓萍	女	汉		A 班	01465106	陈亚娟	女	汉	云南宜良	C 班
01465005	荀开莲	女	汉	云南寻甸	A 班	01465107	杨　奎	男	汉	云南昭通	C 班
01465006	杨安萍	女	汉	云南昭通	A 班	01465108	胡天美	女	汉	云南巧家	C 班
01465007	李章莹	女	汉	云南昭通	A 班	01465109	赵泽雨	男	汉	云南	C 班
01465008	王俊峰	男	汉	云南曲靖	A 班	01465110	王崇新	男	彝	云南镇雄	C 班
01465009	吕木送	男	汉	云南曲靖	A 班	01465111	顾　勇	男	汉	云南镇雄	C 班
01465010	夏　琪	女	汉	云南宣威	A 班	01465112	赵水琼	女	汉	云南沾益	C 班
01465011	海宇杰	男	汉	云南宣威	A 班	01465113	董媛颜	女	汉	云南马龙	C 班
01465012	何永严	男	汉	云南宣威	A 班	01465114	张丽美	女	汉	云南宣威	C 班
01465013	刘亚玲	女	汉	云南宣威	A 班	01465115	李　飞	男	汉	云南宣威	C 班
01465014	贺其慧	女	汉	云南宣威	A 班	01465116	魏春华	女	汉	云南宣威	C 班
01465015	孔维光	男	汉	云南宣威	A 班	01465117	李　华	男	汉	云南富源	C 班
01465016	田德林	男	汉	云南宣威	A 班	01465118	侯跃辉	男	汉	云南富源	C 班
01465017	刘洪钢	男	汉	云南曲靖	A 班	01465119	邹永英	女	汉	云南会泽	C 班
01465018	陈　敏	男	汉	云南会泽	A 班	01465120	金开田	男	汉	云南会泽	C 班
01465019	付文早	男	汉	云南会泽	A 班	01465121	胡云魁	男	汉	云南会泽	C 班
01465020	张发松	男	汉	云南楚雄	A 班	01465122	普伟和	男	彝	云南牟定	C 班

续表

学号	姓名	性别	民族	生源地	班级	学号	姓名	性别	民族	生源地	班级
01465021	何建园	女	汉	云南禄丰	A班	01465123	王　磊	男	汉	云南永仁	C班
01465022	张　丽	女	汉	云南	A班	01465124	段冬梅	女	汉	云南玉溪	C班
01465023	郭旭琼	女	汉	云南玉溪	A班	01465125	梁金华	女	汉	云南玉溪	C班
01465024	石开良	男	汉	云南玉溪	A班	01465126	王正顺	男	彝	云南玉溪	C班
01465025	王　健	男	彝	云南新平	A班	01465127	何甲保	男	彝	云南元江	C班
01465026	曾发翠	女	傣	云南马关	A班	01465128	何　萍	女	彝	云南	C班
01465027	姜继樱	女	白	云南剑川	A班	01465129	孟建聪	女	汉	云南泸西	C班
01465028	熊天池	女	汉	云南宾川	A班	01465130	李绍恒	男	彝	云南蒙自	C班
01465029	禹小勇	男	汉	云南师宗	A班	01465131	赵瑞敏	女	白	云南大理	C班
01465030	张振中	男	汉	云南弥渡	A班	01465132	朱绍丽	女	汉	云南大理	C班
01465031	吴如玫	女	汉	云南保山	A班	01465133	王雪春	女	汉	云南宾川	C班
01465032	杨桥艳	女	汉	云南保山	A班	01465134	赵建红	男	汉	云南大理	C班
01465033	段　鹤	男	汉	云南腾冲	A班	01465135	杜利钢	男	白	云南鹤庆	C班
01465034	张文燕	女	汉	云南保山	A班	01465136	赵剑林	男	白	云南鹤庆	C班
01465035	赵洪兵	男	汉	云南保山	A班	01465137	余利全	男	汉	云南鹤庆	C班
01465036	段仕春	男	汉	云南保山	A班	01465138	蒋　伟	男	汉	云南保山	C班
01465037	邵宗显	男	汉	云南腾冲	A班	01465139	李亚媛	女	汉	云南保山	C班
01465038	杨启元	男	汉	云南龙陵	A班	01465140	赵凤佳	男	汉	云南保山	C班
01465039	杨永平	男	汉	云南龙陵	A班	01465141	李国柱	女	汉	云南施甸	C班
01465040	吴海燕	女	汉	云南昌宁	A班	01465142	段生指	男	汉	云南腾冲	C班
01465041	杨从宇	男	汉	云南德宏	A班	01465143	郭兴淑	女	汉	云南腾冲	C班
01465042	张自石	男	汉	云南德宏	A班	01465144	杨树定	女	汉	云南盈江	C班
01465043	寸待忠	男	汉	云南梁河	A班	01465145	寸守辉	男	汉	云南盈江	C班
01465044	杨远雄	男	白	云南泸水	A班	01465146	刘　涛	男	汉	云南保山	C班
01465045	杨发昌	男	汉	云南云县	A班	01465147	李雪鹏	男	布朗	云南双江	C班
01465046	杨　勃	男	白	云南凤庆	A班	01465148	高晓佳	男	汉	广东	C班
01465047	胡　佳	女	汉	四川	A班	01465149	普　燕	女	汉	云南通海	C班
01465048	肖志海	男	汉	云南红河	A班	01465150	曹中民	男	汉	山东	C班
01465049	靳庆生	男	汉	山东	A班	01465151	李晓楠	女	汉	辽宁沈阳	C班
01465050	钱　雪	女	汉	湖北	A班	01465152	张　俊	男	汉	四川通江	C班
01465051	宋春林	男	汉	四川	A班	01465153	胡树平	男	汉	湖北鄂州	C班
01465199	李志坚				A班	01465050	钱　雪				D班非师范
01465201	熊　坚				A班	01465154	袁明凡	男	汉	云南昆明	D班非师范
01465206	李淑华				A班	01465155	欧阳厚宽	男	汉	云南东川	D班非师范
14410002	杨慧梅				A班	01465156	李云松	男	汉	云南宜良	D班非师范
01465052	李俊宏	男	汉	云南嵩明	B班	01465157	宋云涛	男	汉	云南石林	D班非师范

续表

学号	姓名	性别	民族	生源地	班级	学号	姓名	性别	民族	生源地	班级
01465053	王　玲	女	汉	云南昆明	B 班	01465158	诺赛发	男	汉	云南寻甸	D 班非师范
01465054	丁　宁	女	汉	云南	B 班	01465159	周应聪	男	汉	云南昭通	D 班非师范
01465055	杨建坤	男	汉	云南昆明	B 班	01465160	胡　艳	女	汉	云南镇雄	D 班非师范
01465056	李元峰	男	白	云南昆明	B 班	01465161	郎元正	男	水	云南富源	D 班非师范
01465057	代辉尧	男	汉	云南永善	B 班	01465162	周恩辉	男	汉	云南宣威	D 班非师范
01465058	廖秋敏	男	汉	云南威信	B 班	01465163	胡　勇	男	汉	云南曲靖	D 班非师范
01465059	窦彩琴	女	汉	云南马龙	B 班	01465164	吕庆文	男	汉	云南宣威	D 班非师范
01465060	王明鹏	男	汉	云南宣威	B 班	01465165	阚祥平	男	汉	云南宣威	D 班非师范
01465061	董学刚	男	汉	云南宣威	B 班	01465166	张会芹	女	汉	云南宣威	D 班非师范
01465062	何秀英	女	汉	云南宣威	B 班	01465167	范茂彪	男	汉	云南宣威	D 班非师范
01465063	何梦扬	女	汉	云南宣威	B 班	01465168	徐娅芬	女	汉	云南宣威	D 班非师范
01465064	耿传志	女	汉	云南宣威	B 班	01465169	朱余芳	女	汉	云南宣威	D 班非师范
01465065	符江利	女	汉	云南宣威	B 班	01465170	张宝玉	女	汉	云南宣威	D 班非师范
01465066	李如帅	男	汉	云南宣威	B 班	01465171	孙春生	男	汉	云南师宗	D 班非师范
01465067	李建梅	女	汉	云南宣威	B 班	01465172	黄卫东	男	汉	云南陆良	D 班非师范
01465068	邓利琼	女	汉	云南宣威	B 班	01465173	何爱坤	男	汉	云南陆良	D 班非师范
01465069	崔瑞锦	女	汉	云南宣威	B 班	01465174	张正华	男	汉	云南会泽	D 班非师范
01465070	秦庆雄	男	汉	云南宣威	B 班	01465175	盛兴林	男	汉	云南会泽	D 班非师范
01465071	马庆根	男	汉	云南宣威	B 班	01465176	陈　春	男	汉	云南会泽	D 班非师范
01465072	张　进	男	汉	云南富源	B 班	01465177	周云德	男	汉	云南会泽	D 班非师范
01465073	郭琳兴	女	水	云南富源	B 班	01465178	金丽萍	女	回	云南玉溪	D 班非师范
01465074	范谷钱	男	水	云南陆良	B 班	01465179	李光和	男	哈尼	云南金平	D 班非师范
01465075	缪祥波	男	水	云南会泽	B 班	01465180	陆丽清	女	汉	云南建水	D 班非师范
01465076	冯　玲	女	水	云南通海	B 班	01465181	马福权	男	彝	云南建水	D 班非师范
01465077	李熳沙	女	彝	云南个旧	B 班	01465182	那永权	男	彝	云南建水	D 班非师范
01465078	何　青	男	哈尼	云南绿春	B 班	01465183	郈广红	男	汉	云南建水	D 班非师范
01465079	付林红	男	汉	云南弥勒	B 班	01465184	侯　萍	女	汉	云南弥勒	D 班非师范
01465080	李乔宝	男	汉	云南泸西	B 班	01465185	孟　梅	女	汉	云南泸西	D 班非师范
01465081	黄云川	男	壮	云南广南	B 班	01465186	依尔建	男	壮	云南砚山	D 班非师范
01465082	赵正帆	女	壮	云南文山	B 班	01465187	韦　曦	女	彝	云南丘北	D 班非师范
01465083	何怀智	男	壮	云南西畴	B 班	01465188	孙玉兵	男	汉	云南大理	D 班非师范
01465084	李海东	男	彝	云南墨江	B 班	01465189	张　显	男	白	云南宾川	D 班非师范
01465085	刘丽华	男	傣	云南景谷	B 班	01465190	龙金保	男	汉	云南弥渡	D 班非师范
01465086	王　龙	男	汉	云南宾川	B 班	01465191	罗永海	男	汉	云南弥渡	D 班非师范
01465087	李志琼	女	白	云南鹤庆	B 班	01465192	李洁枝	女	白	云南大理	D 班非师范
01465088	李建祥	男	汉	云南保山	B 班	01465193	王会正	男	汉	云南保山	D 班非师范

续表

学号	姓名	性别	民族	生源地	班级	学号	姓名	性别	民族	生源地	班级
01465089	鲁雪峰	男	汉	云南保山	B班	01465194	李光明	男	汉	云南施甸	D班非师范
01465090	杨　凯	男	汉	云南施甸	B班	01465195	谢艳华	女	汉	云南腾冲	D班非师范
01465091	李新田	女	汉	云南腾冲	B班	01465196	唐发涛	男	汉	云南龙陵	D班非师范
01465092	廖助会	女	汉	云南腾冲	B班	01465197	苏正礼	男	汉	云南龙陵	D班非师范
01465093	杨明娟	女	汉	云南腾冲	B班	01465198	徐　丽	女	汉	云南泸水	D班非师范
01465094	明大庆	女	汉	云南腾冲	B班	01465199	李志坚	男	汉	河北	D班非师范
01465095	和平松	男	傈僳	云南兰坪	B班	01465200	苗洪菊	女	汉	河北	D班非师范
01465096	何鸿佐	男	汉	云南永德	B班	01465201	熊　坚	男	汉	江西	D班非师范
01465097	农贵踊	男	壮	云南	B班	01465202	刘昌建	男	汉	江西	D班非师范
01465098	邹　洁	女	白	云南昆明	B班	01465203	李杨娜	女	汉	云南昆明	D班非师范
01465099	杨丽星	男	纳西	云南丽江	B班	01465204	苏　胜	男	白	云南大理	D班非师范
01465100	王　霞	女	汉	山东	B班	01465205	王　茜	女	汉	山东	D班非师范
01465102	高敬华	男	汉	湖北	B班	01465206	李淑华	女	汉	云南通海	D班非师范
01465200	苗洪菊				B班	01465207	何明星	男	汉	云南威信	D班非师范
01465203	李杨娜				B班	01465208	叶国元				D班非师范

2002级数学与应用数学专业本科学生

学号	姓名	性别	民族	生源地	班级	学号	姓名	性别	民族	生源地	班级
02465001	刘加武	男	汉	云南宣威	A班	02465127	罗荣晓	男	傣	云南景东	C班
02465002	段景嵘	女	汉	云南昆明	A班	02465128	苏　敏	女	白	云南大理	C班
02465003	蒋东丽	女	汉	云南昆明	A班	02465129	杨　旭	男	白	云南大理	C班
02465004	李红洁	女	汉	云南宜良	A班	02465130	刘艳花	女	汉	云南祥云	C班
02465005	李玫昌	男	汉	云南沾益	A班	02465131	李黎蓉	女	汉	云南弥渡	C班
02465006	朱　建	男	汉	云南宣威	A班	02465132	何　力	男	汉	云南弥渡	C班
02465007	范茂崇	男	汉	云南宣威	A班	02465133	赵志宏	女	汉	云南保山	C班
02465008	朱仁学	男	汉	云南宣威	A班	02465134	刘世庆	女	汉	云南腾冲	C班
02465009	何　勇	男	汉	云南宣威	A班	02465135	赵庆鹏	男	汉	云南腾冲	C班
02465010	冯胜男	女	汉	云南宣威	A班	02465136	杨东笑	女	汉	云南龙陵	C班
02465011	吴　科	男	汉	云南宣威	A班	02465137	郭兆权	男	汉	云南德宏	C班
02465012	程毕陶	男	汉	云南宣威	A班	02465138	余能敏	男	汉	云南宁蒗	C班
02465013	管春仙	女	汉	云南宣威	A班	02465139	王正明	男	汉	云南寻甸	C班
02465014	邹玉琼	男	汉	云南宣威	A班	02465140	徐宝娟	女	汉	云南宣威	C班
02465015	徐新亮	男	汉	云南宣威	A班	02465141	母其成	男	汉	云南宣威	C班
02465016	崔光德	男	汉	云南宣威	A班	02465142	何瑞琼	女	汉	云南富源	C班
02465017	浦同贯	男	汉	云南曲靖	A班	02465143	罗从成	男	汉	云南姚安	C班

续表

学号	姓名	性别	民族	生源地	班级	学号	姓名	性别	民族	生源地	班级
02465018	张忠挺	男	汉	云南宣威	A 班	02465144	李聪林	男	汉	云南蒙自	C 班
02465019	盛兴平	男	汉	云南会泽	A 班	02465145	周　煜	男	汉	云南广南	C 班
02465020	班利兵	男	汉	云南姚安	A 班	02465146	范继祥	男	彝	云南墨江	C 班
02465021	吴喜娟	女	彝	云南武定	A 班	02465147	张小玉	女	白	云南鹤庆	C 班
02465022	廖红艳	女	汉	云南玉溪	A 班	02465148	林　琪	女	汉	云南腾冲	C 班
02465023	刘　丽	女	汉	云南玉溪	A 班	02465149	段曰鹏	男	汉	云南腾冲	C 班
02465024	范余光	男	彝	云南元江	A 班	02465150	陈　琦	男	汉	云南德宏	C 班
02465025	张红菊	女	汉	云南建水	A 班	02465151	尹兴玉	女	汉	云南盈江	C 班
02465026	王　明	男	汉	云南建水	A 班	02465152	张仁掌	男	彝	云南云县	C 班
02465027	邱　林	男	汉	云南石屏	A 班	02465153	杨　魁	男	汉	云南玉溪	C 班
02465028	余　萍	女	汉	云南思茅	A 班	02465154	杨文珍	女	彝	云南寻甸	C 班
02465029	李云升	男	白	云南巍山	A 班	02465155	李向华	男	傈僳	云南泸水	C 班
02465030	洪妙军	男	白	云南大理	A 班	02465156	彭华锦	男	彝	云南石屏	C 班
02465031	陈正燕	女	汉	云南宾川	A 班	02465157	陈　梅	女	汉	浙江	C 班
02465032	何发有	男	汉	云南保山	A 班	02465158	韦　欢	男	壮	广西柳州	C 班
02465033	彭安录	男	汉	云南腾冲	A 班	02465046	赵宇辉	男	汉		C 班
02465034	杨建林	男	彝	云南宁蒗	A 班	02465157	杨　俊	男	汉	云南昆明	D 班
02465036	胡祖洪	男	汉	云南威信	A 班	02465158	黄　芳	男	汉	云南宣威	D 班
02465037	阳本树	男	汉	云南宣威	A 班	02465159	崔光轩	男	汉	云南宣威	D 班
02465038	徐万辉	男	汉	云南宣威	A 班	02465160	杨艳丽	女	汉	云南禄丰	D 班
02465039	张毕波	男	汉	云南宣威	A 班	02465161	孙伟鸿	男	汉	云南华宁	D 班
02465040	代艳娥	女	汉	云南宣威	A 班	02465162	闵　敏	女	汉	云南个旧	D 班
02465041	张　颖	女	白	云南元江	A 班	02465163	张灿山	男	白	云南洱源	D 班
02465042	宋云岗	男	汉	云南泸西	A 班	02465164	邱大维	男	汉	云南龙陵	D 班
02465043	赵庆聪	男	汉	云南泸西	A 班	02465165	刘光辉	男	彝	云南武定	D 班
02465044	张　跃	男	汉	云南西畴	A 班	02465166	赵成琳	男	汉	甘肃	D 班
02465045	尹永承	男	汉	云南马关	A 班	02465167	付亚姮	女	汉	甘肃	D 班
02465046	杨晓秋	女	彝	云南大理	A 班	02465168	魏广辉	男	汉	河南	D 班
02465047	张自龙	男	汉	云南施甸	A 班	02465169	郭小彦	女	汉	河南洛阳	D 班
02465048	师廷富	男	汉	云南弥渡	A 班	02465170	曲向哲	男	汉	河南	D 班
02465049	蒋　涛	女	汉	云南保山	A 班	02465172	胡柯楠	女	汉	黑龙江	D 班
02465050	陈正艳	女	彝	云南	A 班	02465173	赵　明	女	汉	黑龙江	D 班
02465051	字敬周	男	彝	云南大理	A 班	02465174	许丽敏	女	汉	湖北襄阳	D 班

续表

学号	姓名	性别	民族	生源地	班级	学号	姓名	性别	民族	生源地	班级
02465052	茶丽萍	女	白	云南泸水	A 班	02465175	张冠军	男	汉	湖北	D 班
02465053	王长天	男	彝	云南镇康	A 班	02465176	钟盛平	男	汉	江西	D 班
	周　玲	女	汉	浙江	A 班	02465177	户华凰	男	汉	江西九江	D 班
02465054	栾　菊	女	汉	云南昆明	B 班	02465178	万校基	男	汉	江西	D 班
02465055	马　怡	女	回	云南昆明	B 班	02465179	刘益刚	男	汉	江西	D 班
02465056	王兆元	男	汉	云南昆明	B 班	02465180	吴杨浩	男	汉	浙江	D 班
02465057	吴海燕	女	汉	云南宜良	B 班	02465181	支中阳	男	满	辽宁	D 班
02465058	崔汝松	男	汉	云南昭通	B 班	02465182	周　政	男	汉	吉林	D 班
02465059	赵　念	男	汉	云南宣威	B 班	02465183	王孝文	男	汉	山东	D 班
02465060	徐玉稳	女	汉	云南宣威	B 班	02465184	辛振雷	男	汉	山东	D 班
02465061	王明彬	男	汉	云南宣威	B 班	02465185	王　江	男	汉	山西	D 班
02465062	夏会芬	女	汉	云南宣威	B 班	02465186	石山山	男	汉	山西临汾	D 班
02465063	包水艳	女	汉	云南宣威	B 班	02465187	王　琴	女	汉	山西祁县	D 班
02465064	母昌俊	男	汉	云南宣威	B 班	02465188	王倩颖	男	汉	山西	D 班
02465065	侯应虎	男	汉	云南宣威	B 班	02465189	赵海碧	女	汉	山西大同	D 班
02465066	张红坤	男	汉	云南陆良	B 班	02465190	吴水萌	女	汉	浙江	D 班
02465067	魏晓彬	男	汉	云南会泽	B 班	02465191	毛雄华	男	汉	浙江	D 班
02465068	钟锡艳	女	汉	云南牟定	B 班	2465193	陈　梅	女		浙江	D 班
02465069	王　伟	男	汉	云南大姚	B 班	2465194	张胜建	男			D 班
02465070	李　超	男	汉	云南个旧	B 班	02465195	韦立照	男	壮	广西	D 班
02465071	白金安	男	傣	云南建水	B 班	02465196	陶丽华	女	壮	广西	D 班
02465072	陈云海	男	傣	云南建水	B 班	02465197	吴贞婷	女	汉	海南	D 班
02465073	瞿桥会	男	傣	云南元阳	B 班	02465198	杜美转	女	汉	海南	D 班
02465074	李盛林	男	汉	云南文山	B 班	02465199	贺志星	男	汉	海南海口	D 班
02465075	茹　波	女	彝	云南景谷	B 班	02465200	李　强	男	汉	江苏	D 班
02465076	刘　梢	男	汉	云南镇沅	B 班	02465201	霍永超	男	汉	江苏	D 班
02465077	叶明东	男	哈尼	云南景洪	B 班	02465202	韩进兰	女	汉	青海	D 班
02465078	张志高	男	白	云南云龙	B 班	02465203	周玉娟	女	汉	江苏	D 班
02465079	张云仙	女	汉	云祥云	B 班	2465204	韦　欢	男		广西柳州	D 班
02465080	何张军	男	白	云南云龙	B 班	00465201	何秀梅	女	汉	云南	专升本
02465081	杨玉娟	女	白	云南剑川	B 班	00465202	黄光洁	女	汉	广西	专升本
02465082	彭安娜	女	汉	云南鹤庆	B 班	00465203	杨　萍	女	汉	云南保山	专升本
02465083	尤廷田	男	汉	云南盈江	B 班	00465204	陈树柏	男	白	云南大理	专升本
02465084	韩　蓉	女	汉	黑龙江	B 班	00465205	罗荣会	女	汉		专升本

续表

学号	姓名	性别	民族	生源地	班级	学号	姓名	性别	民族	生源地	班级
02465085	王　明	男	汉	云南永胜	B班	00465206	王玉华	女	汉	云南凤庆	专升本
02465086	付志勇	男		云南宁蒗	B班	00465207	高成波	女	汉	云南石屏	专升本
02465087	张　虹	女	汉	云南宣威	B班	00465208	杨　萍	女	汉	云南临沧	专升本
02465088	徐羽和	男	汉	云南宣威	B班	00465209	施宝林	男	彝	云南保山	专升本
02465089	徐万金	男	汉	云南宣威	B班	00465210	唐　铭	女	汉	云南宜良	专升本
02465090	缪彩花	女	汉	云南宣威	B班	00465211	白杨青	女	汉	云南建水	专升本
02465091	张成飞	男	汉	云南宣威	B班	00465212	何晓娟	女	汉	云南施甸	专升本
02465092	张　梅	女	汉	云南宣威	B班	00465213	李冬梅	女	汉	云南腾冲	专升本
02465093	顾德荣	男	汉	云南宣威	B班	00465214	张红林	男	汉	云南泸西	专升本
02465094	闻帆林	男	汉	云南陆良	B班	00465215	赵秀菊	女	汉	云南镇雄	专升本
02465095	柴明智	男	汉	云南玉溪	B班	00465216	刘士发	男	汉		专升本
02465096	王雪梅	女	汉	云南通海	B班	00465218	冯竹林	女	汉	云南祥云	专升本
02465097	马晓磊	男	汉	云南红河	B班	00465219	袁志荣	男	汉	云南禄劝	专升本
02465098	蔺汝娇	女	汉	云南腾冲	B班	00465220	杨　伟	男	汉	云南晋宁	专升本
02465099	李月侯	男	汉	云南梁河	B班	00465221	胡　江	男	汉	云南镇雄	专升本
02465100	张文燕	女	汉	云南泸水	B班	00465223	李映团	女	白	云南祥云	专升本
02465101	赵晓星	男	白	云南中甸	B班	00465224	汪世勇	男	汉	云南丽江	专升本
02465102	虎良吉	男	回	云南昭通	B班	00465225	王开锋	男	汉	云南华坪	专升本
02465103	鲁哲铭	男	汉	云南昆明	B班	00465226	杨庆芳	女	汉	云南嵩明	专升本
02465104	王成萍	女	彝	云南马关	B班	00465227	张红波	女	壮	云南弥勒	专升本
02465105	马子红	男	回	云南腾冲	B班	00465228	洪先昌	女	汉	云南昭通	专升本
02465194	张胜建	男	汉	浙江绍兴	B班	00465229	何舒颖	女	汉	广东花名	专升本
02465106	杨德智	男	汉	云南永善	B班	00465230	任志文	男	汉	云南玉溪	专升本
02465107	叶　俊	男	汉	云南昆明	C班	00465231	田　颖	女	汉	云南泸西	专升本
02465108	向　磊	男	汉	湖北武汉	C班	00465233	谭卫群	女	汉	云南	专升本
02465109	崔俊伟	男	汉	云南嵩明	C班	00465232	张　鹭	女	汉	云南禄劝	专升本
02465110	冯光文	男	汉	云南昭通	C班	00465234	李永平	男	汉	云南嵩明	专升本
02465111	余佑星	男	汉	云南威信	C班	00465235	杨友波	男	汉	云南砚山	专升本
02465112	张兴永	男	汉	云南宣威	C班	00465236	沈志刚	男	白	云南丽江	专升本
02465113	陈凤彩	女	汉	云南宣威	C班	00465237	童阿三	男	汉	云南巍山	专升本
02465114	刘加尚	男	汉	云南宣威	C班	00465238	石春文	男	汉	云南江川	专升本
02465115	张道卫	男	汉	云南宣威	C班	00465239	周世友	男	汉	云南双柏	专升本
02465116	徐　晋	男	汉	云南宣威	C班	00465240	冯玉芳	女	汉	云南蒙自	专升本

续表

学号	姓名	性别	民族	生源地	班级	学号	姓名	性别	民族	生源地	班级
02465117	徐良云	男	汉	云南宣威	C 班	00465241	李郁聪	男	彝	云南南华	专升本
02465118	李　卫	男	汉	云南宣威	C 班	00465242	杨　晶	女	汉	云南通海	专升本
02465119	耿彩凤	女	汉	云南宣威	C 班	00465243	陈发庆	男	汉	云南禄丰	专升本
02465120	包利红	女	汉	云南宣威	C 班	00465244	王　妍	女	汉	云南开远	专升本
02465121	李超权	男	汉	云南罗平	C 班	00465245	陈永明	男	汉	云南临沧	专升本
02465122	朱兴早	男	汉	云南会泽	C 班	00465246	郑兆琼	女	彝	云南建水	专升本
02465123	王　平	男	汉	云南禄丰	C 班	00465248	李金传	男	汉	云南牟定	专升本
02465124	朱艳燕	女	汉	云南玉溪	C 班	00465249	吴　帅	女	汉	云南玉溪	专升本
02465125	侯　勇	男	汉	云南易门	C 班	00465250	郭　云	女	汉	山东	专升本
02465126	普成秀	女	彝	云南个旧	C 班						

2003 级数学与应用数学专业本科学生

学号	姓名	性别	民族	籍贯	班级	学号	姓名	性别	民族	籍贯	班级
034080001	陈李艳	女	彝	云南临沧	03A	034080113	王海霞	女	汉	山东潍坊	03B
034080002	尹山平	男	汉	云南腾冲	03A	034080114	杨世继	男	汉	四川兴文	03B
034080003	郑　刚	男	汉	云南宜良	03A	034080115	杨晓琴	女	汉	四川成都	03B
034080004	张　林	男	汉	云南弥勒	03A	034080116	魏芦娟	女	汉	天津	03B
034080005	杨国翠	女	汉	云南临沧	03A	034080117	孙冠南	男	阿昌	云南德宏	C
034080006	李　见	男	汉	云南曲靖	03A	034080118	金家华	男	汉	云南墨江	C
034080007	谭亚翔	男	汉	云南昭通	03A	034080119	张柳钦	女		云南腾冲	C
034080008	李宝婷	女	汉	云南临沧	03A	034080120	杨世玲	女		云南腾冲	C
034080009	王彩珍	女	汉	云南宣威	03A	034080121	周　康	男		云南易门	C
034080010	毕应强	男	汉	云南临沧	03A	034080122	李翠元	男		云南泸水	C
034080011	赵健伟	男	彝	云南易门	03A	034080123	唐学仙	女		香格里拉	C
034080012	金洪海	男	汉	云南曲靖	03A	034080124	李世林	男		云南耿马	C
034080013	朱启飞	男	汉	云南宣威	03A	034080125	张海涛	男		云南泸水	C
034080014	段世发	男	白	云南怒江	03A	034080126	黄彩花	女		云南宣威	C
034080015	张春涛	男	白	云南大理	03A	034080127	李昆林	男		云南昆明	C
034080016	杨焱焱	女	汉	云南宜良	03A	034080128	黄东褒	男		云南宣威	C
034080017	杨红梅	女	汉	云南楚雄	03A	034080129	赵春燕	女		云南玉溪	C
034080018	王立杨	男	汉	云南腾冲	03A	034080130	吴绍龙	男		云南元谋	C
034080019	万洪海	男	汉	云南个旧	03A	034080131	樊汝煦	女		云南巍山	C
034080020	付如灵	女	汉	云南巧家	03A	034080132	李付海	男		云南宜良	C
034080021	白云凤	女	汉	云南大理	03A	034080133	李锡林	男	彝	云南鹤庆	C
034080022	秦庆广	男	汉	云南宣威	03A	034080134	杨荣强	男	白	云南腾冲	C

续表

学号	姓名	性别	民族	籍贯	班级	学号	姓名	性别	民族	籍贯	班级
034080023	孙顺才	男	汉	云南禄劝	03A	034080135	王志强	男	汉	云南武定	C
034080025	吕太兵	男	汉	云南东川	03A	034080136	朱恩健	男	彝	云南宣威	C
034080026	王晓燕	女	汉	云南楚雄	03A	034080137	孙美彦	男	汉	云南宣威	C
034080027	杨晓丽	女	汉	云南大理	03A	034080138	李红芬	女		云南宣威	C
034080028	方　奎	男	汉	云南曲靖	03A	034080139	张宏平	男		云南迪庆	C
034080029	李玉翠	女	汉	云南寻甸	03A	034080140	姚用权	男		云南罗平	C
034080030	林孝忠	男	汉	云南楚雄	03A	034080141	高　琨	女		云南石屏	C
034080031	何　艳	女	汉	云南大理	03A	034080142	熊丽琴	女	白	云南寻甸	C
034080032	王春波	男	汉	云南曲靖	03A	034080143	杨　光	男	汉	云南永胜	C
034080033	邹安平	女	汉	湖南	03A	034080144	王选燕	女		云南昭通	C
034080034	李志荣	男	彝	云南宣威	03A	034080145	马武奇	男		云南昭通	C
034080035	李金奎	男	汉	云南寻甸	03A	034080146	赵瑞臣	男		云南大理	C
034080036	陶祖继	男	汉	云南寻甸	03A	034080147	庄晴岚	女		云南鹤庆	C
034080037	杨丽花	女	汉	云南宣威	03A	034080149	王知涛	男	白	云南宣威	C
034080038	何道雄	男	汉	云南宣威	03A	034080150	张朴花	女	汉		C
034080039	陈正毕	男	汉	云南寻甸	03A	034080151	拔燕飞	男		云南易门	C
034080040	胡占权	男	彝	云南楚雄	03A	034080152	杨赵敏	女		云南永平	C
034080041	和从华	男	纳西	香格里拉	03A	034080153	李冬艳	女	彝	云南泸西	C
034080042	张　瑜	女	汉	湖南	03A	034080154	习晓燕	女	汉	云南巍山	C
034080043	冯业海	男	汉	海南	03A	034080155	徐晓莉	女	回	云南昭通	C
034080044	邱建友	男	汉	河北	03A	034080156	王　霞	女	白		C
034080045	孟凡星	女	汉	河北	03A	034080157	文　至	男	汉		C
034080046	陈　星	男	汉	河南	03A	034080158	边健伟	女	回	石家庄	C
034080047	盛梦玲	女	汉	湖北	03A	034080159	李毅贤	女	汉		C
034080048	粟其峰	男	汉	湖南	03A	034080160	李　莉	女		河南	C
034080049	唐满辉	女	汉	湖南	03A	034080161	罗光铁	男	白	湖北黄石	C
034080050	仝　磊	男	汉	江苏	03A	034080162	贺　霞	女	汉		C
034080051	王丹丽	女	汉	浙江	03A	034080163	匡　伟	男		湖南祁东	C
034080052	高　明	男	汉	浙江	03A	034080164	代思黄	男	彝		C
034080053	吴建仁	男	汉	山东	03A	034080167	朱　娟	女	汉	江苏泰州	C
034080054	赵　静	女	汉	山东	03A	034080168	金宾宾	男	黎	浙江义乌	C
034080055	江坛元	男	汉	四川	03A	034080169	李夏萌	女	汉	山东青岛	C
034080056	罗之兵	男	汉	四川	03A	034080170	王　晓	女	汉	山东	C
034080057	吴爱萍	女	汉	天津	03A	034080171	邓小丽	女		四川成都	C
034080058	冯艳杰	女	汉	天津	03A	034080172	张丽颖	女			C
02463033	郭胜伟	男	汉	河南许昌	03B	034080173	孙晓晶	女			C

续表

学号	姓名	性别	民族	籍贯	班级	学号	姓名	性别	民族	籍贯	班级
034080059	赵玉龙	男	白	云南鹤庆	03B	034080174	李淑燕	女	白	云南大理	C
034080060	许　倩	女	汉	云南盈江	03B	034080201	李自芹	女	汉	云南寻甸	D
034080061	杨荣建	男	汉	云南腾冲	03B	034080202	高里红	男	汉	云南陆良	D
034080062	番正辉	男	汉	云南腾冲	03B	034080203	严燕梅	女	汉	云南宣威	D
034080063	番能普	男	汉	云南腾冲	03B	034080204	蒋　涛	男	汉	云南昆明	D
034080064	余志林	男	彝	云南石屏	03B	034080205	杨荣梅	女	汉	云南腾冲	D
034080065	赵海燕	女	彝	云南易门	03B	034080206	张海龙	男	汉	云南施甸	D
034080066	何连强	男	彝	云南景东	03B	034080207	马丽娅	女	壮	云南麻栗坡	D
034080067	钱　闯	女	汉	云南宣威	03B	034080208	杨洪张	男	汉	云南凤庆	D
034080068	杨　蕊	女	汉	云南昆明	03B	034080209	施恩德	男	白	云南剑川	D
034080069	句媛媛	女	汉	云南宜良	03B	034080210	雷　刚	男	汉	云南威信	D
034080070	王开能	男	汉	云南楚雄	03B	034080211	马荣凡	男	回	云南昭通	D
034080071	幸玉光	男	汉	云南罗平	03B	034080212	黎　媛	女	汉	云南	D
034080072	罗经国	男	汉	云南昭通	03B	034080213	杨本旺	男	汉	云南龙陵	D
034080073	姜自聪	男	汉	云南会泽	03B	034080214	李　灏	男	纳西	云南丽江	D
034080074	夏　斌	男	汉	云南昭通	03B	034080215	尹　韬	男	汉	云南宣威	D
034080075	杨春留	男	汉	云南景洪	03B	034080216	赵永胜	男	汉	云南永胜	D
034080076	董琼吉	女	汉	云南宣威	03B	034080217	赵兴福	男	傣	云南梁河	D
034080077	官志颖	女	汉	云南宜良	03B	034080218	何艳飞	女	汉	云南宣威	D
034080078	张　艳	女	汉	云南通海	03B	034080219	高春霞	女	彝	云南禄丰	D
034080079	董　睿	男	汉	云南昆明	03B	034080221	王江泉	男	白	云南泸水	D
034080080	李文斌	男	汉	云南寻甸	03B	034080222	王光兴	男	汉	云南嵩明	D
034080081	叶宝柱	男	汉	云南江川	03B	034080223	徐翔宇	男	汉	云南昭通	D
034080082	郑全美	女	汉	云南通海	03B	034080224	黄年春	男	汉	云南保山	D
034080083	母　贵	男	汉	云南宣威	03B	034080205	包广富	男	汉	云南宣威	D
034080084	熊洁霞	女	彝	云南漾濞	03B	034080226	杜龙燕	女	彝	云南永仁	D
034080085	和红彦	男	纳西	云南	03B	034080227	杨朗琼	女	汉	云南宣威	D
034080086	林之鸿	男	汉	云南马龙	03B	034080228	李建强	男	汉	云南镇康	D
034080087	王　琳	女	汉	云南昆明	03B	034080229	朱永斌	男	汉	云南师宗	D
034080088	李本寿	男	汉	云南宣威	03B	034080230	念玉莲	女	汉	云南罗平	D
034080089	杨世春	男	汉	云南保山	03B	034080231	冯春杰	男	汉	云南保山	D
034080090	何树能	男	汉	云南宣威	03B	034080232	周晓富	男	哈尼	云南江城	D
034080091	廖丽兴	男	汉	云南罗平	03B	034080233	海　燕	男	彝	云南巧家	D
034080092	杨艳军	男	汉	云南保山	03B	034080234	王晓祥	男	汉	江苏	D
034080093	杨静春	男	汉	云南昆明	03B	034080235	张　杰	男	汉	江苏徐州	D
034080094	孙树记	男	汉	云南石林	03B	034080236	赵慧敏	男	汉	江苏	D

续表

学号	姓名	性别	民族	籍贯	班级	学号	姓名	性别	民族	籍贯	班级
034080095	王怀普	男	汉	云南宣威	03B	034080237	陆　赛	男	汉	江苏	D
034080096	杨宝兰	女	汉	云南	03B	034080238	丁春梅	女	汉	江苏	D
034080097	付雪梅	女	汉	云南沾益	03B	034080239	龚远江	男	汉	重庆	D
034080098	杨红兵	男	白	云南大理	03B	034080240	刘光林	男	土家	重庆	D
034080099	沈　丽	女	回	云南会泽	03B	034080241	罗红波	男	苗	重庆	D
034080100	王　硕	女	满	北京	03B	034080242	王江华	女	汉	重庆	D
034080101	肖文平	男	汉	海南儋州	03B	034080243	胡　杨	女	汉	重庆	D
034080102	刘云涛	男	汉	石家庄	03B	034080244	边　鹤	女	汉	辽宁	D
034080103	李　凤	女	汉	河北保定	03B	034080245	杨锡佳	男	汉	辽宁	D
034080104	唐建斌	男	汉	河南洛阳	03B	034080246	高　英	女	满	辽宁	D
034080105	李海燕	女	汉	河南	03B	034080247	刘　娟	女	汉	辽宁	D
034080106	尹玉玲	女	汉	湖北	03B	034080248	綦得利	男	汉	辽宁	D
034080107	姚晶晶	女	汉	湖北	03B	034080249	左应霞	女	彝	云南巍山	D
034080108	黄　艳	女	汉	湖南常德	03B	034080250	王　玉	男	汉	河南新蔡	D
034080109	黄　波	男	汉	江苏淮安	03B	034080251	王丽香	女	汉	云南永胜	D
034080110	陈　斌	男	汉	浙江嵊州	03B	034080252	李武春	男	彝	云南禄劝	D
034080111	王　伟	男	汉	浙江宁波	03B	034080253	王佳鹏	女	汉	云南昆明	D
034080112	于　晓	女	汉	山东济南	03B						

2004级数学与应用数学专业本科生

学号	姓名	性别	民族	来源地区	班级	学号	姓名	性别	民族	来源地区	班级
044080001	李　俊	男	汉	云南昆明	041	044080112	吴丽娟	女	汉	山西	042
044080002	张燕妮	女	汉	云南大理	041	044080113	王晓峰	女	汉	浙江	042
044080003	陈玲燕	女	汉	云南玉溪	041	044080114	刘　声	男	汉	湖南	042
044080005	张丽丽	女	汉	云南泸西	041	044080115	范兴宇	男	汉	安徽	042
044080006	浦　婷	女	汉	云南宣威	041	044080116	许尔亮	男	汉	四川	042
044080007	李艳玲	女	汉	云南晋宁	041	044080117	董善清	男	汉	黑龙江	042
044080008	李凤江	女	汉	云南保山	041	044080118	杨国金	男	彝	四川	042
044080009	胡　平	男	汉	云南	041	044080119	薛　博	女	汉	黑龙江	042
044080010	宗瑞萍	女	汉	云南巍山	041	044080120	薛　野	女	满	吉林	042
044080011	母江明	女	汉	云南宣威	041	044080121	卢　晶	女	汉	吉林	042
044080012	杨明月	女	汉	云南祥云	041	044080122	王新强	男	汉	吉林	042
044080013	李继辉	男	汉	云南宣威	041	044080205	李　明	男	汉	云南	042
044080014	杨粉绒	女	汉	云南巍山	041	044080039	周鸿飞	男	汉	海南	043
044080015	朱尤满	男	汉	云南宣威	041	044080130	陈丽华	女	汉	云南昆明	043
044080016	李海玉	女	汉	云南寻甸	041	044080131	李素贞	女	白	云南	043

续表

学号	姓名	性别	民族	来源地区	班级	学号	姓名	性别	民族	来源地区	班级
044080017	李自超	男	汉	云南腾冲	041	044080132	肖重明	男	汉	云南会泽	043
044080018	严柳艳	女	汉	云南宣威	041	044080133	普利华	男	汉	云南晋宁	043
044080019	杨　军	男	汉	云南宜良	041	044080134	罗明珍	女	汉	云南玉溪	043
044080020	刘龙健	男	汉	云南昭通	041	044080135	林家佳	男	彝	云南弥勒	043
044080021	陈红菊	女	汉	云南祥云	041	044080136	马红兵	男	汉	云南泸西	043
044080022	钱海娥	女	汉	云南宣威	041	044080137	何晓梅	女	彝	云南石屏	043
044080023	迟绍芳	女	汉	云南	041	044080138	李祖权	男	汉	云南腾冲	043
044080025	罗锡旎	男	汉	云南麻栗坡	041	044080139	陈　娟	女	哈尼	云南	043
044080027	马锡兰	女	回	云南个旧	041	044080140	尹沙沙	女	汉	云南保山	043
044080029	曹　兰	女	汉	云南玉溪	041	044080141	沈双平	女	汉	云南玉溪	043
044080030	杨开祥	男	汉	云南陆良	041	044080142	李　泓	女	汉	云南华宁	043
044080031	田锐兴	女	白	云南鹤庆	041	044080143	张德明	男	汉	云南会泽	043
044080032	毕之双	女	汉	云南	041	044080144	赵云伟	男	汉	云南腾冲	043
044080033	文顺序	男	汉	广西乐业	041	044080145	李柱文	男	彝	云南永仁	043
044080034	周　成	男	汉	福建	041	044080146	李文江	男	汉	云南宜良	043
044080035	郑慧梅	女	汉	江西	041	044080147	和平艳	女	傈僳	云南泸水	043
044080036	沈　洁	女	汉	浙江	041	044080148	刘正堂	男	汉	云南腾冲	043
044080037	王军瑛	女	汉	山西太原	041	044080149	付贤东	男	汉	云南宣威	043
044080038	石峥刚	男	汉	山西平陆	041	044080150	吴肖芳	女	汉	云南保山	043
044080041	冯　雁	女	汉	湖北	041	044080151	卢应富	男	壮	云南砚山	043
044080042	叶倩倩	女	汉	浙江温岭	041	044080152	陈有平	男	彝	云南南华	043
044080043	王　慧	女	汉	四川	041	044080153	王宁邦	男	汉	云南宣威	043
044080044	李洪波	男	汉	湖南	041	044080154	王华婷	女	白	云南云龙	043
044080058	夏跃勇	男	汉	云南宣威	041	044080155	喻　华	男	汉	云南泸西	043
044080074	陈明兴	男	汉	云南昭通	041	044080156	柴正建	男	汉	云南宣威	043
044080111	易　斌	男	汉	湖南	041	044080157	陈燕中	女	汉	云南巍山	043
044080195	黄家胜	男	汉	福建莆田	041	044080158	高梦萍	女	汉	云南玉溪	043
044080200	黄　蓉	女	汉	湖南株洲	041	044080159	李新继	女	汉	云南腾冲	043
044080051	罗绍伟	男	汉	云南祥云	042	044080160	刘海波	男	汉	云南泸西	043
044080053	常家速	男	汉	云南腾冲	042	044080161	吴成斌	男	汉	云南富民	043
044080054	王翠连	女	汉	云南陆良	042	044080162	张丽香	女	汉	云南腾冲	043
044080055	李　恒	男	白	云南泸水	042	044080163	字樱佳	女	彝	云南	043
044080056	和剑全	男	白	云南	042	044080164	李利花	女	白	云南大理	043
044080059	赵小波	男	汉	云南曲靖	042	044080165	张飞燕	女	汉	云南建水	043
044080060	赵燕丽	女	白	云南洱源	042	044080166	代红斌	男	汉	云南曲靖	043
044080061	李邑梅	女	白	云南大理	042	044080167	蔡　华	男	汉	云南弥渡	043

续表

学号	姓名	性别	民族	来源地区	班级	学号	姓名	性别	民族	来源地区	班级
044080062	马 丹	女	回	云南玉溪	042	044080168	周跃华	男	汉	云南	043
044080063	何开文	男	汉	云南宣威	042	044080169	包广敢	男	汉	云南宣威	043
044080064	赵 静	女	汉	云南龙陵	042	044080170	陈冰梅	女	汉	云南	043
044080065	赵 苏	女	汉	云南宣威	042	044080171	叶桂梅	女	汉	云南宣威	043
044080066	张成华	男	汉	云南	042	044080172	史丹凤	女	汉	云南曲靖	043
044080067	刘 萍	女	汉	云南	042	044080173	段司撰	男	彝	云南富民	043
044080068	刘素兰	女	汉	云南玉溪	042	044080174	蒋志艳	女	汉	云南	043
044080069	徐陈文	男	白	云南大理	042	044080175	毛晓梅	女	汉	云南寻甸	043
044080070	骆瑞谦	男	汉	云南西畴	042	044080176	张新丛	女	汉	云南龙陵	043
044080071	解志梅	女	汉	云南宣威	042	044080177	李金宝	男	哈尼	云南元江	043
044080072	飞 斌	男	汉	云南通海	042	044080178	毛荣江	男	彝	云南永仁	043
044080073	陶小荣	女	汉	云南宣威	042	044080179	段利琼	女	汉	云南禄丰	043
044080075	王娅梅	女	彝	云南石屏	042	044080181	张 清	女	汉		043
044080076	李 武	男	彝	云南西畴	042	044080182	刘贤建	男	汉	江西都昌	043
044080077	余正仙	女	汉	云南会泽	042	044080183	吴振荣	男	汉	海南海口	043
044080078	丁文涛	男	汉	云南保山	042	044080184	王绥蕊	女	汉		043
044080079	张凌峰	男	汉	云南曲靖	042	044080187	周星宇	男	壮	广西河池	043
044080080	吴 燕	女	汉	云南绥江	042	044080189	柯金秀	女	汉	湖北黄石	043
044080081	尹 丽	女	汉	云南腾冲	042	044080191	范文文	女	汉	湖北云梦	043
044080082	昂云龙	男	彝	云南弥勒	042	044080193	朱 佳	女	汉	四川	043
044080083	王 超	男	汉	云南个旧	042	044080194	李 艳	女	汉	浙江义乌	043
044080084	莫小刚	男	汉	云南	042	044080196	王艳兵	男	汉	安徽怀宁	043
044080085	李文涛	男	汉	云南呈贡	042	044080197	戚 欣	女	汉	黑龙江	043
044080087	左加骥	男	汉	云南	042	044080198	韩玉霞	女	汉	黑龙江	043
044080088	何建美	女	白	云南大理	042	044080199	曾少华	男	汉	湖南	043
044080089	杨 华	女	汉	云南宣威	042	044080201	饶梅先	男	汉	安徽	043
044080090	赵应来	男	汉	云南宣威	042	044080202	陈胜男	女	汉	黑龙江	043
044080092	杨 敏	男	汉	云南宜良	042	044080203	张 磊	女	汉	吉林	043
044080093	赵美一	女	白	云南鹤庆	042	044080204	王凤杰	女	汉	吉林双辽	043
044080094	缪艳林	女	汉	云南宣威	042	044080052	苏永福	男	汉	云南	非师范 04
044080096	沐 艳	女	回	云南	042	044080057	孙盛鑫	男	白	云南洱源	非师范 04
044080097	李 根	男	汉	云南易门	042	044080086	杨天福	女	彝		非师范 04
044080099	黎丕信	男	汉	广西	042	044080091	缪春华	女	汉	云南宣威	非师范 04
044080100	林月莲	女	汉	海南儋州	042	044080095	张天伟	男	汉	云南东川	非师范 04
044080101	盛惠平	女	汉	江西景德镇	042	044080098	董建飞	男	汉	云南武定	非师范 04
044080102	韦日华	女	壮		042	044080103	曾 晶	女	汉	江西	非师范 04

续表

学号	姓名	性别	民族	来源地区	班级	学号	姓名	性别	民族	来源地区	班级
044080104	王子龙	男	汉	海南	042	044080106	征浩然	男	汉	安徽	非师范 04
044080105	徐　丽	女	汉	湖北	042	044080185	张学海	男	汉	山西	非师范 04
044080107	余　贞	女	汉	福建	042	044080186	陈　敏	男	汉	山西	非师范 04
044080108	张　芹	女	汉	湖北	042	044080188	谌俊林	男	汉	江西	非师范 04
044080110	何凤霞	女	汉		042	044080192	刘祖辉	男	汉	四川筠连	非师范 04

2005 级数学与应用数学专业本科班学生

学号	姓名	性别	民族	籍贯	班级	学号	姓名	性别	民族	籍贯	班级
054080001	文秀锦	女	汉		实验班 A	054080125	陈　悦	女	汉		数学 053
054080002	孙学伟	男	汉		实验班 A	054080126	范威威	男	汉		数学 053
054080003	金世梅	女	回		实验班 A	054080127	操海棠	女	汉		数学 053
054080004	陈爱琳	女	回	云南昆明	实验班 A	054080128	屈慢莉	女	汉		数学 053
054080005	吴建琨	男	汉	云南昆明	实验班 A	054080129	王诗淇	女	汉		数学 053
054080006	陈　玲	女	汉	云南昆明	实验班 A	054080130	王　瑞	女	汉		数学 053
054080007	李　刚	男	汉	云南昆明	实验班 A	054080131	马　双	男	汉	山东	数学 053
054080008	冯　扬	女	汉	云南安宁	实验班 A	054080132	张　娅	女	汉		数学 053
054080009	袁　露	女	回		实验班 A	054080133	何　介	男	汉		数学 053
054080010	徐少晖	女	汉	云南富民	实验班 A	054080134	葛修奎	男	汉		数学 053
054080011	杨　坤	男	汉		实验班 A	054080135	金明舒	女	汉		数学 053
054080012	高新韬	男	汉		实验班 A	054080136	齐义伟	男	汉		数学 053
054080013	牛冲艳	女	汉	云南陆良	实验班 A	054080137	常　莉	女	汉	云南昭通	数学 053
054080014	陆耀武	男	壮	云南砚山	实验班 A	054080139	杨　洁	女	汉	云南弥勒	数学 053
054080015	张艳萍	女	白	云南大理	实验班 A	054080140	蔡建华	女	汉	云南永平	数学 053
054080016	尹会萍	女	汉	云南宜良	实验班 A	054080142	戴丹丹	男	汉	云南晋宁	数学 053
054080017	李　青	女	彝		实验班 A	054080143	王红萍	女	汉	云南晋宁	数学 053
054080018	马顺秋	女	回		实验班 A	054080144	李云飞	男	汉	云南禄劝	数学 053
054080019	李红梅	女	汉	云南寻甸	实验班 A	054080146	徐美荣	女	汉	云南宣威	数学 053
054080020	徐文永	男	汉	云南宣威	实验班 A	054080147	陈典雨	女	汉	云南文山	数学 053
054080021	袁　彩	女	汉	云南宣威	实验班 A	054080148	自　伟	男	彝		数学 053
054080022	彭胤漫	女	汉	云南陆良	实验班 A	054080149	杨桂琴	女	白	云南鹤庆	数学 053
054080023	李燕波	女	汉	云南弥勒	实验班 A	054080150	李建芳	女	汉	云南施甸	数学 053
054080024	钟雪梅	女	汉		实验班 A	054080151	余艳红	女	汉	云南丽江	数学 053
054080025	李姗然	女	汉	云南保山	实验班 A	054080152	石丽雄	男	彝	云南昆明	数学 053
054080026	孟习顺	男	汉		实验班 A	054080153	吴燕霞	女	汉	云南昆明	数学 053
054080027	王　丽	女	汉	云南昆明	实验班 A	054080154	王昆玉	女	汉	云南昆明	数学 053

续表

学号	姓名	性别	民族	籍贯	班级	学号	姓名	性别	民族	籍贯	班级
054080028	黄丽萍	女	汉	云南宜良	实验班A	054080155	寇云龙	男	汉	云南宜良	数学053
054080029	李 婷	女	汉	云南宜良	实验班A	054080156	李小川	男	汉	云南嵩明	数学053
054080030	朱文丽	女	汉	云南宜良	实验班A	054080157	陈丽英	男	汉		数学053
054080031	李朝秧	女	汉	云南嵩明	实验班A	054080158	李天鑫	男	汉	云南寻甸	数学053
054080032	祖庭瑞	男	汉	云南寻甸	实验班A	054080159	马竹仙	女	汉	云南宣威	数学053
054080033	刘荣丽	女	汉	云南寻甸	实验班A	054080160	祖明波	男	汉	云南宣威	数学053
054080035	陈红艳	女	汉		实验班A	054080161	黄 体	男	汉	云南富源	数学053
054080036	李娥玲	女	汉	云南宣威	实验班A	054080162	骆洪文	男	汉	云南陆良	数学053
054080037	金美芳	女	汉	云南宣威	实验班A	054080163	杨先勇	男	汉	云南楚雄	数学053
054080038	周春芳	女	汉	云南宣威	实验班A	054080164	廖 艳	女	汉	云南玉溪	数学053
054080039	尹 莲	女	汉	云南玉溪	实验班A	054080165	矣志康	女	汉	云南玉溪	数学053
054080040	王锦芳	女	汉	云南玉溪	实验班A	054080166	黄 磊	男	汉	云南玉溪	数学053
054080041	吕春妹	女	汉		实验班A	054080167	张 勇	男	傣	云南个旧	数学053
054080042	孔佑松	男	汉	云南个旧	实验班A	054080168	钱沙龙	男	哈尼	云南元阳	数学053
054080043	马红莲	女	白	云南弥勒	实验班A	054080169	郭锦华	男	彝	云南景谷	数学053
054080044	杨 敏	女	汉	云南弥勒	实验班A	054080170	罗应春	男	汉	云南景谷	数学053
054080045	许艳华	女	汉	云南祥云	实验班A	054080171	姚利归	女	白	云南大理	数学053
054080046	李旺云	男	汉	云南祥云	实验班A	054080172	王 敏	女	白	云南大理	数学053
054080047	任 婧	女	汉	云南祥云	实验班A	054080173	赵庆燕	女	汉		数学053
054080048	杨若玲	女	汉	云南宾川	实验班A	054080174	闫奇艳	女	汉	云南梁河	数学053
054080049	姜银莹	女	汉	云南巍山	实验班A	054080175	和福周	男	普米	云南泸水	数学053
054080050	李建芬	女	彝	云南巍山	实验班A	054080176	李荣锋	男	汉		数学053
054080051	杨雪敏	女	汉	云南永平	实验班A	054080177	张灵甫	男	汉		数学053
054080052	彭灿娟	女	汉	云南鹤庆	实验班A	054080178	卢旭家	男	汉	浙江	数学053
054080053	李自芹	女	汉	云南保山	实验班A	054080179	李 松	男	土家		数学053
054080054	李春刚	男	汉	云南保山	实验班A	054080181	李孟凰	女	汉		数学054
054080055	黄幸云	男	汉	云南昌宁	实验班A	054080182	李 炎	女	汉	安徽	数学054
054080056	龚 成	女	傣	云南德宏	实验班A	054080183	杨培源	男	汉		数学054
054080057	冷时仙	女	汉	云南曲靖	实验班A	054080184	陆大宁	男	壮		数学054
054080058	徐安丽	女	汉	云南曲靖	实验班A	054080185	何洁芳	女	壮	广西南宁	数学054
054080059	杨 飞	男	汉	云南临沧	实验班A	054080186	邓江蕊	女	汉	海南	数学054
054080060	张印映	女	傈僳	云南怒江	实验班A	054080187	郭晓丽	女	汉		数学054
054080061	卢玉茵	女	汉		数学052	054080188	袁 婷	女	汉	辽宁	数学054
054080062	卢开源	男	汉		数学052	054080189	章洲华	男	汉	河北	数学054
054080063	吴小岸	女	汉		数学052	054080190	袁长林	男	汉	湖北	数学054

续表

学号	姓名	性别	民族	籍贯	班级	学号	姓名	性别	民族	籍贯	班级
054080064	胡远浩	男	黎		数学 052	054080191	张远雄	男	汉	云南	数学 054
054080066	陈　昱	男	汉		数学 052	054080192	赵显锋	男	汉	湖北	数学 054
054080067	郭　锋	男	汉	河南	数学 052	054080193	沈業鑫	男	土家	湖北	数学 054
054080068	谢　甫	男	汉	云南	数学 052	054080196	谢　芳	女	汉		数学 054
054080069	郭莉莉	女	汉		数学 052	054080198	张　霞	女	汉	四川内江	数学 054
054080070	赵　莹	女	汉		数学 052	054080199	汤启容	女	汉	四川	数学 054
054080071	韩丹丹	女	汉		数学 052	054080200	刘　菁	女	汉		数学 054
054080072	崔燕杰	女	汉	内蒙古包头	数学 052	054080201	赵家城	男	汉		数学 054
054080073	张雪婷	女	汉		数学 052	054080202	崔　媛	女	汉	云南宣威	数学 054
054080074	王志红	男	汉		数学 052	054080203	丁丽平	女	回	云南会泽	数学 054
054080075	吴晓南	男	汉		数学 052	054080204	曹晓翠	女	汉	昆明宜良	数学 054
054080076	葛玉乾	男	汉		数学 052	054080205	解艳玲	女	汉	云南宣威	数学 054
054080077	张明华	男	汉	云南绥江	数学 052	054080206	汪国江	男	汉	云南陆良	数学 054
054080078	冯廷福	男	汉	云南祥云	数学 052	054080207	管中州	男	彝	云南江川	数学 054
054080079	刘雪娇	女	汉	云南昆明	数学 052	054080208	杨丽萍	女	汉	云南澄江	数学 054
054080080	马　骏	女	回	云南昆明	数学 052	054080209	方正伟	男	彝	云南保山	数学 054
054080081	施　睿	女	汉	云南江川	数学 052	054080210	杨家洪	男	汉	云南腾冲	数学 054
054080082	秦志宏	男	汉	云南弥勒	数学 052	054080211	陈红伟	男	汉	云南宜良	数学 054
054080083	缪克明	男	汉		数学 052	054080212	皮起文	男	汉	云南嵩明	数学 054
054080084	包　乐	男	汉	云南宣威	数学 052	054080213	高建国	男	汉		数学 054
054080085	谢　全	男	汉	云南陆良	数学 052	054080214	张建兵	男	汉	云南昭通	数学 054
054080086	朱新华	男	汉	云南石屏	数学 052	054080215	罗江艳	女	汉	云南昭通	数学 054
054080087	张春彦	女	汉	云南泸西	数学 052	054080216	黎兴芝	女	汉	云南曲靖	数学 054
054080088	罗兆阳	男	汉		数学 052	054080217	郁正飞	男	汉		数学 054
054080089	周孝芬	女	傣	云南景东	数学 052	054080218	袁玉航	男	汉	云南宣威	数学 054
054080090	李晓霞	女	白	云南洱源	数学 052	054080219	高兴道	男	汉	云南宣威	数学 054
054080091	李　泉	男	白	云南剑川	数学 052	054080220	何兆启	男	汉	云南宣威	数学 054
054080092	王　荟	女	汉	云南临沧	数学 052	054080221	王绍珍	女	汉	云南罗平	数学 054
054080093	李文龙	男	汉	云南嵩明	数学 052	054080222	赵燕国	男	汉	云南师宗	数学 054
054080094	赵永富	男	汉		数学 052	054080223	周天勇	男	汉	云南楚雄	数学 054
054080095	孟德贵	男	汉	云南昭通	数学 052	054080224	周道文	男	彝	云南武定	数学 054
054080096	陈丽华	女	汉	云南宣威	数学 052	054080225	蒋　伟	男	汉	云南楚雄	数学 054
054080097	包　勇	男	汉	云南宣威	数学 052	054080226	普青青	女	彝	云南蒙自	数学 054
054080098	杨庆宣	女	汉	云南宣威	数学 052	054080227	赵海英	女	彝	云南弥勒	数学 054
054080099	赵　林	女	汉	云南宣威	数学 052	054080228	杨锡东	男	满	云南保山	数学 054

续表

学号	姓名	性别	民族	籍贯	班级	学号	姓名	性别	民族	籍贯	班级
054080100	余国锐	男	汉	云南宣威	数学 052	054080229	邵宗艳	女	汉	云南腾冲	数学 054
054080101	刘永祥	男	汉	云南罗平	数学 052	054080230	聂根能	男	汉	云南腾冲	数学 054
054080102	李洪琴	女	汉	云南师宗	数学 052	054080231	孙海雅	女	汉	云南腾冲	数学 054
054080103	张潇月	女	汉	云南玉溪	数学 052	054080232	杨本菊	女	汉	云南腾冲	数学 054
054080104	董云生	男	汉		数学 052	054080233	关南星	女	汉		数学 054
054080105	刘天春	男	汉	云南西畴	数学 052	054080234	欧何梅	女	彝	云南泸水	数学 054
054080106	曾建杨	男	汉	云南宾川	数学 052	054080235	唐自强	男	彝	云南临沧	数学 054
054080107	杨加云	男	白	云南保山	数学 052	054080236	黄成兴	男	彝	云南临沧	数学 054
054080108	李云芝	男	汉	云南腾冲	数学 052	054080237	宣　泳	男	汉	云南临沧	数学 054
054080109	胡定伟	男	汉	云南腾冲	数学 052	054080238	张晓聪	女	汉		数学 054
054080110	张兴敏	男	汉	云南腾冲	数学 052	054080239	杨秀方	女	汉	重庆	数学 054
054080111	梁赛灵	女	汉	云南腾冲	数学 052	054080240	石　春	女		云南丽江	数学 054
054080112	张佳祝	女	汉	云南腾冲	数学 052	054080241	韦学敏	女	壮		数学 054
054080113	董家山	男	汉	云南腾冲	数学 052	054100017	王新光	男	彝	云南砚山	数学 053
054080114	杨常通	男	汉	云南梁河	数学 052	054100098	王富彬	男	苗	云南砚山	数学 053
054080115	尹少芹	女	汉	云南丽江	数学 052	072080001	孟光耀	男	汉		专升本
054080116	傅亦斌	女	汉		数学 052	072080002	徐重光	男	汉		专升本
054080117	敖　洁	女	汉	重庆	数学 052	072080003	洪志军	男	白		专升本
054080118	谌　瑜	女	汉		数学 052	072080004	李坤凤	女	汉		专升本
054080119	李方明	女	汉		数学 052	072080005	杨　金	男	汉		专升本
054080120	高　晶	女	壮	云南砚山	数学 052	072080006	阮波江	男	汉		专升本
054020301	黄建清	女	汉	湖北	数学 053	072080007	刘春花	女	汉		专升本
054080121	杨　刘	男	汉		数学 053	072080008	李容燕	女	汉		专升本
054080122	张聪琳	男	汉		数学 053	072080009	郑治波	女	汉		专升本
054080123	吴小平	女	汉		数学 053	072080011	沈定雄	男	汉		专升本
054080124	陈春丹	女	汉		数学 053	072080012	朱小四	男	汉		专升本

2006 级数学与应用数学专业本科学生

学号	姓名	性别	民族	籍贯	班级	学号	姓名	性别	民族	籍贯	班级
054080194	张照晴	女	满		D 班	064080137	晏和义	男	汉	云南大理	06C
054090067	周昌荣	女	汉	云南大关	06C	064080138	何腾飞	男	白	云南大理	06C
064080001	乐德龙	男	汉		06A	064080139	袁春兰	女	白	云南大理	06C
064080002	张晶晶	女	汉	浙江	06A	064080140	刘孝萍	女	汉	云南祥云	06C
064080003	肖和英	女	汉		06A	064080141	何　雯	女	汉	云南宾川	06C
064080005	崔新华	女	汉	江西	06A	064080142	王爱龙	男	汉	云南宾川	06C

续表

学号	姓名	性别	民族	籍贯	班级	学号	姓名	性别	民族	籍贯	班级
064080006	陈　红	女	汉	云南昆明	06A	064080143	刘玲玲	女	汉	云南宾川	06C
064080007	王静宜	女	汉	四川德阳	06A	064080144	罗静珍	女	彝	云南南涧	06C
064080008	丁　励	女	汉	云南昆明	06A	064080145	马玉涵	女	回	云南大理	06C
064080009	李艳琴	女	彝	云南昆明	06A	064080146	张丽霞	女	白	云南巍山	06C
064080010	刘笑妤	女	汉	云南昆明	06A	064080147	官文琴	女	汉	云南巍山	06C
064080011	邹　丹	女	汉	云南昆明	06A	064080148	金智海	女	汉	云南永平	06C
064080012	王　超	男	汉	云南昆明	06A	064080149	董欣伟	男	白	云南剑川	06C
064080013	王　艳	女	汉		06A	064080150	赵亮兴	男	汉	云南保山	06C
064080014	郎盼盼	女	汉	云南宜良	06A	064080151	杨竹蕊	女	汉	云南保山	06C
064080015	许颜清	女	汉	云南宜良	06A	064080152	赵申灿	男	汉	云南腾冲	06C
064080016	孙树明	男	汉	云南昆明	06A	064080153	赵映清	女	汉	云南腾冲	06C
064080017	陈海鸿	女	彝		06A	064080154	姜吉宁	男	汉	云南腾冲	06C
064080018	赵立忠	男	汉	云南昆明	06A	064080155	鲁建臣	女	彝	云南昌宁	06C
064080019	安佳艳	女	彝	云南昆明	06A	064080156	李艳锦	女	汉	云南梁河	06C
064080020	姚艳军	男	汉		06A	064080157	罗生香	女	汉	云南盈江	06C
064080021	周建华	男	汉		06A	064080158	张　浩	男	汉	陕西	06C
064080022	耿　馨	女	彝	云南昭通	06A	064080159	何　媛	女	汉	陕西城固	06C
064080023	侯　琳	女	汉	云南曲靖	06A	064080161	万中荣	男	汉	江苏滨海	D 班
064080024	管　斌	男	汉	云南曲靖	06A	064080162	赵　元	男	汉	江苏淮安	D 班
064080025	方志伟	男	汉	云南陆良	06A	064080163	华敏芳	女	汉	浙江杭州	D 班
064080026	李学文	男	汉	云南陆良	06A	064080164	陈云兰	女	汉	福建	D 班
064080028	马　兰	女	回	云南玉溪	06A	064080166	谢文龙	男	汉	湖南	D 班
064080029	王　娜	女	汉	云南玉溪	06A	064080167	程　思	女	土家		D 班
064080030	白建国	男	傣	云南玉溪	06A	064080168	文媛媛	女	汉	云南昆明	D 班
064080031	鲁从湄	女	汉	云南弥勒	06A	064080169	赵圆圆	女	彝	云南昆明	D 班
064080032	冉金艳	女	傣	云南弥勒	06A	064080170	马黎娜	女	回	云南昆明	D 班
064080033	李全清	男	汉	云南昆明	06A	064080171	张少甫	男	汉	云南晋宁	D 班
064080034	刘仕芹	女	汉	云南普洱	06A	064080172	邹　敏	女	汉		D 班
064080036	华雪兰	女	汉	云南巍山	06A	064080173	李　帆	男	汉	云南嵩明	D 班
064080037	李晓周	男	汉		06A	064080174	李　晶	女	汉	云南嵩明	D 班
064080038	杨　莹	女	白	云南大理	06A	064080175	马应江	男	回		D 班
064080039	赵　翔	女	白	云南鹤庆	06A	064080176	杜升文	男	汉	云南巧家	D 班
064080040	董　婕	女	汉	云南隆阳	06A	064080177	李建斌	男	汉	云南曲靖	D 班
064080041	贺永仙	女	汉	云南隆阳	06A	064080178	夏选帅	男	汉	云南宣威	D 班
064080042	段达兴	男	汉	云南龙陵	06A	064080179	陈艳婷	女	汉	云南宣威	D 班
064080043	周晓芳	女	汉	云南丽江	06A	064080180	闻玉付	男	汉	云南宣威	D 班

续表

学号	姓名	性别	民族	籍贯	班级	学号	姓名	性别	民族	籍贯	班级
064080044	张天娇	女	回	云南凤庆	06A	064080181	安吉能	男	汉	云南宣威	D班
064080045	杨建兵	男	汉	甘肃天水	06A	064080182	王兴莲	女	汉	云南会泽	D班
064080046	令 彤	女	汉	云南武山	06A	064080183	吕 芳	女	汉	云南会泽	D班
064080047	李 睿	女	汉		06A	064080184	全丽坤	女	彝	云南姚安	D班
064080048	夏乐然	女	汉	甘肃张掖	061	064080185	李丽芬	女	彝	云南新平	D班
064080051	朱晓贺	女	汉	吉林松原	061	064080186	杨冬梅	女	汉	云南新平	D班
064080052	周 凯	男	汉	云南	061	064080187	张春梅	女	汉		D班
064080053	王璐丹	女	汉	浙江宁波	061	064080188	李华军	男	彝	云南砚山	D班
064080054	简明进	男	汉	福建南靖	061	064080189	杨翠莲	女	白	云南大理	D班
064080055	张 萍	女	汉			064080190	张洪伟	男	白	云南大理	D班
064080056	徐保强	女	汉	湖北孝感	061	064080191	罗桂兰	女	彝	云南祥云	D班
064080057	彭 磷	男	汉	湖南衡阳	061	064080192	张荫婧	女	汉	云南宾川	D班
064080058	罗方凯	男	汉	云南临武	061	064080193	杨 诚	男	汉	云南宾川	D班
064080059	王丽娇	女	汉	云南富民	061	064080194	周国锐	女	汉	云南宾川	D班
064080060	李 伟	男	汉	云南昆明	061	064080195	饶成光	男	彝	云南南涧	D班
064080061	杨志荣	男	汉	云南宜良	061	064080196	董如合	女	白	云南洱源	D班
064080062	李东芳	女	彝	云南宜良	061	064080197	赵映吉	女	白	云南剑川	D班
064080063	蒋成凤	女	彝	云南宜良	061	064080198	李彬芬	女	白	云南鹤庆	D班
064080064	李 彬	男	汉			064080199	杨建鑫	男	白	云南鹤庆	D班
064080065	马慧云	女	回			064080200	杨永关	男	白	云南保山	D班
064080066	程 振	男	汉	云南昭通	061	064080201	王晓云	女	汉	云南保山	D班
064080067	周跃佳	男	汉	云南曲靖	061	064080202	徐啟围	男	汉	云南保山	D班
064080068	张杨阳	女	汉	云南宣城	061	064080203	尹向帮	男	汉	云南腾冲	D班
064080069	蔡 錮	女	汉	云南宣城	061	064080204	杨珊珊	女	汉	云南腾冲	D班
064080070	杜卫坤	男	汉	云南宣城	061	064080205	董诗传	男	汉	云南腾冲	D班
064080071	赵 旭	男	汉	云南富源	061	064080206	汪 波	男	汉	云南昌宁	D班
064080072	陆石权	男	汉	云南师宗	061	064080207	周德春	男	汉		D班
064080073	陈 东	男	汉	云南师宗	061	064080208	和立程	男	纳西		D班
064080074	耿兴沛	男	汉	云南会泽	061	064080209	沙晓芳	女	彝	云南丽江	D班
064080075	高 晖	男	汉	云南玉溪	061	064080210	熊晓瑜	女	普米		D班
064080076	郭 佳	女	汉	云南玉溪	061	064080211	肯达友	男	傈僳	云南泸水	D班
064080077	艾 丽	女	汉	云南通海	061	064080212	罗清清	女	汉		D班
064080078	唐 俊	女	汉			064080213	孙 娇	女	汉	陕西	D班
064080079	李颖惠	女	汉	云南个旧	061	064080214	张 洋	男	汉	云南	D班
064080080	刘冲娅	女	汉	云南屏边	061	064080215	毛艺蓉	女	仡佬	云南	D班
064080081	白 雪	女	汉	云南开远	061	064080216	葛高兵	男	汉	江苏东海	064

续表

学号	姓名	性别	民族	籍贯	班级	学号	姓名	性别	民族	籍贯	班级
064080082	赵显超	男	汉	云南建水	061	064080217	周明理	男	汉	江苏	064
064080083	陈国灿	女	汉	云南石屏	061	064080218	许　京	女	汉	福建福州	064
064080084	李国庚	男	壮	云南文山	061	064080219	郑新炼	男	汉	福建大田	064
064080085	瞿选娟	女	汉	云南西畴	061	064080220	袁芷芸	女	汉	江西吉安	064
064080086	段　勋	男	汉	云南大理	061	064080221	黄小磊	男	汉	江西新余	064
064080088	周红香	女	彝			064080222	朱久超	男	汉	湖北江陵	064
064080089	桑永军	男	彝			064080223	贺　莎	女	苗		
064080090	和万香	女	白	云南剑川	061	064080224	李丹杨	女	白	云南昆明	064
064080091	李冠梅	女	白	云南剑川	061	064080225	杨　娟	女	汉	云南宜良	064
064080092	杨　滨	男	白	云南鹤庆	061	064080226	陈丽娇	女	汉	云南宜良	064
064080093	杨坐兹	女	白	云南保山	061	064080227	康　霞	女	汉	云南嵩明	064
064080094	屈生权	男	汉	云南腾冲	061	064080228	唐月丽	女	汉	云南嵩明	064
064080095	李川连	男	汉	云南腾冲	061	064080229	张学春	男	汉		
064080096	周成杰	男	汉	云南腾冲	061	064080230	陈　涛	女	汉	云南镇雄	064
064080097	刘常涛	男	汉	云南腾冲	061	064080231	邓凤群	女	汉	云南威信	064
064080098	钏助清	女	汉	云南腾冲	061	064080232	熊成艳	女	苗	云南威信	064
064080099	乔春娇	女	汉	云南	061	064080233	吴禹杰	男	汉	云南宣威	064
064080100	王绍兰	女	汉	云南丽江	061	064080234	陈　亮	男	汉	云南宣威	064
064080101	余树龙	男	傈僳			064080235	柴艳平	女	汉	云南宣威	064
064080102	李荟琴	女	彝	云南凤庆	061	064080236	徐永彦	女	汉	云南宣威	064
064080103	苟红珍	女	汉	云南临沧	061	064080237	杨继伟	男	汉	云南宣威	064
064080104	李　燕	女	汉	陕西	061	064080238	张利君	女	汉	云南宣威	064
064080105	高文花	女	白	云南泸水	061	064080239	陈茶花	女	汉	云南会泽	064
064080106	陈　亮	男	汉	吉林	06C	064080240	刘从建	男	汉	云南楚雄	064
064080107	刘春雪	女	汉	吉林	06C	064080241	寸建华	男	汉	云南禄丰	064
064080108	曹　阳	女	汉	吉林	06C	064080242	蒋　康	男	汉	云南玉溪	064
064080109	杨　艳	女	汉	浙江宁波	06C	064080243	郭春富	男	汉	云南玉溪	064
064080110	傅宇科	男	汉	浙江兰溪	06C	064080244	梁雪梅	女	汉	云南玉溪	064
064080111	唐　华	男	汉	湖北	06C	064080245	徐　圆	女	汉	云南江川	064
064080112	刘　明	女	汉	湖北仙桃	06C	064080246	郭丽娟	女	汉	云南澄江	064
064080113	胡　玥	女	汉	云南昆明	06C	064080247	张旭刚	男	汉		
064080114	陈　芳	女	彝	昆明东川	06C	064080248	张旭东	男	彝	云南石屏	064
064080115	杨　然	女	汉	云南宜良	06C	064080249	韩　娜	女	汉	云南弥勒	064
064080116	吴彦兵	男	汉	云南宜良	06C	064080250	张春香	女	彝	云南弥勒	064
064080117	李自超	男	汉	云南嵩明	06C	064080251	谢瑞彬	男	汉	云南泸西	064
064080118	李再祥	男	汉	云南昆明	06C	064080252	李惠娟	女	白	云南大理	064

续表

学号	姓名	性别	民族	籍贯	班级	学号	姓名	性别	民族	籍贯	班级
064080119	艾　磊	男	汉	云南镇雄	06C	064080253	李姣姣	女	白	云南大理	064
064080120	申时远	男	汉	云南镇雄	06C	064080254	张建宏	男	彝		
064080121	王茂竹	女	汉	云南威信	06C	064080255	李能清	男	汉	云南南涧	064
064080122	赵永修	男	汉	云南麒麟	06C	064080256	马孟华	男	汉	云南洱源	064
064080123	杨云波	男	汉	陕西西安	06C	064080257	霍俊松	男	汉	云南保山	064
064080124	刘　陈	男	汉	云南马龙	06C	064080258	刘朝茂	男	汉	云南腾冲	064
064080125	徐兴涛	男	汉	云南宣威	06C	064080259	番绍辉	男	汉	云南龙陵	064
064080126	郭汗保	男	汉	云南宣威	06C	064080260	封灵芳	女	汉	云南盈江	064
064080127	来　敏	女	汉	云南宣威	06C	064080261	宝秋国	男	汉	云南瑞丽	064
064080128	陈其胜	男	汉	云南罗平	06C	064080262	和雁飞	女	纳西		
064080129	鲍　磊	男	汉	云南楚雄	06C	064080263	刘　凤	女	汉	云南丽江	064
064080130	谢红珍	女	汉	云南楚雄	06C	064080264	刘晓娟	女	汉	云南丽江	064
064080131	谷　敏	女	汉	云南玉溪	06C	064080265	周伟军	男	白	云南泸水	064
064080132	杨　虹	女	汉	云南澄江	06C	064080266	华才波	男	傈僳	云南泸水	064
064080133	杨梓苒	女	哈尼	云南元江	06C	064080267	王莎莎	女	白		
064080134	杨红海	男	汉	云南弥勒	06C	064080268	冯宗红	女	汉	甘肃武威	064
064080135	孔令涛	男	汉	云南弥勒	06C	064110140	叶玉玲	女	汉		
064080136	杨　芳	女	汉	云南红河	06C						

2007 级数学与应用数学专业本科学生

学号	姓名	性别	民族	籍贯	班级	学号	姓名	性别	民族	籍贯	班级
074080001	杨　扬	女	汉	云南宜良	实验班 A	074080246	鲁建波	男	汉	云南大理	072
074080002	秦　娟	女	汉	云南嵩明	实验班 A	074080247	习志斌	男	彝	云南大理	072
074080003	卢丽娟	女	彝	云南禄劝	实验班 A	074080248	寸圣甫	男	白	云南大理	072
074080004	杨　丽	女	汉	云南禄劝	实验班 A	074080249	何　晨	女	白	云南大理	072
074080005	李炳华	女	汉	云南迪庆	实验班 A	074080250	洪朝旺	男	汉	云南大理	072
074080007	王显苍	男	汉	云南迪庆	实验班 A	074080251	陈一俊	男	汉	云南大理	072
074080008	李海涛	男	汉	云南迪庆	实验班 A	074080252	张会娇	女	汉	云南大理	072
074080009	夏　博	男	汉	云南迪庆	实验班 A	074080253	宋林梅	女	汉	云南洱源	072
074080010	吴江慧	女	汉	云南迪庆	实验班 A	074080254	毛圣泽	男	白	云南洱源	072
074080012	王石林	男	汉	云南师宗	实验班 A	074080255	周　洁	女	汉	云南保山	072
074080013	冯桂花	女	汉	云南师宗	实验班 A	074080256	吴建香	女	汉	云南保山	072
074080014	赵艳苹	女	汉	云南陆良	实验班 A	074080257	马怀蕊	女	汉	云南腾冲	072
074080015	王柱芬	女	汉	云南陆良	实验班 A	074080258	辛开清	女	汉	云南腾冲	072
074080016	陈国芹	女	彝	云南楚雄	实验班 A	074080259	杨金焕	女	汉	云南腾冲	072

续表

学号	姓名	性别	民族	籍贯	班级	学号	姓名	性别	民族	籍贯	班级
074080017	段显翠	女	汉	云南楚雄	实验班 A	074080260	尚正娇	女	汉	云南腾冲	072
074080018	张绍林	男	彝	云南姚安	实验班 A	074080261	李文金	男	汉	云南腾冲	072
074080019	吴平生	男	汉	云南姚安	实验班 A	074080262	周　青	女	汉	云南丽江	072
074080020	罗　丽	女	汉	云南	实验班 A	074080263	吴新晓	女	汉	云南临沧	072
074080021	张　艳	女	汉	云南通海	实验班 A	074080264	黎　韬	男	汉	云南昆明	072
074080022	陈振萍	女	汉	云南峨山	实验班 A	074080265	郑嘉谊	男	汉	广东汕头	072
074080023	李孟菊	女	彝	云南蒙自	实验班 A	074080301	董胜楠	女	汉	安徽阜阳	073
074080024	朱琼芳	女	汉	云南丘北	实验班 A	074080302	蒙素群	女	汉	广西	073
074080025	郭　骞	女	彝	云南景谷	实验班 A	074080303	李家锋	男	汉	广西	073
074080026	郑丽沙	女	汉	云南大理	实验班 A	074080304	郑　强	男	黎	海南	073
074080028	范茂婷	女	汉	云南大理	实验班 A	074080305	李　全	男	汉	河北唐山	073
074080029	赵艳梅	女	汉	云南大理	实验班 A	074080306	郭剑箫	男	汉	黑龙江	073
074080030	雷　蕾	女	汉	云南大理	实验班 A	074080307	蔡婧颉	女	满	黑龙江	073
074080031	刘红菊	女	汉	云南祥云	实验班 A	074080308	连　陆	男	汉	辽宁	073
074080032	魏晓丽	女	汉	云南祥云	实验班 A	074080309	李　夏	女	汉	山东淄博	073
074080033	王志鹏	男	汉	云南祥云	实验班 A	074080310	黄仕东	男	汉	四川	073
074080034	张晓霞	女	汉	云南祥云	实验班 A	074080311	冯慧瑶	女	汉	云南昆明	073
074080035	武丹桂	女	汉	云南宾川	实验班 A	074080312	王晓继	男	汉	云南呈贡	073
074080036	罗艳波	女	汉	云南宾川	实验班 A	074080313	李武祥	男	汉	云南宜良	073
074080037	李学芳	女	汉	云南弥渡	实验班 A	074080314	李应强	男	彝	云南禄劝	073
074080038	杨　杲	男	汉	云南弥渡	实验班 A	074080315	张文伟	男	彝	云南禄劝	073
074080039	黄希芬	女	汉	云南南涧	实验班 A	074080316	尹洪刚	男	汉	云南寻甸	073
074080040	赖永明	男	汉	云南巍山	实验班 A	074080317	邓　鹏	男	汉	云南昭通	073
074080041	熊金艳	女	汉	云南巍山	实验班 A	074080318	马丽坤	女	回	云南昭通	073
074080042	邱丽玲	女	彝	云南巍山	实验班 A	074080319	张峪瑜	女	汉	云南昭通	073
074080043	高云秀	女	白	云南剑川	实验班 A	074080320	杨丽玲	女	汉	云南曲靖	073
074080044	马晓佳	女	白	云南保山	实验班 A	074080321	庄慧玲	女	彝	云南曲靖	073
074080045	李红艳	女	汉	云南保山	实验班 A	074080322	王安林	男	汉	云南曲靖	073
074080046	刘晓京	女	汉	云南保山	实验班 A	074080323	冯　丽	女	汉	云南曲靖	073
074080047	杨庆梅	女	汉	云南腾冲	实验班 A	074080324	熊燕平	女	汉	云南曲靖	073
074080048	宋竹清	女	汉	云南保山	实验班 A	074080325	刘文芬	女	汉	云南会泽	073
074080049	张　泉	女	汉	云南保山	实验班 A	074080326	杨　奎	男	汉	云南曲靖	073
074080050	李劲东	男	汉	云南临沧	实验班 A	074080327	徐凤会	女	汉	云南楚雄	073
074080051	董有运	女	拉祜	云南临沧	实验班 A	074080328	骆贵华	女	彝	云南姚安	073

续表

学号	姓名	性别	民族	籍贯	班级	学号	姓名	性别	民族	籍贯	班级
074080052	陈巧玲	女	汉	云南临沧	实验班 A	074080329	潘　飞	男	汉	云南禄丰	073
074080101	梁　霄	女	汉	安徽合肥	071	074080330	马大钊	男	回	云南玉溪	073
074080102	陈国凯	男	汉	安徽	071	074080332	祁小娟	女	彝	云南玉溪	073
074080103	程伯炉	男	汉	海南海口	071	074080333	钱永萍	女	汉	云南玉溪	073
074080104	彭欣欣	女	汉	海南	071	074080334	徐凡清	女	汉	云南玉溪	073
074080105	王　策	女	汉	河北石家庄	071	074080335	刘月东	男	汉	云南玉溪	073
074080106	郭　贺	女	汉	辽宁	071	074080336	陈　飞	男	傣	云南玉溪	073
074080107	王雪楠	男	汉	辽宁	071	074080337	杨霖媛	女	傣	云南玉溪	073
074080108	朱　红	女	汉	山东德州	071	074080338	李　仙	女	壮	云南蒙自	073
074080109	王世云	男	汉	山东	071	074080339	刘　娅	女	汉	云南蒙自	073
074080110	耿成丽	女	汉	云南宜良	071	074080340	唐爱玲	女	汉	云南弥勒	073
074080111	钱晓玉	女	汉	云南宜良	071	074080341	张　琼	女	彝	云南丘北	073
074080112	李丽娟	女	汉	云南宜良	071	074080342	陈荣玻	男	汉	云南广南	073
074080113	杨永娥	女	汉	云南宜良	071	074080343	郭　蓉	女	傣	云南普洱	073
074080114	汤　敏	男	汉	云南嵩明	071	074080344	王　敏	女	白	云南大理	073
074080115	张　军	男	汉	云南禄劝	071	074080345	李荣智	男	彝	云南大理	073
074080116	刘永艳	女	彝	云南禄劝	071	074080346	李建坤	男	白	云南大理	073
074080117	撒义克	男	回	云南昭通	071	074080347	张树岗	男	白	云南大理	073
074080118	赵祖平	女	汉	云南镇雄	071	074080348	杨寿芳	男	白	云南大理	073
074080119	韩光敏	女	汉	云南昭通	071	074080349	俞　蓉	女	汉	云南祥云	073
074080120	王　玲	女	汉	云南昭通	071	074080350	李培东	男	汉	云南祥云	073
074080121	全卫兵	男	汉	云南镇雄	071	074080351	赵长城	男	白	云南宾川	073
074080122	李青柏	男	汉	云南彝良	071	074080352	黄会云	女	汉	云南宾川	073
074080124	李　锐	男	汉	云南曲靖	071	074080353	杨文基	男	汉	云南洱源	073
074080125	何留意	男	彝	云南曲靖	071	074080354	陈志荣	男	汉	云南洱源	073
074080126	付瑞霞	女	汉	云南曲靖	071	074080355	刘金柱	男	白	云南剑川	073
074080127	杨　霞	女	汉	云南曲靖	071	074080356	甘海珍	女	白	云南剑川	073
074080128	陈本川	男	汉	云南会泽	071	074080357	李金凤	女	白	云南鹤庆	073
074080129	胡会芝	女	彝	云南楚雄	071	074080358	赵洪玲	女	汉	云南保山	073
074080130	李文丽	女	汉	云南楚雄	071	074080359	张美林	女	汉	云南腾冲	073
074080131	李　涛	女	汉	云南武定	071	074080360	樊兴向	男	汉	云南腾冲	073
074080132	李凌娜	女	汉	云南禄丰	071	074080361	蔡硕礼	男	汉	云南腾冲	073
074080133	胡志平	男	汉	云南	071	074080362	卢启勇	男	汉	云南保山	073

续表

学号	姓名	性别	民族	籍贯	班级	学号	姓名	性别	民族	籍贯	班级
074080134	谢　超	男	汉	云南	071	074080363	赵　娜	女	彝	云南	073
074080135	白寿升	男	汉	云南	071	074080364	田志龙	男	汉	广东珠海	073
074080136	姚文霞	女	汉	云南江川	071	064130011	李　娜	女	汉	云南昆明	074
074080137	黄　进	男	汉	云南江川	071	064130025	唐　宇	女	汉	云南会泽	074
074080138	马美芳	女	回	云南弥勒	071	074080401	张静静	女	汉	安徽	074
074080139	王永胜	男	彝	云南弥勒	071	074080402	詹　佳	女	汉	广西梧州	074
074080140	茹晓梅	女	彝	云南普洱	071	074080403	覃丽萍	女	汉	广西	074
074080141	熊国林	男	哈尼	云南墨江	071	074080404	刘绍楠	男	汉	河北邯郸	074
074080142	王文波	男	彝	云南大理	071	074080405	和鹏飞	男	汉	河北	074
074080143	李　臣	男	汉	云南祥云	071	074080406	孙　伟	男	汉	黑龙江	074
074080144	赵　杰	女	白	云南大理	071	074080407	郭雅冰	女	汉	黑龙江	074
074080145	杨叶龙	男	白	云南大理	071	074080408	张宁宁	男	汉	山东	074
074080146	苏　霞	女	白	云南大理	071	074080409	顾　艳	女	汉	四川德阳	074
074080147	环　莉	女	汉	云南祥云	071	074080410	陈　宁	女	汉	四川广元	074
074080148	倪　洁	女	汉	云南祥云	071	074080411	赵勇波	男	汉	云南昆明	074
074080149	杨　武	男	彝	云南巍山	071	074080412	董建猛	男	汉	云南晋宁	074
074080150	谢绍星	男	汉	云南巍山	071	074080413	汤保琼	女	汉	云南宜良	074
074080151	刘红英	女	白	云南剑川	071	074080414	付红良	男	汉	云南石林	074
074080152	韩云凤	女	彝	云南保山	071	074080415	毕洁霞	女	彝	云南石林	074
074080153	赵松昆	男	汉	云南保山	071	074080416	樊思佳	女	汉	云南禄劝	074
074080154	董诗朝	男	汉	云南腾冲	071	074080417	缪基旭	男	汉	云南禄劝	074
074080155	李艳华	女	汉	云南丽江	071	074080418	马举飞	女	回	云南寻甸	074
074080156	胡文凤	女	汉	云南丽江	071	074080419	曾国云	男	汉	云南昭通	074
074080157	杨永梅	女	汉	云南丽江	071	074080420	梅再军	男	汉	云南昭通	074
074080158	杨建彬	男	汉	云南丽江	071	074080422	张素芬	女	汉	云南曲靖	074
074080159	李林静	女	怒	云南泸水	071	074080423	何　萍	女	汉	云南曲靖	074
074080160	张何杨	男	白	云南泸水	071	074080424	夏锐琴	女	汉	云南曲靖	074
074080161	和　梦	女	纳西	云南维西	071	074080425	晏庆华	女	汉	云南曲靖	074
074080162	李佐天	男	彝	云南临沧	071	074080426	符　俊	男	汉	云南曲靖	074
074080163	胡代忍	男	彝	云南文山	071	074080427	孙秀芬	女	汉	云南曲靖	074
074080164	赖文霞	女	汉	广东	071	074080428	樊加虎	男	汉	云南曲靖	074
074080165	陈少红	女	汉	广东	071	074080429	罗玉兰	女	汉	云南会泽	074
074080201	顾文丽	女	汉	安徽淮南	072	074080430	金发权	男	汉	云南会泽	074

续表

学号	姓名	性别	民族	籍贯	班级	学号	姓名	性别	民族	籍贯	班级
074080202	韦海莫	女	壮	广西柳江	072	074080431	陈琼惠	女	汉	云南会泽	074
074080203	叶理妹	女	汉	海南海口	072	074080432	杨忠文	男	汉	云南楚雄	074
074080204	陈景曼	女	汉	海南	072	074080433	任鹏翔	男	汉	云南楚雄	074
074080206	李　静	女	汉	黑龙江	072	074080434	李娅丽	女	汉	云南姚安	074
074080208	王　丹	女	汉	辽宁	072	074080435	李俊龙	男	汉	云南江川	074
074080209	周　楠	男	汉	山东济宁	072	074080436	杨文俊	男	汉	云南江川	074
074080210	王海茗	男	汉	四川	072	074080437	朱文彪	男	汉	云南玉溪	074
074080211	温余容	女	汉	四川	072	074080438	鲁　芳	女	彝	云南巍山	074
074080212	李发林	男	汉	云南昆明	072	074080439	蒋云梅	女	汉	云南蒙自	074
074080214	潘　娜	女	汉	云南昆明	072	074080440	平　江	女	彝	云南蒙自	074
074080215	李加飞	女	彝	云南富民	072	074080441	李　跃	男	傣	云南弥勒	074
074080216	毕红娟	女	彝	云南石林	072	074080442	赵永聪	男	汉	云南泸西	074
074080217	范文霞	女	汉	云南嵩明	072	074080443	王昌艳	女	哈尼	云南景东	074
074080218	李耀伟	男	汉	云南禄劝	072	074080444	罗　靖	男	彝	云南景东	074
074080219	张昌龙	男	汉	云南昭通	072	074080445	赵纯鹏	男	白	云南大理	074
074080220	赵选芳	女	汉	云南昭通	072	074080446	李七康	男	白	云南大理	074
074080221	杨玉娇	女	汉	云南昭通	072	074080447	杨旭娟	女	白	云南大理	074
074080222	季英华	男	汉	云南威信	072	074080448	宁显华	男	汉	云南大理	074
074080223	尹光莉	女	彝	云南会泽	072	074080449	刘红琴	女	汉	云南大理	074
074080225	向真仙	女	汉	云南曲靖	072	074080450	汪绍丽	女	汉	云南祥云	074
074080226	史雪梦	女	汉	云南曲靖	072	074080451	顾　娜	女	汉	云南祥云	074
074080227	黄　斌	男	汉	云南曲靖	072	074080452	李治平	男	汉	云南祥云	074
074080229	胡先锋	男	汉	云南曲靖	072	074080453	李　婷	女	汉	云南宾川	074
074080230	李　成	男	汉	云南师宗	072	074080454	子玉娟	女	彝	云南鹤庆	074
074080231	陈思瑾	女	汉	云南陆良	072	074080455	杨彦芬	女	白	云南鹤庆	074
074080232	王发贵	男	汉	云南会泽	072	074080456	赵　丹	女	汉	云南保山	074
074080233	王必光	男	汉	云南楚雄	072	074080457	何　博	男	白	云南腾冲	074
074080234	唐学华	男	汉	云南武定	072	074080458	王训超	男	汉	云南腾冲	074
074080235	普生福	男	彝	云南	072	074080459	刘丽榕	女	汉	云南腾冲	074
074080236	张永平	男	汉	云南通海	072	074080460	倪　巧	女	汉	云南腾冲	074
074080237	崇　高	女	汉	云南通海	072	074080461	于海宏	男	彝	云南保山	074
074080238	王春宏	男	汉	云南峨山	072	074080462	罗祥管	男	汉	云南德宏	074

续表

学号	姓名	性别	民族	籍贯	班级	学号	姓名	性别	民族	籍贯	班级
074080239	钱永康	男	汉	云南峨山	072	074080463	李健荣	男	汉	广东韶关	074
074080240	代云芳	女	汉	云南峨山	072	074080463	李健荣	男	汉	云南昆明	074
074080241	李馥妃	女	彝	云南个旧	072	074100154	彭　放	男	汉	云南昆明	072
074080242	杨翠玲	女	彝	云南弥勒	072	074160011	王玉珏	女	汉		072
074080243	唐艳兰	女	彝	云南文山	072	074080207	张　薇				072
074080244	袁万林	男	汉	云南马关	072	074080228	朱法雨				072
074080245	和丽红	女	纳西	云南大理	072						

2008级数学与应用数学专业本科生

学号	姓名	性别	民族	籍贯	班级	学号	姓名	性别	民族	籍贯	班级
074080006	梅翠红	女	汉	云南曲靖	实验班	084080242	念永昆	男	汉	云南师宗	数学 082
084080001	蔡丽香	女	汉	云南丽江	实验班	084080243	平荣富	男	汉	云南曲靖	数学 082
084080002	查陶泽汉	男	彝	云南	实验班	084080244	邱向东	男	汉	云南大理	数学 082
084080003	陈　超	男	白	云南南涧	实验班	084080245	任　艳	女	汉	甘肃张掖	数学 082
084080004	陈　芳	女	汉	云南曲靖	实验班	084080246	沈　霄	女	汉	云南宣威	数学 082
084080005	陈元平	男	汉	海南	实验班	084080247	谭夏康	男	汉	云南会泽	数学 082
084080006	程本权	男	汉	云南宣威	实验班	084080248	陶华平	女	汉	云南玉溪	数学 082
084080008	代新梅	女	白	云南大理	实验班	084080249	王东艳	女	汉	云南保山	数学 082
084080009	邓雅文	女	汉	山东烟台	实验班	084080250	王凤燕	女	汉	海南三亚	数学 082
084080010	国芝献	男	汉	云南昭通	实验班	084080251	王希希	女	汉	云南	数学 082
084080011	何　佑	男	汉	云南曲靖	实验班	084080252	王印奎	男	汉	云南会泽	数学 082
084080012	胡璐思	女	汉	浙江温州	实验班	084080253	魏　娜	女	汉	云南陆良	数学 082
084080013	胡　月	女	汉	云南大理	实验班	084080254	吴传宝	男	汉	云南镇雄	数学 082
084080014	蒋　芬	女	彝	云南文山	实验班	084080255	吴雪梅	女	汉	云南保山	数学 082
084080015	解道勇	男	汉	云南曲靖	实验班	084080256	辛华云	女	汉	云南宾川	数学 082
084080016	孔聪聪	女	汉	山东滨州	实验班	084080257	熊建伟	男	汉		数学 082
084080017	李德辉	男	汉	云南大理	实验班	084080258	徐荣艳	女	汉	云南曲靖	数学 082
084080018	李　芹	女	汉	云南楚雄	实验班	084080259	许开伟	男	汉	四川	数学 082
084080019	李　瑞	女	汉	云南玉溪	实验班	084080260	许思燕	女	汉	云南昆明	数学 082
084080020	李双飞	男	汉	云南富源	实验班	084080261	杨红娟	女	汉	云南保山	数学 082
084080021	李子冬	女	汉	云南临沧	实验班	084080262	杨　琳	女	汉	云南大理	数学 082
084080022	刘晓珍	女	汉	云南宾川	实验班	084080263	杨　曼	女	回	云南昭通	数学 082
084080023	鲁惠菊	女	汉	云南昆明	实验班	084080264	尹月娇	女	汉	云南腾冲	数学 082
084080025	罗　文	女	汉	云南昆明	实验班	084080265	余艳婷	女	汉	云南昆明	数学 082
084080026	马仁有	男	回	云南昆明	实验班	084080266	袁　青	女	白	云南大理	数学 082

续表

学号	姓名	性别	民族	籍贯	班级	学号	姓名	性别	民族	籍贯	班级
084080027	马　瑞	女	回	云南昭通	实验班	084080267	张国轩	男	汉	云南保山	数学 082
084080028	马雪兵	男	汉	云南楚雄	实验班	084080268	张仁攀	男	白	云南泸西	数学 082
084080029	缪坤和	男	汉	云南宣威	实验班	084080269	张艳菊	女	汉	云南大理	数学 082
084080030	牛丽薇	女	汉	安徽	实验班	084080270	章雅妮	女	汉	浙江杭州	数学 082
084080031	欧阳姣	女	汉	云南保山	实验班	084080271	赵敬兰	女	土家	四川眉山	数学 082
084080032	乔　波	男	汉	云南会泽	实验班	084080272	郑桥远	男	汉	云南昭通	数学 082
084080033	秦国涛	男	汉	云南文山	实验班	084080301	柏　兵	男	汉	四川广安	数学 083
084080034	容爱华	女	汉	云南曲靖	实验班	084080302	包冬冬	女	蒙古	内蒙古	数学 083
084080035	沈俊飞	男	汉	云南曲靖	实验班	084080303	边慧敏	女	蒙古	内蒙古	数学 083
084080036	舒丽芬	女	汉	云南腾冲	实验班	084080304	蔡美红	女	汉	云南	数学 083
084080037	宋克伟	男	汉	云南楚雄	实验班	084080305	车一航	男	汉	陕西宝鸡	数学 083
084080038	孙燕红	女	汉	安徽	实验班	084080306	陈晓东	男	汉	云南寻甸	数学 083
084080039	覃顺燕	女	汉	云南玉溪	实验班	084080307	崔艺瑞	女	汉	云南富源	数学 083
084080041	王山林	男	汉	云南陆良	实验班	084080308	代顺亮	男	汉	云南寻甸	数学 083
084080042	吴建雄	男	汉	云南曲靖	实验班	084080309	董明雨	女	汉	云南昭通	数学 083
084080043	吴雪丽	女	汉	云南陆良	实验班	084080310	范庆领	男	汉	云南	数学 083
084080044	胥　娟	女	汉	云南曲靖	实验班	084080311	冯成方	男	汉	云南腾冲	数学 083
084080045	徐道选	男	汉	云南会泽	实验班	084080312	高　敏	女	汉	云南嵩明	数学 083
084080046	徐德鑫	男	汉	山东寿光	实验班	084080313	郝　芸	女	汉	云南玉溪	数学 083
084080047	徐茂松	女	汉	云南宣威	实验班	084080314	何丽春	男	汉	云南武定	数学 083
084080048	徐珊威	男	汉	云南建水	实验班	084080315	和建伟	男	白	云南	数学 083
084080049	徐小双	男	汉	山东枣庄	实验班	084080316	和文权	男	纳西	云南丽江	数学 083
084080050	许菊莉	女	汉	海南	实验班	084080317	侯成顺	男	汉	云南昭通	数学 083
084080051	杨红飞	男	傈僳	云南泸水	实验班	084080318	黄艳彩	女	汉	云南	数学 083
084080052	杨　娜	女	汉	云南施甸	实验班	084080319	李春顺	女	汉		数学 083
084080053	杨晓东	男	彝	云南丽江	实验班	084080320	李海军	男	汉	云南	数学 083
084080054	杨新芬	女	汉	云南保山	实验班	084080321	李伸聪	男	汉	云南镇雄	数学 083
084080055	杨志芬	女	白	云南大理	实验班	084080322	李欣萍	女	汉	云南宜良	数学 083
084080056	杨治兰	女	汉	云南保山	实验班	084080323	李智涛	男	汉	云南砚山	数学 083
084080058	张艳玲	女	汉	云南宣威	实验班	084080324	廖　艳	女	汉	云南江川	数学 083
084080059	张　月	女	汉	云南大理	实验班	084080325	刘　斌	男	汉	云南宾川	数学 083
084080060	赵峰兰	女	白	云南大理	实验班	084080326	刘建东	男	汉	云南腾冲	数学 083
084080061	赵慧远	女	白	云南大理	实验班	084080327	刘建坤	男	汉	云南	数学 083
084080062	赵芮敏	男	汉	云南昭通	实验班	084080328	刘　珂	女	汉	云南昆明	数学 083
084080063	赵晓芳	女	汉	云南保山	实验班	084080331	刘　毅	女	回	云南永善	数学 083
084080064	周妮蔓	女	汉	云南丽江	实验班	084080333	陆爱娟	女	汉	云南	数学 083

续表

学号	姓名	性别	民族	籍贯	班级	学号	姓名	性别	民族	籍贯	班级
084080065	周先波	男	汉	云南绥江	实验班	084080334	陆艳娥	女	汉	云南宣威	数学 083
084080138	孙英特	男	汉	安徽合肥	实验班	084080335	罗春梅	女	彝	云南巍山	数学 083
084080273	潘雅婷	女	白	云南个旧	实验班	084080336	马秀云	女	回	云南昭通	数学 083
084080101	边　香	女	汉	陕西宝鸡	数学 081	084080337	缪国瑞	男	汉	云南曲靖	数学 083
084080102	陈海燕	女	汉	云南师宗	数学 081	084080338	宁显娟	女	汉	云南	数学 083
084080103	陈素梅	女	汉	云南	数学 081	084080339	普宇燕	女	彝	云南	数学 083
084080104	陈晓芬	女	汉	云南祥云	数学 081	084080340	秦恒俊	男	汉	云南曲靖	数学 083
084080105	褚平均	男	傈僳	云南兰坪	数学 081	084080341	全并超	男	汉	海南	数学 083
084080106	董　政	男	汉	云南楚雄	数学 081	084080342	饶自爱	女	汉	云南	数学 083
084080107	段茂珍	女	彝	云南昌宁	数学 081	084080343	阮　丽	女	汉	云南	数学 083
084080108	何福学	男	汉	云南富源	数学 081	084080344	撒　涛	男	回	云南	数学 083
084080109	胡　丹	女	汉	浙江	数学 081	084080345	申怀明	男	汉	云南	数学 083
084080110	胡文才	男	汉	云南师宗	数学 081	084080346	孙思娴	女	汉	陕西	数学 083
084080111	蒋建美	女	汉	云南洱源	数学 081	084080347	孙有盛	男	汉	云南大理	数学 083
084080112	黎春艳	女	汉	云南元江	数学 081	084080348	田　婷	女	佤	云南临沧	数学 083
084080113	李　斌	男	汉	云南罗平	数学 081	084080349	王成兴	男	汉	云南	数学 083
084080114	李怀琼	女	汉	云南会泽	数学 081	084080350	王迪健	女	汉	云南	数学 083
084080116	李　艳	女	彝	云南昆明	数学 081	084080351	王国春	男	汉	云南弥勒	数学 083
084080117	李有金	男	汉	云南德宏	数学 081	084080352	王宗艳	女	彝	云南景东	数学 083
084080118	李玉凤	女	汉	云南弥勒	数学 081	084080353	吴朝琴	女	汉	云南	数学 083
084080119	梁燕芬	女	汉	云南宜良	数学 081	084080354	项永香	女	苗	云南	数学 083
084080120	林　娟	女	汉	海南	数学 081	084080355	邢连卫	男	汉	云南	数学 083
084080121	刘凤娥	女	汉	甘肃	数学 081	084080356	徐体仙	女	汉	云南	数学 083
084080122	刘　俊	男	汉	云南	数学 081	084080357	杨桂秀	女	汉	云南	数学 083
084080123	刘世正	男	汉	云南昭通	数学 081	084080358	杨钬香	女	白	云南丽江	数学 083
084080124	龙　军	男	彝	云南曲靖	数学 081	084080359	杨丽梅	女	汉	云南	数学 083
084080125	陆　恋	女	彝	云南蒙自	数学 081	084080360	杨丽莎	女	汉	云南建水	数学 083
084080126	罗　春	男	汉	云南楚雄	数学 081	084080361	杨晓明	男	汉	云南	数学 083
084080127	罗琼娇	女	汉	云南	数学 081	084080362	杨新存	女	汉	云南	数学 083
084080128	罗晓娟	女	傣	云南景谷	数学 081	084080363	尹　波	男	汉	云南富源	数学 083
084080129	罗　娅	女	彝	云南丽江	数学 081	084080364	余晓溪	女	汉	云南威信	数学 083
084080130	马贵平	女	回	云南腾冲	数学 081	084080365	张　洁	女	汉	云南昆明	数学 083
084080131	马　娟	女	汉	云南曲靖	数学 081	084080366	张　薇	女	汉	云南	数学 083
084080132	彭　宇	男	彝	云南	数学 081	084080367	张文美	女	汉	云南	数学 083
084080133	蒲建良	男	汉	四川德阳	数学 081	084080368	张　宇	女	汉	吉林	数学 083
084080134	普　媛	女	汉	云南江川	数学 081	084080369	赵　鉴	男	白	云南丽江	数学 083

续表

学号	姓名	性别	民族	籍贯	班级	学号	姓名	性别	民族	籍贯	班级
084080135	史文俊	女	汉	云南石屏	数学 081	084080370	赵江滨	男	汉	浙江金华	数学 083
084080136	苏　通	男	汉	云南昆明	数学 081	084080371	祖廷分	女	汉	云南	数学 083
084080137	孙　文	男	汉	山东烟台	数学 081	084080372	杨丽琴	女	白	云南	数学 083
084080139	谭　琼	女	汉	云南会泽	数学 081	084080401	白云丽	女	汉	内蒙古	数学 084
084080140	陶　菲	女	汉	云南宣威	数学 081	084080402	包凤琳	女	汉	云南宣威	数学 084
084080141	童玉琼	女	彝	云南玉溪	数学 081	084080403	陈劲勇	男	汉	云南丽江	数学 084
084080142	王文佳	男	白	云南	数学 081	084080404	陈　齐	女	汉	云南大理	数学 084
084080143	王艳华	女	汉	云南龙陵	数学 081	084080405	陈　甜	女	白	云南大理	数学 084
084080144	吴孟迭	女	汉	云南宣威	数学 081	084080406	戴　骥	男	白	云南大理	数学 084
084080145	吴　玉	女	汉	云南曲靖	数学 081	084080407	邓礼燕	女	汉	云南文山	数学 084
084080146	熊俊秀	女	汉	云南巍山	数学 081	084080408	董　丽	女	彝	云南	数学 084
084080147	严永红	男	水	云南曲靖	数学 081	084080409	段玺瑶	女	白	云南大理	数学 084
084080148	杨翠兰	女	白	云南剑川	数学 081	084080410	范彧亚	女	汉	山东即墨	数学 084
084080149	杨　恒	男	汉	云南	数学 081	084080411	方春霞	女	汉	云南曲靖	数学 084
084080150	杨丽猜	女	汉	云南宣威	数学 081	084080412	顾甜甜	女	汉	云南陆良	数学 084
084080151	杨丽花	女	汉	云南马龙	数学 081	084080414	郭保仲	男	汉	云南曲靖	数学 084
084080152	杨　猛	男	汉	云南宣威	数学 081	084080415	何昌荣	男	汉	云南嵩明	数学 084
084080153	杨芮甫	男	蒙古	云南丽江	数学 081	084080416	何丹丹	女	壮	云南富宁	数学 084
084080154	杨绍军	男	汉	云南禄丰	数学 081	084080417	何吉良	男	汉	云南会泽	数学 084
084080155	尹　凤	女	汉	云南富源	数学 081	084080418	何绍霞	女	汉	云南丽江	数学 084
084080156	禹丽芹	女	汉	云南弥渡	数学 081	084080419	胡瑞强	男	汉	云南曲靖	数学 084
084080157	翟乾志	男	汉	吉林	数学 081	084080420	胡　烨	女	汉	云南昭通	数学 084
084080158	翟　燕	女	汉	云南昆明	数学 081	084080421	金育琼	女	汉	云南大理	数学 084
084080159	张连丽	女	汉	云南保山	数学 081	084080422	孔维荣	男	汉	云南昭通	数学 084
084080160	张　荣	男	汉	云南楚雄	数学 081	084080423	李本泽	男	白	云南剑川	数学 084
084080161	张正膘	男	汉	云南砚山	数学 081	084080424	李璧涛	男	汉	云南腾冲	数学 084
084080162	张智贤	男	白	云南兰坪	数学 081	084080425	李宏仙	女	彝	云南石屏	数学 084
084080163	赵敬平	男	汉	云南昭通	数学 081	084080426	李明孔	男	汉	云南富源	数学 084
084080164	赵玉桃	男	白	云楠大理	数学 081	084080427	李　平	女	彝	云南姚安	数学 084
084080165	赵柱连	女	汉	云南寻甸	数学 081	084080428	李秋红	女	汉	云南楚雄	数学 084
084080166	周华仙	女	汉	云南师宗	数学 081	084080429	林　涛	男	汉	浙江宁波	数学 084
084080167	周建波	男	汉	云南	数学 081	084080430	刘　朵	女	汉	陕西西安	数学 084
084080168	周荣希	男	汉	云南会泽	数学 081	084080431	刘洪秀	女	汉	云南	数学 084
084080169	周焰山	女	汉	云南宣威	数学 081	084080432	刘　明	男	汉	云南兰坪	数学 084
084080170	朱培滔	男	汉	云南会泽	数学 081	084080433	刘　星	男	汉	云南永善	数学 084
084080171	追玛取次	女	藏	云南德钦	数学 081	084080434	刘宗泰	男	汉	甘肃	数学 084

续表

学号	姓名	性别	民族	籍贯	班级	学号	姓名	性别	民族	籍贯	班级
084080172	字银月	女	白	云南大理	数学 081	084080435	龙德涛	男	汉	云南腾冲	数学 084
084080173	叶玉涛	男	汉	云南嵩明	数学 081	084080436	罗　艳	女	汉	云南祥云	数学 084
074120233	刘知音	女	汉	云南勐腊	数学 081	084080437	罗增娇	女	汉	云南曲靖	数学 084
084080201	蔡　菲	男	汉	云南玉溪	数学 082	084080438	马　菠	男	苗	云南昆明	数学 084
084080202	陈现鹏	男	汉	云南水富	数学 082	084080439	毛会琼	女	汉	云南曲靖	数学 084
084080203	刀学明	男	佤	云南临沧	数学 082	084080440	宁鹏艳	女	汉	云南宣威	数学 084
084080204	丁国雪	女	汉	云南保山	数学 082	084080441	彭永梅	女	汉	云南昭通	数学 084
084080205	丁伟萍	男	汉	云南富源	数学 082	084080442	普梅翠	女	彝	云南	数学 084
084080206	董玉发	男	汉	云南临沧	数学 082	084080443	师灿东	男	汉	云南弥渡	数学 084
084080207	段永杰	男	哈尼	云南玉溪	数学 082	084080444	苏文月	男	汉	云南保山	数学 084
084080208	樊福玲	女	汉	云南宣威	数学 082	084080445	孙朝鹏	男	汉	云南会泽	数学 084
084080209	樊永梅	女	回	云南楚雄	数学 082	084080446	孙萍霞	女	汉	甘肃	数学 084
084080210	甫学早	男	汉	云南保山	数学 082	084080447	陶云南	女	汉	四川内江	数学 084
084080211	何加磊	男	彝	云南普洱	数学 082	084080448	王彩飞	女	汉	云南曲靖	数学 084
084080212	何　柱	男	汉	云南昆明	数学 082	084080449	王　芳	女	汉	云南曲靖	数学 084
084080213	和伟海	男	傈僳		数学 082	084080450	王学明	男	汉	吉林	数学 084
084080214	胡卫富	男	汉	云南文山	数学 082	084080451	韦功胜	男	汉	云南广南	数学 084
084080215	黄金连	女	汉	云南曲靖	数学 082	084080452	温莉莉	女	汉	安徽肥东	数学 084
084080216	吉丽平	女	白	云南大理	数学 082	084080453	武秋菊	女	汉	云南威信	数学 084
084080217	江小敏	男	汉	安徽安庆	数学 082	084080454	谢嗣颖	女	彝	云南文山	数学 084
084080218	雷　丹	女	汉	云南曲靖	数学 082	084080455	杨　彬	男	白	云南瑞丽	数学 084
084080219	黎玉荟	女	汉	云南曲靖	数学 082	084080456	杨才立	男	白	云南大理	数学 084
084080220	李国庆	女	彝	云南临沧	数学 082	084080457	杨　贡	男	汉	云南昭通	数学 084
084080221	李继业	男	汉	内蒙古	数学 082	084080458	杨秀男	男	汉	云南宾川	数学 084
084080222	李　莲	女	汉	云南罗平	数学 082	084080459	杨玉冉	女	汉	云南华宁	数学 084
084080223	李庆玉	女	白	云南剑川	数学 082	084080460	易凤婷	女	汉	云南	数学 084
084080224	李文红	男	汉	云南祥云	数学 082	084080461	张桂娇	女	汉	云南祥云	数学 084
084080225	李文兴	男	汉	云南大理	数学 082	084080462	张　倩	女	汉	云南石屏	数学 084
084080226	李　仙	女	汉	云南曲靖	数学 082	084080463	张艳华	女	汉	云南昆明	数学 084
084080227	李越红	女	彝		数学 082	084080464	赵关福	男	布朗	云南昌宁	数学 084
084080228	李云芸	女	汉	云南昆明	数学 082	084080465	赵佳华	男	汉	云南禄丰	数学 084
084080229	李子嘉	女	汉	黑龙江	数学 082	084080466	赵婧芳	女	白	云南剑川	数学 084
084080230	刘丽娟	女	汉	云南大理	数学 082	084080467	郑　毅	男	汉	云南	数学 084
084080231	刘仁浪	女	汉	云南昭通	数学 082	084080468	钟园秋	女	汉	云南龙陵	数学 084
084080232	刘　甜	男	汉	陕西商洛	数学 082	084080469	周进平	男	汉	云南丘北	数学 084
084080233	刘雪娟	女	汉	云南会泽	数学 082	084080470	朱丽萍	女	汉	云南会泽	数学 084

续表

学号	姓名	性别	民族	籍贯	班级	学号	姓名	性别	民族	籍贯	班级
084080234	卢华贤	男	汉	云南鲁甸	数学 082	084080471	祝砚鑫	男	汉	云南	数学 084
084080235	鲁　鹏	男	彝	云南禄丰	数学 082	084080472	朱春媚	女	白	云南兰坪	数学 084
084080236	陆　正	男	汉	云南宣威	数学 082	084090167	蔡丽娟	女	汉		数学 083
084080237	罗兰英	女	白	云南临沧	数学 082	084090355	孙　睿	男	汉	云南昆明	数学 081
084080238	罗映斌	男	彝	云南临沧	数学 082	084100055	姚秀娟	女	汉	云南巍山	数学 083
084080239	毛艳飞	女	汉	云南腾冲	数学 082	084100201	茶晓东	男	彝		数学 083
084080240	孟　灵	女	汉	吉林抚松	数学 082	084120061	李从原	男	汉	云南昆明	数学 081
084080241	牟伟胜	男	汉	甘肃定西	数学 082						

2009 级数学与应用数学专业本科学生

学号	姓名	民族	性别	班级	籍贯	学号	姓名	民族	性别	班级	籍贯
094080001	陈陆换	彝	女	09A	云南丘北	094080219	平学茂	傣	男	09C	云南
094080002	陈贞贞	汉	女	09A	山东	094080220	祁映龙	汉	男	09C	云南
094080003	邓礼慧	汉	女	09A	云南曲靖	094080221	秦朝娇	汉	女	09C	云南
094080004	邓伟平	汉	男	09A	云南宾川	094080222	沈茂竹	汉	女	09C	云南个旧
094080005	段连泽	布依	男	09A	云南	094080223	施云梅	汉	女	09C	云南泸西
094080006	段联青	汉	女	09A	云南施甸	094080225	孙良玮	回	女	09C	云南昆明
094080007	凡加云	汉	男	09A	云南	094080226	孙先强	汉	男	09C	云南麻栗坡
094080008	付　勇	汉	男	09A	云南富源	094080227	唐才环	汉	女	09C	云南
094080009	郝　烨	汉	女	09A	黑龙江	094080228	王海有	汉	男	09C	云南
094080010	胡如静	汉	女	09A	河南	094080229	文明莉	汉	女	09C	云南漾濞
094080011	环晓凤	汉	女	09A	云南祥云	094080230	文星为	汉	男	09C	云南元谋
094080012	黄碧玲	汉	女	09A	福建南安	094080231	武建宏	汉	男	09C	云南禄丰
094080013	角　佳	汉	女	09A	云南	094080232	肖加方	汉	男	09C	云南
094080014	孔朴芬	汉	女	09A	云南	094080233	徐鹏程	汉	男	09C	云南
094080015	李丽仙	汉	女	09A	云南禄丰	094080234	晏　霞	汉	女	09C	云南
094080016	李乔花	白	女	09A	云南云龙	094080235	杨发广	汉	男	09C	云南
094080017	李言顺	汉	男	09A	山东	094080236	杨海丽	汉	女	09C	云南
094080018	李玉鹏	汉	男	09A	云南	094080237	杨明丽	汉	女	09C	云南
094080019	李志明	汉	男	09A	云南盈江	094080238	杨仕忠	白	男	09C	云南云龙
094080020	梁　倩	汉	女	09A	云南	094080239	杨子英	白	女	09C	云南大理
094080021	林小娟	汉	女	09A	福建长乐	094080240	姚昌锦	汉	男	09C	云南梁河
094080022	刘　春	汉	女	09A	云南	094080241	尹冬雪	汉	女	09C	云南
094080023	刘芳欣	汉	女	09A	河北	094080242	于学勉	汉	女	09C	云南宾川
094080024	刘　楠	汉	女	09A	四川	094080243	张安祝	汉	女	09C	云南
094080025	闵文婷	汉	女	09A	江西	094080244	张才花	汉	女	09C	云南开远

续表

学号	姓名	民族	性别	班级	籍贯	学号	姓名	民族	性别	班级	籍贯
094080026	芮　薇	汉	女	09A	云南	094080245	张　军	白	男	09C	云南大理
094080027	申　奎	汉	男	09A	云南	094080246	张俊光	汉	男	09C	云南
094080028	师　燕	汉	女	09A	山西临汾	094080247	张永达	汉	男	09C	云南禄劝
094080029	孙锐娥	汉	女	09A	云南	094080248	张智红	汉	女	09C	云南祥云
094080030	汪虹吉	汉	男	09A	云南	094080249	赵晶晶	汉	女	09C	云南
094080031	王慧莹	汉	女	09A	云南	094080250	周春红	汉	女	09C	云南寻甸
094080032	王加文	汉	男	09A	云南	094080251	周萍萍	彝	女	09C	云南楚雄
094080033	王天顺	汉	男	09A	云南寻甸	094080252	朱稳新	汉	男	09C	云南
094080034	王　旺	汉	女	09A	云南	094080253	冯　涛	汉	男	09C	云南
094080035	王　莹	回	女	09A	云南昆明	094080261	陈锦凤	汉	女	09D	云南
094080036	王玉巧	汉	女	09A	云南蒙自	094080262	陈燕东	汉	男	09D	云南嵩明
094080037	武景丽	汉	女	09A	云南楚雄	094080263	代德英	汉	女	09D	云南
094080038	先黄华	汉	男	09A	云南	094080264	刁云平	汉	男	09D	云南
094080039	肖琴娥	汉	女	09A	云南	094080265	段　涛	汉	女	09D	云南
094080040	肖瑞金	汉	女	09A	广西	094080266	段　微	白	女	09D	云南大理
094080041	谢益华	汉	女	09A	云南	094080267	樊兴荣	汉	男	09D	云南
094080042	徐　娜	汉	女	09A	云南	094080268	高路洪	汉	男	09D	云南弥渡
094080043	杨聪云	汉	男	09A	云南	094080269	高　涛	汉	女	09D	云南
094080044	杨　菲	汉	女	09A	云南宾川	094080270	戈启斌	汉	男	09D	云南
094080045	杨　富	汉	男	09A	云南	094080271	和福坤	白	男	09D	云南泸水
094080046	杨轲哲	汉	男	09A	云南弥勒	094080272	胡晓坦	汉	女	09D	河北
094080047	杨　婷	汉	女	09A	云南昆明	094080273	黄宁静	汉	女	09D	云南
094080048	杨玉静	汉	女	09A	云南昆明	094080274	黄双凤	汉	女	09D	云南
094080049	姚绍芬	汉	女	09A	云南文山	094080275	黄雪琼	汉	女	09D	云南
094080050	尹文涛	汉	男	09A	安徽宿州	094080276	蹇李花	彝	女	09D	云南大理
094080051	于海宽	汉	男	09A	北京	094080277	姜　翠	彝	女	09D	云南弥勒
094080052	余春福	汉	男	09A	云南	094080279	李春志	汉	男	09D	云南
094080053	张婧葵	汉	女	09A	云南	094080280	李　华	汉	男	09D	云南昆明
094080054	张　林	汉	男	09A	云南	094080281	李文军	白	男	09D	云南剑川
094080055	张　娜	汉	女	09A	云南嵩明	094080282	李晓飞	白	女	09D	云南大理
094080056	张　婷	汉	女	09A	云南昆明	094080283	李晓燕	汉	女	09D	云南
094080057	张志琴	白	女	09A	云南大理	094080284	李　杏	汉	女	09D	辽宁
094080058	章　巍	汉	男	09A	云南	094080285	李艳娥	汉	女	09D	云南姚安
094080059	赵　昳	汉	女	09A	山西	094080286	李　燕	汉	女	09D	云南蒙自
094080060	赵晓雪	汉	女	09A	云南	094080287	李　颖	彝	女	09D	云南楚雄
094080061	朱　红	汉	女	09A	云南	094080288	刘长生	汉	男	09D	云南

续表

学号	姓名	民族	性别	班级	籍贯	学号	姓名	民族	性别	班级	籍贯
094080062	朱连峰	汉	男	09A	江苏	094080289	刘朝强	汉	男	09D	云南
094080063	朱雪清	彝	男	09A	云南石屏	094080290	卢亚俊	汉	女	09D	四川雅安
094080064	庄　敏	汉	男	09A	云南	094080291	陆声素	壮	女	09D	云南文山
094080101	陈得丽	汉	女	09B	云南	094080292	栾晶晶	汉	女	09D	天津
094080102	陈　洁	汉	女	09B	云南宜良	094080293	罗　娟	彝	女	09D	云南
094080103	段崇树	汉	男	09B	云南巍山	094080294	罗开洪	汉	男	09D	云南元谋
094080104	段胜金	汉	男	09B	云南	094080295	罗　叶	汉	女	09D	云南
094080105	甘在容	汉	女	09B	云南	094080296	马　娟	回	女	09D	云南
094080106	郭世伟	汉	男	09B	云南	094080298	浦倩红	白	女	09D	云南维西
094080107	何　燕	汉	女	09B	云南泸西	094080299	普絮蕊	汉	女	09D	云南昆明
094080108	何远军	白	男	09B	云南大理	094080300	钱晓龙	傈僳	男	09D	云南维西
094080109	何正环	阿昌	女	09B	云南昆明	094080301	钱云霞	汉	女	09D	云南
094080110	侯丽荫	傈僳	女	09B	云南	094080302	阙小刚	汉	男	09D	江西吉安
094080111	黄　杰	汉	男	09B	重庆	094080303	冉　霞	汉	女	09D	云南
094080112	黄　丽	汉	女	09B	云南	094080304	陶春丽	汉	女	09D	云南
094080113	霍国凤	汉	女	09B	云南	094080305	王贵琼	汉	女	09D	云南泸西
094080114	雷　妍	汉	女	09B	云南祥云	094080306	王丽丽	汉	女	09D	云南昆明
094080115	李　虹	汉	女	09B	云南	094080308	王　艳	汉	女	09D	云南昆明
094080116	李　菊	彝	女	09B	云南建水	094080309	王正玉	汉	男	09D	云南文山
094080117	李丽如	白	女	09B	云南大理	094080311	翁礼梅	汉	女	09D	云南巍山
094080118	李启忠	汉	男	09B	云南	094080313	武　桐	蒙古	女	09D	辽宁
094080119	李万广	汉	男	09B	云南	094080314	夏鸿情	汉	女	09D	云南大理
094080120	李云鹏	白	男	09B	云南洱源	094080315	杨传芝	汉	女	09D	云南楚雄
094080121	刘冬梅	汉	女	09B	云南	094080316	杨东民	汉	男	09D	云南
094080122	卢国华	彝	男	09B	云南	094080317	杨　欢	汉	男	09D	云南晋宁
094080123	路大忠	汉	男	09B	云南	094080318	杨晶屹	彝	女	09D	云南
094080124	吕永丽	彝	女	09B	云南祥云	094080319	杨李姣	汉	女	09D	云南
094080125	马敏姝	汉	女	09B	云南蒙自	094080320	杨　丽	汉	女	09D	云南
094080126	彭元元	白	女	09B	云南鹤庆	094080321	杨蕊绮	汉	女	09D	云南
094080127	普赛琼	汉	女	09B	云南	094080323	杨新江	汉	男	09D	云南祥云
094080128	秦皓然	汉	男	09B	云南泸西	094080324	杨秀柏	白	女	09D	云南鹤庆
094080129	邵政权	汉	男	09B	云南宾川	094080325	殷江飞	汉	男	09D	云南
094080130	施文峰	汉	女	09B	云南云龙	094080326	尹瑞玲	汉	女	09D	云南
094080131	石春发	汉	男	09B	云南	094080327	张　坤	彝	男	09D	云南
094080132	宋　睿	汉	男	09B	云南	094080328	张仙军	汉	男	09D	云南
094080133	唐　丽	汉	女	09B	云南昆明	094080329	赵锐香	白	女	09D	云南鹤庆

续表

学号	姓名	民族	性别	班级	籍贯	学号	姓名	民族	性别	班级	籍贯
094080134	王凤光	彝	男	09B	云南大理	094080330	周明泉	苗	男	09D	云南
094080135	王建林	白	男	09B	云南泸水	094080331	朱玲慧	汉	女	09D	云南
094080136	王青青	彝	女	09B	云南	094080332	庄美苑	汉	女	09D	广东
094080137	王　泉	彝	男	09B	云南	094080333	李玉林	彝	男	09D	云南
094080138	王亚福	彝	男	09B	云南宜良	094090361	李嘉平	汉	男	09D	广东
094080139	王燕华	汉	女	09B	广西	094090423	谭海云	汉	男	09D	云南
094080140	王兆伟	汉	男	09B	云南南华	094130338	曾成荣	汉	女	09D	四川遂宁
094080141	吴水柳	汉	女	09B	云南	094080341	仇德甲	汉	男	09E	云南
094080142	武　琼	汉	女	09B	云南昆明	094080342	董显龙	汉	男	09E	云南
094080143	夏艳春	汉	女	09B	云南富民	094080343	方有芬	汉	女	09E	云南巍山
094080144	徐　波	汉	男	09B	云南	094080344	冯　雨	汉	女	09E	湖南
094080145	闫　宇	汉	男	09B	云南	094080345	伏燕波	汉	男	09E	云南弥勒
094080146	杨金权	苗	男	09B	云南广南	094080346	关平菊	汉	女	09E	云南
094080147	杨明章	汉	男	09B	云南盈江	094080347	韩一粱	汉	男	09E	云南
094080148	杨舒帆	汉	女	09B	云南	094080348	何兴丽	汉	女	09E	云南
094080149	杨晓虹	白	女	09B	云南宾川	094080349	贺贤博	汉	男	09E	云南
094080150	杨晓梅	汉	女	09B	云南昆明	094080350	洪鹏鲲	白	男	09E	云南鹤庆
094080151	杨艳芬	彝	女	09B	云南昆明	094080351	黄加江	汉	男	09E	云南
094080152	殷玉春	傣	男	09B	云南盈江	094080352	黄平吉	汉	男	09E	云南弥勒
094080153	于春兰	汉	女	09B	云南	094080353	黄　硕	汉	女	09E	云南楚雄
094080154	余志能	汉	男	09B	云南	094080354	姬绍芬	汉	女	09E	云南大理
094080155	云　婷	汉	女	09B	云南	094080355	晋圆圆	汉	女	09E	云南呈贡
094080156	张　霖	纳西	男	09B	云南	094080356	李　龙	汉	男	09E	云南
094080157	张露萍	汉	女	09B	云南呈贡	094080357	李小妹	汉	女	09E	湖北
094080158	张同立	汉	女	09B	云南	094080358	李旭东	汉	男	09E	云南昆明
094080159	张小美	汉	女	09B	云南	094080360	李　宇	回	女	09E	云南开远
094080161	张有明	彝	男	09B	云南	094080361	林　晶	汉	女	09E	云南
094080162	赵　芳	汉	女	09B	云南	094080362	林　鑫	汉	女	09E	云南
094080163	赵凤莲	汉	女	09B	云南	094080363	刘宏义	汉	男	09E	云南禄劝
094080164	赵永康	汉	男	09B	云南	094080364	刘　虹	汉	女	09E	云南昆明
094080165	赵永香	汉	女	09B	云南	094080365	刘　姣	汉	女	09E	云南
094080166	赵　渊	汉	女	09B	云南	094080366	刘兴月	汉	女	09E	云南开远
094080167	郑　桥	汉	男	09B	云南	094080367	龙春燕	傈僳	女	09E	云南
094080168	周　丽	彝	女	09B	云南楚雄	094080368	卢鹏宴	汉	男	09E	云南
094080169	祝文丽	汉	女	09B	云南	094080369	陆爱萍	汉	女	09E	云南
094080170	邹　霞	汉	女	09B	云南	094080370	陆凤婷	苗	女	09E	云南

续表

学号	姓名	民族	性别	班级	籍贯	学号	姓名	民族	性别	班级	籍贯
094080171	左丽菊	汉	女	09B	云南	094080371	罗　欢	哈尼	男	09E	云南
094080172	安　倩	彝	女	09B	云南	094080372	马　静	回	女	09E	云南
094080173	刘橙橙	汉	女	09B	云南	094080373	马丽莹	回	女	09E	云南寻甸
094100153	杨　祺	汉	男	09B	云南	094080374	马文武	回	男	09E	云南
094080181	白秀云	傈僳	女	09C	云南泸水	094080375	马　雪	汉	女	09E	云南姚安
094080182	鲍荣翠	汉	女	09C	云南	094080376	牟景红	汉	女	09E	云南元谋
094080183	边永珺	汉	女	09C	天津	094080377	宁惠云	汉	女	09E	云南
094080184	曹宝键	汉	男	09C	云南	094080378	盘　伟	瑶	男	09E	云南蒙自
094080185	陈海燕	汉	女	09C	云南姚安	094080379	庞　军	汉	男	09E	重庆
094080186	陈珊杉	汉	女	09C	云南石林	094080380	彭　旭	汉	男	09E	安徽蚌埠
094080187	陈忠会	汉	女	09C	云南	094080381	钱秋艳	汉	女	09E	云南
094080188	程思楠	汉	女	09C	黑龙江	094080382	任建丽	彝	女	09E	云南大姚
094080189	崔　斌	汉	男	09C	云南	094080383	宋桂琼	汉	女	09E	云南嵩明
094080191	戴丽华	彝	女	09C	云南	094080384	孙　明	汉	男	09E	云南大理
094080192	董才云	汉	男	09C	云南	094080385	唐文富	汉	男	09E	云南楚雄
094080193	方　丽	汉	女	09C	云南	094080386	万　昕	汉	女	09E	云南
094080194	方莹莹	汉	女	09C	云南大理	094080388	王润丽	汉	女	09E	云南
094080195	冯小敏	汉	女	09C	湖北	094080389	王　臻	壮	女	09E	云南文山
094080196	付文俊	汉	男	09C	云南呈贡	094080390	吴荣蓉	汉	女	09E	云南
094080197	耿志强	汉	男	09C	云南	094080391	肖颖杰	彝	女	09E	云南大理
094080198	韩洪梅	汉	女	09C	云南	094080392	谢秉军	汉	男	09E	云南宾川
094080199	胡仁荣	汉	男	09C	云南	094080393	谢永欣	汉	女	09E	云南
094080200	黄正友	汉	男	09C	云南	094080394	邢兴焕	汉	女	09E	云南寻甸
094080201	解丽芬	汉	女	09C	云南鹤庆	094080395	杨　超	汉	男	09E	云南
094080202	解　蕊	汉	女	09C	云南	094080396	杨朝旺	汉	男	09E	云南禄劝
094080203	李昌玉	汉	女	09C	云南西畴	094080397	杨菊媛	汉	女	09E	云南
094080204	李驰东	土家	男	09C	湖南龙山	094080398	杨文凤	汉	女	09E	云南
094080205	李崇高	汉	男	09C	云南丘北	094080401	俞维娜	汉	女	09E	云南建水
094080206	李龙江	汉	男	09C	云南盈江	094080402	张金玲	汉	女	09E	云南祥云
094080207	李琼芳	汉	女	09C	云南	094080403	张素娟	汉	女	09E	河南
094080208	李晓娇	彝	女	09C	云南昆明	094080404	张乙凡	汉	男	09E	云南
094080209	李雪婷	汉	女	09C	广东	094080405	张应春	彝	男	09E	云南
094080210	李元春	白	女	09C	云南昆明	094080406	赵碧莲	白	女	09E	云南大理
094080211	梁龙梅	汉	女	09C	云南	094080407	赵　杰	汉	男	09E	云南广南
094080212	鲁进华	汉	男	09C	云南弥渡	094080408	赵明丽	汉	女	09E	云南宜良
094080213	鲁开琪	汉	男	09C	云南	094080409	赵庆立	汉	男	09E	云南

续表

学号	姓名	民族	性别	班级	籍贯	学号	姓名	民族	性别	班级	籍贯
094080214	陆　黎	汉	女	09C	云南	094080410	周　丽	汉	女	09E	云南
094080215	陆绍云	壮	男	09C	云南广南	094080411	周晓飞	汉	女	09E	云南祥云
094080216	罗丽萍	汉	女	09C	云南禄丰	094080412	段江梅	白	女	09E	云南
094080217	罗志娟	汉	女	09C	云南	094080413	杨丽云	白	女	09E	云南
094080218	马　丽	白	女	09C	云南宾川						

2010级数学与应用数学专业本科学生

学号	姓名	性别	民族	生源地	班级	学号	姓名	性别	民族	生源地	班级
104080001	陈丽波	女	汉	云南寻甸	实验班10A	104080227	田金晶	女	白	云南大理	10C
104080002	范　帅	男	汉	云南	实验班10A	104080228	王　凤	女	汉	云南宾川	10C
104080003	胡培强	男	汉	云南禄丰	实验班10A	104080229	王平华	男	汉	云南漾濞	10C
104080004	胡秀月	女	汉	云南	实验班10A	104080230	王文松	男	汉	云南	10C
104080005	姜惠珍	女	汉	云南	实验班10A	104080231	王毅恒	女	汉	云南宾川	10C
104080006	蒋燕珠	女	汉	云南	实验班10A	104080232	吴邦瑛	女	汉	云南	10C
104080007	康叶玲	女	汉	云南	实验班10A	104080233	吴翠萍	女	汉	云南祥云	10C
104080008	兰海丽	女	汉	云南	实验班10A	104080234	吴剑锋	男	汉	云南	10C
104080009	李　华	男	汉	云南	实验班10A	104080235	吴贤勇	男	汉	云南麻栗坡	10C
104080010	李　江	男	汉	云南	实验班10A	104080236	吴玉俊	男	汉	云南西畴	10C
104080011	李　茂	女	汉	云南	实验班10A	104080237	肖红梅	女	汉	云南	10C
104080012	李天龙	男	彝	云南	实验班10A	104080238	肖丽娟	女	汉	云南	10C
104080013	李亚欢	女	汉	云南	实验班10A	104080239	徐必元	女	黎	海南	10C
104080014	李娅楠	女	汉	云南富民	实验班10A	104080240	延丽娟	女	汉	云南楚雄	10C
104080015	刘洪玉	男	汉	云南	实验班10A	104080241	晏　丽	女	汉	云南	10C
104080017	鲁　晓	女	彝	云南	实验班10A	104080242	阳德明	男	汉	云南楚雄	10C
104080018	吕玉玲	女	汉	云南	实验班10A	104080243	杨登富	男	汉	云南	10C
104080019	罗　静	女	汉	云南	实验班10A	104080244	杨富康	男	彝	云南	10C
104080020	满　鹏	男	汉	云南石林	实验班10A	104080245	杨秋季	女	汉	云南	10C
104080021	苗云松	男	汉	云南石林	实验班10A	104080246	袁兴龙	男	汉	云南	10C
104080022	潘玉美	女	汉	云南	实验班10A	104080247	张兴会	女	汉	云南	10C
104080023	钱　程	女	汉	云南	实验班10A	104080248	张祖春	女	汉	云南	10C
104080024	邱　晨	女	汉	云南宜良	实验班10A	104080249	赵靖伟	女	汉	辽宁阜新	10C
104080025	施　超	男	白	云南鹤庆	实验班10A	104080250	只海滨	男	彝	云南巍山	10C
104080026	宋明月	女	汉	云南	实验班10A	104080251	周富红	女	汉	云南	10C
104080027	孙丽智	女	汉	云南	实验班10A	104080252	周　仙	女	汉	云南宜良	10C

续表

学号	姓名	性别	民族	生源地	班级	学号	姓名	性别	民族	生源地	班级
104080028	谭映虹	女	汉	云南	实验班 10A	104080253	字利竹	女	白	云南大理	10C
104080029	王昌富	男	汉	云南	实验班 10A	104090433	彭巧红	女	汉	河北	10C
104080030	王建家	男	汉	云南嵩明	实验班 10A	094080307	王绍忠	男	汉	云南楚雄	10D
104080031	王忠和	男	汉	云南楚雄	实验班 10A	104080262	陈开书	男	汉	云南	10D
104080032	魏慧芬	女	汉	云南	实验班 10A	104080263	陈美琼	女	汉	云南	10D
104080033	肖松炬	男	汉	云南广南	实验班 10A	104080264	陈艳琼	女	汉	云南嵩明	10D
104080034	谢国斌	男	汉	云南昆明	实验班 10A	104080265	陈友欢	男	汉	云南	10D
104080035	熊天庆	女	白	云南云龙	实验班 10A	104080266	成丽红	女	汉	云南弥渡	10D
104080036	徐凤先	女	汉	云南	实验班 10A	104080267	代云蔚	女	汉	云南	10D
104080037	闫　苏	女	汉	云南昆明	实验班 10A	104080268	刀建凤	女	傣	云南	10D
104080038	严　婷	女	汉	云南	实验班 10A	104080269	邓隆江	男	汉	重庆	10D
104080039	晏从玉	男	汉	云南	实验班 10A	104080270	邓宗果	男	汉	云南	10D
104080040	杨芳灵	女	汉	云南	实验班 10A	104080271	丁彩香	女	汉	云南	10D
104080041	杨光海	男	汉	云南	实验班 10A	104080272	冯　涛	男	汉	云南	10D
104080042	杨继涛	男	白	云南大理	实验班 10A	104080273	高　萌	女	满	吉林	10D
104080043	杨金泉	女	白	云南云龙	实验班 10A	104080274	高　雁	女	汉	云南	10D
104080044	杨林平	女	汉	云南	实验班 10A	104080275	耿建旭	女	彝	云南禄劝	10D
104080045	杨　芹	女	白	云南	实验班 10A	104080276	顾鑫楠	女	彝	云南富民	10D
104080046	杨兴忠	男	苗	云南开远	实验班 10A	104080277	何锦治	男	汉	云南	10D
104080047	杨鋆华	女	汉	云南	实验班 10A	104080278	和丽鹃	女	白	云南剑川	10D
104080048	杨周荣麟	女	汉	云南昆明	实验班 10A	104080279	胡文丽	女	汉	云南	10D
104080049	易　帆	男	汉	云南	实验班 10A	104080280	焦雪明	男	汉	云南建水	10D
104080050	余　国	男	汉	云南	实验班 10A	104080282	冷梦香	女	彝	云南大姚	10D
104080051	余渊洋	男	汉	云南	实验班 10A	104080283	李富鑫	男		云南	10D
104080052	袁　艳	女	汉	云南	实验班 10A	104080284	李高丽	女	白	云南洱源	10D
104080053	张官强	男	汉	云南寻甸	实验班 10A	104080285	李宏春	男	布朗	云南	10D
104080055	赵　娇	女	彝	云南	实验班 10A	104080286	李柳琼	女	汉	云南昆明	10D
104080056	赵丽晶	女	汉	云南昆明	实验班 10A	104080287	李世强	男	汉	海南	10D
104080058	赵志婷	女	汉	云南大理	实验班 10A	104080288	李先龙	男	汉	云南	10D
104080059	钟燕滨	女	汉	云南昆明	实验班 10A	104080289	李向坤	男	汉	云南	10D
104080060	字顺基	男	汉	云南巍山	实验班 10A	104080290	李志芬	女	彝	云南	10D
104080101	柴加宇	男	汉	云南	10B	104080291	梁瑞卿	男	汉	云南大理	10D
104080102	巢东华	男	彝	云南	10B	104080292	龙　境	男	彝	云南	10D
104080103	陈琪芬	女	汉	云南	10B	104080293	罗光木	男	汉	云南巍山	10D

续表

学号	姓名	性别	民族	生源地	班级	学号	姓名	性别	民族	生源地	班级
104080104	陈玉荣	男	汉	云南	10B	104080294	罗　健	男	汉	云南	10D
104080105	褚关胜	男	汉	云南	10B	104080295	马良田	男	回	云南	10D
104080107	邓华萍	女	汉	云南	10B	104080296	母江艳	女	汉	云南	10D
104080108	甫学龙	男	汉	云南	10B	104080297	木晓龙	男	纳西	云南	10D
104080109	甘艳娥	女	汉	云南	10B	104080298	宁亚会	女	汉	云南	10D
104080110	戈艳芬	女	汉	云南	10B	104080299	阮明军	男	傣	云南	10D
104080111	龚希蓉	女	哈尼	云南	10B	104080300	沈春波	男	汉	云南	10D
104080112	龚　鑫	女	汉	云南昆明	10B	104080301	沈自玲	女	彝	云南	10D
104080113	顾朋仙	女	汉	云南	10B	104080302	唐凡寓	女	汉	四川	10D
104080114	桂辉蓉	女	回	云南寻甸	10B	104080303	田　瑞	男	汉	云南	10D
104080115	和瑞中	男	白	云南剑川	10B	104080304	王丽红	女	汉	云南	10D
104080116	候丽娜	女	汉	陕西	10B	104080306	王燕子	女	彝	云南漾濞	10D
104080117	黄　晶	女	哈尼	云南	10B	104080307	魏　兵	男	汉	云南	10D
104080118	黄艳春	女	汉	云南	10B	104080308	魏　兰	女	汉	云南	10D
104080119	贾文娇	女	汉	云南	10B	104080309	吴永慧	女	汉	青海	10D
104080120	李爱学	男	汉	云南宾川	10B	104080310	夏　萧	女	汉	云南	10D
104080121	李红艳	女	汉	云南	10B	104080311	向舒丹	女	汉	云南宜良	10D
104080122	李　丽	女	汉	云南	10B	104080312	谢艳婷	女	汉	云南	10D
104080123	李　龙	男	彝	云南	10B	104080313	徐莹莹	女	汉	湖北随州	10D
104080124	李龙云	男	白	云南洱源	10B	104080314	延雪云	女	汉	云南大理	10D
104080125	李蒙杉	女	汉	云南	10B	104080315	杨付忠	男	汉	云南	10D
104080126	李　欧	男	汉	云南	10B	104080316	杨华黎	男	汉	云南	10D
104080127	李青松	男	汉	云南宾川	10B	104080317	杨佳莉	女	汉	云南	10D
104080128	李　伟	男	汉	云南	10B	104080319	杨建标	男	汉	云南	10D
104080129	李晓燕	女	汉	云南	10B	104080320	杨水艳	女	汉	云南	10D
104080130	李宗春	男	汉	云南	10B	104080321	叶玲吉	女	汉	云南嵩明	10D
104080131	刘丽梅	女	彝	云南	10B	104080322	袁加贵	男	汉	云南	10D
104080132	刘　茜	女	汉	云南	10B	104080323	张成英	女	汉	云南	10D
104080133	刘　颖	女	汉	辽宁长海	10B	104080324	张继红	女	汉	云南宜良	10D
104080134	吕雨桧	女	汉	云南	10B	104080325	张丽春	女	哈尼	云南	10D
104080135	罗小平	男	彝	云南祥云	10B	104080326	张兴凤	女	彝	云南	10D
104080136	孟　俊	男	汉	云南	10B	104080327	张志辉	男	汉	云南泸西	10D
104080137	念田婧	女	汉	云南	10B	104080328	张祖燕	女	汉	云南	10D
104080138	施雪艳	女	汉	云南	10B	104080329	赵婷焱	女	白	云南洱源	10D

续表

学号	姓名	性别	民族	生源地	班级	学号	姓名	性别	民族	生源地	班级
104080139	施阳华	男	汉	云南	10B	104080330	赵　洋	男	白	云南鹤庆	10D
104080140	孙宝恩	男	汉	云南	10B	104080331	周顶应	男	汉	云南	10D
104080141	孙　平	女	汉	云南	10B	104080332	自洪波	男	汉	云南祥云	10D
104080142	谭丽春	女	壮	广西	10B	104140104	袁　璐	女	汉	广东珠海	10D
104080143	陶　鑫	女	汉	云南	10B	094100049	周润萍	女	白	云南鹤庆	10E
104080144	王吉瑞	男	汉	云南	10B	104080341	白应武	男	彝	云南蒙自	10E
104080145	王加书	男	汉	云南元谋	10B	104080343	陈建学	男	汉	云南	10E
104080146	王　晶	女	汉	云南	10B	104080344	陈　琼	女	汉	云南	10E
104080147	王敏雪	女	白	云南大理	10B	104080345	代兴会	女	汉	云南	10E
104080148	王绍斌	男	汉	云南	10B	104080346	代兴燕	女	汉	云南	10E
104080149	王万军	男	汉	云南	10B	104080347	刀　松	男	汉	云南	10E
104080150	王学平	男	汉	云南	10B	104080348	杜水艳	女	彝	云南	10E
104080151	王　亚	女	汉	云南	10B	104080349	飞　灵	男	彝	云南	10E
104080152	王永梅	女	汉	云南祥云	10B	104080350	冯　聪	女	汉	云南昆明	10E
104080153	王志刚	男	汉	云南	10B	104080352	高梦娇	女	汉	云南	10E
104080154	王子江	男	白	云南鹤庆	10B	104080353	耿礼斌	男	汉	云南	10E
104080155	王自在	男	汉	云南	10B	104080354	顾文艳	女	汉	云南	10E
104080156	吴庆庆	女	彝	云南开远	10B	104080355	郝　旭	男	汉	甘肃	10E
104080157	伍丁燕	女	汉	贵州贵阳	10B	104080356	何发国	男	汉	云南	10E
104080158	夏喜龙	男	汉	甘肃	10B	104080357	何森叶	男	白	云南云龙	10E
104080159	徐瑞霞	女	汉	云南	10B	104080358	和春花	女	纳西	云南	10E
104080160	徐柱梅	女	汉	云南	10B	104080359	洪合祥	女	白	云南鹤庆	10E
104080161	许继文	男	哈尼	云南红河	10B	104080360	侯斌斌	男	汉	江苏丰	10E
104080162	晏梦梅	女	汉	云南	10B	104080362	姬亚静	女	彝	云南	10E
104080163	杨朝智	男	汉	云南	10B	104080363	李翱行	男	汉	云南昆明	10E
104080164	杨　玲	女	汉	云南姚安	10B	104080364	李　博	女	汉	云南	10E
104080165	杨兴建	男	汉	云南	10B	104080365	李成仙	女	壮	云南广南	10E
104080166	曾顺美	女	汉	云南	10B	104080366	李洪伟	男	汉	云南	10E
104080167	张春鹏	男	白	云南泸水	10B	104080367	李　龙	男	汉	云南姚安	10E
104080168	张兴志	女	汉	云南	10B	104080368	李培蓉	女	汉	云南嵩明	10E
104080169	赵英梅	女	汉	云南	10B	104080369	李青青	女	汉	陕西	10E
104080170	周　浩	男	汉	江苏	10B	104080370	李思慧	女	汉	云南昆明	10E
104080171	周济晨璐	女	傣	云南盈江	10B	104080371	李　雯	女	汉	云南	10E
104080172	周正成	男	汉	云南	10B	104080372	李晓凤	女	白	云南永平	10E

续表

学号	姓名	性别	民族	生源地	班级	学号	姓名	性别	民族	生源地	班级
104080173	朱润龙	男	汉	云南	10B	104080373	李雪婷	女	回	云南	10E
104101002	陈　二	女	汉	北京	10B	104080374	李云花	女	汉	云南	10E
104080181	敖帮华	男	汉	云南	10C	104080375	李竹梅	女	白	云南	10E
104080183	闭亚南	女	汉	云南嵩明	10C	104080376	廖融发	男	汉	云南	10E
104080184	陈波帆	男	汉	云南个旧	10C	104080377	林志达	男	汉	云南	10E
104080185	陈恭润	女	汉	云南	10C	104080378	刘　伟	男	汉	云南	10E
104080186	丁建波	男	汉	云南	10C	104080379	龙　丽	女	彝	云南	10E
104080187	段丽萍	女	汉	云南文山	10C	104080380	栾艳龙	男	汉	云南	10E
104080188	段孝娟	女	汉	云南祥云	10C	104080381	罗顺发	男	彝	云南	10E
104080189	冯海珍	女	汉	广西北海	10C	104080382	马　润	女	回	云南大理	10E
104080190	顾光泽	男	汉	云南	10C	104080383	莫逸福	男	汉	云南蒙自	10E
104080191	顾瑞祥	男	汉	云南	10C	104080384	潘桂林	男	汉	云南武定	10E
104080193	韩云朋	男	苗	云南	10C	104080385	石丽英	女	彝	云南	10E
104080194	郝　丽	女	汉	云南	10C	104080386	孙　鹏	男	汉	云南	10E
104080195	和毓超	女	纳西	云南	10C	104080387	王超艳	女	汉	云南宾川	10E
104080196	赫金涛	男	汉	云南	10C	104080388	王道攀	男	汉	云南	10E
104080197	胡　婵	女	彝	云南	10C	104080389	王家见	男	汉	云南	10E
104080198	黄婧娟	女	汉	云南大理	10C	104080390	王莉媛	女	白	云南	10E
104080199	黄茂丽	女	汉	云南	10C	104080391	王　兴	男	汉	云南	10E
104080200	黄亚娟	女	汉	云南寻甸	10C	104080392	王　艳	女	汉	云南	10E
104080201	黄耀斌	男	纳西	云南香格里拉	10C	104080393	武洋洋	女	汉	云南昆明	10E
104080202	贾孟孟	女	汉	云南	10C	104080394	谢长娥	女	汉	云南	10E
104080203	金顺堂	男	汉	云南	10C	104080395	许永德	男	汉	云南	10E
104080204	李斐斐	女	汉	青海民和	10C	104080396	杨　丹	女	汉	云南	10E
104080205	李键祥	女	白	云南鹤庆	10C	104080398	杨　明	女	汉	四川	10E
104080207	李永启	男	汉	云南	10C	104080399	杨全波	男	白	云南鹤庆	10E
104080208	李咏祥	女	白	云南鹤庆	10C	104080400	尹立萍	女	白	云南	10E
104080209	李　瑜	女	彝	云南	10C	104080401	余招娣	女	汉	云南	10E
104080210	梁爱萍	女	汉	云南	10C	104080402	俞　静	女	汉	云南	10E
104080211	梁照满	男	傈僳	云南盈江	10C	104080403	张成军	男	汉	云南	10E
104080212	刘建康	男	汉	云南	10C	104080405	张林绿	男	汉	云南	10E
104080213	刘罗敏	女	汉	云南	10C	104080406	张清玉	女	汉	云南	10E
104080216	刘武杰	男	汉	湖北	10C	104080407	张　威	男	汉	云南	10E

续表

学号	姓名	性别	民族	生源地	班级	学号	姓名	性别	民族	生源地	班级
104080218	罗孝春	女	汉	云南大理	10C	104080408	赵　洁	女	汉	云南	10E
104080220	阮　籍	女	汉	云南	10C	104080409	周永方	男	汉	云南	10E
104080221	施亚丽	女	汉	云南	10C	104080410	朱丽萍	女	汉	云南	10E
104080222	史　侣	男	汉	云南嵩明	10C	104080411	祖　可	男	汉	云南	10E
104080223	苏竹林	女	汉	云南	10C	104080412	左董燕	女	汉	重庆	10E
104080224	汤来富	男	汉	云南	10C	104080413	吕姣兰	女	汉	云南	10E
104080225	唐明超	男	汉	云南	10C	104200246	苏智婷	女	汉	云南	10E
104080226	田蒋平	男	壮	云南	10C						

2011级数学与应用数学专业本科学生

学号	姓名	性别	民族	生源地	班级	学号	姓名	性别	民族	生源地	班级
114080001	曹云霞	女	彝	云南开远	实验班 11A	114080228	王媛媛	女	汉	海南	11C
114080002	陈利蓉	女	汉	云南禄劝	实验班 11A	114080229	吴　波	男	汉	云南	11C
114080003	邓冲东	男	汉	云南	实验班 11A	114080230	武艳华	男	汉	云南	11C
114080004	董　惠	女	汉	云南	实验班 11A	114080231	伍树云	男	彝	云南	11C
114080005	董有强	男	彝	云南	实验班 11A	114080232	夏　典	男	汉	云南	11C
114080006	段如甜	女	汉	云南	实验班 11A	114080233	向　浩	男	汉	云南	11C
114080007	付　琼	女	汉	云南	实验班 11A	114080234	肖　梅	女	汉	云南蒙自	11C
114080008	高丙乾	男	佤	云南	实验班 11A	114080235	徐杏芊	女	汉	云南昆明	11C
114080009	候秋继	女	汉	云南宜良	实验班 11A	114080236	杨贵生	男	白	云南	11C
114080010	胡花益	男	傈僳	云南泸水	实验班 11A	114080237	杨海生	男	白	云南大理	11C
114080011	李　明	男	彝	云南	实验班 11A	114080238	杨金霜	男	汉	云南嵩明	11C
114080012	李志永	男	汉	云南大姚	实验班 11A	114080239	杨凯渊	女	汉	云南	11C
114080013	刘静波	女	汉	云南	实验班 11A	114080240	杨志清	男	白	云南	11C
114080014	刘晓旭	女	汉	云南祥云	实验班 11A	114080241	余梅智	女	彝	云南	11C
114080015	刘正焕	女	汉	云南楚雄	实验班 11A	114080242	张灿喜	女	白	云南剑川	11C
114080016	罗　天	男	汉	广东徐闻	实验班 11A	114080243	张红丽	女	汉	云南禄劝	11C
114080017	罗燕琼	女	汉	云南昆明	实验班 11A	114080244	张梦娜	女	汉	云南	11C
114080018	潘竞奎	男	彝	云南蒙自	实验班 11A	114080245	张齐斌	男	汉	云南	11C
114080019	庞李梅	女	汉	云南泸西	实验班 11A	114080246	赵锐菊	女	白	云南鹤庆	11C
114080021	钱　广	男	彝	云南	实验班 11A	114080247	赵学建	男	汉	云南禄丰	11C
114080022	邱　杰	女	汉	云南	实验班 11A	114080248	赵迎春	女	哈尼	云南	11C
114080023	宋洪高	男	汉	云南	实验班 11A	114080249	赵永凤	女	白	云南大理	11C
114080025	谭海波	男	汉	重庆	实验班 11A	114080250	赵玉平	女	汉	云南	11C
114080026	唐律文	男	汉	云南昆明	实验班 11A	114080251	赵云凤	女	汉	云南	11C
114080027	陶汝雄	男	汉	云南	实验班 11A	114080252	周云丽	女	汉	云南	11C

续表

学号	姓名	性别	民族	生源地	班级	学号	姓名	性别	民族	生源地	班级
114080028	田长恩	男	汉	云南	实验班 11A	114080253	庄纪叶	女	汉	云南	11C
114080029	汪梅兰	女	汉	云南	实验班 11A	114080254	左寿松	男	阿昌	云南昆明	11C
114080030	王光权	男	汉	云南楚雄	实验班 11A	114090021	李孟虹	女	汉	云南晋宁	11C
114080031	王　浩	男	汉	云南洱源	实验班 11A	114090312	孔　帅	男	彝	云南	11C
114080032	王　华	男	汉	云南	实验班 11A	104200325	王蕴萍	女	汉	浙江	11D
114080033	王开雄	男	汉	云南禄劝	实验班 11A	114080261	卜丽琼	女	汉	云南	11D
114080034	王　磊	男	汉	云南	实验班 11A	114080262	曹　凤	女	汉	云南	11D
114080035	王　鹏	男	汉	云南	实验班 11A	114080263	迪力热巴•阿布来提	女	维吾尔	新疆	11D
114080036	王　瑞	男	汉	云南	实验班 11A	114080264	段胜礼	男	汉	云南	11D
114080037	王　涛	男	汉	云南	实验班 11A	114080265	冯仙美	女	彝	云南	11D
114080038	王雪梅	女	汉	云南	实验班 11A	114080266	付荣欢	女	汉	云南文山	11D
114080039	王银珠	女	汉	云南	实验班 11A	114080267	高丹凤	女	汉	云南	11D
114080040	王婷婷	女	汉	重庆	实验班 11A	114080268	高海飞	男	汉	云南	11D
114080042	吴　霄	男	汉	云南	实验班 11A	114080269	郭　彪	男	汉	云南	11D
114080043	许朝柱	男	汉	云南永平	实验班 11A	114080270	郭　宇	女	汉	云南	11D
114080044	薛跃飞	男	汉	云南	实验班 11A	114080271	郭　睿	女	汉	云南	11D
114080045	严礼荣	女	汉	云南	实验班 11A	114080272	韩兰兰	女	布依	贵州兴义	11D
114080046	杨娇梅	女	汉	云南	实验班 11A	114080273	和　森	男	纳西	云南维西	11D
114080047	杨明哲	男	汉	云南昆明	实验班 11A	114080274	黄联逵	男	彝	云南广南	11D
114080048	杨双珍	女	汉	云南	实验班 11A	114080275	黄升艳	女	汉	云南	11D
114080049	杨新鹏	男	汉	云南	实验班 11A	114080276	金鹏亮	男	汉	云南	11D
114080050	姚才花	女	汉	云南	实验班 11A	114080277	黎　颖	女	白	云南大理	11D
114080051	易寿仙	女	汉	云南	实验班 11A	114080278	李岸原	男	汉	云南	11D
114080052	尹　迤	女	汉	云南	实验班 11A	114080279	李　聪	女	白	云南剑川	11D
114080053	余文勇	男	汉	云南	实验班 11A	114080280	李艳珍	女	汉	云南禄丰	11D
114080054	袁丽佳	女	汉	云南	实验班 11A	114080281	林清清	女	汉	云南嵩明	11D
114080055	张　林	男	汉	云南	实验班 11A	114080282	刘建巧	女	汉	云南寻甸	11D
114080056	张蓉丽	女	汉	云南	实验班 11A	114080283	刘江燕	女	汉	云南	11D
114080057	张素婷	女	汉	湖北	实验班 11A	114080284	刘　柯	女	汉	云南	11D
114080058	张晓雨	女	汉	云南建水	实验班 11A	114080285	刘顺友	男	汉	云南	11D
114080059	张雪娟	女	白	云南大理	实验班 11A	114080286	刘向东	男	汉	云南	11D
114080060	赵孟娜	女	汉	云南武定	实验班 11A	114080287	鲁志强	男	汉	云南弥渡	11D
114080061	朱彦行	男	汉	云南	实验班 11A	114080288	陆明宏	男	汉	云南	11D
114080062	邹存刚	男	汉	云南	实验班 11A	114080289	吕山花	女	彝	云南	11D
114080063	晏吉仙	女	汉	云南	实验班 11A	114080290	罗　颖	女	汉	内蒙古	11D
104200339	朱佩珍	女	汉	浙江台州	11B	114080291	罗泽权	男	汉	云南	11D

续表

学号	姓名	性别	民族	生源地	班级	学号	姓名	性别	民族	生源地	班级
114080101	艾国梅	女	汉	云南保山	11B	114080292	毛学莲	女	汉	云南	11D
114080102	查加龙	男	汉	云南昆明	11B	114080293	卯　霞	女	彝	云南	11D
114080103	陈　闯	男	汉	云南	11B	114080294	潘鹏翔	男	汉	浙江	11D
114080104	陈建武	男	汉	云南姚安	11B	114080295	彭自云	男	汉	云南	11D
114080105	陈龙丽	女	汉	云南	11B	114080296	普旭东	男	彝	云南	11D
114080106	陈　璐	女	汉	新疆	11B	114080297	阮婵娟	女	回	云南	11D
114080107	成卿彧	女	汉	云南	11B	114080298	师　斌	男	彝	云南	11D
114080108	崔　璐	女	汉	云南	11B	114080299	唐桂香	女	汉	云南勐腊	11D
114080109	代龙江	男	汉	云南	11B	114080300	田雄元	男	汉	云南	11D
114080110	段永勋	男	汉	云南	11B	114080301	王　丹	女	汉	云南	11D
114080111	朵玲红	女	汉	云南禄劝	11B	114080302	王　蕊	女	汉	云南	11D
114080112	郭丽丹	女	汉	云南	11B	114080303	王瑞芹	女	汉	云南	11D
114080113	和秋雄	男	纳西	云南大理	11B	114080304	王有福	男	汉	青海	11D
114080114	何秋晶	女	汉	云南	11B	114080305	卫　伟	男	彝	云南	11D
114080115	黄艳青	女	汉	云南寻甸	11B	114080306	吴兴正	男	汉	云南	11D
114080116	李彩云	女	彝	云南蒙自	11B	114080307	夏丽娇	女	汉	云南	11D
114080117	李杰辉	男	汉	云南嵩明	11B	114080308	肖　飞	女	汉	云南	11D
114080118	李明淑	女	汉	云南	11B	114080309	肖剑锋	男	汉	云南	11D
114080119	李　志	男	汉	云南	11B	114080310	熊　波	男	彝	云南南涧	11D
114080120	李姗娜	女	白	云南大理	11B	114080311	许秋艳	女	汉	云南	11D
114080121	李焱全	男	彝	云南昆明	11B	114080312	严　江	男	汉	云南	11D
114080122	梁　洪	男	汉	云南禄劝	11B	114080313	杨春艳	女	白	云南大理	11D
114080123	林　骏	男	汉	云南	11B	114080314	杨纯平	男	汉	云南	11D
114080124	刘春梅	女	汉	云南祥云	11B	114080315	杨丽楠	女	白	云南	11D
114080125	刘树全	男	汉	内蒙古	11B	114080316	杨庆国	男	汉	云南	11D
114080126	刘　瑜	女	汉	云南宜良	11B	114080318	杨延惠	女	彝	云南	11D
114080127	陆　英	女	壮	云南文山	11B	114080319	叶强云	男	汉	云南	11D
114080128	罗祖圣	男	汉	云南	11B	114080320	余继珍	女	汉	云南楚雄	11D
114080129	马吉香	女	回	云南	11B	114080321	张福艳	女	汉	云南	11D
114080130	马玲娇	女	回	云南泸西	11B	114080322	张劲鹏	女	汉	云南嵩明	11D
114080131	马绍光	男	汉	云南	11B	114080323	张　静	女	汉	云南	11D
114080132	潘玉婕	女	汉	云南寻甸	11B	114080324	张　蕾	女	汉	四川泸州	11D
114080133	钱发俊	男	汉	云南楚雄	11B	114080325	张蓉琪	女	汉	云南	11D
114080134	秦　蓉	女	汉	云南昆明	11B	114080326	张晓艳	女	汉	云南	11D
114080136	孙白林	男	汉	云南	11B	114080327	赵雪峰	男	汉	云南	11D
114080137	唐　龙	男	哈尼	云南	11B	114080328	钟志军	男	汉	云南	11D
114080138	陶学霞	女	汉	云南大理	11B	114080329	朱红桃	女	汉	云南	11D

续表

学号	姓名	性别	民族	生源地	班级	学号	姓名	性别	民族	生源地	班级
114080139	陶志清	男	傣	云南	11B	114080330	宗瑞超	男	汉	云南	11D
114080140	田丽娟	女	汉	甘肃	11B	114080331	蔺左翠	女	汉	云南	11D
114080141	王　晶	男	汉	云南	11B	114080332	闫应雪	女	汉	云南昆明	11D
114080142	王天一	女	汉	云南	11B	114090130	余禹燃	女	回	云南楚雄	11D
114080143	王　甜	女	汉	云南	11B	114090136	钟纪媛	女	汉	云南文山	11D
114080144	王　莹	女	汉	贵州	11B	114120236	杨会芬	女	回	云南	11D
114080145	王玉涛	女	汉	云南	11B	104080217	刘雄飞	男	汉	云南昆明	11E
114080146	吴学运	男	汉	云南	11B	104080318	杨家洪	男	汉	云南	11E
114080147	吴奕杭	男	汉	云南	11B	114080341	白　赟	女	汉	云南昆明	11E
114080148	熊友良	男	苗	云南 麻栗坡	11B	114080342	常　虹	男	汉	云南	11E
114080149	徐跃辉	男	汉	云南昆明	11B	114080343	陈凯敏	男	汉	云南宜良	11E
114080150	徐志志	女	汉	云南	11B	114080344	陈萍萍	女	哈尼	云南	11E
114080151	杨晶晶	女	汉	云南	11B	114080345	陈清梅	女	汉	云南	11E
114080152	杨武燕	女	白	云南大理	11B	114080346	陈艳敏	女	汉	云南大理	11E
114080153	杨学娴	女	汉	云南	11B	114080347	程子玲	女	汉	云南	11E
114080154	杨　雪	女	白	云南大理	11B	114080348	崔　锦	男	汉	云南	11E
114080155	杨　扬	男	汉	云南	11B	114080349	段江涛	女	汉	云南	11E
114080156	杨云春	男	汉	云南	11B	114080350	段露丽	女	白	云南剑川	11E
114080157	尹德波	男	汉	云南	11B	114080351	郭路明	男	汉	云南	11E
114080158	尹午华	男	汉	云南	11B	114080352	郭树苹	女	彝	云南楚雄	11E
114080159	余　娇	女	汉	云南	11B	114080353	韩　斌	男	汉	云南	11E
114080160	余忠瑞	男	蒙古	云南	11B	114080354	何做峰	男	白	云南大理	11E
114080161	玉米提	男	维吾尔	新疆	11B	114080355	黄万香	女	汉	云南昆明	11E
114080162	袁义坤	男	哈尼	云南	11B	114080356	贾江凤	女	汉	云南	11E
114080163	张海琼	女	汉	云南泸西	11B	114080357	解雅涵	女	汉	云南昆明	11E
114080164	张红星	女	汉	云南	11B	114080358	解延红	女	汉	云南	11E
114080165	张艳坤	男	汉	云南	11B	114080359	靳　雯	女	汉	云南	11E
114080166	张　娴	女	汉	云南	11B	114080360	孔　航	男	汉	云南	11E
114080167	赵米云	女	汉	云南	11B	114080361	雷良柱	男	汉	云南	11E
114080168	赵玉瑞	女	汉	云南	11B	114080362	李　飞	男	汉	云南	11E
114080169	周梦玲	女	汉	云南	11B	114080363	李蓉娟	女	白	云南大理	11E
114080170	朱碧君	女	彝	云南	11B	114080364	李雪艳	女	汉	云南	11E
114080171	朱贺芳	女	汉	云南	11B	114080365	李阳春	男	汉	云南	11E
114080172	朱　敏	女	白	云南洱源	11B	114080366	李智清	女	汉	云南	11E
114080173	邹　丹	女	汉	云南东川	11B	114080368	刘　娜	女	汉	云南昆明	11E
114080174	闫　玲	女	汉	云南建水	11B	114080369	刘　冉	女	汉	云南	11E
114090039	石云霞	女	汉	云南宾川	11B	114080370	罗建兴	男	白	云南大理	11E

续表

学号	姓名	性别	民族	生源地	班级	学号	姓名	性别	民族	生源地	班级
114090512	李　宁	男	汉	江苏	11B	114080371	罗金斗	男	彝	云南	11E
114080181	陈　影	男	汉	云南	11C	114080372	罗琴芬	女	汉	云南	11E
114080182	陈　倩	女	汉	甘肃	11C	114080373	马仲江	女	回	云南昆明	11E
114080183	迟添凤	女	彝	云南楚雄	11C	114080374	纳建伊	女	回	云南文山	11E
114080184	代顺志	男	汉	云南	11C	114080375	倪酉龙	男	汉	云南昆明	11E
114080185	邓伍丹	女	汉	四川达州	11C	114080376	彭明慧	女	汉	云南	11E
114080186	董蓉艳	女	汉	云南	11C	114080377	彭文婷	女	汉	云南	11E
114080187	段寒金	女	汉	云南	11C	114080378	浦　婷	女	汉	云南	11E
114080188	高　鹏	男	汉	云南	11C	114080379	邱付林	男	汉	云南	11E
114080189	龚丽梅	女	汉	云南	11C	114080380	雀　燕	女	傈僳	云南	11E
114080190	龚亚婷	女	哈尼	云南	11C	114080381	阮为国	男	汉	云南	11E
114080191	郭榕聪	女	汉	云南昆明	11C	114080382	桑育娟	女	白	云南大理	11E
114080192	何先慧	女	汉	云南	11C	114080383	沈良宏	男	汉	云南	11E
114080193	胡跃刚	男	汉	云南	11C	114080384	宋　刚	男	汉	云南	11E
114080194	黄雨虹	女	汉	云南	11C	114080385	谭晓嵘	女	汉	新疆	11E
114080195	解熙媛	女	汉	云南	11C	114080386	唐佳纳	女	黎	海南	11E
114080197	李　娇	女	汉	云南	11C	114080387	吴莲碧	女	壮	云南	11E
114080198	李洛平	女	汉	云南	11C	114080388	徐婷婷	女	汉	新疆	11E
114080199	李　梅	女	汉	云南	11C	114080389	杨　娥	女	白	云南大理	11E
114080200	李　强	男	汉	云南	11C	114080390	杨　广	男	汉	云南	11E
114080201	李书琪	女	汉	云南嵩明	11C	114080391	杨国相	男	汉	云南	11E
114080202	李思奇	男	汉	云南昆明	11C	114080392	杨　蕊	女	汉	云南	11E
114080203	刘章河	男	汉	云南	11C	114080393	杨顺华	男	彝	云南	11E
114080204	陆小凤	女	汉	云南	11C	114080394	杨天鹏	男	白	云南大理	11E
114080205	罗万强	男	彝	云南楚雄	11C	114080395	杨　源	男	汉	云南昆明	11E
114080206	罗　伟	男	汉	云南祥云	11C	114080396	尹　进	男	汉	云南	11E
114080207	马黎波	男	回	云南大理	11C	114080397	尹　雯	女	汉	云南蒙自	11E
114080208	马淑华	女	回	云南昆明	11C	114080398	余　松	男	汉	云南	11E
114080209	马艳娟	女	回	云南嵩明	11C	114080399	曾贵章	男	汉	云南	11E
114080210	孟凡雪	女	汉	吉林	11C	114080400	詹　娟	女	汉	云南	11E
114080211	穆　冉	女	汉	云南	11C	114080401	张　超	男	汉	湖北武汉	11E
114080212	倪　静	女	汉	云南	11C	114080402	张成猛	男	汉	云南	11E
114080213	牛　腾	男	汉	云南	11C	114080403	张　翠	女	汉	广东	11E
114080214	权发祥	男	汉	云南	11C	114080404	张　丹	女	汉	云南	11E
114080215	茹则古丽·阿卜杜艾尼	女	维吾尔	新疆	11C	114080405	张利橙	女	汉	云南宜良	11E
114080216	沈明凤	女	汉	云南	11C	114080406	张买云	女	汉	云南	11E

续表

学号	姓名	性别	民族	生源地	班级	学号	姓名	性别	民族	生源地	班级
114080217	沈 帅	男	汉	云南	11C	114080407	张应慧	女	汉	云南	11E
114080218	宋志伟	男	汉	云南	11C	114080408	张 泽	男	汉	云南建水	11E
114080219	孙雪斌	男	汉	云南	11C	114080409	张 婕	女	汉	云南	11E
114080220	王帮雄	男	汉	云南	11C	114080410	周 丽	女	汉	云南	11E
114080221	王凯艳	女	汉	云南	11C	114080411	周彦春	男	汉	云南	11E
114080222	王丽娜	女	汉	云南呈贡	11C	114080412	朱志勇	男	汉	云南	11E
114080223	王丽萍	女	汉	云南弥渡	11C	114080413	阚娇丽	女	汉	云南	11E
114080224	王曙佺	男	白	云南	11C	114090127	尹荣燕	女	汉	云南	11E
114080225	王 文	男	汉	云南	11C	114100046	朱 琳	女	汉	云南	11E
114080226	王 艳	女	汉	云南	11C	114120117	夏 季	女	汉	云南	11E
114080227	王子娟	女	佤	云南	11C	114120424	钱炳花	女	白	云南	11E

2012 级数学与应用数学和统计学专业本科学生

学号	姓名	性别	民族	籍贯	班级	学号	姓名	性别	民族	籍贯	班级
124080001	艾辉存	女	汉	云南曲靖	实验班 A	124080266	段显庆	女	白	云南剑川	数学 12D
124080003	陈旋风	男	汉	云南玉溪	实验班 A	124080267	方岩保	男	傣	云南	数学 12D
124080004	寸晨虹	女	汉	云南保山	实验班 A	124080268	冯 孟	女	汉	重庆	数学 12D
124080005	邓敬也	男	汉	云南玉溪	实验班 A	124080269	冯涛艳	女	汉	云南曲靖	数学 12D
124080006	奠艳西	女	土	云南曲靖	实验班 A	124080270	奉光渠	女	汉	云南玉溪	数学 12D
124080007	杜亚群	女	汉	云南保山	实验班 A	124080271	高 杉	女	汉	云南昆明	数学 12D
124080008	段杲良	男	汉	云南寻甸	实验班 A	124080272	高 元	男	汉	云南昭通	数学 12D
124080009	范凤春	女	汉	云南镇雄	实验班 A	124080273	关山月	女	汉	湖北襄阳	数学 12D
124080010	冯燕超	男	汉	云南曲靖	实验班 A	124080274	郭 露	女	汉	云南玉溪	数学 12D
124080011	高兴丽	女	汉	云南寻甸	实验班 A	124080275	郭兆晶	女	汉	云南腾冲	数学 12D
124080012	顾 霞	女	汉	云南宣威	实验班 A	124080276	郭 霏	女	汉	云南昭通	数学 12D
124080013	桂鹏艳	女	汉	云南陆良	实验班 A	124080277	何怀秋	女	白	云南剑川	数学 12D
124080014	郭利龙	男	汉	云南晋宁	实验班 A	124080278	黄 蓉	女	汉	云南昆明	数学 12D
124080015	黄秀英	女	汉	云南富源	实验班 A	124080279	计金凤	女	汉	云南禄丰	数学 12D
124080016	贾 婷	女	汉	云南宣威	实验班 A	124080280	蒋 莲	女	汉	云南富源	数学 12D
124080017	雷东霖	男	汉	云南个旧	实验班 A	124080281	郎熙元	男	汉	甘肃兰州	数学 12D
124080018	黎 任	男	汉	云南富源	实验班 A	124080282	李改清	男	汉	云南临沧	数学 12D
124080019	李 别	男	汉	云南弥勒	实验班 A	124080283	李佳燕	女	汉	云南玉溪	数学 12D
124080020	李德盛	男	汉	云南易门	实验班 A	124080284	李俊玥	女	汉	河南南召	数学 12D
124080021	李 芳	女	白	云南大理	实验班 A	124080285	李科琴	女	汉	云南文山	数学 12D
124080022	李 钦	女	彝	云南	实验班 A	124080286	李黎颖	女	汉	云南腾冲	数学 12D
124080023	李倩倩	女	汉	云南昆明	实验班 A	124080287	李 桐	男	汉	云南建水	数学 12D
124080024	林倩芸	女	汉	贵州毕节	实验班 A	124080288	李晓翠	女	汉	云南保山	数学 12D

续表

学号	姓名	性别	民族	籍贯	班级	学号	姓名	性别	民族	籍贯	班级
124080025	刘荷叶	女	汉	云南玉溪	实验班 A	124080289	李兴乐	男	汉	云南江川	数学 12D
124080026	刘　艳	女	汉	云南昆明	实验班 A	124080290	李志伟	男	汉	云南曲靖	数学 12D
124080027	刘艳秀	女	汉	云南富源	实验班 A	124080291	李志英	女	哈尼	云南红河	数学 12D
124080028	马　婷	女	回	云南大理	实验班 A	124080292	李　瑜	女	汉	云南昆明	数学 12D
124080029	宁娅波	女	汉	云南宣威	实验班 A	124080293	刘启月	女	汉	云南昭通	数学 12D
124080030	彭永琴	女	汉	云南曲靖	实验班 A	124080294	吕欣芮	女	汉	云南蒙自	数学 12D
124080031	沈宗禅	女	汉	云南宣威	实验班 A	124080295	骆　雪	女	彝	云南昆明	数学 12D
124080032	史小茜	女	汉	云南曲靖	实验班 A	124080296	马贵朝	男	汉	云南禄劝	数学 12D
124080033	舒红芳	女	汉	云南曲靖	实验班 A	124080297	马书群	女	汉	云南曲靖	数学 12D
124080034	唐燕燕	女	白	云南大理	实验班 A	124080298	买日哈巴・买买提	女	维吾尔	新疆阿克苏	数学 12D
124080035	汪忠碧	女	汉	云南镇雄	实验班 A	124080299	潘思莹	女	汉	云南澄江	数学 12D
124080036	王风娇	女	汉	云南曲靖	实验班 A	124080300	裴婷婷	女	汉	云南晋宁	数学 12D
124080037	王　金	男	汉	云南会泽	实验班 A	124080301	沈　巍	男	汉	云南腾冲	数学 12D
124080038	王　柳	女	汉	云南鲁甸	实验班 A	124080302	苏　娜	女	回	云南大理	数学 12D
124080039	王天礼	男	汉	云南会泽	实验班 A	124080303	陶宗旭	男	苗	云南昭通	数学 12D
124080040	熊建棚	男	汉	云南巍山	实验班 A	124080304	陶妍君	女	汉	云南昆明	数学 12D
124080041	徐仕相	男	汉	云南彝良	实验班 A	124080305	王　浩	男	汉	云南宣威	数学 12D
124080042	许　芳	女	彝	云石屏县	实验班 A	124080306	王梦秋	女	回	云南昭通	数学 12D
124080043	严雪峰	男	汉	云南泸西	实验班 A	124080307	王　瑞	女	汉	云南昆明	数学 12D
124080044	杨　艺	女	汉	云南江川	实验班 A	124080308	王耀生	男	白	云南丽江	数学 12D
124080045	杨志祥	男	汉	云南会泽	实验班 A	124080309	王　莹	女	汉	云南昆明	数学 12D
124080046	尤富永	男	汉	云南景洪	实验班 A	124080310	韦元伟	男	汉	云南文山	数学 12D
124080047	余　聪	男	汉	云南保山	实验班 A	124080311	吴碧玉	女	汉	云南鹤庆	数学 12D
124080048	张宝珠	女	汉	云南东川	实验班 A	124080312	吴晓阳	男	汉	云南曲靖	数学 12D
124080049	张国香	女	汉	云南昭通	实验班 A	124080313	向永清	女	彝	云南建水	数学 12D
124080050	张红春	男	汉	云南曲靖	实验班 A	124080314	严　辉	男	汉	云南会泽	数学 12D
124080051	张　慧	女	汉	云南宣威	实验班 A	124080315	杨发霞	女	白	云南大理	数学 12D
124080052	张　娜	女	汉	云南昆明	实验班 A	124080316	杨　坤	男	汉	云南昭通	数学 12D
124080053	张能武	男	彝	云南禄劝	实验班 A	124080317	杨芒荣	男	汉	云南瑞丽	数学 12D
124080054	张渲滢	女	汉	云南昆明	实验班 A	124080318	杨思莉	女	汉	云南玉溪	数学 12D
124080055	赵万丹	女	汉	云南晋宁	实验班 A	124080319	杨晓陆	女	白	云南保山	数学 12D
124080056	郑立飞	男	汉	云南陆良	实验班 A	124080320	张丽娜	女	汉	云南祥云	数学 12D
124080057	郑维臣	男	汉	云南文山	实验班 A	124080321	张依姗	女	汉	云南江川	数学 12D
124080058	郑艳梅	女	汉	云南红塔	实验班 A	124080322	赵健勇	男	汉	云南昭通	数学 12D
124080059	周兴华	男	汉	云南昆明	实验班 A	124080323	赵庆莲	女	汉	云南会泽	数学 12D
124080060	周　瑶	女	汉	云南	实验班 A	124080324	赵玉霞	女	白	云南大理	数学 12D
124080061	左昊晟	男	汉	云南保山	实验班 A	124080325	周德师	男	汉	云南宣威	数学 12D

续表

学号	姓名	性别	民族	籍贯	班级	学号	姓名	性别	民族	籍贯	班级
124080062	晏　爽	男	汉	云南宣威	实验班 A	124080327	郗登才	男	汉	云南玉溪	数学 12D
124080063	晏叶娇	女	汉	云南曲靖	实验班 A	124080328	晏祥参	男	汉	云南宣威	数学 12D
124080102	边　雯	女	汉	山东济南	数学 12B	124080341	白露秋	女	彝	云南楚雄	数学 12E
124080103	常艳娇	女	汉	云南曲靖	数学 12B	124080342	白　琼	女	汉	云南玉溪	数学 12E
124080104	陈淑鑫	女	汉	海南儋州	数学 12B	124080343	包发荣	男	汉	云南会泽	数学 12E
124080105	丁忠福	男	回	云南昆明	数学 12B	124080344	陈　莉	女	汉	重庆	数学 12E
124080106	董凤丹	女	汉	云南曲靖	数学 12B	124080345	陈　瑞	女	汉	云南昭通	数学 12E
124080107	杜文娜	女	汉	云南保山	数学 12B	124080346	陈　晓	女	汉	云南建水	数学 12E
124080108	段玉桂	女	汉	云南保山	数学 12B	124080347	陈晓欣	男	汉	云南威信	数学 12E
124080109	樊卜莲	女	汉	云南曲靖	数学 12B	124080348	陈　勇	男	汉	云南会泽	数学 12E
124080110	顾云现	男	汉	云南曲靖	数学 12B	124080349	崔　博	女	汉	吉林	数学 12E
124080112	何　婷	女	汉	云南昭通	数学 12B	124080350	邓琴芳	女	汉	云南昭通	数学 12E
124080113	何　璇	女	汉	云南个旧	数学 12B	124080351	丁　俏	女	汉	云南曲靖	数学 12E
124080114	洪瑞霞	女	白	云南大理	数学 12B	124080352	杜　淼	女	汉	云南宾川	数学 12E
124080115	胡明凤	女	汉	云南曲靖	数学 12B	124080353	范天炳	男	汉	云南会泽	数学 12E
124080116	贾江伟	男	汉	云南曲靖	数学 12B	124080356	顾开运	男	汉	云南沾益	数学 12E
124080117	蒋　雄	男	汉	云南曲靖	数学 12B	124080357	何林蓬	男	汉	云南曲靖	数学 12E
124080118	奎志伟	男	汉	云南弥勒	数学 12B	124080358	何信春	男	汉	云南昭通	数学 12E
124080119	李春丽	女	哈尼	云南个旧	数学 12B	124080359	侯云生	男	汉	内蒙古	数学 12E
124080121	李福梅	女	彝	云南红河	数学 12B	124080360	黄　凯	男	汉	云南曲靖	数学 12E
124080122	李付朝	男	汉	云南鲁甸	数学 12B	124080361	李　涵	女	彝	云南大理	数学 12E
124080123	李红樱	女	汉	云南曲靖	数学 12B	124080362	李雪晴	女	汉	云南曲靖	数学 12E
124080124	李建情	女	阿昌	云南德宏	数学 12B	124080363	李　尧	男	汉	云南曲靖	数学 12E
124080125	李　江	男	彝	云南	数学 12B	124080364	李志楠	女	汉	云南弥渡	数学 12E
124080126	李留萍	女	汉	云南曲靖	数学 12B	124080365	刘正达	男	汉	云南	数学 12E
124080127	李如意	女	汉	云南玉溪	数学 12B	124080366	鲁　敏	女	汉	云南昆明	数学 12E
124080128	李彦青	男	汉	云南曲靖	数学 12B	124080367	陆廷留	男	壮	云南广南	数学 12E
124080129	李贞玲	女	汉	云南大理	数学 12B	124080368	马　杰	男	回	云南昭通	数学 12E
124080130	刘红肖	女	汉	云南曲靖	数学 12B	124080369	毛国栋	男	彝	云南昆明	数学 12E
124080131	刘苏碧	女	汉	云南宣威	数学 12B	124080370	明兴早	男	汉	云南	数学 12E
124080132	刘　霄	男	汉	云南昆明	数学 12B	124080371	倪富荣	男	汉	甘肃武威	数学 12E
124080133	刘艳非	女	汉	云南宣威	数学 12B	124080372	彭晓飞	女	汉	云南腾冲	数学 12E
124080135	刘芮彤	女	汉	云南嵩明	数学 12B	124080373	钱　婷	女	汉	云南曲靖	数学 12E
124080136	马　吉	男	汉	云南楚雄	数学 12B	124080374	侍乐妮	女	汉	云南曲靖	数学 12E
124080137	马赛飞	女	回	云南丽江	数学 12B	124080375	苏　婷	女	白	云南大理	数学 12E
124080138	满妍颖	女	汉	云南曲靖	数学 12B	124080376	孙朝辉	男	汉	云南禄劝	数学 12E
124080139	钱　锦	女	汉	云南曲靖	数学 12B	124080377	孙婷婷	女	汉	安徽阜阳	数学 12E

续表

学号	姓名	性别	民族	籍贯	班级	学号	姓名	性别	民族	籍贯	班级
124080141	太江艳	女	汉	云南曲靖	数学12B	124080378	王春亮	男	彝	云南曲靖	数学12E
124080142	陶　志	男	汉	云南宣威	数学12B	124080380	王　颖	女	白	云南大理	数学12E
124080143	王红霞	女	白	云南大理	数学12B	124080381	王元敏	男	汉	云南昆明	数学12E
124080144	王园静	女	汉	云南昆明	数学12B	124080382	魏雪艳	女	汉	云南石屏	数学12E
124080145	吴国祥	男	汉	云南	数学12B	124080383	吴刚雄	男	汉	云南昭通	数学12E
124080146	徐占州	男	汉	云南保山	数学12B	124080384	吴晓弘	女	汉	云南蒙自	数学12E
124080147	杨恩翠	女	汉	云南德宏	数学12B	124080385	吴云刚	男	汉	云南威信	数学12E
124080148	杨　俊	男	汉	昆明寻甸	数学12B	124080386	徐秋月	女	汉	云南宣威	数学12E
124080149	杨丽红	女	汉	云南丽江	数学12B	124080387	杨　丹	女	汉	云南昆明	数学12E
124080151	杨淑羽	女	汉	云南蒙自	数学12B	124080388	杨广芝	女	白	云南鹤庆	数学12E
124080152	杨玉萍	女	汉	云南曲靖	数学12B	124080389	杨　磊	男	汉	云南宜良	数学12E
124080153	杨郑林	女	彝	云南大理	数学12B	124080390	杨　梅	女	汉	云南曲靖	数学12E
124080154	杨　媛	女	汉	云南安宁	数学12B	124080391	杨书婷	女	汉	云南大理	数学12E
124080155	姚箫生	男	汉	安徽宿州	数学12B	124080392	杨武菊	女	汉	云南昆明	数学12E
124080156	叶士贤	男	汉	云南富源	数学12B	124080393	杨正霞	女	汉	云南嵩明	数学12E
124080157	游冬梅	女	汉	云南富源	数学12B	124080394	尹柱娥	女	汉	云南宣威	数学12E
124080158	张步青	男	汉	云南江川	数学12B	124080395	余传飞	女	汉	云南会泽	数学12E
124080159	张椿明	女	汉	四川巴中	数学12B	124080396	张成凤	女	汉	云南曲靖	数学12E
124080160	张莉欣	女	汉	云南通海	数学12B	124080397	张　丹	女	汉	云南江川	数学12E
124080161	张同琛	男	汉	云南宣威	数学12B	124080398	张开敏	女	汉	云南禄劝	数学12E
124080162	赵东方	男	汉	云南曲靖	数学12B	124080399	张丽琴	女	彝	云南禄劝	数学12E
124080163	赵　平	男	汉	云南曲靖	数学12B	124080400	张廷所	男	汉	云南会泽	数学12E
124080164	钟彩容	女	汉	广东高州	数学12B	124080401	赵春锦	女	汉	云南宣威	数学12E
124080165	朱雪峰	男	汉	云南丽江	数学12B	124080402	郑明鹏	男	汉	云南昭通	数学12E
124080166	诸晓东	男	汉	上海	数学12B	124080403	周登蕊	女	汉	贵州贵阳	数学12E
124080167	左宝菊	女	汉	云南楚雄	数学12B	124080404	朱源琴	女	汉	云南宾川	数学12E
124080168	左继杉	女	彝	云南巍山	数学12B	124080405	邵丽婷	女	汉	云南弥渡	数学12E
124080169	訾先华	男	汉	云南昭通	数学12B	124080406	晏宇琳	女	汉	云南寻甸	数学12E
124090049	殷正银	男	汉	云南宣威	数学12B	124130129	岳　纯	女	汉	云南玉溪	数学12E
124090096	蒋春梅	女	汉	云南昭通	数学12B	124110113	郑洪云	男	汉	云南昭通	数学12E
124080182	包路香	女	汉	云南宣威	数学12C	124160114	李时雨	男	汉	江苏高邮	数学12E
124080183	陈　叶	女	汉	海南	数学12C	124080379	王　敏	男	汉	湖北	统计学12
124080184	陈志宁	男	汉	广东	数学12C	124080501	白　艳	女	彝	云南红河	统计学12
124080185	段　宇	女	汉	云南曲靖	数学12C	124080502	毕　徽	女	汉	云南昆明	统计学12
124080186	郭桂旭	男	汉	云南澄江	数学12C	124080503	曹丽莹	女	白	云南丽江	统计学12
124080187	郭丽娟	女	汉	云南德宏	数学12C	124080504	常鹏飞	男	汉	云南昆明	统计学12

续表

学号	姓名	性别	民族	籍贯	班级	学号	姓名	性别	民族	籍贯	班级
124080188	何浪超	男	汉	云南曲靖	数学 12C	124080505	陈爱林	女	汉	云南曲靖	统计学 12
124080189	洪丽臣	男	汉	云南会泽	数学 12C	124080506	翟永杰	男	汉	云南保山	统计学 12
124080190	侯开顺	男	汉	云南宣威	数学 12C	124080507	樊伟彬	男	汉	河南	统计学 12
124080191	侯正君	男	汉	青海西宁	数学 12C	124080508	方　英	女	彝	云南玉溪	统计学 12
124080192	环学艳	女	汉	云南大理	数学 12C	124080509	符高铭	女	汉	海南琼海	统计学 12
124080193	黄金龙	男	彝	云南楚雄	数学 12C	124080511	高云华	女	汉	云南开远	统计学 12
124080194	蒋建标	男	白	云南大理	数学 12C	124080512	龚禹衡	男	白	云南安宁	统计学 12
124080195	角俊春	男	汉	云南曲靖	数学 12C	124080513	何春凤	女	汉	云南会泽	统计学 12
124080196	兰小磊	男	汉	云南玉溪	数学 12C	124080514	何冬丽	女	汉	云南宣威	统计学 12
124080197	雷景山	男	汉	云南德宏	数学 12C	124080515	何佳蓉	女	汉	云南昆明	统计学 12
124080198	李佳敏	女	满	辽宁锦州	数学 12C	124080516	后　佳	女	汉	云南个旧	统计学 12
124080199	李开艳	女	汉	云南曲靖	数学 12C	124080517	胡　琴	女	汉	云南昭通	统计学 12
124080200	李　荣	女	汉	云南昆明	数学 12C	124080518	黄琼华	女	汉	云南曲靖	统计学 12
124080201	李庭志	男	汉	云南罗平	数学 12C	124080519	辉丽梅	女	汉	云南保山	统计学 12
124080202	李晓丽	女	汉	云南弥渡	数学 12C	124080520	姜卉芸	女	汉	云南昆明	统计学 12
124080203	李秀全	男	白	云南剑川	数学 12C	124080521	姜　毅	男	汉	云南曲靖	统计学 12
124080204	李玉玲	女	汉	云南会泽	数学 12C	124080522	江莉丽	女	拉祜	云南勐海	统计学 12
124080205	李云香	女	汉	云南德宏	数学 12C	124080523	蒋　飞	男	汉	云南玉溪	统计学 12
124080206	李倩倩	女	汉	云南玉溪	数学 12C	124080524	康绍伟	男	汉	云南昭通	统计学 12
124080207	廖　艳	女	汉	云南昆明	数学 12C	124080525	康兴媛	女	汉	云南楚雄	统计学 12
124080208	刘　会	女	彝	云南宣威	数学 12C	124080526	李俊杰	男	白	云南大理	统计学 12
124080209	刘小丽	女	汉	云南曲靖	数学 12C	124080528	李训英	女	汉	云南宣威	统计学 12
124080210	鲁怡秀	女	汉	云南保山	数学 12C	124080530	刘灯阁	男	汉	河南漯河	统计学 12
124080211	陆永丽	女	壮	云南文山	数学 12C	124080531	刘纪元	女	汉	云南巍山	统计学 12
124080212	罗稀月	女	汉	云南玉溪	数学 12C	124080532	刘珂羽	女	回	云南昆明	统计学 12
124080213	马志强	男	回	云南文山	数学 12C	124080533	卢鸿达	男	汉	福建泉州	统计学 12
124080214	妹　妹	女	藏	云南迪庆	数学 12C	124080534	鲁杰溶	女	彝	云省临沧	统计学 12
124080215	彭永萍	女	汉	云南威信	数学 12C	124080535	罗莹琪	女	白	云南保山	统计学 12
124080217	任　瑞	女	汉	云南	数学 12C	124080536	马彩琼	女	汉	云南曲靖	统计学 12
124080218	阮英英	女	汉	上海	数学 12C	124080537	牛田丽	女	汉	云南曲靖	统计学 12
124080219	史石岩	男	汉	云南陆良	数学 12C	124080538	欧阳娟	女	汉	云南大理	统计学 12
124080220	孙　婷	女	汉	云南曲靖	数学 12C	124080539	欧阳乔	女	汉	江西九江	统计学 12
124080221	锁才运	男	回	云南昭通	数学 12C	124080540	沈富达	男	汉	云南文山	统计学 12
124080222	谭亚能	女	彝	云南玉溪	数学 12C	124080541	师静雯	女	汉	云南玉溪	统计学 12
124080223	王开胜	男	汉	云南祥云	数学 12C	124080542	粟道江	男	汉	云南丽江	统计学 12
124080224	王永春	女	汉	云南曲靖	数学 12C	124080543	孙玉婷	女	汉	云南丽江	统计学 12

续表

学号	姓名	性别	民族	籍贯	班级	学号	姓名	性别	民族	籍贯	班级
124080225	王正稳	男	汉	云南会泽	数学 12C	124080544	王　坤	女	汉	海南海口	统计学 12
124080226	王妍入	女	汉	四川内江	数学 12C	124080545	王　信	男	彝	云南曲靖	统计学 12
124080227	魏　林	女	汉	四川泸州	数学 12C	124080546	王　璐	女	汉	湖北荆州	统计学 12
124080228	吴润峰	男	汉	云南宜良	数学 12C	124080547	温润松	男	汉	云南曲靖	统计学 12
124080229	夏锦丽	女	汉	云南宣威	数学 12C	124080548	文红丽	女	汉	云南玉溪	统计学 12
124080230	肖俊宜	男	汉	云南玉溪	数学 12C	124080549	向　莹	女	汉	云南昭通	统计学 12
124080231	熊明翠	女	汉	云南大理	数学 12C	124080550	谢名阳	男	汉	江西赣州	统计学 12
124080232	徐　娟	女	汉	云南曲靖	数学 12C	124080551	徐亚男	女	汉	云南玉溪	统计学 12
124080233	杨清滢	女	回	云南巍山	数学 12C	124080552	徐　倩	女	汉	湖南	统计学 12
124080234	杨绍桃	女	汉	云南丽江	数学 12C	124080553	严　茜	女	汉	云南曲靖	统计学 12
124080235	杨锡涛	男	白	云南大理	数学 12C	124080554	杨　帆	女	汉	云南昆明	统计学 12
124080236	杨杏芬	女	白	云南洱源	数学 12C	124080555	杨贵躲	男	彝	云南文山	统计学 12
124080237	姚明荣	男	汉	云南昆明	数学 12C	124080556	杨　俊	男	汉	云南昆明	统计学 12
124080238	叶　爽	女	汉	云南宣威	数学 12C	124080557	杨　莲	女	白	云南大理	统计学 12
124080240	曾晓蓉	女	汉	云南临沧	数学 12C	124080558	杨　梅	女	拉祜	云南临沧	统计学 12
124080241	张冬梅	女	汉	云南镇雄	数学 12C	124080559	杨　岳	女	汉	云南昭通	统计学 12
124080242	张　佳	女	汉	云南易门	数学 12C	124080560	杨昊雯	女	汉	云南保山	统计学 12
124080243	张丽艳	女	汉	云南曲靖	数学 12C	124080561	张涵宇	男	汉	河南洛阳	统计学 12
124080244	张有坤	男	汉	云南保山	数学 12C	124080562	张　江	女	彝	云南昆明	统计学 12
124080245	张月烨	女	汉	云南巍山	数学 12C	124080563	赵辉辉	男	汉	河南新蔡	统计学 12
124080246	赵　蝶	女	汉	云南曲靖	数学 12C	124080564	赵慧娟	女	汉	云南弥渡	统计学 12
124080247	朱向学	男	汉	云南镇雄	数学 12C	124080565	赵桃霞	女	白	云南云龙	统计学 12
124080248	左易珠	女	汉	云南保山	数学 12C	124080566	赵　越	女	土家	云南易门	统计学 12
124090084	丁　丽	女	汉	云南玉溪	数学 12C	124080567	赵鹂媚	女	汉	云南保山	统计学 12
124130722	马江成	男	回	云南泸西	数学 12C	124080568	周丹丹	女	汉	云南	统计学 12
124080261	包　江	男	汉	云南昭通	数学 12D	124080569	周丽娇	女	汉	云南会泽	统计学 12
124080262	保　江	男	汉	云南陆良	数学 12D	124080570	卓林标	男	汉	福建南平	统计学 12
124080263	陈慧欣	女	汉	吉林松原	数学 12D	124080571	邹雪兰	女	汉	云南临沧	统计学 12
124080264	陈娇娇	女	汉	安徽阜阳	数学 12D	124130325	熊颖佳	女	汉	云南昆明	统计学 12
124080265	丁昌林	男	汉	云南昭通	数学 12D						

2013 级数学与应用数学和统计学专业本科学生

学号	姓名	性别	民族	籍贯	班级	学号	姓名	性别	民族	籍贯	班级
134080001	蔡明珏	男	汉	云南广南	13A	134080201	阿热祖古丽·麦麦提	女	维吾尔	新疆	13D
134080002	查春艳	女	彝	云南玉溪	13A	134080202	查粉琴	女	汉	云南会泽	13D
134080003	邓　箫	女	汉	云南临沧	13A	134080203	陈亚玢	女	汉	江西万年	13D

续表

学号	姓名	性别	民族	籍贯	班级	学号	姓名	性别	民族	籍贯	班级
134080004	杜　丹	女	汉	云南昭通	13A	134080204	陈琪燕	女	汉	云南陆良	13D
134080005	杜文惠	女	汉	云南普洱	13A	134080205	戴兴泽	男	汉	云南会泽	13D
134080006	高彩霞	女	汉	云南昆明	13A	134080206	段志高	男	白	云南洱源	13D
134080007	郭彩盛	男	汉	云南会泽	13A	134080207	范　璟	女	汉	云南曲靖	13D
134080008	和向芬	女	纳西	云南腾冲	13A	134080208	范云婷	女	汉	云南昆明	13D
134080009	何梦柔	女	白	云南丽江	13A	134080209	方雪敏	女	汉	云南陆良	13D
134080010	何艳兴	男	汉	云南丽江	13A	134080211	黄　波	男	汉	云南昭通	13D
134080011	胡　蓉	女	汉	云南曲靖	13A	134080213	冷　茜	女	汉	云南曲靖	13D
134080012	胡祖琴	女	汉	云南昆明	13A	134080214	李建杨	女	汉	云南临沧	13D
134080013	蒋发翠	女	汉	云南禄丰	13A	134080215	李庆伟	男	汉	云南禄丰	13D
134080014	蒋萧寒	男	汉	云南会泽	13A	134080216	李　雪	女	汉	黑龙江	13D
134080015	李　吉	女	汉	云南普洱	13A	134080217	李友维	女	汉	云南昭通	13D
134080016	李梦萍	女	汉	云南安宁	13A	134080218	李卓茜	女	汉	云南玉溪	13D
134080017	李思娴	女	汉	云南曲靖	13A	134080219	刘　杰	女	汉	云南祥云	13D
134080018	李　杨	女	彝	云南昆明	13A	134080220	刘金莲	女	汉	云南会泽	13D
134080019	李云尧	男	汉	云南禄丰	13A	134080221	刘　双	女	汉	云南石屏	13D
134080020	栗阳阳	女	汉	云南宜良	13A	134080222	卢　燕	女	汉	云南会泽	13D
134080021	刘明彪	男	白	云南晋宁	13A	134080223	陆月夏岚	女	壮	云南昆明	13D
134080022	刘　蓉	女	汉	云南剑川	13A	134080224	罗　雪	女	彝	云南曲靖	13D
134080023	陆志香	男	壮	云南曲靖	13A	134080225	马达过	男	回	云南昭通	13D
134080024	吕东旭	男	汉	云南文山	13A	134080226	马文秀	女	回	云南曲靖	13D
134080025	马　婧	女	汉	云南昆明	13A	134080227	马　肖	男	回	云南昭通	13D
134080026	彭云宣	女	汉	云南曲靖	13A	134080228	马云娇	女	回	云南泸西	13D
134080027	普国洪	男	彝	云南曲靖	13A	134080229	庞彤辉	男	汉	河北柏乡	13D
134080028	秦照远	男	汉	云南昭通	13A	134080230	普　月	女	汉	云南祥云	13D
134080029	施梦梅	女	汉	云南昭通	13A	134080231	孙显东	男	汉	云南禄劝	13D
134080030	王程呈	男	汉	云南会泽	13A	134080232	太玛莎	女	汉	云南昆明	13D
134080031	王　瑞	男	汉	云南师宗	13A	134080233	谭超超	男	汉	云南曲靖	13D
134080032	王祥红	男	汉	云南江川	13A	134080234	陶　应	男	汉	云南曲靖	13D
134080033	王孝琼	女	壮	云南曲靖	13A	134080235	万若星	女	彝	云南曲靖	13D
134080034	王　彦	女	纳西	云南文山	13A	134080236	王建春	女	哈尼	云南普洱	13D
134080035	王紫馨	女	汉	云南丽江	13A	134080237	王蕾蕾	女	彝	云南昭通	13D
134080036	魏唐瑞	男	汉	云南嵩明	13A	134080238	王孟思	女	汉	云南大理	13D
134080037	吴康敏	女	汉	云南曲靖	13A	134080239	王明辉	男	汉	云南会泽	13D
134080039	徐丽萍	女	汉	云南曲靖	13A	134080240	王　琛	男	汉	云南蒙自	13D
134080040	徐利晶	女	汉	云南曲靖	13A	134080241	吴　绒	女	汉	云南曲靖	13D

续表

学号	姓名	性别	民族	籍贯	班级	学号	姓名	性别	民族	籍贯	班级
134080041	徐文婕	女	汉	云南曲靖	13A	134080243	吴婷婷	女	汉	云南曲靖	13D
134080042	徐振全	男	汉	云南弥勒	13A	134080244	徐晓丽	女	汉	云南保山	13D
134080043	薛二洪	男	汉	云南曲靖	13A	134080245	杨东明	女	汉	云南腾冲	13D
134080044	杨耕耘	男	汉	云南曲靖	13A	134080246	杨怀志	男	汉	海南	13D
134080046	尹生飞	男	汉	云南昆明	13A	134080247	杨　娟	女	汉	云南玉溪	13D
134080047	尤祥艳	女	汉	云南曲靖	13A	134080248	杨敏桥	女	白	云南	13D
134080049	余大荣	男	汉	云南曲靖	13A	134080249	杨晓军	男	彝	云南永平	13D
134080050	袁　南	女	汉	云南广南	13A	134080250	杨正兰	女	汉	贵州遵义	13D
134080051	袁培锰	男	汉	云南保山	13A	134080251	尹红才	男	汉	云南南涧	13D
134080052	张　倩	女	彝	云南会泽	13A	134080252	尹昭臻	男	汉	云南德宏	13D
134080053	张　婷	女	汉	云南曲靖	13A	134080253	尤柳青	女	汉	云南曲靖	13D
134080054	赵晓凤	女	白	云南会泽	13A	134080254	曾　艳	女	汉	云南陆良	13D
134080055	周建森	男	壮	云南大理	13A	134080255	张珣珣	女	汉	云南昭通	13D
134080056	周美华	女	汉	云南广南	13A	134080256	张　斌	男	汉	云南保山	13D
134080057	周　润	男	汉	云南曲靖	13A	134080257	张厚超	男	汉	云南会泽	13D
134080058	周亚伟	男	汉	云南嵩明	13A	134080258	张凯丽	女	回	云南寻甸	13D
134080059	阚金丽	女	汉	云南昆明	13A	134080259	张茹倩	女	汉	云南昆明	13D
134080060	晏　磊	男	汉	云南曲靖	13A	134080260	张　钟	男	汉	云南洱源	13D
134080065	白页窗	男	彝	云南开远	13B	134080261	赵　慧	女	汉	云南师宗	13D
134080066	蔡利祥	男	汉	云南师宗	13B	134080262	周晓龙	男	汉	云南楚雄	13D
134080067	陈海云	女	汉	云南昆明	13B	134080263	字迎孟	女	汉	云南保山	13D
134080068	邓　芸	女	汉	云南昭通	13B	134080264	阚　一	女	汉	云南曲靖	13D
134080069	顾金芬	女	汉	云南陆良	13B	134090212	陈兆丽	女	彝	云南大理	13D
134080070	何　贤	女	汉	云南玉溪	13B	134090222	黄孝芬	女	壮	云南文山	13D
134080071	何兆信	男	汉	云南曲靖	13B	134120009	杜超丽	女	汉	云南晋宁	13D
134080072	胡　群	女	汉	云南昭通	13B	134010302	陈德春	女	汉	云南广南	13E
134080073	黄维清	女	白	云南大理	13B	134080271	曹春丽	女	汉	黑龙江	13E
134080074	姜　珊	女	汉	云南个旧	13B	134080272	陈彩林	男	汉	江西安远	13E
134080075	蒋佳怡	女	汉	安徽芜湖	13A	134080273	陈寒丽	女	汉	海南万宁	13E
134080076	解翠芳	女	汉	云南曲靖	13A	134080274	陈兴艳	女	汉	云南凤庆	13E
134080077	孔秋敏	女	汉	云南曲靖	13B	134080275	代柱风	女	汉	云南会泽	13E
134080079	李慧芳	女	汉	云南祥云	13B	134080276	董　霞	女	汉	云南富源	13E
134080080	李瑞琼	女	汉	云南	13B	134080277	段佳佳	女	汉	云南凤庆	13E
134080081	李世林	男	汉	云南会泽	13B	134080278	范艳菊	女	汉	云南龙陵	13E
134080082	李　欣	女	汉	云南陆良	14B	134080279	高　敏	女	汉	云南曲靖	13E
134080083	李雪娟	女	汉	云南晋宁	13B	134080280	龚复新	女	汉	云南曲靖	13E

续表

学号	姓名	性别	民族	籍贯	班级	学号	姓名	性别	民族	籍贯	班级
134080084	李艳芳	女	汉	河北玉田	13B	134080281	和福慧	女	白	云南兰坪	13E
134080085	李　赟	女	汉	云南昆明	13B	134080282	何大萍	女	苗	云南文山	13E
134080087	刘金金	女	汉	云南曲靖	13B	134080283	侯显宝	男	汉	云南罗平	13E
134080088	刘艳芳	女	汉	云南曲靖	13B	134080284	黄东艳	女	汉	云南腾冲	13E
134080089	卢　韬	男	汉	云南昭通	13B	134080285	黄湘海	男	汉	云南梁河	13E
134080090	陆　超	男	壮	云南富宁	13B	134080286	康雪铃	男	汉	云南威信	13E
134080091	吕采丽	女	汉	云南曲靖	13B	134080287	孔惠梅	女	彝	云南峨山	13E
134080092	罗宏俊	男	汉	云南富民	13B	134080288	孔　霞	女	汉	云南宣威	13E
134080093	浦宏艳	女	汉	云南曲靖	13B	134080289	孔紫艳	女	白	云南大理	13E
134080094	浦树珍	女	汉	云南曲靖	13B	134080290	李保优	女	哈尼	云南绿春	13E
134080095	施美珠	女	白	云南大理	13B	134080291	李　博	男	汉	云南昆明	13E
134080096	苏龙凤	女	汉	云南曲靖	13B	134080292	李慧存	女	汉	云南马龙	13E
134080097	万泽彬	男	白	云南鹤庆	13B	134080293	李　蕾	女	白	云南鹤庆	13E
134080098	汪选花	女	汉	甘肃	13B	134080294	李蕊蘘	女	汉	云南弥渡	13E
134080099	王　刚	男	汉	云南弥勒	13B	134080295	李　霞	女	汉	云南师宗	13E
134080100	王鹏波	男	汉	云南曲靖	13B	134080296	刘玉俊	男	汉	云南会泽	13E
134080101	王秋平	女	汉	云南腾冲	13B	134080297	柳继明	男	汉	云南墨江	13E
134080102	王祥刚	男	汉	云南曲靖	13B	134080298	陆晓斌	男	汉	云南大理	13E
134080103	王誉瑾	女	汉	云南昆明	13B	134080300	满春新	男	汉	云南曲靖	13E
134080104	韦万进	男	水	贵州都匀	13B	134080301	穆合塔拜尔·穆合塔尔	女	维吾尔	新疆	13E
134080105	温　薇	女	汉	云南嵩明	13B	134080302	冉海龙	男	汉	重庆	13E
134080106	夏凤旺	男	汉	云南昭通	14B	134080303	沈金鹏	男	汉	云南马龙	13E
134080107	谢恩旭	男	汉	云南德宏	13B	134080304	施云龙	男	汉	云南临沧	13E
134080108	许　超	男	白	云南大理	13D	134080305	陶平芬	女	壮	云南弥勒	13E
134080109	杨　君	女	傣	云南临沧	13B	134080306	万志佳	女	汉	云南剑川	13E
134080110	杨晓霞	女	白	云南大理	13B	134080307	王丽亚	女	汉	云南寻甸	13E
134080111	杨晓瑶	女	白	云南剑川		134080308	王清照	女	汉	云南石屏	13E
134080113	杨玉丹	女	壮	云南保山	13B	134080309	吴成荣	男	哈尼	云南红河	13E
134080114	杨琦琪	女	汉	云南保山	13B	134080310	吴佳佳	女	汉	云南宣威	13E
134080115	杨皓文	男	彝	云南大理	13B	134080311	希鸿雁	男	汉	云南牟定	13E
134080116	姚　佳	女	汉	云南晋宁	13B	134080312	夏瑞琼	女	汉	云南宣威	13E
134080117	姚　锴	女	汉	云南昭通	13B	134080313	徐凤燕	女	汉	云南会泽	13E
134080118	于启颜	女	汉	吉林长春	13B	134080314	徐要娣	女	汉	云南罗平	13E
134080119	余医伸	男	汉	云南保山	13B	134080315	许　鑫	女	汉	云南石屏	13E
134080120	袁　梅	女	汉	云南富民	13B	134080316	杨春萌	女	白	云南大理	13E

续表

学号	姓名	性别	民族	籍贯	班级	学号	姓名	性别	民族	籍贯	班级
134080121	张　慧	女	彝	云南昆明	13B	134080317	杨芳青	女	彝	云南石屏	13E
134080122	张　坤	男	汉	云南石林	13B	134080318	杨　梅	女	彝	云南彝良	13E
134080123	张利欣	女	汉	云南曲靖	13B	134080319	杨明江	男	汉	云南楚雄	13E
134080124	张梦婷	女	彝	云南昆明	13B	134080320	杨世泽	男	汉	云南梁河	13E
134080125	张书诚	男	汉	云南昆明	13B	134080321	杨艳群	女	汉	云南祥云	13E
134080126	赵丽娟	女	汉	云南玉溪	13B	134080322	袁　宇	男	汉	云南	13E
134080127	周莉于	女	汉	云南大姚	13B	134080323	张金平	男	汉	云南永善	13E
134080128	朱天祥	男	汉	云南楚雄	13B	134080324	张全会	女	汉	云南威信	13E
134080129	朱学真	男	彝	云南寻甸	13B	134080325	张堂耿	男	汉	云南腾冲	13E
134080130	许世雄	男	汉	云南易门	13B	134080326	张月芬	女	白	云南洱源	13E
134100272	熊瑞宏	男	汉	云南昆明	13B	134080327	张姊竹	女	汉	云南腾冲	13E
134100451	王秀云	女	汉	云南祥云	13B	134080328	周丽琼	女	汉	云南禄丰	13E
134130427	缪亚林	女	彝	云南曲靖	13B	134080329	周丽蓉	女	汉	云南曲靖	13E
134080135	保晶晶	女	回	云南玉溪	13C	134080331	朱薪羽	女	汉	云南宣威	13E
134080136	毕　攀	男	彝	云南临沧	13C	134080332	朱艳芸	女	汉	云南玉溪	13E
134080137	车华宪	男	汉	云南会泽	13C	134080333	子银奎	男	彝	云南大理	13E
134080138	陈　敏	女	汉	云南昆明	13C	134080334	邹凤兰	女	彝	云南建水	13E
134080139	陈瑞秀	女	汉	云南昆明	13C	134110080	韩　超	男	汉	吉林	13E
134080140	陈志斌	男	白	云南大理	13C	134110343	杨春芳	女	汉	云南昆明	13E
134080141	寸丽琴	女	白	云南鹤庆	13C	134160005	符开光	男	汉	海南儋州	13E
134080143	代兴志	男	汉	云南会泽	13C	134080342	陈　琴	女	汉	云南昭通	13 统计
134080144	董紫薇	女	汉	云南曲靖	13C	134080343	陈雪梅	女	汉	云南曲靖	13 统计
134080145	方　月	女	汉	云南	13C	134080344	陈亚菲	女	汉	云南巍山	13 统计
134080146	付　红	女	汉	云南禄丰	13C	134080345	丁筱雅	女	汉	甘肃	13 统计
134080147	干晓梅	女	汉	云南楚雄	13C	134080346	段沁妤	女	瑶	云南昆明	13 统计
134080148	侯　黎	男	汉	云南普洱	13C	134080347	樊石燕	女	汉	云南曲靖	13 统计
134080149	金国宵	男	汉	云南会泽	13C	134080348	冯绍常	男	汉	云南宾川	13 统计
134080150	康小雪	女	汉	云南会泽	13C	134080349	冯思佳	女	汉	云南玉溪	13 统计
134080151	李　杰	女	汉	重庆	13C	134080350	高　程	女	汉	云南晋宁	13 统计
134080152	李进明	男	汉	云南嵩明	13C	134080353	和修芝	女	纳西	云南曲靖	13 统计
134080153	李文顺	男	哈尼	云南个旧	13C	134080354	胡　燕	女	汉	云南巍山	13 统计
134080154	李晓娇	女	彝	云南会泽	13C	134080355	解　静	女	汉	云南昭通	13 统计
134080155	李欣瑞	女	汉	云南曲靖	13C	134080356	雷　玲	女	汉	云南曲靖	13 统计
134080156	李　旭	男	白	云南玉溪	13C	134080357	李梦青	女	汉	云南曲靖	13 统计
134080157	刘　丽	女	汉	云南昭通	13C	134080358	李奇航	女	汉	辽宁	13 统计
134080158	刘　丽	女	汉	云南昭通	13C	134080359	李瑞仟	男	汉	云南玉溪	13 统计

续表

学号	姓名	性别	民族	籍贯	班级	学号	姓名	性别	民族	籍贯	班级
134080159	刘　平	男	汉	云南禄丰	13C	134080360	李　莎	女	彝	云南楚雄	13 统计
134080160	鲁选龙	男	汉	云南寻甸	13C	134080361	李汶霖	女	汉	云南保山	13 统计
134080161	陆博雅	女	汉	安徽铜陵	13C	134080362	李志利	女	汉	云南楚雄	13 统计
134080162	罗晨曦	女	汉	云南江川	13C	134080363	李智梅	女	彝	云南景谷	13 统计
134080163	罗　蕊	女	汉	云南曲靖	13C	134080364	刘　蕊	女	汉	山西	13 统计
134080164	马亚婷	女	汉	云南安宁	13C	134080365	刘顺燕	女	汉	云南曲靖	13 统计
134080165	木晓芳	女	纳西	云南曲靖	13C	134080366	刘文军	男	汉	云南玉溪	13 统计
134080166	彭　英	女	汉	云南文山	13C	134080367	刘永清	女	彝		13 统计
134080167	普跃亚	女	汉	云南寻甸	13C	134080368	鲁　楠	女	汉	云南保山	13 统计
134080168	申开东	男	汉	云南昭通	13C	134080370	罗　心	女	汉	云南玉溪	13 统计
134080169	施海龙	男	汉	云南曲靖	13C	134080371	马　嘉	女	回	云南泸西	13 统计
134080170	双玲玲	女	汉	云南弥渡	13C	134080372	马圆茜	女	回	云南大理	13 统计
134080171	陶江艳	女	汉	云南保山	13C	134080373	浦　红	女	汉	云南曲靖	13 统计
134080172	王梦娜	女	回	云南曲靖	13C	134080374	汪　倩	女	汉	云南宜良	13 统计
134080173	王明娟	女	汉	云南昆明	13C	134080375	王　敏	男	汉	云南寻甸	13 统计
134080174	王瑞鑫	女	回	云南昆明	13C	134080376	王钦霄	男	汉	山西太原	13 统计
134080175	王仙菲	女	汉	云南寻甸	13C	134080377	王　锐	女	汉	云南昭通	13 统计
134080176	王晓航	女	汉	吉林长春	13C	134080378	王雅舒	女	汉	甘肃秦安	13 统计
134080177	王玉珍	女	彝	云南丽江	13C	134080380	韦金龙	男	汉	云南富宁	13 统计
134080179	魏　佳	女	汉	云南昆明	13C	134080381	吴海霞	女	汉	云南临沧	13 统计
134080180	肖江龙	男	汉	云南昭通	13C	134080382	吴绍东	男	汉	云南临沧	13 统计
134080181	熊　赛	男	汉	云南昭通	13C	134080383	肖　建	男	白	云南曲靖	13 统计
134080182	徐盼盼	女	汉	新疆	13C	134080384	徐景丽	女	汉	云南楚雄	13 统计
134080183	徐　晓	女	汉	云南曲靖	13C	134080385	徐钰豪	男	汉	云南曲靖	13 统计
134080184	徐　睿	女	彝	云南蒙自	13C	134080386	杨　辉	女	汉	云南开远	13 统计
134080185	杨　红	男	汉	云南陆良	13C	134080387	杨　洁	女	汉	云南祥云	13 统计
134080186	杨雪婷	女	白	云南	13C	134080388	杨庆贤	女	汉		13 统计
134080188	姚　轩	男	汉	甘肃定西	13C	134080389	杨再焕	女	汉	云南保山	13 统计
134080189	张航恺	男	汉	云南昆明	13C	134080390	姚　嫚	女	汉	云南晋宁	13 统计
134080190	张维佳	女	汉	云南大理	13C	134080391	尹钰颖	女	汉	云南德宏	13 统计
134080191	张　晓	女	汉	云南文山	13C	134080392	曾令琴	女	汉	云南昭通	13 统计
134080192	赵　敏	女	汉	云南寻甸	13C	134080393	张　凤	女	汉	云南陆良	13 统计
134080193	赵仁雄	男	汉	云南西畴	13C	134080394	张锦钞	男	汉	云南泸西	13 统计
134080194	周玉萍	女	汉	云南丽江	13C	134080395	张　巍	女	汉	云南玉溪	13 统计
134080195	朱丽婷	女	汉	云南曲靖	13C	134080396	周　原	女	汉	云南昆明	13 统计
134080197	闫娇艳	女	汉	云南保山	13C	134080397	朱成跃	男	汉	云南临沧	13 统计

续表

学号	姓名	性别	民族	籍贯	班级	学号	姓名	性别	民族	籍贯	班级
134080199	杨修文	女	汉	河北邢台	13C	134080398	朱　翡	男	汉	云南曲靖	13 统计
134090132	朱珊珊	女	汉	浙江温岭	13C	134080399	朱　玲	女	汉	云南玉溪	13 统计
134090164	刘　康	男	汉	广西	13C	134080400	邹　健	男	汉	云南昭通	13 统计
134120014	何芬芳	女	汉	云南石屏	13C	134080401	左烜嘉	男	汉	云南个旧	13 统计
134130283	王华雯	女	汉	福建安溪	13C						
124080120	李方应	男	汉	云南曲靖	13D						

2014 级数学与应用数学和统计学专业本科学生

学号	姓名	性别	民族	来源地区	班级	学号	姓名	性别	民族	来源地区	班级
1443201000001	梁　元	男	汉	山西阳泉	14A	1443201000221	张宏达	男	汉	云南曲靖	14D
1443201000002	郑　芃	女	汉	湖南衡阳	14A	1443201000222	詹春梅	女	汉	云南曲靖	14D
1443201000003	李齐梅	女	汉	云南昆明	14A	1443201000223	凡　丹	女	汉	云南宣威	14D
1443201000004	杨　晶	女	汉	云南昆明	14A	1443201000224	朱　娇	女	汉	云南	14D
1443201000005	邓蒙蒙	女	汉	云南寻甸	14A	1443201000225	沈　丽	女	汉	云南	14D
1443201000006	李　婷	女	汉	云南呈贡	14A	1443201000226	朱文丽	女	汉	云南	14D
1443201000007	余梦锦	女	汉	云南昆明	14A	1443201000227	朱佳佳	女	汉	云南	14D
1443201000008	张虹雨	女	汉	云南昆明	14A	1443201000228	刘再丽	女	汉	云南富源	14D
1443201000009	李　妮	女	汉	云南富源	14A	1443201000229	杨　青	女	汉	云南曲靖	14D
1443201000010	李冬艳	女	汉	云南东川	14A	1443201000230	李梦姣	女	汉	云南曲靖	14D
1443201000011	黄　珊	女	苗	云南东川	14A	1443201000231	邵　蓉	女	汉	云南陆良	14D
1443201000012	郭建平	男	汉	云南禄劝	14A	1443201000232	高　满	男	汉	云南	14D
1443201000013	文晓画	女	汉	云南寻甸	14A	1443201000233	吕秋华	女	汉	云南	14D
1443201000014	周玉雪	女	汉	云南绥江	14A	1443201000234	孙永存	女	汉	云南会泽	14D
1443201000015	范　宇	女	汉	云南	14A	1443201000235	何懿珊	女	汉	云南曲靖	14D
1443201000016	吴化美	女	汉	云南	14A	1443201000236	胡道波	男	汉	云南	14D
1443201000018	代安娜	女	汉	云南	14A	1443201000237	董丽琴	女	彝	云南楚雄	14D
1443201000019	李　当	女	汉	云南富源	14A	1443201000238	李飞雁	女	汉	云南玉溪	14D
1443201000020	陈照辉	男	汉	云南曲靖	14A	1443201000239	杨　祥	男	汉	云南	14D
1443201000021	高怀猛	男	汉	云南	14A	1443201000240	瞿珺瑜	女	汉	云南玉溪	14D
1443201000022	杨月圆	女	汉	云南沾益	14A	1443201000241	马　珍	女	彝	云南新平	14D
1443201000023	王贵玲	女	汉	云南宣威	14A	1443201000242	邢泾渭	男	汉	云南开远	14D
1443201000024	何　涛	男	汉	云南宣威	14A	1443201000243	黄艳茜	女	汉	云南建水	14D
1443201000025	徐　荣	女	汉	云南宣威	14A	1443201000244	张红秀	女	傣	云南弥勒	14D
1443201000026	朱　娟	女	汉	云南宣威	14A	1443201000245	张艳梅	女	彝	云南弥勒	14D

续表

学号	姓名	性别	民族	来源地区	班级	学号	姓名	性别	民族	来源地区	班级
1443201000027	朱举贞	男	汉	云南宣威	14A	1443201000246	赵红玉	男	汉	云南泸西	14D
1443201000028	翟　娇	女	汉	云南宣威	14A	1443201000247	李志雄	男	哈尼	云南红河	14D
1443201000029	蒋学孟	男	汉	云南宣威	14A	1443201000248	张学德	男	汉	云南	14D
1443201000030	刘仕钰	女	汉	云南富源	14A	1443201000249	杨玉芬	女	汉	云南广南	14D
1443201000031	赵米红	女	汉	云南富源	14A	1443201000250	王兴德	男	汉	云南砚山	14D
1443201000032	张　蝶	女	汉	云南富源	14A	1443201000251	王　盼	女	汉	云南大理	14D
1443201000033	张　露	女	汉	云南罗平	14A	1443201000252	王震文	女	白	云南大理	14D
1443201000034	金关丽	女	汉	云南师宗	14A	1443201000253	李月馨	女	汉	云南祥云	14D
1443201000035	朱　蕾	女	汉	云南曲靖	14A	1443201000254	陈翠琼	女	汉	云南祥云	14D
1443201000036	章袁伟	男	汉	云南	14A	1443201000255	孙金莲	女	白	云南鹤庆	14D
1443201000037	孙文锐	女	汉	云南会泽	14A	1443201000256	杨　依	女	汉	云南施甸	14D
1443201000038	任慧芬	女	汉	云南会泽	14A	1443201000257	白继留	男	汉	云南保山	14D
1443201000039	袁顺涛	女	汉	云南会泽	14A	1443201000258	杨桂林	女	汉	云南腾冲	14D
1443201000040	李金权	男	汉	云南曲靖	14A	1443201000259	杜珍珍	女	汉	云南保山	14D
1443201000041	杨琼媛	女	汉	云南会泽	14A	1443201000260	李　勇	男	汉	云南	14D
1443201000042	吕建刚	男	汉	云南会泽	14A	1443201000261	朱绍回	男	汉	云南龙陵	14D
1443201000043	汤子能	男	汉	云南会泽	14A	1443201000262	朱绍丽	女	汉	云南龙陵	14D
1443201000044	陈艳洪	女	汉	云南曲靖	14A	1443201000263	李旭珍	女	汉	云南瑞丽	14D
1443201000045	杨艳芝	女	汉	云南玉溪	14A	1443201000264	杜昌慧	女	汉	云南宁蒗	14D
1443201000046	李秋霖	女	汉	云南玉溪	14A	1443201000265	杨　建	男	白	云南兰坪	14D
1443201000047	李　云	女	汉	云南玉溪	14A	1443201000266	张　昭	男	汉	云南兰坪	14D
1443201000049	邹明迪	女	汉	云南石屏	14A	1443201000267	蔡健丽	女	傈僳	云南兰坪	14D
1443201000050	杨晓冰	女	白	云南大理	14A	1443201000268	李龙维	男	汉	云南	14D
1443201000051	李益萍	女	白	云南大理	14A	1443201000269	陈丽娟	女	汉	云南耿马	14D
1443201000052	杨颖芳	女	汉	云南洱源	14A	1443201000270	周　莲	女	汉	青海	14D
1443201000053	李国慧	女	汉	云南祥云	14A	1443202000033	罗秋月	女	汉	云南	14D
1443201000054	陈再余	女	汉	云南保山	14A	1443202000052	李舒婷	女	哈尼	云南元江	14D
1443201000055	杨丽梅	女	汉	云南保山	14A	1443205000113	林芳洲	女	汉	浙江	14D
1443201000056	张志金	男	汉	云南保山	14A	1443201000271	曾梦颖	女	汉	广东珠海	14E
1443201000057	付　萍	女	汉	云南保山	14A	1443201000272	苑鹏飞	女	汉	内蒙古赤峰	14E
1443201000058	于文姣	女	汉	云南	14A	1443201000273	李　松	男	蒙古	内蒙古霍林郭勒	14E
1443201000059	杨爱丽	女	汉	云南腾冲	14A	1443201000274	阿依努尔·阿卜	女	维吾尔	新疆	14E

续表

学号	姓名	性别	民族	来源地区	班级	学号	姓名	性别	民族	来源地区	班级
							杜热合曼				
1443201000060	李艳清	女	汉	云南腾冲	14A	1443201000276	蔡睿嘉	女	汉	湖南衡阳	14E
1443201000061	杨清建	男	汉	云南盈江	14A	1443201000277	周 燕	女	汉	四川宣汉	14E
1443201000062	杨艳梅	女	汉	云南丽江	14A	1443201000278	周树敏	女	汉	云南嵩明	14E
1443201000063	字文利	女	彝	云南临沧	14A	1443201000279	马思琪	女	汉	云南昆明	14E
1443201000064	张文波	男	汉	云南凤庆	14A	1443201000280	杨林玉	女	彝	云南永平	14E
1443109000318	吕 静	女	汉	云南祥云	14B	1443201000281	邵子瀚	男	汉	云南昆明	14E
1443201000065	冯小睿	女	汉	天津	14B	1443201000282	杨爱蕊	女	汉	云南昆明	14E
1443201000066	杨晓宇	女	汉	山西朔州	14B	1443201000283	杨 昕	男	汉	云南晋宁	14E
1443201000067	李宇晨	男	汉	江苏	14B	1443201000284	张兴伟	男	汉	云南富民	14E
1443201000068	杨妍莹	女	汉	江苏大丰	14B	1443201000285	马 萌	女	回	云南宜良	14E
1443201000070	黄 霞	女	汉	四川	14B	1443201000286	唐德斌	男	彝	云南禄劝	14E
1443201000071	张继兰	女	汉	云南昆明	14B	1443201000287	李 帆	男	汉	云南寻甸	14E
1443201000072	凌一丹	女	汉	云南昆明	14B	1443201000288	高 媛	女	汉	云南镇雄	14E
1443201000073	孙宝伟	女	汉	云南昆明	14B	1443201000289	周 吉	男	汉	云南镇雄	14E
1443201000074	张梦琪	女	汉	云南嵩明	14B	1443201000290	黄 颖	女	汉	云南昭通	14E
1443201000075	梅 鑫	男	汉	云南呈贡	14B	1443201000291	唐玉露	女	汉	云南曲靖	14E
1443201000076	李 颖	女	汉	云南晋宁	14B	1443201000292	张瑞雪	女	汉	云南曲靖	14E
1443201000077	马玲娜	女	回	云南昆明	14B	1443201000293	顾文金	男	汉	云南曲靖	14E
1443201000078	李璐瑶	女	汉	云南昆明	14B	1443201000294	朱秀林	女	汉	云南曲靖	14E
1443201000079	雷娇娇	女	汉	云南东川	14B	1443201000295	王学慧	女	汉	云南马龙	14E
1443201000080	朱家福	男	汉	云南东川	14B	1443201000296	刘米晶	女	汉	云南宣威	14E
1443201000081	周 俊	男	汉	云南寻甸	14B	1443201000297	朱名媛	女	汉	云南	14E
1443201000082	陈华美	女	汉	云南昭通	14B	1443201000298	罗 健	男	汉	云南宣威	14E
1443201000083	徐道仙	女	汉	云南彝良	14B	1443201000299	张德朝	男	汉	云南宣威	14E
1443201000084	赵雪梅	女	汉	云南威信	14B	1443201000300	时旭利	女	汉	云南宣威	14E
1443201000085	杨秀均	男	汉	云南绥江	14B	1443201000301	周均林	男	汉	云南	14E
1443201000086	夏 晔	女	汉	云南	14B	1443201000302	滕华芬	女	汉	云南	14E
1443201000087	冯朋玲	女	汉	云南	14B	1443201000303	陶剑波	男	汉	云南陆良	14E
1443201000088	田 玥	女	彝	云南	14B	1443201000304	梁 艳	女	汉	云南会泽	14E
1443201000089	毛建飞	男	彝	云南宣威	14B	1443201000305	余大鹏	男	汉	云南	14E
1443201000090	陈燕霞	女	汉	云南宣威	14B	1443201000306	李洪燕	女	汉	云南	14E
1443201000091	邹圣威	男	汉	云南	14B	1443201000307	平正宇	男	汉	云南会泽	14E
1443201000092	印秀清	女	汉	云南	14B	1443201000308	张黎星	男	汉	云南会泽	14E

续表

学号	姓名	性别	民族	来源地区	班级	学号	姓名	性别	民族	来源地区	班级
1443201000093	黄 旭	男	汉	云南罗平	14B	1443201000309	李世香	女	彝	云南南华	14E
1443201000094	孙林瑞	女	汉	云南	14B	1443201000310	文强林	男	汉	云南元谋	14E
1443201000095	阮彩凤	女	汉	云南师宗	14B	1443201000311	余青晨	女	回	云南	14E
1443201000096	阮月雄	女	汉	云南陆良	14B	1443201000312	张 洁	女	汉	云南玉溪	14E
1443201000097	王文丽	女	汉	云南	14B	1443201000313	朱 盈	女	汉	云南	14E
1443201000098	陈 蕊	女	汉	云南会泽	14B	1443201000314	陈 婷	女	汉	云南	14E
1443201000099	李桂花	女	汉	云南会泽	14B	1443201000315	黄长顺	男	汉	云南玉溪	14E
1443201000101	管秀琼	女	汉	云南会泽	14B	1443201000316	段云辉	男	汉	云南澄江	14E
1443201000102	张艳红	女	回	云南会泽	14B	1443201000317	戴茂仪	女	汉	云南	14E
1443201000103	刘红梅	女	汉	云南会泽	14B	1443201000318	白艳珍	女	彝	云南开远	14E
1443201000104	刘龙飞	男	汉	云南会泽	14B	1443201000319	王斯晔	女	彝	云南金平	14E
1443201000105	杜 瑞	男	汉	云南	14B	1443201000320	张 瑞	男	汉	云南泸西	14E
1443201000106	肖 巍	女	汉	云南楚雄	14B	1443201000321	平红芬	女	汉	云南泸西	14E
1443201000107	干成华	男	汉	云南楚雄	14B	1443201000322	肖 薇	女	汉	云南文山	14E
1443201000108	徐明芹	女	汉	云南楚雄	14B	1443201000323	陈柏融	女	汉	云南文山	14E
1443201000109	付东凌	男	汉	云南玉溪	14B	1443201000324	毛 瑞	男	汉	云南景洪	14E
1443201000110	郑萍萍	女	汉	云南玉溪	14B	1443201000325	刘 东	女	白	云南剑川	14E
1443201000111	陈志芳	女	汉	云南江川	14B	1443201000326	张亚康	女	白	云南大理	14E
1443201000112	李 珊	女	汉	云南	14B	1443201000327	张欢欢	女	汉	云南祥云	14E
1443201000113	杨雨帆	女	汉	云南华宁	14B	1443201000328	丁贾娜	女	汉	云南巍山	14E
1443201000114	罗秀英	女	哈尼	云南元阳	14B	1443201000329	施学英	女	白	云南洱源	14E
1443201000115	徐海琼	女	彝	云南个旧	14B	1443201000330	朱永丽	女	汉	云南保山	14E
1443201000116	邹 宇	男	彝	云南开远	14B	1443201000331	徐梦雪	女	汉	云南	14E
1443201000117	邓梦圆	女	汉	云南蒙自	14B	1443201000332	杨凤云	女	汉	云南施甸	14E
1443201000118	杨 婷	女	汉	云南石屏	14B	1443201000333	段春娣	女	汉	云南腾冲	14E
1443201000119	马雪庆	女	回	云南泸西	14B	1443201000334	周永慧	女	汉	云南腾冲	14E
1443201000120	张飞艳	女	汉	云南泸西	14B	1443201000335	黄 柳	女	汉	云南腾冲	14E
1443201000121	施 艳	女	彝	云南丘北	14B	1443201000336	杨荣后	男	汉	云南	14E
1443201000122	吕 蕾	女	汉	云南	14B	1443201000337	段永幸	女	汉	云南龙陵	14E
1443201000123	杨清荣	女	白	云南大理	14B	1443201000338	阿那次姆	女	藏	云南香格里拉	14E
1443201000124	张晓梅	女	汉	云南弥渡	14B	1443201000339	陈飞扬	女	汉	云南临沧	14E
1443201000125	赵文杰	男	白	云南大理	14B	1443205000005	贺政刚	男	汉	四川自贡	14E
1443201000126	施畅军	男	彝	云南云龙	14B	1443205000182	李双燕	女	汉	云南禄丰	14E

续表

学号	姓名	性别	民族	来源地区	班级	学号	姓名	性别	民族	来源地区	班级
1443201000127	叶建娟	女	汉	云南保山	14B	1443205000274	陈建斌	男	汉	云南鲁甸	14E
1443201000128	马彝贤	女	彝	云南永平	14B	124080527	李伟全	男	白	云南大理	14F 统计
1443201000129	蒋 娅	女	汉	云南施甸	14B	1443201000340	何天成	男	汉	浙江绍兴	14F 统计
1443201000130	杨连科	男	汉	云南梁河	14B	1443201000341	洪 婷	女	黎	海南	14F 统计
1443201000131	吴梦瑄	女	汉	云南永胜	14B	1443201000342	李昊原	男	汉	云南昆明	14F 统计
1443201000132	何晓燕	女	白	云南泸水	14B	1443201000343	李奕佩佳	女	汉	云南昆明	14F 统计
1443201000133	陈金妹	女	白	云南兰坪	14B	1443201000344	廖悦辰	女	汉	云南富民	14F 统计
1443202000104	李 阳	男	汉	云南	14B	1443201000345	姜长希	女	汉	云南禄劝	14F 统计
1443204000118	霜力英	女	傈僳	云南	14B	1443201000346	马 平	女	回	云南昆明	14F 统计
1443204000228	王 萍	女	汉	云南陆良	14B	1443201000347	葛俊娇	女	汉	云南嵩明	14F 统计
134080198	栾 敬	女	汉	云南宣威	14C	1443201000348	范 垚	女	汉	云南彝良	14F 统计
1443201000134	王春月	女	汉	天津	14C	1443201000349	吴 帅	男	汉	云南	14F 统计
1443201000135	张为康	男	汉	江苏射阳	14C	1443201000350	杨婷婷	女	汉	云南昭通	14F 统计
1443201000136	谢 娟	女	汉	新疆	14C	1443201000351	郑 磊	男	汉	云南	14F 统计
1443201000137	周佳卉	女	壮	广西柳州	14C	1443201000352	陈正飞	男	汉	云南	14F 统计
1443201000138	谭学龙	男	壮	广西贵港	14C	1443201000353	王文琳	男	汉	云南	14F 统计
1443201000139	何亚琼	女	彝	云南石林	14C	1443201000354	钱 晶	女	汉	云南	14F 统计
1443201000140	吴晓敏	女	汉	云南弥渡	14C	1443201000355	高 娅	女	彝	云南	14F 统计
1443201000141	刘 敏	女	汉	云南昆明	14C	1443201000356	阚前芬	女	汉	云南宣威	14F 统计
1443201000142	李可欣	女	汉	云南昆明	14C	1443201000357	李 倩	女	汉	云南宣威	14F 统计
1443201000143	陈 欣	女	汉	云南晋宁	14C	1443201000358	姚 玥	女	汉	云南富源	14F 统计
1443201000144	李亚萍	女	汉	云南宜良	14C	1443201000359	李晓娟	女	汉	云南呈贡	14F 统计
1443201000145	陈有康	男	汉	云南寻甸	14C	1443201000360	杨敏吉	男	汉	云南禄丰	14F 统计
1443201000146	周 全	男	汉	云南镇雄	14C	1443201000361	姜 娅	女	汉	云南大姚	14F 统计
1443201000147	童 云	男	汉	云南威信	14C	1443201000362	李 娜	女	汉	云南禄丰	14F 统计
1443201000148	向绍欣	男	汉	云南威信	14C	1443201000363	赵 玺	男	汉	云南	14F 统计
1443201000150	赵子瑜	女	汉	云南	14C	1443201000364	孔令媛	女	汉	云南	14F 统计
1443201000151	杨文清	女	汉	云南曲靖	14C	1443201000365	潘蕾帆	女	汉	云南	14F 统计
1443201000152	李子娟	女	汉	云南曲靖	14C	1443201000366	段雅婷	女	彝	云南石屏	14F 统计
1443201000153	冯雪蓉	女	汉	云南曲靖	14C	1443201000367	李 悦	女	彝	云南建水	14F 统计
1443201000157	王光增	男	彝	云南	14C	1443201000368	康海龙	男	傣	云南弥勒	14F 统计
1443201000158	董 访	女	汉	云南宣威	14C	1443201000369	马 艳	女	汉	云南石屏	14F 统计
1443201000159	李 勇	男	汉	云南	14C	1443201000370	王 怡	女	白	云南丘北	14F 统计
1443201000160	蔡 影	女	汉	云南宣威	14C	1443201000371	胡芯露	女	傣	云南	14F 统计

续表

学号	姓名	性别	民族	来源地区	班级	学号	姓名	性别	民族	来源地区	班级
1443201000161	张灵灵	女	汉	云南宣威	14C	1443201000372	李俞萱	女	哈尼	云南普洱	14F 统计
1443201000162	敖春玲	女	汉	云南富源	14C	1443201000373	刘式雯	女	汉	云南巍山	14F 统计
1443201000163	王锡敏	女	汉	云南罗平	14C	1443201000374	周亿美	女	汉	云南祥云	14F 统计
1443201000164	杨心蕊	女	汉	云南	14C	1443201000375	张碧莲	女	汉	云南宾川	14F 统计
1443201000165	冯　程	男	彝	云南	14C	1443201000376	鲁智英	女	彝	云南弥渡	14F 统计
1443201000166	刘　鑫	男	汉	云南	14C	1443201000377	杨月丽	女	白	云南洱源	14F 统计
1443201000167	李　彤	女	汉	云南陆良	14C	1443201000378	谢云梅	女	汉	云南鹤庆	14F 统计
1443201000168	左芳丽	女	汉	云南	14C	1443201000379	赵双云	男	汉	云南	14F 统计
1443201000169	资左桃	女	汉	云南陆良	14C	1443201000380	陈南兰	女	汉	云南	14F 统计
1443201000170	顾兴万	男	汉	云南	14C	1443201000382	李　蓉	女	汉	云南盈江	14F 统计
1443201000171	王兴瑞	女	汉	云南	14C	1443201000383	杨春太	男	汉	云南盈江	14F 统计
1443201000172	高　敏	女	汉	云南楚雄	14C	1443201000384	邹盈栋	男	汉	云南盈江	14F 统计
1443201000173	董正荣	男	汉	云南楚雄	14C	1443201000385	王艳萍	女	汉	云南	14F 统计
1443201000174	蒋　玥	女	汉	云南南华	14C	1443201000386	朱雨姗	女	布朗	云南	14F 统计
1443201000175	方　甜	女	汉	云南玉溪	14C	1443201000387	王永涛	女	苗	云南	14F 统计
1443201000176	林思呈	女	汉	云南	14C	1443201000388	李龙凤	女	汉	云南	14F 统计
1443201000177	戴自昇	男	汉	云南	14C	1443201000389	唐　倩	女	汉	浙江	14G 统计
1443201000178	王宗瑜	女	汉	云南	14C	1443201000390	王　艳	女	汉	海南	14G 统计
1443201000179	王诗岚	女	汉	云南通海	14C	1443201000391	刘艳苹	女	汉	云南寻甸	14G 统计
1443201000180	李才荣	男	哈尼	云南绿春	14C	1443201000392	赵邦睿	男	汉	云南昆明	14G 统计
1443201000181	高晓花	女	哈尼	云南元阳	14C	1443201000393	李冰倩	女	汉	云南昆明	14G 统计
1443201000183	侯金梅	女	苗	云南屏边	14C	1443201000394	赵佳丽	女	汉	云南昆明	14G 统计
1443201000184	李梦伊	女	彝	云南建水	14C	1443201000395	张雪玲	女	汉	云南嵩明	14G 统计
1443201000185	李　瑜	女	彝	云南石屏	14C	1443201000396	谢华娟	女	汉	云南嵩明	14G 统计
1443201000186	杨余美	女	汉	云南弥勒	14C	1443201000397	李研雅	女	汉	云南寻甸	14G 统计
1443201000187	张学恒	男	汉	云南广南	14C	1443201000398	朱　奎	男	汉	云南镇雄	14G 统计
1443201000188	马　瑞	男	汉	云南	14C	1443201000399	钱金宝	男	汉	云南彝良	14G 统计
1443201000189	段　姝	女	白	云南剑川	14C	1443201000400	李列宁	男	汉	云南	14G 统计
1443201000190	忽　柔	女	回	云南巍山	14C	1443201000401	涂　玲	女	汉	云南	14G 统计
1443201000191	赵锦凤	女	白	云南大理	14C	1443201000402	田秋艳	女	汉	云南曲靖	14G 统计
1443201000192	姚滔滔	女	汉	云南祥云	14C	1443201000403	王　俊	女	汉	云南	14G 统计
1443201000193	段优优	女	汉	云南保山	14C	1443201000404	王贵林	男	汉	云南	14G 统计
1443201000194	崔艳云	女	汉	云南腾冲	14C	1443201000405	朱启芸	女	汉	云南	14G 统计
1443201000195	胡雪梅	女	汉	云南	14C	1443201000406	雷红秀	女	汉	云南	14G 统计

续表

学号	姓名	性别	民族	来源地区	班级	学号	姓名	性别	民族	来源地区	班级
1443201000196	彭廷源	女	汉	云南	14C	1443201000407	孙娅平	女	汉	云南宣威	14G 统计
1443201000197	陈树兰	女	汉	云南	14C	1443201000409	光娅丽	女	汉	云南楚雄	14G 统计
1443201000198	杨丽菊	女	汉	云南	14C	1443201000410	马龙润	男	汉	云南大姚	14G 统计
1443201000199	李根县	男	汉	云南盈江	14C	1443201000411	周琳欣	女	汉	云南通海	14G 统计
1443201000200	谷　杨	男	彝	云南	14C	1443201000412	郑　超	女	汉	云南玉溪	14G 统计
1443201000201	肖润周	男	汉	云南兰坪	14C	1443201000413	仝　宇	女	汉	云南玉溪	14G 统计
1443201000202	李彩虹	女	汉	青海西宁	14C	1443201000414	陈虹志	男	汉	云南	14G 统计
1443202000079	王　勇	男	汉	江苏淮安	14C	1443201000415	王莉霞	女	哈尼	云南元江	14G 统计
1443202000175	唐　江	男	汉	云南	14C	1443201000416	黄　波	男	汉	云南建水	14G 统计
1443202000180	赵梓余	女	汉	云南	14C	1443201000417	车　刘	女	汉	云南石屏	14G 统计
1443202000187	蒋亚琴	女	白	云南大理	14C	1443201000418	杨谦媛	女	汉	云南砚山	14G 统计
1443201000203	张港铧	女	汉	广东普宁	14D	1443201000419	周招月	女	汉	云南普洱	14G 统计
1443201000204	布威阿西·约麦尔	女	维吾尔	新疆	14D	1443201000420	罗　兰	女	彝	云南景东	14G 统计
1443201000205	李　玲	女	汉	云南巍山	14D	1443201000421	彭东梅	女	汉	云南弥渡	14G 统计
1443201000206	刘芷峥	女	汉	云南昆明	14D	1443201000422	刘　静	女	汉	云南弥渡	14G 统计
1443201000207	王　鑫	男	汉	云南昆明	14D	1443201000423	杨崇彬	女	白	云南大理	14G 统计
1443201000208	李　瑶	女	汉	云南昆明	14D	1443201000424	朱江杰	女	汉	云南祥云	14G 统计
1443201000209	韩浚蓿	女	汉	云南石林	14D	1443201000425	骆建霞	女	汉	云南巍山	14G 统计
1443201000210	李群林	女	汉	云南嵩明	14D	1443201000426	张瑞彩	女	白	云南洱源	14G 统计
1443201000211	吴昌明	男	汉	云南禄劝	14D	1443201000427	杨书萍	女	汉	云南龙陵	14G 统计
1443201000212	杨丽敏	女	汉	云南寻甸	14D	1443201000428	饶永俊	女	汉	云南保山	14G 统计
1443201000213	杨丽萍	女	汉	云南寻甸	14D	1443201000429	侯录密	女	汉	云南梁河	14G 统计
1443201000214	李天美	女	汉	云南昆明	14D	1443201000430	龚加瑜	女	傣	云南盈江	14G 统计
1443201000215	李庭碧	女	汉	云南彝良	14D	1443201000432	线小安	男	傣	云南盈江	14G 统计
1443201000216	贾　丽	女	汉	云南呈贡	14D	1443201000433	侯晓英	女	彝	云南宁蒗	14G 统计
1443201000217	周海霞	女	汉	云南	14D	1443201000434	李成刚	男	汉	云南	14G 统计
1443201000218	施冬雪	女	汉	云南曲靖	14D	1443201000435	鲍鱼红	女	佤	云南	14G 统计
1443201000219	陈海霞	女	汉	云南	14D	1443201000436	刘华兰	女	汉	云南凤庆	14G 统计
1443201000220	保正磊	男	汉	云南马龙	14D						

参 考 文 献

北京大学，清华大学，南开大学，云南师范大学. 1998. 国立西南联合大学史料(一)[M]. 昆明：云南教育出版社.

北京大学，清华大学，南开大学，云南师范大学. 1998. 国立西南联合大学史料(二)[M]. 昆明：云南教育出版社.

北京大学，清华大学，南开大学，云南师范大学. 1998. 国立西南联合大学史料(三)[M]. 昆明：云南教育出版社.

北京大学，清华大学，南开大学，云南师范大学. 1998. 国立西南联合大学史料(四)[M]. 昆明：云南教育出版社.

何伟全，张玮. 2013. 图说西南联大[M]. 昆明：云南教育出版社.

何伟全，张玮，朱俊. 2015. 西南联大教授名录[M]. 昆明：云南教育出版社.

清华大学校史研究室. 1994. 清华大学史料选编(第三卷)(下)[M]. 北京：清华大学出版社.

徐利治，郭金海，袁向东. 2004. 回顾西南联合大学数学系[J]. 中国科技史料, 2: 85-94.

云南师范大学志科协. 2017. 科技先驱——云南省杰出科技专家传略(一)[M]. 昆明：云南科技出版社.

《云南师范大学纪事》修订出版编委会. 2013. 云南师范大学纪事[M]. 昆明：云南人民出版社.

中国科学院编译出版委员会. 1959. 十年来的中国科学：数学(1949-1959)[M]. 北京：科学出版社.

《中国教育年鉴》编辑部. 2012. 中国教育年鉴(2011)[M]. 北京：人民教育出版社

钟叔河，朱纯. 2005. 过去的大学[M]. 武汉：长江文艺出版社.

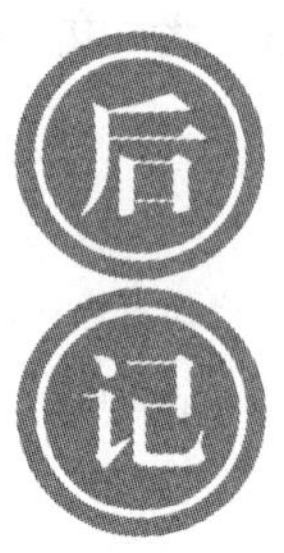

后记

编纂院史或纪事有延续文脉、总结过去、启示未来的重要意义。编史修志是学校文化建设的一项重要内容，同时也是一项繁重而复杂的系统工程。学院党政领导班子始终把《云南师范大学数学学院纪事（1938～2018）》（以下简称《纪事》）编纂工作当作一件大事来抓，亲自研究部署、把关检查、督促落实，严格按照编纂进程推进各项工作，确保各阶段任务落到实处。《纪事》是为编写《云南师范大学数学学院院史》而做的一项基础性工作，也是阶段性成果。

为迎接 80 周年校庆，2016 年学校下发了《〈云南师范大学 80 年志〉学院编纂提纲（征求意见）》，我们受此启发，萌生了编写学院纪事的念头。

2017 年 3 月正式启动了《纪事》编写工作，首先通过学生档案梳理历届学生名单。历史与行政学院 2016 级硕士研究生郭竞男、杨梦蕾两位同学参与档案查阅和整理工作，对学院历任领导名单及相关信息进行了整理。由于学生多，档案复杂，工作量大，这两位同学未能坚持下来，2017 年 10 月退出这项工作。随后本院研究生李建武、李佳敏、杨武菊等，本科生刘谦等参与了学生档案（纸质）的查阅和整理工作。

2017 年 11 月，校史馆提供了《学生名册、毕业生名册（1948～1998）》（电子版）以及部分年份的学生档案扫描文件。我们与教务处、就业处、校友会取得了联系，得到了一些年份的学生名册和毕业生名册。在此基础上，以电子名单为基础，以纸质文档为准进行了大量的核实和校对工作，其中学院教师王天志、杨博和研究生桂明星做了大量工作。

2018 年 1 月 28 日，王天志、杨博一起完成了各年度纪事编写并形成初稿，杨博主要负责了校园网新闻、校外媒体新闻有关数学学院报道的整理汇总。

2018 年 1 月 31 日对初稿进一步整理，编写《〈云南师范大学数学学院纪事〉编纂要求》，强调进度要求、编辑要求、语言规范、特定词使用、图片与表格以及书写格式等。

2018 年 2 月 10 日完成了《纪事》（征求意见稿），打印 30 本。2 月 11～13 日，王源昌、王天志等一一登门拜访，将纸质书稿送到各位离退休教师和专家手中。其中，王源昌送 9 本：刘宗立、雷逢庄、邵儒林、王骅、代龙、马煜、蒋嗣渠、陈桂仙、杨承纶；王天志送 11 本：张玮、林毓材、董义琳、朱维宗、李玉华、张绍宗、王涛、郭民之，校史馆崔汝贤、何斯民、张振利；李芳送 4 本：郭震、林卫东、赵富坤、朱林。

2018 年 2 月 25 日，王天志到林毓材老师家中，与林毓材老师就书稿内容畅谈了 3 个多小时，并认真修改了部分内容。

2018 年 3 月 10 日 9:00～17:00，《纪事》统稿会在一二 • 一西南联大校区举行。校党委副书记张玮、副校长刘宗立、校史馆馆长崔汝贤、宣传部副部长郭培元，数学学院退休教师蒋嗣渠、王骅、李忠映、杨承纶、雷逢庄、吕冠国、林毓材和邵儒林、董义琳、代龙、陈桂仙、张志明，数学学院领导班子，学院教师郭民之、张曙祥、程洁、杨博等 20 余人参加了会议。会议由林卫东主持。

林卫东汇报了编纂进展和要求。校史馆崔汝贤馆长随后发言，他谈道：《纪事》编纂这项工作很不容易，沉甸甸的前期成果让人欣慰，它的完成为院史的编纂打下了坚实的基础。但同时还存在数据不完整的问题，他提出了几点建议：准确定位；教师、学生名单当成主体，不作附录；注重版面、版式设计。副校长刘宗立教授感谢各位为学院做出的贡献，他谈道：班子成员和编委会花了一年多的时间，做出了积极的工作，可喜可贺！《纪事》对后学有极大的激励和鞭策作用，老先生、老教授们是活字典，对历史清楚，用情对《纪事》进行认真编辑、统稿，十分可贵。希望编纂工作更精细、更规范。张玮副书记谈道：目前不少学院启动了院史编纂工作，《纪事》目前是比较成型，体量较大的一本，凝聚了各位的智慧和汗水。编纂《纪事》不是发思古之幽情，而是挖掘发展的经验和成就，凝聚智慧和力量，为学院的建设服务，为学校双一流建设服务。希望充分发挥大家的智慧和力量，稳定队伍，继续努力，多方征求意见。王源昌院长代表学院对大家的到来和辛勤劳动表示深深的感谢。

会间休息后，各位退休教师纷纷发表了自己的看法和修改意见。

蒋嗣渠老师谈道：编写《纪事》是件好事，但工作量很大，有机会参加这项工作很高兴。由于人事变动大，资料不全，只能就知道的做一些补漏工作。由于院系调整，1950 级、1951 级本科学生 1953 年秋调整到西南师范学院数学系，因此这两级的学生名单空缺。

王骅老师谈道：编写《纪事》是一项浩大的工程，数学学院的根在西南联大。他提供了一些遗漏内容的资料和线索。

杨承纶老师谈道：看到《纪事》的初稿感到很振奋。这是数学学院的具有历史意义的一件大事，记录 80 年的历史是我们多年的愿望。数学学院有光荣的历史，有知名的教授和教师团队，有一批突出的人才，有大量优秀的学生，推动数学学院达到了一个个新的高点。数学学院的历史是值得骄傲和记载的。看此《纪事》，心潮澎湃，往事历历在目。以史为鉴，可以总结经验教训，展望未来。看到数学学院的现在，对未来充满希望，充满了期待！他从封面到各部分内容一一进行了补充、纠正，尤其是开办玉溪初中骨干教师培训班，与昆明市教委举办数学竞赛培训班，创办《中学数学教与学》杂志，以及书稿的图片选取等。

退休教师、原数学系党总支书记雷逢庄老师专门写了一篇题为《时代在前进，数学系在发展》的发言稿。他怀着无比激动的心情大声朗读，其深情感染了在座的每一位老师。他讲道：为总结弘扬西南联大精神，不少前辈和老领导班子早就想把数学系发展史整理出版，但由于种种原因至今未能如愿。非常幸运的是今年巧遇我国改革开放 40 周年，又是西南联大、云南师范大学建校 80 周年，数学学院新一届党政领导班子对此事极为重视，不仅精心策划组织动员了各方面的力量，还专门组建了《纪事》编委会，加班加点，经过一个多学期的共同努力，现已拿出《纪事》初稿。这是数学学院新班子在新时代、新思想、新征程大道上做出的一件大事。他向数学学院新一届领导班子和全院师生，特别是向《纪事》编委会的全体同志表示了最诚挚的祝贺和最衷心的感谢！由于时间紧任务重，难免还会有点不足之处，敬望再接再厉，撸起袖子加油干，进一步继承和发扬西南联大的办学传统、学术精神和兼容并包的团结精神，不忘初心，牢记使命，发扬传统，砥砺前进，如实地把《纪事》编纂得尽善尽美，为把数学学院办得更好，为中华民族伟大复兴做出更大贡献。

邵儒林老师、李忠映老师、林毓材老师、董义琳老师、代龙老师、张曙祥老师、郭民之老师、陈桂仙老师、张志明老师等一一作了积极的发言，提出了许多宝贵的意见。

最后，学院班子成员一一表态：将不辱使命，再接再厉，把会议的宝贵意见逐条梳理，把《纪事》编纂工作做得更加完美，深深感谢与会的每位老师。

2018 年 3 月 11～20 日对统稿会上的意见一一进行了整理，如杨承纶老师、雷逢庄老师、陈桂仙老师等做了不少的补充和纠正等工作。请学校校长办公室提供了 2006～2016 年历年的工作总结，董义琳老师提供了 2003～2005 年的学院教学工作大事记，丰富了《纪事》，弥补了较多遗漏。整理并增加了书稿图片、前言、凡例、数学学院概况、数学学院历年师生人数统计、软件及软件著作权、后记等内容。

2018 年 3 月 22 日，学校召开 80 周年校庆校史展及院史建设推进会，会议由副校长刘坚主持。哲学与政法学院、数学学院、成人继续教育学院、人事处、科研处、美术学院负责人代表各自部门就院史编纂工作做了经验交流发言。

2018 年 6 月 1 日，听取了校史馆崔汝贤馆长的指导意见。6 月 2～4 日，对 5 月 31 日的书稿进行了精简，毕业生信息主要保留学号、姓名、性别、民族、籍贯等基本信息，专科和特殊年份保留了入学和毕业时间。6 月 6 日再次对科研论文进行了核对。

2018 年 7 月 18 日，向历史与行政学院退休教师何磊教授请教了如何编纂书稿。何磊老师耐心解答和指导了相关工作，用国学大师南怀瑾的故事鼓励我们联系杨振宁先生，请他为书稿作序。在何磊老师的鼓励下，19 日通过校友会跟杨振宁先生的秘书许晨老师取得了联系。经仔细斟酌后完成《给许晨老师信》，请她代为转达编委会的期望。

2018 年 7 月 24 日，杨振宁先生回复如下：“王副院长，谢谢邀请。我将写一短序。请将我父亲 1946 年的文章电传给我。杨振宁”。收到此信息我们异常激动，立即将此消息转告编委会。7 月 27 日，杨振宁先生即把序言通过邮箱发给了我们，希望书籍正式出版后给他 3 本。此时我们欣喜若狂，没想到杨老欣然允诺，在极短的时间里完成了序言，这是对云南师范大学数学学院和编委会莫大的鼓舞！

2018 年 7 月 30 日早上收到了出版社寄来的 5 本样书。经编委会商议后，下午即将样书送给林毓材、杨承纶、方钢老师再次审阅。31 日下午将样书送给了院友、云南省科技厅党组李松林书记。

2018 年 8 月 10 日，杨承纶老师完成了书稿的审阅，提出了宝贵的修改意见，尤其是对图录中的图片选用和编排提出了很好的建议。他建议图录按如下顺序进行编排：名教授、国家级教学成果奖、全国优秀教师、全国教育系统劳动模范、国务院政府特殊津贴、肖体俊获奖等情况、吕冠国获奖等情况、重点学科和专业、学生获奖代表、大师合影、学术交流、师生毕业合影、朱德祥先进事迹、武之楼题名和杨武之雕塑揭幕仪式、编委会工作照。

2018 年 8 月 23 日，再次完成了书稿的修改汇总工作，汇总意见 100 余条。

《云南师范大学数学学院纪事(1938～2018)》编委会

2018 年 8 月